双流年鉴

SHUANGLIU YEARBOOK 2021

成 都 市 双 流 区 人 民 政 府　主办
中共成都市双流区委史志办公室　编

方志出版社

图书在版编目（CIP）数据

双流年鉴 . 2021 / 中共成都市双流区委史志办公室编 . — 北京：方志出版社，2021.12

ISBN 978-7-5144-5100-9

Ⅰ . ①双… Ⅱ . ①中… Ⅲ . ①双流区—2021—年鉴 Ⅳ . ① Z527.14

中国版本图书馆 CIP 数据核字（2021）第 263968 号

双流年鉴（2021）

编　　者：中共成都市双流区委史志办公室
责任编辑：王海荣

出 版 者：方志出版社
地址　北京市朝阳区潘家园东里 9 号（国家方志馆 4 层）
邮编　100021
网址　http://www.zgfzcb.cn
发　　行：方志出版社图书经销中心
电话　（010）67110500
经　　销：各地新华书店
装帧设计：四川远近文化有限公司
印　　刷：成都市兴雅致印务有限责任公司

开　　本：889 × 1194　　1/16
印　　张：24.75
字　　数：720 千字
版　　次：2021 年 12 月第 1 版　　2021 年 12 月第 1 次印刷
印　　数：001 ～ 700 册

ISBN 978-7-5144-5100-9　　定价：260.00 元

《双流年鉴（2021）》编纂委员会

《双流年鉴（2021）》编辑部

双流区行政区划图

内部用图

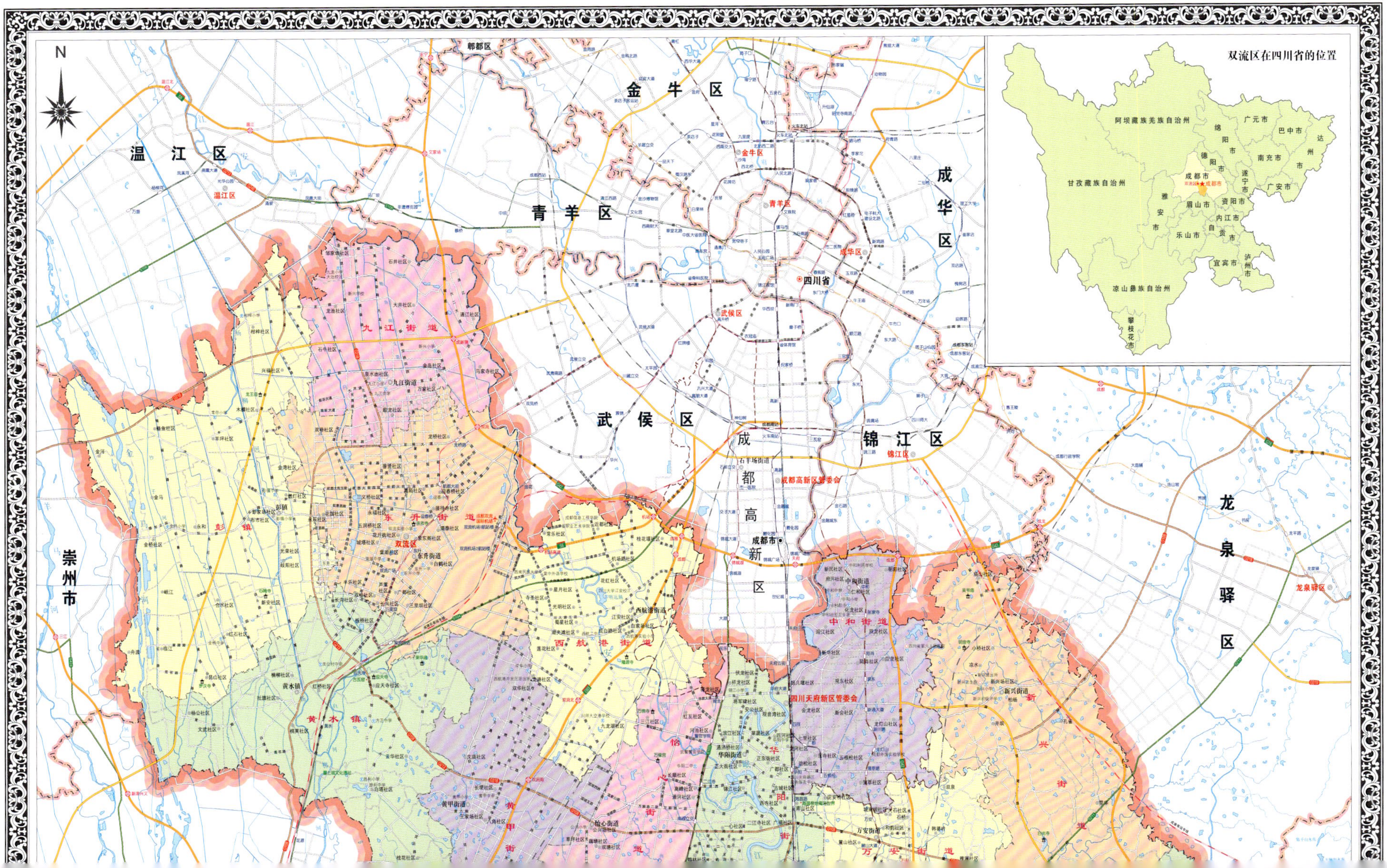

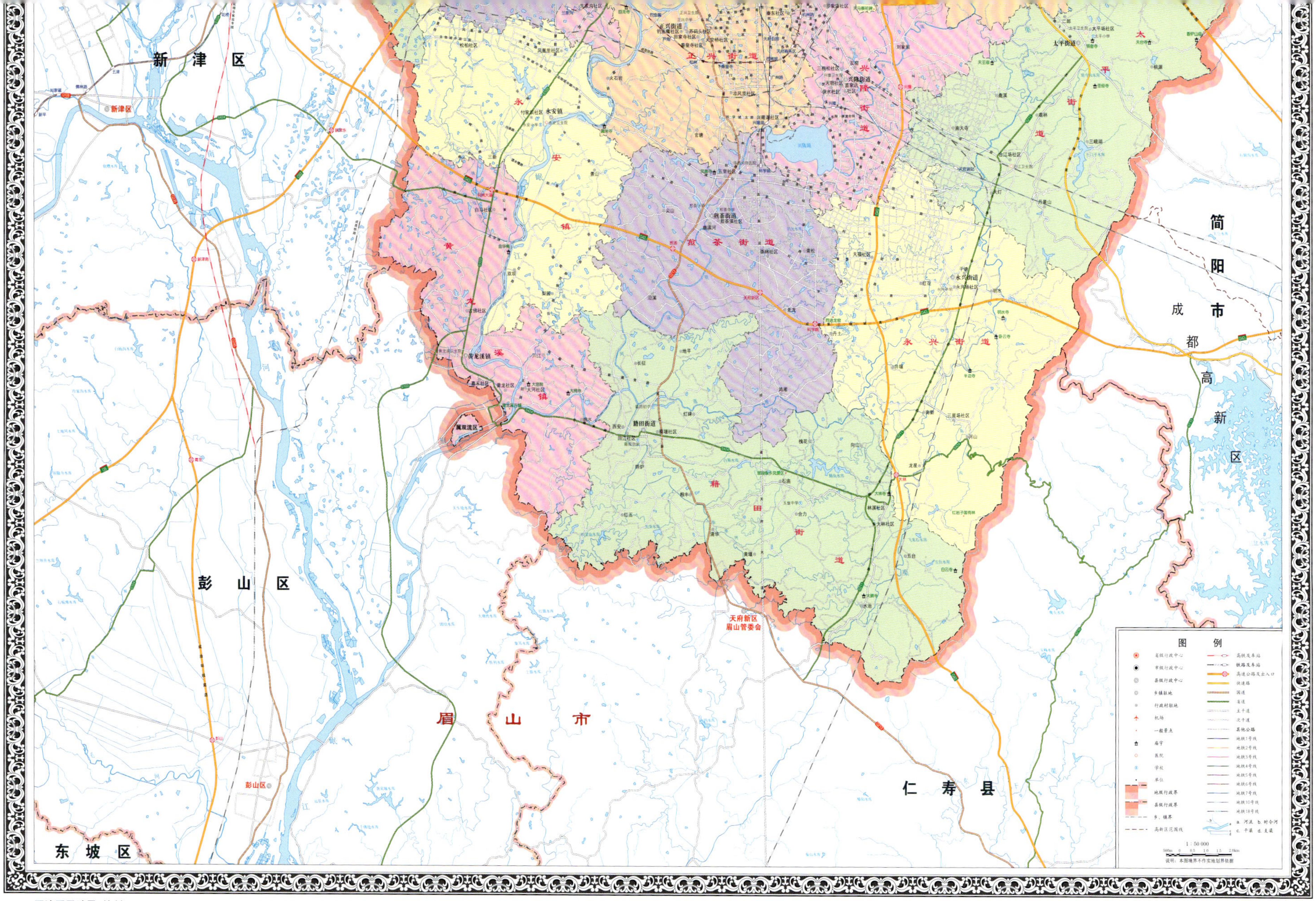

双流区民政局 编制

审图号：川S【2021】00016号

成都市双流区永安湖森林公园（供图：区融媒体中心）

大美双流

DAMEI SHUANGLIU

成都市双流区欢乐田园（供图：区文体旅游局）

成都市双流区新城公园（供图：区融媒体中心）

成都市双流区海滨城（供图：区融媒体中心）

成都市双流区欢乐田园（供图：区委史志办）

成都市双流区黄龙溪二期景色（供图：区委史志办）

成都市双流区广都大道全景（供图：区融媒体中心）

成都市双流区新城公园一景（供图：区融媒体中心）

成都市双流区棠湖公园（供图：区委史志办）

成都市双流区幸福美丽新村——永安镇三新村（供图：永安镇）

成都市双流区空港绿道（供图：区融媒体中心）

成都市双流区空港体育公园（供图：双流国际空港产业促进中心）

成都市双流区空港花田
（供图：区融媒体中心）

成都国际空港商务区·空港云（供图：双流国际空港产业促进中心）

产业兴城
CHANYE XINGCHENG

2020年3月11日，京东方（成都）信息医学产业园项目开工仪式举行
（供图：区融媒体中心）

2020年3月20日，成都市双流区第一人民医院四川大学华西医院空港医院开诊仪式举行
（供图：区档案馆）

希望森兰科技股份有限公司（供图：区新科局）

2020年5月28日，成都市双流区人民政府与中核兴业控股有限公司签署中核智慧科技园投资合作框架协议（供图：西南航空港经济开发区管理委员会）

2020年6月22日，成都市双流区人民政府与武汉亚洲心脏病医院战略合作框架协议签约仪式举行（供图：区融媒体中心）

2020年6月22日，主题为“鲲鹏共展翅　力创新未来”的同方成都首台信创PC下线暨鲲鹏智造生态联盟成立仪式在双流区举行（供图：空港科创集团）

2020年7月17日，成都市双流区人民政府“企业咖啡时”——走进广东专场活动在深圳举行（供图：西南航空港经济开发区管理委员会）

2020年7月20日，阿里巴巴淘宝直播官方为四川成都电商直播产业园授牌（供图：区商务局）

2020年7月30日，成都智能制造产业生态圈推介会暨重大先进制造业项目集中签约仪式（供图：西南航空港经济开发区管理委员会）

2020年8月2日，熊猫国际家园项目投资合作协议签约仪式举行（供图：区融媒体中心）

2020年9月17日，成都市双流区大健康产业推介会在上海举行（供图：区投促局）

2020年9月28日，四川大学院士公寓项目开工仪式（供图：空港兴城集团）

2020年10月15日，成都市现代物流产业生态圈联盟第一次全体大会暨双流航空物流供应链创新中心揭牌仪式（供图：区投促局）

2020年11月14日，中国（成都）未来水生态科技城开工仪式举行（供图：区融媒体中心）

2020年12月1日，公园营城·天府怡心湖首发仪式举行（供图：区投促局）

电子科技大学科技园（供图：区融媒体中心）

成都市双流区孵化园（供图：区融媒体中心）

社会生活
SHEHUI SHENGHUO

2020年11月10日，“清风领航 好风传家”主题文艺晚会在成都市双流区黄甲街道黄甲广场举行（供图：黄甲街道）

成都国际友城青年音乐周（供图：区文体旅游局）

成都市双流区黄龙溪镇喷火表演（供图：区商务局）

成都市双流区图书馆经典故事推广活动（供图：区文体旅游局）

成都市双流区黄龙溪镇舞龙表演（供图：区商务局）

夕阳下的欢乐（供图：区融媒体中心）

空港群音荟（供图：区文体旅游局）

成都市双流区黄甲街道一里坡社区漫活慢街美食夜市街（供图：区委社治委）

成都市双流区怡心街道首届社团节（供图：怡心街道）

成都市双流区黄龙溪镇嘉禾社区嘉禾记忆·红色茶馆（供图：区委社治委）

成都地铁10号线（供图：区融媒体中心）

成都市双流区东升街道东泰路
（供图：区融媒体中心）

城市宜居品质提升（供图：区融媒体中心）

成都地铁3号线双流西站（供图：区委史志办）

成都市双流区黄水镇桃荚社区（供图：区农业农村局）

疫情防控
YIQING FANGKONG

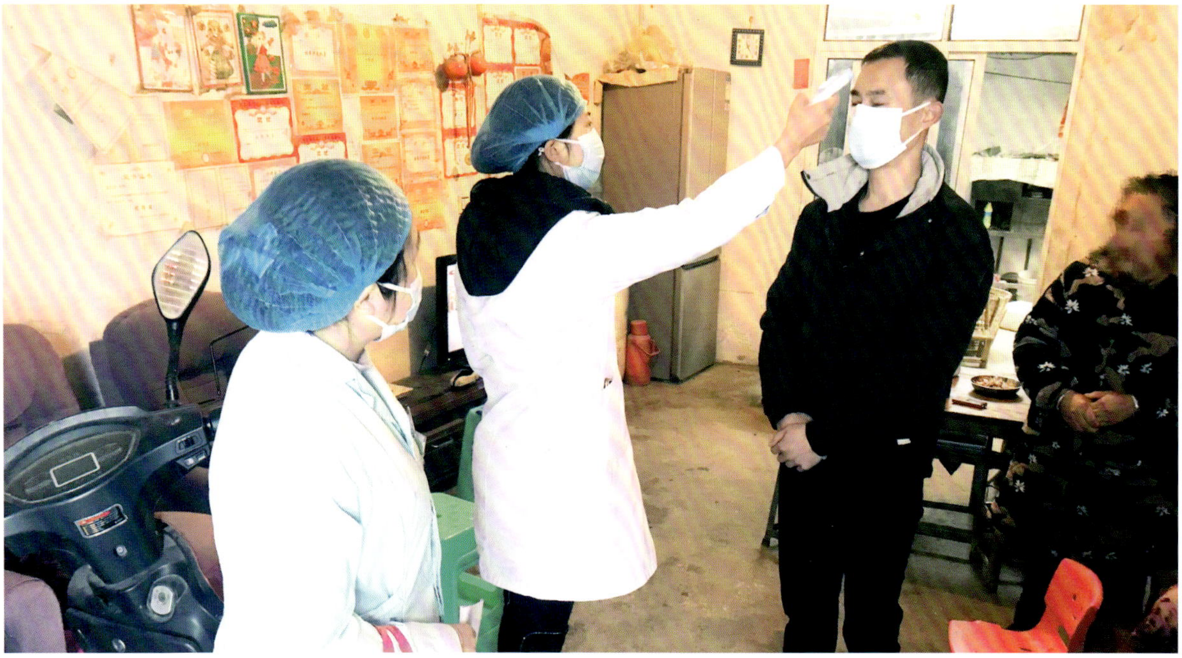

2020年1月29日，成都市双流区第二人民医院医务人员下乡入户开展体温监测（供图：区卫健局）

2020年2月1日，成都市双流区医务人员与解除医学观察人员合影（供图：区卫健局）

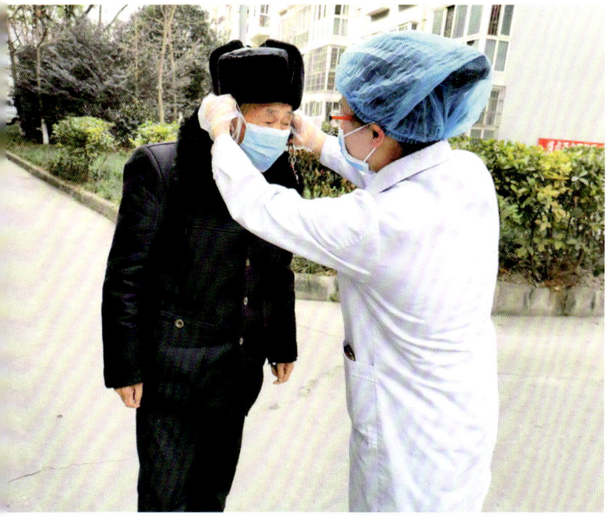

2020年2月4日，成都市双流区黄甲社服中心医务人员到社区宣传，指导群众正确佩戴口罩（供图：区卫健局）

2020年2月18日，成都市双流区爱心企业四川羽创环境管理有限公司采购汇众农业基地优质萝卜40吨捐献至湖北（供图：区农业农村局）

2020年2月19日，成都市双流区首批3名援助湖北国家中医医疗队队员出征仪式举行（供图：区卫健局）

2020年2月21日，成都市双流区第二人民医院接受捐赠防控物资（供图：区卫健局）

成都市双流区疾控人员在机场进行疫情防控排查（供图：区疾控中心）

成都市双流区黄龙溪镇卫生院为返岗复工人员办理健康证明（供图：区卫健局）

热心市民向成都市双流区第二人民医院一线工作人员赠送鲜花（供图：区卫健局）

成都市双流区疾控中心在双流电视台“空港之声”开展复工复建防控节目录制（供图：区卫健局）

四川大学江安校区复课验收（供图：区卫健局）

《双流年鉴（2021）》编写组成员名单

双流区委办公室

罗　伟

双流区纪委监委

吴　昊　魏强强

双流区人民代表大会常务委员会办公室

任铁军　李云寿

双流区人民政府办公室

徐志强

政协双流区委员会办公室

张颖聪　黎红贤　徐　宁

双流区委组织部

张　飏　付祥飞　徐　礼　朱永林

罗小渊　何　娜

双流区委宣传部

邱良芳　刘斯凯　黄　齐　王　惠　王丹阳

刘海鹏　黄剑维　何世冕　蒋　玲　侯　莹

双流区委统战部

陈　艳　文　婧　张　灵　叶莉燕

游　萍　屈中华

双流区委政法委员会

徐尚成　李洪兵　杨　恒

双流区委城乡社区发展治理委员会

牟仕军　彭小芩　赵　浦　樊　宁

刘　佳　陈利青　耿学燕

双流区委外事工作委员会办公室

钟　健

双流区委机构编制委员会办公室

李　鑫　刘　醒

双流区委巡察工作领导小组办公室

赵兴荣　张　义　王　琨

双流区史志办公室

李思健　张　波　葛丽平　徐　君　霍陈鑫

双流区委党校

欧阳欢　卓莉娟

双流区人民法院

夏于燕　伍　敏

双流区人民检察院

胡继恒　吴　拓　左大鹏　高　琳

双流区人民武装部

任坤正　蒋昀坤

双流区司法局

周贵琼　刘　丽　王　姣

成都市公安局双流区分局

王　轩　胥　翔　陈静萍　顾金燕

双流区发展和改革局

陈　鑫　丰学兵　邵　莉　周　文

曾德贵　朱　毅　张　敏　冯　玲

张代琳　刘　伟　易孟秋　周德君

双流区农业农村局

张　君　余昌洪　王义建　赵友源　李俐珩

双流区新经济和科技局

张　伟

双流区航空经济局

杨莉琳　高　垒　李佳春　熊　雄　刘韵芳

韩　林　丁庆学　姚　睿　郭　超　熊天惠

双流区商务局

康纪明　徐　芸　杨　潇

双流区投资促进局

谢华山　伍　健　夏春燕　徐　芳

彭玉梅　严　亮　陈　佳　瞿阳春

双流区行政审批局

李　梁　吴春林　郑从林

双流区财政局

杨　红　高　海

国家税务总局双流区税务局

杨　红　赵梦田　刘　莉　贾　茹

双流区审计局

刘　翔　谢铨璞

双流区统计局

王　玲

双流区档案馆

高存勇　潘　琳　韩卓识

双流区国有资产监督管理和金融工作局

黄乙峰　蒋　涛　肖慧敏

双流区规划和自然资源局

郭文彬　池应良　苏廖丽

双流生态环境局

杨　锦　罗亚杰　代　鑫

双流区水务局

范钟轶　胡　桦　雷　琴　刘伟达

罗江萍　谢兰芬　吴志忠　帅　好　孙小琴

双流区住房建设和交通局

姜　凯　王文武　罗　旭　周　明　谌　涛

廖维国　李　霞　韩建军　郭　辉　帅　蓉

万　化　黄玲玲　蒲益中

双流区城市管理局

宁　健　杨新领　李永龙　郭　柳　刘政宏

付　蕾　杨志成　季正宇　岳其林　查　东

双流区综合行政执法局

刘　平　刘海兰　谷王准　孟庆冉

双流区市场监督管理局

刘世琼　王　亮　马文林

双流区人力资源和社会保障局

毛利和

双流区教育局

李晓明　姚瑞妃　徐　茂

双流区文化体育和旅游局

向　明　黄　超　顺明旻

双流区卫生健康局

郭　毅　毛　霏　赖　敏

双流区医疗保障局

吕　平　胡龙根　彭　炜

双流区应急管理局

邓家琪　秦培进　曾银龙　胡志雄　候果德

双流区信访局

杨世勤　李　兵　罗星鸿　樊　荣

刘旺春　李　旭　卢厚义　刘　燕

双流区民政局

朱祥燚　肖　波　黄凤羽　付祥彦

李何苗　熊　成

双流区退役军人事务局

吕　峰　崔延伟

双流区气象局

廖利娟　罗　欢

双流区机关事务服务中心

余　江　袁　菊　李白伟　刘光林

双流区公共资源交易服务中心

赖　翔　周　昕

双流区公园城市绿化服务中心

侯　艳　朱　利　王华锐　欧阳璐璐

贾成章　高亚玲　谢宇科

双流区融媒体中心

徐自毅　郑　怡

双流区供销合作社联合社

何吉松　周冬妮　钟树军

国家统计局双流调查队

熊　英　陈燕英

西南航空港经济开发区管理委员会

邱永福　叶丽萍

成都芯谷管委会

魏　悃

双流国际空港产业促进中心

彭本常

双流区总工会

陈荟斯　张宇茂　彭　悦

共青团双流区委员会

古十月　王　震　贾建峰

双流区妇女联合会

雷　蕾　虞　星　刘彧梦　鞠雨丹

双流区残疾人联合会

王安全　周善立　周春丽

双流区红十字会

杜才刚　李晓滨　刘　强

双流区工商业联合会（商会）

银　建　张　磊

双流区烟草专卖局（分公司）

黄　怡

国网四川省电力公司双流供电分公司

贺　辉　胡志刚　张　静

中国邮政双流区分公司

包　攀　鄂坤培

中国电信双流分公司

蒋全成　高树惠

成都空港兴城投资集团有限公司

刘志超　杨晓娇

成都空港科创投资集团有限公司

杨弘业　欧阳志勇

成都空港城市发展集团有限公司

刘　维　李官印　王以状　杜志浩

成都航都粮油有限责任公司

满　庆　魏　武

东升街道办事处

薛　涛　何　源　柏长均

西航港街道办事处

刘　琴　杨松林　李宇嘉

九江街道办事处

苏　存

黄甲街道办事处

付舒响　江　颖　李义红　李　健

怡心街道办事处

郭时奎　吴　刚　蒲　霞

彭镇人民政府

游玉程　陈凌旭

黄水镇人民政府

徐　婷　涂　敏　车思涵

永安镇人民政府

林俊涛　李　元　饶文涛

黄龙溪镇人民政府

赵成俊　邓　建　罗　涛　周亚茹

编辑说明

一、《双流年鉴（2021）》以马克思列宁主义、毛泽东思想、邓小平理论、“三个代表”重要思想、科学发展观、习近平新时代中国特色社会主义思想为指导，坚持辩证唯物主义和历史唯物主义的立场、观点和方法。

二、《双流年鉴（2021）》旨在全面、系统记述2020年成都市双流区自然、政治、经济、文化和社会状况，真实反映双流区社会主义现代化建设的历史进程，为各级党政机关、研究部门、社会各界人士及中外投资者了解和研究双流提供基本资料。

三、《双流年鉴（2021）》是公开发行刊物，以出版年号为卷次名称。2021年卷《双流年鉴》是总第32卷，主要记述2020年度双流区的基本情况、发展变化及年度大事要闻。

四、《双流年鉴（2021）》采用分类编辑法，按类目、分目、条目的框架结构组成主体内容，用条目体予以记述，各条目标题均加【 】表示。大事记则采用编年体，按时间顺序排列；同日发生的事件，在首次标明日期之后，不再重复标明，而在提行前用☆表示。

五、《双流年鉴（2021）》设置特载、大事记、双流概述、中共双流区委员会、双流区人民代表大会、双流区人民政府、政协双流区委员会、中共双流区纪律检查委员会（双流区监察委员会）、民主党派、群众团体、法治、军事、综合经济管理、城乡建设与管理、资源与生态环境保护、产业集聚发展、航空经济发展、农业和农村、工业·建筑业、商贸与现代服务业、交通运输·邮政·通信业、旅游业、教育·科技、文化·传媒、卫生·体育、社会·民生、街道·镇、附录28个类目，189个分目，1214个条目，24个图表，7篇文章，卷首及文内刊载272幅图片。

六、《双流年鉴（2021）》内文条目中的数据因统计口径等原因可能与统计数据不相符合，概以区统计局提供的数据为准。

目　　录

特　　载
SPECID RECORDS

大 事 记
A CHRONICLE OF MAJOR EVENTS

双流概览
OVERVIEW OF SHUANGLIU

中国航空经济之都建设

Construction of China's Aviation Economic Capital

国际化营商环境建设

International Business Environment Construction

精神文明建设

Spiritual Civilization Construction

中共双流区委员会

THE CPC SHUANGLIU DISTRICT COMMITTEE

区委机构

District Party Committee Institutions

区委巡察

Tour Inspection of the CPC Shuangliu District Committee

组织建设

Organization Construction

双流区人民代表大会
SHUANGLIU DISTRICT PEOPLE' S CONGRESS

双流区人民政府
SHUANGLIU DISTRICT PEOPLE' S GOVERNMENT

中共双流区纪律检查委员会（双流区监察委员会）
THE CPC SHUANGLIU DISTRICT COMMISSION FOR DISCIPLINE INSPECTION (SHUANGLIU DISTRICT SUPERVISORY COMMITTEE)

民主党派
DEMOCRATIC PARTIES

九三学社双流区委员会

Shuangliu District Committee of the Jiusan Society

群众团体
MASS ORGANIZATIONS

双流区总工会

Shuangliu Federation of Trade Unions

共青团成都市双流区委员会

Shuangliu District Committee of the Communist Youth League of China

双流区妇女联合会

Shuangliu Women’s Federation

双流区工商业联合会

Shuangliu Federation of Industry and Commerce

双流区文学艺术界联合会

Shuangliu Federation of Literature and Art Circles

双流区残疾人联合会

Shuangliu Disabled Persons’ Federation

司法行政

Judicial Administration

军　事

MILITARY

双拥共建

Double Support and Joint Construction

退役军人事务

Veterans Affairs

综合经济管理

COMPREHENSIVE ECONOMIC MANAGEMENT

经济体制改革与结构调整

Economic System Reform and Structural Adjustment

物价管理

Price Control

固定资产投资管理

Fixed Asset Investment Management

城乡建设与管理
URBAN AND RURAL CONSTRUCTION AND MANAGEMENT

资源与生态环境保护
RESOURCES AND ECOLOGICAL ENVIRONMENTAL PROTECTION

国土资源保护
Land Resources Protection

水资源保护
Water Resources Protection

生态环境保护
Ecological Environmental Protection

水环境治理
Water Environment Improvement

雾霾治理
Haze Treatment

气象监测
Meteorological Monitoring

产业集聚发展
INDUSTRIES AGGREGATION DEVELOPMENT

成都双流自贸试验区
Chengdu Shuangliu Pilot Free Trade Zone

商贸与现代服务业
COMMERICAL TRADE AND MODERN SERVICES INDUSTRY

校园建设

Campus Construction

校园活动

Campus Activities

科技

Science and Technology

科技事业发展

Development of Scientific and Technological Undertakings

科技活动

Scientific and Technological Activities

文化·传媒
CULTURE AND MEDIA

文化

Culture

文化事业发展

Cultural Undertakings Development

卫生·体育
HEALTH AND SPORTS

街道·镇
SUB-DISTRICTS AND TOWNS

特　　载

SPECIAL RECORDS

双流区人民政府工作报告

（2021 年 1 月 26 日，在成都市双流区第十八届人民代表大会第七次会议上）

成都市双流区人民政府区长　袁顺明

一、“十三五”及 2020 年工作回顾

“十三五”时期是双流撤县建区后第一个五年，具有划时代意义。五年来，我们坚持以习近平新时代中国特色社会主义思想为指导，牢记习近平总书记亲临双流视察作出的“三个转变”重要嘱托，坚定落实中央省市和区委系列决策部署，在市委市政府和区委坚强领导下，在区人大、区政协监督支持下，紧扣中国航空经济之都目标定位，攻坚克难、接续奋斗，全面完成“十三五”规划主要目标任务，向高质量发展迈出坚实步伐。

五年来，我们聚焦壮大航空经济，综合实力持续跃升。地区生产总值历史性突破 1000 亿元、地方财政收入超过 200 亿元，分别是 2015 年的 1.6 倍、2.4 倍。航空经济区等三大产业功能区提速建设，三大主导产业产值（营收）迈上 2000 亿元台阶，三次产业结构优化为 2 ∶ 34 ∶ 64；聚集世界 500 强企业 42 家、高新技术企业 267 家，分别是 2015 年的 2.8 倍、2.1 倍。位列全国综合实力百强区第 32 位、全国科技创新百强区第 33 位，连续获评全省县域经济发展强区。

五年来，我们加快建设公园城市，宜居品质不断提升。天府国际生物城快速成势，怡心湖片区价值彰显，成都芯谷高位起步，空港商务区重装启航，建成区面积增加 12 平方公里。开通地铁 6 条，里程 54.6 公里，占全市 10%。城市环境更加怡人，3600 亩空港中央公园和 282 公里绿道建成开放，华侨城欢乐田园开园投运；拆除违法建设 382 万平方米；空气优良天数 293 天，较 2015 年增加 79 天，空气质量综合指数排名中心城区第 2 位；锦江黄龙溪断面水质改善受到习近平总书记肯定。

五年来，我们持续深化改革开放，发展动能加速转换。自由贸易试验区获批运行，3 项改革案例全国推广。双流国际机场跻身全球十大最繁忙机场，七大进境指定监管场地建成投运，机场口岸通关时效全国第一。外贸进出口总额 745.8

亿元，是2015年的3.6倍。战略性重组3家区属国企、资产总规模突破1600亿元，空港兴城集团、空港发展集团信用等级升至AA+。完成镇街机构改革，创新设置航空经济局等4个特色机构。高水平承办第十八届世警会等重大活动，城市影响力不断提升。

五年来，我们突出优化营商环境，市场活力竞相迸发。创新建设企业幸福中心，开展“企业咖啡时”服务，清偿民营企业欠款6.9亿元，落实减税降费超100亿元。攻坚解决企业历史遗留问题147个，助力企业轻装前行。企业投资项目承诺制做法全省推广，181项审批服务下沉产业功能区办理，建设项目开工前审批时间压减70%。企业开办仅需2.5小时，市场主体达12.5万户、是2015年的2.5倍。排名全国综合投资热力百佳县市第9位。

五年来，我们始终坚持共享发展，民计民生有效改善。民生投入298亿元，占一般公共预算支出比重逐年提高。棠湖中学等48所中小学（幼儿园）建成投用、新增学位4.7万座，成为全国区域教育现代化建设示范区。华西空港医院等7所医院建成投用、新增床位2251张，区中医院成功创建“三甲”。举办“天府古镇艺术节”等大型文化活动32场。投入69.9亿元为被征地农民购买社保，城乡居民基本医疗保险参保率99%。建成安置小区34个、幸福美丽新村15个、公租房918套，改造老旧院落106个，惠及市民10.3万人。创新化解老旧小区不动产登记遗留问题，解决5.1万户群众“揪心事”。精准帮扶2999人脱贫奔康。投入1.45亿元帮助巴塘脱贫摘帽，被省委省政府评为对口援建帮扶工作先进集体。平安双流建设扎实推进，违法犯罪率逐年下降。城乡居民可支配收入年均分别增长7.8%、9%，连续获评全省农民增收工作先进区、中国全面小康十大示范县市。

2020年极不平凡，面对突如其来的新冠肺炎疫情和错综复杂的国际环境，在市委、市政府和区委坚强领导下，我们扎实做好“六稳”工作，全面落实“六保”任务，继承创新、勇毅前行，奋力夺取疫情防控和经济社会发展“双胜利”。

这一年，我们众志成城抗疫抗洪。慎终如始防控疫情，3.3万党员干部和志愿者不惧风险、主动请缨，奋战奔走在抗疫最前线，157万市民响应倡导、守望相助，共同构筑起护佑生命的坚固防线；我们10天内完成3轮全覆盖入户排查，见面登记154万人；我们与省机场集团、成都海关联防联控，全流程精细管理入境航班1802个、温馨服务旅客2万名，充分展现天府门户格局担当；我们闻令而动，精选医务骨干紧急驰援武汉和市内兄弟区县，被省市誉为疫情防控“铁军”。面对百年不遇洪灾，1.8万名干部群众和驻区官兵不分昼夜，最快速度安全转移受灾群众1.1万人，第一时间完成清淤消杀、房屋修缮等排危保畅，黄龙溪景区洪灾后13天即恢复生机、重新开街。

这一年，我们精准施策稳经济。因时因势调整工作重点，着力稳链补链强链，及时出台航空经济28条等政策措施，分行业开展服务企业春风行等系列行动，助力企业融资252亿元，兑现扶持资金14.3亿元，帮扶企业快速复工复产、复市复业。规上工业增加值、一般公共预算收入、地方税收分别增长9.5%、8.2%、12.1%，经济韧性在疫情冲击中进一步彰显。成都芯谷研创城获评“全市最理想科创空间”。

这一年，我们重点突破抓改革。以国资改革赋能国企发展，新增融资成本比全市平均低1.5个百分点，国企营业收入增长69%。以项目攻坚强化投资拉动，引进项目84个、协议总投资1066亿元；搭建“动土必管”平台推动项目全生命周期管理，创新“兵团式作战”促建方式加速项目推进，圆通西南基地等43个项目加快建设，大飞机产业园等15个项目建成投运，实现固定资产投资545亿元、增长9%。以短板突破优化营商环境，水电气报装办理时限压缩90%以上，中国营商环境百佳试点县市排名升至第14位。

这一年，我们精致营城优环境。严格把好规划关，坚持规委会审查打分排名、择优比选等机制，统筹编制“十四五”和城市空间等15项规划。积极筹备大运会，体育中心等5个场馆和6条道路加快改造，重要点位城市更新有序推进。完善配套强功能，新开通地铁3条，光华八线等22条道路建成通车；新建空港绿道30公里、小游园10个，永安湖森林公园惊艳亮相，空港体育公园成为网红。入选天府旅游名县候选县，获评省级体育产业示范基地，成功创建全国象棋之乡。排名中国城市品牌形象百优县区第5位。

这一年，我们以人为本保民生。提升健康服务品质，区妇幼保健院等2所医院完成“三甲”现场评审，京东方医院和市心理健康中心建成开诊，新增医疗床位1319张，引育高层次卫生人才54名，成功创建省级敬老模范区、省级食品安全示范区。强化优质教育供给，新建学校9所，新增学位1.1万座，普惠性幼儿园覆盖率提升至82.3%，在全国率先通过县域学前教育普及普惠督导评估。积极解决就业3.1万人，城镇登记失业率3.3%。加强困难群体援助帮扶，发放失业补助金1.7亿元。推进既有住宅自主增设电梯177台。扎实开展扫黑除恶专项斗争，“黄赌毒”警情下降24%。深入开展社会重点矛盾风险隐患“大起底”，积案化解率71%。安全生产事故下降23%。城乡居民人均可支配收入分别增长5.8%、8.5%。获评2020中国最具幸福感城区。

这一年，我们“三答三改”转作风。深入贯彻中央省市和区委决策部署，强化政府自身建设，当好建设践行新发展理念的中国航空经济之都“答卷人”，形成“对上对表、对外对标、对内深查问题、提出解决方案”工作范式，坚持“与市委市政府和区委要求相匹配、与中国航空经济之都城市能级相匹配、与市民和企业需求相匹配”工作标准，加快培育“专业、理性、精进、务实”工作作风。严格执行区人大及其常委会决议决定，自觉接受区政协民主监督，办理人大代表建议160件、政协委员提案193件，满意率100%。

同时，国防动员、退役军人、审计、统计、老龄、残疾人、工会、青少年、妇女儿童等工作协同有力，民族宗教、港澳台、外事、消防、气象、红十字、地方志等工作成效明显。

上述成绩的取得，是市委市政府和区委坚强领导的结果，是区人大、区政协监督支持的结果，是全区广大干部群众共同努力的结果。在此，我代表区人民政府，向在各个领域和岗位辛勤工作、积极奉献的全区人民，向给予我们支持和监督的人大代表、政协委员、各民主党派、工商联和无党派人士、各人民团体、社会各界人士，向参与和支持双流建设的驻区单位、解放军和武警驻区部队，向所有为抗疫情抗洪灾默默奉献的广大医务工作者、疾控工作人员、部队官兵、社区工作者、应急救援人员、志愿者，表示衷心感谢并致以崇高敬意！

同时，我们也认识到工作中还存在一些问题：常态化疫情防控还需加力加劲，决不能麻痹松懈；主导产业发展质效不高，细分领域缺乏更多头部企业支撑；教育医疗等资源布局不均衡，优质公共服务供给仍需加强；文化资源挖掘利用不够，城市文化软实力亟须提升；城市功能还不够完善，快速道路、地下管网等基础设施还有短板。对此，我们将采取有力措施加快解决。

二、“十四五”经济社会发展主要目标任务

（一）总体要求。坚持以习近平新时代中国特色社会主义思想为指导，深入贯彻党的十九大和十九届二中、三中、四中、五中全会精神，全面落实习近平总书记对四川及成都工作系列重要指示精神和省委市委区委重大决策部署，坚定不移贯彻新发展理念，坚持稳中求进总基调，以推动高质量发展为主题，扭住供给侧结构性改革，同时注重需求侧管理，主动融入“双循环”新发展格局，在“两区一城”和高质量发展示范区协同发展中发挥先进制造业支撑作用、协同创新带动作用和社会治理示范作用，促进优势区域重点发展、生态功能区重点保护，基本建成践行新发展理念的中国航空经济之都。

（二）主要目标。力争到2025年，创新发展动能不断增强，协同发展格局加快构建，绿色发展样板加速打造，开放发展能级快速提升，共享发展实效更加突出，加快打造新时代“企业容易做生意的地方”“市民获得感幸福感安全感增长较快的地方”“干部人才心齐气顺只争一流的地方”。全区地区生产总值年均增速不低于全市平均水平、力争达到高质量发展示范区平均水平，一般公共预算收入增速不低于地区生产总值增速、走在高质量发展示范区前列，“四上”企业数量较“十三五”末翻一番，市场主体数量达20万，居民收入增长和经济增长基本同步，力争综合实力

挺进全国百强区前 20 位。

（三）重点任务。一是主动融入“双循环”，进一步优化城市发展格局。二是加快现代基础设施建设，进一步优化城市基础功能。三是着力加强全周期管理，进一步优化城市形态品质。四是重塑产业地理，进一步优化现代适航产业体系。五是强化科技创新，进一步优化协同创新体系。六是构建多层次人才管理服务体系，进一步优化人才资源结构。七是创新空港品质消费供给，进一步优化消费新环境。八是扩大对外开放，进一步优化营商环境。九是扩大基本公共服务范畴，进一步优化公共服务供给。

三、2021 年工作安排

2021 年是“十四五”开局之年，我们将认真贯彻中央省市和区委决策部署，坚持系统观念，主动融入“双循环”，齐心唱好“双城记”，合力建好“示范区”，统筹做好“高质量发展攻坚年”各项工作。2021 年发展主要预期目标是：地区生产总值增长 7.8%，规上工业增加值增长 8%，服务业增加值增长 9%，社会消费品零售总额增长 10%，一般公共预算收入增长 7%，固定资产投资增长 9%，城乡居民人均可支配收入分别增长 8%、8.5%。

（一）增强中国航空经济之都创新动能。充分发挥科教资源富集优势，加快西部科学城双流分区“一核两区两走廊”规划建设，助力成都建设具有全国影响力的科技创新中心。聚力推动协同创新。促进校院地合作，争取布局西部光源等大科学装置，支持四川大学、中物院等参与大科学工程，力促中科院光电所成果转化基地落地建设，提升创新策源能力。深化校院企合作，力促高校院所与企业项目结对子 110 个，技术合同交易额增长 10%。加强央地合作，与中国电子等企业结盟，确保中国信通院等项目落地运营，新增市级以上企业技术中心、工业设计中心等创新平台 5 个以上。培育壮大创新主体。坚持联盟推动，支持头部企业牵头组建创新联合体 11 个，推动 300 家以上企业数字化转型。坚持增量拉动，大力发展科技服务业，新增高新技术企业和科技型中小企业 160 家以上，高新技术企业主营业务收入超 920 亿元，研究与试验经费支出增长 15%。坚持政企互动，发布城市机会清单 200 条以上，引育新经济企业 3200 家以上，种子企业、准独角兽企业新入库增长 20%以上。完善创新服务体系。激励创新要素向科创空间加快汇聚，力促成都信息工程大学产业园 4 月底前、电子科大科技园四期 12 月底前建成投用，新增科技企业孵化载体 6 万平方米，打造集“创新交流、产品展示、互动路演”等功能于一体的“背包创业”环境。创新科技金融服务，做大“科创投”“科创贷”等产品，用好科技创业天使投资引导基金，科技成果就地转化率 18%以上。夯实创新人才支撑。构建大人才工作格局，充分发挥科技协会、航都人才综合服务中心作用，推动项目和人才“双招双引、相互促进”。强化产业人才引育，用好 10 亿元人才专项扶持资金池，引进高精尖海外人才 10 名、高端领军人才 50 名、产业紧缺人才 1000 名以上。

（二）做优中国航空经济之都产业生态。深化功能区理念，让头部企业成为产业生态组织者，推动要素资源集约集成、产业配套高效紧密。深化产业功能区建设。精致打造航空经济区、成都芯谷、天府国际生物城三大市级产业功能区，布局新建牧马山国际旅游度假区，创新破解九江新城疑难问题，积极推动西开区向功能区转型，建成运营高品质科创空间 98.3 万平方米。充分用好企业幸福中心，构建金融资本、人力资源等专业化服务体系。发挥成都芯谷“法定机构 + 专业公司”试点先锋作用，提升功能区市场化运营水平。围绕 85%产业配套和 85%生活需求在功能区解决，增配商住功能和公服设施，加快发展现代都市工业和生产性服务业，打造产业社区 4 个、专业楼宇 3 个，推进生产生态生活深度融合。做优航空产业生态。抢抓“两场一体”运行后双流机场时刻、空域等资源释放重大机遇，深化与省机场集团战略合作，构建“北上广深拉”联合快线，创新跨航司免费签转服务，设立高效便捷的城市候机楼，打造全国领先的精品商务航线枢纽、公务机和通用航空运营基地；依托综保区探索打造服务两场的共享虚拟货站，围绕中国邮政等货代企业需求，开通美欧亚货机航线各 1 条以上，持续完善国际全货机货运网络；积极引进顺丰航空货运转运中心，打造国内货运干线通道和进藏货运主通道，加快建设西部航空货运枢纽，力争服务运营收入达1200亿元。完善航空制造维修链，依托综保区、航空动力小镇和空侧资源，力促加德纳航空融入全球民航供应链，川航APU等7个项目建成投运，中国商飞二期等16个项目加快建设，民航校飞中心等4个功能性项目加速落地，培育壮大客改货、发动机维修等业态，航空制造维修产值达100亿元、增长10%。加快发展航空金融、航空培训、跨境贸易等产业，筹办全球航空展览，打响中国航空经济之都航展品牌。做优电子信息产业生态。聚焦“芯屏端核网”细分领域，以创新平台培育产业链，依托中科院微电子所、芯火双创基地等国家技术攻关和公共服务平台，合力攻坚光刻机核心器件等领域“卡脖子”技术，力促中国工业互联网研究院四川分院等3个平台型项目建成投运，抢占产业发展制高点。以头部企业建强产业链，力促艾睿光电等17个项目加快建设，华大九天等8个项目建成投运，电子信息产值达763亿元、增长9%。做优医药健康产业生态。在新型疫苗等优势领域精耕细作，用好现有25个共性技术平台，搞出更多独门绝技。依托进境生物制品和药品口岸，强化进出口代理、分拨结算等一站式服务，打造生物医药供应链中心。发挥天府国际生物城研发转化作用，力促32家存量企业扩产能，生物医药产值达63亿元、增长14.5%。做优特色优势产业生态。推动绿色食品、先进材料等8个优势产业在全市多作贡献，鼓励数字化车间和智能工厂应用，支持存量企业特色产品扩大市场，力争总产值（营收）增长9%。把优化营商环境作为培育产业生态重要抓手，深化工程建设项目审批、商事登记等改革，确保企业投资项目不见面审批事项实现率90%以上、小型社会投资项目政府审批不超过14个工作日，新增市场主体2.3万户、“四上”企业200家、科创板上市企业1家。健全“企业咖啡时”“市民茶话吧”“科创菁英汇”多维服务体系，精准高效解决企业发展“烦心事”。

（三）提升中国航空经济之都城市品质。以公园城市理念推动城市规划建设管理和营城模式变革，打造承载市民美好生活的高品质城区。提升生态环境品质。规划建设机场东西两翼“井”字形绿廊，建成红枫海、紫薇海公园和62公里绿道。合理布局锦城公园周边用地功能，推动生态价值高效转化。优化植物群落，让城市四季有景。抓好央督省督及长江经济带督察问题整改，确保航空港三期等5个污水处理厂通水运行，考核断面水质稳定达标，空气优良天数保持增长。积极发展低碳经济，深入推进垃圾分类，确保建筑垃圾资源化利用、嘉博文餐厨垃圾处置项目建成投运，争创国家生态文明建设示范区。提升城市文化品质。激活重塑双流荣光精神力量，创新天府文化表达，激发文艺文学创作，丰富精品力作，鲜明文化标识，让三国诸葛等历史文化在保护中利用，让现代航空等多元文化在创新中发展。创新转化文化资源，借势大运会等节点加强城市营销，加快蚕丛文化园等文体项目建设，争创全国体育产业示范基地。深化文化惠民，建设“书香双流”，创新文化品牌3个，举办特色文化活动150场次，满足新老市民精神文化需求。推动档案信息化，规范城市建设档案。提升规划设计品质。坚持系统规划、精致设计，高质量编制国土空间规划，完成环港路西片区城市更新等9项规划和公园城市示范区等6项城市设计。坚持规划设计“一把手”负责、多方案比选和规委会打分排名，深化与国际国内高水平规划团队战略合作，以一流规划引领塑造一流城市形态。提升城市建设品质。强化片区综合开发，积极推进日航酒店、蔚蓝卡地亚等高端项目，加快打造怡心湖城市新区；有序实施电科小镇、芯谷金融中心等重大项目，按成都城市副中心规划定位建设杨柳湖片区。强化城市有机更新，开展城市体检评估，美化提升地铁站点周边形态，有机植入时尚消费等业态；积极营城备赛，高标准改造提升“三馆两片区”，促进旧城焕新颜添活力。强化交通基础配套，配合抓好地铁19、30、8号线二期建设，力促“5+2”道路改造加快推进，光电大道等10条道路建成通车。强化项目全周期监管和全过程跟踪审计，严格规划方案审查、施工图纸审查、按图竣工验收，确保城市新建项目建成精品、形成地标。提升精细管理品质。促进交通优化，大力整治拥堵点，积极发展网约公交，高效接驳地铁公交，让市民出行更便捷。促进市容美化，推动城市管理进社区，集中治理城乡接合部等重点区域，整治“背街小巷”6条，创建无违建村（社区）3个、小区20个，每季度开展“最美最差街道”评选。促进夜景靓化，改善城市照明，扮靓门户通道、主要商圈、景区公园夜间景观。

（四）夯实中国航空经济之都后劲支撑。把改革贯穿工作各领域各环节，充分发挥投资、消费、外贸拉动作用，增强城市发展动能。深化重点领域改革。加强财政预算改革，健全财政支出标准体系，切块管理重点专项资金，提高财政资源配置精准性；加强财源建设，推动财税金融国资国土高效联动，争取债券资金30亿元以上，实现可支配财力稳定增长。加强国资国企改革，探索组建国有资本投资运营公司，优化国资经营考评机制，提升国企战略执行力；推动国有公司向城市运营商转型，力促经营性收入增长30%以上、空港兴城集团实现AAA评级。深化自贸试验改革，完成63项自主改革任务，争取“三并联”通关等改革入选全国最佳实践案例。完善综合执法机制，争创全省综合执法典范。增加有效投资。强化项目全生命周期管理，用好成都重大产业化项目投资基金，引进上亿元项目60个、实际到位市外内资162亿元以上；高效衔接“招引、促建、投产”等环节服务，放大政府投资“强功能、补短板、兴产业”作用，力促新签约项目按约动工率达80%；促进民营经济健康发展，完成社会投资435亿元以上。激发消费潜力。充分发挥大运会经济效应，营造更多高品质消费场景。提速打造国际空港商圈，积极建设双楠大道时尚走廊和成双大道商务走廊，提升奥特莱斯消费集聚力，推动电商直播产业园加快成势。力促伊藤等高端综合体开工建设，打造特色街区5条、夜间经济示范点位5个，引进品牌首店4家。扩大对外开放。巩固枢纽功能，推动“两场一体、协同运营”，促进自贸区和进境口岸提能升级，推进综保铁路5月底前投用，构建“航空+铁路”多式联运体系。扩大外资外贸，抢抓成都建设进口贸易促进创新示范区契机，协同打造“一带一路”进出口商品集散中心，鼓励仁宝、纬创新增订单，力促进出口额超800亿元、实际到位外资2.82亿美元、外商直接投资1亿美元。强化区域合作。积极融入成渝地区双城经济圈，主动融入成德眉资同城化发展，全面融入“两区一城”，与渝北、彭山、东部新区等区县携手共进，提升开放合作实效。

（五）推进中国航空经济之都乡村振兴。紧扣都市农业、大美乡村、幸福农民目标，推动产业融合化、乡村景区化、农民市民化，高质量推进城乡融合发展。突出高质高效发展特色农业。建设高标准农田1.4万亩，坚决制止耕地“非农化”、防止“非粮化”。植入现代航空、古蜀农耕等元素，加快建设天府健康特色小镇，修复精品林盘3个。推动农商文旅体融合发展，打造精品民宿3家，推出乡村旅游精品线路2条，争创省级全域旅游示范区。连片策划乡村振兴项目，加快建设城投田园康养等3个项目，放大双流冬草莓等4个国家地标品牌效益，打造农业融合发展示范园6个。突出宜业宜居建设美丽乡村。改善农村人居环境，流转集体建设用地500亩以上，建成黄龙溪川江等幸福美丽新村3个，力促农民集中居住区污水处理设施覆盖率达80%。加快推进空港花田、熊猫家园等项目建设，塑美南部航线区域大地景观。创建省级乡村振兴先进镇1个、示范村2个。突出富裕富足培育新型农民。推动农民稳定增收，培育家庭农场20家、农业职业经理人40名，培训新型职业农民1000人次以上，提高农民就业能力和职业水平。深化农村集体产权制度改革，积极采取联合开发、入股、出租等方式，盘活集体资产、农村空置房等沉睡资源，大力发展农村电商、直播带货等新业态，持续壮大乡村产业。

（六）厚植中国航空经济之都民生福祉。以群众需求为导向，稳步推进基本公共服务向常住人口全覆盖，加快打造新时代“市民获得感幸福感安全感增长最快的地方”。毫不松懈抓好疫情防控。坚持常态化精准防控与局部应急处置有机结合，抓实抓细隔离酒店自查整改等12项基础“体检”，巩固疫情防控平稳态势。强化入境人员闭环管理，加强中高风险地区来双人员管理服务，抓好冷链食品和进口货物全链条防控。严格按30天满负荷运转要求储备防疫物资，确保日核酸检测能力达7万份，提升疫情发现和快速处置能力。打造值得托付健康的城区。深化健康双流建设，健全社会心理服务体系，加快公共卫生领域补短板，扎实开展爱国卫生运动，通过国家卫生城市、全省免疫规划示范区复评；将严重精神障碍患者“阳光救助”扩展至常住人口。提升医疗服务品质，在全省率先实现区级医院“三甲”全覆盖，建成区三医院等医院3个，新增床位500张、省级以上名中医工作室3个；引育高层次卫生人才70名；推进长期照护险城乡居民全覆盖，全方位呵护市民健康。建设更多家门口的好学校。前瞻布局优质教育资源，建成中小学(幼儿园)15所、新增学位9720座。稳步提升教师待遇，实施空港教育英才行动，引育省市名优教师30名，新建名师工作室8个。深化“政府主导、学校自主、国企参与”办学模式改革，支持双中、棠中引领教育品牌化发展，力促艺体中学成功创建省一级示范校，争创义务教育新优质学校2所、一级幼儿园3所，优质学前教育资源覆盖率达90%以上。建设充满温情的航都双流。积极回应市民幸福美好生活需求，高质量完成民生实事50项。高标准建成安置小区10个、安置1万人以上，缩短被征地农民在外过渡时间。创新解决好新市民、青年人等群体住房问题，全面整治城镇农村房屋安全隐患。千方百计扩大就业，确保“零就业”家庭动态清零。积极推进全民参保，确保应保尽保。强化退役军人服务保障，巩固省双拥模范区创建成果。动态帮扶贫困家庭，持续做好巴塘对口援助。大力发展托幼机构，建设儿童友好型城市；保留适老传统服务方式，服务解决老年人运用智能技术困难，开展家庭照护型床位试点；用心用情服务残疾人、智障者、孤困儿童、独居老人等特殊群体，建设全龄段友好型包容性社会。

（七）提升中国航空经济之都治理水平。加强和创新社会治理，增强现代城市治理能力，促进高质量发展与高效能治理同频共振。推动社区发展治理与社会综合治理双线融合。强化党建引领，积极培育社区工作者，实施社区微更新项目18个，打造“15分钟社区生活服务圈”30个。深化“多网合一”服务管理，有机整合城管、综治、市场监管等网格力量，推动社会治理和服务重心下移。加强社会矛盾风险隐患“大起底”案件和信访积案化解攻坚，确保化解率达80%。推动现代智慧治理与传统方式治理良性互动。加强数字政府建设，推进公共数据开放，利用数字化全方位赋能，提升城市运行效率、资源配置和产出效率。加快布局新基建，建成5G基站3000个、智慧应用场景10处，智慧社区覆盖率达70%。依托智慧治理平台，推动市民热线、公安等信息归集研判，实现问题实时对接、联动高效处置。推动城市安全、社会安定与人民安宁互促共进。扎实开展道路交通、建筑施工、食品安全、危化品、消防、森林防灭火等专项整治，坚决遏制重特大安全事故。深化平安双流建设，加快构建高度协同、高效运转的现代化警务体系，常态化开展扫黑除恶和禁毒人民战争，严厉打击电信网络诈骗等各类违法犯罪。持续防范化解经济、金融、网络等领域风险，健全社会危机干预机制，提升城市应急治理能力，加快建设安全韧性城市。

（八）切实强化政府自身建设。深入开展“三答三改”，持之以恒优作风、提效能。坚持把党的领导贯穿政府工作各领域全过程。认真落实重大事项请示报告制度，坚决贯彻中央省市和区委决策部署。深化党风廉政建设，严格落实中央八项规定及实施细则精神，严控“三公”经费支出，规范政府采购行为，强化政策跟踪审计监督，做好巡视巡察和审计整改“后半篇文章”。提高依法行政水平。自觉接受区人大法律监督、工作监督和区政协民主监督，认真办理人大代表建议和政协委员提案。严格重大行政决策合法性审查、后评估及终身责任追究，确保行政机关负责人出庭率达95%。强化政府权责清单化管理，推动部门之间办事标准化流程化。持续简政便民，全面推行证明事项告知承诺制。提升城市经营能力。提高城市资源经济效益，提标公共行业服务，促进政府存量资产保值增值。推进城市资产所有权、管理权、经营权分离，市场化运作公共资产，多渠道吸引社会资本参与城市开发。提升高效执行能力。坚持时间工作法、问题工作法、效果工作法，重点工作周调度、月通报，高质高效推动区委决策事项落实；举办航空经济大讲堂12场以上，强化政府工作人员专业理性、精进务实作风。

新起点开启新征程，新征程承载新梦想。让我们坚定以习近平新时代中国特色社会主义思想为指导，认真贯彻落实习近平总书记对四川及成都工作系列重要指示精神，在中央省市和区委坚强领导下，实心干事、务实作为，加快建设践行新发展理念的中国航空经济之都，以优异成绩庆祝建党100周年！

名词解释

“三答三改”：“三答”指中国航空经济之都内涵是什么，怎样建设中国航空经济之都，建设中国航空经济之都应注意哪些事项；“三改”指改工作范式、改工作标准、改工作作风。

“两场一体”：指双流国际机场和天府国际机场一体化规划、一体化建设、一体化管理和一体化运营。

“两区一城”：“两区”指四川天府新区、成都东部新区，“一城”指中国西部（成都）科学城。

“一核两区两走廊”：“一核”指成都国际生物城片区，“两区”指成都芯谷融合创新区和环高校创新活力区，“两走廊”指国际空港科技创新走廊和国际空港科技合作走廊。

“三馆两片区”：“三馆”指双流体育中心体育馆及体育场、现代五项赛事中心游泳击剑馆及马术体育场、新棠湖中学体育馆，“两片区”指东升片区和西航港片区。

“5+2”道路：“5”指五环路双流段、双楠大道西延线、环港路、川藏路一期、大件路节点快速化改造5条道路，“2”指剑南大道（长顺路口）下穿隧道、剑南大道和第二绕城高速公路立交改造2个节点项目。

“三并联”：指货物启动和报关申报并联、货物运输和报关查询并联、货物运抵和通关检验并联。

大事记

A CHRONICLE OF MAJOR EVENTS

/1月/
January

1日　《空港双流》报电子版上线，双流网络电视台改版，空港融媒APP改版。

2日　中华人民共和国海关总署公布《进口肉类指定监管场地名单》，成都双流国际机场进口肉类指定监管场地在列，拟进口品种为冷冻肉类、冰鲜肉类及肉类制品。

5日　亿翰智库发布“2019年中国特色小镇项目TOP30”，双流区黄龙溪古镇以综合得分85.81分位居前十。同时，“2019年中国特色小镇运营商品牌指数TOP50”发布，华侨城以品牌指数96.83位居中国特色小镇运营商综合实力首位。

6日　位于双流区西航港开发区的特锐德川开电气有限公司智慧工厂正式投产，将成为输配电行业全国领先的智慧工厂、西南地区最大的预制舱生产基地、全国最大的新能源生态展示基地和科普基地。

8日　四川省首台保税租赁飞机发动机交付仪式在成都高新综合保税区双流园区举行，标志天合租赁飞机发动机保税融资租赁项目正式落地。

9日　双流区委第十三届委员会第十三次全体会议暨区委经济工作会议举行，总结2019年工作情况，安排部署2020年工作任务。

10日　四川省生物制品进口首单仪式举行，标志首批1.65万瓶进口人血白蛋白（商品名：奥克特诺尔）在成都海关和四川省药品监督管理局监管下从双流国际机场国际货站完成通关，拉开成都航空口岸空运进口生物制品序幕。

11日　双流区首届社区运动节启动仪式在黄甲街道举行。

16日　“你好，邻居”双流区首届社区邻里节在怡心街道举行。

17日　双流区人力资源和社会保障局、乐至县人力资源和社会保障局共同举办“2020年乐至县‘春风行动’就业援助月暨服务保障农民工招聘活动”。

19日　双流区“不忘初心、牢记使命”主题教育总结大会召开。

31日　双流区第一人民医院核酸检测基地建成，核酸检测能力达“平时”1万人次、“战时”3万人次。

/2月/
February

1日　双流区第二人民医院发热门诊建成。

11日　四川·成都电商直播

产业园项目签约仪式在线上举行，双流区与宝贝仓签订电商直播产业园项目协议，宝贝仓与阿里巴巴闲鱼、淘宝直播、成都极米电商、杭州启迪电子商务有限公司签订项目合作协议。

15 日　2020 年双流区投资促进网络直播推介会召开，发布双流区城市发展机会清单。

18 日　世界卫生组织专家组考察双流区永安中心卫生院和永安镇凤凰家园的农村疫情联防联控工作。

21 日　双流区中医医院刘翠华、唐锐、蒲少君 3 名医务人员组成的首批双流区中医医院援鄂医疗队，与四川省卫生健康委员会组建的四川省第九批（成都市第五批）援湖北医疗队的队员，共同赶赴湖北疫情防控一线。

/3 月 /
March

3 日　通过线上平台，双流区空港科服集团有限公司与大连中英产业园开发有限公司签订中英大连先进制造产业园·成都双流区企业幸福中心飞地项目战略合作协议。

7 日　双流区"云招商"网上推介会暨空港美好生活节"云节会"活动启动仪式在线上举行。

8 日　双流区中医医院发热门诊投入使用。

11 日　双流区采取"云直播"和视频连线方式，举行 2020 年第一季度重大项目暨成都芯谷高品质科创空间项目集中开工仪式，集中动工重大项目 26 个，总投资 184.5 亿元。

☆　总投资超百亿元的产业生态圈项目集中开工仪式在双流区成都天府国际生物城举行，集中开工 19 个项目，涉及生物产业生态圈创新链、产业链、供应链等多链条，总投资 123 亿元。

12 日　中国共产党成都市双流区第十三届纪律检查委员会第九次全体会议召开。

15 日　双流区举行成都国际空港商务区投资环境网络直播推介会，120 家企业、15 万人通过网络直播方式观看。

18 日　双流区市级新冠肺炎疫情防控专项五一劳动奖和工人先锋号先进集体及个人表扬大会举行。

20 日　位于双流区东升街道城北上街的双流区第一人民医院，新院名"成都市双流区第一人民医院·四川大学华西空港医院"正式开诊。

☆　澳康达西南中心项目签约仪式举行，双流区人民政府、深圳市澳康达名车广场有限公司签署合作协议。项目拟选址成都国际空港商务区起步区，计划总投资 30 亿元，建设集澳康达西南总部、澳康达名车博览交易中心、高端酒店、商务办公及其他配套为一体的澳康达西南中心。

27 日　双流区首场大健康产业线上招商推介会举行，双流区与宝石花医疗健康投资控股集团有限公司签订项目投资协议，双流区临空服务业管理委员会分别与中国医学装备协会、火石创造签订战略合作协议。

31 日　双流区被四川省委、省政府评为 2019 年度全省农民增收工作先进县（市、区）。

/4 月 /
April

1 日　位于双流区成都天府国际生物城的成都京东方医院与华为技术有限公司签署《智慧医院建设合作框架协议》。

3 日　四川省科技厅公布 2020 年度第一批 38 家瞪羚企业备案名单，双流区有 2 家企业（成都中寰流体控制设备股份有限公司、成都恒坤光电科技有限公司）上榜。

7 日　2020 年双流区委政法工作会议召开，总结 2019 年全区政法工作，通报表扬政法工作先进单位，研究部署 2020 年政法工作。

8 日　双流区永安镇白果村、松柏村获"2019 年度四川省实施乡村振兴战略工作示范村"称号。

12 日　双流区中医医院刘翠华、唐锐、蒲少君，被湖北省委、省政府授予"最美逆行者"称号。

14 日　在成都市河长办举办的首届"最美河湖""最美护河人"评选活动中，锦江双流段获"最美河湖"称号，黄水镇温庭峰获"最美护河人"称号，双流中学实验学校"小小河长"获特别奖。

15 日　双流区人民法院在线开庭审理一起疫情期间涉及口罩买卖的诈骗罪案件，是双流区首例涉疫情刑事案件。

17 日　重庆市科学技术局、双流区人民政府"落实成渝双城经济圈战略　推动协同创新发展"座谈会举行，分别介绍重庆与双流经济社会发展及科技创新情况。

☆　"成都造·芯生活"智能应用推广会在双流区举行，现场推介自主研发设计、生产制造的新技术、新产品。

☆ 双流区物流业高质量发展工作专题会召开，听取双流区物流业发展基本情况和存在的问题、物流业对全区复工复产及项目招商引资工作影响等情况汇报，审议传统物流业提档升级工作方案，研究部署现代物流业发展工作。

☆ 双流区黄甲街道在全市率先启动成都市病媒生物防制示范街道创建工作。

19日 双流区内第一所企业大学——空港发展大学正式成立。

25日 成都市人才工作领导小组办公室主办、双流区人才工作领导小组办公室承办的“蓉漂人才日”云直聘专场活动在电子科技大学科技园举行，30家用人单位发布150个招聘职位，1.3万人参与。

27日 第31届世界大学生夏季运动会双流区筹委会2020年第一次会议召开，研究大运会双流区属场馆及周边基础项目建设与改造、赛区委员会及场馆中心方案、体育（运动）产业发展思路及计划（措施），听取各工作组工作通报。

28日 双流区人民法院在微信公众平台“双流法院微服务”司法公开专栏拍卖专场上线VR实景看房板块，是全省首家在微信公众平台上线该板块的法院。

☆ 双流区组织2020年度多灾种“双盲”综合演练。

29日 双流区人民政府主办、双流区文化体育和旅游局承办的“航空经济之都·天府文创之港”2020年双流区文旅体项目推介会在天艺浓园以网络直播方式举行，推介双流文旅体产业投资发展环境，重点发布左巷右里、空港花田、数字新媒体产业园、空港中央公园等城市机会清单。

30日 双流区生态环境保护工作会议召开，总结全区2019年生态环境工作，安排部署2020年重点工作。

/5月/

May

8日 双流区第七次全国人口普查领导小组全体（扩大）会议动员会召开。

9日 双流区召开2020年“扫黄打非”工作会，回顾总结2019年全区“扫黄打非”工作，部署2020年全区“扫黄打非”工作。

11日 双流区庆祝第109届“5·12”国际护士节暨“最美护士”表彰大会举行，表扬103名“最美护士”。

14日 全国城市节水宣传周暨河长制“四进”（进企业、进小区、进家庭、进学校）专项行动启动仪式在双流区凤翔湖公园举行。

15日 以“新经济·新未来”为主题的双流区新场景新产品暨投资促进“百日擂台赛”推介会在电子科技大学科技园举行，通过“线上+线下”活动方式，推介双流投资环境，发布双流新一批机会清单。

18日 四川航空APU保税维修项目开工仪式在双流综合保税区举行。

19—20日 中国人民政治协商会议第十一届成都市双流区委员会第四次会议举行。

22日 2020年“空港HR联盟”第一期理事会暨双流区人才蓝皮书发布会在双流创客小镇举行。

☆ “5·23”中国文艺志愿者服务日成都文艺志愿者之家揭牌仪式暨公益微课堂分享会在双流区成都文艺志愿者之家举行。

25日 双流区完成村（社区）建制调整。全区调减村（社区）16个，调整后有村（社区）118个（其中村13个、社区105个）。

☆ 双流区以增减挂钩建新区土地征收方式完成对12个批次土地征收并取得建设用地批复，是新修订的《中华人民共和国土地管理法》实施以来全省首个报征批次。

27日 2020成都双流激光产业创新中心（深圳）推介会在深圳举行，介绍双流区投资环境及激光产业发展，推介“中国镭谷”项目，双流区与深圳光韵达签订投资协议。

☆ 双流区“抗疫情、稳外资、稳外贸”政策宣讲及产品推介会举行。

28日 重庆市渝北区、成都市双流区缔结友好城市共同推动成渝地区双城经济圈建设交流合作座谈会召开，两区缔结协同发展友好城市、签订合作协议。

29日 2020全球文旅产业精品住宿高峰论坛之“美宿对话世界”双流精品民宿推介会在上海举行，推介双流区文旅产业发展环境，重点推介黄龙溪古镇、空港花田项目和空港商务区。

/6月/

June

2日 《空港双流》改版第一期发行，由原4开8版改为对开8版，实现从小报到大报的过渡。

4日　2020双流区电子信息产业投资促进推介会（上海站）暨成都芯谷集成电路产业创新峰会在上海举行，介绍双流区电子信息产业发展状况及投资环境，推介成都芯谷项目。

5日　双流区中日产业合作网络直播推介会举行，发布成都市双流区中日产业合作投资机会清单，提供成都东航中心、太平园国际博览城、蓝润城科技产业园、绿地T7国际空港中心、成都芯谷研创城、感知物联网产业园、TOD凌云湾商业互联中心A区、TOD凌云湾商业互联中心B区8个项目。

☆　成都市2020年“安全生产月”和“安全生产蓉城行”活动启动仪式在双流区海滨城举行。

8日　双流区举行新冠肺炎疫情防控应急双盲演练。

11日　双流区召开领导干部大会，宣布干部任免通知。鲜荣生任双流区委书记，韩铁不再担任双流区委书记、常委、委员职务。

☆　2020双流区楼宇经济高质量发展营商沙龙活动举行，分享楼宇经济现状和发展趋势，宣传和解读双流区楼宇经济高质量发展政策。

16日　双流区制定推出《成都市双流区加快建设国际消费中心城市示范区三年行动计划》，以实际行动加快建设国际消费中心城市示范区。

20日　双流区档案馆“围绕中心　联动办展——双流区举办‘不忘初心、牢记使命’主题教育展”被四川省档案学会评为全省档案文化典型案例三等奖。

22日　双流区与武汉亚洲心脏病医院签署战略合作框架协议，双方拟合作共建武汉亚洲心脏病医院成都医院。

☆　主题为“鲲鹏共展翅　力创新未来”的同方成都首台信创PC下线暨鲲鹏智造生态联盟成立仪式在双流区举行，标志成都加快培育发展鲲鹏产业的系列部署举措在双流取得实质性成果。

29日　双流区公共资源交易中心首个采用全市统一的政府采购电子化系统（2.0版）的政采项目“双流区人民法院物业管理服务”完成开评标，标志双流区政府集中采购全流程电子化由区平台正式迈入市平台。

30日　双流区首个以国有公司自筹资金公共配套设施清河社区综合体项目（商业用地）开工建设。

/7月/
July

1日　双流区启动34家定点医疗机构参与总额控制下按病组分值付费支付方式改革。

2日　2020年成都市新经济“双百工程”重点培育企业和优秀人才名单出炉，双流区有8家企业和8名个人分别入选百家重点培育企业和百名优秀人才。

16日　2020年全市工会工作推进会在双流区召开。

17日　双流区人民法院采用七人制合议庭公开开庭审理双流区首起生产、销售有毒、有害食品的刑事附带民事公益诉讼案件。

20日　双流区人民政府主办、区商务局承办的“中国造　新国货　出四川”直播总动员暨四川成都电商直播产业园开园仪式在成都中海国际中心举办，标志西南首个电商直播产业园正式运营，西部首个淘宝官方授权的直播基地、全国首家闲鱼闲置奢侈品展播基地、盒马鲜生首个全国直播基地落户双流区。

26—28日　“三甲”评审专家到双流区第一人民医院（四川大学华西空港医院）开展现场评审，最终认定双流区第一人民医院（四川大学华西空港医院）通过“三甲”验收。

27日　成都市工商联（总商会）十二届五次常委会、四次执委会暨双流区投资推介会在双流区举行。

28日　空港兴城投资集团有限公司首单建材供应业务成功签约，合同金额2040万元，开启双流国企建材贸易先河。

29日　2020年上半年成都“最美街道”最终结果正式出炉，双流区花园路上榜。

☆　双流区人民法院联合成都天府国际生物城管理委员会、双流区临空服务业管理委员会、成都市双流区芯谷管理委员会举行“产业功能区法庭”揭牌仪式。

30日　双流区召开领导干部大会。袁顺明任双流区委委员、常委、副书记，提名任双流区人民政府区长，提名免去鲜荣生双流区人民政府区长职务。

☆　成都智能制造产业生态圈推介会暨重大先进制造业项目集中签约仪式在双流区举行，双流区引进澳康达西南中心等项目38个，协议总投资362.78亿元。

☆　双流区水务局报送的《点面结合，让水污染“无处可逃”——成都市双流区探索构建“河长制+点长制”治水新格局》入选水利部典型案例。

31 日　成都市网络理政办、“蓉城政事”微信公众号联合举办的“政事茶叙”首场活动走进双流区，开展区（市）县长对话中小微企业双流专场活动，帮助中小企业解决实际困难和问题。

☆　双流区关停正兴发射站 45 频道、双流 20 频道无线电视发射。

/8 月 /
August

2 日　双流区人民政府、四川空港花田建设发展有限责任公司、江苏灵玲旅游文化有限公司共同签署熊猫国际家园项目投资合作协议。项目拟总投资 100 亿元，以熊猫为核心元素，打造熊猫谷动物城、国际马戏演艺城，建设熊猫博物馆、艺术院、熊猫剧场、文创产业园、熊猫生态基地。

3 日　双流区首个按照“公园 +”模式营造新生活场景的杨柳湖片区综合整治提升工程完成概念性设计方案全球公开征集。

8 日　双流区与重庆猪八戒知识产权服务有限公司签约，“猪八戒网知识产权大数据西南区域总部”落地双流区。

☆　双流区永安镇人民政府联合成都天府国际生物城管委会共同举办的“2020 年首届国家地理标志双流永安葡萄文化节”开幕。

12 日　双流国际空港进境指定监管场地（口岸）推介会以线上直播和线下推介相结合的方式举行，双流综保区与重庆两路寸滩保税港区线上签订战略合作协议，商品通供应链金融与电子商务西南总部基地、海吉星国际食材体验中心签约落户双流区，总投资 175 亿元。

14 日　双流区发展和改革局、区投资促进局和双流区芯谷园区管委会主办，成都芯谷产业园公司、猪八戒网承办的“高效赋能平台新经济，构建优质营商环境——双流区投资环境网络推介直播专场活动”在成都芯谷 OVO 创客星举行。

16 日　成都市普遍出现大暴雨天气过程，双流区黄龙溪古镇出现严重内涝。

17 日　四川省食品小作坊治理提升示范现场会在双流区举行。

18—21 日　2020 中国房地产业战略峰会举行，发布中国文旅小镇标杆项目 TOP10 等系列榜单，双流区黄龙溪古镇上榜中国文旅小镇标杆项目 TOP10 榜单。

20 日　成都市 2020 年 8 月现代服务业重大项目集中开工仪式在双流航空经济区举行，双流区集中开工 14 个项目，总投资 160.09 亿元。

25 日　中国共产党成都市双流区第十三届委员会第十四次全体会议召开。

26 日　双流区被四川省委、省政府评为四川省 2019 年度县域经济发展强县（区）。

☆　成都市新经济产业功能区推介暨项目集中签约仪式举行，3 个新经济项目与双流区签约，计划总投资 63 亿元，涉及供应链金融、电子信息、现代服务业等新经济行业形态。

27 日　四川省委办公厅印发《中共四川省委、四川省人民政府关于表扬 2019 年度四川省县域经济发展强县（市、区）、先进县（市、区）和进步县（市、区）的通报》，双流区被授予 2019 年度县域经济发展强区称号。

☆　2020 双流区对日开放合作推介活动在上海举办，举行长青跨境电商产业互联网总部基地项目和伊藤食品生活馆项目签约仪式。

28 日　四川省暨成都市“2020 年老年健康西部行 · 老年健康宣传周”活动在双流区档案馆举行。

29 日　成都天府国际生物城 2020 年项目招引攻坚行动暨重点项目集中开工仪式在成都天府国际生物城举行，集中开工 23 个项目，总

8月27日，2020成都市双流区对日开放合作推介活动在上海举办，图为现场签约仪式（供图：区投促局）

投资168亿元，均为聚焦生物产业生态圈产业链、创新链及产业社区建设的高能级重大项目。

☆ 2020年成都双流区“向水而生·美丽依然”黄龙溪欢乐游活动月启动仪式在黄龙溪古镇举行。

31日 双流区委编办转发成都市委编办文件，“成都市双流区人才交流中心”更名为“成都市双流区人才服务中心”。

/9月/
September

1日 成都跨境电商B2B出口试点启动仪式在双流区举行，现场开展跨境电商B2B出口试点模式通关。

2日 双流区与广汉市签署“双广社会保险公共服务同城化发展合作协议”，双方将就养老保险无障碍转移、社会保险协同互认、社保基金风险防控协作等方面展开合作。

3日 在第二届中国国际化营商环境高峰论坛暨《2020中国城市营商环境投资评估报告》发布会上，双流区被评为“最具投资营商价值县(市、区)”。

☆ 双流区举行“安责险+安全生产数据化管控项目”启动仪式。

7日 双流区“企业咖啡时”之“大健康产业企业发展论坛”暨以商招商活动在双流区举行，双流区与四川科志、欧康医药、四川药投等企业签订战略合作协议。

8日 德邦快递西南总部基地项目开工仪式在双流区举行。项目占地面积117亩，计划总投资10亿元，主要建设高标准综合物流园区、西南结算中心、西南数据中心和综合物流服务区，将打造成德邦快递在全国首个智慧化、数字化、自动化产业园区。

9日 中国航空经济之都教师队伍建设暨优秀教师表扬大会举行。

14日 双流区在凤翔湖公园举行2020年网络安全宣传周启动仪式。

16日 双流区彭镇代表成都市接受农业农村部农村人居环境整治三年行动考核验收。

☆ 全省融媒体中心建设验收小组验收双流区融媒体中心建设，为全省唯一一家获得满分的单位。

17日 2020年四川省首架保税租赁飞机成功交付，标志双流区航空经济发展再迎突破。

☆ 成都市人民政府主办，成都市科学技术协会、成都市科学技术局、成都市社会科学界联合会、中国科学院成都分院、双流区委、双流区人民政府承办的2020年(第二十一届)成都市科学技术年会在双流区开幕。

☆ 双流区大健康产业推介会上海专场在黄浦区举办，推介双流区营商环境和大健康产业并发布机会清单。

18日 双流区委农村工作会议暨农村人居环境整治工作会议召开，总结全区实施乡村振兴战略推进城乡融合发展工作成效，安排部署下一步全区“三农”工作。

20日 双流区代表四川省接受国务院联防联控机制第12督查组督查。

22日 在成都市第三届乡村振兴“十大案例”评选活动颁奖典礼上，双流区黄龙溪欢乐田园获“十大乡村周末旅游目的地”称号。

☆ 双流区乡村振兴项目推介会举行，推介黄龙溪镇大坪山·天府邻舍林盘聚落项目和彭镇临江片区、鲢鱼片区、黄龙溪镇嘉禾片区等区域。

☆ 以“源起瞿上 丰收双流 荣耀航都”为主题的“庆丰收 迎小康”中国农民丰收节双流区活动

中国农民丰收节双流区活动在永安镇举行 （供图：区农业农村局）

在永安镇举行。

25 日　双流区入选第二批天府旅游名县候选县，黄龙溪古镇入选第二批文化旅游特色小镇。

28 日　双流区人民政府与中兴通讯股份有限公司举行中国终端项目投资合作协议签约仪式。

☆　双流区与四川大学校地合作共建重点项目——川大院士公寓项目开工仪式在西航港街道举行。

/10 月 /
October

13 日　双流区召开2020年镇村级河长述职大会，在全省率先启动基层河长“年初建账、年底交账”河长述职评议工作新模式。

15 日　成都市现代物流产业生态圈联盟第一次全体大会暨双流航空物流供应链创新中心揭牌仪式在双流区举行，签署成渝双城共建现代物流产业生态圈联盟合作协议。

16 日　成德眉资医疗保障经办服务同城化合作签约仪式在双流区举行。

17 日　首届成都市馆藏珍档颁发及“十大珍档”守护仪式举行，双流区档案馆选送的《民国成都市城区街道图》入选“2020年首届成都市馆藏十大珍档”。

21 日　为期2天的2020（第四届）民用飞机运行支持技术国际论坛在双流区开幕。

24 日　双流区举行首届青少年科技节暨青少年科技创新大赛。

☆　双流区妇幼保健院被全国妇联评为“2019年度全国三八红旗集体”。

☆　双流区巴塘县开展2020年格桑梅朵绽放工程“三进”活动。

28 日　双流区“外籍人才一站式政府服务工作站”在成都双流自贸试验区（漫客空间&企业幸福中心）成立。

☆　双流区镇街人大工作会召开。

29 日　“聚女创筑梦航都　唱双城共谱华章”2020年双流区优化营商环境之“企业咖啡时”女企业家专场活动在电子科大科技园举行，邀请成渝两地女企业家就促进成渝双城女企业家合作互动开展座谈。

/11 月 /
November

5 日　为期两天的第四届国际先进光刻技术研讨会在双流区开幕。

9 日　成都市生态环境保护综合行政执法总队双流支队正式挂牌。

10 日　双流区纪委监委、区委宣传部主办，区文体旅游局、区妇联承办，黄甲街道、区融媒体中心协办的“清风领航·好风传家”主题文艺晚会在黄甲街道黄甲广场举行。

11 日　重庆市渝北区教育委员会与成都市双流区教育局在渝北区职业教育中心举行教育联系会议，四川省双流中学与重庆市暨华中学校、成都电子信息学校与重庆市渝北职业教育中心、成都市双流区实验小学与重庆市渝北区空港新城小学校签订结对交流合作协议。

12 日　“菁蓉汇·校企双进”——成电之约暨成都投资促进推介会在双流区举行，西南航空港经济开发区管委会与北京思特奇信息技术股份有限公司、成都数之联科技有限公司、天曰能安达科技有限公司分别签约。

13 日　双流区首家大学生志愿服务实践基地在黄甲街道新时代文明实践所落地。

14 日　新华社以《听，航空业的“潮声”！》为题报道双流航空经济发展情况。

☆　总投资20亿元的中国（成都）未来水生态科技城项目正式开工。

16 日　中国智慧楼宇暨成都市双流区产业合作论坛举行。

17 日　2020中国楼宇经济全球合作大会“成都之夜”交流颁奖晚会举行，双流区获中国楼宇经济领军发展城区奖。

☆　四川省抗击新冠肺炎疫情和防汛救灾表彰大会举行，双流区6名个人、4个单位（组织）获四川省先进个人、先进集体、先进基层党组织称号。

18 日　“2020中国幸福城市论坛”举行，双流区获评“中国最具幸福感城区”，是中西部唯一获评的区县。

☆　四川省委宣传部指导，封面新闻、华西都市报社主办的“成渝十大文旅新地标”典礼活动暨成渝文旅发展交流活动在双流区举行，黄龙溪古镇和空港花田分别获得2020年度“巴蜀文化新地标”和“成渝潮流新地标”。

20 日　双流区水务局获评全国文明单位，为全国唯一上榜区级水务部门。

23 日　双流区九江街道“一缕阳光”结核病志愿者团队被中国疾控中心结核病预防控制中心评为“2019年度全国百千万志愿者结核病防治

知识传播活动优秀志愿者团队”。

25日　双流区被水利部评为全国第三批节水型建设达标县（区）。

☆　四川省行政复议、行政应诉业务培训班在双流区举行。

29日　以民主党派思想政治建设的理论与实践为主题的2020“蓉城同心”实践工作交流会在双流区召开。

30日　成都市抗击新冠肺炎疫情和防汛救灾表彰大会举行，双流区获抗击新冠肺炎疫情先进个人16名、先进集体9个，获抗击新冠肺炎疫情优秀共产党员4名、先进基层党组织4个，获防汛救灾优秀共产党员3名、先进基层党组织2个。

11月30日至12月2日　双流区作为全国首批迎接国家学前教育普及普惠督导评估的区县，代表四川省接受全国县域学前教育普及普惠督导评估认定。

/12月/
December

1日　以“畅想城市自然有序生长的美好生活”为主题的公园营城·天府怡心湖首发仪式在世纪城国际会议中心举行。

☆　双流区2020年“世界艾滋病日”宣传活动在九江街道海滨城广场举行，宣传主题为“携手防疫抗艾，共担健康责任”。

2日　四川省第八届劳动模范和先进工作者表彰大会举行，双流区6人上榜。

3日　成都市协调劳动关系三方委员会发布第二届成都市模范劳动关系和谐单位名单，双流区9个镇（街道）、2个产业园、76个村（社区）、307家企业获评成都市级模范劳动关系和谐单位，双流区被评为成都市AAAAA级模范劳动关系和谐单位。

☆　双流区医保基金监管实现“四个转变”的做法被四川省委深改办《四川改革动态》第117期专刊刊发。

☆　在第二届“守护美丽河湖——争创示范河湖”全国短视频公益大赛中，双流区水务局报送作品《梦回锦江》获优秀奖。

7—12日　双流区派出523名医务人员驰援郫都区开展核酸检测采样。

8日　双流区不动产登记中心“交房交证”试点项目“流溪别院·雅苑”颁证仪式举行，标志双流区新建商品房“交房交证”改革工作启动。

9日　四川省药品监督管理局与成都天府国际生物城管委会在成都天府国际生物城文化中心举行成都天府国际生物城医药产业高质量发展合作备忘录签约仪式。

10日　双流区建成全省首个体验式电梯安全教育培训基地。

11日　“三江小区周边道路工程施工标段”项目在双流区公共资源交易服务中心开标室开标，无一位投标人到场，实现开标“不见面”、投标“零跑路”。

15日　双流区政务中心社保分中心被评为全省人力资源社会保障系统2020年度优质服务窗口。

16—19日　“三甲”评审专家到双流区妇幼保健院开展现场评审，最终认定双流区妇幼保健院通过“三甲”验收。

17日　双流区委相继召开“十四五”规划编制“两代表一委员”和基层代表座谈会、党外人士座谈会，听取对双流“十四五”及更长时期发展的意见建议。

18日　文旅产业指数实验室发布2020年11月全国县级文旅新媒体传播力指数TOP10榜单，双流文旅体获评全国县级文旅机构官方微博传播力TOP10（全国第五）。

☆　双流区劳动人事争议仲裁院获评“四川省劳动人事争议标准化仲裁院”。

22日　四川省公共卫生综合临床中心工程建设用地获批。四川省公共卫生综合临床中心位于黄龙溪镇，是新修订的《中华人民共和国土地管理法》实施后四川省首个获国务院批准的单独选址项目。

28日　四川省精神文明建设表彰大会举行，双流区黄龙溪镇获第五届四川省文明村镇称号，双流区委党校获第五届四川省文明单位称号，双流区实验小学获第二届四川省文明校园称号。

31日　中国共产党成都市双流区第十三届委员会举行第十五次全体会议。

☆　农业农村部办公厅印发《关于推介全国农村财务管理规范化建设典型案例的通知》，其中《成都市双流区：给集体资产发数字“身份证”》案例入选，是四川省唯一入选案例。

双流概览

OVERVIEW OF SHUANGLIU

/ 区情概貌 /

General Introduction of Shuangliu District

【概况】 双流区地处成都市西南面，地理位置介于北纬30°13′～30°40′、东经103°47′～104°15′之间；东连龙泉驿区、简阳市，南接眉山市仁寿县、彭山区，西邻新津区、崇州市，北靠温江区、青羊区、武侯区、锦江区；区政府驻东升街道，距成都市主城区10公里。2020年，双流区实际管辖区面积466平方公里，其中城市建成区面积117.6平方公里；实际管辖5个街道、4个镇，有106个社区、28个行政村；年末常住人口146.58万人，户籍户数25.5万户、户籍人口67.30万人（其中城镇人口50.31万人、乡村人口16.99万人）。全区全年出生人口9214人，死亡人口3916人，人口自然增长率6.22‰，符合政策生育率99.82%，人口密度3298人/平方公里。

（葛丽平　熊　成）

2020年双流区街道（镇）、社区（村）及小组基本情况表

表1

镇（街道）名称	排序	村（社区）名称	村村民小组（个）	社区居民小组（个）	城市社区居民小组（个）	办公地址
东升街道	1	白鹤社区	—	—	10	长顺路二段万家巷1号
	2	广都社区	—	—	10	鸿兴路118号
	3	花月街社区	—	—	7	花月东街17号
	4	龙桥社区	—	—	10	龙桥社区1组200号
	5	普贤社区	—	—	6	航园路418号
	6	三义桥社区	—	—	6	爱心公园负一楼
	7	双桂社区	—	—	8	楠桂街118号
	8	棠湖社区	—	—	10	棠湖西路一段40号三楼
	9	五洞桥社区	—	—	7	五洞桥北路一段77号
	10	城塔社区	—	—	16	一杆旗北街71号

续表 1

镇（街道）名称	排序	村（社区）名称	村村民小组（个）	社区居民小组（个）	城市社区居民小组（个）	办公地址
	11	接待寺社区	—	—	8	星空路一段 172~180 号
	12	葛陌社区	—	—	7	星空路一段 600 号
	13	迎春桥社区	—	—	9	商都路 265 号
	14	芦蒿社区	—	—	4	双桂路 112 号
	15	紫东阁社区	—	—	12	北坛路 101 号
	16	长兴社区	—	—	9	三里坝街 1 号
	17	丰乐社区	—	—	8	瑞吉路 161 号
	18	清泰社区	—	—	8	石佛路二段 37 号
	19	双巷社区	—	—	6	双巷社区 2 组 2 号
	20	永乐社区	—	—	6	香榭园邻二期一栋一楼
	21	永福社区	—	—	8	吴家坝北街 306 号
	22	三里坝社区	—	—	6	永安路五段 188 号
	23	花园社区	—	—	10	双江路 300 号
西航港街道	1	莲花社区	—	—	4	西航港大道中三段 789 号附 1 号
	2	白家场社区	—	—	4	川大南路二段 99 号
	3	成白路社区	—	—	7	川大南路二段 95 号
	4	常乐社区	—	—	6	学府西路 158 号
	5	光明社区	—	—	5	川大路三段 108 号 67 栋
	6	桂花堰社区	—	—	6	黄荆路 33 号
	7	湖夹滩社区	—	—	4	文星大道 207 号
	8	花红社区	—	—	5	黄河中路一段 317 号
	9	江安社区	—	—	8	文化街二段 113 号
	10	近都社区	—	—	5	黄河北路 128 号
	11	九龙湖社区	—	—	9	双华路三段 1122 号
	12	龙港社区	—	—	7	杨桥路 99 号
	13	蜀星社区	—	—	4	蜀龙街 116 号
	14	寺圣社区	—	—	7	月星路 125 号
	15	星月社区	—	—	10	月星路 66 号
	16	机场路社区	—	—	10	黄河中路二段 36 号
黄水镇	1	白塔社区	—	—	10	宜城西路 25 号
	2	桂花社区	—	—	9	云燕路 9 号 32 栋
	3	楠柳社区	—	14	—	柳清街 512 号
	4	桃荚社区	—	12	—	燕杨路 333 号
	5	板桥社区	—	6	—	金河路六段 301 号
	6	扯旗社区	—	7	—	扯旗社区 5 组 107 号
	7	红桥社区	—	7	—	红桥七组 306 号

续表 1

镇（街道）名称	排序	村（社区）名称	村村民小组（个）	社区居民小组（个）	城市社区居民小组（个）	办公地址
	8	文武社区	—	8	—	文武社区 7 组 1 号
	9	杨公社区	—	8	—	杨公社区兴旺北街 68 号
	10	长沟社区	—	9	—	涧槽南街 5 号
	11	应天寺社区	—	7	—	牧山路三段 12 号附 2 号
	12	云华社区	—	8	—	牧华路一段 700 号 26 栋
	13	花龙村	7	—	—	花龙村七组 200 号 45 栋
九江街道	1	泉水凼社区	—	—	9	泉葫路 1 号
	2	金岛社区	—	—	8	草金路 1 号
	3	通江社区	—	—	7	渔江路 108 号
	4	石井社区	—	5	—	统龙路亲友超市对面
	5	龙池社区	—	7	—	龙池社区 2 组 500 号
	6	石牛社区	—	7	—	石牛社区 3 组 38 号
	7	万家社区	—	8	—	王家碾路 21 号
	8	大井社区	—	8	—	大井南街 93 号
	9	蛟龙社区	—	7	—	大渡路 33 号
	10	马家寺社区	—	8	—	美湖路 217 号
	11	邹家场社区	—	8	—	西锦路 458 号
怡心街道	1	公兴场社区	—	—	4	政府街 70~80 号
	2	骑龙社区	—	—	10	剑南大道南段 842 号
	3	河池社区	—	—	7	剑南大道南段 1620 号
	4	兰家沟社区	—	—	9	牧鱼一路 285 号
	5	草坪社区	—	—	7	牧鱼一路 38~42 号
	6	藕塘社区	—	—	12	荷韵路 68 号
	7	双塘社区	—	—	14	荷韵一街 2~4 号
	8	清河社区	—	—	12	和顺路一段 240 号
	9	高峰社区	—	—	3	和顺路 1 段 92 号
	10	长顺社区	—	—	7	长顺大道一段 389 号
	11	三江社区	—	—	7	警校路二段 550 号
	12	红瓦社区	—	—	9	华府大道二段 1155 号
黄甲街道	1	青云寺社区	—	—	9	青云寺社区 7 组 319 号
	2	文庙社区	—	—	11	文庙社区 1 组 92 号
	3	双华社区	—	—	9	双华广场巷 64~68 号
	4	长埂社区	—	—	3	家园路 141 号
	5	王家场社区	—	—	7	升平街 178 号
	6	一里坡社区	—	—	8	升平街 255 号
	7	八角社区	—	—	6	黄桷树街 185 号

续表 1

镇（街道）名称	排序	村（社区）名称	村村民小组（个）	社区居民小组（个）	城市社区居民小组（个）	办公地址
彭镇	1	彭家场社区	—	—	4	春波路 112 号
	2	合水社区	—	—	9	合水社区 3 组 168 号
	3	布市社区	—	—	11	金葡路 26 号
	4	木樨社区	—	8	—	木樨社区 2 组 188 号
	5	兴福社区	—	12	—	兴福社区 6 组 142 号
	6	燃灯社区	—	6	—	罗汉路 448 号
	7	柑梓社区	—	6	—	彭柑路 2516
	8	光荣社区	—	6	—	花园路二段 379 号
	9	羊坪社区	—	7	—	羊坪中心小区 1 号
	10	金桥社区	—	5	—	金红路二段 149 号
	11	红石社区	—	8	—	红石社区五组（自建小区 15 栋 1 号）
	12	鲢鱼社区	—	5	—	鲢鱼社区一组鲢鱼寺街 151 号
	13	新安社区	—	8	—	新安社区四组 315 号
	14	昆山社区	—	8	—	昆山社区兴业巷 29 号
	15	歧阳社区	—	7	—	歧阳社区一组 68 号
	16	金湾社区	—	4	—	金湾路 41 号
	17	岷江村	5	—	—	金红路岷江村 2 组 300 号
	18	永和村	6	—	—	永和村 2 组 80 号
	19	金马村	6	—	—	金马村 4 组 301 号
	20	金河村	9	—	—	金河村 4 组 124 号
	21	临江村	7	—	—	临江村 1 组 300 号
	22	舟渡村	3	—	—	舟渡村二组 200 号
永安镇	1	付家坝社区	—	—	16	四兴街 25 号
	2	松柏社区	—	—	8	松柏 3 组 200 号
	3	凤凰里社区	—	—	12	黄龙大道三段 501 号 8 栋附 5
	4	双坝村	9	—	—	双坝村 4 组 288 号
	5	景山村	22	—	—	景山村 13 组
	6	三新村	9	—	—	三新村 7 组 200 号
	7	梨园村	10	—	—	梨园村 4 组
黄龙溪镇	1	黄龙社区	—	—	6	金华东街 139 号
	2	大河社区	—	—	7	大河社区 4 组 205 号
	3	嘉禾社区	—	—	8	黄龙大道四段 2780 号
	4	古佛社区	—	—	11	黄龙大道 4 段 2200 号 16 栋 1 单元
	5	白马社区	—	—	12	黄龙大道四段 681 号 341 栋
	6	响水村	7	—	—	响水村 1 组 205 号
	7	川江村	8	—	—	川江村 8 组 87 号
合计	935		108	234	593	—

说明：表中红色标注为 74 个按照城组法实施选举社区，黑色为 31 个按照村组法实施选举社区，蓝色标注为 13 个村

【区划沿革】双流古称广都。古蜀王蚕丛、杜宇、开明氏等曾先后以广都为治所。秦惠文王更元九年（前316年），秦灭蜀，双流地属蜀郡。西汉武帝元朔二年（前127年），置广都县，属蜀郡。新王莽始建国元年（9年），广都县更名为就都亭，东汉永平元年（58年）复名广都县。蜀汉时期，广都县隶属关系不变。东晋永和八年（352年），以蜀之流人置宁蜀郡（侨郡），广都县改属宁蜀郡。北周武成元年（559年），废宁蜀郡，广都县仍属益州蜀郡。隋仁寿元年（601年），避炀帝杨广讳，借左思《蜀都赋》中“带二江之双流”，改称双流，属蜀郡。唐龙朔三年（663年），析双流县复置广都县，同属成都府。北宋，双流县、广都县仍属成都府。北宋熙宁五年（1072年），废陵州，以贵平、籍县为镇，划入广都县。南宋，隶属关系不变。元中统元年（1260年），废广都县，部分区域划入双流县。元至元十二年（1275年），双流县属成都路录事司，至元二十三年（1286年）隶属四川等处行中书省。明洪武九年（1376年），改四川等处行中书省为四川布政使司。洪武十年（1377年），撤销双流县建制并入华阳县。洪武十三年（1380年），复置双流县，隶属关系不变。明崇祯十七年（1644年），张献忠在成都建立“大西”政权，双流县曾一度属“大西”。清康熙六年（1667年），双流县并入新津县（曾一度用名“新双县”）。清雍正八年（1730年），双流县复置，属成都府。1914年，双流县属西川道。1929年，双流县直属四川省辖。1935年，双流县属四川省第一行政督察区。中华人民共和国成立初，四川省分为川东、川南、川西、川北4个行署区，在行署区之下设专区，双流县隶属川西行署区温江专区。1952年，撤销行署区，恢复四川省建制，双流县属四川省温江专区所辖。1959年，双流县一度与华阳县合署办公，同年7月撤销双流县建制并入温江县。1962年，双流县复置，隶属关系不变。1965年，华阳县撤销并入双流县。1976年，仁寿县籍田区划入双流县；同年，双流县划归成都市管辖。2015年12月，双流县撤县设区获批。2016年3月1日，成都市双流区人民政府发布公告，宣布撤销双流县，设立成都市双流区，以原双流县的行政区域为成都市双流区的行政区域。

【地形地貌】双流区位于龙泉山脉中段西侧，地形地貌多样，境内分布有坝区、丘区和绵延起伏的浅丘台地。双流区境内海拔423～988.1米，主要有龙泉山、牧马山两大山脉。龙泉山源起罗江县瓦店乡青龙羌峡，是东北向西南走向的狭长褶皱构造低山，长210公里，宽10～18公里。龙泉山从龙泉驿区柏合街道入境内，经太平、合江、三星、大林4个镇，到双青枫出境入仁寿县。牧马山源起东升街道，山脉经东升、西航港、黄甲、胜利、公兴、永安、黄龙溪等镇（街道），绵延入新津区至彭山市双河口止，长35公里，宽11公里，山脉走向由西北至东南，山势平缓微倾。双流区境内河流属岷江水系，多集中分布于平原地区，流向近于由北东向南西，主要河流有金马河、锦江、江安河、杨柳河、白河和鹿溪河，河流总长为117.65公里。

（葛丽平）

【气候特征】双流区属四川盆地亚热带湿润季风气候区，四季分明，气候温和，春秋季短，夏冬季长，雨量充沛，日照偏少，无霜期长；2020年平均气温16.3℃，极端最高气温37.5℃，极端最低气温-4.6℃；2020年平均降水量855.8毫米，年平均相对湿度83%；年平均无霜期289天，全年日照957.6小时；年平均风速1.2米/秒，最多风向为NNE（北东北）风；年平均蒸发量907.5毫米，年雷暴日数26.3天。双流区主要气象灾害有暴雨、高温、大雾、雷暴、大风、寒潮、低温、干旱、冰雹。

（廖丽娟）

【文化旅游资源】双流区境内有被称为古蜀农耕文化发祥地的“瞿上城”遗址，亦有出土于东升街道清泰村的晋碑、市级文物保护单位金华庵等文物古迹，以及黄龙溪古镇、古佛堰等名胜。黄龙溪景区为国家AAAA级旅游景区。黄龙溪古镇位于双流区西南，全镇面积50.4平方公里，距成都市区38公里，有2100多年历史，先后被评为“中国民间艺术（火龙）之乡”“中国环境优美小城镇”“中国民间文化遗产旅游示范区”“中国历史文化名镇”。黄龙溪民俗文化历史悠久，融合古蜀、三国等众多文化内涵于一身，其中龙狮文化中的火龙灯舞因悠久的历史渊源、深具民族民间韵味被确定为国家级非物质文化遗产保护对象。黄龙溪打造完成一湖两河、七街九巷、六寺十古，无论是清新灵动的“黄龙见水”——真龙街，还是静怡俊秀的“上河衢田园水村”都已成为古镇独特的标志。

【双流荣誉】 双流县于1995年获"全国农村青年星火科技示范活动先进示范县"、四川省"乡镇企业十强县"称号；1996年，获评"全国科技工作先进县"；2000年，被正式命名为"全国广播电视先进县""全国造林绿化百佳县"；2003年，被民政部命名为"全国村民自治模范县"；2005年，获"全国文化先进县"称号，被教育部列为全国"义务教育监测项目县"；2006年，率先通过四川省"义务教育示范县"专家组评估验收；2007年，入围"全国最具投资潜力中小城市百强县"列21位，获"全国中小城市综合实力百强"称号，被授予"全国文物工作先进县"称号；2008年，被水利部确定为全国节水型社会建设试点地区，是四川省唯一被确定为国家级节水型社会建设的县级试点地区，获"国家科技进步优秀示范县"称号，为四川省唯一获得此荣誉的县；2009年，被国家中医药管理局批准为全国农村中医工作先进县，被国家体育总局评为"全国农民体育健身工程先进县"；2010年、2011年连续获"中国全面小康十大示范县（市）"称号；2012年，入选2012中国县（市）级十大最具幸福感城市，获中国儿童慈善奖"突出贡献奖"，获评全国社会主义新农村建设档案工作示范县、全国敬老模范县，获"慧聚中国·2012中国最佳生态环境魅力城市（区县）"称号；2013年，被全国爱国卫生运动委员会授予双流县国家卫生县城称号。2016年，双流县域经济基本竞争力全国百强排名升至13位，连续7年获"中国全面小康十大示范县市"称号。2016年度中国中小城市科学发展指数研究成果发布，双流区跻身2016年度中国中小城市综合实力百强区、中国最具投资潜力中小城市百强区，分别列第38位、第99位。2017年，双流区经济综合实力在全国百强区排名第38位，获评全省县域经济发展先进县、县域经济发展模范县；4月，获批国家级临空经济示范区。2018年，双流区获评全国投资潜力百强区、全国幸福百县、全省县域经济先进县，位居综合实力全国百强区第37位、全国营商环境百强区县第18位、全国科技创新百强区第36位。2019年，双流区获评"2019年度中国全面小康十大示范县市""中国营商环境百佳示范县市"，成为全国综合实力百强区排行榜（全国百强区）第32名、2019年度全国科技创新百强区。2020年，双流区获评2020中国最具幸福感城市（城区），中国营商环境百佳试点县市排名升至第14位，中国城市品牌形象百优县区排名第5位；获评省级体育产业示范基地，成功创建全国象棋之乡、省级敬老模范区、省级食品安全示范区，入选天府旅游名县候选县；成都芯谷研创城获评"全市最理想科创空间"。

（葛丽平）

国民经济与社会发展
National Economic and Social Development

【概况】 2020年，双流区实现地区生产总值1002.04亿元、比2019年增长2.1%，其中第一产业增加值18.58亿元、增长0.9%，第二产业增加值331.05亿元、增长7.6%，第三产业增加值652.41亿元、下降1.5%，一、二、三产业比为1.9∶33∶65.1；完成固定资产投资增长9.1%，规模以上工业增加值增长9.5%，社会消费品零售总额394.32亿元、下降2.3%；实现全口径财政收入275.25亿元、增长22.9%，其中一般公共预算收入77.56亿元，增长8.2%，地方税收收入68.35亿元，增长12.1%；实现城镇居民人均可支配收入51299元、增长5.6%，农村居民人均可支配收入31898元，增长8.3%。双流区民营经济实现增加值573.61亿元，增长2.8%，其中第一产业增加值2.37亿元，增长3.7%，第二产业增加值273.68亿元，增长9.6%，第三产业增加值297.56亿元，下降2.5%；民营经济增加值占地区生产总值比重57.2%。

【农业】 双流区都市现代农业融合发展，建成高标准农田1.2万亩，完成300亩森林植被恢复工程，做好"菜篮子"工作，蔬菜种植面积18万亩；抓实农产品质量安全监管，全区蔬菜、水果农残检测合格率达98%；推进新签约蓝田景观型蔬菜基地、城投生命健康小镇、棠湖云栖里等农业重大项目3个，计划总投资144亿元，其中蓝田景观型蔬菜基地已基本开工建设；加快推进华侨城欢乐田园和金马乡韵田园综合体等项目建设。双流区实现粮食总产量3.87万吨，出栏生猪1.64万头，肉类总产量3356吨，禽蛋产量869吨；实现第一产业增加值18.58亿元，增长0.9%。

【工业和建筑及房地产业】 双流区

有纳入统计的规模以上工业企业363户，规模以上企业年销售收入上5亿元企业18户、销售收入过10亿元企业13户；实现工业增加值291.12亿元（其中规模以上工业增加值增长9.5%），实现主营业务收入1355.67亿元，利润总额49.05亿元，利税总额66.71亿元；主导产业完成总产值1043亿元、增长12.5%，其中新兴电子信息实现工业总产值704亿元、增长15.5%，新能源实现工业总产值163亿元、增长10.2%，主导产业实现工业总产值占规模以上工业比重83.5%、较2019年上升1.9个百分点。双流区有建筑施工企业80家，其中总承包企业49家，全年建筑业总产值增长5.2%；房地产开发投资下降6.3%，商品房销售面积283.1万平方米（其中住宅销售面积206.7万平方米），实现商品房销售额393.23亿元。

【国内贸易和旅游业】 双流区实现社会消费品零售总额394.32亿元，下降2.3%。按经营地统计，城镇实现零售额376.77亿元，下降2.3%，乡村实现零售额17.55亿元，下降1.8%；按消费形态统计，商品零售收入357.52亿元，下降2.2%，餐饮收入36.80亿元，下降3.1%。双流区全年接待游客1606.82万人，旅游收入129.3亿元，增长3.4%。

【固定资产投资】 双流区固定资产投资增长9.1%，其中第一产业投资下降25.2%，第二产业投资增长3%，第三产业投资增长12%；民间投资下降14.9%，占固定资产投资比重47%。

【对外开放】 双流区实现外贸进出口总额781.5亿元，增长14.2%；实际利用外资20.2亿元，实际到位内资158.25亿元；新签约引进重大项目17个，新签约引进重大项目落地14个。

【交通邮电】 双流区交通运输、仓储和邮政业完成固定资产投资29.8亿元，实现交通运输、仓储和邮政业增加值169.47亿元，下降9.2%。全区公路里程988.48公里，公路桥梁总计239座（含乡道、村道，不含86座县级以上公路桥梁）；内河航道通航里程6公里；飞机起降架次311797架，下降15%，航空货邮吞吐量61.85万吨，下降7.9%，航空旅客吞吐量4074.15万人次，下降27.1%。全区固定电话用户41万户，移动通信用户65.2万户。

【财政金融】 双流区实现一般公共预算收入77.56亿元，增长8.2%，占地区生产总值的7.7%，地方税收收入68.35亿元，增长12.1%；实现全口径财政总收入275.25亿元、增长22.9%，其中全口径税收收入143.49亿元，增长23.6%；实现全口径财政总支出257.34亿元，其中一般公共预算支出102.36亿元，下降3.3%。双流区金融机构人民币存款余额1892.14亿元，增长14.4%，其中住户存款余额1157.61亿元，增长13.2%；金融机构人民币贷款余额1389.36亿元，增长20.9%。双流区人寿保险业实现保费收入9.9亿元，财产保险业实现保费收入9.8亿元，其中政策性农业保险945万元，涉农贷款投放214亿元。

【科技教育】 双流区全年认定通过高新技术企业56家，总数达265家；实现高新技术产业产值1091亿元，技术合同交易额34.03亿元；建有各级创新平台187个，其中国家级31个、省级85个、市级71个；新申请专利5908件，其中发明专利2061件；新获专利授权3527件，其中发明专利501件；有效发明专利拥有量2869件。双流区有普通中学、职业初中34所，在校学生3.8万人；有中等职业学校7所，在校学生1.2万人；有小学23所，在校学生6.8万人；有幼儿园178所，在园幼儿4.5万人；有特殊教育学校1所，在校学生197人；普通高考（包括职教）参考人数7165人。

【文体卫生】 双流区有公共图书馆11个，馆藏图书140万册，其中纸质图书68.7万册、纸质中文报纸120种，电子图书75万册、电子期刊6500种、电子中文报纸600种、电子工具书14万种；有大型体育场馆2个、“村（社区）基层综合性文化服务中心”118个、网吧224家、歌舞娱乐场所71家；开展“走基层”文化惠民演出40场、“月月大舞台”57场、公益电影5238场、图书馆公益活动120场、全民阅读活动45场、全民健身体育活动200场和青少年竞赛与培训10次，让100万人次群众受益。双流区有各级医疗卫生机构598家，其中医院27家、基层医疗卫生机构567家、专业公共卫生机构3家、其他卫生机构1家；有床位数5879张，医疗卫生技术人员8205人，其中执（助理）医师3485人；孕产妇死亡率为零，孕产妇死亡漏报率为零；婴儿死亡率1.28‰，5岁以下儿童死亡率2.02‰。

【城市建设和安全生产】 双流区城市道路长823.2公里，建成区面积117.6平方公里，道路面积1827.61万平方米，其中人行道面积490.07万平方米；有公园9个、面积39.27万平方米，绿化覆盖面积5768公顷，公园绿地服务半径覆盖的居住用地面积1932公顷。全区天然气供气管道长3906.36公里，天然气销售总量2.6亿立方米，其中居民家庭用气量1.35亿立方米；生产水的自来水厂3个供水管道长3740.98公里，综合生产能力60万立方米/日，城市自来水供水总量26289.36万立方米（含天府新区成都直管区部分区域）。双流区全年空气质量优良天数293天，空气质量优良天数比例80.1%；发生交通事故64件，下降8.6%，火灾事故4件，下降6.9%。

【人民生活和社会保障】 双流区城镇居民人均可支配收入51299元、增长5.6%，农村居民人均可支配收入31898元、增长8.3%；城镇居民每百户拥有彩色电视机148台、洗衣机105台、电冰箱109台、移动电话299部、空调195台、家用汽车80辆、摩托车9辆，农村居民每百户拥有彩色电视机146台、洗衣机104台、电冰箱106台、固定电话4部、移动电话297部、空调132台、生活用汽车67辆、摩托车32辆；城镇职工养老保险参保42.82万人，城乡居民养老保险参保7.26万人、参保率95.0%，城乡居民基本医疗保险参保45.69万人、参保率98%，城镇登记失业率3.3%；救助农村低保2.46万人次、发放低保救助金1595.85万元，救助城市低保0.76万人次、发放低保救助金590.82万元，救助率100%；医疗住院救助城乡困难群众1739人次、发放医疗救助金196.08万元，其中城市医疗救助225人次、发放医疗救助金48.34万元，农村医疗救助1514人次、发放医疗救助金147.74万元，救助率100%；有13512名80岁及以上的高龄老年人享受高龄津贴，补贴金额1581.99万元，其中1960名90岁及以上的高龄老年人享受高龄津贴，补贴金额448.88万元，57名100岁及以上的高龄老年人享受高龄津贴，补贴金额28.9万元；投入资金367万元资助2552名残疾人参加养老保险和609名重度残疾人购买城乡医疗保险，投入资金102万元走访慰问1700困难残疾人，投入资金298.81万元康复救助164名残疾儿童，投入资金82.16万元为11515名残疾人家庭开展医生签约服务并为1805名重度残疾人提供个别化服务包。

（王　玲）

新冠肺炎疫情防控

COVID-19 Prevention and Control

【概况】 2020年，新冠肺炎疫情暴发。双流区坚定贯彻习近平总书记关于疫情防控重要指示批示精神，落实党中央、国务院和省市决策部署，做好"外防输入、内防反弹"工作，同时按照"人物同防"要求，做好防控组织体系构建、疫情排查、防疫物资保障、医疗防控、空港防控等疫情防控。

【疫情防控组织体系构建】 1月22日，双流区成立由区委、区政府主要领导任组长的新型冠状病毒感染的肺炎疫情防控领导小组，下设综合工作、应急保障、宣传舆情、交通运输、市场监管、医疗救治、防控指导、文旅活动8个工作组，建立部门、镇（街道）定期会商、联系制度。1月23日，双流区新型冠状病毒感染的肺炎疫情防控指挥部成立，负责疫情防控的统一领导、统一指挥，下设综合信息、监督督查、应急保障、信访维稳、宣传舆情、交通运输、市场监管、医疗救治、疫情防控9个工作组。1月25日，双流区新型冠状病毒感染的肺炎疫情防控指挥部组成人员调整，下设综合信息、监督督查、基础排查、应急保障、信访维稳、宣传舆情、交通运输、市场监管、医疗救治、疫情防控10个工作组。4月1日，双流区新型冠状病毒感染的肺炎疫情防控指挥部工作组调整，下设综合信息、监督督查、基础排查、应急保障、市场监管保供、宣传和信访维稳、防疫救治、居家医学观察人员管理服务、机场工作、复工复产、复学工作、信息化建设、农村疫情防控13个工作组。12月4日，双流区新型冠状病毒肺炎疫情防控指挥部组织架构调整，下设综合信息、监督督查、医疗救治、专业疫情防控、社区疫情防控、经济社会秩序恢复、医疗物资保障、生活物资保障、机场工作、信访维稳、宣传舆情、交通运输、市场监管、信息化保障、教育工作、农村工作16个工作组。

【疫情排查】 双流区组织基层力量，全覆盖开展上门入户排查，截至2月12日累计动员2.5万人，对134

个村社、1561个小区院落，走访排查69.1万户、125.3万人，摸排出湖北籍来双人员2359人（含武汉籍1193人）、非湖北籍经湖北来双人员2154人；开展道路运输排查，截至3月3日设置公路检疫点13个，检查车辆153478辆、279895人，其中湖北籍车辆233辆、335人，武汉籍车辆16辆、24人，重庆籍车辆1905辆、3420人。

【防疫物资保障】 双流区实行区、镇（街道）两级储备防疫物资，区级物资集中储备在区疾控中心，由区疫情防控指挥部统一调度；按照满负荷30天用量储备，与区内3家口罩生产企业签订采购协议，优先为双流区提供220万个/天的保障能力。截至5月，双流区卫健局接受社会捐赠普通口罩11.2万个、防护口罩2.3万个、防护眼镜7000个、防护服6500件、空气消毒机400台、次氯酸钠78吨、消毒酒精1500升、其他消毒品2000瓶。

【医疗防控】 双流区在定点收治医院（华西空港医院）储备隔离病房66间、应急医务救治人员100名、医疗救治后备人员800名，并将成都市第七医院、双流区第一人民医院老院区作为后备医院，根据疫情情况，分别可提供床位1000张、800张；提升核酸检测能力，储备核酸采样场所60个、采样点位500个、工作人员5760人，应急状态下4天内完成全区核酸检测定点。12月30日，双流区花439万元引进的移动P2+核酸检测车交付区疾病预防控制中心。双流区依托全流程自动化管理平台，车辆可实现高通量、快速、便捷的核酸检测，车辆搭载的自动化样品处理系统和智能化检测系统可显著提高核酸检测的效率和安全性，单车检测通量（不混样）可达3000人份，混样检测最高可达3万人份。

【空港防控】 双流区按照“人物同防”要求，持续与省机场集团、成都机场海关、民航西南空管局等单位联防联控，抽调267名党员干部长期坚守机场和留观点，做好健康筛查、封闭转运、核酸检测、消毒隔离、医学观察各环节，确保对入境人员实施全方位全流程无缝衔接的闭环管理。截至年底，双流区累计管理服务入境航班1802个，管理服务入境旅客19518人，未发生一例本地关联病例。

（区委史志办）

【疫情防控宣传和舆论引导】 双流区融媒体中心启动突发事件应急报道机制，各平台发布疫情防控报道22052条，总阅读量3.5亿次；利用“空港融媒”APP，开设“疫情防控群众线索征集平台”征集线索12条，第一时间上报区委宣传部并发相关部门、街道、社区转办，办结率100%；在中央、省、市主流媒体上送稿件369条，其中3次登上《人民日报》、4次登上《新闻联播》。短视频《肺炎快板》《勇士出征》入选2020年四川短视频创作传播活动第一季度优秀作品，疫情防控舆论引导工作入选《人民日报》全国党媒信息公共平台发起的“县级媒体齐心抗疫”创新案例。3月25日，新华社以《战“疫”，成都市双流区融媒体中心“融”出最强音》为题，对区融媒体中心的抗疫宣传情况详细报道。

（徐自毅　郑　怡）

【复工复产促进】 双流区坚持疫情防控和经济发展两手抓、两不误、两促进，因时因势调整工作着力点和应对举措，开展“服务企业春风行”系列行动及“送政策、帮企业，送服务、解难题”专项行动；围绕解决企业用工、资金、原材料供应等需求，有针对性地精准施策，打通“堵点”、补上“断点”，提高复工复产效率，推动人财物有序流动、产供销有机衔接、内外贸有效贯通。截至6月11日，全区18479家企业复工18215家、总体复工率98.6%，其中2155家工业企业全部复工，到岗员工101719人，到岗率98.0%；12468家服务业企业复产12240家，到岗员工79411人，到岗率88.6%（396家限上批零住餐及规上服务业企业全部复工，到岗员工74927人，到岗率78.4%，产能恢复80.2%；10家涉及双流的成都市规上服务业企业全部复工，产能恢复79.4%）；631家物流企业全部复工，到岗员工22539人，到岗率90.7%；991家文体旅游企业复产955家，到岗员工8428人，到岗率100%（47家规上文体旅游企业复产43家，到岗员工2935人，到岗率90%）；1374家建筑业企业全部复工，到岗员工25142人，到岗率84%（113家房地产和资质等级以上建筑业企业全部复产，到岗员工3483人，到岗率99.1%，产能恢复98.7%）；860家农业市场经营主体全部复工，到岗员工2714人，到岗率98.0%。

（区卫健局）

【学校网络授课】 疫情期间，双流区开展“居家学习”教育服务，做实教学管理，明确“15432”[“一个”目标(立德树人、“五育”并举)、“五重”策略(自教重于他教、自学重于教学、组织重于上课、交流重于作业、反馈重于评价)、“四适”标准(技术简单适切、教学内容适宜、线上课时适度、教学方法适当)、“三统”要求(学科内容与疫情教育素材统整为课程，家国情怀、健康教育、习惯养成等统整为主题式教育，“分散式”空中教学和“集约化”面授教学的内容统整为模块式教学)、“两暖”行动(有教无类、温暖学生，家校互联、温暖家长]居家学习教学要求，优化教学方式，精准对标教学内容，凸显学科知识与核心素养培育紧密结合；做细课程供给，实现义务段、高中全覆盖，7728名教师开设线上课程，涉及2110个教学班，日均上课15909堂；做好暖心行动，推送“疫情防控、习惯培养、学业指导”等专题内容，开展在线辅导答疑解惑，通过开展“名师在身边”暖心行动，缓解学习忧虑和压力，助力区域学子有效学习。

（徐　茂）

【复学复课促进】 双流区卫健局与区教育局联合印发《成都市双流区学校防控新冠肺炎疫情确保开学安全的工作预案》等，开展17场培训、5次区级演练，指导驻区高校、中小学、幼儿园共218家学校疫情防控、复课验收。4月1日起，全区分级分段、错时错峰、陆续有序组织开学复课。截至5月20日，全区67所中小学校、特殊教育学校12.4万名学生开学复课。

（毛　霏　徐　茂）

【对外驰援】 2月21日，双流区中医医院3名医务人员组成“成都市双流区中医医院援鄂医疗队”，与成都市援助湖北医疗队汇合集结，同赴湖北疫情防控一线。4月3日，3名医务人员安全返回双流。12月7—12日，双流区分5批次553名医务人员支援郫都区、成华区，共采样92821份，其中双流区检测52805份。

【疫情反弹防控遭遇战】 秋冬季，双流区准备500个应急采样点位、5160名核酸采样检测工作人员、15个隔离酒店3161个房间，按照满负荷运行30天标准储备应急防疫物资，做到人员物资、风险监测、隔离场所、医疗保障、检测能力“五个到位”。

（毛　霏）

【防控先进表彰】 双流区有3个集体和6名个人获四川省抗击新冠肺炎疫情先进集体和先进个人表彰，9个集体和16名个人获成都市抗击新冠肺炎疫情先进集体和先进个人表彰。双流区分两批次共表彰全区抗击新冠肺炎疫情先进集体40个和先进个人50名。

（区委史志办）

中国航空经济之都建设

Construction of China's Aviation Economic Capital

【概况】 双流区实际管辖面积466平方公里，拥有航空从业人员10万人。双流区深入学习贯彻习近平新时代中国特色社会主义思想和习近平总书记对四川及成都工作系列重要指示精神，特别是2018年2月11日习近平总书记亲临双流作出“三个转变”重大指示，落实省委建设国际航空枢纽和市委建设国际门户枢纽城市的系列部署和要求，切实把双流纳入国家、省、市盘子，密切跟踪对接成渝地区双城经济圈建设战略，融入“双循环”、唱好“双城记”。双流区委十三届十四次全会决议明确指出，高质量建设践行新发展理念的中国航空经济之都，推动发展方式变革、营城模式创新、治理机制重塑、生活品质提升，服务成都建设高质量发展增长极和动力源。

双流区积极构建国际一流的服务链，实创新政企沟通服务模式，推出“企业咖啡时”“企业幸福中心”等政企对接平台，不断优化企业服务，高质量建好产业功能区；按照成都市委“85%配套和85%生活需求在功能区解决”的要求，在航空经济区增配商住功能和公服设施；提升中国航空经济之都城市品质，紧扣公共服务配套由户籍人口向常住人口“全覆盖”目标，坚持把教育医疗作为城市重大功能支撑，推进“生活配套最佳”建设。

2020年，双流区紧扣公共服务配套由户籍人口向常住人口“全覆盖”目标，加快推动“5+2”道路改造，对已开通的6条地铁、24个站点系统谋划、整体打造，带动提升城市形态品质，努力将双流打造成新时代“企业容易做生意的地方、市民获得感幸福感安全感增长较快的地方、干部人才心齐气顺只争一流的地方”。双流区全年实现落地租赁飞机3架(1架空客A320NEO飞机、2架ARJ21飞机)，总货值7.2亿元，航空租赁产业规模突破15亿元，外贸突破600亿元、增长21.2%，多式联运与仓储营收增幅63.7%、居中心城区第一。中国商飞民机示范产业园二期项目开始主体施工，APU维修厂房建设截至年底完成基础施工。空港口岸建设与监管成果显著，成都生物制品口岸正式投运，首创国际国内物流多式联运新模式——“空铁联运一单制货物运输模式”。双流区国际机场实现旅客量4074.2万人次，位居全国第二、全球第三；货运量61.7万吨，国际全货机运量增长超150%；5月飞机起降架次位居全球第一，为全球最繁忙机场。双流区全年实现航空经济主营业务收入6386亿元，税收153.7亿元，外贸1780亿元；新引进BP航油总部、川航货运等亿元以上项目11个(市级重点项目6个)，总投资172亿元；全国百强新城区竞争力排名第16位，中国城市创新百佳示范县市排名第3位，获评全省县域经济发展强区、中国最具幸福感城区。

(霍陈鑫)

【中国航空经济之都规划】 双流区按照市委常委会关于坚持集约节约和高质量发展导向，有重点、有步骤建设产业功能区核心区的精神，结合航空经济区产业现状、土地利用、交通组织等实际情况，在紧邻机场跑道两侧划定3个核心区。国际空港商务区位于机场一跑道西侧，紧邻双流主城区，规划面积1.47平方公里，依托完善的生活配套设施和浓厚的商业氛围，用好5000万人流，打造具有区域消费引领力和全球消费资源配置力的国际空港消费中心。航空服务贸易区位于机场站前区，紧邻江安河，规划面积1.9平方公里，聚焦站前基地航空公司、机场集团等航空运营优势业态，发挥绿地T7等项目的吸引效应，打造邻江安河高端商务和星级酒店集聚区。航空总部经济区位于机场二跑道西侧，规划面积3.72平方公里，依托空侧优势和牧马山生活、生态、文旅消费配套，引进航空总部企业和航空维修再制造龙头项目入驻，实现未来三到五年提升航空经济参与全球产业链分工、抢占产业链核心和价值链高端的高质量发展。

【经济组织方式变革】 双流航空经济局坚持创新经济工作组织方式，以融入双循环和“两场一体”格局，聚焦航空运营、制造维修、航空金融等核心产业，以功能区为载体，以项目为中心，以生态圈理念、供应链思维，着力补齐航空产业链关键环节、做强核心价值链、提升产业显示度，推动航空经济高质量发展。双流区全年实现航空核心产业主营业务收入830亿元、税收22.4亿元，完成工业产值553亿元、增长21.8%。

【中国(四川)—东盟自由贸易合作中心建设】 6月4日，双流区人民政府、上海东航资产管理有限公司、成都涨沃公司(项目公司)签订中国(四川)—东盟自由贸易合作中心项目投资合作协议。项目位于双流综保区国际商品展示中心，上海东航资管公司负责整体策划、招商、运营、管理，成都涨沃公司整体租赁，负责投资、装修、改建。项目计划总投资5亿元，围绕四川东盟中心主题，打造“东盟之窗”主题商业集群、“东盟之翼”酒店会务区、“东盟之心”品质办公场所，服务于自贸试验区经贸促进、国际贸易、海外营销、金融、法律、财务等配套服务，以及航空经济产业运营、研发、结算的区域型总部项目，正式投运后双流自贸试验区将借助此契机，抢抓南向开放战略机遇，打造与东盟各国在经济、文化、旅游、教育等全方位交流合作的战略大平台和东盟资源集成转化高地，在更宽领域、更高层次参与全球资源整合和竞争，为成都市更好发挥在全省的“主干”辐射带动作用和对接国家顶层设计以及四川省乃至西部开放型经济发展作出贡献。

【川渝自贸协同开放合作示范区建设】 1月，中央财经委员会第六次会议提出支持建设川渝自贸试验区协同开放示范区。6月，川渝双方签署《共建川渝自贸试验区协同开放示范区工作方案》，细化共建内容和机制，明确将围绕“制度创新、平台共建、通道共享、产业协作、环境打造”五大重点领域，开展差别化政策先行先试，促进改革成果共享应用。双流自贸试验区鼓励支持航空公司在成渝双枢纽机场设立基地，统筹推进航线开辟计划，实现航线优势互补；与两路寸滩保税港区共同向公安部争取支持，推进144小时过境免签政策两地互认互通，实现成渝两地机场过境人员自主选择出入境口岸，扩大144小时过境免签人员活动范围；率先在本地复制推广成渝两地自贸改革最新成果，聚焦贸易便利化、转变政府职能、投资领域改革、金融创新等重点领域，跨区域协同开展自贸改革试验任务；

持续开展成渝两地口岸提效降费，推动成渝两地海关在空港口岸、特殊监管区域通关便利化协同创新，实现两地海关监管互认互通，有效减少和优化操作流程、提升通关便利化水平；与两路寸滩保税港区相互支持，在中国（四川）—东盟自由贸易合作中心、“一带一路”商品展示交易中心、“一带一路”商务中心，共同打造服务“一带一路”和东盟国家的“中西部国际交往中心”；协同两路寸滩保税港区开展产业链招商，共同举办国际专业会展，发挥“一带一路”和东盟特色会展等功能，推动贸易、旅游、文化等产业融合发展；协同两路寸滩保税港区发展航材保税集散分拨、租赁贸易、航空维修、航空再制造等特色产业，共同探索发展保税维修、保税研发、保税租赁、保税展示和跨境电商等新业态，推动两地航空经济高质量发展。

【航空产业链构建】 双流区基本形成以航空运营为主导、航空维修为优势、航空物流为转型、跨境贸易为突破、航空金融为特色的航空产业链，其中航空运营方面，聚集国航、川航等基地航空公司9家和中商飞、中航油等重点运营关联企业45家，双流机场实现旅客吞吐量4074.2万人次，位居全国第二、全球第三，货邮吞吐量61.9万吨，位居全国第七；航空维修方面，聚集四川国际、川航维修等维修企业17家，具备机体维修、动力装置维修、部附件维修、客改货等维修能力，基本涵盖航空维修产业主要环节；航空物流方面，聚集DHL、UPS、圆通、顺丰等全球100强和全国10强物流企业13家；跨境贸易方面，聚集跨境贸易企业超过170家，集聚合众兴等跨境电商优质企业40家，全年完成跨境电商进出口申报1430.6万票，占全市80.1%，申报货值19.7亿元，占全市73.1%；航空金融方面，聚集金石飞机租赁、中际租赁等航空金融类企业52家，产业规模突破15亿元。

【临空经济产业功能区建设】 双流区围绕航空产业建链强链补链，引进5亿元以上重大项目57个，总投资958亿元，“两图一表”覆盖率100%；聚集六类500强45家、外贸企业84家，全年航空经济主营业务收入突破2000亿元，被市政府评为全市投资和重点项目促进成绩突出单位；机场两翼和红线内外产业、城市和功能深度融合，促进锦城公园生态价值转化，空港商务区“两廊一湾三公园”，空港城市新型社区初步显现；聚焦通关降本增效，创新“冰鲜水产品两段准入通关”模式，并聚焦构建高效航空物流体系，创新“空铁联运一单制”，2项改革被国务院批准全国复制推广。全区实现航空经济主营业务收入6386亿元、税收153.7亿元、外贸1780亿元。

【临空经济示范区基础设施建设】 双流区完成川航APU、兴科蓉2个项目119亩供地，推进环港路南延线一段道路支路建设工程、中国智能骨干网配套三条道路工程、圆通拟选址西侧道路工程、综保横路西段道路建设工程五个项目建设。环港路南延线一段道路支路、中国智能骨干网配套三条道路建设加快推进，预计2021年底建成投用；圆通拟选址西侧道路工程、综保横路西段道路工程完成施工、监理招标，施工单位已进场，正进行清表施工。

【“人港城产”融合发展】 双流区对标虹桥，会同新加坡新艺元，结合双流空港实际，对接机场规划，编制“人港城产”规划，实现机场两翼和红线内外产业、城市、功能深度融合发展；紧扣生产经营需要，建成标准厂房、物流标准仓等设施58.4万平方米和东航中心等专业楼宇58万平方米，24万平方米国际酒店加快建设；紧扣服务生活需求，引进威斯敏斯特国际学校、华西国际医院等项目10个，建设中电熊猫等人才公寓21.3万平方米，开通定制公交13条，投运地铁3、5、8、10号线，空港15分钟快速通勤圈加速构建；按照“商业化逻辑、产业化思维、场景化营造”要求，推动锦城公园生态价值转换，空港商务区“两廊一湾三公园”基本成型和沿江安河生态景观轴打造加快推进，建成空港体育公园等项目5个，实现“绿道串联，慢行可达、景观融合”，推动流量经济转化。

【项目招引攻坚行动】 7月1日至9月30日，双流区航空经济局集中开展为期三个月的项目招引攻坚行动。双流区航空经济局抽调20个具有招商基础和经验的工作人员与空港科创集团、空港兴城集团等10名工作人员组成专业队伍，由区航空经济局领导牵头负责、各分管领导按照产业细分领域具体落实招商，并按照产业细分领域组建航空产业、空港商务、航空金融、口岸服务等专业招商分队；根据两图一表梳理重点目标企业60家，制定每周外出拜访计划，攻坚期间区领导率队外出拜访中国商飞、普惠中国、东航资产等企业42家，获取项目信息30条；围绕重点区域、重点产业，包装策划部附件维修集聚区、东盟中心、航空再制造中心、数字贸易共享中心、保税维修基地5个项目；签约引进川航货运、金石锦诚飞机租赁、蓝都租赁中商飞ARJ21飞机租赁、蓝自租赁中商飞ARJ21飞机租赁4个项目，协议总投资36.6亿元，均完成项目公司注册。8月12日，成都双流国际机场空运进境指定监管场地（口岸）推介会举行，推进双流国际航空枢纽建设。9月1日，成都跨境电商B2B出口试点启动仪式举行，推动成都市跨境电商监管政策层面的创新从B2C扩展到B2B领域。

（高　垒）

【民营企业服务】 双流区各类市场主体突破12.5万户（较2015年实现翻番），上市挂牌企业139家，年营业收入突破10亿元民营企业15家；民营经济增加值实现573.61亿元、列全市第五，民营企业中小企业创造全区约40%的税收、60%的经济总量、80%的就业岗位。双流区采用“1+N”模式举办“企业咖啡时”，由区领导作为“企业服务生”每月组织1次主活动，由部门负责人分专题每周开展N个子活动，面对面收集解决企业诉求；下沉181项涉企审批事项至产业功能区，双流政务服务大厅、自贸试验区政务服务大厅合并对外服务，成为全国首个承接省、市、区三级审批事项的政务服务大厅。

（张　伟）

【对外开放合作】 双流区航空经济局深入落实省委构建“四向拓展、全域开放”立体全面开放新格局要求，加快打造中国东盟中心、数字贸易共享中心两大国际开放合作平台，有效联动广西、云南等区域，促进西部企业“走出去”、东盟企业“引进来”，推动“内陆与沿海沿江沿边协同开放”。

【成渝双城通关合作】 8月，双流综保区与重庆两路寸滩保税港区签订合作协议，双方确定围绕共同推动成渝国际航空枢纽、海关特殊监管区域及自贸试验区建设三大领域，共建国际航空枢纽大通道、共推144小时过境免签政策两地互认互通、协同推进自贸改革试验等12个具体方面展开合作。11月，重庆海关、成都海关就促进跨境贸易便利化发布联合公告，推出“全面推广应用进出口‘提前申报’”“持续深化全国通关一体化改革，实现成渝两地跨关区通关‘无缝对接’”等15项利好政策，持续优化成渝地区口岸营商环境，提升两地通关便利化程度。

（高　垒）

【天府文创之港建设】 双流区深入实施双流文创发展“2538”战略，“2”即打造特色文化展演、智慧文化旅游两大基础支撑平台，“5”即构建国际时尚、空港赛事、诗意栖居、创意创造、休闲乐活五大重点发展组团，“3”即配套建设城市VI导视、文化旅游服务、文创企业服务三项系统配套，“8”即健全工作机制、政策激励、氛围营造等八项引导措施；健全工作推进机制，双流区天府文创之港建设工作推进组2020年召开会议1次，协调解决天府文创之港建设重点工作问题；设立文创产业发展专项扶持资金，引导文创产业高质高效发展；紧扣“一港三心四组团”空港公园城市空间布局，加快空港花田、黄龙溪等功能区建设，形成集聚集群发展；确定“文化+”战略，以文化为引领，推进跨界融合，形成“文化+科技、文化+旅游、文化+体育、文化+商贸”等产业发展新模式，催生新业态；以重大项目为牵引，高标准推进川航空港花田、国际数字新媒体产业园、黄龙溪现代农业创意博览园等重点文创项目建设，扩大双流的国际识别度、美誉度。

（黄　超）

【航空经济大讲堂】 双流区融媒体中心开展5场“航空经济大讲堂”活动，现场收集意见建议784条，评选出“金点子”116条，并报区委研究运用。

（徐自毅　郑　怡）

/国际化营商环境建设/

International Business Environment Construction

【概况】 2020年，双流区通过健全工作机制和政策体系、开展指标走访测评，动态监测指标运行，在成都市2020年营商环境评价中，参评的17个营商环境一级指标10个进入优秀，5个为良好，总排名全市第五，跻身全市优秀档次；总体进步显著，实现营商环境建设争先进位。全区新增市场主体33220户，新增企业9244家；引育准独角兽企业6家、种子企业36家，

42家新经济企业入选市级梯度培育库，入库企业数位居全市第一。双流区获评“中国营商环境百佳示范县市”“中国最具投资营商价值县市”“中国全面小康百佳示范县市”，营商环境百佳示范区全国排名第十四位，为历史最好成绩。

（郑从林　周德君）

【营商环境组织机构建设】 双流区成立由区委、区政府主要领导为双组长的领导小组，形成“区领导＋牵头单位＋责任单位”的“1+1+N”领导分工负责制，并聘任22名特邀监督员。双流区营商环境建设工作全年召开领导小组会、调度会、推进会等会议20场次，会同三方机构开展季度测评3次，开展问题溯源34场次、对外宣传工作专题培训10次。

【营商环境评价体系建设】 双流区对标世界银行评价体系，根据成都市营商环境1.0、2.0、3.0，结合双流区实际形成1.0、2.0、3.0，其中包括企业开办、获得用水、登记财产、劳动力市场监管等24个指标、14个牵头部门。

【营商环境2.0政策实施】 双流区在《成都市进一步优化提升国际化营商环境工作方案（2.0政策）》249条改革措施基础上，优化提升营商环境指标体系，新增创新举措28条，形成具有双流特色的改革措施277条，全年完成250条，完成率90.25%，未完成部分为市级长期任务或市级部门任务区县配合。

【营商环境全面创新改革】 双流区实施水电气通信报装“一件事”改革，在全省率先实现水电气通信报装“一日办结”，利用“动土必管”平台实现二手房交易水电气联动过户；推进部门之间“最多跑一次”改革，193项事项纳入改革范围；全面推行“综合一窗”服务，推进政务服务事项综合受理。

（郑从林）

【招投标营商环境建设】 双流区以推进工程建设招标投标活动治理体系和治理能力提升为目标，针对现行工程建设招标投标制度中制约提速增效、影响公平竞争的突出问题，以工程领域招标投标突出问题系统治理为抓手，深化“放管服”改革，聚焦市场期盼和企业诉求，瞄准痛点堵点难点，着力构建公平、公正、公开、信用的工程建设项目招标投标体系。双流区招标投标指标被评价为成都市区（市）县营商环境优秀指标。

【公共服务基础设施建设】 6月，《成都市2020年基本公共服务清单白皮书》发布，共100项，涉及双流区95项，其中教育11项、公共就业11项、社会保险7项、卫生22项、社会服务14项、住房保障1项、文化体育14项、残疾人服务13项、优抚安置服务2项。双流区制定成都市双流区2020年公共服务基础设施建设重点项目清单，按照“周调度、月通报、季考核”工作机制，推进项目建设。自来水天然气缴费、区属医院挂号服务等11项区级生活服务、社区服务接入“天府市民云”，有效对接150项市级服务项目。

【政务服务优化】 双流区积极推行“网上办”“预约办”“掌上办”，在政务大厅创新设立“一站式”服务中心，全区361项事项实现“一站式”办理；工商注册登记全程电子化，实现企业开办2.5小时、零成本；创新推行水电气通信报装“一件事”改革，实现报装1日办结。

【企业服务优化】 双流区围绕给优惠与给机会相结合，形成支持工业、总部、楼宇、航空等行业高质量发展系列政策；兑现扶持资金14.3亿元，为企业减税降费39.1亿元；升级民生热线“83721000”和企业热线“83790000”，加快构

4月13日，双流区国际化营商环境建设工作领导小组2020年第一次会议召开（供图：双流区行政审批局）

3月27日，企业咖啡时座谈会　（供图：区融媒体中心）

建“1+4+N”企业幸福中心网络，有效市场主体数量增至12.5万户。

【人才保障】 双流区出台“人才新政26条”，设立10亿元人才专项扶持资金池，在全省首创规模1亿元“人才增信贷”；开展“双招双引”135场次，新引育省市高层次人才45人、顶尖团队2个；深化“空港HR联盟”合作机制，编制发布双流人才开发指引蓝白皮书；开展“城市行”“校园行”组团招聘活动8场，达成引才意向2100人；落实职称评审制度，为1531名专业技术人才办理职称；建立全域人才统计监测体系，集成70项人才服务事项清单。

【金融保障】 双流区争取疫情防控专项贷款资金3.2亿元，组织区内金融机构推出“抗疫贷”等83个专项贷款产品、“平安复业保”等40个保险产品，全区22家银行机构帮助2408家企业贷款252.1亿元；制订《成都市双流区支持企业上市（挂牌）倍增行动计划（2020—2022年）》，全区上市企业5家、新三板挂牌企业8家；制定天使基金设立运作方案及管理办法，全区股权投资基金26支，累计投资项目79个、116.25亿元。

（周德君）

【企业咖啡时】 双流区提升打造“企业咖啡时2.0版”，开展线上线下活动240次，收集企业诉求4168件，办结率99.57%，满意率99.16%。“企业咖啡时”获市政府主要领导肯定和中央、省、市各级媒体关注报道，被《人民日报》誉为“‘最解渴、最提神’、让政企‘清’上加‘亲’的咖啡”；被市政府研究室首期《成都研究》专题采写，向全市推介。

（周德君　郑从林　徐自毅　郑　怡）

/ 精神文明建设 /
Spiritual Civilization Construction

【概况】 2020年，双流区精神文明建设围绕举旗帜、聚民心、育新人、兴文化、展形象的使命任务，着力培养时代新人，着力发展天府文化，着力推动城乡社区发展治理，着力弘扬共筑美好生活梦想的时代新风，培育和践行社会主义核心价值观，开展理想信念教育，深入实施公民道德建设工程，持续深化群众性精神文明创建活动，推进志愿服务制度化常态化，推进新时代文明实践中心建设，不断提升市民思想觉悟、道德水准、文明素养和全社会文明程度，为高质量建设践行新发展理念的中国航空经济之都提供思想保证和精神力量。

【群众性精神文明建设】 双流区精神文明办公室将发展天府文化弘扬中华文明作为培育和践行社会主义核心价值观的生动实践，深入开展中国特色社会主义和中国梦宣传教育，培育怡心街道长顺社区、西航港街道莲花社区、彭镇鲢鱼社区3个社会主义核心价值观示范点，《选树“身边好人”　传递双流榜样力量》入选成都市社会主义核心价值观案例选编；推进天府文化融入群众性精神文明创建、融入乡风文明建设，推动传承与发展；围绕发展天府文化，充分挖掘重要传统节日的思想文化内涵，深化“我们的节日”主题活动，弘扬中华优秀传统文化和传统美德；推动文明礼仪进街区、进社区、进学校、进家庭、进机关、进网络等，开展友善优雅市民文明大讲堂活动400场；开展文明旅游，健全工作协调机制，突出抓好重点人群，加大宣传引导力度，引导游客养成良好出游习惯；开展文明交通、文明餐桌教育实践行动，大兴移风易俗、文明礼仪、勤俭节约的时代新风，推动形成良好社会风尚。

4月23日，双流区举行“公筷公勺”文明餐厅联盟授牌仪式活动　（供图：区文明办）

【公民思想道德建设】 双流区精神文明办公室贯彻落实《新时代公民道德建设实施纲要》，推进核心价值观融入市民教育、法治宣传、社会生活、城乡建设管理等领域，5人获评2020年“成都榜样·最美抗疫人物”，4个家庭获评成都市级文明家庭；发挥先进模范的示范效应，推荐评选“道德模范·身边好人”“最美双流人”60人，九江供电所李小兵疫情期间组织“理发师志愿者”服务一线人员获评四川好人，彭镇环卫工人李学明爱心捐款驰援武汉疫情防控获评成都好人，全国道德模范提名人廖良开等代表向社区居民、机关干部、学校师生等宣传巡讲32场，覆盖群众上万人；聚焦市民文明素养问题，策划开展垃圾分类、邻里友善、礼让他人等主题活动，开展文明旅游、文明观赛、文明交通、文明餐桌等实践行动。

【未成年人思想道德建设】 双流区精神文明办公室深化“扣好人生第一粒扣子”“核心价值观进校园”“禁毒宣传”主题教育实践活动，培育爱党爱国、文明友善、勤劳善学、乐观健康的天府好少年，评选出45名双流区新时代好少年，2人获评成都市新时代好少年；组织九江小学、东升小学参加成都市2020年乡村学校少年宫成果展演，九江小学获优秀技能奖，东升小学文艺展示获三等奖。双流区委宣传部获评成都市2020年中华经典诵写读讲演系列活动优秀组织单位。

【精神文明示范创建】 双流区做好成都市创建第六届全国文明城市创建，建立领导包片、结对共创、联席会议、定期巡查、督查通报、群众监督、问责考评7项创建机制；围绕材料审核、实地考察、问卷调查3个方面开展测评迎检，通过复查验收。双流区精神文明办公室深化“三美”示范村（社区）建设，推动社会主义核心价值观在农村落地生根，推动城乡创建协调发展，推动农村移风易俗，推动农村精神文明建设出成果，全年打造4个“三美”示范村（社区），怡心街道长顺社区入选成都市十佳“三美”示范村（社区），《双流区新时代农村精神文明建设试点方案》纳入四川省以项目拓展农村改革试验任务；开展文明细胞创建，新培育全国文明单位2个、全国文明村镇1个、省级文明单位1个、省级文明村镇1个、省级文明校园1个、省级文明家庭1个，承办全国和四川省文明单位、文明村镇、文明校园测评集中汇报会，双流供电公司代表参评全国文明单位作汇报和交流发言。

【志愿服务管理】 双流区精神文明办公室完善志愿服务数据平台，志愿者注册比例及志愿服务活跃度均提升，截至年底注册志愿者94983人；组织开展双流区2020年“四个十佳”志愿服务评选，3个组织（个人、家庭）获评成都市优秀志愿服务组织（个人、家庭）；围绕“爱成都·迎大运”，持续推进城市文明素质提升共建共治共享行动；策划“双流市民学礼仪”“践行文明公约·做文明双流人”等活动，打造应急救援、理响双流、城市先行3支专业志愿服务队，在疫情防控、营城优城、赛事服务等方面提升社会治理水平；深化新时代文明实践中心建设，完成5个点位打造，双流区新时代文明实践中心、黄甲街道新时代文明实践所、怡心街道长顺社区新时代文明实践站三级示范点通过市级验收，列为市级示范点位。

（何世冕　黄剑维）

中共双流区委员会

THE CPC SHUANGLIU DISTRICT COMMITTEE

/ 区委机构 /

District Party Committee Institutions

【概况】 2020年，中共成都市双流区委员会有工作机关10个，分别为区纪律检查委员会（与区监察委员会机关合署办公）、区委办公室［区委保密机要局（区国家保密局、区密码管理局）、区政府外事办公室、区档案局］、区委组织部（区委非公有制经济组织和社会组织工作委员会、区委直属机关工作委员会、区委老干部局、区公务员局）、区委宣传部［区精神文明办公室、区委对外宣传办公室（区政府新闻办公室）、区新闻出版局（区版权局）、区互联网信息办公室］、区委统一战线工作部（区政府侨务和台湾事务办公室，和区民族宗教事务局合署办公）、区委政法委员会、区委政策研究室、区委城乡社区发展治理委员会、区委机构编制委员会办公室、区委巡察工作领导小组办公室。

（刘　醒）

【双流区委领导名单】

书　记　韩　轶（6月离任）
　　　　鲜荣生（6月任职）
副书记　鲜荣生（6月离任）
　　　　李杨俊（7月离任）
　　　　袁顺明（7月任职）
　　　　李　建（9月任职）
常　委　罗万能
　　　　（2019年12月任职）
　　　　杨云芬
　　　　（2019年12月离任）
　　　　李　建（9月离任）
　　　　王　毅
　　　　毛　军
　　　　韩　超（7月离任）
　　　　刘　伟（9月任职）
　　　　曾　虎（11月离任）
　　　　王同海
　　　　（2019年11月离任）
　　　　王明虎
　　　　刘拥军（9月任职）
　　　　董洪荣

【双流区委机构设置及主要负责人名单】

一、区委工作部门

区纪律检查委员会（区监察委员会）
书　记（主任）：
杨云芬（2019年12月离任）
罗万能（2019年12月任职）

区委办公室
主　任：余　涛（9月离任）
　　　　梁　飞（9月任职）

区委组织部
部　长：王　毅

区委宣传部
部　长：李　建（10月离任）
　　　　刘拥军（10月任职）

区委统一战线工作部
部　长：毛　军（12月离任）

区委政法委员会

书　记：王明虎

区委政策研究室

主　任：余　涛（9月离任）

区委城乡社区发展治理委员会

主　任：王　毅

区委机构编制委员会办公室

主　任：杨金富（11月离任）

高　琴（11月任职）

区委巡察工作领导小组办公室

主　任：高　飞（8月离任）

赵兴荣（8月任职）

二、区委工作部门挂牌单位

区委保密机要局

（区国家保密局、区密码管理局）

局　长：余　涛（9月离任）

梁　飞（9月任职）

区政府外事办公室

主　任：谢　爽

区档案局

局　长：余　涛（9月离任）

梁　飞（9月任职）

区委直属机关工作委员会

书　记：王　毅

区委老干部局

局　长：李翠霞

区公务员局

局　长：高　琴

区精神文明办公室

主　任：李蔚然

区委对外宣传办公室

（区政府新闻办公室）

主　任：李蔚然

区新闻出版局（区版权局）

局　长：刘泽夫

区互联网信息办公室

主　任：何　敏

区政府侨务和台湾事务办公室

主　任：包中权

（张　飏）

区委巡察

Tour Inspection of the CPC Shuangliu District Committee

【概况】 2020年，双流区委巡察工作深入学习贯彻习近平总书记关于巡视巡察工作重要指示和中央、省委、市委、区委关于巡视巡察工作新部署新要求，全面贯彻“发现问题、形成震慑，推动改革、促进发展”巡视工作方针，坚持政治巡察定位，落实“两个维护”根本任务，围绕“三个聚焦”（聚焦党的理论路线方针政策和中央、省委、市委、区委决策部署贯彻落实情况，聚焦群众身边腐败问题和不正之风，聚焦党组织领导班子和干部队伍建设），与时俱进深化政治巡察，截至年底完成对57个单位党组织巡察监督，覆盖率81.4%，完成对118个村（社区）延伸巡察，覆盖率100%。

【常规巡察】 双流区委巡察办开展两轮常规巡察，巡察1个街道、15个区级部门、2个区属国有公司，开展个别谈话1481人次，明察暗访127次，查阅资料14045卷，受理群众来信来访来电111件，发出巡察整改通知书1份、情况说明通知书14件，提出工作建议120条，发现问题620个，向被巡察单位反馈问题579个，向区级相关部门交办问题8个，移送重要问题线索41个。

【联动巡察】 双流区委巡察办开展政府采购专项联动巡察，巡察3个区级部门，开展个别谈话118人次，查阅资料487卷，抽查项目30个，组织召开会议10次，提出工作建议13条，发现问题52个，移送重要问题线索2个；开展疫情防控专项联动巡察第一阶段工作，对区疫情防控指挥部下属15个工作组、20个区级牵头部门和9个镇（街道）开展巡察监督，走访重点点位67个，开展个别谈话237人次，查阅资料1280卷，发现并督促整改问题23个，提出建议12条。

【巡察整改】 双流区委巡察办配合协助做好中央、省委、市委巡视巡察整改，将巡视巡察反馈意见整改落实情况纳入巡察监督重要内容，对6个单位开展巡察“回头看”，新发现问题16个，移送重要问题线索1个；以全区党风廉政建设“以案促改”工作推进会为契机，通报区委巡察反馈问题整改情况，区级领导带头参加巡察反馈会23人次、参加专题民主生活会8人次，压紧压实巡察整改主体责任。

【巡察制度完善】 双流区委巡察办修订完善《巡察工作业务指南（试行）》，确保动作规范、过程精准；拟制《关于建立健全区委巡察机构与区纪委监委有关单位协作配合机制的办法（试行）》，推动巡察监督与纪律监督、监察监督、派驻监督贯通融合；制定《成都市双流区巡察成果运用暂行办法》，以制度化、规范化推动巡察整改落地落实。

【巡察队伍建设】 双流区委巡察办印发《常用政策法规汇编》，提高巡察干部制度意识、法治思维；建立巡察干部常态化培训工作机制，组织参加各级巡视巡察培训及纪检监察业务培训等70人次，开展审计、工程建设、政府采购、疫情防控、巡察方式与技巧等“点餐式”培训5期115人次；畅通巡察干部晋升、交流渠道，交流重用干部4人，选拔干部5人，通报表扬优秀抽调干部30人。

（王　琨）

组织建设
Organization Construction

【概况】 2020年，双流区组织系统深入贯彻新时代党的建设总要求和党的组织路线，全面落实中央和省委、市委、区委决策部署，面对新冠肺炎疫情和改革发展稳定任务，因势求变、守正创新，围绕打造新时代“三个地方”，出台激发干部、人才、市民活力98条措施，锻造专业理性务实精进干部队伍，完善上下贯通、执行有力组织体系，打造“天府人才第一区”，为高质量建设践行新发展理念的中国航空经济之都提供组织保证。

【基层组织建设】 双流区委组织部深化党建引领社区发展治理，完善社区发展治理和社会综合治理“双线融合”机制，开展居民小区党的组织和工作覆盖专项攻坚行动，健全“区—镇街—社区—小区”四级联动组织体系，依托商品房小区党建“1+211”机制探索物业党建新路径，构建商品房小区前端治理模式，打造“欧城花园居民之家”“柏林城党群之家”“城市会客厅”等小区党群服务站147个，欧城花园小区治理经验被《四川日报》报道；创新产业功能区党建，推广党建联席会、党建联盟、联合主题党日“三项工作机制”，实行资源、需求、项目“三张清单”，打造幸福汇、幸福舱、幸福芯“三大企业幸福中心”，轮值开展主题党日、企业咖啡时等党建活动33场次，解决实际问题101个，承办全市产业社区建设现场推进会；持续推进党建延伸，深化物业企业行业党建，理顺中小学校、区属公立医院党组织领导下的校长负责制、院长负责制，完成41个镇（街道）所属学校党组织整建制移交，指导3家区级医院完善《党建工作制度》；实施党建引领快递物流行业四大行动，打造川航物流等示范企业3个，工作经验得到中组部调研组肯定。

【“两新”组织建设】 双流区委组织部抓好疫情防控和经济社会发展，在全市“两新”组织率先发出《抗疫倡议》，动员2000家“两新”组织，调集256个“两新”党组织、1200名党建力量参与“送帮送解”，收集意见建议154条，帮助解决问题63个；融入“双城经济圈”，成立成渝双圈航空物流供应链创新中心，率先建成西部供应链科技创新基地，成立中远海运空运成渝党支部，举办主题党日、产品推介等活动20场次，促进城市竞争力、区域带动力提升；深化省市“两新连万村党建助振兴”“党旗领航·双百千”活动，引导122个“两新”组织与28个村（社区）结对共建，匹配项目35个；全方位提升双流区共产党员先锋服务联盟暨“红海棠”行动，吸纳26支党员志愿服务队参与“爱成都·迎大运”志愿服务等社会治理，开展活动175场次，获评成都市社区志愿服务品牌项目、成都市十佳志愿服务项目；设立成都芯谷、西航港经济开发区、航空经济局、天府国际生物城4个产业功能区综合党委，设立成农批、金恒德汽配城2个专业市场综合党委，创新建立“空港5G党建联盟”，新设5个“党群服务中心·蓉城驿站”，推广党建联席会、党建联盟、联合主题党日活动，实行需求清单、资源清单、项目清单“三张清单”，全年开展政企联合主题党日活动200场次，《双流首建红色幸福空间助力优化营商环境》被市委组织部采用；抓好“头部企业”引领，开展“带头人”培训宣讲会4次，开办“双强学堂”，从“两新”组织高管、技术骨干中发展党员104名，选优配强“两新”党组织书记32名；选聘23名党建指导员并进行入职培训，提升能岗匹配度，帮扶指导60家“两新”组织。

【干部队伍建设】 双流区委组织部创新制定《激励干部自觉成为建设中国航空经济之都先行者排头兵的若干措施》27条，健全一线考察识别干部机制，集中一个月时间开展“察作风、听口碑、看实绩”专项调研，考准考实干部现实表现、工作实绩，将“一把手”举荐干部作为选人用人的重要制度安排，纳入积分管理、年度述职，发现掌握优秀干部307人，全部纳入干部人才库跟踪培养，择优作为动议提名人选，全年提拔重用区管领导干部56名，为417名干部依规晋升职级；坚持以实绩论英雄，改进年度考核评优方式，统筹100%的区管正职、20%

的区管副职实行“一票肯定”，定向分配给表现突出的优秀干部，23名正职、13名副职直接评定为优秀等次，拿出20%优秀名额定向分配给获得重要荣誉、实绩突出的干部，加大绩效分配与考评结果挂钩力度，刚性统筹目标绩效进行二次分配，坚决打破“吃大锅饭”现象；建立科室长年会制度，首次召开年轻干部暨科室长队伍建设推进会，区委主要领导带头为930名科室长分析现状、解读政策，26名区领导分组与科室长面对面座谈帮带，821名科室长畅谈所思所想，提振干事创业精气神；强化专项任务表扬奖励，推荐表扬在参与疫情防控、承担重大任务等中涌现出的省市区级先进集体和先进个人；加大编制保障，充分发挥机构编制和岗位职数杠杆作用，调剂200个行政和事业编制全区统筹使用，争取参公处级领导职数7个、事业处级领导职数23个，保障优秀干部选拔任用、“三重”人才引进、急需紧缺专业选调生分配等，激励全区干部自新进取、集体奋斗。

【人才队伍建设】 双流区委组织部坚持以“大人才观”理念，重构人才和人事工作领导体制，由区委主要领导担任领导小组组长，首次把各单位抓人才情况纳入年度党建述职评议重要内容，促进各单位“一把手”带头抓“第一资源”；致力打造“天府人才第一区”，创新制定《关于激发人才创新创造活力释放高质量建设中国航空经济之都新动能的若干措施（试行）》26条，科学编制“十四五”人才发展规划，在全省首创“人才增信计划”，设立10亿元人才专项扶持资金池、1亿元“人才增信贷”，为全区人才企业提供高效便捷优惠的金融支持；运用大数据思维，创新40.2万名属地人才“全覆盖”统计监测，为精准招引人才、精准提供服务、高效落实政策等提供技术支撑；聚焦中国航空经济之都产业生态圈，强化“3+8”适航产业人才引育，制定出台《成都市双流区急需紧缺人才和高端人才目录》，发布《2020双流属地人才资源状况报告（蓝皮书）》《2021双流区属地人才开发指引（白皮书）》，开展人才项目双招双引135场次，新引进培育高层次紧缺人才45人、顶尖团队3个；聘请已落户双流的人才担任“空港招才顾问”，以才荐才、以才引才，对成功引进人才或团队带项目到双流创业的给予最高50万元一次性“伯乐”奖励；建立“假日工程师”“银发人才专家”制度，明确产业教授引培支持，建设“院士之家”“大师坊”“专家楼”，鼓励人才通过技术承包、技术合作和技术入股等方式投资双流，进一步吸聚优秀人才到双流发展；发挥用人单位人才引育主体作用，开展“社事人才直聘”试点，区卫健局通过自主制定人才招聘计划，公开招聘18人、医学院校招聘50人、引进高层次卫生人才13人；坚持谁用人、谁评价，赋予主管部门、园区管委会每年最多10个自主评选名额，持续向用人主体下放专业领域职称评审权，全年自主评选初中级职称18个。

【公务员和参公人员管理】 双流区委组织部树立实干导向，全区晋升职级465人次，其中晋升一至四级调研员22人次，2名干部因疫情防控期间表现突出或在援藏援彝、扶贫攻坚一线取得实绩晋升调研员职级；推进激励制度建设，统筹年度考核优秀等次名额，向主动担当、表现突出的干部定向分配，并开展目标绩效进行二次分配；出台双流区干部荣誉退休制度，通过退前谈话、荣退仪式、健康体检、开展活动、服务对接等荣退举措，传承优良作风，52名干部通过荣誉退休仪式光荣退休。

【急需紧缺专业选调生培养】 双流区委组织部坚持将功夫下在平时，通过多种方式对选调生跟踪管理、动态掌握，设立“选调生日”，建立“组织部与新录用选调生逐一谈、单位分管负责人与选调生亲自谈、单位组织人事部门与选调生定期谈”制度，分层分类开展全覆盖谈心谈话，收集选调生成长锻炼需求43条，精准掌握34名选调生特长特点；引入人才管理服务第三方机构，围绕选调生的职业定位、职业风格、职业动机、职业优势等进行专业测评，出具《工作风险评估报告》和《个人综合素质报告》62份，提出针对性培养建议151条，为选调生培养使用精准“画像”；坚持实施“传帮带”，建立区领导与选调生结对帮带机制，22名区领导“一对一”指导选调生制定职业发展规划；组织实施“青蓝工程”，选派责任心强、作风正派、经验丰富的处级干部担任新入职选调生导师，指导选调生提升政治素养和工作能力，打破选调生对双流发展的“零认知”，结成34对；坚持为选调生搭建“淬火提能”的平台，安排新入职的选调生到产业功能区、经济一线部门进行为期3个月的跟班学习，在2个以上矛盾多、任务重、困难大的科室磨炼，并选派12名优秀选调生到省市级部门、“1+1”对标地区、航空枢纽发达城市跟班学习，选派60名选调生到疫情防控、抗洪抢险、基层一线等“火线”历练，全面提升选调生解决复杂问题的能力。

【党员先锋联盟暨“红海棠”行动】 双流区委组织部以“引领、协同、凝聚、服务”为理念，坚持党建核心引领，坚持资源协同，坚持联盟凝聚，“红海棠”行动吸纳26支特色党员志愿队伍、党员志愿者1608人，为群众解决实际困难1093个，服务群众71580人次，开展理论宣讲823人次、文明实践1821人次、社区治理2385人次、应急救灾647人次、关爱他人4896人次、文化服务543次，创建“进百家社区暖到家”“家庭药箱”“共享单车治理”“你好，我的对门”“会回家的雨伞”“爱心茶室心连心”7个志愿服务项目品牌，形成示范引领效应，先后被评为成都市社治项目品牌、成都市十佳志愿服务项目，成为双流群众“记得住、看得见、喊得出、用得着”的党员志愿服务品牌，成长为双流党建引领基层治理的一张名片。

【“大学习大调研大走访大攻坚”主题活动】 双流区委组织部坚持“系统学习新思想、分类研究新思想、对表贯彻新思想”工作范式，建立学习新思想“第一议题”“第一议程”制度，实施区委党校分类改革，开展新进干部适应性培训、优秀干部奖励性培训、后进干部强制性培训，引导党员干部及时学习、系统掌握中央和省市要求；建立以考促学制度，采取会前抽考、现场命题、限时作答、专家批阅等方式开展理论和业务知识考试，测试干部230人次，结果计入个人积分，倒逼领导干部树立学习自觉性和紧迫感；以学习贯彻中共十九届四中、五中全会，以及省委、市委、区委全会精神为重点，实施局级领导干部全员轮训、基层党组织书记全覆盖轮训、党员分层分级集中轮训；依托区委党校、省内外高校、“空港双流周末大讲堂”等平台，举办局级领导干部进修班、专业化领导干部提能班、新进选调生和军转干部任前培训班，调训7900人次；举办第6期优秀年轻干部递进培养班，“铸魂”53人；出台《领导干部上讲台实施办法》，实行区级领导带头讲、局级干部示范讲、科级干部跟进讲，形成干部上讲台长效机制，9名区领导、36名镇街部门领导干部、科级干部带头为年轻干部人才授课57次；坚持习近平总书记重要指示精神贯彻落实情况“回头看”制度，加强对贯彻执行党的路线方针政策和重大决策部署情况督查问责，检验学习成果；制作党员教育电视片《传动的记忆》《老兵的新战场》，分获成都市一等奖、优秀奖。全区各级各部门落实“三个言必谈”要求，抓好“金点子”征集、“1+1”对标学习，党员干部自觉“三答三改”，“对表看齐、对标争先”成为思维和行为习惯。

【“解放思想、跨越赶超”学习讨论活动】 双流区委组织部始终擦亮组织部门最讲政治的底色，持续深化“不忘初心、牢记使命”主题教育，以组织生活为牵引，以部机关党支部标准化建设为契机，落实组织生活制度，带头“三答”“三改”，开展“解放思想、跨越赶超”学习讨论2场，41人发言，把政治要求根植于每名组工干部思想深处，提升组工干部政治判断力领悟力执行力；坚持把理论学习作为提升能力重要抓手，围绕学习《习近平谈治国理政（第三卷）》，开展“个人自学讲金句、干部领学讲感悟、专家辅导讲理论、结合实际讲运用、学习竞赛讲效果”和评选“最美笔记、最美声音、最美心得、最美学习之星”的“五讲四评”活动，有效推动组工干部学深悟透新思想；学习《中国共产党组织工作条例》，开展专题辅导、业务培训和组工讲坛，提升组工干部专业能力，确保干部开口能讲、提笔能写、遇事能解；坚持从严治部，加强上下班考勤、请假审批、重大事项报告、财务报销审核等制度执行情况督查检查；常态化开展部风部史传统教育，传承发扬优秀组工文化，激发工作合力，涵养正气充盈、激浊扬清的风气；利用2个月时间开展以“讲作风、讲纪律、讲效率”为主题，以仪容仪表、谈吐着装、话语体系、专业精神等细节为抓手的作风建设，锤炼过硬工作作风。

【“不忘初心、牢记使命”主题教育活动】 双流区委组织部持续强化政治忠诚和理想信念教育，开展党史、新中国史、改革开放史、社会主义发展史学习，引导党员干部增强“四个意识”、坚定“四个自信”、做到“两个维护”；坚持治腐与治庸治懒治散共同发力，坚决抓好中央和省委、市委巡视巡察反馈涉及党的建设领域问题整改，配合政府采购、疫情防控等专项联动巡察，做好区委第八轮、第九轮巡察，巩固风清气正干事创业政治生态；严格执行《新形势下党内政治生活的若干准则》，落实“三会一课”、主题党日、双重组织生活、谈心谈话、民主评议、述职述廉等制度，创新搭建机关党员政治生日“6+N”活动载体，区领导带头参加民主生活会督导，有效推动党内政治生活政治性、时代性、原则性、战斗性不断增强；把“解放思想、跨越赶超”学习讨论常态植入党组织生活，引导同志间说真话、讲团结、守信用，传递互相补位、互帮互助、凝聚团结正能量；结合“大学习、大调研、大走访、大攻坚”活动，推动党员领导干部带头到所在党支部讲党课430次，参加双重组织生活875次；健全政治监督机制，强化领导干部政治素质考核，探索建立重要岗位领导干部政治素质档案，推动把政治监督融入干部选育用管全链条、各环节，压紧压实各级党组织和领导班子严管与厚爱干部的政治责任，把对干部的严管落在平时、落在实处、落在细节，以“治未病”促进干部成熟成长；深化重大案件“以案促改”，组织1000人次参观党性党风党纪教育基地，常态开展思想政治教育、法纪法规教育、廉政警示教育，深入抓好典型贪腐案件反思教育，促进党员干部自觉践行忠诚老实、公道正派、实事求是、清正廉洁等价值观。

（张　飚）

/思想政治宣传/

Ideological and Political Publicity

【概况】 2020年，双流区宣传战线以建设中国航空经济之都为统揽，以打造“三个地方”为主线，守正创新、攻坚克难，推动宣传工作取得较好成绩。双流区宣传战线新培育全国和省级文明单位数量全省第一，获评全省“优秀舆论引导政务新媒体”“广播电视系统先进集体”、省级体育产业示范基地等称号；推出中央和省市主题报道1400篇次、较2019年增长22.8%，报道量质效居全市前列，同时“学习强国”平台用稿量全市第一，获评全市“外宣工作先进单位”“网信工作先进单位”“扫黄打非工作先进单位”“政务新媒体运营先进集体”“党史工作先进单位”等称号。《战“疫”，成都市双流区融媒体中心“融”出最强音》入选《人民日报》“县级媒体　齐心抗疫”优秀案例。

【理论学习与宣传】 双流区委宣传部出台《2020年双流区党（工）委（组）理论学习中心组专题学习安排意见》，围绕习近平新时代中国特色社会主义思想、中共十九大以及十九届二中、三中、四中、五中全会精神和习近平总书记对四川及成都工作系列重要指示精神，重点学习《习近平谈治国理政》（第三卷）、公共突发事件处置、地方文化发展等专题，通过专题讲座辅导报告等形式开展中心组学习会9场；开展“解放思想、跨越赶超”活动，区委理论学习中心组和人大常委会、政府、政协党组理论学习中心组联合开展集体学习研讨1次；围绕航空经济、营商环境、楼宇经济等专题，依托区委理论学习中心组开设“航空经济大讲堂”，全年开展15期；结合双流产业规划，为理论学习中心组成员配送《航空大都市》《芯路》《医疗后市场》等专业书籍，提供学习保障，提升中心组成员专业素养。

【宣讲报告活动】 双流区委宣传部开展中共十九届五中全会精神及省委、市委、区委全会精神宣讲，抽

10月16日，双流区委理论学习中心组专题学习《习近平谈治国理政》（第三卷）　（供图：区委宣传部）

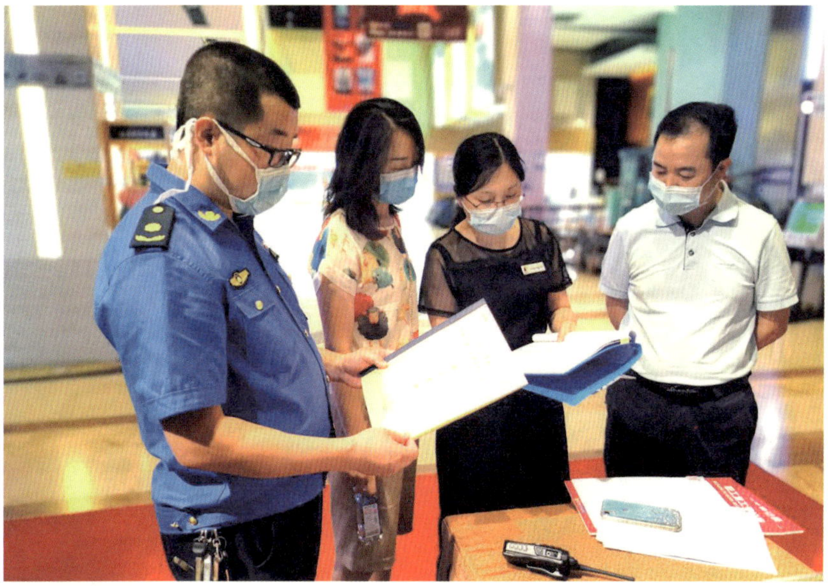

检查影立方影城　（供图：区委宣传部）

调高校教师、部门负责人、区委兼职讲师团成员组建区委宣讲团，通过报告会、座谈会、院坝会，深入机关、社区、企业、学校、农村交流互动式宣讲200场；创新开展理论宣讲，依托区融媒体中心开展“党的理论飞入寻常百姓家”电台栏目，邀请四川大学、西南民族大学、成都大学马克思主义学院教授和博士生以及当地讲师，每周一主题开展宣讲，以直播、重播、微信公众号等形式播出，开展宣讲20场。

【新闻出版与电影管理】　双流区委宣传部进一步规范新闻出版和影院安全管理，助推影院、出版行业复工复产，开展影院疫情防控、安全巡查40次；完成辖区14家电影放映单位年检，向影院拨付中央和省级国家电影事业发展专项资金128.44万元；加强全民阅读活动建设，为全区118个农家（社区）书屋配备出版物11986册，开展阅读活动500场次；加强版权管理，登记版权作品3600个，转化作品500个；深入开展“清源”专项行动，查处涉“扫黄打非”类案件16件，销毁非法出版物2万册（份）。

【政务新媒体宣传】　双流区委宣传部围绕全区重点工作和重大活动，在央级网络媒体开辟专栏6个，组织17家中央及省市网络媒体集中宣传21次，推出新媒体稿件3.8万条次，其中阅读量超过10万次稿件339条，《洪水过后，黄龙溪更美丽》系列宣传引导入选“2020年四川省网上舆情处置优秀案例”，“政务微博@双流汇”被四川省政府新闻办评为全省优秀政务新媒体平台，拍摄“不忘初心、牢记使命”主题教育微电影《初心》被中宣部“学习强国平台”评为全国主题教育优秀微视频三等奖。9月，双流区网信办被成都市委网信办评为“2019年政务新媒体运营先进集体”。

【网络安全监管】　双流区互联网信息办公室开展网络安全排查4次，梳理排查属地网站4066个，渗透测试属地重点网站572家，通报整改存在安全漏洞和隐患的网站7个，先后主侦黑客攻击、侵犯公民个人信息、“网络黑产”等违法犯罪活动案件17起，抓获犯罪嫌疑人48名，确保全国两会、中共十九届五中全会和省委、市委、区委全会以及新冠疫情期间的网络环境平稳，1月被成都市委网信办评为“2019年网信工作先进单位”。

【对外宣传】　双流区委宣传部围绕中心，巩固壮大主流舆论，在中央级新闻媒体发表稿件305篇、境外新闻媒体发表稿件19篇、省级新闻媒体发表稿件581篇、市级新闻媒体发表稿件587篇，其中中央电视台报道29次、《人民日报》[含《人民日报》（海外版）]报道15次、四川电视台报道379次、成都电视台报道241次、《四川日报》报道97次、《成都日报》报道264次，做到对外讲好双流故事，展示城市形象；发挥“作战部”作用，积极创先争优，牵头全区创评“2020年度中国最具幸福感城市”“中国最具投资营商价值区（县）”等奖项，把握城市营销“主导权”，持续提升双流品牌影响力。

（黄　齐　蒋　玲　刘海鹏　刘斯凯　侯　莹）

/统一战线/
United Front

【概况】　2020年，双流区委统战部紧扣区委建设中国航空经济之都战略部署，团结引领全区统一战线，“三答”“三改”聚共识、对表对标补短板、务实创新争先进，承办全国、全市现场会3场次，8项工作经验在全省、全市作现场交流，3项工作举措被市委办公厅编入《每日要情》呈市委领导参阅，22项工作做法被《人民日报》等中央和省市媒体深度报道，15项工作成效获领导批示肯定、上级表彰（命名），援藏工作、民族工作为双流区赢得2项省级表彰。

【民主党派和无党派人士统一战线】 新冠肺炎疫情期间，双流区委统战部引导民主党派、无党派人士发挥优势，积极行动，200名民主党派成员在发热病人预检处置筛查、疑似病人排查运转、社区排查、留观人员服务等贡献力量，通过市区政协及统战部门提出建议意见26条，多篇建议意见得到采纳；通过武汉慈善总会、成都慈善总会、双流区红十字会等捐款捐物50万元，向双流区医院、社区、防疫部门等捐赠口罩5万个、防护手套3000副、酒精4000公斤，向武汉火神山医院捐献10台物联网智能净水饮水机；通过诗歌、书画、歌曲等文艺作品创作及典型事迹挖掘加强疫情宣传，多篇稿件被民主党派中央、新华网等采用。双流区委统战部开展“一党派一品牌、一团体一主题、一区域一特色”的统战实践创新活动，引导全区民主党派开展各具特色的社会服务品牌创建，重点打造民革双流总支“博爱成长”、民盟双流总支“同心优教”、民建双流支部“同心思源”、民进双流总支“同心文港”、九三学社双流区委员会“同心卫康”等服务品牌，开展教育支援、医疗救助、扶贫帮困、文创推介等

“双流新力·星空驿站” 新的社会阶层人士实践创新基地　（供图：区委统战部）

活动18次，惠及群众3000人次，“同心文港”“同心卫康”获评全市“蓉城星力”主题工程实践创新项目。全区民主党派基层组织与统战团体聚焦战疫抗洪、基层治理和中国航空经济之都建设，深入调查研究，形成意见建议138条、调研报告15篇、人大建议54条、政协提案167件，其中45件被评为市、区优秀提案建议。

【新的社会阶层人士统一战线】 双流区委统战部积极发挥区新联会法律服务、社会组织等专委会作用，参与“万人大排查协助组”“来双旅客政策宣讲组”“受灾群众情绪疏导”“涉灾法律咨询”等志愿服务活动，多家理事单位被上级部门表扬，区新联会副会长高亮获成都市抗疫先进个人表彰；持续开展“凝聚新力量·筑梦新时代”理想信念教育活动，9月组织新的社会阶层人士到湖南开展理想信念教育活动，学习革命先烈的红色传统和优良作风；聚焦“空港同心”统战品牌，在东升街道接待寺社区打造“双流新力·星空驿站”新的社会阶层人士实践创新基地，引导新的社会阶层人士发挥专业优势和智力优势，开展社区结对共建、同心社会服务等公益活动，推动基层治理、创新创业。

【非公经济统一战线】 双流区委统战部发出倡议，引导民营企业参与防疫和抗洪阻击战，工商联会员企业在疫情期间捐款捐物1600万元；组织开展《企业疫期复工管理》《后疫情期企业如何抓住时点转危为“机”》等企业复工管理培训，协调解决企业复工复产遇到的困难问题，推动应对疫情稳定经济发展的政策措施落地落实；深入开展“不忘创业初心，接力改革伟业”主题教育活动，通过学习培训、参观讲座、座谈交流等引导民营经济人士听党话、跟党走；实施“幸福党建+活力统战”共同提升行动，依托成都西开区等产业园区，建立“企业幸福中心”，落实摸底建家、整合资源、

拨亮元素、拓展活动、凝心聚魂等措施，推进党建“硬核”、统战“法宝”优势服务产业功能区发展；促进民营经济“两个健康”，对标学习沿海地区先进经验做法，探索构建民营企业家健康成长评价指标体系，研究制订《双流区民营企业家英才行动计划》，加快培育一批具有忠诚意识、世界眼光、战略思维、创新精神、优秀品行的优秀民营企业家队伍。

【民族宗教人士统一战线】双流区从4月开始创建全国民族团结进步示范区，成立由区委、区政府主要负责人任双组长的创建工作领导小组，召开区委常委会会议、区政府常务会会议、协调会、领导小组会、工作推进会21次。双流区通过社区发展治理和社会综合治理“双线融合”以及“1+211”小区自治新模式促进民族团结，打造各族居民“共居、共学、共事、共乐”嵌入式社区双流样板；以资源整合利用和民族团结进步“月月大舞台”等活动为载体，激活社区向上的内生动力；以建设“蓉城一家亲”主题公园、“民族之花”绽放广都等品牌项目为抓手，开展民族团结“进机关、进镇街、进村社、进学校、进寺庙、进企业、进景区”的“七进”活动28次，组织召开区创建全国民族团结进步示范区推进会18次，组织区创建办成员单位在东升街道白鹤社区欧城花园小区、广都社区、西航港街道莲花社区川齿记忆开展民族团结进步创建互观互鉴活动5次；开展民族团结进步人物小故事和专访30场，推广民族团结进步典型15例，设置大型户外广告牌60处，制作民族团结宣传展板120个，发放宣传资料6万份，人民网、百度网、四川电视台、国家省市民委官方平台、区委统战部微信公众号、区融媒体中心等宣传双流区民族团结进步创建经验做法188次，营造创建氛围。双流区先后迎接国家民委、省民宗委、市民宗局等领导调研民族团结工作16次，全市、全省、全国民族团结进步现场会相继到双流区点位观摩考察。9月14—15日，全国民族团结进步创建现场经验交流会对双流区欧城花园小区观摩考察，与会代表对双流区经验做法给予高度评价和一致认可。9月25日，四川省人民政府授予双流区东升街道广都社区居民委员会“四川省民族团结进步模范集体”称号。9月27日，成都市委办公厅《每日要情》第184期对双流区“334”举措促进全国民族团结进步创建经验做法给予刊登。9月27日，双流区东升街道广都社区被省政府评为民族团结进步模范单位。9月28日，四川省民族团结进步创建“互观互检”、城市民族工作试点建设“互观互学”活动对双流区广都社区观摩学习。9月28日，双流区委统一战线2020年“民族团结一家亲·重塑荣光再出发”专题文艺会演举行，对促进双流区民族团结进步事业作出重要贡献的11个示范单位、3名“民族团结大使”授牌和表扬。2021年1月19日，双流区被国家民委命名为全国民族团结进步示范区。

全国民族团结进步现场会期间与会人员参观双流区欧城花园小区 （供图：区委统战部）

【党外代表人士队伍建设】双流区委统战部加强对全区党外代表人士现状与问题分析，摸清底数，理清问题，有针对性整改完善；探索建立区委组织部、区委统战部党外代表人士联席会议制度，加强协作配合、理顺职能职责，共同推动党外代表人士培养使用；开展党外代表人士培训班1期，培训人数50人次；开展党外代表人士数据库及综合评价平台建设，提高党外代表人士安排使用科学化水平。双流区党外代表人士队伍建设工作经验在全市统战部长会议上作交流发言。

“空港同心” 双流区党外代表人士综合能力提升培训班合影　（供图：区委统战部）

【双流海归人才交流沙龙】 双流区委统战部依托留联会、园区侨之家，全年开展双流海归人才交流沙龙 12 次。

【对口援建巴塘县】 双流区委统战部拨付援建资金 3786.81 万元，实施住房安全、教育、医疗、产业、就业、干部人才智力、社会力量、基础设施等对口帮扶项目 34 个；深入推进“万企帮万村”“千企帮千村”“千企帮千户”精准扶贫行动，消费扶贫对口帮扶在全省推广经验。双流区被四川省委、省政府表彰为脱贫攻坚先进集体。

（文　婧）

侨务和台湾事务
Overseas Chinese Affairs and Taiwan Affairs

【概况】 2020 年，双流区人民政府侨务和台湾事务办公室（简称区侨台办）组织引导区侨台界人士和企业参与抗击新冠肺炎疫情，帮助侨台企业复工复产，并组织引导新侨企业家捐赠抗疫物资。双流区侨联获评成都市侨联 2020 年综合类先进单位和为侨服务阵地建设先进单位。

【侨务管理】 6 月 30 日，双流区委统战部牵头成立双流区留学人员联谊会，并与四川大学留联会签署合作协议。9 月，双流区侨联与重庆市渝北区侨联缔结成为友好侨联，构建侨联资源共享网络。11 月，双流区西航港经济开发区园区“蓉城同心·侨之家”建立，并在智慧统战平台上建立网上“侨之家”。双流区侨台办开展纪念侨法颁布 30 周年系列活动。

双流留学人员联谊会成立大会暨第一届理事会第一次会议人员合影留念（2020年6月30日）　（供图：区委统战部）

【侨资引进】 双流区侨台办全年接待海内外侨商团体到双流考察3次50人次；利用侨商联系广泛的优势，邀请日企出席在上海举办的双流对日开放合作推介活动；开展侨企大走访大调研活动，与市委统战部、市侨台办共同走访调研侨企20家。

【涉台事务】 双流区侨台办指导双流区台胞台属联谊会开展活动，让台胞台属融入双流区经济社会生活；慰问在双流区投资的台商、定居长住的台胞以及台资企业代表；做好重点台企服务，营造良好“安商”环境，做到投诉信访回复件件满意。

【涉台宣传】 双流区侨台办不断探索对台宣传的工作机制，注重对台宣传的方式方法，利用掌上新闻客户端、双流电视台微信公众号、双流空港之声、报刊等媒体加大宣传，开展对台宣传2次，双流报专刊1期。

【台企发展促进】 双流区侨台办开展台企大走访和涉台经济数据大调研活动，详细指导台企复工复产，严格落实包括仁宝、纬创在内的重点企业领导分片包干和“一对一”企业联络员制度；接待5次来自国台办、省台办及市委统战部等部门对台企的调研，接待台商到双流区考察交流2次。

（文　婧）

机构编制管理

Organization Establishment Management

【概况】 2020年，双流区各级行政机构共56个，其中党委工作机关10个、人大机关1个、政府工作部门27个、政协机关1个、政府派出机构5个、法院1个、检察院1个、工商联1个、镇（街道）9个（镇4个、街道5个）。

【党政机构职能体系完善】 双流区委编办制定出台《双流区委机构编制委员会工作规则及其办公室工作细则》《双流区贯彻〈中国共产党机构编制工作条例〉实施方案》，进一步规范机构编制事项审批权限和程序，细化具体决策程序，严肃机构编制纪律，推进机构编制管理程序化、规范化和制度化；制定出台《关于落实统一领导、统一管理和归口领导、归口管理有关要求的工作措施》《双流区事业单位代管工作细则》，推动党政机构职能体系协同、顺畅运行，推动事业单位与相关职能部门实现互为补充、高效运转；探索开展部门岗位职责任务清单编制试点，完善区级政府部门职责任务清单，将27个政府部门全部列入编制范围，细化分解职责任务并明确到岗，提升服务区委重大战略的统筹能力和专业服务能力；坚持一类事项原则上由一个部门统筹、一件事情原则上由一个部门负责，理顺城市管理、规划建设等重点领域职责关系，健全政府部门协调配合机制，推动政府部门在党委统一领导下各司其职、各尽其责；制定出台《双流区委区政府部门职责分工协调暂行办法》，明确职责分工协调解决程序；制定出台《双流区区级议事协调机构管理办法》，规范区级议事协调机构的设立、运行、变更、撤销和监督管理等程序，确保设置更加精简科学、程序更加规范、运行更加高效。

【行政管理体制改革】 双流区委编办印发《双流区区级部门派驻产业功能区服务机构及人员管理暂行办法》，建立起以产业功能区为主的派驻机构考核管理机制；出台《双流区产业功能区建设职责任务清单》，进一步明晰区级部门、镇（街道）、功能区管理机构在产业功能区建设中的职责任务；梳理完善产业功能区赋权清单，将区行政审批局、区住建交通局、区规自局、双流生态环境局下沉产业功能区审批服务事项从174项提升为181项；探索法定机构改革试点，借鉴先行地区改革实践经验形成《成都芯谷产业功能区管理暂行办法（送审稿）》，经市政府常务会审议通过后以成都市政府令形式印发；优化双流航空经济区管理体制，经对上争取，市委编委正式发文将双流航空经济区党工委管委会升格为成都市副局级派出机构。

【综合行政执法改革】 双流区委编办贯彻落实中央、省委和市委关于深化市场监管等领域综合行政执法改革要求，经请示市委编办同意后，对区市场监管综合执法大队与区市场监管局实行“局队合一”体制，并会同区市场监管局起草区市场监管综合执法大队“三定”规定。

【镇（街道）体制机制改革】 双流区委编办落实镇（街道）行政区划调整和体制机制改革要求，制定并印发双流区9个镇（街道）及其直属事业单位“三定”规定，按照“6+X”模式优化调整镇（街道）组织架构，同时结合各镇（街道）工作特色，采取挂牌的形式设置应急管理、生态环境、城市更新等特色机构；整合各镇（街道）便民服务机构，将原多个窗口类、平台类、活动类事业单位及片区站整合统筹设置“综合便民服务中心”，在各镇设置“农业综合服务中心”，均为副局级事业机构；出台《双流区区级部门派驻镇（街道）机构人员管理暂行办法》，对市场监管部门、综合执法部门的派驻镇（街道）工作机构实行“条块结合、双重管理”机制，明确派驻机构人员日常管理、考核奖惩、人员待遇、责任边界；制定《双流区职责事项下放实施办法》，明确区级部门下放镇街职责事项的主要内容、下放程序、权责事项、监督管理等；制定《双流区（街道）人员编制统筹使用管理的实施方案》，新建立行政编制“基本编制＋动态编制”、事业编制“周转池”、外包人员“两控一自”等管理机制，解决基层力量“条块化、碎片化”问题。

【机构编制管理创新】 双流区委编办制定出台《双流区“三重人才”专项编制试行管理办法》，明确人才专项编制使用和管理标准，保障需要人才支持的特殊领域、关键岗位以及重点工作或项目，破解部分机关事业单位因满编超编不能及时引进急需人才的难题；全面梳理事业单位事项清单、集中审核业务事项、审定公布业务范围清单，健全完善清单运行管理机制，在全区范围开展事业单位职责任务和业务范围清单化管理，为推进事业单位职能归位和资源优化配置、提升公益服务供给质效提供保障；探索建立医生、教师编制“周转池”，制定出台《双流区创新公立医院编制管理实行人员总量控制试行办法》和《关于统筹医疗卫生机构编制资源的工作方案》，核定学校员额教师、员额医生，保障教育医疗事业健康发展，缓解教育医疗编制不足的矛盾。

【机构编制监督检查】 双流区委编办深入推进机构编制实名制管理系统建设，做到机构编制“实时监控、动态管理”，掌握机构编制变化情况，更新实名制管理信息库内容、完善信息资料，开展机构编制人员信息管理、机关事业单位人员用编审核及上、下编制等日常管理；做好镇（街道）行政区划调整，涉及9个镇（街道）机关、18个事业机构和人员调整，更新完善机构编制信息数据，确保工作无缝衔接和有序推进；受理文档和函件900件，办理领导调整、工作人员调配和人员转隶等编制手续12000人次。

【事业单位登记管理】 双流区委编办运用“互联网＋政务服务”，规范事业单位登记管理范围、内容、程序和材料，提高登记服务水平，高质量抓好事业单位在线公示。

（刘　醒）

/ 外事管理 /
Foreign Affairs Management

【概况】 2020年，双流区深入贯彻中央外事工作会议及省委、市委外事工作相关会议精神，加快推动外事外资外经外贸外宣“五外”联动，优化大外事工作格局，推动外事工作取得新成效、迈上新台阶。全区开展国际合作与对外交流活动32项，处置海外领事保护（案）事件3起，组织开展涉外突发事件应急处置演练1次，建设外籍人士社区服务中心1个，举办领事保护宣传活动3次，开展涉外接待13批、100人次，做好大运会双流赛区礼宾筹备。

【涉外事务管理】 双流区委外事办在棠湖中学以班级为单位开展领事保护专题宣讲，设置课堂有奖问答环节提升学生参与度，让领保知识在趣味互动中深入人心，并对学生发出暂勿出国的安全提醒，覆盖全校85个班级3000名学生，同时针对学生家长加大宣传力度，锁定周末离校时间节点举办领事保护专题图片展示，现场发放宣传折页300份，引导家长关注学生海外学习、旅游安全风险，了解领事保护知识和外交部全球领事保护“12308”热线；组织开展涉外突发事件应急处置演练，检验双流区涉外突发事件应急处置预案的有效性，锻炼指挥人员的指挥决策能力、成员单位的联动响应能力和现场处置人员的临场应变能力，提升双流区涉外突发事件的应急处置水平；征集20名双流区小朋友绘画作品，其中双流区棠湖外国语学校丁姝洁作品入围全市十佳，代表成都市参加在俄罗斯喀山举办的“我眼中的世界：各国的风俗习惯”国际儿童绘画比赛；启动第一期全民讲英语大赛，成年组5人获奖，青少年组10人获奖；做好瑞士德语广播电台到双流区彭镇老茶馆拍摄纪录片涉外媒体管理，处置海外领事保护（案）事件3起，建设外籍人士社区服务中心1个。4月

15日，双流区召开外商投资企业座谈会，听取来自航空运输、电子信息、生物医药等领域37家外资企业诉求，现场解决企业复工复产困难，建立后续解困跟踪问效机制，提振外资企业发展信心。8月28日，双流区结合全国重大外资项目——瓴盛科技“芯视觉”产品发布会，开展“企业咖啡时”瓴盛科技专场活动，区长、副区长与瓴盛科技有限公司CEO肖小毛（美籍）等10家电子信息业内企业代表面对面沟通交流，现场解决企业发展问题。10月28日，双流区“外籍人才一站式政府服务工作站”在成都双流自贸试验区漫客空间（成都）&企业幸福中心揭牌成立，可为外籍人才提供出入境管理、社保、薪酬税务、商务注册代理、生活和专属服务六大类24项服务，为外籍人才在双工作、生活提供更宽松环境和更便利服务，优化双流区国际化营商环境，助力成都打造宜居宜业的国际门户枢纽和内陆开放高地。

【涉外活动服务】 双流区委外事办按照《大运会双流赛区场馆中心工作方案》，推进田径场馆中心、羽毛球场馆中心、网球场馆中心、水球场馆中心和射箭场馆中心5个竞赛场馆中心的外事礼宾筹备运行。（注：此届大运会推迟至2022年。）

【外事接待服务】 双流区全年接待法国驻成都总领事馆商务领事柯琳黛，丹麦王国驻重庆总领事馆总领事晏森，北京首旅日航国际酒店管理公司副董事长、大仓日航酒店管理集团中国区总代表哈曼·达布拉，双日株式会社中国总代表田中勤等外宾，以及成都市副市长、省委外办主任、省委外办副主任等重要外交、涉外商务、外事系统上级领导团组13批、100人次。

【对外交流合作】 双流区与成都伊藤洋华堂公司签约《怡心湖商业综合体项目合作框架协议》，协定在怡心湖引进伊藤洋华堂品牌，建设商业综合体项目。7月，双流区与日本DLC.GB国际商务咨询服务股份公司签订合作协议，在日本福冈市设立“海外双流工作站”，并聘请董事长青木丽子为咨询顾问，主要负责协助双流区开展对外宣传、友城推动、友好交往、招商引资、人才引进等。8月11日，双流区人民政府副区长与日本顺天堂医院代表举行视频会议，推介双流区投资营商环境和生物医药产业发展机会，四川大学华西第二医院和四川大学华西空港医院专家通过网络视频与日本顺天堂医院专家教授就医疗领域合作交流讨论。9月22日，双流区政府外办主任与WeGO秘书处业务主管举行视频通话，双方就通过信息技术提升电子政务水平、培育引进智能智造企业、通过线上平台促进社区治理等内容交流。12月1日，双流区举行“公园营城·天府怡心湖首发仪式”，向全球发布天府怡心湖投资机会清单，包括仁恒置地、合景泰富、伊藤洋华堂以及国际机构瑞士中心与双流签约，总投资额超过780亿元。12月7日，双流区举办“2020四川—忠清南道优秀企业和产品线上洽谈会”，20家四川企业代表参会。

【对外交流活动】 1月7日，双流区妇幼保健院护理部副主任刘小花到意大利萨萨里大学医院参加“第十六期医护研修项目”，其间拜访马西莫·卡皮内利校长和医院保罗·佩利扎罗博士，了解学习意大利医疗体系和先进护理专业的前沿方向，提高双流区妇幼保健院护理管理及学术水平。1月23日，双流区政府外办、区文体旅游局为落地双流区的2座“成都国际友城雕塑”揭幕，来自澳大利亚维多利亚州设计师设计的雕塑“月亮走，我也走”和美国田纳西州纳什维尔市的设计师设计的雕塑“即兴演奏会”在双流绿道落成。3月27日，双流区与日本神奈川县厚木市举办线上口罩捐赠仪式，厚木市市长率市政府相关部门代表出席接受双流区捐赠1万个口罩并致答谢辞，双流区委副书记出席并致慰问辞，推动两地开展友好交流合作。4月17日，双流区委外事办组织区内小学生录制川剧表演视频并发送给土耳其伊兹米尔市加兹密尔区，祝贺当地儿童节，加兹密尔区长哈利勒·阿尔达专门表达谢意并表示疫情结束后将访问中国，推动两地继续开展更多的友好交往，土耳其阿纳多卢通讯社、中国国际广播电台（CRI）等媒体对此进行报道。5月28日，“家在成都·行走双流——中外朋友进社区，共庆国际儿童节”活动在双流区西航港街道江安国际化社区举行，来自美国、英国、加拿大、韩国等国家的6名外国大朋友和15名中国小朋友参加，共促中外文化交流、中外居民融合。6月24日，“家在成都·行走双流”端午节活动暨江安社区中韩文化交流活动举行，辖区内外籍友人和社区居民50人在江安国际化社区共同体验中韩风情，感受端午

外籍人才代表参观电子科大科技园　　（供图：区委外事办）

氛围。7月17日，双流区委外事办组织“日本文化和社交礼仪”专题培训会议，特邀日本DLC国际商务咨询服务股份公司董事长青木丽子，围绕礼仪与日本文化、日本礼仪待人等内容系统全面讲解，全区200名干部线上线下参会。8月26日，双流区友城韩国光州广域市南区区长金丙乃发来祝福视频，对双流区推动中日韩开放合作示范项目表示支持，祝福中日韩开放合作取得成功，双流区人民政府区长致信感谢，维护和深化两区友好关系。8月29日，双流区举办“2020成都国际友城青年音乐周”双流分会场活动，以中日韩三国开放合作、青年友好交流为主题，采取“线下+线上”方式吸引30万名观众观看。9月4日，双流区政府外办、区教育局主办的2020中国（成都）·美国友城青少年英语辩论挑战赛双流区选拔赛举行，全区12支队伍通过淘汰赛决出二强，参加成都市B片区比赛。9月15日，“家在成都·行走双流”中日文化交流活动在江安社区国际会客厅举行，以“花好月圆·日本印象”为主题，辖区内中外居民30人参加，共庆中秋佳节，共促中外文化交流、中外居民融合。10月28日，双流区邀请四川大学江安校区、西南民族大学航空港校区和成都信息工程大学的外籍人才代表参访成都芯谷展示中心、双流棠湖中学和双流区汉轩文化馆等特色项目和文化点位，了解双流产业发展情况，感受空港双流城市魅力，引导人才参与双流经济发展和社区治理，为中国航空经济之都建设建言献策。11月11日，双流区政府外办邀请来自川大、西南民大软件工程专业的外籍留学生参观电子科技大学成都产业园和感知物联网企业幸福中心企业展厅，走进全国重大外资项目——瓴盛科技公司，了解最新的科技成果，体验、感知双流的电子信息产业发展情况。11月21—29日，双流区组织参加2020中国（成都）·美国友城青少年英语辩论挑战赛，来自美国11个城市14支辩论代表队与成都选拔赛前14支辩论代表队，通过积分赛和淘汰赛在线展开美式辩论，在疫情期间继续为两国民众的相知相识搭建平台，为中美两国青少年互学互鉴创造条件，双流中学代表队晋级最后决赛并获得第八名成绩。12月2日，双流区政府外办邀请川大软件工程专业的外籍留学生与华为（成都）物联网云创新中心代表参加对话活动，外籍留学生围绕专业能力、求职和就业等感兴趣的话题与华为云代表沟通，增强外籍留学生在成都市就业创业的意向和信心。

外籍人才代表与感知物联网企业幸福中心工作人员座谈　　（供图：区委外事办）

【双流区对日开放合作推介活动】 8月27日，双流区举办“中日合作·双流有约”2020成都市双流区对日开放合作推介活动(上海)，包括8家世界500强企业、30家行业龙头企业在内的120名机构和企业代表参加，日本国驻上海总领事馆经济部领事室井崇、日本贸易振兴机构上海代表处副所长船桥宪分别致辞，日中经济协会上海事务所首席代表伊藤智、上海日本商工俱乐部事务局局长中村仁等嘉宾出席。活动现场发布双流区6个中日韩合作示范园区和3个合作提案，签约3个合作项目，成都天巡星网科技与韩国WAVEPIA公司等4组合作伙伴就加强现有合作牵手。

【中日产业合作网上直播推介会】 6月5日，双流区举办以“深化中日合作·助力打造航空经济之都”为主题的中日产业合作网上直播推介会，日本贸易振兴机构成都代表处首席代表田中一诚现场致辞，约200家企业、21.56万人次在线观看直播。现场发布成都市双流区中日产业合作投资机会清单和成都东航中心等8个项目详细情况，发布并启动建设日航大仓酒店西南首店——成都怡心湖日航酒店项目，落地“日本住贸工程机械西部再制造中心”项目。

(钟　建)

档案管理

Archives Management

【概况】 2020年，双流区档案馆有馆藏档案235个全宗，以卷为保管单位的有20.1万卷，以件为保管单位的有181件，总排架长度6100米，其中新中国成立前的档案为民国档案，共12327卷19.67万件，代管各部门档案47.7万卷。

【档案接收与征集】 双流区档案馆完成区划调整后胜利镇、公兴镇、金桥镇、协和街道等单位5078盒114928件档案接收整理、清点上架、条目数据入库挂接；有序开展国有企业退休人员社会化管理人事档案接收，办理完结档案移交手续的国有企业共35户9508袋，完成率100%；收集区住建交局原规划展览电子版、宣传片，收集双流文物展览电子版，接收民间艺人陈世云剪纸作品集；提前收集疫情防控照片2万张进馆，接收18个单位文书档案2983盒、9个单位照片档案63册3911张、数码照片144张。

【档案利用与编研】 双流区区档案馆利用研发的“民生档案自助查询系统”，实现民生档案全程自动化查阅；根据疫情形式变化，在不同时期采用不同方法，通过“暂停服务—预约查档—限额服务”的措施，接待查档利用14587人次，查阅档案2.5万件，复印14万张；策划制作《抗击疫情，记录奇迹——双流区抗击2019新型冠状病毒纪实》画册，收集现场指挥部署、疫情防治、关怀隔离人员、复工复产等疫情照片1000张；选送的《民国成都市城区街道图》被评为“2020年首届成都市馆藏十大珍档”之一，在首届成都市馆藏珍档评选活动中获“最佳宣传单位”，并根据《民国成都市城区街道图》撰写成都地名档案故事30个，编撰书籍《百年回眸：时光流变中的成都》；在《空港双流》副刊登载“双流解放日”内容《双流1949浴火重生》，空港融媒公众号同步推送，点击阅读量超过1.5万人次。

【档案行政管理与宣传】 双流区档案局开展档案业务知识培训，全区220个单位档案工作达到省三级以上标准；完成区级单位机关文件材料归档范围和档案保管期限表审核，完成43个重大项目登记和2个项目档案验收；加强疫情防控档案收集

7月16日，西昌市委办公室副主任赵文琼参观双流区档案馆数据中心　（供图：区档案局）

归档指导，指导12个单位脱贫攻坚档案收集整理；完成双流区国有企业退休人员社会化管理人事档案移交接收标准，完成4行政区划调整镇（街道）和18个村（社区）体制机制改革档案处置；完成双流区2019年行政权责清单核实审定和报送，参加市档案局组织的协作组活动；利用节日、会前学法、媒体等开展法律法规宣传。

【档案信息化建设】 双流区档案馆完成馆藏2253卷（盒、册）13.1万页档案的全文数字化，接收进馆5517盒884530页档案数字化副本，双套制接收35家国有企业退休人员人事档案9519卷；建设局域网档案综合管理系统、政务网馆室一体化系统和资源共享平台、因特网档案资源采集系统，实现档案资源接收、管理、保存、利用的全过程信息化管理；推进全区数字档案室系统应用，促进机关档案数字化管理再上新台阶；专题指导世警会筹委会完成“2019年世警会”600张数码照片及数字影像、声像档案的归档和著录。

【档案监控平台建设】 双流区档案局有公共区域和档案监控两套视频监控系统，监控点位145个，覆盖各个出口、档案存放、档案流转及档案信息化加工等重要区域，监控系统24小时专人看管并能进行回放，监控分楼层、分区域管理，确保重要区域监控视频全覆盖。

【馆藏特色陈列室筹建】 双流区档案馆为展示征集成就，筹建特色陈列室，专门陈列馆藏部分征集作品，展示各界名人的艺术风采，丰富城市文化内涵，创新天府文化双流表达，让参观者认知双流特色人文历史。

【政治思想教育基地建设】 双流区档案局的“田家英生平展”和“不忘初心、牢记使命”主题展成为全省和全市纪检组织、党校以及档案系统集中参观学习的重要展览，成为政治思想教育、爱国主义教育、党性党风党纪教育复合型基地，全年接待四川省委办公厅、西昌市委办公室等54批次2000人次参观。

7月28日，成都市委巡查督导组、双流区纪委参观田家英生平展 （供图：区档案局）

【“双流小康之路”展览】 12月，双流区档案局（区档案馆）举办“砥砺奋进 圆梦小康——双流小康之路”展览，反映双流区全面建设小康之路的辉煌历程，成为围绕中心工作、激发全区干部群众砥砺奋进、奋力建设中国航空经济之都的宣教基地。

（韩卓识）

党史和志鉴编纂

Party's History, Local Chronicles and Yearbooks Compilation

【概况】 2020年，双流区委史志办公室推进党史编研、志鉴编纂和数字史志建设等开展，编纂出版《中国共产党成都执政实录·双流篇（2019）》《双流年鉴（2020）》；启动“一馆两书”工作，推出双流历史文化名片；服务区委、区政府中心工作，主动建言献策；利用地情信息资料向社会提供服务，利用史志资料、编研成果做好宣传教育，充分发挥史志资料“存史、资政、育人”的社会功能。12月，四川省第十九次地方志优秀成果评比中，《黄龙溪镇志》获志书类一等奖，《安康家园志》获志书类三等奖，《双流年鉴（2019）》获评年鉴类一等奖。

【“一馆两书”工作启动】 双流区委史志办启动“一馆两书”工作，打造一个双流史志馆，编撰两本书（《双流四千年》《百年征程 共铸辉煌》），推出双流历史文化新名片。

双流区委史志办按照区委“节约、精致、客观、精准”的原则，在双流区白河公园内建设双流史志馆，建筑总面积1719平方米，融党史展览和方志文化于一体，二馆（史志馆、方志馆）合一，利用白河公园环境优势，打造开放式史志主题展馆，建成后将作为双流区党史教育、廉政教育、历史文化教育以及经济发展成果展示的重要载体。《双流四千年》讲述双流自古蜀时期蚕丛在瞿上城建立政权以来，在4000多年的历史长河中诞生的重要文明成果、涌现的众多名人志士以及发生的重大历史事件，以时间为序，采用记叙、说明文体编写；《百年征程　共铸辉煌》展现双流人民在党的带领下进行革命、建设、改革开放和现代化建设的奋斗历程。

【《中国共产党成都执政实录·双流篇（2019）》编纂出版】 12月，《中国共产党成都执政实录·双流篇（2019）》编纂出版。全书60万字，设彩页、工作综述、执政方略、执政实践、执政思考、大事记和附录7个部分，主要记述2019年中共成都市双流区委贯彻党的路线、方针、政策，带领全区各级党组织推进的执政实践和取得的执政成果。

【《双流年鉴2020》编纂出版】 12月，《双流年鉴（2020）》由开明出版社出版。全书74万字，设置双流概述、中共双流区委员会、双流区人民代表大会、双流区人民政府、政协双流区委员会、中共成都市双流区纪律检查委员会（成都市双流区监察委员会）、民主党派·群众团体、法治·国防、城乡建设与管理、自然资源·生态保护、产业集聚发展、航空经济发展、农业和农村、工业·建筑业、商贸与现代服务业、交通运输·邮政·通信业、旅游业、综合经济管理、教育·科技、文化·传媒、卫生·体育、社会·民生、街道·镇、大事记、附录、索引26个类目，下设113个分目、1225个条目，收录403幅图片、21个表格。卷首专题图片设大美双流、产业兴城、文艺活动、赛事节会、社会生活，其中大美双流为新增设板块，展现双流生态文明建设成果。正文将中共成都市双流区纪律检查委员会（成都市双流区监察委员会）、交通运输·邮政·通信业升级为类目，同时类目中增加航空经济发展的记述，类目双流概述中增设国家级临空经济示范区建设和国际化营商环境建设两个分目，突出地方特色和年度特色。

【地情资源开发与利用】 双流区委史志办编纂双流历史文化系列丛书《乔大壮人物研究》，传承历史文脉，增强双流的文化魅力，让双流人民更好地了解并认识近代文化名人乔大壮；开展口述史研究，对双流文史专家王泽枋、槐轩后人刘伯谷口述采访，采集保存有血有肉的鲜活历史；做好双流抗击新型冠状病毒肺炎疫情资料收集，为编撰《双流抗击新型冠状病毒肺炎疫情图记》作准备。

【数字史志建设与运用】 双流区委史志办持续完善集“史志网站、资料年报、业务编纂、图文数据库、数字史志馆、全景双流”于一体的双流数字史志平台建设，提升史志编纂效率，拓展读史、用史、传史新渠道。双流史志网站运行全景双流VR系统，方便读者沉浸式体验，全年上传信息10条，累计点击量1334次。7月，“双流史志”微信公众号开通，用史话介绍双流区党史、地方志资讯，截至年底阅读数量837次，转发20次，点击量837次。

【史志宣传教育】 双流区委史志办对接相关部门，参与蚕丛文化园、空港云·城市会客厅、公园城市设计建设，为党委和政府的科学决策提供历史文化佐证；创新宣传教育手段，结合新媒体视听手段，开展党史宣教活动，在双流史志网站和广播电台同步推广党史宣传栏目“党的理论飞入寻常百姓家”，开辟党史故事专栏讲述双流党史故事；开展党史进社区活动，与西航港街道党工委、莲花社区党委利用“三线建设”历史遗存，打造党史教育基地，建成独特的社区文化“川齿记忆”，并在已有的党史元素基础上提档升级，在社区群众服务中心增添党史书籍，建成“红色书柜”供社区居民阅览。

（葛丽平）

党校教育
Party School Education

【概况】 2020年，双流区委党校深入学习贯彻习近平总书记关于党校办学治校系列重要指示精神，贯彻落实《中国共产党党校（行政学院）工作条例》以及各级关于县级党校分类建设的部署要求，坚持党校姓党，围绕中心狠抓干部培训、科研资政、师资培育，全面建设全省一流、全市领先、与中国航空经济之都城市能级相匹配的基层示范党校。双流区委党校工作4次获区委主要领导肯定批示，获四川省无烟单位、四川省文明单位、成都市健康机关等称号，2名教师获评全市党校系统“教研英才”“教研新秀”，1名教师入选市委讲师团巡回宣讲队，3名教师入选区委全会宣讲团。四川省委党校在双流区委党校挂牌设立“党的建设智库研究基地”，双流区城乡社区发展治理工作领导小组研究同意双流区委党校挂牌成立双流区社区社会企业研究培训中心。

双流区2020年度“专业化领导干部提能”培训班开班典礼举行 （供图：区委党校）

【干部培训】双流区委党校紧扣成渝地区双城经济圈建设、高质量建设践行新发展理念的中国航空经济之都等中心工作，创新“线上+线下”相结合的教学方式开展教育培训，举办学习贯彻“党的十九届四中全会精神暨省委市委全会精神”培训班、局级领导干部进修班、急需紧缺专业选调生任前培训班、铸魂工程培训班等主体班次10期，培训各级各类干部785人次；举办“党的十九届四中全会精神暨省委市委全会精神专题班”“2020年度转业士官岗前专题培训班”2期，培训党员干部331人次；开设“空港双流周末大讲堂”8期，培训业务部门干部职工1600人次；举办“产业功能区系列专题讲座”5期，培训专业人才1500人次；开设微党课讲师“每周一推送”专题培训1期，举办“党课开讲啦”赛课活动，选派优秀讲师送训下基层。双流区委党校与重庆市渝北区委党校、万盛经开区党校签订合作协议，推动优势互补、资源共享，举办渝北区、南岸区等地

双流区选调生座谈会暨2020届急需紧缺专业选调生任前培训开班仪式举行 （供图：区委党校）

培训班 2 期；与部门合作举办培训班 19 期，培训党员干部 4000 人次；打造莲花社区、云华社区现场教学基地，获评市级干部教育培训现场教学基地；与部门合作打造党史党建、航空经济等 7 类教学基地，开发特色课程，有 7 个省市党校主体班次到基地开展教学。双流区委党校全年举办专题班、研讨班等班次 21 期，培训党员干部 2157 人次；选派优秀讲师开展送训下基层、理论宣讲 39 期，培训干部群众 2803 人次。

【课题研究】 双流区委党校立项并完成省市科研课题 9 项（省级 4 项、市级 5 项），其中首次立项并完成省委党校重大研究市州项目成果《“一市两场”背景下建设成都临空经济示范区的实践与探索》，被列入四川省全面建成小康社会系列成果之一出版，全省仅有 7 家区（县）党校获得立项；1 项科研课题获成都市社科资助，是全市区（县）党校唯一获得资助的课题；1 项课题被省委党校评为优秀，3 项课题被市委党校评为优秀，排名全市区（县）党校前列。双流区委党校与电子科技大学、四川省委党校专家团队合作，参与省社科课题、市社科课题各 1 项；与市委社治委共同完成《成都市城镇社区社会企业调研报告》，获得市委组织部、市委社治委领导肯定；10 多项课题成果入选国家级、省级理论学术研讨会，5 次作大会交流发言；1 项成果获全国党刊 2019 年优秀稿件二等奖，5 项成果获评省市研讨会优秀论文；校刊《党校论坛》所刊调研文章获市政协副主席肯定性批示，《新中国成立 70 周年伟大民生巨变和伟大成就》获评成都市基层理论宣讲优秀作品。

【基层调研】 7—9 月，双流区委党校在全校范围内开展“调研季”活动，教学科研人员根据课题项目及课程开发情况，以课题组及科室为单位，组建调研小组，组织开展调研 30 次；围绕航空经济发展、社区治理、营商环境建设等区委、区政府中心工作，各调研小组与社治委、政研室等部门合作，深入村（社区）、企事业单位展开调研，调研更具针对性、实效性；创新调研管理体系，做到“调前有方案、调时有记录、调后有报告”，用调研全过程管理促使调研规范化、科学化、高效化；将调研成果转化为教学案例、调研课题、研讨文章，完成《做强航空经济 培育双流高质量发展新动能》《扶持发展社区社会企业 培养激发社区发展治理内生动力》等课程开发，17 篇文章入选各级研讨会。

（卓莉娟）

/ 老干部管理 /

Retired Cadres Management

【概况】 2020 年，双流区委老干部局深入学习贯彻习近平总书记关于老干部工作的重要指示精神，严格遵循落实省委、市委关于老干部工作的部署要求，立足实际，坚持以政治建设为统领，突出“充电与放电并行，守正与创新并重”，推动新时代老干部工作迈上新台阶。

【老干部“两个待遇”落实】 双流区委老干部局全年组织老干部学习全国“两会”精神、省市区全委会精神、中共十九届五中全会、不忘初心听党课、《习近平谈治国理政》第三卷等 6 次，定期通报双流区经济社会发展情况 2 次，为每位老干部征订《晚霞》《四川党建》《求是》《党的建设》《蓉城金秋》等书刊，在老干部休养所订阅报纸杂志等学习资料 80 种，并每月坚持送学上门；坚持“三情五心六必访”工作理念，在元旦、春节等重大节日期间开展全覆盖走访慰问，老干部生病住院慰问 9 次，老干部去世吊唁并慰问家属 4 次；疫情期间建立疫情期间联系老干部工作台账，将老干部居家防疫情况、身体情况记录在册，同时区老干部休养所坚持每天给就近居住的老干部宿舍消毒，门岗轮流检查、排查外来人员；坚持和完善老干部健康休养制度，坚持开展离退休人员特殊困难帮扶，帮扶有重大疾病、家中发生重大事项的离退休干部 35 人次，为 80 岁以上的副区（县）级以上的离退休老干部开展家庭医生签约服务，继续推行并完善老干部就医绿色通道。

【老干部活动阵地建设】 双流区老干部休养所设立体育锻炼厅、歌舞排练厅、影视播放厅、电脑网吧室、书画练习室、会友聊天室、学习会议室、机麻棋牌室、休闲按摩室等，坚持每日 9：00—17：00（除双休日、节假日）对老干部开放，安排 2 名专职人员做好服务；完善《老干部休养所岗位目标考核制度》《活动器材保管制度》，做到工作有标准、管理有制度、考核有依据；成立离退休干部微党校，组织离退休干部微党课23次，被评为全省老干部学习活动阵地规范化建设示范单位。

【老干部正能量活动】 双流区委老干部局组织100名老干部开展抗“疫”作品征集活动，展示双流区离退休干部在抗击新冠肺炎疫情中听党指挥、众志成城、同心抗“疫”的精神风貌；5月，组织老干部开展以“我与成都”为主题的讲述成长、讲述发展故事主题作品征集展示活动，老干部作品在天府市民云、情暖桑榆微平台、蓉城金秋微平台、《蓉城金秋》《空港双流》《成都日报》等媒体上刊载；7月，组织老干部代表、蓉城金秋志愿服务队代表、离退休党支部书记代表、老党员工作室代表等30人到彭州市白鹿镇开展“我看脱贫攻坚新成就”专题调研活动；9月，组织离退休老干部50人到崇州道明镇开展“美丽乡村建设”参观考察活动；12月，组织老干部开展“看成都天府机场项目，谈双流经济建设”专题调研活动，通过专题调研、参观考察等，增强老干部在推动成渝地区双城经济圈建设中的参与度；组织老干部宣讲团分别于6月和11月开展“感恩新时代，助力新征程”“听时代新声，看党的建设”党建宣讲月活动，通过宣传党的建设，讲好中国故事、弘扬中国精神、传播中国好声音。

【蓉城金秋志愿服务】 双流区委老干部局在原有蓉城金秋志愿服务中队、分队的基础上，调整完善原有队伍人员，进一步充实蓉城金秋志愿服务队伍建设，扩大蓉城金秋志愿服务活动影响力；组织蓉城金秋志愿服务各分队开展以“助力脱贫攻坚，助推乡村振兴”为主题的座谈、访谈活动，听取不同地域、不同行业老干部对中共十八大以来中国脱贫攻坚取得决定性进展和重大历史性成就的心声，对贯彻新发展理念、打赢精准脱贫攻坚战、创新社会治理加强基层建设、破解改革发展难题、推动成渝地区双城经济圈建设的意见和建议；组织开展“初心闪耀·坚毅前行”主题征文活动，通过志愿服务者在助力脱贫攻坚、助推乡村振兴中的故事见闻、心得体会和经验总结，见证开展脱贫攻坚以来双流区发生的改变、取得的成绩，获得全市表彰主题征文优秀组织单位及优秀作者、作品奖。

（张　飏）

双流区人民代表大会

SHUANGLIU DISTRICT PEOPLE'S CONGRESS

/ 人大机构 /

People's Congress Agencies

【概况】 2020年，成都市双流区第十八届人民代表大会设立监察和司法委员会、经济委员会、社会事业委员会、城乡建设与环境保护委员会、农业和农村委员会、预算委员会。大会闭会期间，各专门委员会在区人大常委会领导下，研究、审议和拟定有关议案，开展调查研究，提出建议。双流区人大常委会组成人员45名，设立人事代表工作委员会、办公室和信访办3个工作机构，负责处理常委会重要日常工作。双流区人大常委会办公室下设综合科、研究室、秘书科、机关事务管理中心和财务科。

【双流区人大常委会领导名单】

主　任　陈　琳

副主任　景逢均

张晓华

鲜　明

严宗明

丁远平

【双流区人大专门委员会及领导名单】

监察和司法委员会

主任委员：帅　明

经济委员会

主任委员：何海志

社会事业委员会

主任委员：谢正英

城乡建设与环境保护委员会

主任委员：王维东

农业和农村委员会

主任委员：吴　进

预算委员会

主任委员：王佑涛

【双流区人大常委会工作机构及领导名单】

办公室

主任：胡洪军

人事代表工作委员会

主任：应跃龙

信访办

主任：文　波

（李云寿）

/ 人大重要会议 /

People's Congress Important Meetings

【概况】 2020年，双流区召开人民代表大会2次、人大常委会会议10次。

【双流区人民代表大会】 5月19—21日，成都市双流区第十八届人民代表大会第五次会议召开。会议安排3次全体会议、4次主席团会议、4次代表团会议、1次中共党员代表大会。会议听取和审查成都市双流区人民政府工作报告；审查和批准成都市双流区2019国民经济和社会发展计划执行情况及2020年国民经济和社会发展计划草案的报告，批准2020国民经济和社会发展计划；审查和批准成都市双流区2019财政

9月16日，成都市双流区第十八届人民代表大会第六次会议第二次全体会议召开　（供图：区档案馆）

预算执行情况和2020预算草案的报告，批准2020本级财政预算；听取和审查成都市双流区人民代表大会常务委员会工作报告、区人民法院工作报告、区人民检察院工作报告，并作出相关决议；选举罗万能为成都市双流区监察委员会主任。会议收到代表提出的建议、批评和意见130件，其中经济方面17件、交通城建环保方面36件、农林水利方面6件、教科文卫方面13件、政法方面15件、其他24件，涉及天府新区成都直管区19件，涉及39个承办单位，闭会后交由有关机关、组织研究办理。

9月15—16日，成都市双流区第十八届人民代表大会第六次会议召开。会议安排2次全体会议、3次主席团会议、4次代表团会议、1次中共党员代表大会。会议听取和审查成都市双流区人民政府2020年上半年疫情防控和经济社会发展情况的报告，选举袁顺明为成都市双流区人民政府区长。

【双流区人大常委会会议】 1月15日，成都市双流区第十八届人大常委会第二十五次会议举行。会议传达学习习近平总书记系列重要讲话精神以及中央和省委、市委、区委近期重要会议精神。会议听取主任会议关于部分镇(街道)行政区划调整后人大工作有关问题说明，决定万安镇、正兴镇、兴隆镇、煎茶镇、新兴镇、籍田镇、太平镇、永兴镇撤销镇建制设立街道办事处后，原镇人大、镇政府相应撤销，镇人大代表资格相应终止;白沙镇、大林镇、合江镇、三星镇、金桥镇、胜利镇撤销镇建制后，原镇人大、镇政府相应撤销，镇人大代表资格相应终止；彭镇、黄水镇因行政区划调整，原镇人大代表资格相应终止；行政区划调整后，原白沙街道人大工委、大林街道人大工委、合江街道人大工委、三星街道人大工委、金桥街道人大工委、胜利街道人大工委、协和街道人大工委、公兴街道人大工委相应撤销；新兴街道人大工委、籍田街道人大工委、太平街道人大工委、永兴街道人大工委、怡心街道人大工委、彭镇街道人大工委、黄水街道人大工委作为区人大常委会的工作机构，负责街道所辖区域内人大工作，主任、副主任由区人大常委会任免，在区人大常委会领导下开展工作，同时接受街道党工委的领导；行政区划调整后，彭镇、黄水镇按《选举法》规定，重新确定人民代表大会代表名额，并按法定程序选举产生镇人民代表大会代表，任期至2021年四川省人大常委会决定新一轮县乡两级人民代表大会换届时为止，同时在代表选举产生后，依法召开镇人民代表大会，选举镇人大主席、副主席和镇长、副镇长。会议听取主任会议关于重新确定彭镇、黄水镇人民代表大会代表名额说明，决定重新确定彭镇人民代表大会代表名额为96名、黄水镇镇人民代表大会代表名额为78名；听取主任会议关于彭镇、黄水镇选举委员会组成人员建议名单说明，通过彭镇、黄水镇选举委员会组成人员名单；听取主任会议关于补选成都市双流区第十八届人民代表大会代表说明，区第十八届人大代表黄水镇第二选区有1名代表缺额，决定在黄水镇第二选区补选1名区人大代表，补选日期为2月21日；听取主任会议关于区第十八届人民代表大会代表选举办法(草案)说明，通过此次补选选举办法(草案)。

3月20日，成都市双流区第十八届人大常委会第二十六次会议举行。会前集体学习《中华人民共和国传染病防治法》《中华人民共和国野生动物保护法》等5部法律和全国人大、省市人大关于做好新冠肺炎疫情防控工作的相关决定。会议传达学习习近平总书记系列重要讲话精神以及中央和省委、市委、区委近期重要会议精神，通报区人大常委会2020年工作要点；听取区人大常委会副主任严宗明关于提请接受杨云芬辞去成都市第十七届人民代表大会代表职务的议案说明，决定接受杨云芬辞去成都市第十七届人民代表大会代表职务，并报送成都市第十七届人民代表大会常务委员会备案、公告；听取区人大常委会副主任严宗明关于提请接受黎晓东辞去区第十八届人大常委会委员职务的议案说明，决定接受黎晓东辞去区第十八届人大常委会委员职务，并报成都市双流区第十八届人民代表大会备案；听取区人大常委会副主任景逢均关于提请调整区第十八届人大常委会代表资格审查委员会主任委员的议案说明，决定张晓华不再担任代表资格审查委员会主任委员，严宗明担任代表资格审查委员会主任委员；听取和审议主任会议、区人民政府提请的有关人事事项。

4月16日，成都市双流区第十八届人大常委会第二十七次会议举行。会议传达学习习近平总书记系列重要讲话精神以及中央和省委、市委、区委近期重要会议精神；听取主任会议关于提请接受郭应秀、郭玉根、彭秀云、汤作清、刘泽元5人辞去区第十八届人民代表大会代表职务的议案说明，决定接受郭应秀、郭玉根、彭秀云、汤作清、刘泽元5人辞去区第十八届人民代表大会代表职务并予以公告；听取主任会议关于补选区第十八届人民代表大会代表说明，决定在东升街道第十、十三和十五选区，西航港街道第十一和十二选区，九江街道第五和七选区，黄甲街道第二选区，黄水镇的原黄水镇第五选区和原胜利镇第一选区，怡心街道的原公兴街道第二选区11个选区，各补选1名区人大代表，补选日期为5月8日；听取主任会议关于重新确定黄水镇的原黄水镇第二选区补选区人大代表日期说明，决定黄水镇的原黄水镇第二选区补选区人大代表日期为5月8日；听取主任会议关于区第十八届人民代表大会代表选举办法（草案）说明，表决通过本次补选选举办法（草案）；听取和审议主任会议提请的有关人事事项。

5月11日，成都市双流区第十八届人大常委会第二十八次会议举行。会议传达学习习近平总书记系列重要讲话精神以及中央和省委、市委、区委近期重要会议精神；听取、审议并决定区第十八届人民代表大会第五次会议有关事项，决定区第十八届人民代表大会第五次会议于5月19—21日在东升街道召开；审议并通过区第十八届人民代表大会第五次会议议程（草案）、日程（草案）、成都市双流区人大常委会工作报告（草案）、主席团和秘书长建议名单、主席团常务主席建议名单、主席台就座人员建议名单、列席人员名单（草案）、议案审查委员会建议名单、选举办法（草案）；听取、审议并通过区人大常委会副主任、代表资格审查委员会主任委员严宗明所作的《关于区第十八届人民代表大会第五次会议代表资格的审查报告》，经审查应出席区第十八届人民代表大会第五次会议的代表为282名；听取和审议区审计局局长刘茜珂所作的《关于2018年审计查出问题整改情况的报告》、区人大预算委主任委员王佑涛所作的《关于对财政预算草案的初步审查情况的报告》，听取区人大常委会副主任严宗明关于2019年度优秀代表建议通报；听取和审议区人民政府、区人民法院、区人民检察院、主任会议提请的有关人事事项。

5月18日，成都市双流区第十八届人大常委会第二十九次会议举行。会议传达学习习近平总书记系列重要讲话精神，中央和省委、市委、区委近期重要会议精神，省十三届人大三次会议、市十七届人大三次会议精神；听取区人大常委会副主任严宗明关于提请接受杨云芬辞去区监察委员会主任职务的议案说明，决定接受杨云芬辞去区监察委员会主任职务，并报区第十八届人民代表大会备案。

7月31日，成都市双流区第十八届人大常委会第三十次会议举行。会议听取区人民政府副区长曾虎关于袁顺明任职的报告，决定任命袁顺明为区人民政府副区长；听取区人民政府副区长曾虎关于鲜荣生辞去区长职务的报告，决定接受鲜荣生辞去区长职务，并报区第十八届人民代表大会备案；听取区人大常委会副主任严宗明关于袁顺明代理区长决定（草案）的说明，决定任命袁顺明为区人民政府代理区长；听取区人大常委会副主任严宗明关于提请接受蒲云伟辞职的议案说明，决定接受蒲云伟辞去区第十八届人民代表大会代表职务并予以公告；听取和审议区人民政府提请的其他有关人事事项。

9月1日，成都市双流区第十八届人大常委会第三十一次会议举行。会议传达学习习近平总书记系列重要讲话精神以及中央和省委、市委、区委近期重要会议精神，书面学习《中华人民共和国民法典》《中华人民共和国公职人员政务处分法》，开展区委十三届十四次全会精神专题宣讲；听取和审议区人民政府副区长刘伟关于2019年生态环境状况和生态环境保护目标完成情况的报告、区财政局局长刘志勇受区人民政府委托所作的关于预算绩效管理情况的报告、天府新区成都管委会自然资源和规划建设局副局长杨潇关于《天府新区成都直管区国土空间总体规划（2019—2035年）（送审稿）》的说明；听取区人大常委会副主任严宗明关于补选区第十八届人民代表大会代表的决定（草案）说明，决定在永安镇第三选区补选1名区人大代表,补选日期为9月13日；听取区人大常委会副主任严宗明关于补选区第十八届人民代表大会代表选举办法（草案）说明，表决通过本次补选选举办法（草案）；听取和审议主任会议、区人民政府、区监察委提请的有关人事事项。

9月14日，成都市双流区第十八届人大常委会第三十二次会议举行。会议传达学习习近平总书记系列重要讲话精神以及中央和省委、市委、区委近期重要会议精神；审议并表决通过《成都市双流区人民代表大会常务委员会关于召开成都市双流区第十八届人民代表大会第六次会议的决定（草案）》，决定区第十八届人民代表大会第六次会议于9月15—16日在东升街道召开，会期一天半，主要任务为听取和审查区人民政府2020年上半年疫情防控和经济社会发展情况的报告、选举事项（补选区人民政府区长）；审议并通过区十八届人大六次会议议程（草案）、日程（草案）、主席团和秘书长名单（草案）、主席团常务主席名单（草案）、主席台就座人员名单（草案）、列席人员名单（草案）、选举办法（草案）；听取、审议并通过区人大常委会副主任、代表资格审查委员会主任委员严宗明所作的《关于区第十八届人民代表大会第六次会议代表资格的审查报告》，经审查应出席区第十八届人民代表大会第六次会议的代表为276名。

9月29日，成都市双流区第十八届人大常委会第三十三次会议举行。会议传达学习习近平总书记系列重要讲话精神以及中央和省委、市委、区委近期重要会议精神，传达贯彻市十七届人大四次会议、区十八届人大六次会议精神；听取和审议区财政局局长刘志勇受区人民政府委托所作的区人民政府关于成都市双流区2019年财政决算（草案）和2020年上半年财政预算执行情况的报告，表决通过《成都市双流区人民代表大会常务委员会关于批准成都市双流区2018年区级财政决算的决议》；听取和审议区审计局局长刘茜珂受区人民政府委托所作的区人民政府关于成都市双流区2019年度区级预算执行和其他财政收支的审计工作报告、区财政局局长刘志勇受区人民政府委托所作的区人民政府关于政府性债务管理工作的报告、区国资金融局局长王久斌受区人民政府委托所作的区人民政府关于成都市双流区2019年度企业国有资产管理情况的专项报告；书面听取区人民政府关于成都市双流区2019年度国有资产管理情况；听取和审议区人民法院院长何良彬所作的区人民法院关于深化案件繁简分流机制改革工作情况的报告、区人民检察院检察长邹军平所作的区人民检察院关于落实认罪认罚从宽制度工作情况的报告；听取和审议区人民法院提请的有关人事事项。

11月30日，成都市双流区第十八届人大常委会第三十四次会议举行。会议传达学习中国共产党第十九届中央委员会第五次全体会议精神、习近平总书记系列重要讲话精神以及中央和省委、市委、区委近期重要会议精神；听取和审议区人民政府副区长陈建霖所作的区人民政府关于双流区“十四五”规划有关情况的报告、区教育局局长樊明建受区人民政府委托所作的区人民政府关于学前教育专题询问意见书办理情况的报告、区卫健局局长屈勤受区人民政府委托所作的区人民政府关于《中华人民共和国传染病防治法》贯彻实施及新冠肺炎疫情防控工作的报告；听取和审议区财政局局长刘志勇受区人民政府委托所作的区人民政府关于成都市双流区2020年财政预算调整方案的报告，表决通过区人民代表大会常务委员会关于批准2020年区级财政预算调整方案的决议；听取和审议区人民政府、区人民法院、区人民检察院关于代表建议、批评和意见办理情况的报告；听取和审议主任会议、区人民政府提请的有关人事事项，决定接受曾虎、刘伟、刘拥军3人辞去区人民政府副区长职务，并报区第十八届人民代表大会第七次会议备案。

（李云寿）

/ 人大事务 /

People's Congress Affairs

【概况】 2020年，双流区人大常委会聚焦发展献计献策、法治担当担责、民生用情用力，助力夺取疫情防控和经济社会发展“双胜利”，全面推动中国航空经济之都建设，共同擘画“十四五”发展宏伟蓝图；加强财政预算审查监督，持续强化生态文明监督，创新开展代表建议办理评议，合力共建“中国最具幸福感城区”；依法履行宪法法律赋予的职责，完成区十八届人大五次会议确定的各项任务。双流区人大常委会全年召开区人大常委会会议10次，听取审议“一府两院”工作报告68项，依法作出决议决定17项；补选区人大代表13名，选举镇人大代表174名，选举任免国家机关工作人员92人次。

【新冠肺炎疫情防控督促】 双流区人大常委会听取2020年上半年疫情防控和经济社会发展情况的报告，推动慎终如始抓好疫情防控，做好“六稳”工作，落实“六保”任务；推动贯彻落实《中华人民共和国传染病防治法》等5部法律法规和省、市人大常委会关于依法做好当前新型冠状病毒肺炎疫情防控工作的决定，确保各项防控工作在法治轨道上统筹推进；听取《中华人民共和国传染病防治法》贯彻实施及新冠肺炎疫情防控专项工作报告。双流区人大常委会全体机关干部入户排查，10名“专员”支持服务复工复产复市，各级人大代表立足所在行业、领域、岗位发挥主体作用并捐物捐款1195万元。

【中国航空经济之都建设促进】 双流区人大常委会深度思考中国航空经济之都内涵“是什么”“怎么建”“应该注意哪些事项”，推动航空经济从规划的“主辅模式”向“错位协同”方向发展；召开高质量建设中国航空经济之都座谈会，重塑航空经济比较优势、推动城市有机更新、优化创新发展机制和载体等10条建议被区委全会报告吸收采纳；视察成都国际空港商务区建设，调研成都芯谷产业功能区规划建设，推动三大产业功能区产业生态圈构建、产业集聚成链发展。

【“十四五”规划编制促进】 双流区人大常委会邀请航空经济、科研院所等领域的14名人大代表，召开助力成都市“十四五”规划编制工作座谈会，向市人大常委会提出差异化个性化支持产业功能区发展、提升超大城市治理能力水平等11条建议；调研“十四五”规划纲要编制。

【预算审查监督】 双流区人大常委会落实“全口径审查、全过程监管”工作要求，深化区人民代表大会预算审查监督重点向支出预算和政策拓展；完善预算联网监督系统，有效发挥预算审查监督咨询组专业作用，审查批准2019年度财政决算、2020年财政预算调整方案，听取2018年审计查出问题整改情况报告、2019年度审计工作报告、财政预算绩效管理报告、政府性债务管理报告；深入审查双流区2020年财政预算草案及区城管局、区新科局等5个部门部分项目预算编制和部门整体绩效目标；坚持以项目绩效指标体系和单位整体绩效指标体系建设为抓手，强化预算绩效编报审批、运行监控、评价运用管理，改革试点的“双流经验”被《中国财经报》宣传报道；听取2019年度国有资产管理情况综合报告和企业国有资产管理情况专项报告。

【生态文明监督】 双流区人大常委会扭住大气污染防治短板、水环境治理关键环节、土壤污染安全隐患、央督案件整改反弹等问题开展监督，坚定推动《中华人民共和国环境保护法》贯彻实施；听取2019年度生态环境状况和生态环境保护目标完成情况报告，7次视察污水处理厂站建设，5次现场检查空气自动监测子站、污水管网建设、断面水质达标、固废危废处置，调研“智慧水务”建设，推动打好蓝天、碧水、净土“三大战役”；在全省首推“代表巡河”主题监督，将其纳入人大代表日常工作职责，研发“代表巡河”APP，开展专题培训，配置监督力量；建立健全巡查督查机制，代表巡查监督每月不少于1次，发现问题1个工作日内转交办理，承办单位5个工作日内办理答复，代表对反馈意见作出满意度评价。截至12月底，代表巡河255人次，发现水环境治理问题36个，推动解决28个，确保杨柳河、白河劣五类水质和黑臭水体全面消除，让锦江（双流段）从全国43条河流中脱颖而出，作为四川省唯一一条入围全国10条“最美家乡河”的河流。

【民生领域监督】 双流区人大常委会做好学前教育专题询问“后半篇文章”，对照部门承诺开展“回头看”；3次组织代表视察新建改建和回收小区配套幼儿园，督促落实购买服务和综合奖补政策，专题听取学前教育专题询问意见书办理情况报告，推动按期完成公办幼儿园学位占比达50%目标任务，通过“全国县域学前教育普及普惠区”督导评估。双流区人大常委会视察城市老旧院落改造，听取脱贫攻坚和对口帮扶工作报告，调研牧马山农产品产销合作社发展、残疾人就业工作；特邀15名区人大代表担任民生实事监督员，明察暗访民生项目建设进度和完成质量，组织20名人大代表视察民生工程建设，针对群众最关心、最直接、最现实的利益问题开展重点监督。

【“依法治区”推进】 双流区人大常委会常态化开展会前学法，集体学习《中华人民共和国民法典》等9部法律；联动省、市人大常委会开展《中华人民共和国土壤污染防治法》执法检查；开展《中华人民共和国大气污染防治法》执法检查，监督工作经验全市交流；推进《中华人民共和国监察法》贯彻实施，支持区监察委依法实施监察、开展工作；听取区人民法院深化案件繁简分流机制改革工作报告，视察、旁听和评议法院庭审，组织59名代表和群众旁听案件审理4件；听取区人民检察院落实认罪认罚从宽制度工作报告；调研未成年人司法保护、街道办（镇政府）制定规范性文件等，配合上级人大完成立法修法调研19件；依法开展政府规范性文件备案审查5件，对108件招商引资合同进行合法性审查；召开信访工作联席会议2次，接待群众来访112人次，受理群众信访67件。

【重大事项依法决定】 双流区人大常委会坚持党委决策、人大决定相统一，作出决议决定17项。黄水镇、彭镇行政区划调整后依法重新确定人大代表名额；审议《天府新区成都直管区国土空间总体规划（2019—2035年）》；深入研究双流区产业发展、交通体系和空间格局，推动构建“多规融合”的规划体系。

【人事任免规范】 双流区人大常委会坚持党管干部与人大依法选举任免相统一，严格执行选举任免法律规定，确保党组织推荐的人选经过法定程序成为国家机关工作人员，补选13名区人大代表，选举174名镇人大代表，选举任免国家机关工作人员92人次；组织9批次30名拟任人员参加任前法律知识考试，组织7次宪法宣誓仪式，50名选举任命人员进行宪法宣誓，维护宪法权威。

【“智慧人大”代表之家建设】 双流区人大常委会建设智慧人大数据资源中心和联网监督监控中心，充分利用政务内网和外网资源，打造“互联网+代表服务”、系统应用支撑、信息安全保障“3个平台”，促进人大工作“线上+线下”融合。9月22日，四川省人大宣传工作会议在双流区召开，双流区人大获评全省先进。黄龙溪镇、东升街道“智慧人大”代表之家建设经验作为创新典范，在川渝两地人大互动交流中全面推广。重庆市人大《公民报》、四川省人大《人民权力报》和“学习强国”平台专题报道双流区人大代表“指尖履职”经验，全国其他地区16批次人大代表到双流区观摩考察。

【“四级”人大代表联动监督机制建立】 双流区人大常委会组织3名市人大代表与52名区人大代表、人大工作者同期培训，深化“学习提能行动”；组织160名市、区、镇人大代表同堂学法，合力推动《中华人民共和国民法典》实施；邀请2名省人大代表、市人大代表31人次与双流区、镇人大代表协同监督，联合围绕全局性重要监督事项开展视察调研、执法检查。全区“省—市—区—镇”四级人大代表同心抗疫，一起“走基层、进社区”。

【人大代表建议办理评议】 评议前，8个专项评议检查组实地检查，深入了解33个被评议单位承办150件代表建议落实情况；评议中，双流区人大常委会听取审议“一府两院”和承办单位代表建议办理情况报告，41名常委会组成人员和列席会议的11名区人大代表开展满意度测评；评议后，满意度测评结果反馈区人民政府，与被评议单位年度目标绩效考核挂钩。首次实行代表建议网上提交、网上办理，224件代表建议经过领导领办、重点督办，代表参与决策、监督推动、桥梁纽带作用有效发挥。

【人大常委会履职能力提升】 双流区人大常委会注重前瞻性思考、全局性谋划、整体性推进，自觉参加网络学习、专题讲座、外派培训，把学习提能贯穿于常委会履职全过程；组建3个考察组开展“1+1”对标学习，到上海、浙江等先发地区，学习借鉴预算监督、代表履职APP、人大议事规则的经验做法；近学武侯、锦江两区人大制度建设、代表活动和特色工作，吸收消化、创新运用，推动人大各项工作从交“作业”向交“作品”转变。

（李云寿）

双流区人民政府

SHUANGLIU DISTRICT PEOPLE'S GOVERNMENT

/ 政府机构 /

Government Agencies

【概况】 2020年，成都市双流区人民政府工作部门27个，分别为区人民政府办公室、区发展和改革局（区粮食和物资储备局）、区新经济和科技局（区经济和信息化局、区能源局）、区教育局、区民政局、区司法局、区财政局、区人力资源和社会保障局、区住房建设和交通局（区人民防空办公室、区公园城市建设局）、区城市管理局、区水务局、区农业农村局、区商务局、区投资促进局、区文化体育和旅游局（区广播电视局）、区卫生健康局、区退役军人事务局、区应急管理局、区审计局、区国有资产监督管理和金融工作局、区市场监督管理局（区知识产权局）、区统计局、区信访局、区医疗保障局、区行政审批局（政务服务管理和网络理政办公室）、区综合行政执法局、区航空经济局（区物流管理办公室）。

（刘　醒）

【双流区人民政府领导名单】

区　长　鲜荣生（6月离任）
　　　　袁顺明（7月任职）
副区长　毛　军
　　　　（12月提名任职）
　　　　肖　健
　　　　曾　虎（10月离任）
　　　　刘　伟（10月离任）
　　　　张瑞琴
　　　　陈建霖
　　　　刘拥军（10月离任）
　　　　蒋黎旺（11月任职）
　　　　苏　巍（11月任职）
　　　　王小乐
　　　　（挂职，9月离任）

【双流区人民政府工作部门及领导名单】

区人民政府办公室
　主　任：梁　飞（9月离任）
　　　　　刘　亮（9月任职）

区发展和改革局（区粮食和物资储备局）
　局　长：黄　彬（9月离任）
　　　　　曾学良（9月任职，兼区粮食和物资储备局局长）

区新经济和科技局（区经济和信息化局、区能源局）
　局　长：马　骏（兼区经济和信息化局局长、区能源局局长）

区教育局
　局　长：李光纯（8月离任）
　　　　　樊明建（8月任职）

区民政局
　局　长：朱　越

区司法局
　局　长：伍　涛

区财政局
　局　长：刘志勇

区人力资源和社会保障局
　局　长：唐　玲

区住房建设和交通局（区人民防空办公室、区公园城市建设局）
　局　长：冯　涛（5月离任）

刘　雨（5月任职，兼区人民防空办公室主任、区公园城市建设局局长）

区城市管理局

局　长：苏　强

区水务局

局　长：罗雪梅

区农业农村局

局　长：杜贤文

区商务局

局　长：沈登军（11月离任）

高　峰（11月任职）

区投资促进局

局　长：江　舸（4月离任）

蒋　思（10月任职）

区文化体育和旅游局（区广播电视局）

局　长：谢　艳（兼区广播电视局局长）

区卫生健康局

局　长：屈　勤

区退役军人事务局

局　长：卢文毅

区应急管理局

局　长：程　宇

区审计局

局　长：刘茜珂（11月离任）

王久斌（11月任职）

区国有资产监督管理和金融工作局

局　长：王久斌（11月离任）

马　麟（11月任职）

区市场监督管理局（区知识产权局）

局　长：尹宏波（兼区知识产权局局长）

区统计局

局　长：曾　琦

区信访局

局　长：周化杰

（2019年12月离任）

夏　勇

（2019年12月任职）

区医疗保障局

局　长：付　勇

区行政审批局（区政务服务管理和网络理政办公室）

局　长：罗　萍（兼区政务服务管理和网络理政办公室主任）

区综合行政执法局

局　长：刘　伟（11月离任）

曹优德（11月任职）

区航空经济局（区物流管理办公室）

局　长：蒋黎旺（兼区物流管理办公室主任）

（张　飚　徐志强）

政府重要会议
Government Important Meetings

【概况】 2020年，双流区召开政府全体会议2次，落实中央、省、市和区委相关要求，安排部署全区经济发展、规划建设、民计民生等各领域工作；召开政府常务会议32次，学习相关法规政策精神，审定重大事项请示报告；召开重要专题会议150次，研究全区各行业各领域重要工作。

【双流区人民政府全体会议】 1月19日，双流区人民政府召开第五次全体会议，主要任务是抓好中央省市重要会议和区委十三届十三次全会暨区委经济工作会议精神落地落实，讨论提交区“两会”审议的几个报告，安排部署2020年政府工作。9月27日，双流区人民政府召开第六次全体会议暨第三次廉政工作会议，围绕推动区委十三届十四次全会精神落地落实，紧扣高质量建设践行新发展理念的中国航空经济之都主题，重点强调领悟全会精神、改进工作范式、抓好重点任务、建设廉洁政府4个方面。

（徐志强）

人事与人才管理
Personnel and Talents Management

【概况】 2020年，双流区人力资源和社会保障局聚焦新时代事业单位人事管理工作新要求，完善用人制度，强化激励管理，创新业务培训，深化职称评审改革，开展人才招聘，不断增强事业干部队伍素质能力、专业水平、干事创业活力。

【事业单位人事管理】 双流区人社局在全市率先开通事业单位医护人员招聘绿色通道，为区新冠肺炎定点医院招聘疫情防控工作人员14人；通过高校校招、人才引进、考核招聘、面向社会公招等方式，为教育系统招聘中小学教师175名、卫健系统招聘专业技术人才149名、产业功能区及重点部门招聘高层次人才17名，并完成教育系统815人竞聘上岗；开展脱贫攻坚专项奖励活动，嘉奖通报34名个人、13个集体；完成事业单位工作人员统计报表，全区221个事业单位，在册正式工作人员9032名，其中管理人员1236名、专业技术人员7150名、工勤技能人员646名，并完成事业干部1500卷人事档案数字化；承办市区两级人事考试任务19场，3.46万人参考实现“零事故”；妥善安置随军家属2名。

【机关事业单位工资管理】 双流区人社局完成2020年事业单位工资年报统计，完成机关事业单位4718人、卫计系统下属事业单位1857人、教育系统下属事业单位4957人晋升薪级工资，完成机关事业单位119人绩效工资调整、59人调动工资转移、114人退休备案；开展2019年电子信息、生物医药项目建设评先奖励活动，30个先进集体、100名先进个人受到通报表扬；承办提请区人大常委会和区政府决定的人事任免事项19次，累计108人。

【企事业单位专业技术人才管理】 双流区人社局深化专业技术人员职称评审制度改革，组织开展企事业单位专业技术人员职称评定，认定初级959人、中级74人，评审初级133人、中级64人、副高级288人、正高级13人；组织千嘉科技有限公司成功申报国家级博士后科研工作站，选派农业、教育、卫生行业38名专业技术人员到农村开展支援服务。

人才招聘活动走进重庆大学 （供图：区人社局）

【人才招聘】 双流区人社局开展属地人才统计监测，编制发布《双流区属地人才资源状况报告（蓝皮书）》和《双流区属地人才开发指引（白皮书）》；深入实施产业人才振兴计划，举办线上线下人才招聘活动52场，达成引才意向4500人；面向“双一流”高校开展定向招募志愿者，招募政府雇员10名、“支教”志愿者33名、“村大”志愿者46名；组织中电熊猫、通威太阳能等10家见习基地提供300个见习岗位，接收高校毕业生136名，留用68名；组织机关事业单位提供72个见习岗位，吸纳26名高校毕业见习生；开展线上线下“智汇双流”公开课8期，开展“企业咖啡时”子活动20期，2000家企业、9000名企业管理人员参与活动。

（毛利和）

双流区属地人才统计监测部署会 （供图：区人社局）

行政审批管理

Administrative Examination and APProval Management

【概况】 2020年，双流区行政审批局全力推进审批服务事项办理、营商环境建设、“放管服”改革、政务服务管理、智慧城市治理、网络理政等工作，区政务服务管理和网络理政办公室获评2020年度四川日报全媒体“问政四川”网民留言办理工作先进单位。双流区获评“中国营商环境百佳示范县市”，“双流‘企业咖啡时’政企沟通连心桥”被成都市国际化营商环境建设工作领导小组办公室评为2020年成都国际化营商环境建设十佳创新案例。

【“放管服”改革】 双流区制定《成都市双流区工程建设项目“清单制+告知承诺制”审批制度改革试点方案》，开展“清单制+告知承诺制”改革试点；推行水电气通信报装“一件事”改革，5月印发《成都市双流区水、电、气、通信报装“一件事”改革实施方案》，依托“动土必管”平台实现水电气通信报装一日办结；通过平台推送31个项目到相关供应单位进行靠前服务，6个项目正式通水，2个项目正式通电，完成水电气外线施工并联审批9项。5月12日，双流区下放天然水域鱼类资源人工增殖放流审批和占用、挖掘城市道路许可（包含3个小项）2个事项至镇（街道）办理。12月17日，双流区将23项医疗保障公共服务事项下沉至镇（街道）和村（社区）办理。

【商事登记制度改革】 1月1日起，双流区为新开办企业免费发放一套印章，实现企业开办“零费用”，免费刻制印章6234套（另有31户仅刻制单枚公章），为企业节约成本249.67万元；推行企业住所申报登记制改革，印发《成都市双流区全面推行企业住所（经营场所）申报登记制改革实施方案》，通过企业住所自主申报办理注册登记12276户；通过政府购买服务方式为新增企业提供免费住所托管服务，住所无偿托管服务企业集群注册登记1843户。

【告知承诺制试点】 双流区在区级行政许可事项中，除直接涉及公共安全、生态环境保护以及直接关系人身健康、生命财产安全的事项外，逐步实行行政审批告知承诺制，并强化审批、监管、执法之间有效联动，复核和监管申请人取得证照后的实际情况，促进政府从“事前审批”向“事中事后监管”“全程服务”转变。电影放映单位设立审批等6项行政许可事项已在双流区实施告知承诺制改革。

【政务公开】 双流区出台《成都市双流区进一步加强政务公开工作的实施办法》，各部门主动公开政策文件、民生工作、民生信息等10364条，各级行政机关收到政府信息公开申请612件，比2019年下降32.4%。

【网络理政】 双流区出台《关于进一步加强网络理政工作的实施方案》《成都市双流区网络理政诉求办理工作管理办法》，全年完成工作通报12期、以案促改58件；各级网络理政平台收到市民诉求185654件，其中市级网络理政平台101421件、区级网络理政平台84233件，群众满意率95.22%，诉求解决率93.51%，按期回复率100%。双流区政务服务管理和网络理政办公室获评2020年度《四川日报》全媒体“问政四川”网民留言办理工作先进单位。

【“智慧城市”建设】 双流区推进《关于进一步加快智慧城市建设的实施办法》落地落实，新建成5G基站900个，西部首个校企地合作5G实验室落地运营，共发布9批城市机会清单，促成项目合作66个，计划总投资1007亿元；引进云天励飞建成西南首个“区域级”人像轨迹系统，获评2019年全国人工智能案例百强榜单第10名；支持华为、浪潮为区内企业和科研院所提供云资源和技术培训，117家企业和3所高校实现“上云”；创新搭建“动土必管”平台，实现项目全生命周期监管全覆盖，获评2020年四川省新型智慧城市优秀典型应用案例，成为全市营商环境建设工作亮点；搭建全区政务数据交换共享平台，完成52条数据目录共享交换，字段数356个、数据222443条，其中开放目录51条、字段351个、数据156908条。1月，双流区人民政府获2019年度全市网络理政工作“城市运行‘一网通管’先进集体”称号。

【“互联网+政务服务”模式运用】 双流区依托四川省一体化政务服务平台和成都市蓉易办平台梳理和调整1355项“6+1”事项的基础信息、流程配置、事项类型、办理时限；推动“互联网+监管”，制发相关文件8个，集中培训3次，“一对一”指导300次，统筹完成监管事项录入12000件，认领事项主项1018项，认领率实现100%，完成全市营商环境测评“互联网+监管”指标填报；提升电子政务水平，升级改造“双流市民之家”APP，实现一体化政务服务平台、蓉易办平台的事项信息通过“双流市民之家”APP、双流服务微信公众号、政务服务一体机等方式同源发布和查询。1月，双流区人民政府获2019年度全市网络理政工作“政务服务‘一网通办’先进集体”称号。

【四川省一体化政务服务平台运维】 双流区行政审批局完成全区四川省

政务服务53个电子印章在线申请，完成1449项事项基础信息认领、编辑和上报，网上可办实现率100%，一次办实现率100%，承诺提速率85%，全程网办实现率89%，就近办实现率75%；培训500人次，组织全区录入办件13万项，好差评率87%，为镇街、政务分中心安装评价仪100台。

【电子政务项目管理】 双流区行政审批局按照《成都市电子政务项目管理办法》《成都市双流区电子政务项目管理办法》等政策法规开展全区电子政务项目管理，对“东升街道高点监控”“公安技术用房”2个部门政务信息系统建设方案开展预审。

【政务数据化管理】 双流区2020年度公共数据开放完成52条数据目录上报，包含字段356个、数据222443条，其中开放目录51条、开放字段351个、开放数据156908条。

【政务服务管理】 双流区行政审批局创新推出“专区+综合”审批服务模式，企业开办2.5小时办结；建立政务服务“好差评”机制，纳入36个单位的依申请“6+1”政务服务事项1307项、覆盖率100%，全区“好差评”评价总数126451件，好评总数126422件，满意率99.99%，主动评价数99144件，主动评价率78.42%，并建立《成都市双流区政务服务“好差评”结果运用实施细则（试行）》奖惩机制；落实局区合一改革要求，下沉121项涉企许可事项至园区办理，全年办理事项11391件；对下沉镇（街道）的174项审批服务事项开展“回头看”，开展培训10次，办理下沉事项224169件；推行“审批不见面”改革，1307项政务服务事项“网上办”“一次办”实现率100%，“全程网办”实现率89.9%，“就近办”实现率75.8%，“马上办”实现率58.3%，承诺提速率85.2%；推进“川渝通办”，设立通办业务专窗，对累加的122项川渝通办事项实行专人专职专窗受理，办理公安、人社、车管等事项400件。

【“市民茶话吧”活动】 双流区创新开展“市民茶话吧”活动，全年开展活动21场，解决群众疑难问题14件。

【新冠肺炎疫情防控】 双流区行政审批局抽调60名干部职工到区航空经济局、区商务局参与“服务企业春风行”、复工复产等一线抗疫斗争，组织200人次帮助镇（街道）开展疫情排查，发放宣传资料3000份，排查企业和人员12946家次、43429人次；搭建多网融合会议系统，围绕疫情防控、专题调研、值守调度，保障服务智慧治理中心市级以上会议409场、区级会议54场，参会人数10000人次；推广“天府健康通”，累计注册200万人次、注册率152.68%，排名全市第二。

（郑从林）

综合行政执法管理

Comprehensive Administrative Law Enforcement Management

【概况】 2020年，双流区综合行政执法局坚持严格规范公正文明执法，不断提高依法行政水平，以开创辉煌的壮志、敢打必胜的信心、精进勇毅的作风、务实担当的作为积极应对突如其来的新冠肺炎疫情和“8·15”汛情，战疫抗汛、依法行政、改革发展取得全面胜利，被市委、市政府表彰为2020年成都建设体现新发展理念的城市改革创新先进集体，荣获双流区2020年度党风廉政建设主体责任先进单位、宣传工作先进单位；依法查处各类违法行为，查办一般行政处罚案件1050件，罚没1116万元，其中全市优秀案卷4件，获评2020年度全市水行政执法案卷先进单位、全市城市管理行政处罚优秀案件办理单位，农业执法优秀案卷获区人民政府区长肯定性批示。

【综合行政执法体制改革】 双流区综合行政执法局全面梳理权力事项，从明确权力边界、综合行政执法体系架构和运行机制及协作机制3个方面发力，深入推进综合行政执法体制改革；编制《行政权责事项清单》，制定《成都市双流区综合行政执法局下属执法队伍主要职责、机构设置和人员编制规定》，修改完善《成都市双流区综合行政执法协作办法》。9月24日，中国机构编制网“深化改革”专栏刊载《成都市双流区“三向发力”推进综合行政执法改革》，推广双流区综合行政执法改革经验。

【农业农村行政执法】 双流区综合行政执法局农业农村执法重点开展天然水域禁捕、春季禁渔和绿剑护农、农资打假、农产品质量安全、打击生猪调运和屠宰行业违法行为百日行动等12项专项执法行动，现场宣传劝导游钓人员334人，收缴

6月，双流区综合行政执法局农业执法人员执法检查农产品生产基地　（供图：区综合行政执法局）

鱼竿155根、其他工具7副，放生渔获物23公斤，当场处罚（书面警告）游钓者32人；检查农贸市场及农村集市46个，检查农业投入品生产经营单位及农产品生产基地690家次，责令整改35家次，立案查处12起、罚没金额16.50万元，其中2个案卷获成都市农业行政处罚优秀案卷，2个案卷在全省农产品质量安全监测培训会上作为典型案例讲解。双流区综合行政执法局所办案件均实现零复议、零诉讼，并配合区人大及牵头部门完成全国人大执法检查土壤污染防治法贯彻落实情况执法检查。

【水务行政执法】 双流区综合行政执法局开展水土保持专项整治行动，执法检查47家公司，下达责令改正水土保持违法行为决定书11份，拆除取水设施12起，立案查处非法取用地下水案5件；与温江区水务局开展联合执法2次，取缔非法采砂船一艘、捣毁非法采砂点位1处；加强城市供排水设施及雨污管网执法巡查力度，严厉打击私接盗水、损坏管网、私接偷排、雨污管网混接等违法行为，立案查处非法取排水及环保类案6件；加大水利工程及管理范围监管力度，立案查处在水利工程管理范围内新建建设项目案1件；开展水务行政执法检查247次，出动人员944人次、车辆247次，下达整改通知书53份，立案查处14起、罚款29万元。

【城市管理行政执法】 双流区综合行政执法局抓好露天烧烤专项治理、露天焚烧专项整治、疫情防控工作（占道售卖、宰杀活禽整治、贯彻落实城市管理“五允许一坚持”系列政策、严打来源不明进口冷链食品专项整治）、犬只管理专项整治、校园周边市容秩序整治、餐厨垃圾收运处置整治、水污染专项整治、牛皮癣专项治理、餐饮油烟治理、噪声扰民治理、共享单车（电单车）治理等执法，办理案件657件、处以罚款80.14万元，其中市容管理类433件、罚款9.71万元，扬尘类126件、罚款65.57万元，广告类6件、罚款1100元，市政设施类6件、罚款1.10万元，餐厨垃圾类64件、罚款2.05万元，露天烧烤类7件、罚款4000元，餐饮油烟类1件、罚款5000元，机动车清洗站14件、罚款7000元。

5月22日，双流区综合行政执法局文旅执法队开展全国“两会”期间文化市场执法巡查

（供图：区综合行政执法局）

【文化体育和旅游行政执法】 双流区综合行政执法局以疫情防控日常巡查、“扫黄打非”、非法卫星地面接收设施清理、噪音扰民整治和体育行政执法等专项行动为抓手，推进行政执法，推进全区文化旅游市场平稳有序发展，出动执法人员1200人次，检查文化、旅游、体育、新闻出版等经营场所1300家，处理相关投诉49件，办理文旅市场违法案件26件，结案25件，罚没8.20万元，没收印刷品1022册、显示器183台、主机4台。

【交通行政执法】 双流区综合行政执法局以抓好疫情防控与交通运输秩序维护为重点，开展扬尘污染治理、危险品运输整治、道路交通秩序治理、安全生产检查等专项行动，出动执法人员6794人次、执法车1744台次，检查货运车辆（含危货、重货、普货）6442台次、客运车辆1975台次、企业（含工程建设企业、运输企业、驾培企业、维修企业及其他企业）510家，立案查处路政及运政违法案件442件、罚款69.09万元；参与完成文明城市创建迎检、黄龙溪创建全省文旅特色小镇迎检、两会、大件运输、部队公路运输等重大活动、会议交通运输保障任务10件。疫情期间，双流区综合行政执法局交通执法坚持值守区内8个高速出口、2个省市卡点，因表现突出被区委、区政府评为新冠肺炎疫情防控先进集体（第一批）并受到通报表扬，同时抗疫先进事迹被成都机关党建官网采用宣传。

【规划行政执法】 双流区综合行政执法局立案调查行政处罚案件15件，办结行政处罚案件15起，处罚298.91万元；受理并调查人民网、信访系统、市信市话、“96110”电话、公共信息服务中心、网络理政等渠道群众信访案件1901件，处置率和回复率均达100%。

6月，双流区综合行政执法局交通执法队开展危化品运输专项整治行动 （供图：区综合行政执法局）

【商务行政执法】 双流区综合行政执法局商务能源执法多措并举，开展汽车销售、会展业、单用途商业预付卡、二手车市场、再生资源回收管理、大型商超等商务方面及天然气、液化石油气、成品油市场等能源方面联合检查和执法，开展执法巡查180次，处理投诉60件，简易程序处理案件30件，立案查处案件20件，罚没财物22.8万元。

【国土行政执法】 双流区综合行政执法局依法依规开展土地、矿产违法案件查处，严厉打击违法用地、非法开采连砂石行为，收到土地、矿产违法案件线索153宗，涉及土地总面积1800亩、矿产（砂石）方量20万立方米；完成2018年度及2019年度78宗土地卫片执法所涉违法用地查处，涉及罚款额1569.36万元；开展19宗项目（约75万方砂石方量、6000万元价值）砂石资源接管。

【建设行政执法】 双流区综合行政执法局建设行政执法以强化联动、齐抓共管、专项整治为抓手，突出敏感时间节点和时间段执法检查，制定在建项目专项整治方案，有效控制扬尘，降低夜间施工扰民行为，立案查处违法案件78件，其中扬尘类案件32件、安全类案件11件、夜间施工扰民类案件13件、未报先建类案件18件、工程质量类案件1件、未经竣工验收投入使用类案件2件、未修建战时可用于防空的地下室类案件1件。

【卫计行政执法】 双流区综合行政执法局卫计行政执法主要围绕公共

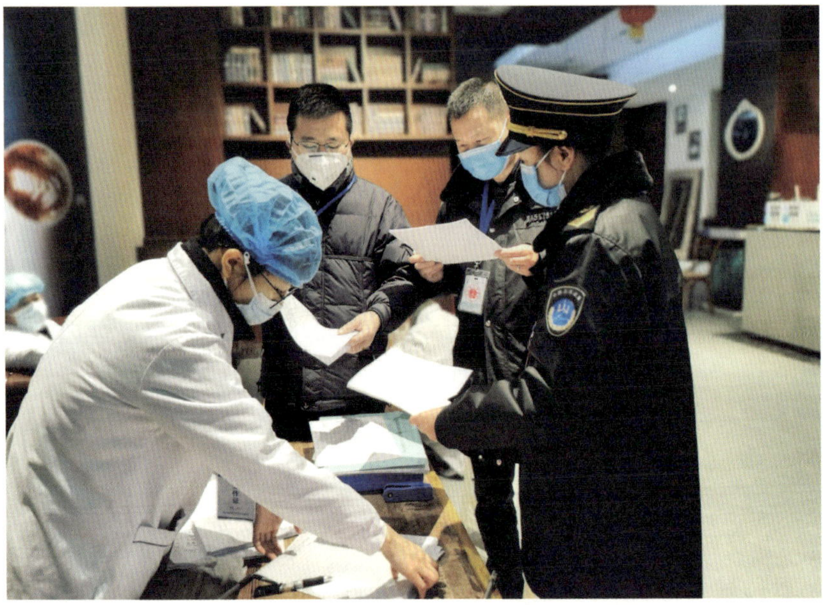

2月4日，双流区综合执法局联合区卫健局执法检查辖区医疗机构传染病防控措施落实情况

（供图：区综合行政执法局）

卫生、医疗卫生、学校卫生、生活饮用水卫生、职业卫生等开展执法，开展消毒产品执法检查，检查药店37家；开展无证无照专项整治，指导并督促61家无证公共场所办理证照；保障中高考期间学校卫生安全，对辖区3个高考考点、4家中考考点、7家中高考消毒物资储备点、6家学校周边公共场所点执法保障检查；开展公共场所法律法规培训会1次、艾滋病防控及控烟宣传1次，抽查酒店60家、房间240间；办理案件119件，罚没金额34.04万元。

【房管园林行政执法】 双流区综合行政执法局房管园林执法重点围绕住改商、侵占绿地、违规装修、消防安全四方面开展执法，通过专项整治、联合执法、执法“回头看”等方式，处理信访投诉600件，其中信访件3件、人民网31件、新媒互联舆情3件，立案查处3件。

【环境保护行政执法】 双流区综合行政执法局对全局38个中央环保督查案件和1件长江经济带生态环境案件开展“回头看”和常态化执法检查。双流区综合行政执法局河长办牵头完成金马河联系工作，督导责任单位完成6个水环境突出问题。

【拆违治违专项行动】 双流区治违办指导各镇（街道）加大整改力度，按时完成台账内全部拆除任务，累计拆除违法建设3612宗377.8万平方米，完成拆违治违三年“专项行动”，其中2020年拆除存量和新增违法建设3719宗381.9万平方米（市级目标为12万平方米），拆除面积占全市的30%，获市城管委专项奖励资金131万元，拆违治违经验被全市推广，区综合执法局被市上评选为全市违法建设治理先进单位。双流区在总结三年行动成效基础上，结合当前违建治理形势任务，推动违建治理向常态化、制度化、规范化转型升级，出台《双流区违法建设治理工作细则》，系统全面概括新阶段违建治理工作的理念、模式和方法，丰富完善“双流拆违治违2.0版本”的本质内涵。

【“扫黄打非”专项行动】 双流区综合行政执法局开展“扫黄打非”集中行动，深入扫除消解社会主义核心价值观、危害未成年人身心健康的淫秽色情低俗、暴力恐怖迷信等有害信息和出版物，净化网上网下文化环境，维护人民群众文化权益；实施“扫黄打非·新风”“扫黄打非·正道”专项行动，以印刷企业为检查对象，重点检查印刷企业是否严格落实印刷企业“五项制度”、是否印刷非法出版物、是否有超范围经营行为，深入镇（街道）排查“黑印刷厂”“黑印刷手工作坊”“黑打字复印社”等非法印刷场所。专项行动期间，双流区综合行政执法局出动执法人员220人次，检查印刷企业78家次，责令改正17家，立案查办印刷企业违法违规案件3起，罚没3.11万元，没收非法出版物1022册；查处发行未署名出版单位名称的出版物的培训机构1起，没收违法所得180元，罚款5000元；查处2家未经著作权人许可，擅自复制放映其作品的影院2起，罚款3000元。

【文化市场“扫黑除恶”专项行动】 双流区综合行政执法局清查文化市场违法违规经营行为，重点查处娱乐、演出、网吧等文化市场欺行霸市、充当保护伞等违法违规经营行为，依法取缔无证网吧4家，没收电脑主机44台、电脑显示器214台，移送司法机关案件1起，当事人犯非法经营罪，判处有期徒刑5年并处罚金5万元。

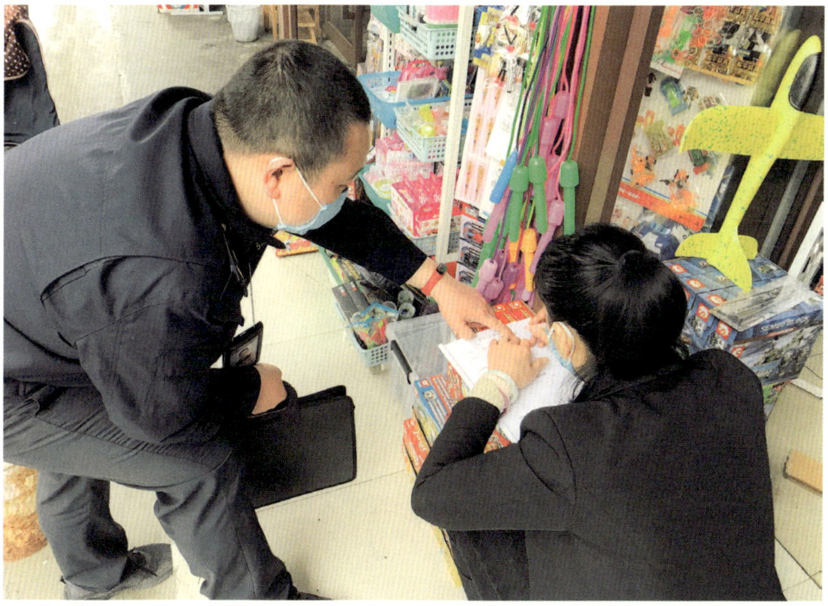

3月30日，双流区综合行政执法局文旅执法队开展2020年春季校园周边出版物市场执法检查

（供图：区综合行政执法局）

【校园周边文化市场专项整治行动】双流区综合行政执法局清理整顿校园周边地区出版物市场，重点检查书店、文具店是否销售含有淫秽色情、校园暴力、自杀自残、恐怖灵异、封建迷信或有害青少年身心健康的音像制品、书刊、软件制品，杜绝非法出版物和有害信息流入校园；依法查处校园周边违法违规文化经营活动，查处网吧、歌舞娱乐场所以及电子游艺场所在国家法定节假日以外接纳未成年人行为；排查校园周边销售游戏卡，检查校园周边商店，严禁商家向未成年人销售游戏卡，同时向商家宣讲相关法律法规，提高经营业主从行动上自觉做到守法经营和规范管理意识。

【住宿场所经营手续正规化专项整治行动】双流区综合行政执法局根据《成都市双流区委政法委关于印发〈开展重点地区重点行业专项整治行动工作方案〉的通知》，牵头各镇街排查全区693家住宿场所，停业68家、在营业（含装修）625家，取得营业执照的住宿场所589家，取得卫生许可证的住宿场所492家，取得特种行业许可证的住宿场所503家，取得公众聚集场所投入、使用前消防安全检查合格证的住宿场所430家，取得登记备案证的住宿场所46家，向392家住宿场所下达责令限期整改通知书，并将证照缺失的场所名单抄告区级各主管部门。

【卫星电视广播地面接收设施专项整治行动】双流区综合行政执法局以城市居民小区和农村新型社区等居民集中居住区为行动工作重点，动员非法安装和使用非法地面卫星接收设施的个人和单位限期自行查处非法设施设备，行动期间拆除非法地面卫星接收设施30套。

【非法行医专项打击行动】双流区综合行政执法局联合主管部门对医院机构开展依法执业专项培训2次，对辖区内医疗机构依法执业进行执法检查；联合多部门开展打击非法行医专项整治行动8次，查处非法行医5件。

【文旅市场疫情防控执法检查】双流区综合行政执法局加强文化和旅游市场巡查力度，强化歌舞娱乐场所、游戏游艺、互联网上网服务营业场所、影院、A级旅游景区、旅

3月21日，双流区综合行政执法局文旅执法队指导网吧有序复工　（供图：区综合行政执法局）

行社网点等经营场所检查，自1月26日起出动检查人员512人次，检查场所309家，确保全区307家互联网上网服务场所、61家歌舞娱乐场所、8家游戏游艺场所、12家电影院、4家景区和1家演出场所经营单位实有1家全部暂停营业；帮助文旅企业复产复工，指导文化和旅游经营单位结合自身特点，做好疫情方案制定、消毒管理、人员台账管控等工作台账，执法人员在检查的同时做好防疫宣传，要求各印刷企业严格按照防疫标准，全面做好场所消毒防控，全员佩戴口罩上岗，保障员工健康；开展疫情常态化防控专项执法巡查，并综合开展扫黑除恶、“扫黄打非”等多方面执法巡查，严查法律法规禁止情形和非法经营行为，主动为经营业主和单位提供法律法规咨询服务，出动执法人员176人次，检查文化经营场所226家次，责令整改违反防疫措施的营业场所40家，立案调查3家，停业整顿1家。

【行政处罚案件审理】 双流区综合行政执法局审查和登记备案一般程序行政处罚案卷1050件，全部自查自评数率100%；组织召开案审会23次，集中会审需要集中研究决定的45项重大行政处罚案件，重大决定法制审核覆盖率100%；做好重大行政处罚案件备案及听证相关工作，备案16件，均属罚款类案件，召开听证会2次；开展执法案卷专项评查活动2次，并通过采购第三方专业服务，逐一评查全局1000份案卷，按照评查结果逐项查漏补缺；优化综合行政执法文书，加强文书制作及案件办理流程规范化，促进案件办理质量整体提高。

【行政处罚案件办理】 双流区综合行政执法局全年办理一般行政处罚案件1050件，涉及罚没金额1114.94万元，其中城管类一般行政处罚案件657件、罚款金额80.14万元，能源类一般行政处罚案件5件、罚款金额1.12万元，规划类一般行政处罚案件12件、罚款金额274.79万元，建设类一般行政处罚案件78件、涉及罚款金额407.75万元，国土类一般行政处罚案件14件、涉及罚没金额225.8万元，交通类一般行政处罚案件224件、罚没款金额46.58万元，文旅类一般行政处罚案件19件、罚没金额7万元，水务类一般行政处罚案件15件、罚款金额33万元，卫计类一般行政处罚案件13件、罚没金额22.19万元，房管园林类一般行政处罚案件1件、罚没金额0.1万元，农业类一般行政处罚案件12件、罚没金额16.47万元。双流区综合行政执法局首次查办艺术考级行政处罚案件，立案查处成都市双流区壹佳贰文化艺术培训学校有限公司未经批准擅自开办社会艺术水平考级，罚款1万元。

【罚没物资管理】 双流区综合行政执法局建立完善罚没（扣押）物资管理制度，初步建成罚没扣押物资储存仓库；落实罚没（扣押）液化气钢瓶委托代保管，化解处理历年应处未处的罚没液化气钢瓶1038个、有毒有害药品1000公斤。

【行政执法信访及网络理政】 双流区综合行政执法局研究制定信访工作包案制度、突发性不稳定事件快速处置机制、突出社会矛盾专项治理工作机制，制定《双流区综合行政执法信访及网络理政工作管理办法》和《双流区综合行政执法局信访工作责任制暨突发事件应急处置工作手册》，努力调处矛盾纠纷，全年受理各级各类群众来电来信来访3568件次；建立中海右岸、文星便民市场、黄水镇区域倾倒渣土等20件领导包案信访积案难案台账，制定矛盾纠纷预判及化解方案，依法、及时、就地解决群众反映的问题。

【综合行政执法队伍建设】 双流区综合行政执法局开展双流区镇（街道）综合行政执法中队规范化建设，印发《关于试点开展镇（街道）综合行政执法中队规范化建设实施意见（试行）》《双流区镇（街道）综合行政执法中队规范化建设指导标准（试行）》《基层综合行政执法中队规范化建设指导图册》，推进东升、西航港和永安执法中队试点建设；组织2批次83名业务骨干集中培训，有效提升综合行政执法人员业务素质和执法效能；严格落实执法全过程记录制度，为一线执法人员全员配备执法记录仪。

（孟庆冉）

机关事务管理
Organs Affairs Management

【概况】 2020年，双流区机关事务服务中心按照国管局《关于推进新时代机关事务工作的指导意见》，围绕区委、区政府中心工作，紧扣高质量建设践行新发展理念的中国航空经济之都定位，推进节约型机关创建，推进垃圾分类，组织完成全区事业单位公务用车标识喷涂、管理平台建设等工作；加强制度建设，进一步规范全区党政机关办公用房管理；完成会议服务保障，履行集中办公区安保、物业管理、餐饮服务等保障工作职责，确保集中办公区正常有序运转和良好秩序。

【公共机构节能】 双流区机关事务服务中心组织开展节约型示范单位创建，牵头区妇幼保健院于8月完成省级节约型公共机构示范单位创建改造，牵头棠湖中学于10月成功创建国家级节约型公共机构示范单位；推进垃圾分类，在区第二集中办公区和区城管局打造生活垃圾分类示范机关，10月底建设完成并投入使用；开展节约型机关创建，完成节约型机关创建单位35家（其中主创单位26家、合署办公单位9家），创建比例达40%，超额完成市机关事务局20%的目标；开展节水型单位创建，完成双流区第四批节水型单位创建，区直机关节水型单位建成率100%，区直事业单位节水型单位建成率100%。双流区机关事务服务中心被市机关事务管理局评为“公共机构节能先进单位”。

【公务用车管理】 双流区机关事务服务中心摸底核查机构改革后车辆使用情况，调研走访28家重点单位，解决基层单位车辆过户、调拨等35个问题，同时进一步明确机构改革后公务用车日常管理工作制度；落实新能源车辆购置要求，配备更新公务用车总量中新能源汽车占比达60%；完成党政机关一般公务用车和事业单位公务用车标识喷涂，完成率100%；完成对全区党政机关、事业单位公务用车平台管理使用的培训。

【办公用房管理】 双流区机关事务服务中心进一步规范和强化办公用房管理，建立健全党政机关办公用房管理联席会议机制，明确全区党政机关办公用房调配、租用、装修（大中修）等有关审批程序及要件，为全区17家单位调剂办公用房，完成日常维修备案25件，大中修审核7件；推进办公用房管理信息化平台建设，开展全区机关事业单位办公用房信息采集，进一步完善办公用房管理信息平台，提升办公用房管理信息平台水平；建立跨部门的资产整合共享机制，在部分党政机关办公用房调整中，闲置办公家具通过资源共享得到二次利用。

【会务服务保障】 双流区机关事务服务中心保障省市领导在双流区召开或参加的疫情防控工作会、市总河长全体会议、“大学习、大调研、大走访”宣讲会等会议，保障区人代会、科室长队伍建设推进会、城市环境品质提升推进会等区内会议召开。

【后勤服务管理】 双流区机关事务服务中心建立《政府采购内控制度》，进一步规范政府采购管理，努力推进政府采购工作规范化、制度化；本着“节俭办事、热情待客”原则，严格执行餐饮活动接待标准，进一步完善后勤保障，较好完成各项后勤保障任务，得到区领导肯定；深入开展“光盘行动”，引导职工养成厉行节约的文明用餐习惯，同时在区第一、第二集中办公区张贴提示节约粮食标语桌牌100条，在电子显示屏上持续滚动播放节约粮食宣传视频500次，营造厉行节约制止浪费的良好机关氛围。

（李白伟　刘光林）

群众来信来访

Letters and Visits from the Masses

【概况】 2020年，双流区信访工作坚持以“压责任、强基础、减存量、控增量、防变量”为主线，以健全信访工作责任制为关键，以信访“三无”创建为载体，以社会重点矛盾风险隐患“大起底”为抓手，推动信访矛盾问题依法及时就地解决，维护群众合法权益，促进社会和谐稳定。双流区信访局全年信访总量1448批（件）次比2019年下降11.7%，信访事项办理及时受理率100%、按期办结率100%、群众满意率97.9%，获评成都市全国、省、市三级“两会”信访保障表现突出单位、2020年度人民网网民留言办理机制创新单位，工作得到省、市信访局主要领导及市委分管领导肯定性批示。

【信访工作逐级负责制落实】 双流区制定出台《成都市双流区信访工作责任制暂行办法》，从定性和定量两方面理清镇（街道）和区级部门及其主要领导、分管领导、包案领导的责任。双流区委、区政府定期听取信访工作汇报，区领导带头包案，主动化解突出信访问题；

双流区信访局规范疫情期间接访工作，在群众接待中心设置一米等候区　（供图：区信访局）

镇（街道）、区级部门落实工作责任，梳理排查社会矛盾2000件、及时预警50条，各级包案领导与包联对象见面沟通300次。

【规范化接待场所建设】 双流区信访局按照“统一名称、统一标识、统一规模、统一功能设置、统一工作机制、统一工作流程”的要求，进一步规范区群众接待中心标准化建设；严格落实周三“信访接待日”制度，推行领导干部亮身份接访、局领导带班接访、工作人员排班接访；实行首问负责制，“谁接访、谁负责、谁督办、谁跟踪”；进一步完善接待场所相关工作制度，明确接访大厅人员工作职责；完善区群众接待中心进驻部门、进驻干部轮换调整机制，持续在精研业务、精准接谈、精建队伍上狠下功夫，充分发挥部门联合接访工作优势，改进工作作风、提升服务水平。双流区法律志愿服务中心进驻群众接待中心开展工作，免费为群众提供法律咨询，引导群众依法维权。

【“群众工作之家”建设】 双流区信访局提能增效建强“群众工作之家”，推进信访工作深度融入基层社会治理，重点打造东升街道、怡心街道、彭镇3个镇（街道）“人民满意窗口”和东升街道接待寺社区、西航港街道机场路社区、怡心街道三江社区、九江街道泉水凼社区、黄甲街道王家场社区、彭镇金马村、黄龙溪镇白马社区、永安镇付家坝社区、黄水镇扯旗社区等18个“群众工作之家”示范社区。11月19日，双流区信访局创建工作接受成都市信访局检查，工作成效得到市检查组充分肯定。

【信访宣传教育】 双流区信访局定期组织开展信访业务培训，打造每周四“信访业务大讲堂”特色品牌，不断提高信访干部的专业能力和综合素养；集中培训信访干部200人次，每个科室对口联系2～3个镇（街道）和6～7个区级部门，下沉服务指导200次；建立健全“周一例会”制度和科室长业务学习制度，分析研判重点信访问题、典型案例，营造良好的学习工作氛围。信访普法宣传已纳入全区普法规划，各镇（街道）、部门在重要时间节点集中开展信访普法宣传，每次来访事项群众接待中心实现法治宣传告知全覆盖。

（罗星鸿）

8月7日，双流区信访局工作人员到浙江省诸暨市群众接待中心对标学习　（供图：区信访局）

政协双流区委员会

THE CPPCC SHUANGLIU DISTRICT COMMITTEE

/ 政协机构 /

Political Consultative Conference Agencies

【概况】 2020年，中国人民政治协商会议第十一届成都市双流区委员会由中共、无党派、共青团、总工会、妇联、工商联、科协科技界、文体新闻界、经济界、农业界、教育界、社会福利与社会保障界、医药卫生界、民族宗教界、特邀人士15个界别组成，共274名委员（其中天府新区委员41名、高新区委员6名）。双流区政协机关设“三室七委”，即区政协办公室、研究室、委员联络办公室，提案委员会、经济科技委员会、城乡建设和资源环境委员会、农业和农村委员会、教育卫健委员会、社会法制和民族宗教委员会、文化体育和文史委员会；在东升、九江、西航港、怡心、黄甲5个街道设立政协街道工作委员会，在彭镇、黄水、永安、黄龙溪4个镇设立政协镇委员联络委员会，实现政协工作向基层延伸“全覆盖”。双流区政协常委会由1名主席、5名副主席、1名秘书长及45名常委组成，区政协办公室下设综合科、秘书科、信息科、财务科、机关事务管理服务中心，区政协研究室下设理论研究科，区政协委员联络办公室下设民情信息科。

【双流区政协常委会领导名单】

主　席　李德龙
副主席　漆贵全
　　　　李根富
　　　　李宏坤
　　　　郭建武
　　　　刘　昶
秘书长　朱永康

【双流区政协常委会内设机构及负责人名单】

区政协提案委员会
主　任：焦建萍
区经济科技委员会
主　任：林传能
区政协城乡建设和资源环境委员会
主　任：李忠全
区政协教育卫健委员会
主　任：郑树明
区政协社会法制和民族宗教委员会
主　任：邱万高
区政协文化体育和文史委员会
主　任：杨　燕
区政协农业和农村委员会
副主任：郑美玲

（徐　宁）

/ 政协重要会议 /

Political Consultative Conference Important Meetings

【概况】 2020年，双流区政协召开全体会议1次、常委会会议3次和其他重要专题会议。

【双流区政协全体会议】 5月19—20

5月19日，中国人民政治协商会议第十一届成都市双流区委员会第四次会议开幕　（供图：区档案馆）

日，中国人民政治协商会议第十一届成都市双流区委员会第四次会议召开。会议审议批准区政协主席代表政协第十一届成都市双流区委员会常务委员会所作的工作报告，审议批准区政协副主席代表政协第十一届成都市双流区委员会常务委员会所作的提案工作情况报告；补选朱永康为政协第十一届成都市双流区委员会秘书长，补选尹浩、周克奎为政协第十一届成都市双流区委员会常务委员。

【双流区政协常委会会议】 5月12日，政协第十一届成都市双流区委员会常务委员会第十三次会议召开。会议书面传达学习党的十九届四中全会精神和省委、市委、区委政协工作会议精神，通报2019年提案办理工作情况，书面通报2019年度提案办理及推动提案办理工作先进单位和优秀提案，审议通过区政协十一届四次全会议程、日程、工作报告和有关人事事项。会议强调，要深入学习贯彻区委政协工作会议精神，坚决把思想和行动统一到中央和省委、市委、区委部署要求上来，把人民政协制度坚持好，把双流政协事业发展好；要高质量开好区政协十一届四次会议，把会议开成一次绝对安全、风清气正、团结鼓劲、凝心聚力的大会；要扎实抓好2020年政协履职工作，广泛凝聚正能量，助力疫情防控和经济社会发展双胜利。

8月27日，政协第十一届成都市双流区委员会常务委员会第十四次会议召开。会议辅导学习《中华人民共和国民法典》，传达学习省委《关于新时代加强和改进人民政协工作的实施意见》，传达学习全国、省、市“两会”精神，传达学习全国政协十三届十二次常委会议、省政协十二届十次常委会议、市政协十五届十一次常委会议精神，传达学习区委十三届十四次全会精神；听取区人民政府2020年上半年全区经济社会运行情况的通报，围绕重点项目推进、民生实事监督、品质双流建设和中小民营企业发展等主题进行协商。会议强调，要深刻学习领会区委十三届十四次全会精神，坚定中国航空经济之都建设不动摇，坚持创新求变，凝聚思想共识和各方力量，高质量建设践行新发展理念的中国航空经济之都；要助力助推区政府确定的经济社会目标全面完成，在疫情防控、经济发展、城市建设等方面履职尽责，为发展提供助力；要在唱好“双城记”、夺取“双胜利”中贡献政协力量，充分发挥政协组织力量和政协委员力量，积极思考方法举措，落实到具体行动，助推各项工作。

10月20日，政协第十一届成都市双流区委员会常务委员会第十五次会议召开。会议学习《习近平谈治国理政》（第三卷）、全国地方政协工作经验交流会精神和省、市政协有关常委会会议精神，听取全区党风廉政建设情况通报。会议强调，作为政协常委、委员，要带头学习《习近平谈治国理政》（第三卷），深刻理解和把握人民政协性质定位、目标任务，切实做到思想不跑偏、说话不跑调、履职见成效；助力助推全区党风廉政建设，政协常委、委员要充分发挥联系广泛的优势，当好党风廉政建设和营商环境的宣传员、联络员和信息员；要发挥政协民主监督优势，重点对民生工程建设等开展民主监督；政协委员要主动接受纪委监委、群众和舆论等各方面的监督，要谋划助推中国航空经济之都建设的新举措，通过抓好本年度工作、认真筹划明年工作开展，发挥在本职工作中的带头作用、在政协工作中的主体作用、在界别群众中的代表作用，助力助推中国航空经济之都建设。

【重要专题会议】 7月20日，双流区召开“中国航空经济之都怎么建·政协委员智库专家来建言”座谈会，听取区政协委员智库专家对双流建设中国航空经济之都的建议意见。9月25日，成都眉山五区（县）政协助力产业融合发展协商会在双流区举行，成都市双流区政协、新津区政协与眉山市东坡区政协、彭山区政协、仁寿县政协共同围绕“产业融合发展”主题开展协商议政，凝聚发展共识。

（徐　宁）

/ 政协事务 /
Political Consultative Conference Affairs

【概况】 2020年，双流区政协及其常委会全面贯彻中共中央大政方针和省委、市委、区委决策部署，牢牢把握团结和民主两大主题，发挥专门协商机构作用，坚持区委中心工作推进到哪里，政协履职就跟进到哪里，为建设践行新发展理念的中国航空经济之都作出积极贡献。

【专题协商】 6月30日，“助力夺取‘双胜利’党员委员在行动——双流区政协庆七一助推经济社会发展专题协商座谈会”在电子科大产业园（天府园）召开。会议要求党员委员要在推动企业创新稳定发展中走在前列、作出表率，立足自身工作岗位，创新思维和方式举措，变危机和契机，变困境为顺境，担起党员委员责任和应尽社会责任，为夺取“双胜利”多作贡献；要在创造良好营商环境中走在前列、作出表率，推动双流“工业10条”“航空经济8条”“建筑业10条”和促进经济高质量发展系列支持政策落地落实，组织实施“送政策、帮企业，送服务、解难题”活动开展，协调解决企业发展存在的问题，努力为企业发展壮大创造良好环境；要在凝聚社会发展共识上走在前列、作出表率，带头宣传宣讲中央和省委、市委、区委重大决策部署，讲好双流支持企业发展故事，提振企业发展信心，汇聚正能量，同时落实开展区委提出的“解放思想、跨越赶超”活动部署，聚焦重点、热点，探寻方式方法，助力打造双流发展亮点。7月23日，双流区政协主席会议专题协商拆违治违三年专项行动推进情况，听取各方意见建议。

【对口协商】 11月5日，双流区政协教育卫健专委会对口协商区红十字会应急救护培训工作会在双流区红十字会会议室召开。会议传达学习党的十九届五中全会精神，参会政协专委会委员围绕红十字会职能职责建言献策。

【界别协商】 11月5日，双流区政协农业界别组专题调研双流水环境治理，并召开水环境治理工作协商座谈会。会前，与会人员实地调研江安河长滩壹号排口雨污混流治理情况、润泽龙苑污水处理情况、黄水镇白塔社区瞿上新村一体化污水处理设施运行情况。会议通报全区水环境治理情况，区水务局、区住建交局、黄水镇等单位与区政协农业界别组委员交流发言，协商解决水环境突出问题。会议要求强化源头治理，抓住重点治理，做到有污必截、达标处置、达标排放，做好污水管网规划，努力实现全域水环境达标排放；强化问题整治，倒排工期，加快进度，按时间节点高质量高标准完成水环境治理；强化机制创新，科学治水，努力建设优美一流的水环境。

【民主监督】 双流区政协围绕成都天府国际生物城建设、成都芯谷重点项目建设、智慧广电实验区建设、拆违治违三年攻坚行动、学前教育高质量发展等重点工作，开展主席视察，形成视察专报5篇；牵头推进四川大学与双流区深化校地合作共建协议落实；助推“双流十大民生工程”建设，推选20名委员担任民生实事监督员，组成5个监督小组，对剑南大道延伸线建设等50个项目开展民主监督15次；定期开展白河水环境治理民主监督，助力白河水质提升。双流区政协副主席牵头对全区40个重大产业项目、政府投资项目开展建设督导，促进相关工程项目推进。

【提案办理】 双流区政协十一届四次会议以来，区政协委员、各参加单位和各专门委员会围绕高质量建设践行新发展理念的中国航空经济之都等中心工作，提交提案377件，立案289件，占立案提案总数76.66%，其中集体提案23件（界别提案8件、民主党派4件、联名提案11件）、委员提案266件，未立案的88件提案转为意见建议，送交有关部门参考。立案提案中，涉及疫情常态化防控类19件、占立案总数6.57%，航空经济类46件、占立案总数15.92%，公园城市建设和管理类55件、占立案总数19.03%，党务政务政法类62件、占立案总数21.46%，文化社会类88件、占立案总数30.45%，农业农村类19件、占立案总数6.57%。涉及四川天府新区的27件提案，涉及高新区的2件提案，按程序均转交四川天府新区和高新区有关部门办理。

【社情民意收集与办理】 双流区政协委员围绕做好疫情防控、公园城市示范区建设、食品药品安全、养老就医就学等社会热点反映社情民意78条，其中《关于湖北籍游客解除医学观察后妥善安置的建议》被省、市政协采纳，《关于延时调整公交线路增加公用停车位的建议》等社情民意被相关单位采纳。

【政协调查研究】 双流区政协主席会议成员围绕成都天府国际生物城建设、智慧小区建设、发展壮大村级集体经济、儿童友好社区创建、退役军人服务保障体系、医保基金管理使用等开展课题调研，通过对标学习考察、实地调研座谈等形式，形成《关于高质量合作建设成都天府国际生物城的思考与建议》等调研报告6篇，得到区委主要领导肯定性签批；围绕智慧法检“两院”建设、融媒体中心建设、道路交通秩序整治、学校食堂建设与管理、无障碍城市建设等开展专题调研，提出建议意见40条，助力解决实际问题。

【政协理论研究】 双流区政协围绕做好新时代政协工作开展理论研究，注重总结实践经验，形成《对做好基层协商主体培育的几点认识》《对新时代做好政协委员工作的几点浅论》《对人民政协专门协商机构定位的再认识》等5篇研究成果，收录省、市政协理论研究文集，其中《学习新思想、践行新要求，当好新时代政协人》在省、市政协学习会上作交流发言。

【政协专委会和界别建设】 双流区政协充分发挥专委会基础性作用，进一步完善专委会与区级党政部门对口联系制度，专委会与对口部门开展联系活动25次，助力区级各部门相关工作开展；充分发挥专委会成员专业特长，组织开展调查研究、协商视察等活动，把专委会成员的知识、经验和智慧转化为专委会工作优势。双流区政协加强对界别工作指导，召开界别工作座谈会，落实主席会议成员和专委会对口联系界别工作制度，走访界别27次，专委会对界别活动指导42次；深化完善各界别召集人、界别协商、界别考评等工作制度，突出界别主体意识，不断提高界别活动水平，双流区探索界别联动履职的工作经验得到省、市政协肯定。

【政协双向发力和制度完善】 双流区政协加强同各民主党派基层组织、工商联、无党派人士的联系与合作，按照区委“大学习、大调研、大走访、大攻坚”活动要求，走访各民主党派基层组织，宣讲中共中央大政方针，贯彻落实省委、市委、区委决策部署，巩固团结奋斗的共同思想政治基础；邀请民主党派基层组织负责人参加政协重要会议、重大活动，听取意见建议，引导其撰写集体提案，为双流区经济社会发展献计出力；建立完善区政协主席会议成员对口联系各民主党派基层组织和党组成员联系界别党员委员、党员委员联系党外委员等制度，召开联席会议23次，收集意见建议40条；通过有效形式，把界别群众中蕴藏的积极性和创造性充分调动起来，把各方面的智慧和力量最大限度凝聚起来，助力形成改革发展的强大合力。

【政协工作宣传】 双流区政协门户网站改版上线，增设“知情明政”栏目，加大委员风采采编，进一步成为宣传双流区政协、委员知情明政新窗口；部分委员走上“魅力空港·委员讲堂”，讲解新形势下疫情防控常态化工作，扩大社会影响力；编印《双流政协》杂志2期、《抗疫特刊》1期，以“翰墨绘双流·同心再出发”为主题举办2020年美术书法作品展，讴歌双流区人民抗击疫情和追求幸福生活的精神面貌，展现建设中国航空经济之都的时代风采。国家和省、市媒体多次宣传报道双流区政协工作，《多层面协商助力破解群众出行难》等12篇稿件在《人民政协报》、《四川政协报》、成都政协网等刊登。

【政协委员服务管理】 双流区政协落实“懂政协、会协商、善议政，守纪律、讲规矩、重品行”要求，加强委员思想政治建设，党员委员双重组织生活的做法得到国家和省、市政协媒体高度关注；向委员推送学习资料，召开委员专题学习性会议4次，组织委员到哈尔滨工业大学培训1期；开展“青春献时代·委员书华章”为主题的“五四”纪念活动，讲述青年委员奋斗故事，弘扬青春正能量；144名委员参与行风、政风、公共服务满意度等评议活动，发挥委员民主监督作用；委员民情联络站、委员工作室、委员专家智库开展形式多样的活动，走访委员340人次；鼓励委员参加省、市政协开展的“我为扶贫攻坚做件事”专题活动，参与富民产业、基础设施、民生工程、教育扶贫、医疗救助等活动543人次；住天府新区、高新区的政协委员，积极建言献策，助力本区域经济社会发展；加强委员履职管理，优化委员履职信息管理平台，健全履职报告制度，实现常委向常委会议述职全覆盖，有效促进委员把事业放在心上、把责任扛在肩上。

（徐　宁）

中共双流区纪律检查委员会（双流区监察委员会）

THE CPC SHUANGLIU DISTRICT COMMISSION FOR DISCIPLINE INSPECTION (SHUANGLIU DISTRICT SUPERVISORY COMMITTEE)

/ 纪检监察机构 /

Discipline Inspection and Supervision Institutions

【概况】 2020年，中共成都市双流区纪律检查委员会（简称区纪委）与成都市双流区监察委员会（简称区监委），履行党的纪律检查和国家监察两项职责，在成都市纪委监委和双流区委的双重领导下开展工作。双流区纪委监委机关内设办公室、组织部、宣传部、研究室（法规室）、党风政风监督室、信访室、案件监督管理室、第一至第六纪检监察室、案件审理室、纪检监察干部监督室（第七纪检监察室）共15个室（部）和机关党委，配备行政编制65名，实有行政人员61名、工勤人员1名。

【双流区纪委（区监委）及领导名单】

书　记　杨云芬（区监委主任）（2019年12月离任）

罗万能（区监委主任）（2019年12月任职）

副书记　曾大鹏（区监委副主任）

高　飞（区监委副主任）（8月任职）

常　委　赵兴荣

张腾宏（区监委委员）

冯　科

监委委员　朱笑天

（魏强强）

/ 纪检监察重要会议 /

Discipline Inspection and Supervision Important Meetings

【概况】 2020年，中共成都市双流区第十三届纪律检查委员会召开第九次全体会议。

【中共双流区纪委全体会议】 3月12日，中共成都市双流区第十三届纪律检查委员会第九次全体会议举行。会议传达学习十九届中央纪委四次全会、省纪委十一届四次全会、市纪委十三届七次全会精神，回顾总结2019年全区党风廉政建设和反腐败工作，提出当前和今后一个时期的工作遵循，研究部署2020年工作任务；审议通过罗万能代表区纪委常委会所作的《完善监督体系　履行职责使命　为加快推进中国航空经济之都建设成型成势提供坚强纪律保障》工作报告。

（魏强强）

/ 纪检监察事务 /

Discipline Inspection and Supervision Affairs

【概况】 2020年，双流区纪委监委聚焦主责主业，一体推进不敢腐、不能腐、不想腐，持续推动纪检监察高质量发展，党风廉政建设和反腐败工作取得新成效；在全省率先试点成立“专家咨询委员会”，探索建立职务犯罪案件重大疑难复杂问题研讨机制，创新做法得到省市纪委高度认可。全国人大监察和司法委员会、省市纪委领导先后多次到双流区检查指导纪检监察工作并给予高度评价，“央地协同、审调一体”办案模式得到上级纪委监委肯定，机关信息化建设、提升信访举报工作质效等5项工作在全市交流发言。

1月21日，双流区纪委监委开展春节前作风纪律监督检查　（供图：区纪委监委）

【纪检监察组织建设】 双流区纪委监委持续推动镇（街道）、村（社区）纪检监察组织标准化规范化建设，工作成效初步显现，全国人大监察和司法委员会、省市纪委领导先后多次到双流区检查指导纪检监察组织建设并给予充分肯定和高度评价，人民网宣传报道双流区构建“四项体系”推进国家监察向基层延伸的做法，经验做法在全市纪检监察系统基层组织标准化规范化建设暨干部队伍建设现场会上作交流。

【纪检监察系统作风建设】 双流区纪委监委按照成都市纪委监委作风建设安排部署，结合双流区纪检监察干部队伍建设实际，制发《双流区纪检监察系统作风建设实施方案》。3—5月，双流区纪委监委在全市作风建设规定的开展一次典型教育、专题民主生活会、主题党课、一轮谈心谈话“四个一”的基础上，增加职责边界清理、案件质量评查、业务大比武“三个一”的自选动作；围绕“五查五看强作风，严守纪律树形象”具体内容，把系统内作风建设当作实务来抓，运用务实举措，切实让每一项活动都取得预期效果；着力解决政治意识、工作作风、纪律规矩、工作效率等方面存在的突出问题，进一步压紧压实系统内“两个责任”，建立健全系统内日常管理制度3项，修改完善请示报告、保密、回避等制度机制。

【专家咨询委员会成立】 2月，双流区监委在全省、全市率先探索成立专家咨询委员会，从高校专家学者、纪检监察、司法实务等领域精选6名专家担任专家咨询委员会委员，以“精选、活用、引导”为统揽，不断提升查办职务犯罪案件质量和水平。双流区监委全年启动专家咨询委员会8次，解决问题10个；办理职务犯罪案件15件15人，比上年分别增加400%和200%，挽回国家经济损失6000万元，移送审查起诉

3月25日，双流区监委专家咨询委员会第二次会议召开　（供图：区纪委监委）

的 8 起案件无一退回补证调查，得到法检两院充分肯定。专家咨询委员会工作获成都市纪委书记、四川省纪委副书记肯定，查办职务犯罪的成果被中央纪委国家监委报、网刊载 4 次并专业点评 3 次。

【“央地协同、审调一体”办案模式创新】 6 月，四川省监委、成都市监委指定双流区监委，调查“成都西南民航空管工程建设公司原总经理谭某某涉嫌职务犯罪问题”。双流区纪委监委携手国家民航局空管局纪委，探索建立“央地协同、审调一体”办案新模式，统筹办案力量，统筹办案资源，优势互补一体推进案件查办，提高审查调查效率。双流区纪委监委先后对 5 名涉案人员采取留置措施，移送司法机关 4 人；查实涉嫌违纪违法犯罪问题，涉案款物价值 3000 万元，收缴涉案款项 1200 万元。

【党风廉政建设】 双流区纪委监委落实疫情防控监督重大政治责任，按照“1+9+N”模式组建专项督查组，监督检查 432 批次，发现并督促整改问题 345 个，通报批评 1 个单位 2 人，谈话提醒 3 人；助推国际化营商环境建设，建立问题会商及线索移送机制，移送推诿扯皮及久拖不决问题 8 件，督促解决 8 件；强化水环境治理监督检查，现场督查 3 次、点位 15 个，发现并督促解决问题 7 个；开展重点行业领域突出问题系统治理，督促区发改局、区住建交通局、区卫健局、区医保局等行业主管部门落实职能监督责任，追缴人防异地建设费 302 万元，追回违规使用医保基金和扣减保证金 36.67 万元，查处违规招投标问题 6 个，立案审查调查 6 件 6 人。

【中央八项规定精神贯彻落实】 双流区纪委监委贯彻落实中央八项规定精神及其实施细则，密切关注“四风”隐形变异新动向新表现，立案审查调查违反中央八项规定精神问题 23 件 35 人，给予党纪政务处分 28 人，通报曝光 13 件 20 人；持续办好《阳光问廉·双流面对面》电视节目，开设曝光平台，公开曝光并督促整改群众反映强烈的问题 2 个；分层分级召开坝坝会，回应群众诉求 900 个，督促解决问题 649 个；聚焦影响营商环境的痼疾以及漠视侵害群众利益的问题，通过媒体监督、群众提问、现场作答、公开信访，整改突出问题 30 个。

【形式主义和官僚主义集中整治】 双流区纪委监委围绕中国航空经济之都建设、“三重”工作、国企改革，建立跟踪督办问效工作机制，加大监督检查力度，坚决纠正“抵拢倒拐”“久推不动”等问题，严肃查处不作为及“懒散拖”等问题；深入开展形式主义、官僚主义和不作为慢作为乱作为问题整治，强化未完工工程和断头路监督检查力度，立案查处 12 件 21 人，给予党纪政务处分 18 人。

【违纪违法案件查处】 双流区纪委监委全年处置问题线索 553 件，立案审查调查 212 件 218 人、立案件数比 2019 年上升 3%，给予党纪政务处分（政务处理）174 人，其中县处级 15 人、乡科级 19 人、村社干部 27 人、一般干部 11 人、其他人员 102 人，查办职务犯罪案件 13 件 13 人，采取留置措施 12 人，移送检察机关依法审查起诉 9 人；践行“四种形态”746 人次，第一、二、三、四种形态占比分别为 74.81%、16.62%、6.03%、2.54%；开展案件质量评查，坚持严管与厚爱并重，为 1 名党员干部澄清是非，关心关爱受处分人员 231 人 542 人次，提出从宽处理意见 26 人。

9月17日，双流区纪委监委参加“阳光问廉·双流面对面”节目 （供图：区纪委监委）

双流区纪委监委开展流动接访　　（供图：区纪委监委）

10月15日，双流区纪委监委调查核查双流区拨付给龙溪村、黄岭村、荷桥村的扶贫资金情况
（供图：区纪委监委）

【信访举报受理】 双流区纪委监委全年受理信访举报211件次，其中初次检举控告158件次、较2019年同期增加9.7%，其中本级受理87件、占55%，上级转交办71件、占45%；来信62件、占39.2%，来访24件、占15.2%，网络举报63件、占39.9%，来电9件、占5.7%；组织开展不实信访举报澄清3件3人。双流区纪委监委深入9个（街道）、56个村（社区）、2个医院、2个行政服务窗口开展流动接访60次，制发“信访举报明白卡”3万张，接待群众300人次，督促协调业务范围外问题29件，得到《中国纪检监察》杂志报道。5月27—28日、6月4—5日，双流区纪委监委协助上级纪检监察机关，承办在双流区召开的全省贯彻落实“纪检监察机关处理检举控告工作”培训会。

【“脱贫攻坚纪律作风保障年”活动】 双流区纪委监委深入开展“脱贫攻坚纪律作风保障年”活动，调研督导双流区对口援建帮扶巴塘县和简阳市工作，对巴塘县扶贫资金项目开展跟踪督查，就双流区拨付给简阳市龙溪村、黄岭村、荷桥村的扶贫资金使用、安全监管、项目完成等情况进行调查、资料核查并实地走访调研脱贫成效。

（魏强强）

民主党派

DEMOCRATIC PARTIES

中国国民党革命委员会双流区总支委员会

Shuangliu District General Branch Committee of the Revolutionary Committee of the Chinese Kuomintang

【概况】 2020年，中国国民党革命委员会双流区总支委员会（简称民革双流总支）有党员112名，有正处级领导1人、副处级领导1人、中层干部7人，有市、区人大代表和政协委员18人。民革双流总支组织党员参加市委会和统战部的活动，参加民革中央首届青年论坛志愿服务；参加民革四川省委会“以购代捐”稻城农产品活动，购买农产品价值12308元；承办双流区统一战线“心连心共建中国航空经济之都”中秋文艺联欢会。

中国国民党革命委员会双流总支委员会主委为文红霞。

【民革组织建设】 民革双流总支利用“党员之家”，着力打造“周四回家”活动品牌；创新开展“半月一话题、两月一讲堂”，先后开展“给年轻党员的职场心语”“面对疫情我想说”“我为空港献一策”等话题分享会，开展“那一年我们出川抗日”、疫情下的经济发展趋势等专题讲座；通过社区合作共建打造“博爱成长”创新实践基地，深入践行“同心”思想，推动社区治理，助力乡村振兴，并依托社会资源优势和白塔社区丰富的教育资源优势，以促进社区青少健康成长为切入点，建设“书香白塔”，打造“空港同心”品牌示范基地，提升现代社区治理水平；设立社区公益微基金，以发放助学金、开展优秀学子、优秀中小学生、优秀教师评选活动等形式，努力营造崇尚学习、崇尚文化的良好氛围。

【思想建设】 民革双流总支坚持每季度组织支委及青年党员代表专题学习中共中央、省、市重要会议精神和民革各级重要会议精神；通过“互联网+”等方式，结合时事政治、相关“纪念日”在全体党员中即时开展思想政治教育，强化民革党史教育，传承孙中山先生“爱国、革命、不断进步”的思想；通过“走出去，请进来”的方式丰富教育内容和形式，邀请民革乐至县总支、川大委员会、华西支部、民大支部、企业支部等兄弟支部到双流区开展交流活动，组织党员到哈尔滨参加区委统战部组织的党外干部培训，组织青年党员到贵州铜仁开展“不忘合作初心，继续携手前进”主题教育活动，教育党员牢固树立“四个意识”，坚定“四个自信”，做到“两个维护”。

【议政建言】 民革双流总支围绕疫情防控、高质量建设践行

2月3日，民革双流总支向成都天府国际生物城捐赠抗疫物资　（供图：区委统战部）

新发展理念的中国航空经济之都、“十四五”规划等中心工作，多渠道多举措强化参政议政。民革党员代表参加市、区党委、人大、政府、政协和有关部门召开的党外人士协商会、座谈会、情况通报会 11 次，提出代表建议意见、委员提案 40 件，有 8 件获得优秀或重点督办建议、提案；疫情期间提出建议意见 10 件，其中《关于尽快制定成都市新型冠状病毒感染的肺炎防控期间哄抬价格违法行为认定与处理的指导意见》《关于解决劳动密集型企业延迟复工相关问题的建议》等建议被采纳。民革双流总支组织党员开展集体调研，形成《关于加快以企业为主体提升科技创新能力的建议》《加快发展楼宇经济的建议》2 篇专题调研报告。

【社会服务】 面对突如其来的新冠肺炎疫情，民革双流总支响应民革中央号召，倡议并组织全体党员为疫情防控捐款，通过民革中央博爱基金会、红十字会、慈善会等捐款 210732 元，企业家党员向武汉、成都的公安、环卫、公交、社区等一线工作人员捐赠口罩、护目镜、消毒液等价值 25.19 万元，成都市中小企业协会执行会长兼秘书长苏非号召并组织会员企业向武汉捐款捐物超过 200 万元；在医疗卫生、交通运输战线的党员第一时间递交请战书，双流区第一人民医院护士长李春梅、党员积极分子医生王锟到医院隔离区、湖北返乡人员家中等战“疫”最前线，成都天府新区平安医院院长陈磊在年初和 12 月两次疫情最严重的时刻主动带领医院的 12 名医护人员参加卡点值守和核酸检测，“90 后”自主创业青年冯俊儒主动加入社区志愿者队伍，青年党员李良梁两次担负隔离留观点点长，赵璐涛、费涵峄在留观酒店连续战斗 9 个月。

（文　婧）

中国民主同盟双流区总支委员会

Shuangliu District General Branch Committee of the China Democratic League

【概况】 2020 年，中国民盟同盟区双流区总支委员会（简称民盟双流总支）有党员 86 名，有副区级领导 1 人、正处级 2 名领导人、副处级领导 1 人。民盟双流总支组织盟员骨干参加双流区政府、区政协、区委统战部、区级相关部门的情况通报会、交流会和意见征求会 3 次，安排盟员骨干和盟员代表人士到区政协和区委统战部在哈尔滨工业大学组织的培训班学习 2 次；开展“蓉城星力·同心文港”工作研讨会 1 次，深入园区走访企业和基层社区 3 次。

中国民盟同盟区双流总支委员会主委为夏奠强。

【民盟组织建设】 民盟双流总支制定并下发班子成员职责分工和支部人员调整的文件，明确 10 名班子成员职责和分工，明确四位副委轮流负责总支集体活动、支委委员协助参与，确立副主委定点联系指导支部活动和总支重大事项支委会集体讨论决定的工作机制；印制双流民盟总支规章制度汇编手册，建立考核通报制度与荣誉和优秀人物感化相结合的奖惩机制；加强“盟员之家”阵地建设，营造温馨家园，鼓励盟员到“盟员之家”谈心交流，增强盟员对组织的向心力。民盟双流总支新入盟年轻盟员 4 名、外转入盟员 1 名，新增加的 5 名盟员中具备民盟教育文化界别 4 名、机关干部 1 名。

【思想建设】 民盟双流总支召开支委及扩大会专题学会 5 次、总支大会集中学习 2 次、知识竞赛 1 次、座谈交流分享会 4 次、支部小组联合学习会 2 次，参加盟市委、区政协和区委统战部组织的专题培训会3次；教育支部联合科技一、二支部到南江革命史陈列馆、巴山游击队纪念馆和川陕革命根据地纪念馆开展“寻访先辈足迹 传承红色精神”主题教育活动；课题组撰写的《新形势下民主党派思想政治建设机制创新的思考》论文获得市委统战部主办的2020“蓉城同心”实践工作交流会优秀论文评选三等奖，并编入市委统战部《民主党派思想政治建设的理论与实践交流文集》。

【议政建言】 民盟双流总支围绕疫情防控、复工复产等献计献策，向民盟成都市委和双流区委、区政府、区政协提交建议意见和社情民意信息10件，其中副主委伍涛提交的《关于防控新型冠状病毒肺炎疫情的建议》被市政协采纳，《关于应对新冠病毒疫情带来的经济影响的几点建议》和《关于在防控期间提供生活服务的几点建议》被区级相关部门采纳；盟员赖伟、彭小芩等联合撰写提交的《关于防止新型冠状病毒肺炎疫情扩散蔓延的几点建议》得到区委、区政府高度肯定，被相关部门采纳使用。双流区“两会”，民盟双流总支及盟员人大代表、政协委员提交人大建议意见和政协提案37件、集体提案2件。

【社会服务】 民盟双流总支响应民盟四川省委、民盟成都市委和双流区委统战部扶贫攻坚行动，为九寨沟县捐赠3万元、为简阳市捐赠3万元、为巴塘县捐赠3万元，以买代帮方式为简阳双井村销售玉米130公斤；4月会同双流区委统战部实地走访结对共建的永安镇付家坝社区，为推进付家坝社区治理，向付家坝社区发展治理“微基金”捐赠15000元，用于智慧小区建设；邀请成都信息工程大学实验学校优秀青年英语教师郭慧燕为胜利初级中学师生上一堂题为《Don'teatinclass》的公开研究课，并向胜利中学困难学生捐助5000元学习基金；8月向受洪涝灾害的黄龙溪镇有关单位捐赠2000元。

（文　婧）

9月28日，民盟双流总支召开“十四五”规划建言献策座谈会　（供图：区委统战部）

中国民主建国会双流区支部委员会

Shuangliu District Branch Committee of the China National Democratic Construction Association

【概况】 2020年，中国民主建国会双流区支部委员会（简称民建双流支部）有成员44名，有副处级干部2名。

中国民主建国会双流区支部委员会主委为李永芳。

【民建组织建设】 民建双流支部坚持以举行支委会会议的形式讨论组织发展、重大活动计划、实地调研等重要工作，召开支委会会议4次，并开展组织生活9次；加强会内后备干部培养，向民建成都市委和双流区委统战部报送后备干部8人；新发展会员6人。民建双流支部获“民建四川省先进集体”称号，主委李永芳被评为“四川省优秀会员”。

【思想建设】 民建双流支部开展“一月一学”专题学习教育活动，组织会员到夹关镇开展学习调研活动；做好支部宣传工作，全年报送信息22篇。

【议政建言】 民建双流支部围绕双流区委、区政府提出的“建设中国航空经济之都”发展目标，为高质量建设践行新发展理念的中国航空经济之都，以科学发展观为统领，充分发挥民盟人才荟萃、智力密集、联系广泛的优势和资源优势，完成《关于全区专业市场转型提升的思考》调研报告1篇，提出提案18份。

【社会服务】 民建双流支部在抗击新

10月30日，民建双流支部承办民建川渝两地三方青年委助推成渝双城经济圈建设座谈会

（供图：区委统战部）

冠疫情期间，筹集资金，多渠道购买口罩捐助湖北省恩施市，同时会员李冲、陈涌向双流区各镇、各单位捐助酒精消毒液，会员张宇红牵头组建双流区域民营医疗机构远程医疗网络，免费输出自主开发的远程分级诊疗模式和管理体系，协助民营医疗机构开展远程分级诊疗；捐赠巴塘县茶洛乡中心校3万元，会员刘吉、周元、张强、唐定君等捐助多名贫困学生返校复课，会员高国安通过企业直接采购消费扶贫产品10万元帮助贫困地区，全年捐款捐物24.86万元。

【企业调研走访活动】 民建双流支部实地调研走访企业4次，深入会员企业，着重了解企业经营现状，倾听企业内心呼声，会诊企业面临的难题，推动疫情期间企业复工复产。

（文　婧）

/ 中国民主促进会双流区总支委员会 /

Shuangliu District General Branch Committee of the China Association for Promoting Democracy

【概况】 2020年，中国民主促进会双流区总支委员会（简称民进双流总支）有会员83名，有正处级干部1名。

中国民主促进会双流区总支委员会主委为杜贤文。

【民进组织建设】 9月，民进双流总支组织新会员参加民进成都市委2020年度新会员培训，增强新会员对民进会章会史、统战工作知识的了解，提升参政议政能力。10月，民进双流总支组织会员参加“空港同心”双流区党外代表人士综合能力提升班，提升会员综合能力。11月，民进双流总支组织会员参加民进成都市委会骨干会员及新会员培训班，引导会员筑牢共同思想基础，凝聚政治共识。民进双流总支被双流区委统战部授予“组织建设先进集体”“建言献策先进集体”称号。

【思想建设】 民进双流总支通过专家领导辅导、座谈会、研讨会、专题报告会、经验交流会、纪念会、理论征文等形式组织会员学习，提高统一战线理论水平。1月，民进双流总支召开迎春座谈会，通报总支2019年度工作情况并表彰优秀会员，对2020年重点工作进行安排部署。5月，民进双流总支召开总支第一届第八次全委扩大会，传达中央、省、市、区疫情防控工作会议精神，研究全年会员发展方向、标准等。8月，民进双流总支召开第一届第九次全委扩大会，学习《中共四川省委关于深入贯彻习近平总书记重要讲话精神、加快推动成渝地区双城经济圈建设的决定》《中共四川省委十一届七次全体会议公报》《中共成都市委十三届七次全体会议决议》及全区2020年上半年经

9月5日，民进双流总支庆祝第36个教师节座谈会召开

（供图：区委统战部）

济运行分析会会议精神，研究部署总支开展对标学习、“同心·文港”文化创建等活动。11月，民进双流总支召开总支扩大会议，传达学习中共十九届五中全会精神和国民经济和社会发展第十四个五年规划纲要，安排部署双流区委开展“大学习、大调研、大走访”活动。

【议政建言】两会期间，民进双流总支形成代表建议10件、政协提案21件，牵头撰写的《关于加快推进我区社会治理现代化建设，不断提高航空经济之都治理效能的建议》、寇利琼撰写的《关于校园周边治安环境进一步整治的建议》、李兵撰写的《关于促进我区营商环境持续优化的建议》作为2020年度优秀提案受到双流区政协表扬。民进双流总支主委杜贤文在双流党外人士座谈会上代表总支作《关于促进双流区航空产业取得新发展的建议》的发言，得到双流区委书记肯定，发言内容在《空港双流》报上选登。

【社会服务】面临新冠肺炎疫情，双流区民进总支医卫界会员奋战在抗击疫情第一线；文艺工作者创作歌曲《祈盼》《光》《目光》等向医护人员致敬，作品被学习强国、新华社选用，网络点击量达117万次；教师队伍停课不停学，机关事业工作人员在卫生、农业、金融以及村社区等领域做好疫情排查、信息收集、复工复产。

【书画活动】民进双流总支整合优势资源，联合紫东阁社区共同创建“紫东同心书画院”，致力擦亮“同心文港”统战品牌，举办“蓉城星力·同心文港”书画展，得到民进成都市委表扬与肯定；与紫东阁社区联合在社区特色街区举行“欢歌笑语迎新春　共建幸福紫东阁——品年味、赏年俗、贺新春”活动，为社区居民送上新年祝福，传承中华文化；走进紫东阁社区开展“众志成城　抗击疫情”主题书法绘画活动，用画笔讴歌战“疫”英雄，礼赞战“疫”事迹。

（文　婧）

/ 中国致公党双流区支部委员会 /

Shuangliu District Branch Committee of the China Zhi Gong Party

【概况】2020年9月，中国致公党双流区支部委员会（简称致公党双流区支部）正式成立，设主委1名、副主委2名，有党员12名。致公党双流区支部积极参加市委会组织的报告会、座谈会、研讨会、培训班等活动。

中国致公党双流区支部委员会主委为郭建武。

【致公党组织建设】致公党双流区支部落实组织发展政策要求，平衡好党员质量和数量，综合考察其政治素质和思想品德，坚持德才兼备、以德为先的标准，发展入党后备人才，做好入党申请人审查和日常管理，铸造一支政治坚定、素质优良、结构合理、代表性强的民主党派基层组织队伍。

【思想建设】致公党双流区支部通过建立“线上”“线下”学习交流平台，坚持集中学和自主学相结合，分层次、多维度开展学习教育，着重学习中共十九届五中全会精神、区委十三届十四次全会精神，抓实党员思想政治建设，为科学建言、高质献策奠定政治理论基础。

【议政建言】致公党双流区支部围绕经济社会建设和群众关心的热难点问题，发挥“侨·海”优势，到群众中去，深入调查研究，把“听民声、察民意、知民情、得民心”落在实处；结合自身专业领域，缜密思考，建言献策，展示致公党党员应有的社会责任和担当。

9月23日，致公党双流区支部成立大会召开　（供图：区委统战部）

【社会服务】 致公党双流区支部为深入推进"致泸合作'十百千'工程"脱贫攻坚，号召党员以企业或个人名义参与扶贫捐款，募集捐款7万元；探索扶贫工作新方法、新模式，帮助贫困地区群众提升内生动力，助推对口联系的泸州市古蔺县、叙永县实现新跨越、新发展。

（文　婧）

九三学社双流区委员会

Shuangliu District Committee of the Jiusan Society

【概况】 2020年，九三学社双流区委员会有社员141名、入社积极分子26人，有副处级干部1名。

九三学社双流区委员会主委为王功玉。

【九三学社组织建设】 九三学社双流区委员会吸纳优秀人才入社，新发展社员14名，其中博士研究生2名、硕士研究生2名，其余均为本科学历。东升街道、怡心街道、西航港街道3个支社规范有序完成换届。

【思想建设】 九三学社双流区委员会传达上级会议精神，组织学习重要文件；邀请九三学社四川省委副秘书长杨涛铭作专题讲座，为20名入社积极分子培训社章社史；组织新社员在"成都芯谷展示中心"开展思想教育活动，到泸州洞窝水电站、棉花坡护国战争纪念馆开展爱国主义教育活动。

【议政建言】 九三学社双流区委员会完成参政议政成果99件，比2019年72件增长37.5%，其中提案建议74件、社情民意20件、调研报告5件；双流区两会期间提交集体提案1件，人大代表和政协委员提交联名提案1件、个人提案和建议60件；完成社市委下达的专题调研课题2个，社员廖成围绕科技创新助力成渝双城经济圈建设，形成《成渝协同，构建西部开放型区域创新体系》调研报告，被社市委选用。

【社会服务】 九三学社双流区委员会与中共黄水镇委员会签订助推基层治理实践基地合作协议，实现拓基地、拓平台、拓品牌一体化建设；组建"蓉城星力·同心卫康"专家团队，每月第四周星期四在黄水镇扯旗社区或楠柳社区开展线上义诊活动，为社区居民免费提供医疗咨询及就诊服务；举办"同心卫康"重阳节义诊及健康知识讲座，讲授中老年养生防护知识；与成都公益慈善联合会签署合作协议，合作共建双流"蓉城星力·同心卫康"急难救助平台；举办"法律七进"巡回讲堂，提高社区群众的法律意识。11月29日，全市"蓉城同心"实践工作交流会在双流区举办，"同心卫康"项目获2020年"蓉城星力"主题工程实践创新项目奖。

【"线上＋线下"集体活动】 九三学社双流区委员会以"线上＋线下"的方式组织开展集体活动，线上以交流学习的形式开展"我的疫情防控故事"网络分享会，线下举办"庆重阳趣味运动会"，在双流凤翔湖公园开展"同心培艺"活动，在双流空港体育公园开展"爱成都·迎大运"冬季趣味运动会；举办庆祝九三学社成立75周年纪念活动暨"说说咱们九三人"分享座谈会，并选派社员参加素质能力提升培训。

（文　婧）

7月10日，九三学社双流区委员会承办的"蓉城星力·同心卫康"项目启动仪式在黄水镇举行

（供图：区委统战部）

群众团体

MASS ORGANIZATIONS

/ 双流区总工会 /

Shuangliu Federation of Trade Unions

【概况】 2020年，双流区总工会深入贯彻落实区委十三届十四次全会精神，以强“三性”、去“四化”为主线，服务大局、服务职工，获得市级及以上荣誉9项，为中国航空经济之都建设贡献工会力量。

双流区总工会主席：韩超（7月离任），刘伟（11月任职）。

【工会组织建设】 双流区总工会加强党对工会工作的领导，坚持把学习贯彻中央、省、市精神和区委决策部署作为党组会第一议题；坚持党工共建，重点围绕非公企业等领域建会310家，全区100人以下、25人以上企业建会率从年初的59%提升至99.9%，并巩固企业建会成果，确保25人以上企业建会率动态保持在90%以上；抓住全国基层工会组织建设现场会拟在成都召开的契机，深化基层工会组织“评星定级”，力争1个现场观摩点位；组织168家基层工会参与“评星定级”，支持基层工会承办、联办区级工会活动；围绕提升工会干部“七种能力”，分层分类开展理论和业务知识培训，举办机关事业单位、企业、新入职工会干部培训班各1期；整合社会资源，探索推进“工会干部+社会化工作者+志愿者”基层工作者队伍建设。

【扶贫帮困】 双流区总工会慰问一线防疫人员2300人，从工会经费中划拨疫情防控资金140万元，为一线医务人员家庭组织捐献蔬菜5000公斤，线上牵头开展“居家乐”系列文化活动62期，线下为居家隔离家庭派送文体活动礼包1000份；参与黄龙溪抗洪抢险，为避灾群众紧急筹措方便食品1.5万元，派出志愿者20名开展心理疏导，临时救助受灾职工45户，组织爱心企业帮助清运淤泥、垃圾1000立方米；完成困难职工、一线环卫工人免费健康体检1007人，打造工会户外劳动者服务示范站点8个；办理职工互助保障5.8万人，向住院医疗职工理赔（慰问）158.6万元。双流区总工会困难职工解困脱困工作通过全总第三方评估检查。

【职工关爱】 双流区总工会“春送岗位”帮助再就业543人，“夏送清凉”慰问户外劳动者9063人，“秋送助学”帮助困难职工家庭子女74名圆大学梦。

【职工维权】 双流区总工会维护劳动领域政治安全，完成360家非公企业职工队伍稳定排查；加强劳动领域安全卫生监督检查，发动572家企业、5.4万名职工参加“安康杯”竞赛活动，成为全省“安康杯”竞赛优秀组织单位；建立劳动争议多元化解联动处置中心，为19批次、425名职工（农民工）提供法律援助，帮助追回工资及经济

1月20日，2020年双流区"迎新春"劳模工匠代表座谈会举行

（供图：区总工会）

11月13日，2020民航四川地区危险品从业人员劳动竞赛颁奖仪式在成都航空有限公司总部举行

（供图：区总工会）

补偿1200万元；持续推进厂务公开民主管理标准化建设和工资集体协商，新创C级以上达标单位16家，1家获评全国厂务公开民主管理先进单位。

【工匠培育】 双流区总工会编印《劳模工匠》画册，举办劳模工匠新春座谈会，开展劳模工匠和优秀干部职工疗休养，推荐获评省劳模7名和市劳模8名、先进集体2个；围绕主导产业着力提升产业工人队伍素质，评选"双流工匠"99名，选树"成都工匠"4名；落实"双流工匠"培育五年计划，评选命名"双流工匠"100名，推荐50名以上高技能人才参加"成都工匠"评选。

【职业技能大赛】 双流区总工会深入开展劳动和技能竞赛活动，举办航空物流装卸、工业机器人操作等区级大赛17个，职工参与人数1.2万人次；承办市级技能大赛2项、省级技能大赛1项，7名职工在市级以上大赛中获奖。

【创新创业活动】 双流区总工会鼓励支持企业引进高技能工匠人才，夯实产业转型升级、高质量发展的技能人才支撑；开展群众性经济技术创新活动，建成市级职工创新工作室1个、区级40个，新发展名师带高徒12对，5名技能型人才成为第三届成都市"百佳"职工创客明星，1个项目获评"创新创效金点子"全国优秀职工提案。

【先进工作者表彰】 双流区总工会评选表扬全区疫情防控先进职工348人，推选成都市疫情防控工作专项五一劳动奖先进个人20名、先进集体10个。

（彭　悦）

3月18日，双流区市级新冠肺炎疫情防控专项五一劳动奖和工人先锋号先进集体及个人表扬大会举行

（供图：区总工会）

共青团成都市双流区委员会

Shuangliu District Committee of the Communist Youth League of China

【概况】 2020年，共青团成都市双流区委员会坚持党管青年原则，聚焦主责主业，服务中心大局，组织动员青年志愿者投身防疫抗洪主战场；夯实团组织基础，扩大有效服务覆盖面，关心关爱困境青少年，维护青少年合法权益，召开区青年工作联席会议研究青年发展，构建"2+N+N"校地企合作模式开启校地合作新篇章，织密"青年之家"社

交网络优化青年社交场景，共青团工作取得明显成效。

共青团成都市双流区委员会书记为谢爽。

【共青团组织建设】 共青团双流区委开展社会领域和非公企业团组织建设，实现社会领域团组织建立45个、非公企业团组织建立14个，所建团组织初步实现资源共享、阵地共建，开展互动活动4次，参与青年群体200人次；严格团组织规范管理，通过“智慧团建”大数据系统开展清理整顿，核编登记团员16540人（其中学校领域团员9742人）、下级组织1192个；组织各学校团组织开展《四川中学共青团基础团务实操手册》及“第一堂团课”活动，完成率100%；推出“团团课堂”之政策宣传5期，将党的理论、路线、方针、政策等“大道理”转化为简单易懂的“常识”，参与互动青年群体1.2万人次；提供时政要闻、团情动态等300条信息，阅读量超13万次。

【思想政治教育】 共青团双流区委组织各级团组织和全区青少年学习领会党的十九大、历次全会精神及习近平新时代中国特色社会主义思想，围绕社会主义核心价值观开展“我们的节日”“远离毒品”“法治宣传”“安全生产”“爱路护路”“爱国卫生”等主题教育活动200次，覆盖青少年儿童10000人次；开展网络宣传教育，利用“互联网+”加强青少年思想引领，依托网络宣传阵地开展疫情防控宣传教育，并组织青少年宫教师开展线上艺术培训活动20期，覆盖青少年儿童5000人次；深化少先队主题教育，引导少先队员听党话、跟党走，组织开展“学习寄语精神展现青春担当”“爱成都迎大运——红领巾欢乐行”等主题鲜明教育活动100场，覆盖少年儿童80000人次；指导100名（个）辅导员老师、少先队员、少先队集体获国家、省、市优秀表彰。

【青年人才服务】 共青团双流区委利用空港（青年）大学生创业园阵地平台，为青年创业就业提供技能培训20场、导师指导12次、“企业咖啡时”主题活动5场，服务青年1000人次，创业青年200人次；深化校地合作，联合四川大学，整合区内多所高校资源，创建“2+N+N”工作模式（四川大学和团区委+区内多个高校+区域人才培育、科技发展支撑、智力服务供给、文化繁荣发展等），助力双流区青年学历、能力提升；升级打造双流区青年人才驿站，向到双流区的优秀青年人才提供7天免费入住800人次；开展“双一流”高校感知双流行活动，向到双流区的优秀青年学生推介双流区产业优势、发展前景，助力留驻双流区，在双流区发展。

【青年成长计划实施】 共青团双流区委按照“旗舰店+共营店+功能店”的模式，全区建立投运14个“青年之家”，其中旗舰店1个、共营店12个、功能店1个；依托“青年之家”综合服务平台，围绕青少年需求，坚持“团干部领办、延时服务、青年评议、区域资源整合”的工作机制，以青少年群体的获得感为指挥棒，持续开展青年成长计划品牌活动，有效引导青年、组织青年、服务青年，开展创新创业、技能提升、兴趣拓展、婚恋交友、维权帮扶等活动100场，服务青少年2000人次；成立双流区青年志愿者俱乐部，注册会员312人，开展志愿服务活动100期，提升双流青年围绕中心服务大局意识。

【青少年关爱行动】 共青团双流区委强化关爱留守学生（儿童）工作，邀请专业社会组织整合共青团有利资源，持续开展关爱留守学生（儿童）活动40次，直接服务500人

青年成长计划社工考试培训　　（供图：共青团双流区委）

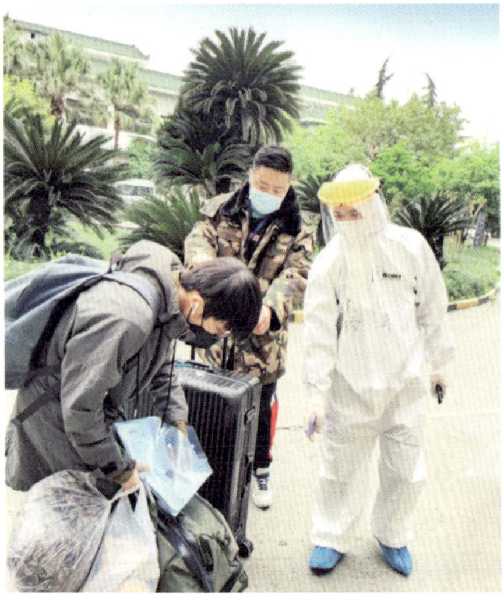

共青团成都市双流区委工作人员在医学观察点接收留观人员　（供图：共青团双流区委）

共享单车规范停放志愿服务　（供图：共青团双流区委）

次；开展“关爱贫困青少年倡导阅读助小康”“乐伴成长”户外素质拓展课堂、社会体验营等主题活动 10 次，直接服务特殊青少年 100 人次；创新法治宣传方式，采取“宣传 + 宣讲 + 比赛”的方式，重点围绕民法典、未成年人保护法、防范打击传销等内容，针对全区 9 个镇（街道）和区域内高校开展法治知识宣传活动 10 场、法治知识大讲堂 2 场、法治知识竞赛 2 场，覆盖青少年群体 2000 人次。

【关心下一代行动】 双流区各级关心下一代工作委员会抓好党的方针政策和政治理论学习，把加强思想政治建设放在首位，组织学习贯彻习近平新时代中国特色社会主义思想和中共十九大及十九届五中全会精神学习会、辅导报告会、座谈讨论会等 100 场次，参加学习人员 12040 人次；和“五老”志愿者自发捐款捐物，支援抗击疫情。双流区关工委率先组织关工委机关人员向疫区捐款，各基层关工委分别采取不同形式捐款，全区关工委系统捐款 1347997.3 元。双流区关工委报送的《突出“四心”战疫情，力所能及做奉献》的工作经验分别被中国关工委《中国火炬杂志新闻网》、四川省关工委《关爱明天新闻网》和成都市关工委《蓉城关爱杂志》《基层动态》等媒体转发刊载。

【志愿服务】 共青团双流区委全员参与疫情防控入户排查，抽调团干部参与企业复工复产和入境人员酒店留观点服务等疫情防控；建立防疫志愿者管理服务规范制度，动员各级团组织、团员干部和青年志愿者投身疫情防控，协调组织志愿者 1.2 名，服务时长 20 万小时；开展“团团课堂”之“‘鼠’你最行”等线上活动 28 期，发布权威信息 70 条，为居家留观家庭提供定制服务；开展“春风课堂”线上培训 200 场，丰富 0.2 万人次青少年居家防疫期间的文化活动；抗洪期间做好黄龙溪安置点群众关心慰问，筹集分发物资 1455 套，转移转送黄龙溪学校安置点老人 500 名；组织 300 名青年志愿者开展共享单车规范停放、文明交通劝导和生态环保宣传等志愿服务活动，为创文迎检提供保障。

【“两红两优”评选】 共青团成都市双流区委为集中展示新时代双流区团员青年务实创新和勇于担当的精神，激励全区团员青年学习贯彻习近平新时代中国特色社会主义思想，在疫情防控和推动经济社会秩序全面恢复中担当作为、攻坚克难，授予共青团成都市双流区城市管理局委员会等 12 个单位“五四红旗团委”称号、共青团国家税务总局成都市双流区税务局支部等 14 个单位“五四红旗团支部”称号、邱月等 15 名个人“优秀团干部”称号、缪锦等 13 人“优秀团员”称号。

（王　震）

/ 双流区妇女联合会 /

Shuangliu Women's Federation

【概况】 2020 年，双流区妇女联合会（简称区妇联）围绕习近平总书记关于群团组织增强“政治性、先进性、群众性”的要求，围绕高质量建设践行新发展理念的中国航空经济之都，以中共十九大精神为引领，充分发挥“联”字作用，大胆探索、强基固本、重心下移、真抓实干，组织根基得到夯实、队伍素质得到提升、服务水平得到提高、活力明显增强，增强妇女儿童获得感、幸福感和满意度。

双流区妇女联合会主席为白玛拥西。

【妇联组织建设】 双流区妇联推进镇（街道）区域调整后妇联主席、执委、干部配齐配强，新上任镇（街道）妇联主席6名，占66%；指导通威太阳能（成都）有限公司建妇联组织。

【阵地建设】 双流区妇联新建儿童之家11个，其中省级民生工程2个（黄龙溪镇响水村、西航港街道近都社区），打造成都市首家机关“儿童之家”；升级机场妇女儿童优先安检通道，穿上思想政治宣传“粉蓝色新衣”，添上医药箱、安馨小屋“新装备”，每天检查2500人，无一例安全差错，零服务投诉，得到女性旅客一致好评。在疫情影响下，四川自贸区妇女之家借力网络直播拓展女创产品市场，承办由四川省妇联主办的“川妹带川货·巾帼助力脱贫奔康”活动，3160万人次关注首场带货直播。

【妇女儿童关爱行动】 双流区妇联联合区卫健局制定《成都市双流区2020年城乡妇女“两癌”检查项目实施方案》，对4个镇（街道）（九江街道、彭镇、黄水镇、黄龙溪镇）进行“两癌”筛查，全区完成10000人检查任务，其中宫颈癌检查5000人、乳腺癌检查5000人；开展“指尖的爱”送温暖活动，携手中国人寿双流区支公司对各镇（街道）搜集的160名贫困妇女捐赠“两癌”保险，捐赠保额320万元；慰问贫困母亲、儿童、女大学生以及抗疫抗洪一线131名，发放慰问资金26万元；动员双流区女企业家协会参与脱贫攻坚，向巴塘县贫困妇女儿童捐赠慰问金2万元；牵头在各村（社区）组织开展以“保护儿童、普法宣传、垃圾分类、民族团结、禁毒防艾”为主题的“心手相牵”关爱暑期儿童活动，让全区儿童度过安全、快乐、充实又有意义的暑期。

【妇女儿童权益保护】 双流区妇联设置婚姻家庭矛盾调解委员会，在各镇（街道）和公安派出所设立妇女维权投诉站和“反家暴示范点”；联合区检察院、区监委、区法院、区教育局、区公安分局、区民政局、区司法局、区卫建局、团区委、区妇联10个部门印发《成都市双流区关于建立侵害未成年人案件强制报告制度的实施办法（试行）》；成立“巾帼律师志愿服务团”，向妇女群体提供法律援助服务，在法治双流建设中发挥“半边天”作用；与区委政法委联合指导各镇（街道）在全区118个村社组建女网格员巾帼维权志愿者队伍，为辖区妇女群众提供服务和帮助。双流区妇联年均处理信访案件40起，办结率100%。

【妇女就业创业促进】 双流区妇联加大妇女就业创业帮扶力度，采取“现场招聘+线上直播”相结合的方式，举办巾帼就业专场招聘会2场，组织用工企业281家，提供就业岗位1100个，收到简历1368份，达成初步就业意向690人，线上直播点击量2.65万人次；举办巾帼扶贫培训4场，培训妇女121名。

【女企业家协会改组扩建】 9月，双流区女企业家协会改组重建，吸纳涉及航空经济、电子信息、生物医药、金融、机械、农业、三产等领域的成员单位84家，搭建由1名名誉会长、1名会长、13名副会长、1名秘书长、3名副秘书长、1名专职副秘书长的组织构架，并完善协会章程条款，规范财务制度。

【社会风尚引导】 双流区妇联注重家风家教和廉洁家庭教育，西航港街道妇女儿童之家获得“四川省家庭教育创新实践基地”命名；在“三八”妇女节、母亲节、“六一”儿童节等重大节日，开展寻优寻美活动，评选“三八红旗手”22名、“三八红旗集体”20个、“巾帼文明岗”13个、“巾帼建功集体”12个、“巾帼建功标兵”18个、“最美家庭”25个、“最美逆行者”7个，其中推荐双流区疾控中心鄢家良家庭获2020年度全国“最美家庭”通报表扬、双流区中医医院急诊科获“全国文明岗”称号、双流区妇幼保健院获2019年度“全国三八红旗集体”称号。

【新冠肺炎疫情防控】 双流区妇联组织动员妇女和家庭贯彻落实党中央和省委、市委、区委决策部署，发挥在社会生活和家庭生活中的独特作用，参与疫情防控；携手黄龙溪镇人民政府，组织500名党员和志愿者向武汉、随州、雷神山医院等捐赠芹菜、莲花白、萝卜等蔬菜55吨，价值13.3万元；联合四川孩子王儿童用品有限公司为各镇（街道）有0～3岁婴幼儿的家庭提供关爱礼包1份（含尿不湿、幼儿绘本、彩笔、玩具等），发出40份。

"春蕾计划"青春期教育捐赠启动仪式暨"科学教子·幸福家庭"公益讲座举行　（供图：区妇联）

【"讲廉"故事会】 6月19日，双流区纪委监委、区委宣传部、区妇联、黄甲街道主办的"好风传家·家风夜话——黄甲街道2020'讲廉'故事会"在黄甲街道八角水寨广场举行。

【"企业咖啡时"女企业家专场活动】 10月29日，"聚女创筑梦航都·唱双城共谱华章"2020年双流区优化营商环境之"企业咖啡时"女企业家专场活动在电子科大科技园举行，邀请成渝两地女企业家就促进成渝双城女企业家合作开展互动座谈。

【"清风领航·好风传家"主题文艺晚会】 11月10日，双流区纪委监委、区委宣传部主办，区文体旅游局、区妇联承办，黄甲街道党工委、办事处协办的"清风领航·好风传家"主题文艺晚会举行，520人参加。

【"春蕾计划"青春期教育捐赠启动仪式】 11月27日，双流区政法委、区监委、区检察院主办，区妇联、区教育局承办，多部门协办的"春蕾计划"青春期教育捐赠启动仪式暨"科学教子·幸福家庭"公益讲座举行，200人参加。

（虞　星）

黄甲街道2020"讲廉"故事会举行　（供图：区妇联）

双流区工商业联合会
Shuangliu Federation of Industry and Commerce

【概况】 2020年，双流区工商业联合会（简称双流区工商联）坚持举旗定向，做好民营企业家统战工作；提升素能强化服务，助推民营企业高质量发展；围绕中心服务大局，为中国航空经济之都建设贡献工商联力量。全区民营经济实现增加值573.61亿元、增长2.8%，占地区生产总值比重57.2%；有全国500强民营企业1家，4家民营企业入选"2020四川民营企业100强"，3家企业入选"2020年成都市重点产业上市龙头企业"，2家民营企业入选四川首批瞪羚企业，6家民营企业获2020年双流区人民政府质量奖。会员企业为新冠疫情捐款1502.2万元，为脱贫攻坚捐款120万元。双流区工商联获全国"五好"县级工商联称号、全国工商联

7月27日，双流区工商联在成都市工商联执委会上作投资推介　（供图：区工商联）

系统“创新中国”奖，获评省市“万企帮万村”工作先进单位，数字商会建设、精准扶贫、助力企业“走出去”发展、为企业争取金融支持等工作受到全国、省、市工商联表彰和肯定。

双流区工商业联合会主席为黄玉蛟。

【工商联组织建设】 双流区工商联推进行业商（协）会改革发展，制定双流区商（协）会改革发展方案和18条改革发展措施，企业家健康成长评价指标体系和“英才行动计划”均通过区委统战工作领导小组审定，被《中华工商时报》刊登在全国宣传推广；完成黄龙溪基层商会和青年商会组建，新发展会员企业50家，缔结友好工商联4家；利用工商联载体对外宣传双流区民营企业，讲好“双商故事”，塑造“双商品牌”；推进“三改”（改范式、改标准、改作风）工作，强化“转观念、转作风、强本领、强服务”理念，到市内外先进地区工商联对表对标学习，提升服务意识和能力，主动融入中国航空经济之都建设。

【参政议政】 双流区工商联强化政治引领，组织企业家学习传达习近平总书记重要讲话和省市区委全会、统战工作会、经济工作会及重要文件精神2次；依托“同心港湾”等企业基层党组织，组织企业家开展理想信念教育培训活动2次，开展非公党建活动2次；召集会内人大代表、政协委员，开展界别协商、专题协商、座谈交流3次，提交提案建议24件，主办提案答复2份，牵头协办提案答复1份。

【招商引资】 双流区工商联加强投资促进，主动拜访对接高能级企业7家，促成联帮医疗云供氧研发生产基地项目签约，推进双流商会大厦项目、西部国际家居设计创意基地项目。7月27日，成都市工商联（总商会）十二届五次常委会、四次执委会暨成都市光彩事业促进会四届三次理事会议在双流区召开，双流区工商联向300名企业家和100名行业商协会、异地商会负责人作专场投资推介。

【企业服务】 双流区工商联分层分类开展“双商”培育，建立会员企业、企业家数据库，草拟民营企业家“英才行动计划”和民营经济代表人士综合评价标准；推选优秀企业家代表20人次到清华大学、北京大学等高校学习培训，帮助企业家提升素能；组织民营企业开展专题培训5次，提升企业市场竞争力；组织行业商（协）会参加经贸互动交流活动6场；开展法律进企业活动，联合区司法

6月15日，双流区工商联与重庆市涪陵区工商联缔结友好关系　（供图：区工商联）

局在蛟龙港、西开区、银河·596园区设立法律服务站；利用春节、中秋和企业家生日，慰问企业家。双流区工商联多措并举助力疫情防控和企业复工复产，为20家会员企业协调解决部分防疫物资；通过工商联宣传矩阵，全方位、多角度宣传复工复产相关政策，发布关于复工复产和减免缓收租金的倡议书；协调解决企业复工复产遇到的困难问题，推动应对疫情稳定经济发展的政策措施落实落地；组织开展《企业疫期复工管理》《后疫情期企业如何抓住时点转危为“机”》等企业复工管理相关网络培训，参训人员500人次。

【非公有制经济健康发展促进】双流区工商联通过实地察看、座谈交流、发放问卷等方式，调研全区9个镇（街道）、2个工业园区近200家企业，收集梳理企业困难问题100条，协助解决70个，并形成《促进双流区中小微企业发展》报告，被成都市工商联评为2020年优秀报告；开展“企业咖啡时”“企业家沙龙”活动5场次。

【工商联对外交往】双流区工商联充分发挥桥梁纽带作用，加强同异地工商联（商会）间走访互动、交流合作，扩大朋友圈，为本土企业“走出去”发展和拓展市场空间提供更大的平台，助力民营企业做大做强，全年接待攀枝花市、重庆市涪陵区、自贡市大安区3家异地工商联，走访江苏省苏州市相城区、扬州市广陵区、雅安市名山区3家异地工商联，与重庆市涪陵区、苏州市相城区、雅安市名山区3家工商联缔结为友好工商联。

（张　磊）

双流区文学艺术界联合会
Shuangliu Federation of Literature and Art Circles

【概况】2020年，双流区文学艺术界联合会（简称双流区文联）加强自身建设，履行“团结引导、联络协调、服务管理、自律维权”的职责，以文艺创作为本位，以活动开展为载体，扶持和培养一批文艺作品和文艺人才。

双流区文学艺术界联合会主席为刘泽夫。

【文联组织建设】双流区文联按照新时期文艺工作新要求，重新分类构建下属协（学）会，招募文艺人才组建朗诵协会，完成8个协（学）会换届；进一步整合协（学）会构架，调整充实管理岗位；制定协（学）会考评管理办法，组织起草《文艺工作改革方案》《文艺工作奖励扶持办法》《双流区文联协（学）会管理办法》等考核办法；创建9个文艺创作基地。

【文艺创作】双流区文联组织指导艺术家创作文艺作品850件，其中《你的爱》获四川省教育学会原创抗疫优秀歌曲评选一等奖；编辑出版《双流文艺》4期，在同名微信公众号上推送70期文艺家及其作品宣传展示；开展《双流故事》采写创作活动，推进《唱响双流》《诗咏双流》创作活动。

【文艺交流】10月16日，成都市区（市）县文联工作联席会在双流区文艺创作基地举行。会议集中参观双流陈设艺术年展和书法年展，开展分享中国造园美学家王东《梦山水》陈设艺术意蕴讲座。

【文艺活动】双流区文联深入开展“走基层”文艺演出等群众性文化活动40场，举办双流区第七届艺术年展书法展、美术展、摄影展及陈设艺术年展等10场，组织优秀艺术家陈少林以抗疫为题的国画艺术展。5月22日，双流区举办“‘5·23’中国文艺志愿者服务日成都文艺志愿者之家揭牌仪式暨公益微课堂分享会活动”，成都相

2020年双流区“走基层”文化惠民活动举行　（供图：区委宣传部）

“魅力双流”第七届艺术年展摄影展举行　（供图：区委宣传部）

关艺术协会主席和80名艺术家、文艺志愿者代表出席并表演节目。

（王　惠）

双流区残疾人联合会
Shuangliu Disabled Persons' Federation

【概况】 2020年，双流区残疾人联合会（简称双流区残联）围绕“全面建成小康社会，残疾人一个也不能少”的目标，推进残疾人事务治理体系建设，完成各项工作任务，被成都市残联评为“2020年度残疾人工作先进单位”。

双流区残疾人联合会理事长为李虹。

【残联组织建设】 双流区残联开展“大学习、大调研、大走访、大攻坚”活动，党组书记、理事长带头宣讲中国共产党第十九届中央委员会第五次全体会议公报、习近平总书记系列重要讲话精神；组织干部职工集中学习4次，到镇（街道）残联宣讲2次；到彭镇木樨社区、西航港街道星月社区“残疾人日间照料站”走访调研，现场解决基层残疾人工作者在日常工作中遇到的困难和问题3个；听取收集成都“十四五”规划编制工作意见建议6条。

【兜底保障】 双流区残联出台《关于做好2021年城乡居民医疗保险残疾人参保资助工作的通知》，资助全区符合参保条件的630名残疾人参加养老保险，资助2554名符合条件的残疾人购买城乡居民医疗保险、大病互助补充保险和重特大疾病保险，共369.338万元；为全区符合条件的残疾学生及残疾人家庭子女379人发放自强助学金42.8万元；出台《进一步规范特殊困难残疾人紧急救助的通知》，为65名因洪灾导致困难的残疾人家庭和9名特殊困难残疾人发放紧急救助资金和物质9.14万元；投入资金102万元开展“温暖万家行”活动，走访慰问1700户困难残疾人家庭和残疾人工作者；投入资金40万元对全区207户有需求并符合条件的残疾人家庭实施无障碍改造。

【就业培训】 双流区残联结合2020年春风行动暨就业援助月活动，借助线上平台，帮助89名残疾人实现就业；线上线下同步开展残疾人职业培训和实用技术培训，全年举办中（西）式烹饪、蜀绣、按摩、电子商务等实用技术培训14期，培训残疾人280人次；开展就业创业扶持，制定《成都市双流区残疾人就业创业补贴实施细则》，为374名符合条件的残疾人发放就业创业扶持补贴43.825万元。

【康复服务】 双流区残联投入资金263万元对164名0～15岁的残疾儿童和孤独症儿童进行康复救助，为760名白内障复明手术患者提供70万元资金补贴；采购残疾人基本型辅助器具729件32.9万元，免费发放给有需求的残疾人；完成11726名残疾人家庭医生签约服务，并为2967名重度残疾人提供个别化服务包，投入资金106.24万元；为420名智力、精神及重度残疾人提供居家托养补助75.812万元，为259名精神障碍患者提供住院生活补贴和服药补贴30万元。

【文体服务】 双流区残联开办电视手语节目《一周新闻集锦》52期、残疾人广播专栏节目《共享阳光》12期，在区残联微信、微博公众号上发布工作、政策等信息3760条，并以全国助残日、国际残疾人日等活动为契机，宣传扶残惠残政策；完成成都市第九届残运会暨第五届特奥会参赛工作，双流代表团获残运会金牌2枚、银牌8枚、铜牌5枚，获特奥会金牌17枚、银牌10枚、铜牌3枚，区残联获优秀组织奖、体育道德风尚奖；为350户重度残疾人提供康复体育进家庭服务，将康复体育器材、康复体育方法、康复体育服务送入残疾人家庭。

【信访维权】 双流区残联在怡兴街道河池新居、华银美景小区、彭镇彭家场社区、全益食品等小区、企业开展“法律进小区、进企业”“法律七进”巡回讲堂等宣传活动，发放《双流区助残惠民服务手册》500份、《中华人民共和国残疾人保障法》法律读本200本；接待来电来访残疾人400人次，办理“83721000”“12345”“12580”等投诉、咨询40件。

【新冠肺炎疫情防控】 双流区残联参与九江街道泉水凼社区入户排查，走访摸排社区居民2100户、15000人次，发放防疫资料3000份；看望慰问疫情防控一线的镇（街道）残联、村（社区）残协等以及31名独居残疾人，并开展受疫情影响出现生活困难的残疾人大排查、大走访，救助帮扶排查出的96户困难残疾人家庭；制作居家体育康复锻炼视频12期、疫情防控宣传视频5期、居家康复学习视频76期、残疾儿童康复训练教学视频11期，帮助残疾人居家学习、康复训练。

【残疾人就业创业服务平台打造】 双流区残联把督促用人单位履行按比例安排残疾人就业的法定义务与区税务部门“促就业，降税负”的征管新思维结合起来，与区税务局携手，依托“互联网＋平台”，打造“云上有道”残疾人就业创业服务平台。平台开辟“我要招聘”“我要求职”“政策助力”“培训助力”4个模块，动态发布残疾人就业意向、用人单位招聘及各项政策信息，已新开发意向招聘残疾人岗位121个，帮助85名残疾人成功就业；帮助多家企业享受增值税即征即退税收优惠，其中1家安置残疾职工比例超25%的企业，最高享受退税金额1921.7万元，减免企业所得税170.1万元；新增企业残疾职工备案573人，比上年增加56%。

（周春丽）

7月30日，“云上有道”双流区残疾人就业创业服务平台启动仪式举行　　（供图：区残联）

双流区红十字会
Shuangliu Branch of the Red Cross Society of China

【概况】 2020年，双流区红十字会立足“三救”（救援、救助、救护）、“三献”（无偿献血、造血干细胞捐献、遗体和人体器官捐献）职能，弘扬“人道、博爱、奉献”的红十字精神，发挥党和政府在人道领域的助手和联系群众的桥梁纽带作用。双流区人民政府、区红十字会均获中国红十字会总会抗击新冠肺炎疫情暨红十字应急救护知识竞赛组织一等奖；区红十字会获2020年度中国红十字会总会报刊宣传先进集体，获四川省红十字会新冠肺炎疫情防控工作优秀集体、新冠肺炎疫情防控接受捐赠款物工作先进集体，并在2020年成都百万职工技能大赛红十字应急救护技能竞赛中获团体第五名、赛事优胜单位。

双流区红十字会常务副会长：徐华翠。

【红十字会组织建设】 双流区红十字会新发展15家单位成为红十字会团体会员；加强指导和服务镇（街道）基层红十字会工作人员，举办镇（街道）红十字基层干部培训会2次，提高红十字系统干部业务水平；加强对青少年红十字精神宣传，带动全区红十字青少年工作发展。

【惠民救助】 双流区红十字会努力在全社会弘扬“人道、博爱、奉献”的红十字精神，以“蛟龙医疗

7月30日，双流区红十字会针对公安干警开展应急救护知识培训　（供图：区红十字会）

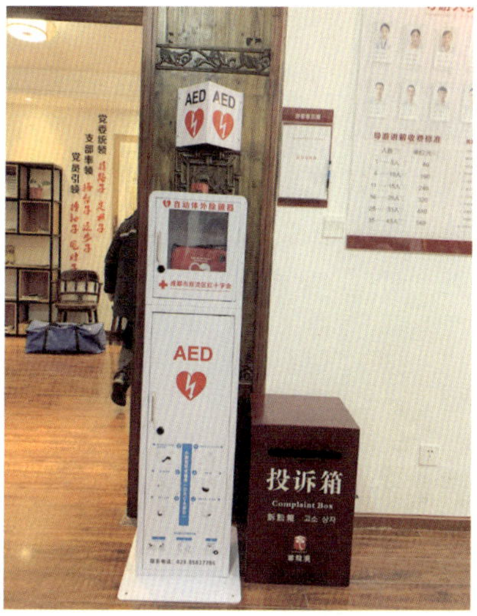

黄龙溪古镇游客服务中心安装配置的自动体外除颤器　（供图：区红十字会）

救助金”医疗救助、“红十字博爱送万家”等活动为抓手，着力解决困难群众因病致贫、因病返贫的情况，对300户低保户和困难家庭发放700元/户价值21万元物资，为15户低保户申请成都市红十字会“博爱送万家”救助金0.6万元；对7名患重大疾病的困难家庭进行医疗救助和生育关怀救助，发放救助金2.3万元；对4名白血病患儿申请中国红十字基金会“小天使基金”救助，发放救助金5万元。

【救护培训】 双流区红十字会围绕服务健康双流和中国航空经济之都建设，开展红十字应急救护培训“五进”（进机关、进社区、进农村、进学校、进企业）活动，提高群众应急避险和自救互救的意识和能力，完成普及培训1.58万人，新增救护员2041人；启动自动体外除颤器（AED）配置，分别在双流客运中心、区政务大厅、区会议中心、区图书馆、黄龙溪古镇游客服务中心等人员密集的公共场所安装配置5台自动体外除颤器。

【应急救援】 双流区红十字会坚持打造“灾前准备、灾中应急、灾后救助”的备灾救灾“工作链”，采购应急救援包25个、救灾帐篷8顶等应急储备物资；组织74名应急救援队员、志愿者开展应急救援演练，进一步加强应急救援队伍建设，提升队员的救援能力。

【新冠肺炎疫情防控】 双流区红十字会依法依规开展募捐，接受社会各界捐赠资金1263.74万元，接受捐赠物资28批次；为疫情防控检测（岗）站、疫情防控集中留观点搭建帐篷24顶，开展志愿服务370人次；先后4次组织慰问疫情防控援鄂医护人员及家属，送去慰问金和慰问品；委托第三方四川启迪会计师事务所专项审计新冠肺炎疫情防控捐赠款物，并长期公示。

【“三献”宣传】 双流区红十字会

3月2日，双流区红十字会接受成都蛟龙投资有限责任公司捐赠新冠肺炎疫情防控物资（供图：区红十字会）

围绕“5·8世界红十字日”“世界急救日”，开展无偿献血、造血干细胞捐献、遗体和人体器官捐献宣传活动10次。截至12月，双流区遗体器官捐献志愿者登记数为4819人，实现遗体器官捐献4人。

（刘　强）

双流区社会科学界联合会

Shuangliu Federation of Social Science Associations

【概况】 2020年，双流区社会科学界联合会（简称区社科联）围绕航空经济发展和门户城市建设等区委、区政府中心工作，开展社会科学研究课题规划，为高质量建设国家级临空经济示范区、加快推进航空经济之都建设成型成势提供理论支撑和智力支持；加强社科普及基地平台建设，加大省、市、区三级社科普及基地联动，丰富科普活动载体；在抓好疫情防控的同时，充分发挥辖区知识密集和人才智力聚集的优势，创新做好疫情防控期间社科普及。

双流区社会科学界联合会主席：何敏。

【课题规划和立项】 双流区社科联围绕区委、区政府中心工作，开展双流区社会科学研究课题规划，努力发挥好“思想库”和“智囊团”作用，立项《高质量建设国家级临空经济示范区背景下构建法治化营商环境研究》《成都市双流区推进农商文旅体融合发展路径和实践探索》《从疫情报道看县级融媒体传播平台建设的重点与方向》等区级课题16项，并择优推荐市级研究项目；立项《成都市产业功能区体制机制创新研究》《新冠肺炎疫情后食育教育融入学校教育路径研究》市级课题2项。

【社科基地建设】 双流区社科联立足深挖本地优秀的社科文化资源，指导社科普及基地品牌化建设，已成功创建四川省级社科普及基地1个、成都市级社科普及基地2个、双流区级社科普及基地3个，12月1日参加四川省社科联组织的社科普及基地经验交流会并作交流发言；打造的成都市级社科普及基地“中华经典文化传承基地”依托东升小学，作为全区传统文化进校园的优秀代表，多次受到省市领导肯定。9月2日，“中华经典文化传承基地”接受四川省委宣传部首批四川省青少年优秀传统文化传习基地实地调研。9月3日，双流区社科联参加成都市委宣传部举办的全市传统文化交流会并作交流发言。11月23日，“中华经典文化传承基地”组织编写的《小学生优秀传统文化每周一课》读本，经四川省委宣传部和省教育厅组织专家评审，被评为四川省中华文化优秀校本课程读本。

【社科普及活动】 双流区社科联持续开展品牌公益性讲座《瞿上讲坛》、“益趣课堂”系列读者公益活动、生活美学提升课堂、农耕文化普及课程、“健康新双流·中医养生堂”等社科普及活动68场，受众达13000人次；充分发挥辖区知识密集和人才智力聚集的优势，创新做好疫情防控期间社科普及，组织社科工作者以“沙画”“歌曲”“朗诵”“动画视频”等形式全方面、全领域、全流程做好疫情防护普及宣传。

【学术沙龙活动】 6月23日，“传承国学范儿！槐轩文化学术沙龙”在双流区举行，槐轩文化研究者分享对刘沅《槐轩全书》的理解，区委史志办、区文体旅游局、区教育局、彭镇以及双流棠湖中学、彭镇艺体中学等单位代表参加。

（王丹阳）

中华经典文化传承基地非遗课堂之画团扇　（供图：区委宣传部）

中华经典文化传承基地川剧课堂　（供图：区委宣传部）

法　　治

RULE OF LAW

依法治区

Governing the District by Law

【概况】 2020年，双流区全面践行习近平总书记全面依法治国新理念新思想新战略，深入落实中央和省委、市委、区委决策部署，紧扣融入“双循环”、唱好“双城记”、建好“示范区”、夺取“双胜利”，以推进城市治理体系和治理能力现代化为方向，坚持稳中求进工作总基调，围绕市委“创新提能年”主题，统筹推进全面依法治区各项工作，为高质量建设中国航空经济之都提供法治保障。

【依法执政】 双流区充分发挥党委在推进法治建设中的领导核心作用，支持人大、政府、政协、法院、检察院依法履行职能；深入学习贯彻中共十九届四中、五中全会精神和习近平总书记全面依法治国新理念新思想新战略，开展党委中心组及政府常务会集中学法，部门、镇街党（工）委会前学法；落实宪法宣誓制度，区人大常委会任命或决定任命的39名“一府两院”国家工作人员宪法宣誓，拟任命的24名干部进行任前法律知识考试；开展区委党内规范性文件清理，全面清理2012年7月至2018年10月期间制定的区委规范性文件以及集中清理后继续有效的区委规范性文件，废止80件，宣布失效53件，修改14件。

【科学立法】 双流区配合上级人大和其他相关专委会共同完成《成都市人民代表大会常务委员会规范性文件备案审查工作办法（草案征求意见稿）》《四川省工伤保险条例（草案）》《成都市法治乡村建设实施意见（征求意见稿）》等征求意见，依法备案审查区人民政府报送的《成都市双流区关于推动传统服务业转型发展的政策措施》《成都市双流区消防安全责任制实施细则（试行）》《成都市双流区知识产权资助（奖励）办法》《成都市双流区关于加强上市宗地配建公共配套设施项目建设管理实施细则（试行）》规范性文件5件。双流区人大常委会执法检查《中华人民共和国土壤污染防治法》《中华人民共和国传染病防治法》等双流区贯彻执行情况；配合省、市人大常委会开展街道办、镇人民政府制定规范性文件情况调研，针对双流区街道办、镇人民政府制定规范性文件的基本情况、存在的问题及成因提出对策与建议；协助市人大常委会做好对《成都市人大常委会关于开展第七个五年法治宣传教育的决议》贯彻落实情况监督检查。

【依法行政】 双流区开展疫情防控

法治保障，建立疫情文件紧急审查制度，完成指挥部命令、公安健康码、对外公示等疫情相关合法性审查30件；依法化解疫情期间劳资纠纷，助推复工复产；落实行政执法公示制度、全过程记录制度、重大执法决定法制审核制度，向社会招聘10名行政执法社会监督员开展行政执法社会监督，开展行政执法案件大评查活动，随机抽查行政执法案件，规范提升案件质量；完善政府权力清单，梳理机构改革后全区部门权力清单5868项，其中行政许可243项、行政处罚4779项、行政强制163项、行政征收25项、行政裁决6项、行政确认35项、行政给付26项、行政奖励103项、行政检查236项、其他行政权力252项；建立双流区公平竞争审查联席会议制度，明确审查主体、审查原则、审查程序、投诉举报工作流程及职责分工，组织全区49个单位及园区管委会清理本单位行政规范性文件和其他政策措施251份；优化完善派驻镇（街道）中队设置，在各镇（街道）统一设置“综合执法协调办公室”负责辖区内综合行政执法的组织协调、制度制定、联络沟通、监督督促等；印发《双流区区级部门派驻镇（街道）机构人员管理暂行办法》，明确派驻镇街执法队伍及人员的日常管理和统筹协调职能；开展人民群众最不满意行政执法突出问题承诺整改活动，收回有效问卷2000份，收集人民群众最不满意的行政执法突出问题22条，针对查找出的问题，制定整改方案，压实责任，提出整改措施，明确责任部门、责任人和整改时限，向社会作出公开整改承诺；建立市场监管领域联合“双随机、一公开”监管联席会议工作制度，制定2020年度市场监管领域部门联合“双随机、一公开”抽查计划表，抽查事项涵盖农业、商务、运输等15个领域，实现16个成员单位参与率100%，联合抽查涉及抽查对象114户，完成检查并公示39户；开展行政执法主体和执法人员专项清理，组织开展全区行政执法人员清理及证件年检，831名行政执法人员通过审验；印发《成都市双流区行政规范性文件制定主体清单的通知》，向市政府和区人大常委会备案规范性文件5件，备案率100%；落实法院司法建议书和区政府行政复议意见书，落实率100%；区政府行政机关负责人出庭应诉率100%，部门镇街行政机关负责人出庭应诉率90.2%。

【公正司法】 双流区进一步细化《政法领域改革责任分工方案》，全面贯彻“让审理者裁判，由裁判者负责”，推动法院院长、庭长（局长）带头办案，院庭长办案6981件，审结5586件，结案率80.02%；推动“四大检察”全面协调、充分发展，构建抗诉、纠正违法、检察建议等多元化监督格局，对确有错误的刑事判决提出抗诉6件，纠正侦查违法29件，纠正监外执行违法3件，纠正监管场所违法11件，发送行政公益诉讼诉前、社会治理、预防职务犯罪等检察建议38件；开展防止干预司法“三个规定”专项整治，未有公职人员干预执法司法活动的记录；继续深入推进刑事案件律师辩护全覆盖，在看守所、检察院、法院设立法律援助工作站，开展认罪认罚和值班律师工作，律师参与办理认罪认罚案件235件，刑事全覆盖案件157件；建立未成年人司法保护体系，出台《双流区防范打击侵害未成年人违法犯罪关爱保护未成年人专项行动工作方案》《成都市双流区关于建立侵害未成年人案件强制报告制度的实施办法（试行）》，依法从严打击性侵幼女犯罪行为，妥善办理邱某某强奸案、关某等6人强奸案，办理未成年人法律援助案件63件；印发《双流区食品药品行政执法与刑事司法衔接七项工作机制》，完善“行刑衔接”工作机制，解决有案不移、移案不接、以罚代刑等问题；推进案件繁简分流、轻重分离、快慢分道，制定《关于民事诉讼程序繁简分流改革试点的实施方案》，形成双流法院“5+7”改革总体框架，明确民商事案件先行调解、“先专后分”工作模式；打造区法院东升法庭为专业化金融审判法庭，集中审理民间借贷、银行卡纠纷等金融类案件，全面推行破产审判方式改革；深化智慧法院建设，建立启用“云上法庭”平台和“智能审判平台”应用，引导当事人选择线上方式参审，线上开庭709件，“云执行”发起网络查控10890次，线上发放执行案款7.23亿元，线上拍卖成交270个，成交金额2.8亿元。

【社会依法治理】 双流区深化扫黑除恶专项斗争，打掉黑社会性质组织1个、恶势力犯罪集团1个、恶势力犯罪团伙2个，3年累计办结线索426条，打击处理48人，查扣涉案资金近1亿元，获省市督导组充分肯定；问责干部2人，整顿软弱涣散党组织11个，审查村（社区）两委干部1355人，整治重点区域13个，扫黑除恶专项斗争在全市率先完成“六清”；持续开展“三张清单”攻坚化解专项行动；完善“1+3+N”专群联动模式，实名登记群防群治力量1.52万人，注册义警6000人；优化设置网格733个，搭建区、镇街、社区网格三级平台四级体系，上报并处理问题隐患47万件；率先在全市搭建多网融合会议系统，实现多种语音通信/视频互联互通；深化涉法涉诉信访，坚持“诉访分离”，理顺信访工作流程，每季度开展涉法涉诉信访情况分析研判断，加强涉法涉诉信访案件事项办理和回复，依法及时解决群众合理诉求，政法系统受理涉法涉诉信访案件172件，比2019年下降63%；深入推进“诉调对接”，不断健全诉非协同“大超市”机制建设，打造诉调对接中心、司法事务辅助中心、速裁中心及和合智解e调解平台的“三中心一平台”运行模式，通过多元诉前化解方式促进矛盾纠纷化解；深化智慧检务建设成果运用，运用远程提讯系统讯问700人次，远程庭审500人次，疫情期间为监委和公安机关讯问提供帮助100人次；统筹推进智慧公安建设，全区违法犯罪总警情近三年比上年下降14%；强化智慧司法行政建设，构建社区矫正“云管理”模式，建立涵盖监控、管理、信息三大子系统，融签到、定位、学习教育、公益服务申请、心理测评等“一体化”的社区矫正新云平台。

【法治宣传教育】 双流区开展疫情防控法治专项宣传，编印《新型肺炎疫情防控法律法规政策知识手册》《居家隔离医学观察相关法律法规政策知识问答》等并通过网络向社会推广，开设普法“疫”线广播节目，邀请政法干警上线解读疫情防控法律知识；贯彻落实“谁执法谁普法”普法责任制，组织全区60个部门分专题开展“法治四川行”一月一主题活动200场次，发放宣传资料、宣传用品10万份；开展“法律七进”巡回讲堂、“法律进小区”、“法治电影进村（社区）”、“LED普法直通车”等专项普法活动，全区118个村（社区）法律顾问和村（社区）法律之家实现全覆盖；开展“空港法治大讲堂”系列活动，依托中心组学习、党校主体班次、“周末大课堂”开设法治主题讲座20场次，开展“企业法治体检”“法律服务进企业”典型案例巡展等专项活动，推荐律师、法律工作者担任企业法律顾问，提供全链式法律支持；完成“七五”普法，通过成都市“七五”普法检查验收。

（刘　丽　王　姣）

/政法综治/

Politics and Law, and Comprehensive Governance

【概况】 2020年，双流区委政法委员会坚持以新发展理念引领城市治理方式转变，着力固根本、补短板、防风险、保稳定，着力提高战略思维、调查研究、改革创新、风险防范能力，履行职责使命，确保中央和省委、市委、区委决策部署落地落实。

【司法体制改革】 双流区委政法委牵头组织开展民事诉讼程序繁简分流改革试点，制定《关于民事诉讼程序繁简分流改革试点的实施方案》和《关于进一步推进民商事案件繁简分流改革工作的方案》，建立民商事案件先行调解、“先专后分”工作模式；出台优化司法确认程序、适用小额诉讼程序审理案件、简易程序审理民事案件、独任制审理第一审普通程序案件、民事案件电子诉讼实施细则，创新制定《七人合议庭审理案件实施细则（试行）》《事实审与法律审分离陪审模式审理案件实施细则（试行）》；深入探索“司法供应链”管理新模式，建立办案质效管理中心，常态化推进文书抽检；构建内外沟通协调中心，成立综合性集约化的办案服务保障中心；深入开展金融审判改革，打造专业化金融审判法庭，集中审理民间借贷、银行卡纠纷等金融类案件；持续推动司法责任制改革落实落地，以员额法官为中心组建51个审判团队；转变审委会职能，强化专业法官会议作用；坚持放权与监督相结合，明确员额法官办案基数，进一步强化院庭长办案示范引领作用；推进破产审判方式改革，完善破产案件立审执运行机制，健全“一登记两审查”的破产案件立案受理机制；深入推进“执转破”运行机制，加强执行程序与破产程序的有序衔接，探索破产办案平台与执行办案平台的高效对接，将执行不能的企业及时转入破产程序，促使“僵尸企业”快速顺利退出市场；健全破产案件“简化审”，深入推进破产案件繁简分流，提高破产审判效率。

【矛盾纠纷“大调解”】 双流区委政法委坚持把“克难攻坚”作为工

7月11日，双流区政法队伍建设工作会议召开（供图：区委政法委）

作重点，疫情防控期间构建“防疫”矛盾纠纷联动联调应急机制，牵头指导成立联动联调工作专班，成功化解网约车降租金、30名武汉籍隔离观察旅客食宿问题等涉疫矛盾纠纷；排查调处矛盾纠纷21954件，调解成功率99.8%，实现零投诉、零信访、零舆情的“三零”工作目标；筑牢纠纷预防化解基础，强化专业性、行业性调解组织制度建设，全面推进企业法律服务，在双流机场设立“法律诊所”，在西开区设立民营企业法律服务中心，定期举行“企业咖啡时”法律问诊专场；深入推进“诉调对接”，做实“公调对接”，拓展“访调对接”，提升“交调对接”，深化“检调对接”，诉非协同“大超市”运行机制得到巩固优化；推进人民调解、行政调解、司法调解力量联动融合，建立协调配合、信息沟通、效力衔接等机制，推动“三大调解”优势互补；加强矛盾纠纷多元化解工作保障，全年对调解成功的案件给予个案补贴180万元。

【社会稳定风险评估】 双流区委政法委进一步落实社会稳定风险评估机制，对四川省公共卫生综合临床中心建设等7个重大项目和村（社区）建制调整改革等57个重大决策开展社会稳定风险评估，有效运用评估结果，力保重大项目和重大决策实施。

【政法队伍建设】 双流区委政法委和政法各单位开展“大学习、大走访、大调研、大攻坚”活动，组织召开民主生活会、“解放思想、跨越赶超”学习讨论会6场，班子成员带队外出对标学习12次，领办难案24件，带队破积案4件，化解涉法涉诉信访重大疑难案5件；政法委机关选拔任用一般干警12人任中层干部，推荐提拔中层干部2人任副处级干部，交流中层岗位14人；制定政法队伍建设大发展13条措施，坚持主要领导对分管领导、分管领导对中层干部和一般干警谈心谈话全覆盖，搭建“政法微党课”“法治大讲堂”“月月龙虎榜”等强党性、晒业绩、攒积分的交流展示平台；推荐表扬执法办案、防疫防汛等先进个人196人次，激励干警实心干事；开展整肃活动，查摆问题97个，制定整改措施161条，开展警示教育10次，通报16个部门（科室）51人次，约谈科（室队所）4个，问责处理13人，辞退辅助人员76人。

（杨　恒）

公　安
Public Security

【概况】 2020年，成都市公安局双流区分局围绕服务保障践行新发展理念的中国航空经济之都建设，坚决打赢疫情防控和防汛抢险两场硬仗，实现政治安全、社会安定、人民安宁“三安”目标，在社会治理、改革创新、基础建设、锻造铁军四方面取得新突破，防范境外疫情输入、助力国际化营商环境建设、“天府健康通”推广应用、防汛抢险、“黄赌毒”整治等得到公安部、省公安厅及省市区相关领导肯定批示52次。全区违法犯罪总警情、“黄赌毒”警情分别比上年下降3.15%、23.37%，群众“三感”持续提升。

【新冠肺炎疫情防控】 双流区公安分局落地核实省警综平台下发数据16407条、市公安局下发数据82批次816条、航班旅客数据3450条、中高风险到双流区数据524条、车辆核实数据271条、区卫建局网络问诊数据51条、其他区县推送数据15条、区行政审批局红黄码名单20218条；组建疫情防控党员先锋队，出动警力1893人次做好机场境外来蓉人员“零距离”接机跟车转运，转运国际航班952个、国内航

服务人民　　（供图：区公安分局）

班 789 个，转运旅客 17705 人，区县间转运 919 人；做好集中隔离观察点 24 小时守护等，牵头推广应用“天府健康通”成效居全市第一。双流区公安分局被成都市委、市政府评为成都市抗击新冠肺炎疫情先进集体，巡警大队党支部被评为全市公安系统唯一“全省抗击新冠肺炎疫情先进集体”。

【“扫黑除恶”专项斗争】 双流区公安分局全年刑拘九类涉黑涉恶犯罪嫌疑人 112 人，移送起诉 173 人；打掉组织、领导、参加黑社会性质组织 1 个，抓获犯罪嫌疑人 25 人；侦破刑事案件 42 起，查冻资产近亿元。

【黄赌毒违法犯罪打击】 双流区公安分局每周动态分析全区周内的黄赌毒警情，找准问题“病灶”，并在分局警情研判会上共同探讨相应攻坚整治措施，对症下药，最大限度打压黄赌毒违法犯罪人员生存空间，“黄赌毒”警情比上年下降 23.37%。

【枪爆危领域治安防控】 双流区公安分局落实枪支、危爆物品规范化管理，开展公务用枪 3.0 系统使用以及在职民警信息录入和持枪证办理；对剧毒企业 15 家、易制爆企业 100 家全面落实网上备案及物品申请购买审批制度，并落实“四级网格化”责任制管理；对双流区加油站开展安全教育培训 2 次，开展检查 832 家次，整改安全隐患 8 起，下发安全隐患整改告知书 8 份。

【公共娱乐服务场所治安防控】 双流区公安分局采集场所滞留人员信息 165616 条，强化“双随机”监督检查，抽查场所 3410 家次，发现治安隐患 134 处；强化打管结合，责令停业整顿 12 家，罚款处罚违反“省政府 279 号令”的违法行为 22 家次。

【道路交通治安防控】 双流区公安分局开展道路交通综合治理，整改隐患 57 处，查处交通违法 29.74 万件，处理道路交通事故 17792 件；审批占道施工交通组织方案 157 件，下发整改通知书 6 件，优化路口交通组织 58 处，并审批临时占道停车位泊位 1035 个。

【社会与大型活动治安防控】 双流区公安分局完成警卫、安保任务

机场接送专班在空港食府待命　　（供图：区公安分局）

守卫留置看护点　　（供图：区公安分局）

渣土治理　　（供图：区公安分局）

235次，其中一级警卫任务7次、二级警卫任务7次、三级警卫任务46次、重要接待25次、安保勤务150次；完成大运会双流赛区3个比赛场地和3个训练场地实地踏勘，更新场地基础信息数据，并绘制场馆安保草图。

【“法治公安”建设】 双流区公安分局抓好法治培训，实行培训清单式管理，构建起学法用法常态格局，制订全警学法年度计划，举办《中华人民共和国刑法》、“疫情案件与法律适用”、“电信网络诈骗专题讲座”等10期法治专题讲座；强化执法指引，坚持“服务一线、服务实战、服务执法”三个导向着力深化现场执法指引，完善智慧党建APP法治学习模块，新增“四川省纠纷多元化解”“疫情防控相关法律知识”“执法须知”“常见刑事案件证据规格”“常见行政案件证据规格”五个板块17期内容，同时在“双流公安法制”微信公众号中新增推广45期执法须知，方便办案民警随时查看、学习。

【“智慧警务”建设】 双流区公安分局总结“空港智慧警务”一期建设经验，稳步推进二期3000路感知源建设，完成2800个前端点位建设，后台设备正在搭建；通过实地勘测，高清改造全区1683路老旧天网点位，确保感知源设备在线率达95%，并选取50个龙桥社区点位开展前端视频结构化改造试点，完成1683个老旧天网改造，50个试点天网试点位结构化数据等进入大数据平台测试阶段；自助搭建公安内网数据库服务器，申请下发全字段数据信息，存放于双流区公安分局内网本地服务器，对双流区收集的162万条“天府健康通”数据分类，协助各单位数据碰撞操作，核实实有人口、联系电话等数据140万条，为提升全区公安机关社会治理能力和水平奠定基础。

警察体育运动会　　（供图：区公安分局）

【公安政务服务】双流区公安分局结合成都市公安局"公安微户政"升级改造，进一步强化"邮政直通车"业务、户籍及身份证预约办理，为群众办理业务提供"零距离"服务391起，并在全市率先推出"一站式服务办证点"居住证办理延时服务举措，同时优化高端人才落户服务保障，全年办理居住证69516个（其中签注37417人），办理户籍业务418190笔；优化企业印章业务办理，依托"全国联网四川印章业治安管理信息系统""四川省易制毒化学品管理信息系统""四川省企业开办'一窗通'网上服务平台"，鼓励和引导群众采取"网上办"；推进电动自行车"带牌销售"，选取成都市最大的电动自行车生产企业成都当肯车业有限公司作为试点单位，设置1个电动自行车登记服务站（点），对经销商售出的符合标准的电动车提供登记上牌服务，实现由"最多跑一次"到"一次都不跑"的跨越。

【公安队伍建设】双流区公安分局围绕"规范接处警、强化查缉战术、规范初始执法、做实群众工作、强化法律知识应用"五大内容，落实教育训练"督考推"，开展实战大练兵活动，全年开展教育训练活动90场，参训5369人次，7月16日、9月10日《人民公安报》第6版和第5版就双流公安分局开展实战大练兵工作推广报道；制定印发分局警务辅助人员退回办法、考核细则和加分细则等制度性纲领文件，草拟提能增效测算方案，开展辅警全员轮训，促进辅警队伍整体战斗力提升，退回人才公司辅警11人，辅警岗位调整137人，晋升岗位层级169人。

（胥　翔）

检　察
Procuratorial Work

【概况】2020年，双流区人民检察院把握"稳进、落实、提升"检察工作主题，为大局服务、为人民司法，以检察履职推进治理体系和治理能力现代化，全年办理审查逮捕案件580件、834人，办理审查起诉案件847件、1123人，连续第三年获"全国检察宣传先进单位"称号。

成都市双流区人民检察院检察长为邹军平。

【刑事检察】双流区人民检察院落实刑事诉讼主导责任，创新落实认罪认罚"3+2+1"制度，促进犯罪嫌疑人、被告人认罪认罚前移，节约司法资源，适用认罪认罚从宽制度办理案件865人，占审结人数88.2%，提出确定刑量刑建议率84.5%，量刑建议采纳率97.9%，实现"两提高、一降低"目标，工作经验获市检察院主要领导肯定；深化运用"案件比"评价标准，全链条压缩办案"往复"流程，引导侦查取证率比上年上升5.1个百分点，案件退查率比上年下降5.9个百分点，"案件比"降至1.36，提升司法办案质效；完善职务犯罪刑事检察，建立职务犯罪联络员制度，加强与纪委监委协作配合，起诉6人，2件案件被省检察院评为监检衔接优秀典型案例。

【诉讼监督】双流区人民检察院立足监督检察职能，完善多元化监督体系，开展侦查活动监督，纠正侦查违法26件，针对轻微侦查违规发出监督通知91次，监督立（撤）案15件，纠正漏捕10人，纠正漏诉19人；加强审判活动监督，对确有错误的刑事判决提出抗诉5件；开展长期未决刑事案件专项清理活动，获省检察院副检察长肯定；落实检察长列席审委会制度，列席法院审委会6次；加强刑事执行监督，针对监管场所、社区矫正及罚金刑执行等不规范行为提出监督意见39件。

【民事行政检察】双流区人民检察院把裁判结果监督作为民事检察工作重点，提出再审检察建议6件；深化虚假诉讼领域深层次违法行为专项监督活动，采取"一案双查"等多种形式加大虚假诉讼案件办理力度，就1起虚假诉讼案件向区法院提出再审检察建议获法院采纳；以办案为中心，在审判人员违法行为监督和执行监督上集中发力，提出民事审判、执行监督检察建议12件；助力解决"执行难"问题，针对法院执行措施不当、适用法律错误等问题，提出检察建议4件；提出行政审判、执行监督检察建议9件，比2019年上升50%；开展"加强行政检察监督促进行政争议实质性化解"专项活动，以被市检察院确定为全市行政检察监督精准化试点院为契机，先行先试，在全市范围内率先与区法院、区司法局、区公安分局建立行政争议实质性化解工作机制；参加"府院"联席会议就行政争议实质性化解工作提出建议，推动诉源治理；促成某生物制品有限公司拆迁补偿纠纷等4件行政争议案件得到实质性化解，相关工作经验在全市推广。双流区人民检察院全年办理民事检察监督案件42件，比2019年上升82.6%。

【公益诉讼检察】 双流区人民检察院不断提升公益诉讼工作质效，全年立案办理公益诉讼案件40件；健全公益诉讼线索发掘机制，在区委政法委支持下建立网格员参与提供公益诉讼线索制度；深化双赢多赢共赢理念，坚持把诉前实现维护公益目的作为最佳司法状态，向行政机关发出诉前检察建议36件，行政机关回复整改率100%；针对民事公益诉讼领域加强上下一体协作，在上级院支持下督促并参与成都市生态环境局生态环境损害赔偿磋商；开展国有建设用地使用权出让领域专项监督整治活动，督促收回欠缴土地出让金及滞纳金250万元；开展国有财产保护专项行动，促成行政机关收回被虚报冒领的专项补助资金170万元；加强“等”外领域探索，开展公租房领域违规乱象专项监督活动，督促相关部门对辖区内公租房使用情况集中开展巡查，依法取消保障资格92户，收回公租房74套，相关工作经验获市检察院推广，被《检察日报》报道。

【控告申诉检察】 双流区人民检察院做好来访化解，将矛盾化解在初始阶段，接待来访163人次，妥善处理集体访4件130人次；拓展和完善信访平台建设，利用“12309检察服务中心”平台，开展远程视频接访11次；深化检察长接访、带案下访等，检察长（副检察长）接待来访28次；压紧压实群众来信件件有回复工作责任，确保每件案件均7日内程序回复、3个月内办理过程或结果答复；践行新时代“枫桥经验”，邀请律师、人大代表、政协委员、人民监督员参与案件调解、信访案件化解，开展公开听证6次，邀请律师参与化解涉法涉诉信访积案2件；开展清理信访及申诉积案专项攻坚活动，及时办结申诉案件，信访积案实现清零。

【未成年人刑事检察】 双流区人民检察院落实最高检“一号检察建议”，依法从严打击性侵幼女犯罪行为，联合11家区级部门制定《成都市双流区关于建立侵害未成年人案件强制报告制度的实施办法（试行）》，深入推广“9+4绿萝”校园安全法治教育检察产品，织密未成年人保护网；丰富法律宣传形式，结合法治副校长工作，开设检察官法治课堂，线上线下共同发力，提升青少年自我保护意识；疫情期间利用“智慧检察”硬软件平台，自编自导八集“校园法治小课堂”，将涉及校园安全、预防性侵害、禁毒等内容通过微信公众号、“智慧云课堂”推送，实现防疫期间法治宣传全覆盖，经验做法获最高检报道推广。

【检察司法改革】 双流区人民检察院做好司法责任制改革后半篇文章，推进专业化办案模式，在改革后的6个业务部门内设立17个专业化轮案组；制定《检察官权限管理办法》《检察官办案流程》等制度，理清办案人员权限，优化案件办理流程；按照最高检、省市检察院关于检察官业绩考评工作要求，制定《检察官业绩考评实施细则（试行）》，逐步完善业绩考评指标体系；深化检察人员分类管理改革，完善员额检察官遴选、退出等工作制度；开展内设机构改革后首次中层干部选拔任用，按要求配合开展政法领导干部交流任职。

【检察队伍建设】 双流区人民检察

录制普法宣传节目 （供图：区人民检察院）

院深化“不忘初心、牢记使命”主题教育成果，开展“学先进、找差距、转作风、提能力、树形象”活动，提振干警干事创业精气神；注重“人才兴检”，丰富学习载体与形式，利用电子图书室、“法嗨”法律教育培训APP等，把学习与工作有机结合，组织参加培训63次；强化青年干警素质能力突破，组织年轻干部参加岗位实战培训，获全国检察机关案件管理业务能手等13项个人和14项集体称号。

（高　琳）

/法　院/

Court

【概况】 2020年，双流区人民法院受理案件19238件，审执结18478件，结案率96.04%，法官人均结案362件；结案率比上年提升6.23个百分点，未结案件消减、长期未结案件化解率等指标位居全市前列，且均创历史新高；综合软实力持续提升，各级领导先后20次考察区法院、22次批示肯定法院工作；有18项次工作、37名个人获市级以上表彰，司法宣传受到最高法院表彰，多名干警立功。

双流区人民法院院长为何良彬。

【刑事审判】 双流区法院紧盯“六清”目标，坚决打赢扫黑除恶收官战，与公安、检察等部门协同配合，移送起诉的6件涉黑涉恶案件全部审结并生效执行；组织精干力量对涉黑涉恶势力犯罪案件财产开展专项执行，“黑财”执行到位38万元；严惩危害群众生命财产安全犯罪，审结抢劫、抢夺、盗窃等多发性犯罪309件，判处405人；审结醉驾等危害公共安全犯罪150件，判处150人；配合开展“断卡”行动，打击电信诈骗等犯罪2件，判处2人；打赢禁毒人民战争，审结毒品犯罪35件，判处39人，并加大与公安、检察联合打击力度，强化禁毒法治宣传，毒品案件数比2019年下降72.66%。双流区法院全年受理刑事案件867件，审结837件。

【民事审判】 双流区法院制定进一步优化提升服务保障双流区国际化营商环境建设工作方案，对标“办理破产”“保护中小投资者”“执行合同”三项一级指标细化47项具体举措，开展“企业咖啡时”活动8次，于诉前化解涉企纠纷774件；着力防范疫情给金融领域带来的风险，集中审结金融类纠纷196件；畅通市场主体法治化救助、退出通道，城南之星破产重整案取得重大进展；深化家事审判改革，审结婚姻、继承、赡养等家事纠纷1115件，1件案例入选成都法院反家庭暴力典型案例。双流区法院全年受理民商事案件9705件，审结9298件，结案标的额39.74亿元。

【行政审判】 双流区法院依法办结双流区非诉执行案件45件，保障重点工作推进；牵头召开双流、龙泉驿、新都三区府院联席会，共同发布行政审判白皮书；充分发挥审判案件信息“富矿”作用，就行政诉讼案件败诉情况、《中华人民共和国土地管理法》修订后征地过程中应注意的问题等向区政府发送分析报告并在常务会上宣讲，向行政部门发送司法建议4份。双流区法院全年受理新都区（行政案件交叉管辖，双流区法院审理新都区行政案件）行政诉讼案件102件，审结99件。

【执行工作】 双流区法院做好“切实解决执行难”工作，深入解决历史遗留问题，开展执行案款清理和执行积案清理，执行长期未结案件化解率97.71%，位居全市前列；集中强制腾退不动产15处，拘留失信被执行人7人次，限高消费6344人次，相关工作被《人民法治》、四川电视台等专题报道；开展涉金融债权及金融犯罪案件专项执行行动，执结到位1.06亿元；针对疫情背景下劳资关系面临的新挑战，开展“多方共促稳就业　法律先行强保障”专项行动，通过线上线下等方式集中兑付47万元农民工工资，被人民网等媒体报道。双流区法院全年受理执行案件8313件，执结8001件，执行到位金额13.93亿元。

【审判司法改革】 双流区法院推进民事诉讼程序繁简分流改革试点，制定双流“5+7”改革总体框架，开展试点内容宣讲，拍摄《小额诉讼套餐，你值得拥有》抖音短视频，进一步凝聚社会对于改革工作共识。改革部署以来，小额诉讼程序适用率比上年上升13.01个百分点，一审独任制适用率上升12.63个百分点，民商事案件平均审理天数比上年下降25天。双流区法院持续深化刑事庭审实质化改革，制定刑事庭审对质试点方案和对质规则，试点12件案件，改革成果经验被核心期刊采用；推进陪审制度改革，引进随机抽选陪审员微信小程序，在全市法院率先制定七人制合议庭流程规则、事实审与法律审分离陪审模式实施细则，院领导带头适用七人制合议庭审理案件，得到上级法院充分肯定。

【线上庭审推行】 双流区法院应对疫情防控给司法办案作带来的新挑战，推行“非接触式”司法服务，依托网上诉讼服务中心、四川微法院等平台开展在线立案4633件，在线庭审379件，在线证据交换、文书送达19691件次，“云执行”发起网络查控10890次，线上发放执行案款1.23亿元，线上拍卖成交270件、成交金额2.8亿元，满足疫情期间人民群众的司法需求，线上庭审工作全市领先，1件线上庭审被评为全省优秀庭审。

【社会治理创新】 双流区法院做优诉源治理新品牌，“产业功能区法庭”“航空经济区法庭”“社区法庭”“校区法庭”“旅游区法庭”在双流区域内实现全挂牌并实质化运行，优化调整特邀调解员157人，启动“社区法庭”等机制前端化解群体性纠纷48起，形成典型案例10件，并启动“校区法庭”“旅游区法庭”等机制开展普法宣传活动23次，“五区法庭”机制入选2020年成都法院改革创新十大典型案例；在原有道交一体化处理机制上，与保险行业协会共同深化一体化处理机制；联合区人社局、区司法局、区总工会共建劳动争议“一站式”联动化解机制，诉前妥善调处涉众型劳资纠纷24件；结合全区镇（街道）区划调整，以“定制化”司法建议模式向9个镇（街道）及其下辖社区通报涉诉涉访情况，共研纠纷预防方案，延伸府院联系触角。

【诉非“大超市”运行】 双流区法院以“建设集约高效、多元解纷、便民利民、智慧精准、开放互动、交融共享的现代化诉讼服务体系”为目标，打造“诉非协同、四级递进、空间融合、进出并举”的“一站式”多元解纷平台——诉非“大超市”，诉非“大超市”引入非诉调解组织增加到14个，全区诉讼案件量、万人起诉率等指标连续三年稳步下降；深化一站式多元解纷和诉讼服务体系建设，强化信息化、智能化支撑，在立案大厅上线“法院综柜便民终端”，为当事人提供诉讼费测算、诉讼服务办理指南、法律法规查询等服务，让群众享受智慧法院带来的“数字红利”。

【产业功能区法庭机制建设】 双流区法院借鉴双流区“局区合一”改革，推动司法服务联动下沉，变“坐堂问案”为“主动出击”，全市首家在产业功能区内挂牌设立“产业功能区法庭”，并率先实现在双流区三大产业功能区全覆盖、全落地，提前深入园区开展矛盾纠纷、发展风

12月24日，双流法院联合成都芯谷、成都航空经济功能区、成都天府国际生物城举办“一院三区”产业功能区司法服务和保障工作座谈会（供图：区法院）

险前瞻预判，促进源头化解；线下深化庭区空间融合，结合产业功能区特色线下实体打造法官工作室和调解室，将机制、规范、流程、清单上墙上架，制作专属Logo、宣传手册，理清工作流程及职责清单；线上联通“和合智解”e调解平台和在线开庭、庭审直播平台，园区企业和员工不出功能区即可实现在线异地同步开庭、调解、旁听庭审和法律咨询等，感受“法治就在身边”。双流区法院推行法院与产业功能区分管领导、牵头部门与具体联络人分层精准对接，创新“两阶段五步骤”解纷流程，在纠纷前端预防和后端解纷两阶段细化“发现、识别、分流、处置、反馈”五步骤，加强园区纠纷化解力度，让园区企业轻装上阵，实现更好更快发展。

【新冠肺炎疫情防控服务】 双流区人民法院成立新型冠状病毒感染的肺炎疫情防控工作领导小组，下设综合工作组、安检窗口防控组、人员排查组、网络诉服立案开庭应用组、信息报送组、涉疫情防控法律政策研究组、后勤保障组、督查督办组，统筹研究疫情防控重要事项，协调解决疫情防控重大问题；制定发布《疫情防控安全工作预案及流程》《关于我院干警出现发热情况处置流程的温馨提示》《成都市双流区人民法院疫情防控安全工作预案及流程》等文件，切实贯彻落实疫情防控工作要求；加强新冠肺炎疫情防控的司法服务保障，落实中央、省委、市委、区委和上级法院决策部署，向区委、区政府报送为打赢疫情防控阻击战提供司法保障、坚持依法防控疫情等报告，获得批示肯定并在区政府常务会宣讲，服务保障疫情防控；先后抽调干警124人投入抗疫一线，做好卡点值守、入户排查、留观点隔离服务等；抽调12名干警组建工作组开展“服务企业春风行动”，对接指导97家企业复工复产；制定9个涉疫情系列类案审理执行指南，依法妥善处理劳动争议、融资借贷等案件1971件，助力企业恢复生产；坚持善意文明执行，执结涉企案件4159件，执行到位金额10.4亿元，1起执行和解案入选第三批全国法院服务保障疫情防控期间复工复产典型案例；强化疫情防控宣传引导，组织员额法官参与成都市广播电视台“998法治大讲堂”、双流电视台“普法‘疫’线”多期节目，讲解防控法律规定，引导防范和妥善化解纠纷；依托微信公众号“双双说法”“防疫日记”“‘疫’‘燃’人物”“‘疫’动瞬间”等栏目平台，开展以案说法、特色经验、防疫感悟和先进典型宣传。

（伍　敏）

/司法行政/

Judicial Administration

【概况】 2020年，双流区司法行政工作坚持以习近平新时代中国特色社会主义思想和习近平法治思想为指导，围绕“四个提升”“六大工程”重点任务，充分发挥法治宣传、人民调解、特殊人群管控、公共法律服务、行政复议与应诉等职能，为中国航空经济之都建设提供法律服务和法治保障。

【矛盾纠纷排查化解】 双流区司法局坚持排查在先、关口前移，把矛盾纠纷排查作为常态性工作开展，实现排查工作底数清、情况明、全覆盖；结合“扫黑除恶”“防范民转刑命案”等专项行动，有针对性开展矛盾纠纷专项排查。全区各级调解组织开展矛盾纠纷排查5192次，受理纠纷3736件，成功调解3630件，调解成功率97.16%，其中调处“涉疫”纠纷379件，行专业调委会调处986件，镇（街道）及村（社区）两级人民调解组织调处1013件，驻公安派出所人民调解室调处1252件。各镇（街道）网格员通过人民调解简易程序，劝解一般纠纷4192件。

【诉源治理】 双流区在全省率先建立区级领导出庭应诉长效机制，制定《双流区区级领导出庭应诉工作规范》，持续推动区级领导出庭应诉常态化，通过区级领导积极出庭与当事人沟通协商，部分案件原告主动申请撤诉，实现矛盾纠纷实质性化解，经验做法得到市司法局和区委、区政府主要领导肯定性批示，在省级会议上做经验交流，区级领导出庭应诉率100%；搭建府院互联互动共享机制平台，建立区政府与龙泉法院“府院联席会”定期召开制度，并结合连续召开三年的双流、龙泉、新都“三区府院联席会”，通过研讨近期行政机关在行政复议、行政应诉、行政执法等中发现的普遍性、倾向性问题，针对性提出意见建议，为规范行政行为把脉问诊，采取以案释法等方式，强化行政机关负责人及工作人员依法行政理念，提高执法水平，规范执法行为，从源头上构筑行政争议“防火墙”；构建府院检行政争议联合化解格局，区司法局、区检察院、区法院联合出台《关于联合推进行政争议实质性化解工作的实施办法》，积极探索诉前、诉中行政争议化解，坚持以实质化解行政争议、保障群众合法权益、推进法治政府建设为导向，通过抓住引发行政争议的原因，寻找争议化解突破口，向当事人讲事理、析法理、融情理，协作化解行政复议或行政诉讼中的争议，形成矛盾纠纷化解合力。

【机场公调对接平台建设】 双流区空港法律服务中心由双流区法学会、双流区依法治区领导小组办公室、双流区司法局、四川省公安厅机场公安局与双流区法律服务志愿者协会五方合作于2018年11月创新成立。2020年，双流区空港法律服务中心由区法学会发挥智库作用，区依法治区办和区司法局进行业务指导，机场公安局给予场地和运行保障，区法律服务志愿者协会负责日常运行，面向机场旅客和机场公安常年提供航空运输相关的法律咨询、办事指引、纠纷快处、少数民族语言和法律手语翻译、法律实证研究和普法宣传等专业法律服务，与机场公安局协同推进更高质量的平安机场、法治机场建设，提供法律咨询320件次、少数民族语言及法律手语翻译22次，开展普法宣传活动12场次，调解纠纷26件，先后接受司法部、省司法厅等领导调研并获肯定，同时获得群众好评。

【“道交一体化”改革】 双流区以开展道路交通事故损害赔偿纠纷“网上数据一体化处理”试点为契机，以“便民化、高效化、专业化”为导向，率先在全省上线“网上数据一体化处理”系统，并创新成立双流区道路交通事故人民调解委员会和道路交通事故联调联动中心，“线上线下”相结合，切实解决过去交通事故案件处理周期较长、程序烦琐、调解率低、理赔困难、案件处理效果差等问题。双流区通过司法途径化解的道路交通事故矛盾纠纷约占总案件4%。

【“智能司法”打造】 双流区司法局开通“村（社区）公共法律服务”微信小程序，实现村（社区）线上线下法律顾问全覆盖，为群众提供法律咨询、法治宣传等法律服务；优化“12348”公共法律服务热线平台，提升服务态度和服务能力，为群众提供全时空法律服务；在“双流司法”微信公众号开设“法律机器人”智能服务模块，植入远程咨询、法律意见书出具、赔偿金额计算等“一键式”功能，实现24小时在线服务“不打烊”；为区公共法律服务中心配备应用各类法律服务智能服务终端的自助法律服务机，提升法律服务信息化建设水平。双流区司法局将社区矫正规范化建设与智能“云管理”模式构建并轨进行，依托省司法行政工作平台，打造“云管理”互联网+无缝管理模式，涵括监控、管理、信息三大子系统，实现电子化办公、信息档案管理、数据统计分析、任务远程指派、定位监控、异常报警备案、日常监督点验、应急处置指挥、在线学习教育、心理辅导十大功能，并配合运用电子手环、手机APP、身份证阅读设备、生物识别设备、声像互动设备等多种外围辅助设备，做到精准、适时、声像互动、信息化管控；顺应大数据时代发展潮流，巧用微信“APP”构建社区矫正对象DNA管理模式进行24小时不间断监管，并开通社区矫正新我云平台，通过人脸识别系统对社区矫正矫正对象每天进行2～3次精准打卡定位，运用“雪亮工程”对社区矫正对象进行不定时点名点验等，促进社区矫正更加科学高效，有效预防社区矫正对象脱漏管；通过制定出台《社区矫正信息化系统管理规定》《社区矫正对象手机定位管理规定》《社区矫正对象手环定位管理规定》《社区矫正对象云平台登陆打卡管理规定》，细化信息化管理措施，落实全天候、全时空信息核查一盘棋要求，加大违规违法处罚力度，有效震慑抱有侥幸心理的社区矫正对象，提高社区矫正技防水平，提升监督管控能力。

【公证服务】 双流区司法局拓展公证服务领域，依法介入基础设施建设等涉及政府依法行政、社会公共事务管理等方面工作，拓展创新复工复产领域公证业务，提升以金融业务为重点的经济板块比重，培育业务增长点，促进经济社会发展与公证工作快速深度融合，形成民事公证与商事公证并举、证明业务与非证明业务并重、主干业务与衍生业务并进的业务发展态势，促进公证业务结构优化；构建“1张常规业务清单+1张涉外业务清单+1张个性化需求清单+1张办证指引清单”四张清单，满足精细化公证需求，全年办理公证4542

12月4日，成都市公共法律服务志愿者总队成立暨公共法律服务志愿工作座谈会召开 （供图：区司法局）

件；完善公证便民服务，持续推行“公证最多跑一次”改革，“公证最多跑一次”改革范围、成效均大幅度提高。

【法律服务】 双流区司法局加强公共法律服务二级实体平台建设，做好“12348”热线和四川法网运行，指导村（社区）法律顾问通过手机小程序开展“指尖上的法律服务”；编印《成都市双流区公共法律服务白皮书》，推动社会力量参与公共法律服务；发展壮大法律服务志愿者队伍，畅通法律服务志愿者和社会组织参与公共法律服务渠道；承办全市公共法律服务志愿者总队成立暨公共法律服务志愿工作座谈会，并作经验交流；为118个村（社区）配备法律顾问，实现村（社区）法律顾问全覆盖，开展法治宣传、人民调解、法律咨询等公共法律服务，打通法律服务“最后一公里”。

【律师服务】 双流区司法局做好全区17个律师事务所、2个基层法律服务所和135名执业律师、14名基层法律服务工作者、14名公职律师考核和管理，新增律师事务所2家；开展“法律讲座进企业”“法治体检进园区”活动，组织资深律师组成服务团队6支，为民营企业开展全方位法治体检会诊，通过精准普法、“以案释法”提高企业管理者、员工法治思维；开展值班律师工作，在法院、检察院、看守所的法律援助工作站为刑事案件当事人及其家属提供法律帮助；提升区域内律师事务所水平，尝试引入区域外优秀律师事务所，发挥律师和法律服务工作者力量，服务民营企业发展和营商环境建设。

【法律援助】 双流区司法局坚持法律援助应援尽援优援，把残疾人、老年人、农民工、抗疫一线医务人员等群体作为重点，办理法律援助案件699件，提供其他法律援助服务4986人次；深化“刑事案件审判阶段律师辩护全覆盖”，办理相关案件226件；参与“法律援助参与认罪认罚从宽”制度改革试点，律师参与认罪认罚从宽案件371件；充实法律援助志愿律师库，开展法律援助案件随机指派和点援制结合，提升案件办理质量；针对农民工欠薪案件中频发的群体性事件，建立农民工欠薪类案件专门律师库，加大力度办理农民工工资拖欠、工伤赔偿等社会影响大的案件，有效化解群体性事件。

【安置帮教】 双流区司法局坚持自主就业、重点帮扶的思路，开展刑满释放人员“开仓见底”行动，确保刑满释放人员安置帮教始终有人抓、有人管、有人落实；为全区刑满释放人员建立帮教小组，协调相关职能部门落实就业培训、就业推荐、困难帮扶等措施，并在“亲情回归之家”安置帮教基地安置部分刑满释放人员，有效预防和减少重新违法犯罪。双流区司法局全年接收安置帮教对象631人，帮教631人，帮教率100%。

【社区矫正】 双流区司法局开展《中华人民共和国社区矫正法》学习宣传活动和社区矫正案卷评查整治专项活动，提高全区社区矫正工作人员的工作能力和执法水平；打造社区矫正“航都新燃点”公益服务队品牌；加强重要时段、重大活动期间，特别是元旦、春节、五一和全国两会期间社区矫正工作做到有预案、有措施、有效果，确保安全稳定。双流区开展社会调查评估86件。

【法治宣传】 双流区司法局制定印发政府常务会议会前学法计划以及领导干部带头学法实施意见，安排

8月28日，成都市“七五”普法验收现场　　（供图：区司法局）

常务会议会前学法24次；依托中心组学习、党校主体班次、“周末大课堂”“空港法治大讲堂”开设专题讲座32次，组织全区5500名国家工作人员开展在线学法考试；针对青少年“未来多数”，举办《中华人民共和国民法典》进学校“小手拉大手”主题活动，组织开展“模拟法庭”“法治夏令营”“法治训练营”活动100场次；开展“法治书法”“法治抖音”“法治征文”评选活动，征集法治文化意作品280件，吸引投票30万人次；编写法律法规文本汇编和法律风险防控指南3个，翻译成英、日、韩、俄、泰5国外语以及藏、彝少数民族语言，阅读量10万人次；联合FM100.9空港之声频率开设“普法‘疫’线”广播节目，“双流司法”微信公众号开设“双小司说法”抗疫普法专栏，通过“以案说法”形式持续开展疫情防控知识和相关法律法规政策宣传；通过专题讲座、网络知识竞赛、LED普法宣传车等形式，宣传《中华人民共和国民法典》和《中华人民共和国社区矫正法》，制作宣传资料10万份；印发《双流区贯彻落实“谁执法谁普法”普法责任制重点任务清单》，组织各镇（街道）、各部门开展“法治四川行”一月一主题、“法律七进”巡回讲堂等活动300场次，开展农民工讨薪专项法律援助、“3・15”消费者权益日等主题宣传活动50场次，解答法律咨询3000人次，发放宣传资料10万份；通过成都市“七五”普法检查验收，并获得肯定。

【法治阵地建设】 双流区司法局提档升级法治文化公园，通过注入大量法治文化元素，打造法治主题风景线，让市民在游中观景、在景中学法，有效提升法治宣传教育实效性。

（刘　丽　王　姣）

军　事

MILITARY

双拥共建

Double Support and Joint Construction

【概况】 2020年，双流区双拥工作坚持贯彻落实区委、区政府重大决策部署，围绕服务党和国家工作大局、国防和军队建设，突出工作创新、锐意进取、拼搏实干，不断发展坚如磐石的军政军民关系，为加快建设全面体现新发展理念的城市、实现中国梦和强军梦凝聚强大力量。

【四川省级双拥示范区创建】 双流区退役军人事务局加强双拥创建筹划领导、沟通协调，健全军地协作双拥工作机制，先后形成领导小组例会、军地联席会议、合署办公、联络员制度等工作机制，不断检视工作成效；安排双拥工作经费，保障为部队办实事和双拥工作开展，

成都市双流区庆祝“八一”建军93周年军地座谈会召开　　（供图：区退役军人事务局）

确保工作落实落地；落实宣传教育、拥军工作、双拥活动、军民共建，投入资金支持改善部队训练和生活条件，因地制宜在广都大道、全区主要路段、大型公交站台等人流集中、出入必经醒目位置设置46个双拥公益宣传点位，打造200米双拥文化浮雕墙和主题文化公园，13个户外LED屏向社会公众滚动播放双拥宣传标语；利用新媒体推送双拥宣传片，组织开展“八一”走访部队、文艺演出进军营、“光荣之家”牌匾悬挂、退役军人就业创业招聘等活动，延伸双拥工作内涵；先后召开省级双拥模范区创建工作推进会5次，深入分析查找整改创建存在的问题不足，确保创建质量标准，凝聚军地双方智慧力量；驻区部队官兵支援地方经济建设和社会发展，开展拥政爱民活动，参加应急救援、维稳处突、城乡环境整治、抗洪抢险等任务。4月11日，双流区被四川省委、省人民政府、省军区授予“四川省双拥模范城区”称号。

【双拥共建结对】 双流区坚持军地合力、军民同心，以贴近基层、注重实效，把军地双方“同呼吸、共命运、心连心”的要求落到实处，全面提高新时代双拥工作水平。全区40个双拥成员单位和驻区部队结对共建，加大共建力度出成效，加强部分部队和共建单位并纳入目标考核；共建单位与部队签订共建协议，建立健全军地相互支持、互办实事“双清单”制度，年底对账销号，有效巩固双拥创建成果。

（崔延伟）

【双拥共建活动】 双流区退役军人事务局以节日慰问为主向经常性互办实事为主转变，按照“部队所需、地方所能”原则，从抓基础、办实事着手，为部队排忧解难，推动双拥工作向经常化、制度化、社会化方向发展；为部队提供建设用地，提供训练场地；为机场周边部队安装隔音墙，调整航班起降线；为驻区部队官兵开展心理疏导减压试点专题活动；疫情期间对驻区所有部队先后赠送口罩5000个、消毒液和酒精425公斤，联合区防疫站检查指导驻区部队的疫情消毒；看望慰问赴湖北武汉一线军人家属，送去拥军包、慰问金、慰问品、日常联系卡。双流区人武部走访慰问维和官兵家庭3户，协调部队参加双流区烈士纪念日公祭活动；驻区部队支援地方经济建设和社会发展，开展拥政爱民活动，出动上万人次参加应急救援、城乡环境整治、抗洪抢险等任务。

【双拥共建文化宣传】 双流区退役军人事务局着力打造棠湖中学海军青少年航空班，强化双拥进校园，棠湖中学海军青少年航空班模式被国家、省、市列为标兵标杆；在微信公众号开设双拥工作微官网，扩大宣传覆盖面；发挥中国双拥网、《中国双拥》、空港双流、双流电视台等媒体和网络微信、板报、墙报及社区宣传栏等功能展示双拥创建成果，宣传双拥工作亮点；开展国防教育“进机关、进企业、进校园、进社区、进家庭”五进工作，并结合征兵宣传、“军事日”、“全民国防教育日”、“军营开放日”、重大节日等时机，加强国防教育，培养全区军民的爱国主义精神。

【拥军优属保障服务】 双流区做好军队转业干部和退役士兵接收安置、自主择业干部待遇落实、驻军家属就业安置、军人子女入学入托、军队离退休干部和无军籍退休退职职工接收安置，开展退役军人教育培训、岗位开发、就业招聘、创业扶持，推进部分退役士兵社保

驻双流部队参与黄龙溪镇抗洪救灾　　（供图：区退役军人事务局）

接续，确保各项优抚政策落到实处；加强军地沟通协调，继续以服务驻双流部队改革和推动地区发展为出发点，开辟“绿色通道”为驻区部队办实事、做好事、解难事，帮助驻区部队解决战备训练等方面的实际问题，为部队提升遂行多样化军事任务能力提供后勤保障，全面提升驻区部队基础设施承载能力。双流区人武部协调解决军人子女入学97名。

【军警联防联治】驻双流区部队积极参加文明城市、文明村镇、文明行业、文明社区等活动，弘扬社会主义文明新风；支持驻地普通高等学校、高级中学开展军训，支持小学和初级中学开展少年军校活动;开放部队军史馆、荣誉室、武器装备陈列馆等场所，支持开展全民国防教育；协助地方维护社会和谐稳定，加强军警民联防联治，发扬部队特别能吃苦、特别能战斗的精神；做好民族团结进步，开展扶贫济困，为驻地群众办好事实事，在驻地群众中形象好。双流区人武部投入40万元为巴塘县波戈溪乡中心校解决师生引水问题，购置7套智能教学一体化设备。

（崔延伟　蒋昀坤）

退役军人事务

Veterans Affairs

【概况】2020年，双流区退役军人事务局围绕落实中央《关于加强新时代退役军人工作的意见》和全国、全省、全市退役军人事务工作会议部署要求，以推进退役军人事务领域治理体系和治理能力现代化为主线，持续加强基层建设，推动改革创新，提升服务退役军人的能力水平，奋力开创全区退役军人事务新局面。

【退役军人优抚】双流区退役军人事务局足额定期发放优抚金，为2018年和2019年入伍义务兵发放家庭优待金，为2019年入伍大学生义务兵发放一次性奖励金；发放优抚对象生活补贴、一次性价格补贴、医疗保险，为优抚对象购买2021年城乡居民基本养老保险金。

【退役军人服务保障】双流区退役军人事务局加强区退役军人服务中心规范化运行，制定服务大厅工作流程和工作规范，推动实现业务综合受理，并设立法律、心理、权益维护咨询室，建立局长信访接待日、科长大厅值班制度。1—11月，中心受理咨询4850件；完成全区退役军人及其他优抚对象大走访“一人一档”，定期维护更新数据；开展“基层基础基本建设年”活动，指导基层“两站”开展1个“全国标杆型退役军人服务站”、6个“全国示范型退役军人服务中心（站）”创建，黄水镇退役军人服务站代表四川省参加全国视频调度。

【退役军人就业安置】双流区退役军人事务局贯彻省、市军转工作的安排部署，坚持抓安置质量、抓管理服务，接收安置计划分配军转干部；做到人岗相适，安置前增加计划分配军转干部转业干部岗位适应度测试，为区委选人用人及安置工作满意度提供有力保障；落实安置政策，健全“阳光安置”工作机制，采取量化积分选岗安置方式，安置符合政府安排工作条件退役士兵，办理安排工作手续，督促接收单位落实待遇；重视转业军人岗前教育培训，组织干部、士官开展岗前适应性培训2次；接收自主就业退役士兵，组织开展政策宣讲会，帮助自主就业退役士兵了解就业创业扶持政策，塑造职业愿景，尽快融入社会。

【退役军人权益维护】双流区退役军人事务局为下岗生活困难退役军人推荐工作岗位，提升家庭生活质量；利用春节、“八一”建军节开展送温暖活动，组建退役军人关爱援助服务小组开展入户调查、评估，援助退役军人；依托成都市退役军人服务中心和成都市慈善总会，建立退役军人关爱援助服务申请办理流程，关爱援助帮扶退役军人。

【军队离退休干部服务管理】双流区军队离退休干部休养所落实军休干部的“两个待遇”，定期组织军休支部活动；落实军休干部阅读文件、参加重要会议和重大活动等制度，发挥党建引领；发挥军休干部优势作用，开展军休干部进军营、进学校、进儿福院等活动，讲好时代故事，传承红色基因，并投身公益和志愿服务活动，为党和人民作出新贡献；搭建市、区、镇（街道）军休干部三级医疗服务保障体系，发挥军休服务APP功能，推进“互联网+”的多元化服务体系；引进社工机构，构建军休干部服务的“三驾马车”服务机构；参加退役军人事务部在成都召开的军休系统座谈会，并在会上作交流发言。

【烈士褒扬纪念】双流区退役军人事务局本着把烈士纪念设施规划建设好、修缮保护好、管理运营好、服务保障好的理念，坚持以社会化服务保障、信息化远程监管、常态化监督检查相结合的方式，提升烈士陵园管理、服务和宣传水平，营造“崇尚英烈、缅怀英烈、学习英烈”的浓厚社会氛围；坚持以人民为中心的理念，帮助烈属解决实际困难，抚恤补助及时足额发放，在春节、清明节、烈士纪念日等重大节日开展烈属走访慰问；结合疫情防控需要，做好“清明”和“烈士纪念日”等重大节日活动，利用新媒体平台发布中华英烈网“致敬·2020清明祭英烈”活动专栏链接，引导烈属、退役军人和社会各界开展网上祭扫；重点围绕抗击疫情、感人故事、英烈精神等内容，开展征文活动，征集55篇优秀文章；开展纪念日活动，区领导等200人参加双流区烈士纪念日向人民英雄敬献花篮仪式。双流烈士陵园实行免费开放，全年接待来园群众0.9万人次（含青少年0.4万次），免费讲解100场次，是双流区开展爱国主义教育、国防教育、党性教育、未成年人社会主义核心价值观教育的重要场所。

（崔延伟）

综合经济管理

COMPREHENSIVE ECONOMIC MANAGEMENT

/经济体制改革与结构调整/

Economic System Reform and Structural Adjustment

【概况】 2020年，双流区发改局以推进城市治理体系和治理能力现代化为方向，紧扣市委“创新提能年”主题，围绕“四个提升”，实施“六大工程”，深入推进成渝地区双城经济圈建设，聚力破解产业功能区建设、城市转型发展、社会治理现代化等各领域改革难题，为高质量建设国家级临空经济示范区，加快推进航空经济之都建设成型成势提供动力活力。

【“十四五”规划编制】 双流区发改局牵头全区开展“十四五”规划体系编制，启动“十四五”规划纲要以及科技、农业农村、大健康等16个专项规划，完成“一市两场”发展、建设国际空港商圈等13个前期课题研究，同时按照习近平总书记“开门编规划、集思广益”重要指示精神，在编制规划纲要过程中，吸纳党外人士、“两代表一委员”和企业家代表意见，征求市民意见，吸纳反映较为集中的建议。

【全面改革创新试验】 双流区发改局牵头推进全面创新改革，完成第一轮改革产业转型升级、知识产权、金融支持等100项工作；推进供给侧结构性改革，形成双流区要素市场化改革工作举措和对上争取机会清单上报省市发改委；完成全国大众创业万众创新活动周双流区活动，主办2020年双流区双创活动周暨天府科技云宣传建设活动、成渝大学生双创直播培训交流会等创新创业活动10场。

【现代化产业体系建设】 双流区聚焦中国速度向中国质量转变，构建与中国航空经济之都能级相匹配，以航空经济为引领，以电子信息、生物产业等高时效性、高附加值产业为支撑的“1+2”现代适航产业生态。航空经济方面，双流区聚焦头部企业壮大航空产业链，加快发展航空制造、航空维修、航空运营服务等航空产业重点领域，建强“整机—发动机—机身—机载设备—地面设备”全产业链，打造全球航空维修产业地标和全国航空租赁第四极，形成千亿级航空产业集群。电子信息方面，双流区聚焦“芯屏端网”，巩固笔记本电脑、平板电脑等整机制造环节优势，重点发展人工智能、功率半导体等高端芯片设计，建设网络安全产业基地，形成千亿级电子信息产业集群。生物产业方面，双流区聚焦深度融合壮大生物产业，高水平建设天府国际生物城，重点培育冷链物流标准高、中转通关效率快、研发创新转化强的适航生物产业，打造世界一流生物产业园，形成千亿级生物产业集群。全区全年航空经济产业规模突破2000亿元。

【产业发展配套建设】 双流区全年建成高品质科创空间96.2万平方米，新建芯谷国际总部等41.3万平方米。成都芯谷研创城建成孵化器、中电九天等50.5万平方米，并被列为全市第七次产业功能区会议现场参观学习的3个点位之一，在全市大会上被市委书记评价为“最接近心目中理想的科创空间”；天府国际生物城生物科创园建成高品质科创空间45.7万平方米，在建44.9万平方米。双流区建设科创公服平台，拥有国家级、市级等电子信息、航空经济产业研发创新平台187个。双流航空经济区落地西南最大的民航校飞中心基地、民航医学中心、航油航化审定中心等功能性平台，辐射服务西部乃至全国航空运营、制造、维修等企业；成都芯谷新落地建设成都市工业互联网等科创服务平台8个，集成电路科技创新极核功能不断增强；天府国际生物城入驻成都先导药物万亿级DNA编码化合物筛选平台、康诺行抗体药物中试生产基地等共性技术平台27个。双流区建设标准厂房，建成及在建屏芯智造基地、电子科大产业园等标准厂房12个，其中建成物联园产业孵化园、浩朗科技产业园等8个，在建屏芯智造基地等4个。双流区建设专业楼宇，获评“中国楼宇经济领军发展城区奖”；建成楼宇综合管理服务平台，实现67个建成投运楼宇信息全覆盖；制定双流区专业特色楼宇分类标准，评定区级专业特色楼宇7栋。

【产业结构“231”向“321”转变】 双流区是传统工业大区，四经普（2018年）前，工业是拉动全区经济增长的主要力量，工业增加值占经济总量长期保持在55%左右。四经普（2018年）后，2020年全区实现地区生产总值1002.04亿元，增长2.1%，三次产业结构比由2018年的1.9∶56.9∶41.2调整为1.9∶33∶65.1，服务业占比提高23.9个百分点，“231”向“321”的转变说明产业结构不断优化。

【“3+8”产业生态圈体系构建】 双流区委、区政府立足比较优势服务全市产业生态圈，以龙头企业为组织者，推进“3+8”［“3”即航空航天、电子信息、医药健康，“8”即智能制造产业、先进材料产业、绿色食品产业、现代物流产业、现代商贸产业、文旅（运动）产业、现代金融产业、怡居产业］产业生态圈建设。双流区围绕航空产业建链强链补链，引进5亿元以上重大项目57个，总投资958亿元，“两图一表”覆盖率100%；聚集六类500强45家、外贸企业84家，航空产业主营业务收入突破830亿元；聚焦“芯屏端网”全产业链和细分领域，打造数字产业集聚发展高地，有力支撑全市电子信息产业生态圈建设，全年电子信息企业实现产值704.4亿元、增长15.5%，新签约引进项目37个、协议总投资427.55亿元；实现大健康产业规模217亿元、比上年增长9.17%，规上生物医药企业32家，产值59.95亿元，比上年增长3.68%，全口径税收2.82亿元，比上年增长19.52%，签约引进大健康产业项目51个，协议投资额356亿元；推动重点领域智能化转型发展，建成智能电动阀门研制及产业化等智能制造试点示范11个，川开电气等智能制造新模式应用建成投运，实现产值218.88亿元（核心企业29.25亿元）；实现先进材料产业产值87.4亿元（5亿元以上企业6家，产值67.54亿元），中建材建成世界首条拥有自主知识产权“100兆瓦碲化镉发电玻璃示范生产线”，金发科技“10万吨新能源汽车用高性能复合材料生产建设项目”全面建成；推动食品产业品牌化发展，制定“双流源”农业经营主体产品项目专项奖实施细则，甄选20家双流特色餐饮店建成地域特色标准店；融入“两场一体”新格局，构建航空物流通道，稳定运行全货机航线10条，新开通“客改货”国际航线30条，47家规上物流企业实现营收50.7亿元，道路运输业规上企业实现营收24.7亿元，机场货邮吞吐量61.9万吨；新增亿元楼宇1栋、成都首店13家、市级特色商业街2条，完成服务业增加值652.4亿元、社会消费品零售总额394.3亿元、外贸进出口总额781.5亿元、服务业固定资产投资415.4亿元；新引进文旅（运动）产业重大项目4个、协议总投资137亿元，接待游客1606.82万人次、旅游收入129.3亿元，成功创建天府旅游名县候选县、四川省体育产业示范基地，黄龙溪古镇获评第二批四川省文化旅游特色小镇；率先在全市建成“蓉易贷”政策性普惠信贷工程服务中心，4月西南联合产权交易所科技分所运营；推动华体科技、天味食品等97家企业上市（挂牌），适航产业母基金等26支基金规模达243.3亿元；有银行、保险等金融企业107家，实现人民币存款余额1939.62亿元、贷款余额1473.75亿元；编制完成怡居产业生态圈规划，优先布局发展龙桥、西航港等6个重点片区；在建房地产项目55个，完成固定资产投资222.88亿元，占全区服务业投资的56%。

【产业功能区高能级产业生态圈构建】双流区发改局聚焦“1+3”现代适航产业体系，提升功能区产业选择质量，跟踪产业前沿，科学优化功能区产业链条，搭建产业功能区协作平台；精选适航产业细分领域，动态完善功能区“两图一表”；结合“十四五”规划编制，科学优化产业功能区布局，聚焦打造产业生态圈和创新生态链，推动产业功能区精准化定位、协同化发展、动态化布局。

【“片区开发、滚动发展”开发机制构建】双流区发改局发布功能区配套需求清单，创新产业用地政策，支持企业参与建设基础设施和高品质新型产业发展空间；编制产业功能区片区综合开发有机更新规划，创新投融资模式，实现资产资源互补共享，促进产业功能区高质量、高效率、可持续发展；增强区属国有公司资源资产统筹运营能力和“议价”“出牌”能力，结对“城市合伙人”，构建全新开发运营模式。

【城乡产业协同发展平台搭建】双流区发改局加快推进特色镇建设和川西林盘保护修复，探索创新“特色镇+川西林盘+旅游”“特色镇+川西林盘+康养”等发展模式，推动城乡要素跨界融合，重点打造精品林盘3个；保障农村产业发展用地，探索实施农村宅基地有偿腾退，合理安排设施农业用地，推动农商文旅体融合发展；健全农村产权服务体系，依法有序推行农村集体经营性建设用地流转，优化完善流转程序，完善农村产权抵押担保权能；参与设立城乡融合发展基金，完善幸福美丽新村建设融资等农村金融风险防范处置机制，探索完善宅基地使用权、集体林权、集体资产股权抵押融资机制，完善农业保险保障，开展农业信贷担保。

【“中小企业成长工程”发展战略实施】双流区发改局鼓励、引导中小企业做大做强、快速成长，建立健全“小巨人”“成长型”企业信息库，掌握企业发展动态和人才、技术、资金等生产要素需求状况，做好跟踪服务，初步形成布局结构合理、管理水平显著提高、市场竞争能力持续增强、吸纳就业能力不断扩大的企业群体，推动企业整体运行质量和发展水平迈上新台阶。

【“局区合一”体制机制深化完善】双流区发改局制定产业功能区管理机构与区级部门“局区合一”工作机构和岗位设置方案；推动产业功能区赋权提能，完善涉企审批事项“2+2”清单体系；健全“吹哨报到”“逆向考核”工作机制，完善天府国际生物城合作共建机制；建立健全岗位管理制度，优化派驻人员管理，完善目标考核、薪酬激励等内部制度；聚焦产业社区打造，探索“局区镇合一”管理服务模式。

【投促工作机制创新优化】双流区发改局创新开展“云端会客厅”“网络招商推介会”“直播展会”“直播签约仪式”等“云招商”；通过梳理已入驻企业增资扩产意愿、新项目投资计划、产业链配套企业信息、闲置厂房转让或租赁、寻求合作等有效信息，精准匹配资源实施“二次招商”；围绕产业功能区建设、城市有机更新以及基础设施建设、资源要素供给、公共产品（服务）等方面进行项目策划包装，分批次编制发布城市发展机会清单。

【财政金融体制改革】双流区发改局深入推进零基预算管理改革，坚持统筹兼顾、突出重点，打破部门预算基数和支出惯性，深入开展项目清理，调整支出结构，深度整合财政资源；建立完善财政应急资金保障体系，发挥财政资金杠杆作用，扶持受疫情影响严重的餐饮、住宿、旅游等行业中小微企业；持续开展“交子之星”经济证券化倍增行动计划，配合建立市区两级创投奖励和风险补偿机制；深入推进金融生态小环境建设，创新“银政担保”共担风险模式；建立完善全区统一的融资推送机制，促进企业信用信息、融资信息共享；深入推进农村金融服务改革试点，引进新型持牌金融机构、功能性金融总部落户。

【财政预算制度改革】双流区率先在全市将“四本预算”纳入人大审议、部门预决算和“三公”经费向社会公开；创新“一把手”负责、跨部门联合工作制，成立区四大班子领导为主要成员的财源建设领导小组，推进财政事权和支出责任划分，建立镇（街道）财源建设贡献与财力相挂钩机制，充分调动镇（街道）培植财源、增收节支、服务经济的积极性；在全省率先建设财政专网数据库，在全市率先实现政府采购系统自动备案，搭建“蓉采贷”平台，拓宽企业信用贷款“新渠道”，助力实体经济发展。

（周德君）

物价管理
Price Control

【概况】 2020年，双流区发改局按照“稳物价、惠民生、促增长、保和谐”的物价工作要求，在抓紧抓实抓细疫情防控的同时，履行价格管理职能，加强市场价格监测预警，规范价格收费行为，有效化解社会价格矛盾，保持价格总体基本稳定，为促进经济社会平稳较快发展创造良好价格环境。

【价格监测预警】 双流区发改局坚持每周二、三采集和分析双流大市场和成都农产品中心批发市场蔬菜、猪肉价格及相关情况，特别是新冠肺炎疫情发生后，成立新冠肺炎疫情防控价格监测工作组，开展粮油肉蛋菜及防疫等商品价格应急监测，实行“日监测、日巡查、日报告”，密切关注市场价格动态，第一时间掌握市场价格情况并报送价格信息，向国家和省市区上报数据26216条、报表1718期、专报96期。

【民生价格控制】 双流区发改局开展水电气工程安装收费专项整治，清理规范行业协会商会收费，并持续清理规范转供电；核定双流区管道天然气配气价格，建立非居民用气上下游价格联动机制；争取到中国移动、中国联通、通威太阳能3家企业纳入2020年精准扶持输配电价政策实施范围，为企业减少电费支出16610万元；办理价格认定259件，涉案金额8875.63万元；开展农产品成本调查，上报调查分析报告12期；受理价格投诉、咨询154件，办结率100%。

【价格收费政策落实】 双流区发改局贯彻落实价格收费政策措施，清理公布2020年度《双流区区级涉企经营服务收费目录清单》《涉农收费和价格公示表》《涉企行政事业性收费目录清单》；落实批发、零售、餐饮、住宿行业用水用气价格按现行政策的90%结算，工商业及其他用电类别（高耗能行业除外）电价在2—12月实行5%电费减免，20户符合条件的中小企业按其用电类别、电压等级国网四川电网平水期平段目录销售电度电价和基本电价的30%予以补贴，非居民用气价格在2月22日至11月底阶段性下调，全年为企业降低用能成本约1.97亿元。

【价格补贴联动机制实施】 双流区发改局落实社会救助和保障标准与物价上涨挂钩联动机制和3—6月阶段性提高每月价格临时补贴标准一倍的要求，发放价格补贴4520.4537万元，惠及22.3142万人次。

（周德君）

固定资产投资管理
Fixed Asset Investment Management

【概况】 2020年，双流区完成固定资产投资545.6亿元，全市排名第四、中心城区排名第四，比上年增加12.8%，全市排名第十五、中心城区排名第七，其中农业完成投资7.6亿元，全市排名第十六、中心城区排名第七，比上年下降25.2%；工业完成投资122.7亿元，全市排名第十一、中心城区排名第七，比上年增加3%，全市排名第十三、中心城区排名第九；服务业完成投资415.4亿元（房地产完成投资222.9亿元，全市排名第三、中心城区排名第三，比上年下降6.3%，全市排名第二十一、中心城区排名第十二），全市排名第四、中心城区排名第四，比上年增加12%，全市排名第十三、中心城区排名第五。

【项目招标投标管理】 双流区发改局牵头，联同区住建交通局、区水务局、区新科局、区农业农村局、区规划和自然资源局、区公共资源交易服务中心等责任部门，多方配合，聚焦问题，以深化源头治理为关键，抓实工程招投标领域系统治理。双流区级各招投标行业主管部门强化招标文件标准模板应用，在规范格式范本的基础上实现招标文件（资格预审文件）、投标文件电子化；取消招标文件纸质备案，实现招标文件在线告知性备案，受理即时办结，推行事中事后监管及承诺制；不再收取标书费，投标人均可在招标文件发布期内线上免费下载招标文件（资格预审文件）、自助在线提交投标文件，电子文件加密流转；取消投标报名，简化入场登记，交易平台提供网上办理服务，不强制要求现场办理入场登记。双流区发改局多渠道向社会公布投诉电话、联系方式，依法受理招标投标投诉，建立常态化的举报受理及回应机制，做到线索必调查、事事有回应；继续要求招标人在评标结果公示的栏位中公示网络投诉地址及方式，区公资交易中心在交易场所醒目位置及交易网站宣传。全区在成都市招投标行政监督平台线上收到投诉2件，均由投诉人撤销投诉，双流区在成都市招投标行政监督平台线上投诉处理按期完成比例100%。双流区发改局从组织部署、宣传动员、摸排检查、问题整改、建章立制全流程覆盖，开展系统治理，组织专项会议10次，开展联合检查6次，完成问题线索整改118个，出具工作简报12期、通报6期；加强各监督主体责任意识，督促参与主体开展自查整改，深度优化，从源头杜绝工程招投标领域乱象问题。

【基本建设投资项目管理】 双流区发改局依据《中华人民共和国预算法》《中华人民共和国招标投标法》《政府投资条例》《中共中央国务院关于深化投融资体制改革的意见》《四川省政府印发关于进一步加强政府投资项目管理规定的通知》《成都市政府性工程建设项目规范化决策管理办法》《成都市政府性工程建设项目招标投标活动事中事后监管办法》《进一步加强和规范政府性工程建设项目管理的若干规定》《成都市双流区人民政府政府性工程建设项目管理办法》等文件，管理区政府财政资金采用直接投资、资本金注入等方式投资建设且占投资主导地位的政府投资项目和区政府负有提供责任又适宜市场化运作，采取使用者付费、可行性缺口补助等适当方式，由政府和社会资本合作，开展建设运营的PPP项目，以及政府根据城市建设发展需要提出规划并提供一定要素保障，交由区属国有企业或事业单位按市场化方式自筹资金建设运营的政府间接投资项目。项目实行项目储备、年度计划、项目审批、勘察设计审查、概预算管理、招标事项核准、招投标、合同管理、报建管理、施工管理、监理管理、力量安全管理、交竣工验收、结决算管理、资产管理、项目后评价、财政绩效评价、信息信用管理。

【特许经营权管理】 双流区发改局牵头，对照市政府特许经营权出让目录，结合国企国资改革和赋能，系统梳理全区特许经营资源，按照“成熟一个、实施一个”原则，分类指导行业主管部门开展特许经营权出让，鼓励和引导区属国有企业参与特许经营竞价交易，增强国有经济活力；根据《基础设施和公共事业特许经营管理办法》《成都市人民政府特许经营权管理办法》等法规，出台《成都市双流区基础设施和公用事业特许经营管理细则》，明确政府特许经营的出让范围、职能分工、程序和方式、协议订立、协议履行、监督管理，为双流区特许经营有序开展提供制度保障。双流区特许经营出让项目6个，涉及市政、城管、水务三大领域，总投资31.09亿元，全部引入社会资本投资。智慧路灯建设项目、西南航空港工组团业集中发展区第六期工业污水处理厂一期工程、九江污水处理厂新建工程（一期）、双流区牧马山污水处理厂二期工程、双流区航空港污水处理厂三期工程、建筑垃圾资源化处置场6个项目开工建设，其中智慧路灯建设项目率先策划包装西部地区首个基于5G基站、智慧城市基础设施等“一杆多能”理念实施的智慧路灯特许经营项目，总投资2.99亿元，特许经营权613.91万元，残值215万元。

（周德君）

政府投资项目评审管理

Government Investment Project Review and Management

【概况】 2020年，双流区评审中心完成政府投资项目预算控制价评审167项，送审金额2335391.97万元，审定金额2197989万元，审减率5.88%，其中招标预算控制价评审项目144个，送审金额2301363.24万元，审定金额2171234.66万元，审减率5.65%；管线迁改预算控制价评审项目20个，送审金额32987.58万元，审定金额26094.57万元，审减率20.90%；工程变更预算控制价评审项目3个，送审金额1041.15万元，审定金额659.77万元，审减率36.63%。

【重点项目评审】 双流区评审中心聚焦空港商务区、芯谷片区、大运会、安置房、学校等重点项目，加大评审力度，保障项目尽快挂网招标和建设推进。

2020 年双流区预算控制价评审项目领域分布情况表

表 2

序号	类别	项目数（个）	送审金额（万元）	审定金额（万元）	审减率（%）	投资占比（%）
1	城市基础设施	89	928349.94	864329.32	6.90	39.32
2	社会事业	47	1304195.36	1240603.80	4.88	56.44
3	农林水利	6	25902.15	24925.67	3.77	1.13
4	交通运输	5	3567.41	3441.69	3.52	0.16
5	能源	5	31814.44	25960.36	18.40	1.18
6	产业配套	15	41562.67	38728.16	6.82	1.76

【项目评审管理】 新冠肺炎疫情期间，双流区评审中心制定和公布评审网上办理操作指南，通过线上评审，确保疫情防控期间各项工作有序推进；围绕助推区属国有企业健康发展、加强政府性工程建设项目履约能力、做优安置房外立面品质、美化施工围挡设置、建立弃土外运价格动态调控机制，制定《改进政府性工程建设项目管理五项措施》。

（周德君）

公共资源交易管理
Public Resources Transaction Management

【概况】 2020 年，双流区公共资源交易服务中心完成公共资源交易项目 886 个，交易金额 169.62 亿元，比上年增长 148.24%，节约资金 5.02 亿元，节约率 3.19%，实现溢价 0.19 亿元，溢价率 6.77%，其中工程建设招投标项目 255 个，成交金额 157.93 亿元，比上年增长 345%，节约资金 4.92 亿元，节约率 3.15%；国有土地（工业）使用权出让 27 宗，面积 2356.34 亩，成交金额 7.47 亿元，比上年增长 33.87%；政府采购项目 416 个，采购金额 1.18 亿元，比上年增长 47.5%，节约资金 0.1 亿元，节约率 8.12%；国有资产交易项目 188 个，成交金额 3.04 亿元，比上年下降 35.45%，实现溢价 0.19 亿元，溢价率 6.77%。

【公资交易疫情防控】 双流区公共资源交易服务中心从 2 月初至 6 月底抽调 6 名人员对口包联 62 家企业，提供全天候、全方位蹲点服务，助力企业复工复产、稳产满产；利用电子交易云平台、微信、钉钉等在线灵活办理业务，确保工程建设招投标不断档；引导采购人通过网上竞价、电子商城等方式，实施“不见面”采购；鼓励国有资产交易实行网上竞价，土地使用权出让实行“容缺受理”。

【“绿色通道”建设】 双流区公共资源交易服务中心针对重点项目关注度高、资金密集、时限紧张等特点，制定《双流区公共资源交易服务中心重大项目服务管理暂行办法》，通过建立项目台账、确定服务专员、提前介入服务、征求法律意见、压缩办理时限等举措解决重大项目服务共性问题，保障重大项目进场交易“程序不减、时间最短”；实行“一项目一方案”机制，提前预判形势，科学统筹谋划，实施“兵团作战”，党员带头示范，打破部室界限，实行全体总动员，有效克服人手紧缺的短板，组织实施牧马山古蜀蚕丛文化公园工程（一期）、大运会场馆改造等重点项目进场交易，组织延时评标 62 次，时长超 300 小时，组织隔夜评标 1 次。

【交易平台智能化建设】 双流区公共资源交易服务中心启用全市统一的政府采购电子化系统（2.0 版），实现政府集中采购市区系统、标准、流程“三统一”；打通政府采购云平台与区财政采购监管平台的数据壁垒，实现互联互通、数据共享，提升监管效率，助力阳光采购；新增“工程建设项目投标保证金退还”和“政府集中采购项目获取中标通知书”2 项服务实现全程网办，实现全程网办事项 39 项，网办率 91%。

【交易项目管理与服务】 双流区公共资源交易服务中心加强开评标现场管理，落实领导巡场制度，制定《交易现场不良行为记录报送工作规程》，明确 34 条不良行为标准，记录并上报交易现场不良行为 20 次；依规向市纪委、区发改局等单位提供 19 个项目的交易现场档案

双流区首个工程建设项目“不见面”开标现场　（供图：区公共资源交易服务中心）

和音视频资料，协助开展工程招投标领域突出问题系统治理；指导并协助采购人通过信用中国、中国政府采购等网络平台，现场查询核实参与供应商的信用信息，同时将查询结果予以公告，协同区财政局等行业主管部门，共同推动形成“一处失信、处处受限”的诚信惩戒机制；取消政府采购项目投标保证金，引导业主单位免收政府采购履约保证金，全年免收380家供应商投标保证金570万元；宣传“蓉采贷”，帮助中标供应商通过政府采购合同进行信用融资；推行电子保函，收到592家企业递交的电子保函，保额2.21亿元；持续落实土地交易服务费减半收取政策，减收土地交易服务费320万元。

【“不见面”招标开标】 双流区公共资源交易服务中心8月到南京市公共资源交易中心江北新区分中心对标学习“不见面”开标；向市公资交易中心争取技术支持，成为成都市“不见面”开标系统投入试运行后首批使用的区（市）县分中心；与区发改局、区住建交通局、区水务局等行业主管部门和区属平台公司沟通协调，召开“不见面”开标工作推进会，现场对业主单位、代理机构等50人系统实操培训，推进“不见面”开标落地落实；对开标室电脑操作系统、监控设备等软硬件整合、调试、升级，为“不见面”开标提供技术支撑。双流区公共资源交易服务中心于8月27日开始实施双流区首个工程建设项目“不见面”开标［扩建棠湖小学（南区）工程监理标段］，从11月起常态化实施工程建设项目“不见面”开标，全年组织实施18个“不见面”开标项目，减轻投标企业的时间、人力、资金成本，有效防范围标串标风险，大幅提升交易主体满意度。

（周　昕）

/ 投资促进管理 /

Investment Promotion Management

【概况】 2020年，双流区投资促进局以建设践行新发展理念的中国航空经济之都为统揽，牵头全区招商引资，全区全年实际到位市外内资158.25亿元，完成率全市排名第一位；实际利用外资20.20亿元，完成率全市排名第五位；新签约引进项目83个，比上年增加23个，协议总投资966.05亿元，其中新签约引进市级重大项目17个，完成率全市排名第二位，新签约引进市级重大项目注册落地率100%；党政主要领导赴外开展投促活动25批次。

【招商支持政策制定】 双流区聚焦主导产业，坚持给优惠、给机会和给服务并重，出台《双流区促进工业经济高质量发展的政策措施》《双流区促进总部经济高质量发展的政策措施》《双流区促进楼宇经济高质量发展的政策措施》《双流区促进外贸高质量发展的政策措施》《双流区进一步鼓励外商投资的若干政策》《双流区促进航空经济高质量发展的支持政策》。

【投资环境营造】 双流区克服疫情带来的影响，开展线上、线下投资促进活动52场，通过新华社、人民网、中新社、《经济日报》、《南方日报》、今日头条、《中国企业报》等主流媒体宣传投资环境500次，提升双流美誉度和影响力；创新开展“企业咖啡时”系列活动，解决企业发展难题；外资政策奖励兑现外商投资企业3家，金额188.7万元，兑现率100%。

【招商促进行动】 双流区投资促进局对照主导产业“两图一表”，制定《双流区2020投资促进行动计划》，锁定航空经济领域重点目标企业231家；制定《双流区招商引资项目尽职调查适用办法（试行）》，规范项目尽职调查流程；优化项目调度组织方式，召开区项目调度和投资促进工作领导小组会议19次，审议通过项目73个，调度招商引资类项目87个；参加市委、市政府组织实施的项目招引攻坚，走访企业1425家次，举办投资环境专场推介活动24场次，引进重大项目25个，协议总投资485.6亿元，综合评分排名全市第六位。

【招大引强】 双流区全年引进投资5亿元及以上项目49个，占比59.04%，比上年增长4.25%，其中新签约引进城投生命健康小镇项目（130亿元）、成都中核智慧科技园项目（100亿元）、熊猫国际家园项目（100亿元）3个100亿元以上项目，长虹融资租赁项目（80亿元）、京东方第8.6代薄膜晶体管液晶显示器件项目（75.5亿元）2个50亿元～100亿元项目，玉溪河·央美雕塑文化产业园项目（41亿元）、厦门金牌西部物联网智造基地项目（30亿元）、浙江长龙航空有限公司货运航空项目（30亿元）等7个30亿元～50亿元项目。

【招商队伍建设】 双流区投资促进局面向全区选拔招商专员30名，制定管理办法及考核细则；开展“招商5：30课堂”，培训5000人次；实施部门科室招商质量提标工程，牵头组建4支招商辅导工作队，包联22家招商责任单位。

【投资促进推介会】 2月11日，双流区举办“四川·成都‘电商直播产业园’”项目网上签约仪式，受到成都市人民政府副市长和市投促局主要领导高度肯定。2月15日，双流区举办2020年全市首场网络直播推介会，30万人在线收看，人民网、四川在线、新浪等新闻媒体宣传报道，得到省、市投促部门关注和肯定。3月20日，双流区举办2020年成都芯谷投资促进网络推介会暨高品质科创空间第一批入驻项目签约仪式，中电光谷设计院西南总部、创客星创新创业基地、四川省智能终端产业联盟、深圳市计算机行业协会知识产权保护工作站4个项目签约入驻高品质科创空间，通过网络平台发布成都芯谷产业协作机会清单76项。5月15日，双流区举办新经济·新未来双流区新场景新产品推介会活动，重点推介双流区三大产业功能区发展方向、创新资源、城市配套等方面投资环境，集中发布118条“城市机会清单”。6月5日，双流区举办成都市双流区中日产业合作网络直播推介会，现场播放双流中日双语宣传片，推介双流中日合作营商环境，并邀请日本贸易振兴机构成都代表处首席代表到场分享日本企业在成都的发展经历，对双流投资潜力给予高度肯定，场外连线的日本企业嘉宾纷纷对双流点赞和支持。6月9日，双流区举办2020成都国际空港商务区投资环境（上海）推介会，介绍双流区发展现状及资源禀赋，重点发布商务区起步区、TOD城市生活中心、国际产学研基地、一带一路合作创新园等机会清单。9月17日，双流区大健康产业推介会在上海举办，成都复地置业有限公司、上海格兰蒂医院管理有限责任公司等4个项目签约，发布双流区生物医药冷链公共保税仓库项目、天府国际生物城产业共享云社区项目等5个项目清单。

（瞿杨春）

信用体系建设管理
Credit System Construction Management

【概况】 2020年，双流区社会信用体系建设领导小组办公室制定并下发《双流区2020年社会信用体系建设工作任务分工方案》，涉及四大类18项工作任务；按照《关于进一步加强行政许可和行政处罚等信用信息数据归集工作的通知》要求，全量认领四川省一体化平台事项，并对所有行政权力事项办件情况上传公示。

【信用政策落实】 双流区社会信用体系建设领导小组办公室出台《双流区关于政府失信治理长效机制任务分工方案》，由政府失信对象认定部门将政府败诉案件、行政复议决定、网络投诉处理结果、信访处理结果等信息通报相关政府机构或事业单位并抄告区发改局，督促其按判定或处理结果在规定期限内履行法定义务或达成和解，并将相关信息归集至市公共信用信息系统；通过企业咖啡时、网络理政、政府首席代表等渠道收集公务员失信情况，并对单位办理情况开展第三方测评，提升政务诚信度；按照干部管理权限对公务员建立公务员诚信档案，依法将公务员个人有关事项申报、廉政记录、审计结论、年度考核结果和在履职过程中因违法违规、失信违约被司法判决、行政处罚、纪律处罚、问责处理等信息纳入公务员诚信档案。

【诚信模范塑造】 双流区发改局通过组织召开申报动员会、申报培训会、网络投票宣传动员会等方式，组织双流区社区参与四川省发改委、省文明办开展的四川省“诚信社区”评选，怡心街道三江社区、东升街道广都社区、黄龙溪镇古佛社区、黄甲街道双华社区、东升街道紫东阁社区、彭镇鲢鱼社区6个社区获评四川省“诚信社区”，获评数量位列全省第三，其中怡心街道三江社区被评为“全省十佳社区”。

（周德君）

/市场监督管理/

Market Supervision and Management

【概况】 2020年，双流区市场监督管理局围绕食品、药品、特种设备等重点领域保证各类安全，狠抓市场行为监管执法，致力优化营商环境培育优质市场主体，全区市场主体培育增速排名全市第五位，区市场监管局被四川省市场监管局评为“春雷行动2020”暨知识产权保护执法行动先进集体。双流区被四川省食安办认定为第二批省级食品安全示范区，被四川省知识产权服务促进中心确定为四川省高校院所知识产权转移转化省级试验区，被四川省市场监管局确定为全省首个特种设备检验动态管理信息系统建设试点区。

【工商行政执法检查】 双流区市场监管局组织开展“春雷行动2020”“防疫物资专项整治行动”“重点领域整治”“反不正当竞争专项整治”“长江禁捕”“冒牌医院整治”等9项执法整治行动，联合区公安分局、区住建交通局、区综合执法局、区烟草局等部门开展“长江禁捕”“餐饮安全整治”“假冒侵权产品”等20次执法突击行动，查处违法案件511件，罚没268.15万元，涉案金额320万元；在行权平台、金信工程等平台录入案件715件次，案件公示率100%；移送公安机关追究当事人刑事责任案件7件，公安立案6件；与区检察院协作配合，办理检察建议书10件。

【市场主体培育】 双流区市场监管局多措并举推进市场主体培育，截至12月31日全区有市场主体125606户，较2019年底增长34.58%，增速排名全市第五位，其中个体工商户92807户、企业32799户（含农专合作社），企业较2019年底增长38.57%，增速排名全市第六位，占全区市场主体总量26.11%，较2019年底提升1.51个百分点。

【市场监管】 双流区市场监管局出台双流区市场主体行政审批事项无证无照监管清单和无证无照分类监管行业主管部门目录，规范经营性无证无照行为，排查商户122079户，下达行政指导文书1520份，规范引导办理证照2586户，立案查处351户，罚没金额71.85万元，停业关闭2021户；联合区行政审批局召开全区企业登记代理中介机构培训会，约谈中介机构46家，发放告知书，签订承诺书46份；出动人员94人次、车辆37台次，检查企业登记代理中介机构49家次，未发现不正当竞争、发布虚假违法广告、利用不平等格式条款损害服务对象合法权益、不明码标价等违法违规行为。

【合同监管】 双流区市场监管局检查586户，出动执法人员189人

双流区规范经营性无证无照行为工作培训会举行　（供图：区市场监管局）

次，处理投诉138件，约谈企业40次，出具行政建议书（行政指导意见）53份、责令整改通知书5份，纠正涉嫌违法违规格式条款300条；行政处罚合同案件1件，处罚金额2万元；公示双流区川开电气有限公司等17家四川省省级“守合同重信用”企业、四川金恒德西部控股集团有限公司等52家成都市市级“守合同重信用”企业，其中新增成都千嘉科技有限公司等市级“守合同重信用”企业6家，自愿退出5家，并推选2家企业作为会员代表参与成都市诚信促进会。

【商标监管】 双流区市场监管局建立知识产权保护直通车制度，畅通企业家维权绿色通道，把重点企业主要商标、高价值专利等核心知识产权纳入重点监测，实行快保护、严保护，全区有效注册商标拥有量19879件，居全市第七位，国家地理标志保护产品4个（冬草莓、二荆条海椒、枇杷、黄甲麻羊）；组织开展“春雷行动”（知识产权产专项执法）、蓝天行动（打击非正常专利申请、商标恶意注册、非法专利代理），涉及专业市场、进出口、商标印制、农业农村、食品药品、知识产权服务、酒类商标专用权、商业秘密8个领域，被四川省市场监管局评为“春雷行动2020”暨知识产权保护执法行动先进集体。

【广告监管】 双流区市场监管局查处广告违法案件19件，其中食品广告11件、房地产广告1件、医疗机构广告2件、其他广告5件，罚没金额98.226万元。

【价格监管】 双流区市场监管局通过全国“12315”举报系统、省（市、区）长信箱（电话）、人民网、“83721000”热线电话、微信、微博受理价格咨询、举报、投诉1853件，较2019年上升47%，其中价格咨询671件，占36.21%，价格举报投诉1182件，占63.79%，价格举报投诉办结率100%，满意率96%；重点加强对防控医疗用品口罩、消毒杀菌用品、抗病毒药品批发企业和个体零售药店以及粮油蔬菜市场、大型超市等生活必需品价格执法检查，下发关于加强冠状病毒感染肺炎疫情期间食品、药品等交易行为价格自律的告诫函近万份，查处案件17件，案值1.98万元，罚没金额8.69万元。

【消费者权益保护】 双流区市场监管局重视消费纠纷投诉处理，化解社会矛盾，受理投诉举报咨询21026件，受理率100%，与2019年同期相比增长26.93%，挽回经济损失485.43万元；围绕“购物、旅游、服务”等热点行业，深化放心舒心消费城市创建活动，创建成都市人人乐商业有限公司第五城购物广场、四川省唐潮海悦餐饮有限公司、成都银榕园酒店管理有限公司3个放心舒心消费示范单位；10月，在黄龙溪镇试点建立1个消费维权智能服务平台，为消费者提供便捷、快速的投诉处理服务通道，同时通过平台投诉信息公示，强化社会监督。

【标准化管理】 双流区市场监管局引导、指导、鼓励3家企业参与国际及国家（行业）6项标准制（修）订；按照区政府办印发的《双流区知识产权资助（奖励）办法》精神，对2019年度参与10项国家（行业）标准制定、修订的5家企业奖励（资助），奖励金额175万元；配合省市市场监管局开展非医用口罩、防护服、钢质门、电器产品、润滑油及危化产品等涉及42家企业、51个团体和企业标准的“双随机、一公开”监督抽检和检

开展“3·15”宣传活动 （供图：区市场监管局）

彭镇银榕园放心舒心消费示范单位授牌现场 （供图：区市场监管局）

查，合格率91%；按照市市场监管局《关于2020年开展“百城千业万企”对标达标提升专项行动工作的通知》安排，组织全区6家企业的9个标准参与对标达标提升专项活动。

【计量管理】 双流区市场监管局做好2020年度强检计量器具免费检定，完善在用强制检定计量器具登记备案，强检计量器具34671台件；元旦、春节、五一、中秋、国庆等节日，组织开展对集贸市场、加油站、医疗机构、宾馆（餐饮）和商场超市涉及贸易结算、医疗卫生和安全防护强检计量器具专项监督检查；组织开展重点领域计量监管，检查集贸市场、商场超市、加油站等经营单位854家，在用计量器具4529台件，检查定量包装商品净含量260批次。

【特种设备安全监管】 双流区市场监管局根据全区特种设备实际情况科学制定特种设备年度监督检查计划，对272家有投诉举报和高风险点位、高风险设备、高风险企业纳入日常监督检查计划，结合“双随机、一公开”的方式实现监督检查全覆盖，提高监督抽查比例；按照“隐患整治年”“特种设备三年整治专项行动”等专项检查要求，开展专项整治，检查特种设备生产使用单位595家次，发现安全隐患762处，督促完成整改762处，下达特种设备安全监察指令书95份，立案查处2起；通过购买服务的方式，完成740台电梯、100台锅炉、100台压力容器、100台起重机械的安全技术抽查，并对50台15年以上的老旧电梯、所有在用大型游乐设施以及吊装熔融金属等部分特定场所使用的起重机械开展风险评估；针对电梯实际监管过程中仍存在主体责任缺失、管理不当、维保质量不高、群众对电梯基本原理不了解的情况，创新探索电梯安全教育新模式，首次采用“监管+技术+企业”的全新构架，联合专业技术机构、电梯生产企业建成全省首个集培训讲堂、电梯展馆、实操训练于一体的区级电梯安全教育培训基地，改变以往电梯安全教育培训“形式重于内容，惠及受众单一，缺乏系统性”的局面。10月，四川省市场监管局将双流区确定为全省首个特种设备检验动态管理信息系统建设试点区，在全省率先开展特种设备检验信息动态化管理。

【智慧食安监管打造】 双流区市场监管局在2019年全面完成“明厨亮灶”的基础上，继续巩固全区餐饮单位“明厨亮灶”，保证全区学校食堂“明厨亮灶”覆盖率100%、公示率100%；探索“互联网+食品安全”监管模式，开展校园食堂智慧化监管系统（即“智慧食堂”）试点建设，在食堂“明厨亮灶”的基础上，通过原有设备改造、新设备安装和互联网信息平台建设将学校食堂纳入统一智慧监管，实现对人员、食品、环境的闭环监督、信息公示和风险预警，完成试点一期工程8所学校的建设并投入使用。

【省级食品安全示范区创建】 双流区市场监管局全年生产环节抽检997批次，合格975批次，合格率97.8%，不合格项目主要为产品标签；流通环节（包括农产品流通环节）抽检1822批次，合格1752批次，合格率96.1%，不合格产品主要为蔬菜干制品（干百合、干笋子等）、韭菜、芹菜、乌鱼等；餐饮环节抽检2781批次，合格2707批次，合格率97.34%，不合格产品主要为粉条、散装白酒；结合疫情防控要求，对冻库和市场冷链食品核酸检测887批次、冷链食品外包装核酸检测868批次、环境核酸检测241批次、冻库和市场冷链从业人员核酸检测13573人次，均未检出阳性。双流区在全省率先探索推进食品小作坊集约发展模式，推动食品小作坊高质量发展，出台规范管理和资金扶持等3个配套政策。2月，双流区被四川省食安办认定为第二批省级食品安全示范区。

【食品安全防范体系建设】 双流区研究制定印发双流区区级党政领导干部食品安全工作责任清单，明确区级党政领导食品安全工作职责；将食品安全纳入领导干部综合考核评价体系，分层分类细化各成员单位考核指标，明确责任和完成时限，按时检查验收，确保工作落地落实、取得实效；区财政安排食品安全工作经费预算2660万元，比上年增长4%，保障全区食品安全宣传、监督检查、检验检测等开展；完善应急管理制度，细化任务分工、完善舆情监测和处置、强化信息通报和闭环管理，依托区第一人民医院、区中医院等4个哨点医院监测食品安全风险，对监测中发现的高风险因素进行风险预警；加强应急处突队伍建设和能力培养，组织区级相关部门和镇（街道）开展2020年食品安全突发事件应急演练，提升应急处突能力；妥善处置未达到响应级别的突发事件11起，最终确定非级别食品安全突发事件2起。11月17日，双流区与市市场监管局采用视频推演、现场演练、调度抽问相结合的创新方式，组织开展新冠肺炎秋冬季疫情防控快速响应市场监管领域应急演练。

【食品监督管理】 双流区市场监管局从国家法律法规、技术标准入手，以网络媒体舆情、行业潜规则等为重点培训主要负责人、品控人员，增强企业法律意识、安全意识、诚信意识和责任意识，对辖区食品生产企业开展集体培训工作会4次；按照阶段性问题剖析及不同类别问题，开展肉制品、白酒、糕点等专项整治5次，并对专项检查存在的问题开展风险约谈会，督促企业加强内部培训，提高从业人员专业技术水平和质量安全意识，落实企业主体责任，提升食品安全保证能力；配合市市场监管局组织开展2020年体系检查，检查食品生产企业10家，发现问题67个，市市场监管局组织飞行检查（含突击检查）7家；与区航空经济局等区级部门建立信息互通机制，掌握进入双流区流通环节进口冷链食品情况，并第一时间协调各政府职能部门、镇街等，开展新冠肺炎病毒疫情精准防控，阻止新冠肺炎疫情在双流区通过进口冷链食品等载体传播或扩散。

【食品安全监管】 双流区市场监管局利用区、镇（街道）、村（社区）和居民小组四级监管网络，发挥700名专职网格员食品安全“探针”作用，发现并解决食品安全问题隐患；各基层市场监管所加大日常监管力度，夯实食品安全基础。在食用农产品种植养殖环节，双流区市场监管部门抽检蔬菜、水果样品27716批次，合格率99%以上；开展农产品例行监测、风险监测、专项抽检1093批次，农残抽检合格率98%以上；抽检瘦肉精1285头份，无一例阳性。在生产环节，双流区市场监管部门完成食品安全监督抽检997批次，合格率97.8%；推行黑名单、抽检及处罚信息公开制度，落实食品生产企业风险分级分类管理制度和日常监督检查全覆盖，同时强化对食品安全员考核。在流通环节，双流区市场监管部门完成食品安全监督抽检1822批次，合格率96.1%；开展食用农产品快检3万批次，覆盖全区每个农贸市场、每个品种，建立完善疑似不合格产品处理机制。在餐饮服务环节，双流区市场监管部门完成食品安全监督抽检2781批次，合格率97.34%；实现全区学校食堂“明厨亮灶”覆盖率100%；加强网络订餐食品安全监管，核查网络订餐商家660家，其中整改合规417家、下线243家。在农村群宴监管环节，双流区市场监管部门核查检查群体性宴席2500场，保障参宴群众37万人次用餐安全。双流区市场监管部门在全区近1万家食品经营单位、30个公交车站台、40个阅报栏张贴国创宣传海报，制作宣传动画在全区17个醒目位置LED屏幕滚动播放，覆盖全区交通干道和人口密集社区。

【餐饮安全监管】 双流区市场监管局制定关于开展餐饮服务风险分级管理工作方案，组织各市场监管所开展餐饮服务风险分级评定，年底完成75%以上持证单位评定，完成3731家，评定率87.5%；完成2020年国家统一法律职业资格考试客观题考试、2020中国网球巡回赛职业级总决赛、中考和高考、2020中国羽毛球俱乐部超级联赛、首届国际区块链产业博览会等31次重大活动食品安全保障，制定餐饮服务食品

四川高校院所知识产权转移转化省级试验区授牌仪式现场　（供图：区市场监管局）

安全保障方案，细化工作措施，有效预防重大活动餐饮服务食品安全事故，未发生一起食源性疾患事件。

【药品监督管理】 双流区市场监管局查办药品案件 10 件，罚没金额 1.13045 万元，其中 9 件为经营假药行为、1 件为销售劣药；查办医疗器械质量案件 3 件，移送公安机关立案侦查 1 件，罚没金额 15.5 万元；查办化妆品案件 6 件，其中 5 件为销售未取得批准文号的特殊用途化妆品、1 件为经营未经批准或者检验的进口化妆品，罚没金额 5396 元；制订《双流区 2020 年药品抽检工作计划》，完成药品抽检 182 批次，采集样品全部送至成都市食品药品检研院。

【医疗器械监督管理】 双流区市场监管局按照《关于落实 2020 年四川省医疗器械质量抽查检验工作任务的通知》要求，开展医疗器械监督抽样 2 批次，采集样品送至四川省医疗器械检测中心；结合疫情防控、日常检查、专项整治、环保、安全等开展医疗器械经营使用环节监督检查 1537 家次，要求整改 68 家次，药品零售、使用环节检查 1126 次，要求整改 51 家次。

【知识产权保护管理】 双流区加强专业市场知识产权保护，支持金恒德国际汽车汽配用品专业市场创建国家级知识产权保护规范化市场，帮助市场建立完善知识产权保护制度，在市场设立知识产权维权工作站，对入场商户进行知识产权保护培训；区政府与重庆猪八戒知识产权服务有限公司签订《猪八戒网知识产权大数据西南区域总部项目投资合作协议》，重庆猪八戒知识产权服务有限公司在成都芯谷产业功能区设立猪八戒网知识产权大数据西南区域总部，并建立双流区知识产权大数据公共服务平台。双流区市场监管局收到申请专利 5908 件，比 2019 年增长 29.7%，比 2015 年增长 52.1%，其中发明专利 2061 件，比 2019 年增长 36.0%，比 2015 年增长 92.6%；新获授权 3527 件，比 2019 年增长 29.5%，比 2015 年增长 132.7%，其中发明专利 501 件，比 2019 年增长 20.4%，比 2015 年增长 82.2%。全区有效发明专利拥有量 2869 件，比 2019 年增长 20.2%，比 2015 年增长 86.4%。11 月，双流区被四川省知识产权服务促进中心确定为“四川高校院所知识产权转移转化省级试验区”。

（马文林）

国有资产管理
State-Owned Property Management

【概况】 2020 年，双流区国资国企系统以“纵深推进国资国企改革，深化国企投融资模式创新”为主题，以国有资本管理创新引领国有企业改革发展，不断提升国有企业完成建设践行新发展理念中国航空经济之都各项战略部署的执行能力，国有资产管理、国有企业投融资等改革取得明显成效。

【国资国企管理体系完善】 双流区国资金融局配强区属国企董事会，公开遴选外部董事，内部选举职工董事，组建二、三级企业监事会，“三会一层”架构日趋健全；市场化选聘二级公司管理层12人，其中6人实施契约化管理，中层管理人员备案38人；制定重点工程项目、资产资源盘活、经济效益等专项考核评价细则，基本形成差异化考评体系，完成区属国企44名领导人员一年期履职考评。

【国有企业改革】 双流区国资金融局丰富“1+13+N”制度体系，制定出台《区属国有企业重大融资项目管理办法》《融资项目调度会议事规则》《片区综合开发导则（试行）》等5项制度；优化国有资本布局，按照不同行业和主业主责，将区属国企划分为商业类和公益类，并分类考核管理；创新片区综合开发，制定《双流区片区综合开发导则（试行）》等配套文件，先行先试推进怡心湖C区和航空动力小镇片区开发，空港兴城产投公司正式牵手中交疏浚集团，合资设立成都空港怡心湖公园城市建设开发有限公司；探索“园区管委会＋专业公司”模式，将空港商务区作为试点，合理匹配空港产融公司，成立空港商务区综合党委，由空港发展集团授权综合党委对专业公司全面管理。双流区新设空港绿道公司、空港建材公司2家专业化公司，增资空港科创集团1.8亿元，将空港花田公司、空港绿道公司纳入一级企业管理，完成三怡新农村等9家公司股权划转、四川省天然气双流燃气有限责任公司及成都英飞尼迪聚源创业投资中心（有限合伙）投资基金清算注销、成都双流空港融联小额贷款有限责任公司和成都聚源商业保理有限责任公司改组；新增天府国集等参股投资项目28个，实际出资32.06亿元。

双流区属国企领导人员一年期履职考评动员会现场 （供图：区国资金融局）

【国有资产经营管理】 双流区国资金融局建立政府特许经营权出让和区域规划、供地联动机制，将砂石资源、智慧路灯资源经营权依法依规赋能区属国企；响应新冠肺炎疫情期间扶持政策，减免承租双流区经营性国有资产的中小微（个体工商户）租金3697万元；贯彻市委、市政府产业功能区转型升级要求，率先出台《双流区片区综合开发导则》，联合中交疏浚集团落地双流区首个片区综合开发项目——怡心湖C区项目；建立经营性资产整体策划和分类经营机制，完成安置小区商铺、农贸市场、公园配套用房等57万平方米经营性资产赋能区属国企，为国企60万平方米资产办理不动产权证，经营性资产盘活率超过90%；向人大报告《2020年度双流区国有资产管理情况综合报告》《2020年度双流区国有企业国有资产管理专项报告》。双流区提升企业信用评级，空港发展集团信用评级由AA提升至AA+，空港发展集团国际评级提升至BB+，空港科创集团信用评级获评AA；区属国企上缴国有资本经营预算收入2.47亿元，综合融资成本由最高6.57%/年压减至5.31%/年。

【国有企业融资管理】 双流区国资金融局提高区属国有企业融资管控质效，编制年度融资计划表，实施重大融资项目管理，建立企业风险防范应急备用资金池，统筹融资项目调度，实现融资计划和融资项目双控双调，保障区属国企资金链安全柔韧；科学设置区属国企融资成本控制线，合理实施融资产品结构化管理，与各类金融机构形成友好资源对价关系，区属国企融资节约成本 15.75 亿元，年度加权平均融资成本 5.31%，新增融资成本控制全市排名第 5。

（肖慧敏）

国有公司管理
State-Owned Companies Management

成都空港兴城投资集团有限公司

【概况】 2020 年，成都空港兴城投资集团有限公司（简称空港兴城集团）有成都空港兴城建设管理有限公司、成都空港产业兴城投资发展有限公司、成都空港兴城置业有限公司、成都空港兴城教育投资有限公司、成都空港兴城建筑材料有限公司、成都空港公园城市绿道建设投资有限公司 6 家全资二级公司，有四川兴城港瑞建材有限公司、成都中电熊猫显示科技有限公司、中科芯未来微电子科技成都有限公司等 31 家参控股及代管公司。集团紧扣高质量建设践行新发展理念的中国航空经济之都，聚焦基础设施和公服配套建设、片区开发与产业功能区建设、经营性地产开发、建材贸易、教育与医疗投资、公园城市投资与建设等主营业务，全年营业收入 36.57 亿元，净利润 7.62 亿元。

【集团融资管理】 空港兴城集团营造良好金融环境，提升整体信用水平，空港兴城集团国内主体评级保持 AA+，国际主体评级从 BB 提升到 BB+，空港兴城建管公司国内主体评级 AA，空港兴城置业公司国内主体预评级 AA；通过“融建”“信用证 + 融资租赁”“超短融”等融资方式，降低非标融资成本；通过提前归还高成本融资、存量贷款协商降低贷款利率等方式，节约融资成本；在“产业功能区配套 + 公共服务配套”、股权投资再盘活等创新领域，分别与国开行、建行等金融机构开展合作。在直接融资方面，集团发行的超短融、双创债、中期票据、企业债、公司债等直融产品受到资本市场青睐，夯实在公开市场的信用评级，发行利率等条件处于同层级平台公司第一梯队。在间接融资方面，集团利用银行传统流贷、项目贷产品夯实与当地金融机构合作，协和街道清河社区综合体项目取得交行 1.9 亿元授信批复，期限 15 年，利率不超过 5% / 年。

【项目建设管理】 空港兴城集团建立智慧工地平台监控平台，探索“互联网 +”技术在建筑行业应用，编制《智慧工地管理方案》，设立智慧工地监控室，安排专人进行线上安全、环保巡查，实现“云 + 工程管理”全过程管控；坚持“样板引路”，探索环保、安全、质量、施工全流程、全专业的标准化管理模式，5 月 28 日举办以“推行全流程、全专业的样板引路制度，提升现场安全文明施工标准化管理及施工质量”为主题的中电九天现场观摩会，双流区在建 26 家市政道路工程项目负责人现场交流学习，被人民日报海外网、四川在线、四川新闻网报道；严控质量安全，争创标化工地，金马河畔二期、香榭林居二期项目先后通过四川省标化工地评选及优质结构验收，金湾小区二期通过成都市标化工地评选及优质结构验收，公兴九年制学校、幼儿园及配套道路和扩建黄甲初中、协和红瓦九年制学校及配套道路项目通过成都市标化工地评选；推进“兵团式作战”，建立项目月进度考核机制，实行“1+N+M”的项目经理负责制管理模式（即 1 个项目经理负责组建项目组，负责 N 个项目，组员由项目主管、设计主

百家苑二期　（供图：空港兴城集团）

临空花园一期 （供图：空港兴城集团）

管、造价主管、质量主管、项目专员M个人组成），有机整合资源，实行“无缝衔接、纵横到底”的作战方式，变“单兵作战”为“兵团作战”，打破拆迁、打围、手续办理等串联运行的常规流程，实现部分程序“串联转并联”。集团全年承建项目163个，其中安置房及配套项目46个、学校及配套项目35个、公建项目11个、市政水利项目68个、其他自营项目3个，建成荷韵佳苑二期等安置小区8个，房屋12693套，可安置17210人；建成实验小学（东区）、星空幼儿园等学校12个，提供学位10995个。

【集团疫情防控】 空港兴城集团成立疫情防控专项领导小组，明确5个防疫工作组职责分工，确保疫情防控常态、有效开展；制定《秋冬季疫情防控工作细则》《秋冬季新冠肺炎疫情防控应急预案》。集团员工1256人次参与西航港街道居民区防疫排查及企业复工复市防疫排查，走访排查18369户，排查人数10402人，登记外地返双人员70人；登记居民小区进出行人3625人、车辆1165辆，发放通行证5277张；排查在建工地项目1148个次，排查工地人员4795人次。公司工会联系生产基地为员工配送蔬菜、水果400公斤，联系组织志愿者义务理发活动2次，服务员工60人次。

（杨晓娇）

成都空港城市发展集团有限公司

【概况】 2020年，成都空港城市发展集团有限公司（简称空港发展集团）下辖成都市空港置业有限公司、成都空港建设管理有限公司、成都空港产融投资有限公司、成都空港现代服务业发展有限公司、成都空港公共交通有限公司、成都空港综合交通服务有限公司6家核心二级子公司，总资产规模突破527亿元，比上年增长18%，完成固定资产投资51.95亿元，比上年增长31.82%，实现营业收入20亿元，比上年增长35.5%。

【集团融资管理】 空港发展集团主体信用等级获评AA+、国际信用等级获评BBB-，在全区首次发行非公开公司债券、引入保险资金；获批境外融资，推动双流区融资利率首进“3”时代，全年融资提款108.68亿元，节约融资成本6.42亿元。

【项目建设管理】 空港发展集团推进重大工程建设，天府怡心湖湖区项目主湖区提前蓄水，中国电科一期配套道路工程工期缩短270天，双流广场下穿隧道提前通车，区一医院建成投运，空港云、空港运动公园等高品质、地标性城市空间、生活娱乐场景建成，双流西站、二江寺站TOD动工建设；落实片区开发战略，承办天府怡心湖首发仪式，吸引仁恒置地、合景泰富、中信城开及瑞士基金会等世界级项目入驻怡心湖，签约金额超780亿元，日航酒店西南首店、伊藤洋华堂双流首店签约落户；推行“兵团式作战”策略，完善项目管理体系，搭建工程信息化管理系统，试行“项目制”管理模式，制定《安全生产责任制度》等20项安全管理制度，项目工地保持“零事故”安全平稳运行。

（王以状）

成都空港科创投资集团有限公司

【概况】 2020年，成都空港科创投资集团有限公司（简称空港科创集团）正式组建董事会，中国特色现代企业治理体系基本形成；深入推进“三改”，推动战略、风控、薪酬考核3项体系建设，内部改革动力、创新活力持续释放，经济运行稳中向好。集团全年实现资产规模135.22亿元，较2019年增长8.15%，营业收入9.78亿元，较2019年增长2.30%，利润总额1.6亿元，较2019年增长5.96%，完成AA评级。

【集团融资管理】 空港科创集团遵循“融资结构决定投资结构”的原则，强化投融资协同联动，加强融资管理，优化债务结构，有效降低融资成本，5月实现商业性贷款“零”的突破，9月28日实现AA主体评级。集团全年新增融资资金12.37亿元，加权平均融资成本6.47%，银行贷款、融资租赁单项成本皆低于全区融资控制线0.2%～0.9%。

【项目建设管理】 空港科创集团在感知物联网园区建成全区首个“企业幸福中心”，总面积1.9万平方米，构建起“六位一体”企业服务体系，助推华为、同方、浪潮、中兴等重大项目落地，服务企业超过400家，累计培育国家高新技术企业28家、科技型中小企业50家、拟上规企业11家、小巨人企业3家、专精特新企业3家、新经济梯度培育入库企业4家；推进大运会场馆改造工程（总投资1.5亿元），棠湖中学、现代五项赛事中心标段完工，双流体育中心标段完成总工程量95%；创新天府文化表达，左巷·右里特色街区建成并开街，牧马山古蜀蚕丛文化园（总投资2.6亿元）、凤翔湖—槐轩书院文创工程（总投资4119.72万元）等体现双流历史底蕴、人文之美的文化旅游项目加快呈现；坚持以场景营城释放投资机会，启动实施东盟中心片区首批次重要节点亮化提升工程（总投资3400万元），成为片区招商引资、经济撬动的有力杠杆，已完成点亮。集团全年完成主导产业投资项目14个，投资总额6.8亿元。

（欧阳志勇）

左巷右里　　（供图：空港科创集团）

成都航都粮油有限责任公司

【概况】 2020年，成都航都粮油有限责任公司坚持稳中求进总基调，坚持新发展理念，坚定不移推进改革，统筹新冠肺炎疫情防控和企业生产经营，推动企业发展，基本实现预期目标，显现出良性运行质量和态势。公司完成粮油购进6045吨，销售7233吨，“四无”粮比例95%以上；实现营业收入3248万元，取得储备收入680万元，资产经营收入1014万元；亏损控制额80万元，比2019年减少亏损10万元；业务招待费开支25万元，比2019年减少7万元，小车费开支17万元，比2019年减少10万元。

【全省政策性粮食库存大排查】 成都航都粮油有限责任公司迎接全省

政策性粮食库存大排查专项行动检查，检查数量、质量、政策执行情况、日常管理、内控管理、外部监管等环节，均符合政策和管理制度要求，无违规、违纪问题。

【储粮管理】 成都航都粮油有限责任公司做好各级储备粮轮换入库，通过四川粮油批发中心网上公开竞价交易方式进行；适应供给侧结构性改革新形势，加大投入和改造力度，加快绿色、智能等新技术推广应用，开展科学保粮，落实“一规定两守则”，进一步明确责任，确保储粮“四无”；推进 1.75 万吨低温库建设项目，总投资 459 万元（省财政投入 432 万元、企业自筹 27 万元）。

【资产管理】 成都航都粮油有限责任公司落实疫情期间国有经营用房租金减免，2—4 月减免户数 192 户，减免金额 1360343.34 元，5—7 月减免户数 191 户，减免金额 1036518.77 元，减免时间共三个半月，实际减免金额 2396862.11 元；召开 8 次资产租赁专题会，组织公招 7 次，挂牌项目 99 个；调查整改因改制、下岗分流、经营管理或历史原因造成的经营性资产被占用问题，推进出售位于东升街道迎春路一段 1 号（原城关粮库）的资产。

【企业管理】 成都航都粮油有限责任公司确保指标落实，强化绩效考核；强化全面预算管理，完善企业基础管理；做好财务管理，降低成本和费用，解决生产资金不足的困难；做好工程维修管理，严格按照规定招投标，规范运行；资产维修总投资 47.7 万元（维修费 25.2 万元、转入固定资产 22.5 万元），代管资产维修总投资 143.5 万元。

（魏　武）

金融管理

Financial Management

【概况】 2020 年，双流区金融机构人民币存款余额 1892.1 亿元，比上年增长 14.4%，人民币贷款余额 1389.4 亿元，比上年增长 20.9%，存款、贷款总量均位列全市二圈层第一；有保险公司 40 家（支公司 28 家、营业部 12 家），机构数量位居二圈层前列；有金融机构网点数 221 个、自助终端 9512 个。

【金融小环境建设】 双流区国资金融局促进企业融资，召开中小企业金融纾困专项行动工作会，召开 2020 年融资培训（对接）会 12 场，为 136 家企业解决融资需求 49 亿元；通过驻区银行机构参与的“金融小环境融资服务群”“春风行动”“83790000”热线和部门反馈等渠道，落实资金 53.4 亿元，其中驻区银行机构为 2408 家中小微企业（含个体工商户）实现融资 252 亿元。12 月，中国人民银行成都分行、四川省地方金融监督管理局组织开展的 2019 年四川省金融生态环境评价，双流区在全省 178 个参评区（市）县中排名第三，全市排名第二。

【金融风险防范】 双流区国资金融局加强地方金融组织监管，防范违规经营风险，促进地方金融组织高质量发展；加强互联网金融风险整治，有效化解存量风险，遏制新增风险；加强金融风险隐患排查化解，制定《双流区打好防范化解重大金融风险攻坚战工作方案》，组织开展金融风险专项排查整治及防范非法集资专题宣传月活动。

【股权投资产业发展】 双流区国资金融局发挥《双流区关于促进股权投资产业发展的若干意见》的政

3月30日，双流区中小企业金融纾困专项行动工作会召开　（供图：区国资金融局）

策引领作用，持续促进优秀股权投资基金落户双流。截至年底，全区股权投资基金26支（社会化基金17支、区属国有公司出资的基金9支），总规模243亿元，累计投资项目80个；制定《双流区天使投资基金设立与运作方案》《双流区天使投资基金管理办法》，推动设立总规模3亿元、首期规模3000万元的天使投资基金，培育、孵化具有成长潜力的科技创新项目，构建与产业生态发展周期相匹配的天使投资、风险投资、产业投资基金体系，建设成都芯谷高品质科创空间。

【幸福美丽新村建设融资】 双流区国资金融局加强金融机构与合作社的信息沟通，推动融资供求双方对接，推广幸福美丽新村“政府引导+合作社主导+金融创新”贷款模式，由合作社自行根据所需资料放款速度、利息成本等择优选择，拓宽新村建设的资金来源。截至年底，全区新村项目总授信8.59亿元，合计提款金额7.39万元，提款进度占比86.02%，实现9个新村项目闭环，还款3.33亿元。

【适航产业母基金运行】 双流区国资金融局与川航集团合作设立适航产业母基金，重点支持航空高端装备制造、航空维修、通用航空等行业优质企业和项目。母基金总规模20亿元，其中一期基金规模5亿元，采取FOF基金模式，母基金实缴规模的80%用于设立子基金、20%按照市场化方式直接投资企业。

【企业上市管理】 双流区出台《双流区企业上市（挂牌）倍增行动计划（2020—2022年）》，推动区内优质企业登陆多层次资本市场。双流区国资金融局搭建“双流企业上市（挂牌）管理信息系统”，筛选重点扶持企业形成梯队培养格局。全区上市（挂牌）企业98家，其中上市企业5家、新三板挂牌企业8家、四板挂牌企业85家，企业上市（挂牌）管理信息系统库内企业超过520家。

（肖慧敏）

/财政管理/
Fiscal Management

【概况】 2020年，双流区财政局坚持稳中求进工作总基调，牢固树立“过紧日子”思想，建立与中国航空经济之都匹配的财政收支体系，做好“六稳”工作（稳就业、稳金融、稳外贸、稳外资、稳投资、稳预期），落实“六保”任务（保居民就业、保基本民生、保市场主体、保粮食能源安全、保产业链供应链稳定、保基层运转）。全区一般公共预算收入完成77.5亿元，完成预算102.1%，增长8.2%；一般公共预算支出完成102.3亿元，完成预算93.9%，下降3.3%；政府性基金收入完成122.5亿元，完成预算96.6%，增长26.1%；政府性基金支出完成154.9亿元，完成预算97.4%，增长74.2%。

【财政收入】 双流区全年完成全口径财政总收入2752454万元，比上年增长22.9%，与“十二五”期末相比增长121.8%，其中全口径税收收入完成1434862万元，比上年增长23.6%，与“十二五”期末相比增长80.7%；地方财政收入完成2001093万元，比上年增长21.3%，与“十二五”期末相比增长139.1%；一般公共预算收入完成775560万元，比上年增长8.2%，与“十二五”期末相比增长48.4%；地方税收收入完成683501万元，比上年增长12.1%，与“十二五”期末相比增长75.4%；政府性基金收入完成1225533万元，比上年增长26.1%，与“十二五”期末相比增长290.3%。

【财政支出】 双流区全年完成财政支出2573427万元，比上年增长32.1%，其中一般公共预算支出完成1023585万元，比上年下降3.3%；一般公共服务、公共安全、教育、科学技术、社会保障和就业、医疗卫生、节能环保、城乡社区事务8项支出完成750577万元，比上年下降6.8%；政府性基金支出完成1549842万元，比上年增长74.2%。

【财政收支平衡】 双流区一般公共预算收入完成775560万元，为调整预算的102.05%，同口径增长8.2%，

2020年双流区社会事业发展财政支出情况表

表3

项目	单位	实绩	比上年增减（%）
科学技术支出	万元	26605	–68.8
教育支出	万元	188811	7.8
文化和体育支出	万元	27777	33.6
医疗卫生支出	万元	72859	17.6

加上上级补助收入271753万元、调入资金39530万元、2019年结转结余89357万元、一般债务转贷收入74930万元，收入总计1251130万元。全区一般公共预算支出完成1023585万元（区人大批准的一般公共预算支出完成857114万元，省市专项支出和上年结转支出完成166471万元），加上上解支出120419万元、安排预算稳定调节基金15559万元、一般债务还本支出24930万元，支出总计1184493万元。收支相抵，年终结转结余66637万元，按规定结转2021年继续使用。

【财政预算执行】 双流区一般公共预算收入比上年增长8.2%，其中地方税收收入完成683501万元，比上年增长12.1%，非税收入完成92059万元，比上年下降14%。双流区人大批准的一般公共预算支出完成857114万元，加上省、市专项和2019年结转后，支出决算数为1023585万元。

【部门决算管理】 双流区财政局自启用部门决算网络版系统以来，在总结以往经验做法的基础上，将整个决算编审按时间节点流程化，明确各节点任务、分工和需完成的工作量，不断改进和优化程序；在决算会审环节，结合历年审核要求，在上级部门参数更新前，提前设置部门审核模板及公式，实现单位发现问题可随时修改，确保数据及时性与准确性。

【“金财大平台”管理】 双流区财政局深化财政国库管理制度改革，所有预算单位全部实现国库集中支付，实现国库集中支付制度全覆盖；强化区级财政专户资金和单位账户管理，防范资金存放管理风险；深化公务卡改革，推进公务卡办卡量及刷卡信息管理，提高支付透明度，从源头上预防支付风险。

【财政监督管理】 双流区财政局强化财政监督检查，牵头检查5个行政事业单位会计信息质量检查，重点关注“三公”经费、培训费和差旅费；推进全区预算绩效管理，实现项目绩效目标编制全覆盖，对2021年初预算66个项目开展绩效目标审核或评估、涉及金额176908.20万元，对30个项目开展财政重点运行监控、涉及资金29983.66万元；持续开展绩效评价，在单位自评价的基础上，重点选择19个支出项目开展财政重点评价、涉及资金35374.55万元，选择8个单位开展部门整体支出评价、涉及资金621415.76万元，选择3个项目开展财政政策评价、涉及资金9323.63万元。

【政府采购管理】 双流区财政局围绕“程序导向型向结果导向型”的变革思路，以深化“简政放权、管放结合、优化服务”为主线，深化营商环境综合改革，升级“政府采购管理系统”，全区政府采购预算金额18.15亿元，实际采购金额17.21亿元，节约金额0.94亿元，节约率5.18%；完成政府采购项目1150个，其中货物类采购金额4.34亿元，占采购总额的25.22%，工程类采购合同金额1.5亿元，占采购总额的8.72%，服务类采购金额11.37亿元，占采购总额的66.07%。

【政府债券管控】 双流区财政局全年争取政府债券628058万元，其中新增债券331300万元、再融资债券265650万元、抗疫特别国债31108万元，充分发挥政府债券稳投资、扩内需、补短板的重要作用，为中国航空经济之都建设提供资金保障。

（高　海）

税务管理
Taxation Management

【概况】 2020年，国家税务总局成都市双流区税务局以“铸‘空港先锋’税务党建品牌，建一流队伍；塑‘临空经济’税收征管品牌，创一流业绩”为目标，奋力推进税收现代化，为建设中国航空经济之都提供有力保障；复查验收通过“全国文明单位”，取得四川省青年文明号、成都市第三批蓉城先锋示范基层党组织等称号，连续三年获评全市税务系统绩效管理先进单位、双流区目标绩效考评先进单位。

【税收收入】 双流区税务局全年组织各项税费收入170.96亿元，其中组织税收收入147.29亿元，比上年增长21.74%，组织非税收入23.67亿元，比上年增长77.77%，税收规模全市排位第八位；实现税收亿元以上行业12个、企业21家，年纳税1000万元以上企业合计入库税款106.13亿元，占全局税收的72%，占比较2019年提高4个百分点。

【税收征管】 双流区税务局聚焦“转变税收征管方式、提高税收

7月30日，双流区税务局举行“云上有道”残疾人就业创业服务平台线上启动仪式 （供图：区税务局）

征管效能”改革，推进事前审核、固定管户、无差别管理、经验式管理等传统管理方式，向事中事后监管、分类分级管户、大数据管理等现代管理方式转变，在全市范围内争创有双流特色的征管模板。

【税收减免】 双流区税务局严格执行中央、省、市各级税收减免优惠政策，通过创新服务、加强政策辅导和宣传、落实税收减免优惠政策等举措，激发实体经济活力，直接降低企业和纳税人经营负担，全年减免税金51.27亿元，比2019年增加17.21亿元，增长50.53%，其中住房类减免9.67亿元，占18.85%，环境保护减免8.65亿元，占16.87%，西部开发减免6.8亿元，占13.26%。

【税收服务】 双流区税务局依托大数据技术和“智能+”思维，初步建成集“税务健康体检”“智慧税云”“远程柜员服务”“集成办税”“智能导税”等特色功能于一体的智能办税服务厅，强化服务内容管理、服务信息采集分析、服务需求分类响应、服务资源合理调度等管理功能应用，同时创新推出“税费服务支持中心”“对外电子支付”“存量房交易压缩至25分钟”“成渝经济圈（建安行业）建设试点容缺服务”“办税一码通”等纳税服务优化举措；组建办税服务厅“后台技术支撑团队”“前台专家辅导团队”“应急支撑团队”，培养优质纳税服务人才；打造“税企连心、见屏如面”纳税人学堂直播品牌，开辟线上培训新阵地；改造窗口服务格局，通过拆窗办税、贴心辅导，拉近税企沟通距离；开展“便民办税春风行动”、大走访、税企座谈会、“企业咖啡时”等活动，掌握纳税人真实意见建议，形成有针对性的纳税服务优化举措；建立投诉举报管理机制及24小时税务中介远程服务机制，打造具有双流税务特色的纳税服务品牌并形成品牌效应。

【税收宣传】 双流区税务局聚焦税收工作主题和“减税费优服务·助复产促发展”税收宣传月主题，开展第29个全国税收宣传月活动，从落实税费优惠政策、优化办税缴费服务、助力企业复工复产、促进经济社会发展、助力脱贫攻坚等方面再发力；参与成都市税务局“通往成都春天的路上”线上政策宣讲直播活动、“税收故事50+”人物图文记专项宣传、“蓉税问需问计”大走访助满产等活动，完成“税系民

5月15日，双流区税务局到四川消费扶贫中心开展税收宣传月暨脱贫攻坚主题党日活动 （供图：区税务局）

生·百业百味”“非接触式”办税、高端制造类民营企业发展等30个专题子活动宣传约稿；依托地方力量把税收宣传融入地方宣传“大盘子”，联合区级各部门开展税收政策宣传问需活动、开展“减税费优服务助复产促发展”特别直播节目、参加“企业咖啡时”暨“战疫情、促发展、优服务、解难题”活动；在各级媒体刊登信息245篇，其中国家级媒体34篇、省市级以上媒体147篇。

（贾　茹）

/统计管理/

Statistical Management

【概况】 2020年，双流区统计局抓好地区生产总值核算及工业、农业、投资、服务业、能源等统计，提高统计数据质量，做到数据“来之有源、据之可查、查之可信、真实可靠”，强化统计基础，加强基层统计标准化建设；完善和建立部门统计管理体系，确保各地数据与上一级汇总数据衔接、综合统计数据与部门统计数据科学衔接；指导全区统计人才队伍建设，开展统计交流与合作；监督管理由中央财政或省、市、区财政提供的统计经费；负责建设管理全区统计数据库系统和统计信息化系统，指导统计信息化建设。

【统计报表管理】 双流区统计局严格执行国家报表制度、国家统计标准重点抓好年报和定期统计报表，组织实施全区农林牧渔业、工业、建筑业、批发和零售业、住宿和餐饮业、房地产业、其他服务业等国民经济行业以及能源、环境、投资、人口、收入、科技、社会发展基本情况等领域统计调查；负责全区经济社会发展和重要领域、重点区域监测评价，负责收集、整理和提供有关调查的统计数据；加强与部门协调，重要事项相互沟通，争取部门配合开展专项调查；注重对各部门、镇（街道）统计人员业务指导，规范统计程序，提高统计数据质量。

【工业与能源统计管理】 双流区统计局组织实施全区工业经济、能源环境及有关重点行业、重点产业、重要领域的统计调查、统计监测、综合评价和分析研究，负责单位地区生产总值能耗、单位工业增加值能耗和全社会能源消费量核算；参与节能降耗和主要污染物减排目标考核，指导有关专业统计基础工作；清理规模以上工业企业，及时纳入统计；了解工业经济重点镇和重点企业生产经营状况，帮助企业统计人员解决统计工作中具体问题，指导统计业务，为统筹城乡发展做好统计服务；加强统计在工业经济运行动态监测监控职能，分析现状，把握趋势，发现运行中苗头性、倾向性问题，超前研究应对措施，提出对策和建议，增强经济运行工作前瞻性和预见性，提高驾驭和调控全区工业经济运行水平。

【农业统计管理】 双流区统计局负责全区农业农村经济统计调查、监测、审核及分析研究；组织实施农业生产条件、经济作物生产情况、设施农业生产情况、茶叶、水果及食用坚果生产情况、林业生产情况、渔业生产情况的统计调查、统计监测和分析研究，负责全区农林牧渔总产值核算；加强农业统计台账审核，夯实农村统计基础工作；组织实施农业统计联网直报，组织实施全区乡村振兴战略统计监测、审核、分析。

【服务业统计管理】 双流区统计局负责全区交通运输、仓储和邮政业，信息传输、计算机服务和软件业，租赁和商务服务业，科学研究和技术服务业，水利、环境和公共设施管理业，教育、卫生和社会工作等服务业重点企业、重点产业、重点领域的统计调查、统计监测和分析研究；组织实施全区批发和零售业、住宿和餐饮业以及商品市场运行状况的统计调查、统计监测和分析研究，参与评估全区旅游产业、对外经济等统计数据；组织实施全区人口、工资、科学研究与试验发展、文化产业、企业创新等社会发展、科学进步领域的统计调查、统计监测和分析研究，组织实施人口普查、人口抽样调查；承担全区妇女儿童两纲监测，指导有关专业统计基础工作。

【综合核算管理】 双流区统计局组织实施全区国民经济核算、投入产出调查，收集、整理和提供国民经济核算资料，开展分析研究；负责组织各专业统计开展数据质量管理，负责重要统计数据质量的审核、监控和评估；组织实施全区国民经济运行监测预警，建立全区经济社会发展监测评价制度及指标体系；对全区国民经济运行情况、重点区域和重要领域实施监测评价，开展分析研究，提出宏观调控咨询建议；整理、提供和发布综合统计数据；负责全区地方统计调查项目的审批备案，负责全区主要统计指标对外发布，负责全区统计科学研究，负责产业功能区统计监测，指导统计基层基础建设。

【统计监督管理】 双流区统计局加大执法力度，拓宽检查领域，加强与监察、司法、法制办联合执法，规范基层基础统计；依法统计，强化数据质量，构建统计数据质量控制体系；统计人员恪守“以求真务实为天职、视数据质量为生命”职业道德，用好统计调查权、信息管理权和执法检查权。

【统计信息化建设】 双流区统计局贯彻执行国家和省、市、区制定的统计数据库和网络的具体标准及运行规则，负责统计数据库和统计信息化系统建设，实施信息网络管理标准和管理制度；负责全区统计调查数据资源管理，负责全区统计计算机网络和数据的安全保密，承担统计调查数据处理，指导镇（街道）信息化建设。

【统计服务】 双流区统计局深化统计改革，做好重点课题研究，抓好农业发展农民增收调查研究，发挥决策参谋作用；做优、做精统计产品，按时发布《统计公报》，编辑出版《统计年鉴》，定期提供《统计简报》《统计月报》，加强“每月一情”分析监测；加强宏观经济形势监测分析，做好扩大内需统计监测；抓好应急统计监测，探索建立统计应急体系。

【依法统计】 双流区统计局研究出台《双流区关于新形势下进一步加强统计工作的措施》，促进全区各级统计机构及人员高度重视、全面认识统计工作，坚持依法统计、从严管统治统；创新开展统计业务培训，举办双流区地区生产总值核算培训班，邀请统计专家、高校教授为全区86名镇（街）及部门学员授课，并组织559名“四上”企业统计人员参加继续教育培训，分层分类组织镇（街）及部门统计人员参加工业、服务业、商贸业、房地产及建筑业统计培训；强化统计数据质量管控，检查全区358家规上工业、50家规上服务业、50家限上批零住餐企业的数据质量，要求上报数据存在差错的企业修正数据；加强统计执法监督，选派2名统计系统中层干部参加国家统计执法资格培训考试，加大统计执法检查力度，与区市场监管局对全区16家规上企业开展“双随机”联合抽查。

【人口普查】 第七次全国人口普查标准时点是2020年11月1日零时，普查对象是普查标准时点在中国境内的自然人以及在境外但未定居的中国公民，不包括在中国境内短期停留的境外人员。3月，双流区人民政府印发《关于做好第七次全国人口普查工作的通知》，成立区人口普查领导小组及其办公室。4月，全区9个镇（街道）、118个村（社区）普查机构全部组建完成。5月，领导小组成员单位职责分工和工作方式确定，普查经费和物资落实。双流区于6—7月完成区级普查试点，7月区、镇（街道）两级普查骨干参加省、市综合试点工作交流会和业务培训会，8月完成普查地图绘制和普查小区划分并完成“两员”队伍组建，9月完成区级、各镇（街道）普查指导员、普查员业务培训，10月11—31日普查员入户摸底调查，11月1—15日短表登记、上报，11月15—30日长表抽样、登记、上报，12月开展数据审核、验收，完成长表行、职业编码。

（王　玲）

审计管理
Audit Management

【概况】 2020年，双流区审计局完成审计（调查）项目73项，查出管理使用不规范资金12.47亿元，促进增收节支和挽回损失2.79亿元，提出审计意见建议54项，移送问题线索4件，牵头督促审计查出问题整改92个（上级35个、本级57个），整改率96.84%，先后获全市审计系统先进单位、成都市文明单位和双流区目标绩效考评先进单位、落实党风廉政建设主体责任先进单位等17项荣誉。

【财政审计】 双流区审计局组织实施2019年度区级财政预算执行和决算草案审计，重点关注预算编制、调整、执行、决算草案编制和非税收入收缴等情况；运用大数据审计技术方法组织实施全区71家一级预算单位2019年度预算执行“全覆盖”审计，并对全区2019年会议费、培训费使用情况专项审计；按照省市审计机关要求，对财政存量资金和暂付款清理消化、国库库款管理、地方政府债券资金等事项开

2月19日，双流区审计局开展新冠肺炎防疫政策落实情况跟踪审计　（供图：区审计局）

展审计。双流区级预算执行情况较好，全过程预算绩效管理持续推进，财政运行总体平稳，区级财政预算执行审计报告经区委审计委员会审议后，于9月29日代区政府向区人大常委会报告。

【经济责任审计】 双流区审计局坚持依法审计与激励干部干事创业结合，按照《双流区经济责任审计工作规划》要求，完成6名领导干部经济责任审计，促进权力规范运行和反腐倡廉；按照《双流区离任经济责任事项交接办法》要求，对19名领导干部离任交接审计监督，明确界定前任和继任领导干部的经济责任。

【民生跟踪审计】 双流区审计局对疫情防控资金和捐赠款物开展跟踪审计，涉及财政资金5541.6万元，捐赠款物2184.3万元，应急采购事项97批次，物资155.57万个（件、套、只等）；对新增财政资金直达市县基层直接惠企利民情况开展跟踪审计，涉及收到上级资金6.13亿元，督促及时拨付5.76亿元，资金使用率93.96%，助推“六稳”“六保”工作；落实“两不愁、三保障”要求，对乡村治理和惠农惠民财政补助“一卡通”工作推进情况开展交叉审计，推动脱贫攻坚与乡村振兴有效衔接。

【政府投资审计】 双流区审计局对大运会场馆改造等9个项目开展全过程跟踪审计，涉及总投资31亿元，重点关注立项、设计、工程招投标、施工建设、物资采购、工程结算等环节，提升政府投资质量和效率；对“清欠”工作所涉21个政府投资建设项目开展专项审计，送审金额9.19亿元，审计确认金额7.96亿元，审减金额1.23亿元，审减率13.38%，建设单位清偿账款1.86亿元，区委、区政府主要领导给予肯定性批示；创新审计技术方法和组织方式，采用“新模式老标准”对区属国有公司完工未审“339”项目开展审计，全年办理结算178个，审计完成68个。

【国资国企审计】 双流区审计局开展区属国有企业清产核资，涉及空港兴城、空港发展、空港科创等5家区属国有企业及其下属44家全资和控股企业，资产1344.47亿元，查出共性问题11个大类，提出综合性整改建议11条、具体整改建议33条；开展区属国有企业高成本债务置换和新增融资成本专项审计调查，置换高成本存量债务14笔，金额67.74亿元，降低融资成本0.7%，新增融资余额215.16亿元，加权平均综合融资成本5.08%，新增融资成本在全市居于较低水平；持续关注国资国企改革“1+13+N”政策措施体系落实，督促国有企业理顺经营管理体系，促进国有企业由融资平台型向城市综合运营商转型。

（谢铨璞）

城乡建设与管理

URBAN AND RURAL CONSTRUCTION AND MANAGEMENT

城乡建设规划

Urban and Rural Construction Planning

【概况】 2020年，双流区规划和自然资源局优化、完善分区详细规划和总体城市设计，完成《成都芯谷高品质科创空间规划》《天府新区公园城市双流区示范区（即杨柳湖片区）城市设计》等产业功能区重点区域规划，为双流区产业功能区规划建设“蓝图”；完成双流西客站、二江寺站等20个站点TOD城市设计编制，打造以交通为导向的宜居公园城市，加快建设产业网、交通网、绿道网三网融合的临空产业示范区，进一步完善双流区城市规划体系。

【产业功能区规划】 双流区规划和自然资源局结合双流区实际，着眼破解双流城市形态提升困局，深入领会产业功能区建设要求，编制完成《成都芯谷高品质科创空间规划》《天府新区公园城市双流区示范区（即杨柳湖片区）城市设计》等产业功能区重点区域规划。

【空港商圈城市设计】 双流区规划和自然资源局完成空港商圈城市设计，完成区域控制性详细规划编制，降低开发强度与建筑尺度，呈现集商务服务、空港观光、文旅休闲与公共空间于一体的都市商务区。

【科创空间城市设计】 双流区规划和自然资源局完成科创空间城市设计，打造公园中的特色创新街区，“公园+”模式引导产业空间、生活空间、休闲空间有机相融；围绕集约用地、提质增值，科创空间在建筑形态上以“垂直城市”理念为指导，有效利用地下层空间，形成利于团队协作、信息交流、价值共享的特色空间。

【TOD站城一体化城市设计】 双流区规划和自然资源局完成双流西客站、二江寺站等20个站点TOD城市设计编制，打造以交通为导向的宜居公园城市，加快建设产业网、交通网、绿道网三网融合的临空产业示范区。

【农村新型社区规划】 双流区规划和自然资源局编制完成彭镇羊坪村、沿河村，黄水镇白塔村、桃荚村，黄水镇云华社区、桂花村，黄甲街道文庙社区、八角社区“空港花田”四村连片，以及黄龙溪镇嘉禾村等9个村规划，并完成区政府审批。

【15分钟基本公共服务圈规划】 双流区规划和自然资源局进一步推进公共配套设施规划建设规范化、制度化，按照成都市规划和自然资源局出台的《关于推进成都市中心城

区15分钟基本公共服务圈规划》，完成《成都市双流区15分钟基本公共服务圈规划》。

【规划执法监督】 双流区规划和自然资源局建筑工程规划土地核实接件65件，办结61件，包括成都中浦科技有限公司旭双年产60兆瓦非晶硅薄膜太阳能电池生产线项目、四川方向药业有限责任公司原料药固体制剂（一期）项目、通威太阳能（成都）有限公司年产2吉瓦晶体硅太阳能（104号）项目、成都海威华芯科技有限公司物联网高端制造核心制造厂房项目等重大产业项目。

（苏廖丽）

公园城市建设

Park City Construction

【概况】 2020年，双流区深入贯彻落实习近平总书记生态文明思想和“突出公园城市特点，把生态价值考虑进去”的重大要求，围绕市委、市政府建设美丽宜居公园城市系列决策部署，突出空港门户枢纽特质，坚持增绿惠民、营城聚人、筑景成势、引商兴业建设路径，持续推动生产生活生态空间相宜、自然经济社会人文相融，加快打造“人城境业”高度和谐统一的现代化空港公园城市。

（谢宇科）

天府怡心湖B区湖区 （供图：区住建交通局）

【天府怡心湖建设】 天府怡心湖位于双流区与天府新区交界处，占地面积10平方公里，集“生产、生活、生态”与“智慧、智能、智库”六位一体，实现“人城境业”高度和谐统一，致力于建设成为中国航空经济之都标杆新城。天府怡心湖规划ABCDE五个区域，其中A区为活力运动生活区，围绕绿色办公园区和创意办公园区重点打造生活性服务配套，区域内规划社区活动中心、社区养老中心、优质教育、商业服务、生活住区、运动场馆和休闲公园；B区为湖滨中心商务区，包括总部办公、金融中心、企业公馆等产业办公业态以及艺术中心、地铁商业、湖滨MALL等高端商业业态，定位为怡心湖总部经济聚集高地，创造体现科技创新、国际合作、产业协调、产城融合的智慧新城；C区为学研创综合产业区，科研教育总部、产业办公、创意园区与生态公园、创意公园自然交融，同时规划影视创业园、星光影视小镇、影视制作中心、艺术家工作室，并结合丰富的城市生活配套，打造乐活之城；D区为生态办公区，围绕公兴湖湿地湖泊，将生态办公、城市生活配套和优质生活住区合理分布，城市及购物中心万科广场坐落于此，主题酒店、湿地博物馆、国际中小学、社区服务中心科学布局，实现真正的产城融合、景城融合；E区规划为精致商贸领秀区，联动协同综合保税区引入特色保税商贸服务，融合新兴商业消费场景、文化体验博物馆，打造精致、多元的生活服务配套，实现景城融合、产城融合。2017年7月，天府怡心湖率先启动B区建设，2020年9月主湖区达到蓄水条件。

（蒲益中）

【空港中央公园之五湖四海建设】 空港中央公园之五湖四海一期工程位于双流区东升街道，东起星空路一段，西至金河路，北依航林路，南抵航鹰路，规划为大型综合性城市公园；规划总用地736808平方米（合1105.206亩），主要建设内容包括土石方工程、绿化景观工程、道路及铺装工程、配套房屋建筑工程、水体工程、配套设施工程；由双流区公园城市绿化服务中心建设，于2月7日开工，起步区3号

吴家坝街区　　（供图：区公园城市绿化服务中心）

地块（160亩）部分区域建设完成并于6月10日向市民开放。

（谢宇科）

【凤翔湖音乐创意公园建设】 凤翔湖文创项目总用地面积2750平方米，总投资650万元，主要建设内容为文化展演舞台及配套设施、看台、风雨棚、玻璃栈道，致力于打造集公园休闲文化定位、已有景观空间肌理和城市环境发展于一体的新场景，为市民提供游览公园休憩与文娱活动的场所。项目于10月开工建设，截至年底完成钢结构舞台基础施工。

（欧阳志勇）

【公园城市示范街区建设】 双流区公园城市绿化服务中心通过节点景观提升、围墙绿化美化、地域文化元素融入等方式，实施完成吴家坝街区和丰乐街区两个公园城市示范街区建设，提升街区绿化形象，获得市民普遍认可。2个街区共新增绿化面积728平方米，提升绿化面积4250平方米。

【小游园微绿地建设】 双流区公园城市绿化服务中心按照“构建生态区、绿道、公园、小游园、微绿地五级城市绿化体系”的重要部署，年初启动小游园微绿地建设，12月完成迎春路节点小游园、商都路名汇汽配城点位微绿地、商都路四季金悦点位微绿地、城北上街橡树华庭微绿地、九江香博城节点小游园、塔桥路小游园、白河路与一杆旗路节点小游园、西安路与五洞桥路节点小游园、燕楠国际微绿地、城北上街佳兆业段微绿地10个小游园微绿地建设，提升绿化面积21082平方米。

【绿道建设】 双流区天府绿道规划“一轴两山三环七带”主体骨架，

迎春路节点小游园　　（供图：区公园城市绿化服务中心）

万家社区公园绿道　　（供图：区公园城市绿化服务中心）

黄龙溪片区乡村绿道　　（供图：区公园城市绿化服务中心）

以锦江为轴，以龙门山和龙泉山为支架，以熊猫绿道、锦城绿道、田园绿道为环，通过市内7条主要河道(走马河、江安河、金马河、杨柳河—斜江河—邮江河—临溪河、东风渠、沱江—绛溪河、毗河等河段)向外辐射，全面构建天府绿道体系。双流区以成都区域级绿道为骨架，着眼于“一港三心四组团”城市格局，完成《双流空港绿道总体规划》，形成“一园三带五廊”绿道规划体系；以打造空港商圈为核心，规划空港绿道总长度1040公里，其中区域级绿道127公里、城区级绿道303公里、社区级绿道610公里；结合公园绿地、市政道路、镇村道路等项目建设，建成282公里空港绿道；实施芯谷片区绿道(澜起科技北侧道路工程、中电九天北侧道路工程、国际创新中心实训基地东侧道路工程)、空港体育公园绿道、九江儿童健康主题公园绿道、万家社区公园绿道、黄龙溪永安片区乡村绿道建设，共建设30公里。

（谢宇科）

园林苑　（供图：区住建交通局）

【老旧院落和小区改造】 双流区住建交通局贯彻落实各级院改政策，强化工作宣传、提升工作管理、巩固工作成果，全区实际改造完成老旧院落29个、比2019年增加6个(“十三五”期间改造老旧院落比“十二五”期末增加106个)，其中市级目标7个(含3个特色文化示范院落)，惠及居民2729户，并完成绿化改造5012平方米、路面硬化29729平方米、楼道粉刷27892平方米、屋面防水3053平方米，改造清理雨污管网3746米，改(扩)建化粪池22个，新增污水井176个，改造停车位489个，同时协助相关部门完成水电气一户一表改造，基本实现自治有序、配套完善、环境美观。

【易积水居民小区整治】 双流区住建交通局排查易积水小区18个，完成集中整治18个；全面排查摸底小区雨污管网隐患，建立健全专项工作台账，查找积水原因，制定整改方案措施，确保民生实事落到实处，保障小区安全，完成年初成都市人民政府十大民生实事目标计划之一。

（蒲益中）

【“大棚房”清理整治】 双流区规划和自然资源局开展“大棚房”清理整治“回头看”，逐一实地核实排查双流区“大棚房”及“大棚房”另案处理、“重点区域”和违建别墅清理整治等专项行动期间纳入整治的宗地，未发现整治不到位或反弹情况。

（苏廖丽）

/ 交通设施建设 /

Transport Facilities Construction

【概况】 2020年，双流区建成双黄路北延线、双流高新交界规划道路、华侨城农创园西侧道路等21条市政道路，总长34.15公里，投资23.872亿元；新改建镇村道路14.84公里，“白＋黑”改造23.77公里，总投资6798万元；开展机场第二高速、川藏铁路、天温都、籍黄快速路等选线论证和环评；在建地铁线路3条(8号线二期、19号线、30号线)，在建车站8个(不含已开通车站换乘站)，在建里程32.04公里；有序推进双流西站、二江寺站、钟家湾站TOD项目。

【轨道交通建设】 双流区轨道交通规划总里程230公里，共18条线路、83个站点和10个车辆基地，已通车运营地铁线路6条(3号线、5号线、6号线、8号线一期、10号线、17号线)，运营站点24个，运营里程54.6公里(占成都市的运营里程10%)。8号线二期双流段起于莲花站，止于西航港客运中心站(龙岗路站)，长1.9公里，车站1个(西航港客运中心站)，2020年开展征地拆迁、管线迁改和绿化迁移等。19号线起于双流区九江北站，止于天府新区天府新站，双流段长24.02公里，车站7个(九江北站、龙桥路站、T2站、西航港客运中心站、温家山站、怡心湖北站、怡心湖站)，已开展盾构作业。30号线起于双流机场2航站楼站，止于白鹤林站，途经双流区、高新区、锦江区、龙泉驿区，双流段长6.12公里，车站7个(顺风村站、珠江路站、谢家渡站、长城路站、临港路站、月儿村站、T2站)，2020年开展征地拆迁、管线迁改和绿化迁移等。

怡心湖片区市政道路一期　　(供图：区住建交通局)

【黄龙溪片区市政道路建设】 双流区黄龙溪片区道路PPP项目包括岷东大道双流段、剑南大道南延线、双黄路城区段改造3条道路。岷东大道长1.44公里，宽30米，于2017年6月先期实施，2018年10月完成竣工验收并通车。剑南大道南延线长4.34公里，宽60米，于2019年5月开工建设，2020年底已完成总工程量97%；双黄路城区段改造长2.66公里，宽28米，于2020年7月开工建设，2020年底已完成总体工程量的60%。

【怡心湖片区市政道路建设】 怡心湖片区市政道路一期工程PPP项目包含环湖路、天保大道(含天保大桥)、B9路、B10路、B13路、B14路、B17路、B18路、B19路、B20路、B21路11条道路，总长7.79公里，建设内容包括道路、桥涵、管廊、交安、照明、电力、排水、绿化等工程，总投资41885万元。项目于2017年7月开工，2020年12月完成建设。

【地铁3号线双流广场站下穿隧道扩建】 地铁3号线双流广场站下穿隧道扩建项目道路长1153米，建设内容包括隧道、地面道路及附属工程，总投资41722万元。项目于2018年9月开工建设，2020年9月完成建设。

(蒲益中)

【白衣上街下穿隧道建设】 双流区白衣上街下穿隧道标段(空港中央公园之五湖四海一期工程)位于航林路—航鹰东路节点，线路走向自北向南。下穿隧道下穿航林路、三支渠、五湖四海公园群、航鹰东路，隧道全长834.5米，道路全长1187.667米(隧道范围及隧道起终点接线道路)；下穿隧道为单箱双室结构，双向六车道设置，隧道段设计时速50公里，路面段设计时速提升为50公里。项目由双流区公园

地铁3号线双流广场站下穿隧道扩建项目　　(供图：区住建交通局)

白衣上街下穿隧道　　(供图：区公园城市绿化服务中心)

黄龙溪镇“白+黑”农村公路　（供图：区住建交通局）

城市绿化服务中心建设，于2018年10月8日开工，2020年7月17日完成竣工验收并投入使用，建成后形成航都大街四段与迎春路四段快速通道，进入隧道的车辆与之前相比减少两个平面信号交叉口，提升通行效率。

（谢宇科）

【镇村公路建设】双流区镇村公路建成里程5.28公里，涉及彭镇（原金桥镇）、黄龙溪镇、永安镇和黄水镇4个镇，总投资800万元，区财政局按3.5～5米宽道路40万元/公里、5米宽以上道路60万元/公里给予补助，各镇（街道）作为业主负责实施，区住建交通局作为行业主管部门负责监管，确保各条道路建设质量安全及进度按要求执行。双流区农村公路“白+黑”工程建设里程23.77公里，涉及黄龙溪镇、彭镇、永安镇、黄水镇和西航港街道5个镇（街道），总投资6798万元，区财政局按照工程竣工结算总价（以审计结果为准）给予补助。

（蒲益中）

/污水处理设施建设/

Sewage Treatment Facilities Construction

【概况】2020年，双流区水务局启动实施西南航空港组团工业集中发展区第六期工业污水处理厂一期工程、九江污水处理厂一期工程、牧马山污水处理厂二期工程、航空港污水处理厂三期工程。工程完工后，双流区污水厂站处理能力将增至57.82万吨/日。

【航空港工业污水处理厂建设】西南航空港组团工业集中发展区第六期工业污水处理厂一期工程位于怡心街道兰家沟，采用BOT模式，计划投资3.99亿元，新建规模为5万吨/日的地面污水处理厂，建设工期1年，出水主要指标执行《地表水环境质量标准》（GB3838—2002）三类水标准，TN标准执行《四川省岷江、沱江流域水污染排放标准》（DB51/2311—2016）中“工业园区集中式污水处理厂”排放限值标准，氟化物执行1.5毫克/升，尾水排入锦江河。项目于1月开工，截至12月底正在开展初沉池设备和二沉池设备调试，同步开展厂区工艺管道试压、井封口作业。

【航空港污水处理厂建设】航空港污水处理厂三期工程位于西航港街道大湖堰，采用BOT模式，计划总投资9.36亿元，新建规模为9.9万吨/日的地埋式污水处理厂，建设工期2年，出水标准执行《四川省岷江、沱江流域水

12月29日，九江污水处理厂一期工程施工现场　（供图：区水务局）

12月29日，牧马山污水处理厂二期工程施工现场　（供图：区水务局）

污染排放标准》（DB51 / 2311—2016），尾水排入黄堰河。项目于3月开工，截至12月底已开展防水层、垫层施工。

【九江污水处理厂建设】 九江污水处理厂一期工程位于九江街道吴湖路，采用BOT模式，计划总投资3.78亿元，新建土建规模为4万吨 / 日、设备安装为2万吨 / 日的地埋式污水处理厂，建设工期2年，出水标准执行《四川省岷江、沱江流域水污染排放标准》（DB51 / 2311—2016），尾水排入江安河。项目于2月开工，截至12月底已开展箱体钢筋绑扎、混凝土浇筑作业，同步开展梁板柱施工。

【牧马山污水处理厂建设】 牧马山污水处理厂二期工程位于黄水镇燕扬路，采用BOT模式，计划总投资8.62亿元，新建规模为9.9万吨 / 日的地埋式污水处理厂，建设工期2年，出水标准执行《四川省岷江、沱江流域水污染排放标准》（DB51 / 2311—2016），尾水排入杨柳河。项目于2月开工，截至12月底已开展箱体钢筋绑扎、混凝土浇筑作业，同步开展梁板柱施工。

（范钟铁）

电力设施建设

Electricity Facilities Construction

【概况】 2020年，双流区新建110千伏金桥变电站，邻港变电站1、2号主变增容，动力变电站3号主变扩建投运，新增变电容量23.5万千伏安；完成配农网建设项目35个，投资7293.25万元，新建及改造10千伏线路29.62公里、配电变压器32台，新增配变容量1.52万千伏安，并新建及改造低压线路16.29公里。

【“630项目”攻坚】 国网成都市双流供电公司完成110千伏金桥变电站建成投运及110千伏黄甲、塔桥等变电站配网出线“630项目”攻坚，缓解彭镇、黄水、黄甲等片区配网线路超载问题；在东升街道城区新增8台箱式变压器，为迎峰度夏期间电网安全稳定运行提供保障。

【大型和重点电力基建项目建设】 双流区220千伏江安河、黄甲输变电工程和110千伏幸福、白家输变电工程4个大型输变电项目开工，110千伏永安输变电工程站内电气设备安装完毕，220千伏都黄一、

投运后的110千伏金桥站　（供图：国网成都市双流供电公司）

220千伏黄水至核桃村电力线路工程建设现场
（供图：区新经济和科技局）

二线本体完工；黄水电力隧道建设完工投入使用，与其相关的超长工期项目110千伏金桥站建成投运。

（张　静）

【电力线路工程建设】 双流区完成220千伏黄水至核桃村线路工程和110千伏毛力线、毛移线工程等电力主网项目7个，完成通威电力专线工程以及安置小区、学校等工程建设涉及的能源（电气）迁改及配套项目30个。

（张　伟）

/天然气设施建设/
Natural Gas Facilities Construction

【概况】 2020年，双流区兴能天然气有限责任公司投资管线项目81项，投资金额10835.3万元；新建管线71条、166.88公里，完成从输气处华温线黄水阀室接管；整改项目10项，完成整改管线6.76公里；完成G40以上方量的计量器具改造317个，对G10、G16、G25普通膜式燃气表远传改造已进场实施，共687个。

【天然气管网建设】 双流区兴能天然气有限责任公司投资管线项目72个，投资金额9470.6万元；新建管线65条、159.3公里，其中幸福美丽新村配套燃气管线项目13个、30.64公里，整改项目7个、整改管线3.129公里。怡心湖片区管道进入建设阶段，中电熊猫基地第二气源、清华紫光项目、成都天府国际生物城、融合发展产业功能区等重点区域项目完成管网配套规划。

【天然气开户】 双流区完成天然气新安装合同开户36048户，其中民用户35683户（包括农民集中安置户8663户）、商业用户294户、工业用户19户、公共集体52户，与2019年同期37535户相比，开户数减少1487户，降幅3.96%。

【工业园区配气站】 双流工业园区配气站坐落于双流工业园区长埂路与空港三路交叉处，紧邻双流区空港三路和汉能集团公司，500米范围内无居民住户。双流工业园区配气站占地面积10080.43平方米，于2013年1月30日建成投入使用；具备集过滤、调压、分输、计量等功能，主要设备有过滤器1台、汇管2台、高级孔板阀6台、调压器6台、安全阀3个、电动球阀7个；设计压力2.5兆帕，设计规模170×104立方米，实际最高日供气量91×104立方米。上游来气自成都作业区香山配气站经D355管线进入本站，下游为牧马山配气站、双流工业园区用户，站场内安装5处固定式可燃气体报警仪。2020年，双流工业园区配气站供气216581374立方米。

【牧马山配气站】 牧马山配气站坐落于双流区黄水镇大件路东升段1086号，占地面积11086.69平方米，于2012年4月建成投入使用。牧马山配气站具备过滤、调压、分输、计量等功能，主要设备有过滤器2台、汇管2台、高级孔板阀6台、调压器4台、安全阀2个、电动球阀1个；设计压力2.5兆帕，运行压力1.9兆帕，设计规模日供天然气70×104立方米，实际最高日供气量55×104立方米。上游来气自双流工业园区配气站经D273管线进入本站，下游为双流城区、绕城路、环港路、胜利镇、国栋，主要为双流片区居民供气（东升城区、九江镇、彭镇、蛟龙港、黄水镇等），有25万户居民用户。2020年，牧马山配气站供气170384532立方米。

（张　伟）

/公建配套项目建设/
Public Facility Supporting Projects Construction

【概况】 2020年，双流区完善全区15分钟公服圈中已规划布局的公建配套项目建设，完成中心城区"三年攻坚"行动续建项目建设，累计建成基础公共服务设施项目204个，进一步完善城市功能，提升城市品质，改善人居环境，助推城市发展；年底前建成荷韵佳苑二期等8个安置小区，可安置17210人。

【公共服务设施“三年攻坚”行动】 双流区按照成都市中心城区基本公共服务设施“三年攻坚”行动要求，2018—2020年新开工建设公服配套设施项目204个（总目标）已全部开工建设，涉及教育类项目44个、医疗卫生类项目20个、文化类项目19个、体育类项目4个、社区管理类项目3个、社区服务类项目60个、市政公用类项目41个、商业服务类项目13个，计划于2021年底全部完工。

空港维康·怡心颐养院　（供图：区住建交通局）

【空港现代农商中心综合体建设】 空港现代农商中心综合体项目位于双流区西航港街道福通路，大件路以北、福通路以东，紧邻棠湖中学外国语学校，总用地面积1.3万平方米，总建筑面积1.6万平方米，总投资额8262.95万元，包含农贸市场、社区用房、社区卫生服务站、公厕、再生资源回收站、停车场等公服设施，于12月完工，正准备投用前相关工作，使用后将进一步完善周边公共服务设施，为周边群众购物等生活提供便利。

【双流区怡心第三幼儿园建设】 双流区怡心第三幼儿园（金地配建幼儿园）项目位于双流区怡心街道长顺村3组，规划用地面积6698平方米，建筑总面积4841平方米，规划设计规模为12个班360座学位，室外共用活动场1080平方米，于9月投入使用，缓解区域入学难问题。

【空港维康·怡心颐养院建设】 空港维康·怡心颐养院位于双流区怡心街道藕塘社区，总投资1.75亿元，总规划用地面积2.3万平方米，规划净用地面积2万平方米，总建筑面积3.5万平方米（其中地上建筑面积2.3万平方米、地下建筑面积1.2万平方米），由1号养老院、2号综合楼、3号食堂、4号养老院及门卫室、垃圾房组成（其中1号养老院局部最高六层、2号综合楼两层、3号食堂两层、4号养老院三层），配有地下机动车停车位231个、地下非机动车位355个，设计床位数410个（其中1号养老院318个、4号养老院92个），于7月完工。

成都市双流区怡心第三幼儿园　（供图：区住建交通局）

【安置房建设】 双流区开展工作的安置小区共36个，其中空港兴城集团负责安置房建设项目34个（续建8个、新开工12个、拟建14个），建筑面积779.54万平方米，可安置人数73497人；生物城开展工作的安置小区4个（续建4个），建筑面积98.26万平方米，建成后可安置10811人。年底前，全区建成荷韵佳苑二期、金马河畔二期、金湾小区

金湾小区二期（供图：区住建交通局）

二期等 8 个安置小区，总建筑面积 151.21 万平方米，可安置 17210 人。

（蒲益中）

城乡环境综合治理

Comprehensive Improvement of Urban and Rural Environment

【概况】 2020 年，双流区城市管理局充分发挥区城乡环境综合治理指挥部议事协调机构的作用，贯彻建设中国航空经济之都的决策部署，围绕践行新发展理念的公园城市示范区建设总体目标，以干净、整洁、有序、安全为标准，以“迎大运、抓整治、提品质、夯基础”为重点，坚持保障中心、保障发展、保障民生，下足“绣花功夫”，强化精细治理，全面提升城乡环境品质。

【“大美双流”建设】 双流区投资 1.5 亿元完成空港生态修复区环境连片整治，持续加强市容秩序日常监督和专项整治，全面提升整体形象；完成右里、三叶街一、二段、升平街、燃灯路 5 条街巷环境品质提升，完成“左巷”示范街打造并获成都市“中优”办表彰，形成一批“有颜值、有文化、有温度”的背街小巷精品街区；完成“两拆一增”（拆除公共区域违法建筑、拆除有碍空间开放的围墙、增加公共开敞空间）目标点位 45 处，精心打造东升街道塔桥路、九江街道鸿雁路示范点位，拆除违建面积 8230 平方米，拆除围墙 5060 米，增绿 17.3 万平方米，增加开敞空间 21.14 万平方米；组织已征待建地块集中清理整治，完成“两拆一增”点位 10 个；引导镇（街道）因地制宜实施微绿地、小游园打造，九江街道实施“花满九江”计划拆除围墙 1200 米，增绿 3.2 万平方米，引入社会资源打造闲置地块，“万家荟”等 10 个试点可进入、可参与获群众点赞；全域推进“最美街道”创建活动，完成雁葫路、福通路、藕塘街等“最差街道”摘帽，东升街道花园路成功创建成都市“最美街道”。

【城市环境品质提升】 双流区委、区政府印发《加快推进中国航空经济之都城市环境品质提升的实施意见》，成立领导小组（领导小组办公室设在区城乡环境综合治理指挥部），下设五大行动工作组，建立“1+6+N”的高位统筹工作机制。6 月 20 日，中国航空经济之都（双

打造塔桥路二段“两拆一增”节点（供图：区城管局）

流区）城市环境品质提升推进大会召开，在全市率先高位统筹推进市委、市政府下达的3项工作任务，率先建立城市环境品质规划、建设、管理、运营、治理全生命周期提升新模式。领导小组从“三答”“三改”出发，建立示范引领、竞进拉练、督导考评、“金点子”评定等工作机制，下发2批30项技术导则，编制完成城市园林、综合管廊、绿色建筑、施工围挡技术导则，组织2批示范片区、示范线路提升打造，建立城市体检、城市有机更新、城市机会清单发布机制，提升城市能级、空港门户相匹配的环境品质；坚持“先策划、后规划、再设计”，完成杨柳湖、怡心湖、永安湖3个片区城市设计，完成芯谷研创城、空港商务区2个科创空间、轨道交通TOD站城一体化综合开发城市设计，编制“十街六巷”、机场以东区域战略发展规划、南部航线区域大地景观提升规划方案，优化品质提升“规划图”“效果图”；创新实施“动土必管”“兵团式作战”，大运会赛事场馆、重要通道“一馆一策”“一路一策”，5个区属场馆整治提升投资1.5亿元，工程量完成80%；投资424.5亿元实施68个基础设施和公共服务设施提升项目，完成33个，规模化、片区化、批次化推进“实景图”建设；创新实施管理品质提升项目建设三级调度、四色管理、挂图作战，统筹推进城市容貌整治提升等12个专项行动，124个环境品质项目建设计划投资82.8亿元，完成91个，提升空港公园城市示范区显示度；坚持“经营城市”“场景营造”理念，创新推动城市片区开发、公共服务设施供给、投融资规建管一体化开发运营模式，推进怡心湖C区和航空动力小镇片区开发先行试点，完成29个老旧院落改造，招引优质教育、医疗、公园运营“合伙人”，推动区属国有企业转型升级；坚持党建引领、社区共建，持续推进“爱成都·迎大运”七大专项行动，加大运动健康主题社区、文化创意主题社区、国际化社区建设，完成社区微更新项目27个，建成4条精品游线、118个社区特色文化墙，规范493条健身路径、900个标准体育场地，营造精致社区生活场景；全域推进品质攻坚，秉承“人城境业”和谐统一，坚持对标对表、示范引领，系统打造精品城区、精品街区、精品社区。双流区城市环境品质提升经验在成都市电视台等市级以上媒体推送10条。

【城乡环境整治提升】 双流区城市管理局制定《双流国际机场周边及重要道路沿线环境品质提升工作方案》，梳理问题点位54个，建立问题台账，实施挂图作战，完成问题整改；牵头组织机场净空安全食用鸽专项整治，受到四川省、成都市充分肯定；按照统一标准、统一整改、统一督导要求，采取“兵团式作战”方式，完成成都市产业功能区周边及重要道路沿线环境品质提升示范段打造，全面提质牧华路、双楠大道、花园路、双江路、银河路周边区域及延伸区域，实现综合治理向示范打造、“交作业”向“交作品”转变，为全区城乡环境综合治理、全域城市环境品质提升摸索可复制、可推广的新经验；按照区委、区政府深化校地合作要求，组织四川文化产业职业学院、四川大学江安校区、成都信息工程大学航空港校区周边环境整治提升，采取三级联动、台账管理、延伸治理方式，建立城乡环境综合治理校地合作机制；组织第六届全国文明城市创建城乡环境综合治理，坚持对标对表、兵团作战、全域攻坚，助推成都市创建成功；组织非正规垃圾堆放点集中整治，完成4批601

中国航空经济之都（双流区）城市环境品质提升推进大会召开　（供图：区城管局）

处“三查一体”（“卫星遥感普查、无人机巡查、人工核查”监测城乡环境综合治理违规堆放生活垃圾和建筑垃圾、规划强制性控制区新增违法建设问题）点位整治，打造永安镇付家坝社区、松柏社区整治提升示范点位。

【城乡环保和安全治理】 双流区城市管理局持续开展铁路沿线整治提升，实施4条铁路（成贵铁路、成雅铁路、成昆铁路、成昆货运外绕）50公里沿线环境品质整治专项行动，消除安全隐患点156处，清运垃圾818处，拆除广告牌幅196处，植绿16处，并推进成贵客专铁路环境品质提升示范线打造，完成东升段4个景观生态绿地打造；组织城乡环境专题治理，连续3年接力推进“中元节”文明祭祀专项检查，组建专班督查巡查，发放倡议书6万份，张贴禁烧通告5000处，清理查处违规兜售祭祀用品的流动商贩200起，引导全区形成文明祭祀新风尚，减少祭祀焚烧安全隐患。

（杨新领）

景观绿化建设

Landscape and Greening Construction

【概况】 2020年，双流区公园城市绿化服务中心按照《成都市城市绿化养护技术规范》《绿化管理日常巡查制度》《城市园林绿化管护工作考核办法》等办法、标准以及城乡环境综合治理要求，开展城市绿化养护管理。

【“大规模绿化全川”建设】 双流区新建公园3个，新改扩建小游园、微绿地10个，新增绿地120公顷；提升1个老公园景观，打造“红点”“奇点”景观1个，完成行道树增量提质街道15条，新增立体绿化0.8万平方米；实施拆墙透绿、围墙增绿10处，新增规模化芙蓉景观2个、公园城市示范街区2个；打造完成“回家的路”6条、“上班的路”6条，开工建设七河绿带2.5公里；新增森林蓄积量1万立方米，森林覆盖率达20.88%；实施林盘生态管护与修复8个，创建市级园林式居住小区3个、老旧小区园林绿化景观改造试点1个；建设园林绿化垃圾处置站1个，组织开展党政军领导植树活动1次。

【绿地景观建设】 双流区公园城市绿化服务中心夯实生态本底，雕琢航空大地景观，打造沿湖、沿河、沿交通要道生态绿廊，构建机场东西两侧双“井”字形城市绿地体系，完成空港中央公园3600亩、空港体育公园、永安湖城市森林公园、欢乐田园、空港花田等项目建设，成都环城生态公园、锦江绿道、怡心湖、江安河生态绿廊等项目提速推进。截至2020年底，双流区建成区范围园林绿地面积4807公顷，公园绿地917公顷，绿地率40.88%，绿化覆盖率49.05%。

【绿化管护】 双流区公园城市绿化服务中心管理的市政道路绿地区域主要集中在东升、西航港、协和三大片区，管护总面积约820万平方米；鲜花管理主要位于进出双流城区主要通道，如机场路、双楠大道、川藏路、牧华路、华府大道、星空路等以及城区紫东阁、南昌路、西北街、地铁出入口等重要节点，点位总面积22113.58平方米。双流区公园城市绿化服务中心加大秋季绿化冲洗降尘，确保景观效果；全面清理管护盲区和卫生死角，完成乔木缠绕物、钉子、夹板等杂物清理，对重要道路绿化背景

空港体育公园（供图：区公园城市绿化服务中心）

进行植物补水、冲洗作业　　（供图：区公园城市绿化服务中心）

区域积存垃圾清理并强化后续监管；结合绿地斑秃和行道树缺株等情况，开展裸土覆盖，四季度补植草坪77000平方米，补植灌木1500平方米，更换死亡乔木162株；集中整治各类发现的问题，举一反三，要求各管护单位有针对性发现问题、整改问题；强化绿化病虫害防治，召开冬季管护会议，安排部署病虫害冬季防控；完成日常鲜花扮靓，在全区主要道路、街头绿地、广场绿地、公园、游园等重要节点摆放时令鲜花，栽植彩叶植物，常年地栽、地摆时令鲜花20000平方米，增加城市色彩，提升城市品位。

【工地绿化管理】 双流区公园城市绿化服务中心根据城乡环境治理和扬尘治理要求，加强空港中央公园起步区、小游园、微绿地、“两拆一增”等园林绿化项目文明施工和扬尘管控，同时强化绿化整治安全，在实施绿化整治过程中，特别是主干道路或道路节点绿化整治时（包括绿化修枝、整形等），要求各施工单位必须按照要求打围作业，安放警示标志，以确保道路交通安全。

（谢宇科）

城市管理
Urban Management

【概况】 2020年，双流区城市管理局持续推进城市容貌整治提升，全面开展生活垃圾分类，深度抓实扬尘治理，实施重点区域城乡环境综合治理，加强城市基础设施管护，保障重大赛事活动，精耕细作城市管理，完善“大城管”治理格局，推动城市科学化、精细化、智能化管理再上新台阶。

【市政设施建设管理】 双流区城市管理局完成棠湖西路、棠湖东路、吴家坝街、三强西路、锦绣华都路等15条城市道路人行道提升整治工程，完成大运会比赛场馆及重要保障沿线上的金河桥、银河桥、双江大桥及西航港大道（成双大道）下穿桥梁美化涂装；开展道路病害处置，维修人行道15367平方米、车行道5934平方米，沥青路面灌缝88899米，维修沥青路面19956平方米，维修路缘石5110米，维修清理边沟5462米，整治桥（隧涵）420

修剪行道树　　（供图：区公园城市绿化服务中心）

双流区第一人民医院迁建项目光彩照明 （供图：区城市管理局）

座次；持续推进井盖病害治理，完成300座病害井盖治理民生目标；继续推进双流区智慧路灯建设项目，完成2513柱智慧路灯建设，路灯亮灯率99%以上，设施完好率99%以上，设施及时修复率100%；对东升、西航港城区背街小巷进行照明补充，解决白鹤三小区、吴家坝中街6号，三强东路一段101号、白家老街、长治路二段95号等背街小巷有路无灯问题；持续开展景观夜景亮化，完成“左巷·右里”夜景灯光、双流区第一人民医院迁建项目光彩照明工程。

（杳 东）

【市容市貌管理】 双流区城市管理局严格落实“门前三包”责任制，与临街机关、团体、学校、商场等新签订责任书1.4万份，知晓率100%，签约率100%，推荐黄甲街道升平街为“市容秩序”示范街；组织开展户外广告和招牌专项安全整治和违法楼顶招牌、一店多招、超大超亮招牌专项治理，整治拆除破损招牌814个、违规户外广告1268个、楼顶广告招牌128个、超亮户外广告招牌96个，清理移动灯箱9262个、横幅广告5497幅，消除安全隐患；完成东升街道、怡心街道、九江街道、黄水镇4个镇（街道）市容秩序辅助管理外包工作试点；完成省市区重大活动、重大节日、重大赛事、重大工作城市管理保障任务139次，均做到“零失误”。

（季正宇）

营造国庆氛围 （供图：区城市管理局）

【生活垃圾分类管理】双流区城镇社区和农村集中居住区生活垃圾分类居民覆盖率达98.5%，新建“上加顶、下防渗”标准化生活垃圾分类投放点700个，新增垃圾分类投放桶2100个，全区标准化生活垃圾分类投放点位共1211处，生活垃圾回收利用率38.5%；新建园林绿化垃圾收集处置站1座，改造有害垃圾暂存场所1座，改造可回收物分拣中心3个，有厨余垃圾分布式处理设施2处，正在规划建设大型餐厨垃圾处理站、建筑垃圾处理站和再生资源二次分拣中心，为行业源头减量和前端分类提供终端保障。大件垃圾处置中心实现市场化运作，居民可通过电话或者网络预约的方式通知公司上门回收，也可通过镇（街道）垃圾清运公司将集中投放的大件垃圾统一运输至大件垃圾分拣处置中心进行资源化利用；厨余垃圾实现全域清运处置市场化，服务商负责全区行政区域内的经营性餐饮单位、宾馆、机关企事业单位食堂及垃圾分类小区等产生的厨余垃圾规范运输和资源化处置。双流区住建交通局配合垃圾分类第三方机构选址和修建垃圾分类区域，确保垃圾分类落地落实；培训分类指导员，严格落实垃圾分类二次分拣制度，做到干湿垃圾有效分类，封闭存放，定时清理卫生，消除异味，做到与垃圾运输、处理、再生资源回收各环节有效衔接，提高资源化利用率和无害化处理水平；督促物业服务企业开展垃圾分类，132个商品房小区采取张贴宣传画、发放宣传册、悬挂宣传横幅等形式开展垃圾分类宣传，引导业主提高环保意识和正确投放。双流区城市管理局每月最后一天定期开展“有害垃圾回收日”宣传活动，各居民小区结合自身实际定期开展“可回收物”专场回收活动和厨余垃圾定时定点投放，全年入户宣传15万户次，制发宣传资料50万册。各镇（街道）采取市场化和政府推动相结合的方式，成建制推进垃圾分类示范创建，打造分类示范小区，东升街道双桂花园（二期）、西航港街道莲花社区（川齿小区）、永安镇翰林苑小区、九江街道香博城小区、黄龙溪陈家大院、黄甲街道大雁居6个小区先后成功创建全市生活垃圾分类示范小区。

（付　蕾　蒲益中）

永安镇翰林苑小区生活垃圾分类投放设施　（供图：区城市管理局）

【重污染天气扬尘管控】双流区城市管理局根据市区两级大气、水、土壤污染防治“三大战役”领导小组办公室启动重污染天气预警要求，发布重污染天气预警信息，并启动重污染天气应急预案；制定并经区政府审定同意印发《双流区建设工程弃土处置管理实施细则（试行）》，确保双流区渣土处置管理规范有序；按照“动土必管”要求，为125个新开工项目办理渣土处置外运手续，为133个项目办理渣土处置延期手续，为58个项目办理渣土回填手续；每月联合区公安分局以及各镇（街道）、园区开展不少于200人参与的针对渣土运输车车身不洁、冒载、不密闭、飘洒、乱倾倒等违法行为的联合执法行动，道路扬尘污染查处和渣土运输车管控力度均居全市前列；每日组织5台多功能抑尘车对全区重要出入城通道、过境主干道、易污染路段、激光雷达扫描问题点位，采取“前洒、后喷”的立体治尘作业方式，治理道路扬尘污染。

（杨志成）

【建设工程管理】双流区住建交通局督促各建设工程在施工过程中严格按照“六必须、六不准”要求施工，检查施工现场是否安装喷淋设施和是否规范打围、施工区域裸土是否全覆盖（施工时除外）、出入口路面是否硬化、现场是否设置冲洗

S18线路获评全国“新能源公交高品质线路”　　（供图：区城市管理局）

降尘设备等，对未按照要求实施的，责令其组织人员整改，并组织开展建设工程围挡升级再改造，对双流区城市环境贡献一份力。

（蒲益中）

【“厕所革命”推进】 双流区城市管理局创新管理方式，着力推进环卫公厕管理市场化；建立完善公厕APP，规范“两纸一液”配置，强化公厕消毒消杀，提升服务群众水平；探索建立厕所联盟，推动资源共享，全区酒店、商场等30个公厕免费对外开放；持续推进公厕新建和农村户厕改造，新建公厕5座，改造农村户厕4193座。

（刘政宏）

【公交服务管理】 双流区新开行公交线路10条（常规公交4条、摆渡公交1条、特色公交5条），优化调整线路57条，延时服务13条，班次加密10条，打造惠农专线、空港花田假日专线等特色线路13条、夜间准点公交6条、爱国卫生主题专线3条，在疫情防控期间恢复开行企业复工复产专线24条、医护专线1条，安全接送企业复工员工50万人；集中关键力量战汛情，全覆盖排查易受汛情影响的41个点位和9个重点场站，调配车辆94台次、人员140人次，转运受灾群众、抢险队伍5000人次，采用绕行、分段运行等方式紧急临调线路11条，做到抢险救灾、生产营运两不误；积极投身2020年成都国际车展、羽毛球超级联赛等应急保障运输任务，出动公交车辆160台次，完成班次600班，运输赛事运动员和观众达1.2万人次；与滴滴出行采取资源互换的方式合作，进一步优化升级双流工业园区网约公交出行服务，11月10日接入滴滴动态网约公交。双流区S18线路获全国“新能源公交高品质线路”。

（李永龙）

【城管综合行政执法】 双流区城市管理局持续推进非法张贴书写广告专项整治，完善“牛皮癣”创新机制，排查清理“牛皮癣”8万处，利用“牛皮癣”治理机制通知电信等运营商停机号码418个，立案查处6件，“牛皮癣”突出问题整治成效显著；会同区级相关部门开展互联网租赁自行车（电动车）专项整治行动，约谈11家互联网共享单车（含电单车）企业，规范调整各运营公司投放车辆种类、数量，签订自行清理承诺书，规范共享单车66000辆，清理共享电单车8100辆，成果受到市民和市城管委高度认可和肯定，成功经验在全市范围内推广。

（季正宇）

资源与生态环境保护

RESOURCES AND ECOLOGICAL ENVIRONMENTAL PROTECTION

国土资源保护

Land Resources Protection

【概况】 2020年，双流区规划和自然资源局保障永久基本农田12.72万亩，满足全区重大项目实施，确保基本农田划足、划优、划实；推进“批而未供”土地整改，完成“批而未供”土地整改面积11633.30亩，达到省市5年供地率65%的目标任务；盘活低效工业用地807.93亩，盘活利用“拆而未用”土地50712亩，同时制定《双流区产业用地“即供即用”指导意见》，促进土地资源合理高效开发利用。

【国土空间规划编制】 双流区规划和自然资源局稳步推进国土空间规划编制，形成初步方案；完成《双流区空间发展战略规划》《双流区产业发展战略规划》《东升街道环港路西片区城市有机更新综合一体化实施规划》《双流区“中优”城市有机更新三年行动计划》等规划编制。

【耕地保护责任制落实】 双流区规划和自然资源局全年保障永久基本农田12.72万亩，满足全区重大项目实施，确保基本农田划足、划优、划实。双流区耕地保护目标任务每年分解下达给各镇（街道），各镇（街道）落实政府主体责任，实行“一票否决”。根据2019年度土地变更调查成果，双流区完成耕地保护目标任务。双流区按照全国耕地质量等别更新评价主要数据成果显示，2019年末平均耕地质量等别为8等，2020年末耕地平均质量等级为8等，耕地平均质量持平；建立耕地质量监测点数量32个，并发布年度耕地质量监测报告。

【土地综合整治】 双流区规划和自然资源局完成全区24个已验收挂钩项目核查及储备补充耕地核查，并取得省自然资源厅核查意见；完成剑阁县（660.52亩）、青川县（192.51亩）、巴中市（885.04亩）、宣汉县（345.02亩）增减挂钩项目节余指标购买，完成黄水镇花龙村、桃夹社区，永安镇双坝村，黄龙溪镇嘉禾村，以及彭镇临江村、常存村、柑梓村7个农民集中建房整理项目区级部门自检，并完成黄龙溪镇川江村、东岳村改造完善建设高标准基本农田项目验收。黄水镇扯旗社区、白塔社区和彭镇木樨社区3个小拆项目取得验收批复，节余指标131.1亩；黄龙溪镇响水村挂钩项目取得验收批复，节余挂钩指标180.45亩。

【批而未供土地整改】 双流区推进“批而未供”土地整改，完成“批而未供”土地整改面积11633.30亩，达到省市5年供地率65%的目标任务。

【闲置土地和低效工业用地整改】 双流区盘活闲置土地资源，盘活低效工业用地807.93亩，盘活利用“拆而未用”土地50712亩，同时制定《成都市双流区产业用地“即供即用”指导意见》，促进土地资源合理高效开发利用。

【集体建设用地流转】 双流区集体经营性建设用地成交11宗，总面积513.28亩，成交金额50427.31万元。

【征地补偿安置】 双流区全年审核拆迁项目50个，占地面积20184.69亩，审核拆迁资金23.46亿元；办理参保项目23宗1076人，涉及批文面积1736亩。

【土地市场管理】 双流区完成招拍挂出让宗地37宗（2869.74亩），城市更新供地15宗（1265亩）、土地划拨供地32个项目64宗（9991.57亩）、协议出让1宗（120.45亩），为全区重大项目落地和基础设施、民生工程建设提供要素保障。

【土地执法监察】 双流区规划和自然资源局严厉打击违法违规用地建设行为，核查双流区1、2、3季度卫片下发图斑344个、面积12110.4亩（耕地面积5241.8亩）、宗地399宗（合并分割后），并按照成都市规划和自然资源局相关工作要求整治查处，1、2季度卫片违法用地所涉项目处理完毕，3季度卫片违法用地正在处理中。

【不动产登记管理】 双流区不动产登记中心开通网上办事大厅、微信公众号、APP客户端，设置不动产“24小时自助服务点”，全力打造智慧型服务大厅；推出“不动产+水电气”联动办理服务，在全市率先实现不动产登记与水电气联动过户；制定《成都市双流区统规统建征地拆迁安置小区不动产权证办理工作方案》，分批启动安置小区办证，已为39个小区办理土地首次登记；受理登记134456件，发放不动产登记证书69289本、证明65167本，生成电子证照65530份、证明36004份、证书29526份。7月1日，双流区不动产登记中心发放双流区首张不动产登记电子证书，全面开启不动产电子证照时代。12月，双流区不动产登记中心试点完成全区首个新建商品房流溪别院·雅苑“交房即拿证”项目。

（苏廖丽）

水资源保护

Water Resources Protection

【概况】 2020年，双流区水务局为确保水资源可持续利用，以饮用水安全、最严格水资源管理、节用水为重点，继续依法推进取水监督管理；新增DN75以上供水管道20.08公里，持续做好幸福美丽新村和安置小区供水管网建设，不断完善自来水缴费便民服务，双流区镇、村、组通自来水率均100%，自来水普及率99.5%。7月17日，水利部现场复核双流区县域节水型社会达标建设，经复核，双流区达到《节水型社会评价标准（试行）》。11月25日，水利部确定双流区为全国节三批节水型建设达标县（区）。

【疫情防控水源管理】 双流区水务局按照疫情防控要求加强一线工作人员健康管理，自来水生产等重要部门采取全封闭式管理供水服务窗口；加强原水巡查力度，供水企业水质监测和检测频次由原每日1次增加至每3小时1次；印发《2020年成都市双流区水利工程新冠肺炎疫情防控工作方案》，成立水利工程施工现场督查小组，督查双流区水利工程施工现场及食堂疫情防控情况。6月28日，双流区水务局被成都市水务局表彰为“新冠肺炎期间水利工程建设领复工复产先进集体”。

【水资源管理与研究】 双流区落实最严格水资源管理制度，12月通过成都市最严格水资源管理制度考核并取得第一名成绩；继续依法推进取水监督管理，对53户合法取水单位按季度核定取水量，其中核定地表水25434.56万立方米（含农业灌溉用水4450.78万立方米）、核定地下水202.37万立方米，下达水资源税纳税人申报核定书212份；加大对临时取水（疏干排水）管理力度，办理疏干排水临时取水单位63家，核定疏干排水量3823.31万立方米；加强水资源监测管理系统及地下水资源监测系统管理，为水资源开发利用、管理和保护提供信息和技术支撑。

【城镇居民饮用水安全保障】 双流区水务局加强政策指导，编制完成《双流区供水专项规划（2019—2035年）》，制定《关于进一步提升供水服务助力双流区高质量发展

安装户表　　（供图：区水务局）

工作方案》《成都市双流区水务局关于进一步优化获得用水营商环境工作方案》；开展应急处置，有序调度供水，指导岷江水厂实施取水口清淤工程并对拦河大坝投放砼四面体加固，清淤量1万立方米，加固投放砼四面体8000立方米，确保汛期供水安全保障；加强疫情防控，做好疫情期间供水安全保障，指导供水企业制定新冠肺炎疫情期间减负水价实施方案和细则，对批发业、零售业、餐饮业、住宿业等2—3月用水价格实施优惠政策，为成都星晨航都国际酒店等199户减负水价50.97万元，为成都京东方医院有限公司等369户减免水费违约金48.8万元；加强供水管网建设，有序推进自来水户表工程改造，新增DN75以上供水管道20.08公里，指导供水企业为1020户幸福美丽新村用户接通自来水，对星鹏小区等23个老旧院落实施自来水“一户一表”改造工程；有序推进黄龙溪农村饮水安全提升保障加压站及配套管网工程、大件路（临港路至绕城高速段）DN1000供水管道配套工程等项目建设；做好供水服务，加强智慧水务建设，推行微信、支付宝代缴自来水水费业务，让群众实现“不出门”缴费服务；在凤翔湖、白河公园2处设立直饮水试点，为通威、生物城等双流区重大项目做好供水服务保障，确保两会期间、中高考期间等重要会议、活动供水安全。

【自来水生产与供应】 双流区采用“以自主供水为主，外购管网水补差，多源并重，城乡统筹”的供水模式，区内有供水企业3家，即成都市岷江自来水厂（简称岷江水厂，设计制水能力30万吨／日，另有应急保障能力10万吨／日）、成都航都自来水有限公司（简称航都水司，一期设计制水能力20万吨／日）、成都双流西南航空港供水工程有限公司（简称西航水司，转供航都水司趸售的自来水）。自来水厂供区面积1067平方公里，供水覆盖双流区、天府新区、成都高新区中和街道及温江区金马镇，供水总人口150万人。岷江水厂、航都水司原水取自金马河（擦耳灯盏窝处，原水水质达到国家《地面水环境质量标准》Ⅲ类以上水质要求），采用常规生产处理工艺，出厂水水质均达到《生活饮用水卫生标准》（GB5749—2006）要求。双流区自来水厂全年制水总量18789.24万吨，占71.47%，成都水司补水量7438.74万吨，占28.30%，龙泉水司补水量61.38万吨，占0.23%。

抢修自来水爆管　　（供图：区水务局）

全供区总供水量26289.36万吨、较2019年增长3.88%，最高日供水量82.14万吨、较2019年增长2.36%，平均日供水量71.83万吨、较2019年增长3.60%；供水管网（DN75以上）总长3740.98公里，自来水用水总户数825706户（其中机械表用户22322户、智能表用户666946户、远传水表136438户）。双流区总供水量18525.75万吨、较2019年增长6.58%，最高日供水量62.49万吨，较2019年增长6.91%，平均日供水量47.62万吨，比2019年增长6.29%；供水管网（DN75以上）总长2156.94公里，自来水用水总户数538230户（其中机械表用户12087户、智能表用户405079户、远传水表121064户）。

【节约用水】 双流区以“养成节水好习惯，树立绿色新风尚”为主题开展各项节水宣传活动，全年用水总量控制在3.7亿吨以内，万元工业增加值用水量控制在23吨以下，农田灌溉水有效利用系数0.6；将年用水达1200立方米以上的920家非居民用户纳入2020年计划用水管理，自第2季度开始，对非居民用户计划用水实行季度考核，收取2~4季度超计划用水累进加价水费70万元；开展节水载体建设，27个区级机关、15个事业单位创建为公共机构节水型单位，区级机关节水型单位建成率100%，同时4个小区创建为区级节水型小区，6所学校创建为市级节水型校园，1家单位创建为省级节水型企业，1家医院创建为节水型医院，8家单位开展水平衡测试并通过验收。3月，双流区水务局被四川省水利厅评为“2019年度全省节约用水工作先进集体”。

（范钟铁）

生态环境保护

Ecological Environmental Protection

【概况】 2020年，双流生态环境局坚定生态优先、绿色发展战略定力，全力推进中央、省、市生态环境保护督察问题整改，不断提高生态环境治理水平，全区生态环境质量稳步改善。大气、水环境质量改善程度居中心城区第一位，双双创下“十三五”最好成绩；锦江黄龙溪断面水质近20年来首次达到优良，以优异成绩为双流“十三五”生态文明建设画上句号。

【生态文明体制改革】 双流区生态文明体制改革专项小组深入贯彻落实中央和省、市、区改革领导小组会议精神，研究部署改革工作，召开联系会4次，制定实施改革要点10项（其中重点改革事项1项，即双流生态环境局创新实施生态环境监测网络建设及职责分工）、局内改革事项4项（持续推进中央环保督察反馈意见整改落实，积极参与大气污染防治联防联控、建立动态更新的大气污染源污染排放清单、加强扬尘专项整治，创新实施生态环境监测网络建设及职责分工，完成双流区生态保护红线勘界定标），深化改革工作获区长签批表扬。

【环境监测】 双流区环境监测站以岗位管理和质量管理为中心，按照《关于印发“十三五”成都市环境质量监测点位的通知》及《2020年成都市环境监测工作实施方案》要求，完成环境空气质量4个降尘点、2个降水监测点、地表水环境质量3个市控断面、声环境质量3个功能区、107个区域噪声、14个交通噪声监测点、8家水环境重点排污单位、2家大气环境重点排污单位、2家土壤环境重点排污单位、4家其他重点排污单位、3家成都市挥发性有机物企业和25家规模以上入河排口监测和数据上报。

【环评审批】 双流生态环境局针对企业环评办理中的重点、难点和盲点，对行政审批项目分门别类实行提前介入、专家会诊、服务咨询、政策豁免、自主承诺以及主动上门征求意见、派驻审批专员帮忙跑腿等服务方式，提升服务质效和水平。双流生态环境局环评审批时间从30个工作日压缩至7个工作日内，保障成乐高速扩容等21个重大项目落地落实；出具建设项目环境影响报告表批复188个（其中承诺制项目118个）、登记表备案844个，总投资1217.5亿元，满意率100%。

【环保考核】 双流生态环境局在大气目标上首创“自行申报+排名考核”新机制，实行月考核制度，将环保考核结果作为各级各部门考评任免的重要依据，对排名后两位的镇（街道）实行加倍扣分，压实责任，调动部门镇（街道）主观能动性。

【环境执法】 成都市生态环境保护综合行政执法总队双流支队紧扣当前环境保护重点，坚持“全覆盖、

11月9日，成都市生态环境保护综合行政执法总队双流支队正式挂牌成立　（供图：双流生态环境局）

零容忍、严执法”，在坚持开展日常“双随机”抽查、信访投诉办理的同时，组织开展疫情防控阻击战、长江经济带生态环境问题集中排查整治、固体废物环境违法行为专项行动、水污染防治、挥发性有机化合物走航专项执法检查等专项执法行动，对专项行动中发现的环境违法行为，实施按日计罚、查封扣押、停产限产、行政拘留和司法移送等手段依法查处，全年环境违法行为立案47件，移交公安机关3件，处罚金额157.57万元。

【环保督察整改】　2017年8月中央环保督察移交双流区148个问题、2018年11月中央环保督察“回头看”移交双流区163个问题，共311个问题，至2020年底全部完成整改并上报销号。2017年2月四川省环保督察移交双流区48个问题、2018年8月四川省环保督察“回头看”移交双流区1个问题，共49个问题，至2020年底全部完成整改并上报销号。

【长江经济带生态环境问题排查整治】　2019—2020年，国家移交双流区、双流区自查长江经济带生态环境问题137个，整改完成129个，正在整改8个，整改完成率94.2%。涉及双流区住建交通局的长江经济带发现问题10个，其中9个完成整改结案，长滩壹号小区污水直排问题为新增问题，正在整改中，计划于2021年6月30日完成。

【突发环境事件应急管理】　双流生态环境局严格执行新的环境法律法规和各项环境应急管理及环境安全管理制度，健全和完善环境风险源企业环境应急预案的可操作性；强化应急物资储备和管理，针对金马河饮用水水源地环境安全建立环境物资储备库，不断提高应急保障能力；全年组织和参加应急演练12次，参与人数350人次。

【环保宣传】　双流生态环境局紧盯重点领域，加强舆论宣传引导；建立网络评论员队伍，对环保舆情时时监控、科学引导，每月梳理形成《舆情专报》，分析舆情动态、研究应对措施；利用“4·22”地球日、“6·5”世界环境日等节日进行环保公益宣传，发放宣传资料2万份；重视新闻发布，抢占舆论高地，在新华网发布报道13篇，在《空港双流》发布专栏26期，在官方微博发送文稿1680条，官方微信发送文稿249篇。

（杨　锦）

11月19日，双流生态环境局联合元展化工有限公司开展突发环境事件应急演练（供图：双流生态环境局）

12月4日，双流生态环境局举行全国法制宣传日活动 （供图：双流生态环境局）

【环境信访】 双流生态环境局不断优化信访件处置、化解机制，做到“件件有结果，件件有回复”和“案结事了，息诉息访”，依法严厉查处危害群众健康、社会反响强烈的环境污染问题，维护群众的合法环境权益，全年收到信访投诉991件，比2019年下降38.2%，处置回复率保持100%。双流区住建交通局接到环境问题信访1755件，其中信访61件、网络理政1694件，涉及扬尘、油烟扰民、噪音扰民、污水排放、夜间施工等方面，均按时办结。

（杨 锦 蒲益中）

/ 水环境治理 /

Water Environment Improvements

【概况】 双流区境内河流均属岷江水系，有锦江、金马河、杨柳河、江安河、白河、鹿溪河6条主要河流，长度111.77公里；有牧山干渠、老南干渠2条，长度27.16公里；有主要支渠、排洪沟、低槽沟39条，长度332.65公里；有斗渠、提灌渠557公里。2020年，双流区深入践行习近平新时代治水思路，以河长制湖长制为统揽，遵照幸福河建设理念，全面推行“3+3”治水法打响水环境治理“攻坚战”，开展前端“管”源头、中端“建”厂站、末端“治”岸线“三端治水”，实现河湖治理从“集中治理”向“规范管理”转型升级，水环境治理取得“十三五”以来最好成绩，全区6个考核断面水质达标率提高到100%，其中锦江黄龙溪Ⅲ类、江安河二江寺Ⅲ类、金马河广滩Ⅱ类、江安河三江村Ⅲ类、杨柳河桃荚渡Ⅳ类、白河应天寺Ⅳ类。

【河长制管理】 双流区贯彻落实中央和省、市全面推行河长制决策部署，探索形成“1526”（即以“幸福河湖”为目标，构建五级治理体系，创新两项制度，抓实六大基础工作）河长制工作法，推动河长制“有名”“有实”更“有能”；优化区总河长办公室职能职责，设立流域双河长，区级河长由9名增至14名，河长联系单位由5个增至8个，全区现有区镇村三级河长319名，初步形成“区级河长主治、镇级河长主管、村级河长主巡、社区点长溯源、灌区河长联动”的治理体系；在全省率先构建“灌区河长+双流

9月24日，双流区“小小河长”志愿服务队开展活动 （供图：区水务局）

河长”治水新模式，建立灌区管理单位同属地河长常态协调联动治水机制；在全省首创人大代表巡河监督，借助人大代表联系群众的优势，对水环境治理开展监督问效。《成都市双流区实施“河长制+点长制”治水模式再现“水润天府”大美景象》入选水利部河长制典型案例，双流区河长办入围长江委“全面推行河（湖）长制先进集体”，锦江双流段获成都市第一届“最美河湖”称号。

【河道管理】 5月，双流区河长办印发《关于深入推进河湖“清四乱”常态化规范化的通知》，以河长制工作为抓手，严格按照要求推进河湖常态化、规范化管理，落实河湖管理人员，进一步完善巡河队伍，强化日常巡查，实行“清四乱”问题定期报告制度。12月，双流区水务局按照《四川省河湖管理范围划定操作指南》和《四川省河湖管理范围划定数字线划专用图生产指南》要求，完成流域面积1000平方公里以上的金马河（双流段）、锦江（双流段）2条河道和流域面积50平方公里以上的杨柳河、白河、江安河等10条河道河湖划界、数据入库、界桩告示牌设置及公告。

【农村水环境治理】 双流区水务、环保牵头，城管、农发等部门协调配合，各镇（街道）具体负责，摸清全区乡村居民聚居点污水排放现状；投入3000万元，各镇（街道）具体负责，开展农村河渠清淤和保洁专项行动，清除淤泥27万立方米；推进农村垃圾污水治理，开展23个幸福美丽新村配套一体化污水设施建设，确保完成农民集中居住区生活污水处理设施覆盖率达60%以上的目标任务。双流区将农村水环境全面纳入河湖长制管理，建立长效管理机制；深入贯彻“成都治水十条”，全区所有河渠均纳入河湖长制管理，设立9名区级河长，研究河长制工作27次，巡河226次；成立区河长办，明确5个单位作为区级河长联系单位、19个单位作为河长办成员单位；构建区、镇、村3级河长组织体系，设立各级河长430名、河道警长98名，确保每条农村河渠有河长有警长。

（范钟铁）

【建设工程水环境治理】 双流区住建交通局为确保建设项目水排放合格，要求项目开工前依规到区水务部门办理取水和污水排放许可证，完善设施设备，出入口必须设置三级沉淀池，施工降水排放必须经过三级沉淀，方能排入市政管网或自然水域，达到排放标准后方能开工建设，全区全年报监项目319个；检查工地2560次，发出责令整改通知书责令限期整改通知书238份、停工整改通知书6份、调查通知书40份、不良行为记录告知书190份，制止施工项目违规行为，增强全区施工项目建设施工单位水污染管控意识，提高建设施工单位对大气、水污染治理水平。

（蒲益中）

【黑臭水体消除】 双流区水务局按照成都市水务局、成都市生态环境局《关于下达郊区（市）县黑臭水体治理工作目标的通知》，于2017年初启动黑臭水体综合治理，2020年底前完成臭水体控源截污措施和内源治理，并完成全区41段黑臭水体整治效果评估。通过治理，全区41段黑臭水体水质指标达到治理要求，群众满意度均达90%以上，河渠水质消除黑臭，生态环境得到改善。双流区水务局将按照已经建立的河渠水环境长效管护机制，将治理后的河渠纳入重点管护范畴并长效监管，将治理后的成果管护到位，杜绝治理成果反弹。

【金马河流域水环境治理】 金马河从金桥镇金河村汪家渡入双流区境内，流经金桥镇和黄水镇，于黄水镇杨公社区崔家林出境，在双流区境内全长13.95公里，平均河宽525米。双流区汇入金马河流域的主要支渠、排洪沟、低槽沟10条。双流区编制完成《杨柳河、白河、泉水河“三河同治”攻坚方案》《消除黑臭水体专项行动方案》《消除劣Ⅴ类水质断面专项行动方案》，将区级河长由5名增至9名、河长联系单位由3个增至4个，按照“区级河长主治、镇级河长主管、村级河长主巡”工作要求，构建形成“区总河长办统一指挥、区河长办统筹协调、成员单位通力合作、镇（街道）组织实施”的工作格局，压实流域各级河长职责；开工建设三支四斗、三支六斗治理项目，提升白河水质；完成金马河流域24.2万立方米河渠清淤，并完成东升污水处理厂、彭镇污水处理厂、牧马山污水处理厂提标扩容工程，正在推进牧马山污水处理厂二期新建项目。金马河流域三个市级考核全面达标，其中杨柳河桃荚渡Ⅳ类、白河应天寺Ⅳ类、金马河广滩Ⅱ类，21段黑臭水体全部完成整治效果评估。

【锦江黄龙溪断面水质改善】 锦江从永安镇毛家湾入双流区境内，流经永安镇和黄龙溪镇，于黄龙溪镇夏家沱出境，在双流区境内全长20.9公里，平均河宽150米。双流区汇入锦江流域的河流2条（江安河、鹿溪河）、干渠1条（老南干）以及主要支渠、排洪沟、低槽沟17条。双流区梳理出锦江流域具体工作任务35项，制定责任清单，督促责任单位按时序推进攻坚行动；完成锦江流域16.5万立方米河渠清淤，实现管水全域化精细化，实现污水全收集全处理，实现河渠水清岸绿景美；制定印发《锦江水环境治理工作方案》《双流区锦江黄龙溪断面水质达标攻坚行动实施方案》，锦江流域水质全面持续好转；完成九江、航空港一期、永安、公兴（中电子）、黄龙溪、胜利等污水处理厂提标改造，正在实施航空港三期、生物城一期等污水处理厂和工业污水处理厂项目建设。

（范钟铁）

雾霾治理
Haze Treatment

【概况】 2020年，双流区完成标况天数271天，超256天标况目标任务15天，完成实况优良天数293天，比2019年增加14天，PM2.5浓度35.8微克/立方米、比2019年下降16.6%，综合指数取得中心城区第二位、全市第十一位的历史最好排名。

（杨　锦）

【大气污染源网格化动态管控】 双流区持续加大大气污染防治网格化巡查管理力度，依托全区重点建成区和工业园区23个网格和12名专职网格员，定期开展网格内大气污染源巡查以及因工作需要临时交办的巡查；利用开发的网格化调度平台，将新发现的污染源及时录入，通过系统随机派发，网格员利用手机客户端反馈巡查点位情况，督促整改发现的问题，对较为严重的问题反馈给相关部门整改，全年网格化巡查管控巡查点位20500个次，发现并整改问题1747个。双流区住建交通局加强全区建设工程项目大气污染源网格化动态管控，通过组织部门联合行动，每季度开展建筑工地扬尘治理专项督查。

【大气污染防治“蓝天保卫战”】 双流区在大气目标上首创“自行申报+排名考核”的新机制，压实责任，调动部门镇街主观能动性；强化科技手段应用，布设国标法监测子站12个、小型空气站72个、挥发性有机物实时监测站6座，在全省率先实现国标站、小型站、特征污染物监测站全覆盖；加大冬季颗粒物和夏季臭氧等主要污染物监测管控力度，开展走航22次，对其中28家高浓度点位企业进行监督性监测和执法检查，督促存在问题的企业整改；强力开展扬尘、臭氧、油烟和尾气治理“四大行动”，发现并督促整改问题932个。双流区住建交通局对严重违规项目进行行政和信用扣分处罚，保持高压态势，支持双流区打赢大气污染防治“蓝天保卫战”。

（杨　锦　蒲益中）

气象监测
Meteorological Monitorings

【概况】 2020年，双流区气象局做好各项气象服务，履行安全生产监管责任，启动气象灾害应急响应9次，发布地质灾害风险预警信号5期、地质灾害风险提示6期，发送气象防灾减灾短信330万条，制作发布材料91期；为全区5743家农户、农业经营主体提供精细化气象为农信息2482期，为4个精细化农气服务示范基地提供全生育期示范田深度跟踪服务，上线示范田日记34篇；制作发布重大节日、重大活动及重点项目保障专题服务产品56期，发送服务短信近30万条；防雷全覆盖检查，出动执法人员201人次，66家企业危化企业和易燃易爆场所完成“五有标准”的防雷安全规范化建设。

【气候特征】 双流区全年气温偏高、降水偏多、日照偏多，年平均气温17.6℃，较常年同期偏高1.3℃，年总降水量1023.8毫米，较常年偏多168毫米；汛期降水时空分布不均，主要灾害性天气过程集中在7—8月，先后出现2场区域性大暴雨、7次短时强降水天气过程，局地强对流偏重发生，盛夏高温天气明显。

【暴雨与强对流天气】 双流区主汛期（5—8月）中，气温较历史同期均偏高，汛期总降水量806.2毫米、较历史同期偏多35%（597毫米），盛夏短时强降水、雷电、大风等局地强对流天气呈频发、多发特征。双流区出现区域性暴雨天气过程2

次(8月11—12日、8月15—16日)，其中8月11—12日全区暴雨到大暴雨，部分地方特大暴雨，其中250毫米以上的特大暴雨2站、大暴雨14站、暴雨11站，最大降雨量出现在彭镇鲢鱼302毫米；8月15—16日，全区普降暴雨到大暴雨，出现特大暴雨1站、大暴雨23站，最大雨量出现在黄龙溪响水299毫米。双流区主汛期雷雨大风、短时强降水等强对流天气次数频发，强度大，灾害重，先后出现短时强降水天气过程7次(6月29日、7月8日、7月29日、8月7日、8月11日、8月16日、8月30日)；强对流天气空间分布不均，局地性突出，且持续时间长，小时雨强大，多有雷暴和大风伴随而发。

【高温与强降温天气】 双流区高温天气集中出现在8月中下旬，持续出现35℃以上的高温天气时段，7月27日极端最高气温38.6℃、较历年极端最高气温37.5℃偏高1.1℃。影响双流区的冷空气活动比较频繁，以持续性影响为主，全年出现3次寒潮天气，平均降温幅度6℃左右。

【大风大雾与干旱天气】 双流区全年先后出现14次局地阵性大风天气过程(3月26日、5月7日、5月9日、5月19日、5月24日、6月1日、6月16日、6月26日、7月18日、7月25日、7月28日、8月12日、8月17日、8月23日)，风力普遍在6～8级；大雾日数33天，主要集中在1月(5天)、2月(3天)、3月(1天)、4月(2天)、5月(2天)、6月(2天)、7月(1天)、8月(3天)、10月(1天)和11月(3天)、12月(10天)；出现一般冬干、一般春旱和严重夏旱。

【防雷安全监管】 双流区气象局制定安全生产职责清单和安全隐患分类分级台账，每月研判气象行业城市安全风险，完成国家安全发展示范城市建设任务；4月7日，同区应急管理局联合发文《关于开展易燃易爆场所和危险化学品企业防雷安全规范化建设工作的通知》，开展全覆盖检查，出动执法人员201人次，66家企业危化企业和易燃易爆场所完成“五有标准”防雷安全

自动观测站　　（供图：区气象局）

规范化建设；常态化开展机场周边气球施放巡查，将气球禁飞纳入全区净空区安全专项整治行动。

【防灾减灾气象服务】 双流区汛期先后出现7次短时强降水天气过程、14次局地阵性大风天气过程、2次区域性暴雨过程，累计启动9次应急响应，发布地质灾害风险预警信号5期、地质灾害风险提示6期，制作发布调度会商、决策支持等材料91期和气象灾害预警信号43期，发送气象防灾减灾短信330万条。

【公共气象服务】 双流区气象局充分发挥地方权威媒体（双流电视台、双流电视台微博、空港双流电台、双流融媒体、掌上双流APP等）传递短时天气预报、暴雨和大风预警信号、天气实况等监测预警信息，利用交通诱导屏、党政网、官方微博微信、手机短信、微信公众平台、电子公交站牌、智慧路灯LED显示屏、社区气象信息推送终端等多渠道开展气象服务。双流电视台官方微博转发或制作发布各类灾重天气预报预警信息，双流融媒体连续对全区防汛工作专题报道。

【都市现代农业气象服务】 双流区气象局充分利用双流气象APP、四川e农APP、城乡气象信息推送屏等手段，为全区5743家农户、农业经营主体提供精细化气象为农信息2482期；为4个精细化农气服务示范基地提供全生育期示范田深度跟踪服务，上线示范田日记34篇，以点带面带动辐射本地种植户；为4个优质农产品品牌提供气候信息溯源服务，助力绿色安全高端农产品品牌打造，促农增收。

【公园城市环境气象服务】 双流区气象局加强与生态环境部门工作联动，联合开展大气扩散条件会商、空气质量趋势预测等，根据重污染防治需要组织开展6次人工增雨作业，有效改善空气质量；开展“基于公园城市生态气象服务的智慧监测网络建设”市级创新试点建设，建成全省首个基于智慧路灯的气象监测设备；在“黄龙溪现代农业创意博览园”和“空港花田”启动负氧离子监测服务业务，并按照《成都市双流区创建国家生态园林城市三年行动方案（2019—2021）》要求牵头完成双流区城市热岛效应研究。

【重大活动气象保障服务】 双流区气象局组织开展春运、节假日、中高考、秸秆禁烧、重大活动及重点项目气象保障服务，制作发布保障专题服务产品56期，发送服务短信30万条；落实森林草原防灭火要求，每日为森林草原防灭火指挥部提供森林火险气象条件分析；根据大运会筹备工作需求，编写《双流区大运会气象保障筹备工作方案》《双流区气象局大运会重点项目建设计划》并开展项目调研。

（廖利娟）

产业集聚发展

INDUSTRIES AGGREGATION DEVELOPMENT

/ 成都双流自贸试验区 /

Chengdu Shuangliu Pilot Free Trade Zone

【概况】 2020年，成都双流自贸试验区面积34.01平方公里，涵盖航空枢纽功能区15.05平方公里、西航港开发区12.22平方公里、双流综合区4平方公里、西航港街道2.74平方公里。双流自贸试验区是建设国家级天府新区、临空经济示范区、中国（成都）跨境电商综合试验区和航空经济功能区的主要承载地，拥有全国第四大航空枢纽、省内唯一国家一类开放口岸——双流国际机场以及双流综合保税区、保税物流中心（B型）、国际快件中心、国际邮件互换局、七大（植物种苗、药品、冰鲜水产品、食用水生动物、水果、肉类、生物制品）指定监管场地（口岸）、三大货站等口岸平台和开放载体。双流自贸试验区致力以制度创新为核心，着力构建“投资便利化、贸易全球化、环境法治化，服务国际化”的营商环境，紧扣“高质量建设践行新发展理念的中国航空经济之都”奋斗目标，发展枢纽型航空产业、临空型国际贸易等主导产业，力争为成都乃至四川建成西部门户城市开放引领区、内陆开放战略支撑带先导区、国际开放通道枢纽区、内陆开放型经济新高地、内陆与沿海沿边沿江协同开放示范区贡献力量。

【自贸改革深化】 双流自贸试验区印发双流自贸试验区2020—2021年自主改革清单，完成“简化综保区保税维修项目审批层级”等试验任务42条，形成案例31个，川航APU项目成为全国首个保税维修备案制改革项目；深化跨关区保税维修协同改革，外送维修件物流费用降低80%，时间节省5～7天；累计形成案例107个，在全国全省全市有重要影响案例20个，其中冰鲜水产品两段准入、空铁联运一单制2项改革被国务院批准全国复制推广，“四个转变”政务改革获国务院自贸工作部级联席会议肯定并在全国复制推广；创新开展飞机保税融资租赁，被市委、市政府通报表扬；攻克海关异地委托监管、综保区一般纳税人资格试点等难题，实现飞机（双流壹号空客A330）整机租赁全省首单，获评成都市担当作为先进集体。

【自贸区运营环境优化】 双流区高度重视拓展国际机场口岸功能，新建成并获批投运食用水生动物、水果、肉类三大空运进境指定监管场地和生物制品指定口岸，指定监管场地（口岸）增至7个，成为中西部进境指定监管场地和口岸门类最齐全的地区。

【贸易口岸建设】 双流区航空经济局牵头制定《成都市双流区贯彻落实〈贸易通关便利化行动计划〉的工作方案》，围绕“提效率、降成本、建系统”，提升货物贸易便利化水平；全面实施空港“7×24”小时通关和144小时过境免签服务，国际贸易“单一窗口”免费申报实现100%覆盖；创新抵港申报等改革，机场进出口通关时效位居全国主要空港口岸前列；创新政企沟通模式，打造双流营商服务品牌，举办第13届中国航空维修峰会、2020（第四届）民用飞机运行支持技术国际论坛、成都市现代物流产业生态圈联盟第一次全体大会、“成都双流·航空经济”泰国专场推介会等重大活动。6月，双流区航空经济局被四川省人民政府口岸与物流办公室评选为“四川单一窗口推广应用先进单位”。

（高　垒）

西南航空港经济开发区
Southwest Airport Economic Development Zone

【概况】 西南航空港经济开发区位于成都市中心城区西南面，地处天府新区、双流东升、西航港三大城市组团之间，紧邻中国第五大国际机场——双流国际机场，是内陆地区最早设立并经国务院核准的省级重点经济开发区，是中国西部（成都）科学城、国家临空经济示范区重要承载地，也是双流航空经济区的重要组成部分，先后获批国家高新技术产业基地、国家外贸转型升级基地等国家级基地。西南航空港经济开发区规划面积54.9平方公里，聚焦发展航空制造、电子信息两大主导产业，培优做强绿色能源、生物医药、先进材料、智能制造等特色优势产业，提升关联产业价值链，构建以航空经济为引领的现代化适航适港产业体系，聚力打造门户功能突出、产业特色鲜明、区域带动明显的中国航空经济之都。2020年，园区聚集世界500强10家、中国500强7家、上市或上市企业分公司37家、高新技术企业127家，有规模以上企业227家。

西南航空港经济开发区管理委员会主任为马骏。

【开发区企业发展】 西南航空港经济开发区开展“送政策、帮企业、送服务、解难题”专项行动，服务专员驻点对园区1164家工业企业一对一指导，3月227家规上企业全部复工；按月调度工业经济运行情况，做好重点企业“一对一、个性化”服务，动态跟踪企业生产困境和产值波动情况；建立领导干部分片包联机制，摸清底数建立培育后备库和企业问题台账，“点对点”开展上门服务，确保企业稳产满产；分类培育优质企业，支持存量工业企业提升竞争力，扩大生产和销售规模，新增规上企业50家。园区462家列统工业企业实现产值1213.89亿元，比上年增长16.5%，比2015年产值874.32亿元增长339.57亿元，增幅38.83%；实现税收27亿元，比上年增长12.4%。

【开发区招商引资】 西南航空港经济开发区围绕航空产业、电子信息两大主导产业“招商地图”，系统分析产业链缺失和薄弱环节，建立完善招引目标企业库，提升招引能级，举办推介活动7场，到上海、深圳等地参加投资促进活动16场，拜访中核兴业、厦门建潘集团等企业52家，获取有效项目信息24条，签约中核兴业、忽米网络等项目14个，协议总投资164.2亿元。

【开发区项目建设】 西南航空港经济开发区按照项目建设时序和节点要求，提前布局土地、道路、能源等资源要素，最大限度为项目建设节省时间、提供保障；建立定期调度机制，分批次开展项目促建会，协调解决企业问题；推进工业项目72个，澜至电子、透平巴能等11个项目建成投产，紫光、国铁等7个项目加快建设，屏芯智能、中国电科成都产业基地等29个项目开工建设，前期储备多普勒、联帮医疗等25个项目。

【开发区基础配套建设】 西南航空港经济开发区提速完善生产配套，推进屏芯智能制造基地52万平方米、电子科大科技园6万平方米标准厂房建设，新开工面积10万平方米，打造高品质产业承载空间；加快优化生活配套，创建“产业载体＋人才公寓＋商业配套”模式，定制化建设物联网园区企业幸福中心1.8万平方米，半定制化建设中电熊猫人才公寓14万平方米、倒班房7.2万平方米，形成产品展示、会客、小影院一体化配套空间，打造优质营商环境，提升区域产业竞争力。

【开发区企业服务】 西南航空港经济开发区解决企业问题，全年举办咖啡时主活动2次、子活动38场，参与企业1200家，参与人次2000人次，收集困难200条，解决率98%，企业满意度95%；优化金融服务，协调解决中电熊猫、国铁电气、金发科技等165家企业融资需求；为企业授信金额426675万元，通过壮大贷、科创贷、园保贷等为71家企业放款余额5.93亿元；为园区企业申报发放贷款贴息499.22万元，担保融资补贴发放579.97万元。

【校院企地融合发展】 西南航空港经济开发区加快推进载体建设，电子科大科技园四期总工程量完成45%，主体已封顶，成信大产业园项目4号楼主体建成；举办创业天府·菁蓉创享会、"蓉漂人才日"等创新创业活动50场次，天府新区大学科技创新园新引进企业50家，累计引进企业373家；召开"校企双进"成果精准对接会4次，发布科研成果城市机会清单300条，完成技术合同成交额25.4亿元，有效高新技术企业达267家。

【服务机制优化】 西南航空港经济开发区快速精准兑现产业政策，推出政策申领网报平台，简化政策申领程序，"点对点"通知企业"对号入座"奖励资金，"通知类"项目申领周期由3天缩短至0.5天；对上争取省市奖补资金3.87亿元，已向企业兑现3.08亿元，并兑现区级招商引资扶持资金56190.04万元、212个项目区级普惠政策奖补资金4222.06万元；优化审批服务，充分发挥园区科功能，优化"一站式"服务，精简企业办理手续的要件，下沉83项行政审批事项到功能区，实现企业办事不出园区，全年办理涉企事项181项，接待企业咨询3000次。

（叶丽萍）

空港商务区

Airport Business District

【概况】 2020年，成都市双流国际空港产业促进中心以高质量建设践行新发展理念的中国航空经济之都为引领，围绕空港商务区"一年强基础、三年出形象、五年见成效"发展目标，抓实抓好招商引资、规划建设、营商环境建设，推动空港商务区加速成型成势。空港商务区区域内规上、限上企业实现营业收入88.8亿元，税收2.58亿元；有全区现代服务业纳税大户前20强11家。

成都市双流国际空港产业促进中心主任为吴东。

【商务区规划建设】 空港商务区确定"两廊一湾三公园"空间布局，即成双大道商务走廊、双楠大道时尚走廊、凌云湾、环城生态公园、空港体育公园、空港中央公园（以高端生活性服务业为主打造双楠大道时尚走廊，以生产性服务业为主打造成双大道商务走廊；用好空港·云、空港体育公园辐射效应，与机场站前区域协同联动，打造凌云湾人气网红打卡地；有机融合环城生态公园，拓展延伸空港商圈生态价值）；拓展功能定位，确定"一城四中心"功能定位，即空港免税消费城、跨境电商消费体验中心、进口商品直销中心、川菜美食品鉴中心、天府文化体验中心；优化产业体系，确定"1+2+2"产业体系，即以航空运营保障为核心支撑，展示展销、文化旅游为特色带动，商业商务、总部金融为高端引领的产业体系；明确发展路径，即盘活存量、美化新量、加快增量。12月15日、12月22日，双流区委书记先后两次召开空港商圈建设发展专题会议，结合环城生态公园生态价值转化实际对标调焦。

【商务区体制机制完善】 空港商务区在空港商圈领导小组、空港商务区指挥部的基础上，于8月10日成立空港商务区综合党委，健全三级管理机制，成为全区"园区管委会+专业公司"管理体制机制首个试点，全年三级管理机构召开会议36次，议定事项167项；精准整合空港产业促进中心、空港产融公司力量，以"事项清单化、督导常态化、责任具体化"推动工作落实见效。空港商务区完善高效协调机制，组织相关行业主管部门，不定期召开空港商务区建设发展联席会议，研究解决规划落地、项目落位、政策落实、供地保障等重大事项；协调省机场集团、市交通局等18个单位，协同解决航空限高、地铁站点设置等问题30项，9月8日完成金花加油站拆迁；对上争取"补短板"资金1.3亿元。

【商务区基础设施建设】 空港商务区持续实施十大项目，紧盯路网交通、项目支撑等短板，"十大项目"按计划开工7个，其中633亩空港体育公园于8月开园，1.22万

空港体育公园

（供图：双流国际空港产业促进中心）

平方米空港·云城市会客厅于12月30日试运行，总投资30亿元的澳康达西南中心项目基坑完工；国际会议中心项目于4月开工、完成深基坑基础工程，凌云湾1号路于5月31日开工；成双大道与西航港大道互通工程于6月30日开工，实现C、D辅道通车，打通存在近10年的“T”字路；西航港大道与川航货站节点工程于8月3日开工。

【商务区招商引资】 空港商务区实行“综合党委带头、领导班子叩门、全体干部参与”的招商攻坚行动，围绕年初既定目标，精准锁定目标企业，讲好故事、算好成本、找准合作点，确保招商取得实质性突破；组建4支招商攻坚队到北京、上海等地拜访考察企业82家，应邀到双流区考察企业42家；开展投资环境网络直播“云招商”、空港商务区投资环境（上海）推介会等活动5场，发布“城市机会清单”7项，签约引进总投资20亿元的盛屯集团西区总部基地项目，跟踪洽谈大型商业综合体华润置地空港万象汇等项目6个；摸排青楠里、太平园二期等现有载体情况，梳理可用楼宇面积，加强载体“二次招商”，招引迈氏、凯悦等全球运营商入驻。

【商务区项目促建】 空港商务区强化存量项目促建，太平园二期项目主体工程完工，完成外立面装修80%；金悦汇项目于8月20日施工进场，完成基坑支护工程；九龙仓二期承诺按照空港商务区规划设计要求修改完成B地块方案，顺次启动B地块、C地块建设；华兴地产于8月21日提交放弃土地申请函，函请区规自局启动土地收储程序。

【商务区企业服务】 双流国际空港产业促进中心针对企业需求，建立问题台账，实施对账销账“清单化”管理，为企业答疑解惑239件，现场处置问题128次；结合新冠疫情防控和安全维稳，分3个工作组深入园区企业、工地和专业市场开展全覆盖走访宣传、检查指导，发放口罩5000个、消毒液1345升，帮助8家企业办理防疫补贴；组织开展“企业咖啡时”等主题活动14场；为招商引资目标企业提供全生命周期服务，协调澳康达西南中心项目提前45天完成供地，协助78家企业“一站式”快处快办行政审批手续；建立空港商务区统计管理体系，逐一完成55个已供地项目、28家限额以上批零住餐企业、4个专业市场、1878家商户建档。

（彭本常）

航空经济发展

AVIATIONECONOMICDEVELOPMENT

/ 航空经济运行 /

Aviation Economic Operation

【概况】 2020 年，双流区实现航空核心产业主营业务收入 830 亿元，税收 22.4 亿元，完成工业产值 553 亿元、增长 21.8%。双流区国际机场实现旅客量 4074.2 万人次，位居全国第二、全球第三；货运量 61.7 万吨，国际全货机运量增长超 150%；起降飞机 31.2 万架次，5 月飞机起降架次位居全球第一，为全球最繁忙机场。

【航空经济“疫情八条措施”出台】 双流区航空经济局落实省、市应对新冠肺炎疫情的政策措施，缓解新冠肺炎疫情对航空经济运行的不利影响，实现航空经济平稳健康可持续发展，制定“疫情八条措施”，包括鼓励基地航空公司恢复运力、鼓励基地航空公司运营国际航线、减轻物流企业压力、鼓励保税物流产业加快发展、降低空港口岸货物通关成本、支持空港口岸重点服务型企业发展、鼓励样本企业恢复仓储能级、鼓励利用双流综保区开展集货出口业务。

【现代适航产业体系构建】 双流区航空经济局以产业链、生态圈思维推进产业强链补链，依托川航货运等项目争取设立全货运基地航空公司；依托主基地航空，抢抓两场运营飞机增加需求推动飞机租赁项目集群化落地；依托中商飞大飞机示范产业园、空客再交付中心等头部项目，重塑全球航空话语体系；抢抓布局民航部附件审定中心等重大航空类功能平台，打造适航产业引力场。

【航空经济招商引资】 双流区航空经济局围绕“两图一表”，聚焦六大产业集群，引进长龙航空、金石飞机租赁等重点项目，“两图一表”覆盖率 100%；围绕“头部企业”，引进中国民航飞行校验中心等“功能型”项目 5 个；围绕“六类五百强”，引进 BP 航油、德邦物流等项目 5 个；围绕“外资外贸”，引进投资 10 亿美元的瑞声科技光学声学研发基地、2 亿美元的兴科蓉全国总部等重大外资项目 3 个，总投资超 12 亿美元，瑞声科技成为全区近两年来引进的最大外资项目。

【航空营商环境改革】 双流区对表成都市营商环境 3.0 版，企业开办时限压缩至最快 2.5 小时，办理建筑许可时限由 2019 年 24 个工作日压缩至 9 个工作日，水电气获得全流程办理时限较 2019 年分别压缩 65%、44%、55%；实行高水平跨境贸易便利化政策，深入开展“两步申报”“两段准入”改革，进一步降低通关整体费用；整合跨境贸易数据资源，为市场主体、监管部门等提供跨境贸易综合服务；深入推进“三系统一机制”（智慧综关信息化系统、光学自动识别系统、电子运抵自动触发系统、“提前申报+布控查验”机制）快速通关、区域外发货物保税维修监管等创新改革；打造区域性航空物流集散中心，放大用好空港口岸资源，抢先开通直达全球供应链节点城市的国际货运航线；上线“智慧空港”综合服务平台，安检前置项目6月投运，通关成本降低约60%；实施“7×24”小时通关服务，实现货物随到随检、快速通关，特别是针对生鲜和应急航材等高时效货物，实施抵港即报、提前申报，机场口岸进、出口整体通关时间分别压缩66.5%、89.5%，从航班落地到放行提离最快仅需1.5小时，在全国13个主要机场，进口出口均排第1位；创新政企沟通服务模式，开展走进中商飞等“企业咖啡时”活动240次，收集企业诉求4168件，办结率99.57%，满意率99.16%。4月，全省首家“前店后仓+快速配送”跨境电商新业态体验店“空港一号”投运。8月30日，第二届中国国际化营商环境高峰论坛暨《2020中国城市营商环境投资评估报告》发布会举行，双流区被评为“最具投资营商价值县（市、区）”。

【航空自主改革】 双流区航空经济局按照“大胆闯、大胆试、自主改”要求，聚焦市场主体、通关改革、保税维修等重点领域，印发《双流自贸区2020—2021年自主改革清单》，完成“简化综保区保税维修项目审批层级”等试验任务19条，形成案例20个；明确63条具有双流特色、紧贴航空主导产业发展的自主改革事项并加快推进，完成“加强信用体系建设效果评价运用”等42条，“在省内率先探索跨境贸易新业态”等11条正加快推进，形成改革案例31个。

【自贸改革试验推进】 双流区航空经济局聚焦空港城市特征、航空产业特色和市场主体需求，深化跨关区保税维修协同、综保区保税维修功能向机场空侧延伸、川渝自贸区协同开放等改革，争取创造面向全国复制推广的双流经验，增强航空经济高质量发展动力，服务成渝地区双城经济圈建设。“综合保税区设备零配件可追溯便捷监管模式”“飞行员离职纠纷多元化解决机制”等4项全省复制推广，“跨关区保税维修”等4项改革报商务部申报全国最佳实践案例。双流区航空经济局因创新开展飞机保税融资租赁获成都市委、市政府通报表扬。

【客货并举枢纽战略推进】 双流区航空经济局在客运方面，借鉴上海虹桥经验，打造全国知名的精品商务航线枢纽；在货运方面，抢抓布局国际全货机航线，实现3~5年形成20条覆盖全球重要枢纽城市的全货机航线网络，利用商务航线“腹舱通路”串联国际全货机航线，打造航空货运转运中心。

【国际供应链通道打造】 双流区航空经济局推动航空物流园区提档升级，利用综保区、空港保税物流中心建设高标准专业仓储设施，发展冷链物流、医药物流等物流体系；加快综保铁路专线建设，积极推动与青白江城厢站的对接，实现依托泛欧泛亚铁路通达欧洲和东南亚，推动双流构建“空铁”多式联运国际供应链大通道。

【航空物流发展】 疫情期间，双流区航空经济局率先在全国出台促进航空物流高质量发展系列政策，从防疫物资补助、通关成本降低、仓库租金补贴、鼓励恢复并扩大业务

邮政跨境电商数字贸易发展展示中心　（供图：区航空经济局）

等方面为物流企业提供支持；引入银行等金融机构创新金融产品供给，缓解物流企业资金压力，帮助企业渡过难关稳产满产。

【邮政跨境电商发展】 四川邮政跨境电商孵化实训基地于2019年9月正式投入使用，引入阿拉丁跨境电商学院进行培训孵化运营。2020年，四川邮政跨境电商孵化实训基地已与成都地区西南民族大学经济学院、四川大学锦城学院、西南财大天府学院、四川旅游学院、成都工贸职业技术学院等10所高校联合开展跨境人才孵化，培训场次250场，培训人次4000人，高校孵化学生卖家150组；组织与参与大型跨境电商推广活动12场，接待国内外行业调研交流会及政府指导接待会上百次，就跨境电商行业现状及发展前景深度交流。

（高　伞）

/航空项目建设/
Aviation Projects Construction

【概况】 2020年，双流区航空经济局以产业链生态圈思维，开展项目招引促建攻坚，新引进长龙货运等亿元以上项目11个（市级重点项目6个），总投资172亿元；推动紫光等11个项目加快建设，川航APU等4个项目开工，兴科蓉、川航APU2个项目完成供地，民航校飞中心等3个项目加快调规组件。双流区航空经济局被成都市人民政府评为"成都市投资和重点项目推进工作成绩突出单位"。

【航空产业化项目引进】 双流区航空经济局新引进长龙货运、长虹租赁等亿元以上项目11个（其中长虹融资租赁为重复项目），协议总投资172亿元，其中围绕头部企业，引进BP航油总部、长虹融资租赁2个"六类五百强"项目；围绕补齐航空产业链短板，引进鲲鹏航空、川航货运、商品通供应链金融与电子商务西南总部基地项目、东航·四川东盟中心项目、长龙货运航空5个项目；围绕壮大航空金融规模，引进天合租赁（天鹰一号）发动机租赁、长虹融资租赁、空客A320NEO飞机租赁、蓝都租赁中商飞ARJ21飞机租赁、蓝自租赁中商飞ARJ21飞机租赁5个项目。双流区落地租赁飞机3架（1架空客A320NEO飞机、2架ARJ21飞机），总货值7.2亿元，航空租赁产业规模15亿元。

中国商飞民机示范产业园二期项目建设现场　（供图：区航空经济局）

【中国商飞民机示范产业园建设】 中国商飞民机示范产业园二期项目位于双流区广牧路，用地面积72.7亩，总建筑面积32736平方米，其

APU修厂房（一期）项目建设现场　（供图：区航空经济局）

中地上建筑面积29136平方米、地下建筑面积3600平方米，总投资3亿元，建设飞行员体能训练中心、心理辅导中心、综合保障中心等。项目于9月开工建设，截至年底已开始主体施工。

【APU维修厂房建设】 APU维修厂房（一期）项目位于双流综保区内，地上拟建一期厂房5827.93平方米（丙类厂房，一层，层高9.4米）、危化品库房200平方米、试车台基础1500平方米、空压机及空调用房132.03平方米、门卫室72平方米，地下拟建消防设备用房792.70平方米、污水处理区160平方米、电力配套设施。项目于10月开工建设，截至年底完成基础施工。

（高　垒）

空港口岸建设与监管
Airport Port Construction and Supervision

【概况】 2020年，成都双流国际机场监管出入境航班1.1万架次，比上年下降72.43%，检查出入境人员91.94万人次，比上年下降86.98%。空港口岸监管货量17万吨（含航油出口），比上年下降31.87%，其中普货监管货量13.4万吨，比上年下降11.84%，航油出口货量3.6万吨。7月，国务院在全国范围复制推广双流区“冰鲜水产品两段准入监管模式”及“空铁联运一单制”两项物流领域改革。“十三五”期间，双流区相继新建成并获批投运食用水生动物、水果、肉类三大空运进境指定监管场地和生物制品指定口岸，指定监管场地（口岸）增至7个，成为中西部进境指定监管场地和口岸门类最齐全的地区。

9月15日，双流区实现一单制跨境“航空+高铁”联运全国全球首单　（供图：区航空经济局）

【口岸应用场景营造】 双流区航空经济局围绕服务国家消费中心城市建设，依托空港七大类指定监管场地（口岸）优势，加快建设进口肉类、冰鲜水产品等进境特殊商品西南地区集散中心，探索口岸经济赋能空港商贸，打造与国际接轨的高端商品消费链。

【肉类通关】 成都双流国际机场进境肉类指定监管场地于1月获海关总署公告取得进口资质，2月实现首单西班牙冰鲜猪肉进口，实现肉类指定监管场地投运。

【生物制品通关】 1月10日，首批1.65万瓶进口人血白蛋白（商品名：奥克特诺尔），在成都海关和四川省药品监督管理局监管下从双流国际机场国际货站完成通关，标志成都生物制品口岸正式投运。

【水果通关】 成都双流国际机场进境水果指定监管场地全年入境水果451吨，比上年增加974%，货值66.13万美元，比上年增长157%。

【冰鲜水产品两段准入监管模式创新实施】 双流区结合指定监管场地功能和企业实际需求，创新实施“冰鲜水产品两段准入监管模式”，优化检疫准入监管流程，缩短货物口岸通关时间3～5天，提升进口冰鲜水产品通关效率，有力推动成都口岸贸易产业发展。双流空港全年进口冰鲜水产品800吨，销售网络辐射北京、上海等区域。

【空铁联运一单制货物运输模式创新实施】 双流区利用双流空港、基地航司和高铁资源，在全国首创国际国内物流多式联运新模式——“空铁联运一单制货物运输模式”，制定运单、流程、办理条件等联运标准，建立航空和铁路货物联运合作新模式，节约物流运输时间10%～40%，填补国家多式联运改革中“空铁联运”空白，助推成都深度融入西部陆海新通道建设和加快打造西部国际门户枢纽城市。

（高　垒）

农业和农村

AGRICULTURE AND RURAL AREA

农业和农村经济运行

Agriculture and Rural Economy Operation

【概况】“十三五”期间，双流区农业农村局贯彻落实中央、省、市、区各项决策部署，坚持农业农村优先发展总方针，实施乡村振兴“十大重点工程”“五项重点改革”，以深化农业供给侧结构性改革为主线，聚焦规划引领、产业融合、脱贫攻坚等，高质量建设空港城乡融合发展示范区，全区农业增加值年均达16.5亿元，年均增长2.88%，农业固定投资年均7.6亿元，农民人均可支配收入达31898元，年均增长8.3%以上。2020年，双流区农业农村局围绕实施乡村振兴战略，统筹抓好疫情防控和农业农村经济社会发展，做到两手抓两不误，为高标准实现全面小康夯实基础。

【临空农业经济示范区构建】双流农业农村局依托临空和近郊两大核心优势，以扩大绿色、有机农产品供给为重点，推行设施化、标准化种植，建成冬草莓、永安葡萄等精品种植园36个；依托古树竹林、传统民居、川西林盘聚落等自然资源，打造华侨城农创园、海蒂的花园等集农村电商、文化创意、旅游观光等产业跨界融合为一体的都市田园会客厅；利用国际空港和蓉欧快铁，实现年均直供农产品至中国港澳、欧洲等1.2万吨以上；不断增强品牌竞争力，构建“区域品牌+自主品牌”体系，持续做大做强“黄甲麻羊”“双流二荆条辣椒”等国家地理标志产品，9个品牌进入“天府源”目录。

【农村集体产权制度改革】双流区农业农村局完成涉农村（社区）登记赋码改革，村级集体经济组织登记赋码127个、组级173个；规范有序流转土地，办理土地流转业主经营权证书313宗，流转面积12676亩；开展村（社区）财务审计；完善“农贷通”金融综合服务平台，通过平台发布涉农特色金融产品66个，发放贷款4254笔15.43亿元；对符合条件的集体经济组织自愿成立集体组织股份合作社，全区成立经济合作社328个。

【农业产业发展促进】双流区入选“全国第四批率先基本实现主要农作物生产全程机械化示范县（市、区）”，建成高标准农田1.2万亩，建成牧山香梨等精品种植基地20个；推进土地适度规模经营，培育市级以上农业产业化重点龙头企业17家、示范合作社2家、家庭农场3家。

【农业项目建设】双流区新签约引进农商文旅体融合项目4个，计划总投资144亿元，其中蓝田景观型蔬菜基地项目已开工建设；加快推动华侨城欢乐田园、空港花田和金马乡韵田园综合体等项目建设，全年投入建设资金2.63亿元。

【富民增收工程实施】双流区通过发展特色产业、促进农民就业、实现资产兴业、分享改革置业增加农民收入，全年农民人均可支配收入31898元，增长8.3%。

【农民及经营主体培育】双流区农业农村局以粮油、果蔬、水产、农机等产业链从业人员为主要对象，开展新型职业农民培训20期1500人次；完善评价机制，组织开展农业职业经理人分级评定，新认定农业职业经理人60人，建立并完善全区农业职业经理人信息库。

（王义建　李俐珩）

/“乡村振兴”战略实施/

“Rural Revitalization” Strategy Implementation

【概况】2020年，双流区按照中央、省、市各项决策部署，一手抓疫情防控一手抓乡村振兴，坚持问题导向和目标导向，以重点工作为抓手，推进乡村振兴落地落实；稳步推进9个省、市乡村振兴激励奖补项目建设，创建省级乡村振兴先进镇1个、示范村（社区）2个和市级示范村（社区）5个，连续6年被评为“全省农民增收工作先进县（市、区）”。“十三五”期间，双流区创建“美丽四川·宜居乡村”达标村79个、“美丽蓉城·宜居乡村”示范村32个。

黄水镇白塔社区民宿（板坡良舍）　（供图：区农业农村局）

【乡村振兴规划编制】双流区完成《双流区乡村振兴规划（2018—2022）》和12个村庄规划编制；开展《双流区“十四五”农业农村现代化规划暨“一带一区一走廊”规划》编制，修改完善桃沅岛、空港花田等5个农商文旅项目规划方案。

【乡村振兴项目引进】双流区策划包装农商文旅体融合发展项目15个，拜访重点企业26家，新增意向投资项目5个，新签约项目4个，协议总投资144.3亿元；加快蓝田蔬菜景观型项目、桃沅岛项目、城投生命健康公园3个项目建设，美沿远洋水产品加工项目开业运营。

【乡村产业振兴】双流区打造线上线下融合的乡村消费新场景，支持成都农产品中心批发市场等开展供应链体系建设试点，打造西航港跨境电商O2O体验店、彭镇老茶馆文创体验中心、公兴漫咖啡品质文化生活空间等“互联网+”社区服务示范点，引进电子商务企业5家，网络零售额超过170亿元；深入挖掘古镇文化、三国文化、槐轩文化等历史文化资源，培育出如空港花田、彭镇老茶馆、海蒂花园、黄龙溪·欢乐田园等“IP+产业”、场景体验、文化感知等新业态，空港花田、彭镇老茶馆获评四川100个网红打卡地。

【乡村人才振兴】双流区健全“选育用管”链式机制，培育村（社区）后备干部500名，提高后备干部履职能力；开展精英型职业农民培训5期，新增农业职业经理人培训1期，共培训专业农民180名；完善成立现代农业专家顾问团，深化院区合作，加强共建课题研究、专业人才培养等合作，新引进农业专家1名，引进专业技术人才22名，新建农业科技创新团队2个。

【乡村公服振兴】双流区新增三级甲等医疗机构1家，完成村卫生室公有化标准化建设11家；建成市级“新优质学校”17所，实施黄水初中等公办初中强校工程4个；实现城乡居民基本医疗参保率99%，实现城乡居民基本养老保险参保率96%；累计建成省级卫生镇8个、卫生村110个，星级院落571个，打造“风尚新美、环境秀美、生活乐美”示范村（社区）4个；创建全国文明村镇1个，新建基层综合性文化服务中心示范点2个，组织开展“走基层”“空港群音荟”系列文化惠民活动100场。

【乡村生态振兴】 双流区推进畜禽粪污资源化利用，规范提升规模养殖场15家，规模养殖场粪污处理设施配套率98%以上，畜禽粪污综合利用率达98.38%以上；完成41段黑臭水体整治效果评估，基本消除农村黑臭水体；加强秸秆综合利用，推进秸秆能源化、肥料化、饲料化等综合利用，实现农作物秸秆综合利用率达98.5%以上；加强农业废弃物综合利用，开展农田“白色污染”整治，实现废旧农膜、农药废弃包装回收率均达80%。双流区以重塑乡村形态为重点，推进特色镇、川西林盘建设，重点推进双流生物医药特色小镇建设，实施黄龙溪镇川江村等5个村的水美乡村水利设施整治工程；推进黄龙溪镇周家粉房等5个精品林盘、黄水镇杨家院子等10个一般林盘保护修复，成功创建云华新村、八角水寨、帅家院子3个AA级林盘景区。

【乡村组织振兴】 双流区开展村（社区）建制调整，调减村（社区）16个，改革后有村（社区）118个，其中村13个、社区105个；落实村（社区）党组织书记区级备案管理制度，开展两委成员届中调整区级联审3次；推行村（社区）党组织书记通过法定程序担任村（居）民委员会主任，推行村党组织书记通过法定程序担当集体经济组织负责人；加快提高乡村治理效能；落实《中国共产党农村工作条例》，完善区委农村工作领导小组议事规则，完成7个农业综合服务站、3个片区林业站以及4个水务片站工作人员编制划转；完善“四区协同”乡村治理机制，打造15分钟社区生活服务圈20个，实施社区“微更新”示范项目9个；组织开展“法律进小区”活动108次，开展“法律七进”讲堂126次；持续开展“扫黑除恶”专项斗争，对1355名村（社区）两委干部逐一“过筛子”式联审，从源头上为实施乡村振兴战略筑牢基础。

【农村乱占耕地建房问题整治】 双流区农业农村局结合区级下达任务，开展乱占耕地建房问题整治，通过村（社）、镇（街道）自下而上摸排核查1648宗住宅类和产业类图斑，分类实施整改，其中94个图斑（住宅类60宗符合唯一住宅，产业类34宗符合农作物种植及畜禽水产养殖产业需求）拟通过完善手续消除违法图斑，其余坚决予以取缔拆除。通过专项整治，全区农村乱占耕地建房问题得到有效遏制。

【农村人居环境整治】 双流区持续深化农村人居环境整治，印发《双流区2020年农村人居环境整治攻坚行动实施方案》《“我爱我家”村庄清洁行动方案》《“公园城市·美丽乡村·共建共享”农村人居环境整治主题月方案》等，印发倡议书11万份；完成152户农村土坯房改造，提升农村户厕4193户，无害化卫生厕所普及率达90%以上；规范化改造698座农村生活垃圾收集点，实现生活垃圾收运处置覆盖率100%；推进农村集中居住区垃圾分类，覆盖率98%，资源化利用率35%。全区创建“美丽四川·宜居乡村”达标村22个、“美丽蓉城·宜居乡村”示范村20个。

【幸福美丽新村建设】 双流区完成村庄规划编制12个，策划包装乡村振兴重点项目18个，发布乡村振兴机会清单；完成永安镇景山村等6个新村建设，改善农村村民住房条件，惠及5770人，新建住房面积26万平方米，流转节余集体建设用地指标300亩；持续推进乡村基础设施建设，实施农村饮水安全巩固提升工程、农村自来水普及率99%，完成永安水库灌区3000亩覆盖范围示范区建设，新建（提升）农村公路5.28公里，推进农村天然气基础设施建设项目14个，完成农网项目5个。

黄甲八角水寨新村 （供图：区农业农村局）

【乡村旅游发展推进】 双流区举办“源起瞿上·丰收双流·荣耀航都”——2020年中国农民丰收节、2020年首届国家地理标志保护产品双流永安葡萄文化节，并依托项目业主，开展欢乐田园“乐夏戏水季”、黄龙溪古镇“国潮文化季”、空港花田“首届郁金香节”“美好生活节”等重大节会活动8场次；提升乡村文创基地2个，建成乡村旅游“四改一提升”示范点3个，新增“新旅游·潮成都”主题旅游目的地1个，黄龙溪·欢乐田园获成都市第三届乡村振兴“十大乡村周末游目的地”。全区乡村旅游接待800万人次，实现旅游收入60亿元。

（王义建　李俐珩）

都市现代农业发展

Urban Modern Agricultural Development

【概况】 2020年，双流区有粮油13.7万亩、果蔬19.4万亩；年出栏生猪6233万头、小家畜禽家禽119.4166万羽（只），肉类总产量3355吨；水产养殖面积保持在8696亩，渔业产值1.87亿元。“十三五”期间，双流区建成高标准农田5.54万亩，培育主体608家，其中培育合作社158家、家庭农场450家。截至2020年10月，全区主体数723家，其中合作社251家、家庭农场472家。

【高质量发展示范区建设】 双流区推进高质量发展示范区建设，以粮食生产功能区和重要农产品生产保护区为重点，加快推进高标准农田建设，建成高标准农田1.2万亩。

【农产品质量安全监管】 双流区建成区、镇、村和生产基地四级农产品质量安全检测体系，全区蔬菜、水果农残检测合格率98%。双流区农业农村局与区市场监管局联合下发《双流区试行食用农产品合格证制度实施方案》，在全区范围内推行食用农产品合格证制度；开展农产品合格证专题培训8次，培训人员1000人，发放宣传资料5000份；在全区50家生产经营主体试点推行食用农产品合格证，逐步实现产品凭证上市、入市查验。全区开具食用农产品合格证48197张，附带合格证上市农产品总数2195.62吨。

【粮油生产】 双流区大春粮油播种面积8.67万亩，其中水稻播种面积4.61万亩、亩产553公斤，玉米播种面积1.55万亩、亩产420公斤，薯类播种面积0.92万亩、亩产310公斤，花生播种面积0.75万亩、亩产236公斤，豆类播种面积0.84万亩、亩产193公斤；小春粮油播种面积5.49万亩，其中小麦播种面积0.51万亩、亩产320公斤，油菜播种面积4.98万亩、亩产173公斤。

3月17日，双流区农业农村局技术人员指导春耕生产

（供图：区农业农村局）

【经济作物生产】 双流区依托现有产业基础，发挥区位优势，坚持以精品、特色、优质为导向，发展以高端化、品牌化、集约化为特征的都市现代农业，种植水果1.4万亩、蔬菜18.2万亩；引导农业经营主体改良品种，提升设施栽培水平，实施标准化生产，通过提档升级和规范化管理，种植葡萄5000亩、梨740亩、草莓1800亩、优质桃1500亩、蓝莓1080亩、柑橘3500亩；秸秆综合利用16.9万亩，利用率98%。

【畜牧业发展】 双流区开展动物防疫外包服务，应免生猪、牛、羊、鸡、鸭以及其他禽类免疫率全部达100%；开展“瘦肉精”检测1285头份，无一例阳性。年末，双流区存栏生猪11411头（其中能繁母猪757头）、牛361头、羊2376只、家禽36.9738万羽（只），出栏生猪6233头、牛161头、羊2682只、家禽119.4166万羽（只），肉类总产量3355吨，禽蛋产量869吨，牛奶产量1119吨，畜牧产值2.8191亿元。

【农机应用】 双流区完成小麦、水稻、油菜、土豆等农作物机播、机耕、机收任务，新购先进大中型农机具19台（套），全区农业机械化综合水平89.1%，在全省达领先水平。1月6日，双流区被农业农村部办公厅评为“全国第四批率先基本实现主要农作物生产全程机械化示范县（市、区）”。

【农机服务和管理】 双流区主要实施农机购置补贴、白萝卜和柑橘全程机械化试验示范等项目，按照“自主购机、定额补贴、县（乡）结算、直补到卡（户）”方式补贴，审核拨付农机购置补贴中央省市资金556134元；新增农机具19台（套），完成主要农作物耕种收机械化作业面积40.3万亩。双流区农业农村局出动检查人员138人次，检查道路行驶拖拉机、田间联合收割机189台，整治未携带驾驶证、行驶证上路行驶拖拉机和无跨区作业证联合收割机10台，确保农机安全驾驶和规范使用；开展农机安全技术检验72台，新注册拖拉机10台，新办理农机驾驶证6个，办理驾驶证换证29个，农机服务管理进一步加强。

【农产品加工】 双流区围绕特色优势产业，实施农产品加工业提升行动，支持区内农产品就地加工转化增值，促进农村电子商务发展，做强葡萄、双流二荆条、草莓、蓝莓特色农产品产业，规范提升欣悦草莓、康绿鲜、欣颐农庄等生态有机果蔬产业；依托天味食品、环太生物等区内农业龙头企业发展农产品调味品、苦荞食品、果汁饮品工等精深加工项目和蔬菜分拣等初加工，农产品加工质量和数量进一步提升。

【农作物种苗基地建设】 双流区实现年出草莓种苗3000万株、蓝莓种苗120万株、桃种苗30万株，累计建成草莓标准园1000亩、葡萄标准园3000亩、蓝莓标准园300亩。

（王义建　李俐珩）

/农牧管理/

Agricultural and Husbandry Management

【概况】 2020年，双流区农业农村局出动检查人员460人次、车辆200台次，执法检查农业投入品和农产品生产、经营、使用企业（合作社、基地）400家次，检查品种430个，现场责令整改违规经营户5家。

【植物检疫】 双流区农业农村局全年实施植物产地检疫1115亩，检疫合格种子26600公斤、苗木3597.52万株，签发产地检疫合格证51份，占应检面积100%；签发植物调运检疫证书2563份，调运种子及农产品123.68万公斤、苗木917.72万株；开展植物检疫宣传17次，发放资料500份，并开展疫情普查32次；市场检查45次，现场检疫提出申请的24辆车，签发同意调运单24份。

【农产品质量安全抽检】 双流区农业农村局完成农药残留定量检测950批次，合格率99.1%，定期检测32300批次，随机抽检全区农产品合格率超过99.5%，对不合格样品依照规定执行；完成全区草莓、葡萄、桃子专项抽检，合格率99.3%。

【动物卫生监督管理】 双流区农业农村局针对2020年动物重大疫病防控严峻形势，采取多项措施，抓好以非洲猪瘟和高致病性禽流感为重点的春季重大动物疫病防控；强化市场管理、基础免疫和监测排查，全区重大动物疫病监测无异常，无畜禽异常死亡情况，养殖从业人员健康无异常。双流区农业农村局出动监督检查4893人次，开展畜禽养殖场（户）排查13797户次；排查家禽1758900羽次，排查猪、牛、羊30500头（只）次；强化消毒灭源、流通监管、应急准备、舆论引导，发放宣传资料3348份；宣传培训养殖场3794个次、人员4746人次，受理投诉举报8件（含网络舆情投诉举报）。

【生猪屠宰监督管理】 双流区农业农村局建立重点区域采样检测、疫情分片包村包场排查工作机制、养

开展植物检验检疫工作　（供图：区农业农村局）

殖场户自检阳性处置、疫情有奖举报制度、生猪出栏检疫、运输车辆备案和收购贩运管理、病死猪无害化处理管控等常态化防控措施；继续开展疫情排查，实行非洲猪瘟疫情排查日报告制，每日出动村级动物防疫员90人，排查养猪场（户）5.301万户次、猪188.0172万头次；按照“分片监管、分级负责、无缝对接、全面覆盖、职责到人”的原则，严格落实监管责任，建立全区“3+1”非洲猪瘟防控网格化监管体系，明确一级网格员4人、二级网格员54人、三级网格员127人；开展为期3个月的第二轮非洲猪瘟等重大动物疫病防控“大消毒、大培训、大宣传”夏季攻势行动，强化对重点环节监管，推动肉品加工厂、冷库、生猪产品交易市场等重点场所和生猪运输车辆清洗消毒；加强餐厨剩余物全链条监管，督促业主对餐厨剩余物运输车辆、暂存点、餐厨剩余物无害化处理厂等重点环节清洗消毒，消毒面2047.8万平方米；开展培训20场次，培训4493人次，发放宣传资料11759份。

【水产渔政监督管理】 双流区水产养殖面积8696亩，渔业产量8550吨，比上年增加370吨，增幅4.5%，鱼苗生产1.5亿尾，实现渔业产值1.87亿元。双流区农业农村局制定《双流区天然水域禁捕工作实施方案》，明确相关部门职责，并设立禁捕管理、打击非法捕捞、市场监管、打击涉渔犯罪4个工作专班；通过电视、报刊及新媒体等媒介，开展春季禁渔、水生野生动物保护科普宣传及禁捕宣传活动，发放并张贴《关于全区天然水域实施全面禁捕的通告》；在鹿溪河、金马河、成都农产品批发市场等重点河流及场所开展8次宣传活动，发放宣传资料3206份；联合区公安分局、区市场监管局及区综合执法局等部门，重点对在天然水域使用禁用渔具或电、毒、炸等禁用方法从事天然渔业资源生产性捕捞，以及收购、加工、销售、利用非法捕捞渔获物的行为和发布含有上述非法捕捞内容的行为开展专项执法，劝阻违法垂钓人员308人次，检查水产制品生产企业、加工小作坊79户次，检查农贸（批发）市场407个次；定期和不定期检查渔业养殖专业合作社和水产养殖户渔用投入品使用情况，未发现使用违禁药品情况；要求各镇（街道）不定期排查鱼塘安全隐患，设立安全警示标识标牌；配合区农产品质量安全中心开展水产品质量安全抽检，检测合格率100%。

【畜禽养殖污染专项整治】 双流区印发《养殖污染防治暨排口监管工作方案》，建立2017以来关闭养殖场（户）监管台账和养殖污染源下河排口治理监管台账，实现2017年禁养区关闭的483户养殖场（户）未出现复养；强化对养殖污染源下河排口监管，实现全区9条流域54个养殖污染源下河排口零排放。全区15户畜禽规模养殖场（户）全部配套粪污处理设施设备，142户养殖专业户以上规模养殖场（户）养殖废弃物资源化利用实现全覆盖，养殖粪污无害化处理和资源化利用率达99.38%，畜禽养殖废弃物资源化利用率得到有效提升。

（王义建　李俐珩）

/ 林业管理 /

Forestry Management

【概况】 2020年，双流区实现森林面积、森林蓄积“双增长”，净增森林面积140亩，森林蓄积量40万立方米，森林覆盖率由2016年的20.79%增长到20.86%；林地保有量3.3万亩，林业总产值25.85亿元。双流区进一步健全森林防火及野生动物资源保护山头长机制，对全区森林资源实行全覆盖网格化管理，开展森林草原防灭火专项整治、综合防控能力提升建设，截至年底连续34年无较大级别及以上森林火灾；林业有害生物应施监测面积3.3万亩，实际监测面积3.3万亩，监测覆盖率100%，无公害防治率100%，经过防治成灾率零；对全区范围内提出申请的种子、花卉、苗木等生产场所进行产地检疫，办理产地检疫合格证38份，产地检疫率100%。

【森林资源保护】 双流区政府与各镇（街道）签订保护发展森林资源目标责任书，明确管理责任。双流区农业农村局编制完成《双流区2020年天然林资源保护工程实施方案》，按照实施方案对78.97亩国有林和300.6亩公益林落实管护人员管护，发放中央、省级森林生态效益补偿金0.47万元，在天然林资源保护区补植补栽，栽植红枫、天竺桂280株；结合全区乡村振兴建设幸福美丽新村，在黄龙溪镇嘉禾村、黄水镇白塔村实施森林植被恢复项目，总投入630万元，用于打造新村道路和节点；深入开展公益林地保护，确保公益林地保护资金发放到位；完成对全区古树新一轮挂牌、普查，全区古树67株，无名木；做好深化集体林权制度改革，完成林地报征15起，依法核减林地20公顷；协助区行政审批局依法办理林木采伐证128张，采伐林木蓄积3300立方米；指导业主依法流转林地使用权400亩。

【野生动植物保护】 双流区农业农村局开展野生动物疫情防控，指导新冠肺炎疫情野生动物疫情防控，发放防控指南，疫情期间对野生动物人工繁育场所实施封控隔离；贯彻落实全国人大于2月24日通过的禁食野生动物决定，推动完成野生动物人工繁育和经营利用市场主体有序退出并依法予以补偿；对野生动物经营利用及驯养繁殖经营主体开展规范管理，开展专项执法检查打击破坏野生动植物和森林资源违法犯罪专项行动1次；开展“爱鸟周”“野生动物保护宣传月”活动，继续开展野生动物救护基地建设及救护，取得良好成效；开展2020生物多样性调查与监测，取得全区连续两年生物多样性监测报告，进一步完善多样性数据库。

【退耕还林成果巩固】 双流区农业农村局指导镇（街道）与管护人员签订退耕还林管护协议，落实退耕还林管护职责；组织人员采取抽查方式开展退耕还林检查验收；通过“一卡通”发放中央、市级、区级补助资金，发放各级资金126.29万元。

【林业科技推广】 双流区农业农村局开展科技赶场、科普培训、科普咨询、科普宣传、科技服务等系列活动，抽派科技人员24人次，发放科普宣传资料5种8200份，接受咨询280人次，培训林农200人次；加快科技成果转化，推动都市现代林业发展。

【森林管护行政执法】 双流区农业农村局贯彻执行《中华人民共和国森林法》《中华人民共和国野生动植物保护法》《中华人民共和国行政处罚法》《中华人民共和国行政许可法》及其他林业法律法规，切实做到迅速及时查处各类违法案件，严厉打击破坏森林资源的行为，全年违法违规使用林地项目10个、涉及面积4.9358公顷，违法违规采伐林木案件4个，林木蓄积40立方米，违法案件查办率100%，同时妥善调处涉林信访纠纷。

【森林草原火灾预防】 双流区农业农村局深入贯彻落实习近平总书记和国务院总理李克强关于2020年凉山州西昌市“3·30”森林火灾作出的重要指示批示精神，按照国务院森林防灭火督导组来川督导工作有关要求，坚持“预防为主、防灭结合、科学扑救、安全第一”的工作方针，按照“打早、打小、打了”的原则，压实各级各环节责任，衔接好“防”和“救”的责任链条，抓好防火期特别是“春节”“清明”“五一”和全国“两会”期间森林防灭火各项工作。双流区农业农村局于4月22日组织开展全区2020年处置森林火灾应急演练，5个重点镇街道分别开展演练4次；组织全区相关人员参加为期3天的全国森林防火指挥员视频培训，12月组织扑火队员95人次开展技能与安全培训，组织20名指挥员开展扑火指挥员培训；开展防灭火宣传，发送森林防火短信100万条以上，在清明节和“五一”节期间电视滚动播放防火宣传公益广告，发放宣传单7.3万份、倡议书2万份，制作发放宣传册2000册，张贴《成都市人民政府关于加强野外火源管控防止森林草原火灾的通告》970份，张贴宣传海报300份，新设立标牌1300个，悬挂宣传标语460幅，出动宣传车1300车次，小喇叭宣传10340次，开展进林区、进校区、进单位、进社区、进家庭“五进”活动112次；牵头开展风险隐患排查整治，建立风险隐患台账清单，落实防火网格化责任体系，完成牵头专项整治当年目标任务；编制完成《双流区2021—2030年森林火灾防控能力建设规划》并通过专家评审。

（王义建　李俐珩）

/农田水利/

Irrigation and Water Conservancy

【概况】 2020年，双流区继续实施农田水利工程，整治塘堰30口、渠道7.2公里，综合治理水土流失面积3平方公里，农田灌溉水有效利用系数达0.61；保障农田灌溉用水安全，针对重要片区成立10个春灌用水服务小组，强化用水指导、协调用水矛盾，确保5月底关“秧门”和汛末蓄水1018万立方米。

【农田水利保障】 双流区投入600万元，实施完成岁修、黄龙溪镇华严村水美乡村水利设施整治项目等，整治塘堰30口、渠道7.2公里。

高标准农田 （供图：区农业农村局）

【农业水价综合改革】 双流区水务局推进农业水价综合改革，完成《双流区农业水价综合改革实施方案》编制；通过政府采购方式采购安装计量设施，安装计量设施30处，其中渠道测点23处、提灌站测点7处，在骨干支渠及提灌站管道安装计量设施5处、结合区内其他骨干支斗渠道（提灌站）计量设施安装25处，为全区农业用水情况精准统计奠定基础，提升全区农业用水效率及农业用水精细化管理水平。

【农田水利管理】 双流区水务局按照《成都市农田水利工程管理绩效考核暂行办法（修订）》要求，逐步完善区、镇、村三级农田水利工程管理体系，建立节水奖励机制，开拓创新管理模式，试点服务外包；完成双流区2018—2019年农田水利工程绩效考核，按照考核成绩对全区9个镇（街道）发放涉农奖补资金338.76万元；完善多渠道的监督机制，强化通报考核制度，建立起日趋完善的组织管理、安全管理、运行管理和资金管理体系。

【农田灌溉】 双流区通过实施各项工程，农田灌溉水有效利用系数达0.61，进一步提高农田灌溉用水效率；加强水利基础设施建设及管理，做好用水协调和服务，确保5月底关“秧门”，并完成汛末蓄水1018万立方米。

（范钟铁）

脱贫攻坚
Poverty Alleviation

【概况】 2020年，双流区农业农村局积极推广“小额扶贫保险”，提高保险额度、拓宽保障范围；完善全区移民688户1465人的信息档案；开展对口帮扶简阳，完成产业扶持项目验收。

【扶贫长效工作机制完善】 双流区农业农村局牵头印发《双流区防止返贫监测和帮扶工作方案》，探索建立稳定脱贫长效机制和相对贫困帮扶机制，组织各镇（街道）做好监测对象摸底和动态监测，并落实预警监测对象的对标补短和帮扶救助；落实财政资金4.7万元，实施“扶贫保”参保，实现“扶贫保”参保率100%；使用2019年扶贫募集资金中的25万元，为2827名已脱贫户购买“小额扶贫保险”，提高保险额度、拓宽保障范围，从一定程度上解决因病、因残返贫等问题；开展疫情防控期间双流区困难群众兜底保障，向城乡低保人员、重点优抚对象等发放一次性价格补贴资金35758人次、705.8285万元。

【对口帮扶简阳市】 双流区全年拨付示范基地建设补助238.8万元，帮助建成草莓、晚白桃、大棚蔬菜等种植基地4800亩，养殖猪、大耳羊、跑山鸡等1万头（只）；帮助新建和改扩建村道、社道、产业发展联网路等道路115公里，新建和整治提灌渠23.4公里；帮助平泉镇、金马镇中心卫生院打造特色中医馆2个，帮助建成对口帮扶村标准化卫生站6个；帮助指导黄岭、龙溪幸福美丽新村建设，帮助建设村级活动阵地5个，推进2个党群服务中心提档升级；培训帮扶镇村人员310人次，组织仁宝、纬创等双流企业召开专场招聘会4场，帮助贫困户落实就业岗位60个。“十三五”以来，双流区拨付到位扶持资金3820万元，统筹开展规划、项目、人才、产业、民生等帮扶，实施完成65个项目，助推简阳市原金马镇、原平泉镇、原五星乡11个村861户贫困户于2017年底摘帽脱贫，助推11个村861户贫困户2018年、2019年农民人均可支配收入增幅高于简阳市平均水平，2个经济薄弱村、产业帮扶户农民人均可支配收入达到当地平均水平65%，并助推简阳市11个贫困村和贫困户稳定达到小康水平，完成年度脱贫攻坚任务，通过脱贫攻坚普查验收。

（王义建　李俐珩）

工业·建筑业

INDUSTRY AND CONSTRUCTION INDUSTRY

工　业
Industry

工业经济运行

【概况】 2020年，双流区实现税收亿元以上企业2家（成都南波、通威太阳能）、5000万元以上企业9家（成都南波、通威太阳能、天味食品、兴发铝业、金发科技、国际航发、纬创、康弘制药、多联实业）、1000万元以上工业企业50家，产值100亿元以上企业2家（仁宝、纬创）、50亿元以上企业4家（仁宝、纬创、通威、中电熊猫）。

【规模以上工业发展】 双流区规模以上工业企业数362家（较2015年310家增长52家）、全市排名第一，完成规上工业总产值1248亿元，比上年增长9.8%，其中先进制造业企业实现产值1142亿元，占全区规上工业总产值91.5%，规上工业增加值比上年增长9.5%。

【中小企业培育】 双流区实施中小企业成长工程培育计划，鼓励、引导和促进中小企业做大做强快速成长，建立健全“小巨人”“成长型”“拟上规”企业信息库，培育“拟上规”企业49家、“成长型”企业89家、“小巨人”企业60家，被成都市民营经济工作领导小组表扬为中小企业培育先进区（市）县。

【工业项目建设】 双流区推进工业项目72个，完成工业投资136.9亿元，澜至电子、透平巴能等11个项目建成投产，紫光、国铁等7个项目加快建设，屏芯智能、中国电科成都产业基地等29个项目开工建设，前期储备多普勒、联帮医疗等25个项目。

（张　伟）

【成都芯谷研创城建设】 双流区把高品质科创空间打造作为产业功能区成势见效的首要任务，围绕“定方向、筑好巢、引金凤、塑场景、优运营”全生命周期统筹谋划、一体推进，打造全国重要的集成电路创新策源地。成都芯谷研创城已形成以“央地合作”为主要特征，以“产业社区”为主要形态，以“片区开发”为主要模式，具备全链条、全周期、全要素、全流程、全方位的产业创新生态系统，成为全国集成电路重要的创新策源地、信息创新应用发展新高地、人城境业高度和谐统一的产业社区。

（周德君）

航空制造和维修产业

【概况】 2020年，双流区拥有国航、川航维修基地，四川国际在全国首获LEAP1B航空维修资质，川航APU成为全国首个保税维修备案制项目，中商飞建成投运。8家航空制造维修产业规上企业全年实现总产值43亿元，增长17.1%。

【航空制造维修产业载体建设】 双流区加快4平方公里航空科技小镇建设，依托民航西南管理局等行业资源，发展机体大结构件、发动机零部件、机载系统元器件及系统集成等领域，构建“整机—发动机—设备系统—维修保障”航空全产业链，打造全球航空维修产业地标。

【航空制造产业发展】 双流区有航空制造产业规上企业8家，全年实现产值41.45亿元，比上年下降11.8%，四川国际航空、孚康航空、正通航空3家企业产值下降幅度超过15%，大鹏纵横、成都航宇产值增长超过一倍。从细分领域看，双流区企业主要集中在航空零部件、航空发动机、无人机和航空维修领域。从企业规模看，双流区产值过亿元企业4家，但国航维修1家企业产值占比高达84%。

（张　伟）

电子信息产业

【概况】 2020年，双流区电子信息产业围绕“屏芯端核网”细分产业重点领域布局上下游配套企业，产业集聚效应和吸附力进一步凸显。BOE（原中电熊猫8.6代线项目）实现量产，紫光等重大项目加快建设，华为、浪潮等项目成功落户。48家电子信息规上企业全年实现总产值704亿元，增长15.5%。

【电子信息产业链打造】 双流区围绕网络物理层—数据层—应用层，依托中电科、中国移动、华为物联网云等项目，打造网络信息产业链。

【电子信息项目建设】 截至年底，华微科技高端集成电路研发和产业化项目6号楼地下室顶板绑扎钢筋，5～6号楼间地下室柱基钢筋绑扎，3号楼地下室顶板绑扎钢筋，4号楼砖胎模施工，5号楼绑扎钢筋，7号楼正在浇筑混凝土正加快建设；澜至电子智慧家庭终端芯片

双流区举行2020年度第一批高新技术企业认定暨科技型中小企业入库培训会　（供图：区新经济和科技局）

及车联网信息系统项目工程部分完成。

【新型显示产业发展】 双流区围绕BOE（原中电熊猫8.6代线项目），引进熊猫电子、虹宁等配套项目7个，实现偏光片本地配套70%、玻璃基板本地配套50%、印刷电路板本地配套65%。9家新型显示产业企业全年实现产值72.28亿元，比上年下降23.54%。

【集成电路产业发展】 双流区围绕集成电路设计—晶圆制造—封装测试产业链，引育集成电路企业16家，其中设计环节引进瓴盛科技等10家企业；晶圆制造环节建成海威华芯6英寸砷化镓晶圆代工线，加快建设紫光存储器芯片生产线项目；封装测试环节拥有海威华芯封测线、中威处理器测试平台。双流区集成电路产业全年实现产值11.7亿元。

【智能终端产业发展】 双流区围绕智能终端代工、智能电视整机生产、光电设备制造、终端设备研发制造环节，集聚仁宝、创维、浪潮等企业24家。双流区智能终端产业全年实现产值564.98亿元，比上年增长21.78%。

【核心元器件产业发展】 双流区依托双流区5G产业创新联盟和中物院、海威华芯、雷电微晶等院校企业的技术优势，发展5G核心器件先进激光器件5G毫米波元器件等领域。11家核心元器件企业全年实现产值33.9亿元，比上年增长33.78%。

【成都中电熊猫显示科技有限公司】 中国电子工业部于2015年4月28日与成都市政府签订投资合作协议，成立成都中电熊猫显示科技有限公司，在双流区建设第8.6代薄膜晶体管液晶显示器件（TFT—LCD）项目。中国电子成都8.6代线项目占地面积1021亩，总投资280亿元，于2016年9月28日打桩建设，2018年1月28日实现产品点亮试产，2018年9月一期60K满产，2019年3月一、二期120K满产，创造液晶面板建设项目的“熊猫速度”“成都速度”，成为全球液晶面板样板典范。该生产线作为国内首条完全自主化建设和运营的8.6代金属氧化物液晶面板生产线，是中国首条以金属氧化物为核心技术、面向8K以上超高分辨率电视市场的液晶面板产线。2018年2月11日，习近平总书记视察项目，中央和省市领导高度肯定项目建设成效。2020年11月，京东方科技集团股份有限公司向成都中电熊猫显示科技有限公司增资75.5亿元，持股比例35.03%，成为最大股东。2020年，成都中电熊猫显示科技有限公司实现产值53.09亿元。

（张　伟）

生物医药产业

【概况】 2020年，双流区生物医药产业主要涉及化学药、现代中药、医疗器械、大健康等领域，化学药代表企业有太极集团、锦华药业、云克药业等，现代中药代表企业有恩威制药、康弘制药、国强中药等，医疗器械代表企业有欧赛医疗、浩瀚医疗、联帮医疗等，大健康代表企业有海汇药业等。全区21家生物医药产业规上企业实现总产值40亿元，增长3.9%。

【生物医药项目建设】 双流区引进上海深至、海南倍特等项目，纽瑞特医疗、国药蓉生建成投产；存量医药制造、医疗器械企业稳步发展，先导药物成为西南地区首家科创板上市企业。

【四川恩威制药有限公司】 四川恩威制药有限公司是一家从双流成长起来的集科研、生产、贸易等于一体的高科技跨国集团企业，主要从事研究、生产药品、卫生用品、一类医疗器械、药品包装材料和容器、塑料制品、食品、化妆品、精细化工产品、日用化学品（不含危险品），制药技术开发、咨询、转让、服务，销售公司产品等业务。2005年5月，公司与双流区人民政府签订协议，投资5亿元，整合分布在国内的多家生产基地，在西航港开发区建设内服药原料提取和外用药生产基地，形成从药材切片、炮制、提取、浓缩到喷雾干燥等完整的自动化生产流程。公司已成功研究开发出多项具有国际先进水平的成果，获得新药证书及各类药品生产批件31个，获发明专利11个，成功申报国家级项目9个、省级项目12个。2020年，四川恩威制药有限公司实现产值6.57亿元。

（张　伟）

绿色能源产业

【概况】 2020年，双流区以通威太阳能为代表的新能源产业爆发式增长，中建材率先实现碲化镉大面积发电玻璃材料产业化。35家新能源产业规上企业全年实现总产值163.68亿元。

【绿色能源产业规划发展】《双流区制造业2025发展规划》规划绿色能源产业用地面积26平方公里，重点发展核能、太阳能、风能和智能电网及储能（动力）电池，主要承载区域为双流航空经济产业功能区（含西南航空港经济开发区）。双流区绿色能源产业主要包含光伏、核电两大产业，其中光伏产业涵盖晶硅、硅基薄膜、碲化镉薄膜等技术路线，集聚通威太阳能、四川英发科技等太阳能电池组件、多晶硅太阳能电池片企业；核电产业发展以川开为龙头的核电输配电器设备生产企业集群。

【通威太阳能（成都）有限公司】通威太阳能（成都）有限公司“年产3.8吉瓦高效晶硅太阳能电池智能互联工厂建设项目”位于双流区黄甲街道林家祠路888号，建设规模52543.91平方米，建设周期2019—2020年，建设3.8吉瓦高效晶硅太阳能电池生产线及配套设施，购置智能互联相关设备（系统）等，建成后形成年产3.8吉瓦高效晶硅太阳能电池产品生产能力的智能互联工程。项目于2019年建成竣工，2020年正式投产。

（张　伟）

新经济产业

【概况】2020年，双流区新注册新经济企业3093家、比上年增长21%，中电网安、影创信息等8家企业和王文胜、谢毅等8人入选“双百工程”，中电健康云周振、物联云仓唐苏等5人被评为成都市大数据领军人才（全市第三）；发布城市机会清单4批次208条，打造“中电健康云智慧社区医疗健康服务平台+口腔家庭医生”、通威年产3.8吉瓦高效晶硅太阳能电池智能互联工厂等应用场景5个。

【新经济项目招引与建设】双流区新签约引进中兴通讯、猪八戒大数据中心等亿元以上新经济重点项目41个，总投资444.3亿元；规划建设空港花田、空港·云、空港体育公园等具有公园城市和大运会因素的空港新场景项目，落地建设“一带一路”国际艺术中心、空港国际会议中心、“黄龙溪十里八湾”等具备“三城三都”特色的新场景，接待游客1550万人次，实现旅游收入130亿元。

【新经济应用场景打造】双流区深度挖掘新技术、新业态、新模式衍生的新场景，中电网安区块链应用未来场景实验室、华体照明智慧路灯城市未来场景实验室被授牌为成

通威太阳能（成都）有限公司

（供图：区新经济和科技局）

都市首批城市未来场景实验室，“区块链＋智慧教育”“区块链＋政务服务”等6个应用场景入选成都市区块链应用场景供给项目清单；推进“区块链＋可信档案”的可信档案、大数据支撑下的教育新生态、基于人工智能的智慧教与学，打造空港智慧教育；健全完善智慧治理中心信息化平台，完善信息系统，打通数据通道，形成经济运行、社会管理、公共服务等六大模块，率先完成市级平台对接，梳理完成政务数据目录168条、字段4353个、数据7亿条，提前完成全市数据大会战公共数据开放；打造空港特色新场景，串联奥特莱斯、海滨城等国际购物体验地，营造国际空港商圈潮购等八大消费场景。

【新经济企业培育】 双流区加速新经济企业及人才培育，助推产业能级提升，国星宇航、澜至电子、海威华芯等42家准独角兽企业和种子企业入库成都市新经济梯度培育，比上年增长20%；建立新经济企业梯度培育全生命周期跟踪服务体系，结合新经济特质梳理334家重点新经济企业，纳入重点培育库，“一企一策”制定培育措施，落实服务专员制，在政策服务、疫情防控等关键环节“一对一”对接，当好企业服务生。

（张　伟）

能源供应保障

【概况】 2020年，双流区启动电力项目24个，总投资22.9亿元，其中政府投资18个，总投资15.37亿元，供电公司投资6个，总投资7.53亿元。双流区兴能天然气有限责任公司经营区域覆盖双流区行政区内12个镇（街道），已开通服务网点8个；有天然气开户用户49.6万户，日均供气量80万立方米；有天然气管道3900公里，气源三处分别为华阳总站、香山配气站、华温线黄水阀室；管理配气站2座，分别为双流工业园区配气站、牧马山配气站。

【能源规划编制】 双流区坚持“前瞻性、战略性、配套性、操作性”相融合的原则，结合最新控制性详细规划，完成《双流区电力专项规划（2020—2035年）》《双流区天然气专项规划（2020—2035年）》修编。

【电力供应】 双流区全年全社会用电量67.04亿千瓦时，比2019年增长9.22%，其中工业用电量为35.97亿千瓦时，比2019年增长4.85%，占全社会用电量53.65%。

【天然气供应】 双流区全年全社会天然气供应量4.04亿立方米，比2019年下降2.01%，其中工业用气量2.23亿立方米，比2019年增加75.03%，占全社会用气量的55.2%。

【成品油供应】 双流区全年成品油（汽油、柴油和煤油，不含航空煤油）储存、销售95.28万吨，其中油库批发68.24万吨，比2019年增

2020年双流区能源供应基本情况表

表4

序号	类别	2020年	2019年	比上年
一、电力（亿千瓦时）				
1	全社会用电量	67.04	61.38	9.22%
2	#全行业用电合计	54.52	50.24	8.52%
3	第一产业	0.192	0.196	-1.88%
4	第二产业	35.41	33.90	4.45%
5	工业	35.97	34.31	4.85%
6	第三产业	18.92	16.14	17.19%
7	#城乡居民生活用电合计	12.51	11.13	12.40%
8	城镇居民	9.25	8.25	12.10%
9	乡村居民	3.26	2.88	13.27%

续表 4

序号	类别	2020 年	2019 年	比上年
二、天然气（万立方米）				
10	全口径供气总量	40376.93	41205.23	-2.01%
11	工业供气量	22298.85	12740.07	75.03%
12	居民用气量	13587.52	22660.17	-40.04%
13	商业用气量	3621.29	3924.65	-7.73%
14	CNG	869.27	1880.34	-53.77%
三、成品油（万吨）				
15	# 成品油	—	230.06	—
16	批发（汽油、柴油）	68.24	54.28	25.72%
17	零售（汽油、柴油）	27.04	26.78	0.97%
18	机场航油（煤油）	—	149.00	—

长 25.72%，加油站零售 27.04 万吨，比 2019 年增长 0.97%。

（张　伟）

/建筑业/

Construction Industry

建筑行业管理

【概况】 2020 年，双流区有在区注册的资质建筑企业 517 家（其中总承包一级资质 9 家、二级资质 29 家、三级资质 320 家、专业分包资质 159 家），入库列统资质建筑企业 80 家。全区全年建筑业完成总产值绝对额 248.6 亿元，比 2019 年增长 5.2%。

【建筑企业资质管理】 双流区住建交通局按照《成都市城乡建设委员会关于进一步简政放权放管结合优化服务的实施意见》，完成建筑业企业资质申请受理审核 163 家（其中新办 80 家、增项 82 家、延期 1 家），网上公示 13 批、通告 13 批，通过 75 家，通过率 46%；办理建筑业企业资质变更 323 家。

【建设项目招投标监督】 双流区住建交通局加强全区房屋和市政基础设施建设工程招投标监督，受监工程监督到位率 100%；受理建设项目招标备案 296 项、工程建设项目中标备案 251 项，中标金额 1704586.08 万元，总房屋建筑面积 4442198.26 平方米，其中国家投资项目中的政府投资工程 152 项，中标金额 667292.48 万元，房屋建筑面积 726344.58 平方米。

【工程造价管理】 双流区住建交通局办理建设工程合同备案 135 项，合同金额 2824440.05 万元，房屋建筑面积 7073269.84 平方米；竣工结算备案 14 项，合同总金额 245020.10 万元，发包、承包双方结算金额 315109.73 万元，房屋建筑面积 1111851.23 平方米；造价咨询合同备案 181 项。双流区住建交通局每月发放成都市工程造价信息 70 份，核定安全文明施工措施费 84 个工程。

【建筑农民工工资纠纷调解】 双流区住建交通局全年受理并协调建筑农民工工资纠纷投诉 153 件，涉及纠纷金额 3400 万元，涉及 2000 人次，全部处置完毕。

（蒲益中）

房地产开发

【概况】 2020 年，双流区实现商品房销售交易税收 31.35 亿元，比 2019 年增长 1.4%，房地产业固定资产投资 222.9 亿元，比 2019 年下降 6.3%。

【公共住房建设和分配】 双流区住建交通局落实住房分配货币化，深化住房制度改革；监管中华人民共

梧桐馨园南区　（供图：区住建交通局）

和国西藏出入境边防检查总站、四川省成都病犯监狱集资修建单位经济适用住房，总建筑面积18.4万平方米，共1894套；指导存量公有住房完善产权598套，完成全区41个单位建立和调整住房补充公积金审批。

【人才公寓建设和租售】双流区新（续）建人才安居项目13个，总建筑面积120.56万平方米，共7484套，其中人才公寓项目6个，建筑面积50.02万平方米，共2915套；产业园区配套住房项目7个，建筑面积70.54万平方米，共4569套。

菁萃里　（供图：区住建交通局）

双流区住建交通局结合双流区实际制定《双流区人才公寓租售管理实施细则》，提供人才公寓1888套，面向双流区和高新区人才租售，539人签订租售合同。

【商品房建设与销售】双流区商品房销售面积299.25万平方米，比2019年下降12%，商品房销售金额387.04亿元，比2019年增长4%，其中住宅销售14866套，比2019年下降6%，住宅销售面积190.8万平方米，与2019年持平，住宅销售金额314.1亿元，比2019年增长17%。

（蒲益中）

住房管理

【概况】2020年，双流区住房建设和交通局完成公有住房在册登记

2283套，为41户符合公租房补贴的困难家庭发放租赁补贴199461元；归集住房专项维修资金1.8亿元，使用维修资金816万元；加强物业小区巡查2000次，55个商品房小区建立“1+211”自治管理机制，197个商品房小区成立小区党组织；对全区城镇（含征地农民安置区）新、改、扩建房屋白蚁预防项目实行100%全覆盖。

【公有住房管理】 双流区登记在册管理的直管公房2283套，建筑面积143886平方米，承租户2220户；收缴租金497.52525万元，其中住宅258.12995万元、非住宅239.3953万元，上缴497.52525万元，留存0万元；投入维修经费627786元，维修户数952户，维修面积4760平方米。

【保障性住房管理】 双流区住建交通局采取公租房实物配租和租赁补贴相结合的方式，对双流区5508户低收入困难家庭、个人和外来务工人员提供公租房实物保障，为符合公租房补贴条件的低收入困难家庭41户发放租赁补贴199461元。93户低收入困难家庭取得双流区经济适用住房购买资格。

【住房专项维修资金管理】 双流区住建交通局新归集业务项目33个，面积323万平方米，共45625户，归集维修资金1.8亿元，并新建单一产权项目25个；受理27个商住项目物业区域维修资金使用备案，使用维修资金816万元，主要涉及电梯、外墙、二次供水、监控、消防、屋顶防水、供电设备等维修项目。

【住房物业管理】 双流区住建交通局针对违法建设、住改商整治、安全隐患排查、垃圾清运等问题，巡查小区2000次；将住宅小区物业企业疫情防控情况纳入日常管理，督促物业企业落实测温亮码、出入登记等疫情防控职责；在全区商品房小区推动“1+211”自治管理机制，55个商品房小区建立“1+211”自治管理机制，197个商品房小区成立小区党组织；完善区、镇（街道）、社区三级物业监管体系，加强巡查考核，强化结果运用，对矛盾纠纷问题突出的小区物业实施联合惩戒；加大信访投诉处理力度，办结信访投诉10953件，办结率100%。

【房屋安全监督管理】 双流区住建交通局集中力量重点排查学校、医疗机构、车站、商场、宾馆、餐饮、养老福利院、景区景点、文化体育场馆等存在严重安全隐患的老旧公共建筑以及尚未整治、严重失修、存在严重安全隐患的老旧危险住宅，通过拆除危险部分、维修加固、腾空房屋、警戒打围等措施整治C、D级危房，发放农村自建房告知书22份、城市危险房屋通知书26份；8月15日发生洪涝后，组织业务骨干和四川省建科院专家，成立10个在建工地及危房排查小组，指导参与各镇（街道）居民房屋险情排查和治理，为汛期排查抢险和灾后房屋安全隐患治理提供数据支持；采取每季度进行既有建筑玻璃幕墙安全大排查及特殊气候条件重点检查相结合的方式，督促和指导各镇（街道）、区级各部门加强玻璃幕墙安全排查和整治，建立安全管理制度，及时发现并消除安全隐患，全年指导排查既有建筑玻璃幕墙131处，发现整改安全隐患11处；通过在人流集中广场设置宣传点、单位电子显示屏滚动播放等途径，面向社区居民开展房屋使用安全宣传，提高全民房屋使用安全意识和事故防范能力；依托各镇（街道）安全协管员开展相关安全工作，组织安全协管员培训1次、参训人员200人，组织宣传2次，发放宣传资料及服务指南1000份。

【房屋白蚁防治】 双流区住建交通局完成全区城镇（含征地农民安置区）新、改、扩建房屋白蚁预防项目77个，面积460.84万平方米，预防覆盖率100%。

（蒲益中）

商贸与现代服务业

COMMERICAL TRADE AND MODERN SERVICES INDUSTRY

/ 商贸服务业 /

商业贸易

【概况】 2020年，双流区完成服务业增加值652.41亿元，增速-1.5%，占地区生产总值比重65.1%，其中交通运输、仓储和邮政业占比16.9%，非营利性服务业占比12.7%，营利性服务业占比10.2%，金融业占比9.2%，房地产业占比7.4%，批发和零售业占比6%，住宿和餐饮业占比2%。

【商贸服务业政策落实】 双流区商务局兑现资金2661.31万元，其中根据临空服务业政策，向172家企业兑现入库奖励资金1610万元；根据楼宇经济政策，向6家企业兑现资金162.11万元；根据总部经济政策，向1家企业兑现资金20万元；根据外贸政策，向37家企业兑现862万元；根据便民菜店政策，兑现资金7.20万元；传统服务业政策于9月3日施行，2020年无申报兑付。

【商贸特色示范街区打造】 双流区在城市规划基础上，聘请仲量联行总体策划全区现代服务业发展，按照“规模聚集、层级清晰、衔接合理”的现代服务业产业要求，规划“一圈、两翼、四心、多点”现代服务业空间布局，分别围绕夜间经济、特色文化、乐享社区、活力休闲、风味美食五大场景，重点打造19条

黄龙溪川龙街　（供图：区商务局）

特色街区，已建成集服装品牌时尚街的时代奥特莱斯、美食休闲一站式的城南优品道广场、美学生活的左巷·右里、活力休闲购物的南昌路、空港休闲生活的东航中心、老川西市井生活的川龙街、休闲娱乐的漫悦里7条特色商业街区，其中黄龙溪川龙街被评为省级特色商业街，优品道广场、时代奥特莱斯被评为市级特色街区。

【商贸流通】 双流区依托航空经济区、空港商务区等平台阵地，加快建设现代商贸生态圈，有大型商业综合体9个，建筑面积215.5万平方米，其中奥特莱斯销售收入22亿元，全市排名第三，海滨城、城南优品道、乐福广场、时代奥特莱斯4个点位被评为市级夜间经济示范点，盛世麒麟餐饮管理有限公司、乔一乔怪味餐厅入选成都餐饮品牌50强；有专业市场29个，总占地面积超过3100亩，总建筑面积250万平方米，涉及商家8300户，主要经营业态为农副产品、食品、汽车及配件、家居建材、皮革材料、二手车，成都农产品中心批发市场入选全国前100家商品交易市场，成功打造四川首个消费扶贫馆；有农贸市场58个。双流区全年实现社会消费品零售总额394.3亿元，增速-2.3%，全市排名第十二位。

【对外贸易】 双流区外贸进出口增长主要是“宅经济”商品拉动作用，消费类电子产品产业链、供应链优势明显，笔记本电脑、平板电脑、家电等“宅经济”商品出口明显增加。仁宝、纬创等笔电类企业及其配套物流如汇晨物流、利耀、新宁捷等物流企业增长加快。汇晨物流为联想集货，在7—8月订单明显增多。中电熊猫加大大尺寸液晶显示屏对墨西哥、巴西、越南供给增长较快。双流区全年完成进出口额781.5亿元，比上年增长14.2%，笔电类实现进出口461.4亿元，比上年增长48.03%，物流类169亿元，比上年增长12.02%，新能源实现进出口20.5亿元，比上年增长46.76%，光学机电72.5亿元，比上年增长91.8%，鞋类3.6亿元，比上年下降46.46%，航空类41.2亿元，比上年下降26.66%。

（杨　潇）

商业综合体

【概况】 2020年，双流区商务局引导时代·奥特莱斯、海滨城等大型商场开展“幸福游、欢乐购”空港美好生活节、黄龙溪“幸福之旅”国风雅韵艺术节、空港双流社区邻里节、2020年“庆丰收迎小康”中国农民丰收节、金秋双流·美好生活“空港过节潮购节”等12场节庆活动，展出面积20万平方米，实现营收12亿元。

【海滨城购物中心】 海滨城购物中心位于双流区双楠大道下段，于2014年12月31日正式营业，以破吉尼斯世界纪录、“四川省科普基地”、“成都市科普基地”、“成都市青少年科普教育实践基地”的海洋馆——浩海立方、具有国际赛事标准的海滨欧悦真冰场、波音737飞行体验、首家室内地心侏罗纪恐龙馆、海滨城4DMX影院、环冰美食城等特色业态为核心，同时融合多种特色业态，是集旅游、亲子、教育、美食、休闲、购物等多功能于一体的城市综合体，2016年被评为国家AAAA级旅游景区，誉为“全国首家商业旅游综合体”。海滨城购物中心总体量27万平方米，入住商户458家，2020年总营业额9.36亿元。

【时代·奥特莱斯】 时代·奥特莱斯位于双流区双楠大道中段，为西南地区首家奥特莱斯。时代·奥

浩海立方·海滨城购物中心　（供图：区商务局）

时代·奥特莱斯　（供图：区商务局）

双流万达广场　（供图：区商务局）

特莱斯坚持为西南地区消费者提供多样化的购物选择，不断成长完善，为顾客优化购物环境和购物体验；坚持引入国际一线知名品牌，共享成都发展机遇，为成都国际化进程贡献力量，推动城市持续繁华；举办充满创意的文化艺术活动，打造领先的时尚消费枢纽。入驻时代·奥特莱斯的顶尖品牌已超过 200 个，涵盖多种风格及品类，其中国际一线品牌超过 55 个。时代·奥特莱斯在 2016—2019 年连续 4 年营业额排名全国奥特莱斯前五强，2020 年营业额排名全国奥特莱斯第四。

【城南优品道广场购物中心】 城南优品道广场购物中心位于天府新区核心区域新双楠商圈，于 2014 年 7 月 18 日投入运营，是集休闲购物中心、特色街区、住宅、别墅、酒店、写字楼于一体的大型城市综合体。城南优品拥有西南首个以游轮为主题的时尚餐饮街区、西南首家悬空玻璃栈道观景台、2000 平方米儿童互动探险乐园、5 万平方米超大市政广场和成都首家集幼儿园、儿童教育培训及儿童中医业态于一体的社区住宅配套商业。城南优品道总体量 23 万平方米，营业面积 10 万平方米，入住商户 231 户，2020 年营业额 6.2 亿元，客流 1100 万人次。

【双流万达广场】 双流万达广场位于双流区星空路，于 2016 年 12 月 17 日开业，商场内涵盖服装鞋帽、餐饮美食、儿童娱乐、精品体验等业态，具有苏宁易购、万达影城、宝贝王、红孩子、大玩家、迪卡侬等 14 家主力商户以及 204 家步行街商户，总体量 11.62 万平方米，入住商户 215 家。2020 年，双流万达广场总营业额 6.56 亿元，客流 1037 万人次。

【成都东航中心】 成都东航中心位于双流区临港路三段，依托国家级临空港示范经济区的区位优势，于 2018 年 9 月正式营业。成都东航中心是双流自贸区成都国际航空枢纽综合功能区内集高端商务与吃喝玩乐购为一体的大型商办综合体，覆盖满足消费者多重需求，包括潮流服饰、国际精品、珠宝配饰、特色餐饮，其中成都东航中心一站式购物平台覆盖儿童娱乐、儿童教育、特色街区，使青少年和儿童在校外能够寓教于乐，小资白领在工作之余能有滋有味。成都东航中心总建筑面积 22 万平方米，其中商业建筑面积 6 万平

城南优品道广场购物中心　（供图：区商务局）

成都东航中心　（供图：区商务局）

北京华联空港购物中心　（供图：区商务局）

方米，商户71家，2020年总营业额1.5亿元，客流100万人次。

【中海右岸环宇坊】 中海右岸环宇坊位于成都怡心湖片区，体量4.2万平方米，可租赁面积1.7万平方米，于2018年9月开始营业，引进盒马鲜生超市、晟嘉国际影城、麦当劳、星巴克、屈臣氏、美航国际健身、巧虎早教等优质品牌，旨在打造区域标杆性社区家庭购物中心。中海右岸环宇坊自2020年5月起比上年客流恢复率达100%，是疫情持续期中成都首批客流回正的商场。

【北京华联空港购物中心】 北京华联空港购物中心位于成都市西南部，地处空港经济技术开发区，紧邻双流国际机场，3公里范围包括川大、西南民大等4所大学，中心定位为一站式时尚社区购物中心，于2013年12月13日正式营业，主要业态有购物、餐饮、娱乐等。北京华联空港购物中心建筑面积6.6万平方米，地下1层、地上5层，有商户292家，2020年总营业收入3.46亿元，客流800万人次。

【蓝光空港COCOMALL】 蓝光空港COCOMALL地处成都第二机场临空经济区发展核心，于2014年9月28日开业，是集娱乐、餐饮、购物、教育培训于一体的大型商业综合体，经营面积72859平方米，分A馆和B馆，有商户93家。2020年，蓝光空港COCOMALL总营业收入7580万元。

（杨　潇）

粮食和物资储备

【概况】 2020年，双流区发改局围绕粮食调控、粮食安全和物资储备管理主线，强化粮食流通管理，掌握粮食流通动态，做好粮食宏观调控；加强仓储基础设施建设，不断提高储备粮储存条件和管理水平；加强救灾物资管理，努力提高应急保障能力。全区粮食总产量36601吨，粮食经营企业收购粮食11019.2吨，粮食企业销售粮食11150.2吨。

中海右岸环宇坊　（供图：区商务局）

蓝光空港COCOMALL　（供图：区商务局）

【粮食调控】 双流区发改局完成2020年省级储备菜籽油轮换计划下达和区级储备小麦轮换计划下达；粮油价格监测实施规范管理及动态监管，选取五大具有代表性的品种进行价格监测，定期报送价格监测信息，增强动态监测和预警预报能力；完成全区56户城镇居民社会粮油供需平衡调查及2020年夏秋、秋粮收购调查。

【粮食安全】 双流区建成12个粮食应急供应网点（原12个镇街）和8个放心粮油示范店（东升2个，彭镇、黄水、黄甲、西街办、金桥、永安各1个）；落实大中城市成品粮油储备要求，明确航都粮油公司为区级粮油储备企业，开展经常性库存检查，增强市场调控能力，守住粮食供应底线；按时完成2020年粮食质量安全风险监测，投入资金5万元，检测样品35批次；以烘干中心建设为依托构建粮食产后服务体系趋于完善，全区已建成黄水、彭镇和红石3个粮食烘干中心，基本解决农民“晒粮难，储粮难”问题。双流区政策性粮食账实相符，账账相符，数量真实，质量良好，储存安全。

【粮食监管】 双流区发改局开展储粮专项检查，督促粮油储备企业按照储粮“数量真实、质量良好、储存安全”要求做好各级储备管理，确保储粮安全，全年开展检查12次，检查情况良好，国有控股粮食企业“四无”粮油达95%以上。

【粮食仓储建设与管理】 双流区不断改善粮食仓储基础设施，拥有完好仓容8.4万吨（华阳、白家、东升），已建成粮食低温库1.75万吨（白家，省级432万元），低温、绿色、科学储粮占比大幅提高；投入维修资金150万元，完成40个库点代管资产维修。双流区贯彻落实国有粮食仓储物流设施保护制度，落实“拆一还一、先建后拆”要求，建立粮油仓储物流设施备案管理制度，实施动态管理，持续强化检查力度，全区未出现违规拆除、迁移、非法侵占、损坏粮油仓储物流设施以及擅自改变其用途或其他保护不力等情况。

【物资储备管理】 双流区发改局根据双流区地理位置、灾害风险水平、人口数量、历年灾情等实际，按照“宁可备而不用，不可用而无备”和区应急局对救灾物资储备要求，按区启动三级响应要求，增加500名受灾群众基本生活救助的救灾物资储备，提高区救灾物资应急保障能力；与猪肉委托储备企业成都明渲畜牧发展有限公司和四川鑫明食品有限公司形成一致意见，猪肉储备在400吨基础上再增加300吨、达700吨，保供天数增至5天［其他区（市）县平均3天左右］。

（周德君）

烟草专卖

【概况】 2020年，双流区烟草专卖局（分公司）管辖双流区和天府新区区域，辖区面积1032平方公里，包括14个街道、4个乡镇；管理服务零售客户4342户，其中双流区域2719户、天府新区区域1623户；实现总销63131箱，比2019年增长3.82%，实现税利8.8亿元，比2019年增长7.89%。“十三五”期间，双流区烟草专卖局（分公司）累计销售卷烟291492箱，比“十二五”增长14.83%，卷烟销售额107.44亿元，比“十二五”增长54.18%，税利36.57亿元，比“十二五”增长75%。

【“非法三烟”查处】 双流区烟草专卖局（分公司）全年查获涉烟违法案件729起，其中五万元以上案件74起，查缉“三烟”2706.1456万支，涉案总金额1834.02万元；办结厅督案件1起，22名涉案人员分别被判处6个月至6年不等有期徒刑，并处罚金336.5万元。“十三五”期间，双流区烟草专卖局（分公司）累计查获案件3637起，查获卷烟9685.74万支，涉案金额15954.08万元，完成“7·2[illegible]”部督案件1起、“5·21”厅督案件1起、一类假烟网络案件3起。

【烟草市场整治】 双流区烟草专卖局（分公司）强化终端市场整治，先后开展“元春”清查、夏季清扫、夜间清查、无证户清查、“剥笋”“清网”等专项整治行动，全面清理辖区内零售户许可证使用情况，注销（吊销）行政许可证174起，取缔无证经营129户，停业整顿11户；持续整合执法资源，优化监管方式，实施零售客户分类监管，突出关键少数，紧盯违规大户，推进“信用体系”建设，利用行政处罚等营销政策对大户及其下线中小户、无证户“双向惩处”，查获大户案件32起，其中“双五万”案件17起。

双流区烟草专卖局（分公司）向零售客户赠送爱心防疫包　〔供图：区烟草专卖局（分公司）〕

【烟草专卖监管】 双流区烟草专卖局（分公司）持续践行规范经营承诺，先后策划并发布《疫情防控期间营销工作方案》《社交软件规范使用管理办法》《关于进一步加强规范经营预警处置的通知》等文件，从卷烟营销、货源管理、舆情监控、预警管理等关键节点入手，筑牢规范底线，压实规范责任；加强专销部门协同配合，开展协同自查自纠16次、促销活动专项自查4次，严查日常客户订单及规范经营管理，核查并回复预警信息7919条，上报报告4期。

【卷烟营销与市场监管】 双流区烟草专卖局（分公司）着力稳增长、育品牌、促创新、强基础，确保卷烟社会库存合理、品牌价格坚挺、客户盈利稳定；与红旗连锁建立个性化订单联协保障机制，确保民生保障重点企业正常供货确保民生需求；开展“我为消费攒人气”等主题活动11场次，通过营造消费氛围，助推疫情期间地方经济复苏；组织开展川烟陈列大赛2次，参与户数500户次，助推“川烟陈列、规范出样”工作行程常态化、自律化良性循环；开展红码扶贫、会员发展试点等，建成红码会员店铺222个，其中3星店铺172户，发展会员3万个，安装智慧收银机218台；修订合理化布局规范，持续深化“最多跑一次”改革，全年办理行政许可事项3706项，其中新办1167项、变更48项、延续1931项、歇业314项；组织开展终端市场专项督导整治，巩固终端市场基础；创新引入互联网远程视频，通过线上受理、视频问询、邮寄文书等方式，解决许可证延续、案件办理等新问题、新困难，实现“人员零接触、质效双提升”。

（黄　怡）

供销合作经营

【概况】 2020年，双流区供销合作社联合社以做好新冠肺炎疫情防控和加快推进综合改革为重心，以实施村级基层社项目建设为抓手，创新理念引领系统高质量发展，各项工作取得明显成效，获评全省供销系统综合改革突出单位、监事会建设突出单位；创新打造黄甲街道长埂社区“共享超市”，探索“共享经济”新模式，获评2020年成都市乡村振兴基层治理十大创新案例。

【供销社综合改革】 双流区供销合作社联合社持续深入学习贯彻习近平总书记对供销合作社工作重要指示精神，凝聚共识继续做好综合改革和培育壮大；汇报争取区委、区政府支持，撰写全区2020年农药包装废弃物及废旧农膜回收处置方案，获区委农村工作领导小组审议通过，落实财政资金保障；制定区农业农村局、区供销社“局社联动服务乡村振兴大局”任务清单，推进供销综合改革；协调区委社治委、区城管局、区市场监管局等部门和涉农镇（街道），支持供销社参与社区治理、垃圾分类、基层社建设等；建立并分解落实改革任务“清单＋台账”，按季度开展自查督查，完成市深化供销合作社综合改革专项任务第三方全面评估单位“2020年成都市区县供销合作社综合改革调研问卷”；以社有企业经营管理和社有资产保值增值为重点，强化风险防控，指导彭镇供销社盘活社有资产，配合做好彭镇槐轩文化特色街区打造涉及的资产租赁事宜；组织专班研究推进青云寺烟花爆竹仓库拆迁、中和供销社资产拆迁等重大问题，确保社有资产安全。

【农资供应管理】 双流区供销合作社联合社加强30个农资放心店经营管理，开展农资专项检查5次，组织供应化肥7250吨、农药163

1月15日，彭镇金桥社区共享超市开业　　（供图：区供销合作社联合社）

吨、农膜130吨；牵头制定《双流区2020年农药包装废弃物及废旧农膜回收处置实施方案》，完成市级项目申报；指导本系统企业、基层社积极承接涉农部门转移的配方施肥、统防统治等生产经营性服务事项和涉农部门转移的农药包装废弃物和废弃农膜回收处置、农民技能培训等公共服务事项，生产服务机制不断完善；疫情期间，编制《双流区疫情防控期间农业生产服务指南》，指导储备农资1454吨，调配5台“流动农资车”深入田间地头应急保障春耕供应。

【城乡再生资源回收利用】 双流区供销合作社联合社全年回收再生资源29600吨，实现销售额8070万元；开展为期1个月的再生资源回收体系站点环境治理专项行动，有效整改部分回收站点脏、乱、差问题；做好46个再生资源回收站点经营管理和疫情防控期间复工复产监督检查，发放双流区回收体系申请复工告知书49份、企业员工健康情况申报卡168份，全覆盖排查管理在岗人员；做好居民小区生活垃圾分类处理、再生资源回收进小区，组织回收业主按照公布时间进入各分类小区，开展便民回收，促进垃圾源头分类减量。

【为农服务创新】 双流区供销合作社联合社推进开放办社，提升供销经济实力和为农服务能力；加强鲜活农产品产销对接，销售农产品10万吨；开展农技培训10期，培训人数1000人次；指导企业开发瞿上优品小程序，指导四川康绿鲜生态农业科技有限公司、成都汇众农业有限公司发展订单农业，完成订单农业销售200万元；指导成都汇众农业有限公司获得农业方面专利17项，指导和推荐区内生产企业申报“四川扶贫”公益品牌商标7枚；指导“区为农服务中心+4个镇级为农服务分中心”充分发挥为农社会化服务综合平台作用，指导的成都双流文武水稻种植专业合作社获评双流区2020年度示范农民专业合作社。

【社区共享超市运营】 双流区供销合作社联合社推进“三系融合”夯实基层组织体系建设，对上争取市财政项目资金120万元，制定《双流区供销社关于推进2020年村（社区）综合服务社建设的实施意见》，克服疫情不利影响，调配价值10万元的防疫后勤物资，保障疫情期

4月2日，黄甲街道长埂社区共享超市第二次分红　　（供图：区供销合作社联合社）

间日用商品有序供应，建成东升街道双桂、永安镇凤凰、黄水镇白塔和九江街道通江4个社区“共享超市”，并以其为平台打造4个“社区综合服务社”（村级基层社），发展基层社农民社员700人；探索拓展服务范围，在黄甲街道长埂社区规划打造“埂尚夜集市”。双流区供销合作社联合社以创新打造社区“共享超市”为平台，打造村级基层社建设工作在全市供销社系统综合改革收官暨基层组织建设工作培训会上作经验交流发言。

（钟树军）

/现代服务业/

Modern Services Industry

服务业转型升级

【概况】 2020年，双流区商务局印发《双流区推进市场流通类服务业转型发展三年行动计划（2020—2022）》《成都市双流区推动传统服务业转型发展的政策措施》《〈成都市双流区推动传统服务业转型发展的政策措施〉实施细则》3个文件，分别从实施内容、实施时间、政策支撑等方面予以明确及给予保障，加快推进传统服务业转型发展。

【服务业市场管理】 双流区商务局按照《双流区推进市场流通类服务业转型发展三年行动计划（2020—2022）》要求，完成2个专业市场疏解关闭、2个专业市场腾龙转型、5个专业市场规范提升，并疏解关闭16个严重影响环境的再生资源站点。

【消费场景示范申报】 双流区按照成都市国际消费中心城市建设领导小组办公室《关于印发〈2020年成都市“一场景一示范”项目奖励资金申报指南〉的通知》申报要求，经过筛选向市级部门申报5个场景示范，分别是企业幸福中心申报特色街区雅集场景示范、永安湖城市森林公园申报公园生态游憩场景示范、空港体育公园申报体育健康脉动场景示范、中海右岸环宇坊申报社区邻里生活场景示范、空港·云城市会客厅申报未来时光沉浸场景示范，市上评审结果待定。

【十二大消费项目实施】 双流区国际空港会议会展项目，完成空港·云建设，启动国际会议中心、城市候机厅、星级酒店项目建设；电商直播基地项目，逐步启动闲鱼直播等基地建设，打造直播间不低于30个，引进超过10家直播企业和MCN专业机构；汽车文化体验项目，完成锦和汽车商业中心建设并投入使用，启动澳康达、宏盟汽车文化产业园项目建设；供应链项目，完成兴科蓉总部基地供地、益民供应链项目一期投运；缤纷市场项目，确保引进有营运经验的市场主体完成建设并运营；空港花田项目，全面启动熊猫主题公园等4个项目，开展空港花田国际艺术节、国际友谊小姐大赛等7项国际国内重要活动；历史文化小镇漫游项目，完成彭镇槐轩书院、华侨城黄龙溪古镇特色民俗文化示范街区等项目建设；十街六巷市井文化项目，完成“六巷”建设；体育文创产业体项目，完成双流体育中心业态提升方案，启动双流体育中心商圈招商试点；社区邻里生活项目，打造提升4个社区商业综合体；城市公园综合体项目，实施公园业态升级工程，引入水幕数字光影艺术展等创新产品；国家馆体验项目，启动怡心湖写字楼项目，引进大仓饭店，打造中日文化产业园，加快泰国等国家馆建设。

【三大消费活动开展】 双流区商务局组织全区流通领域相关企业开展促销活动，举办“空港美好生活节”“空港国际潮购节”“空港社区邻里节”三大消费活动。双流区商务局依托空港花田、空港中央公园等载体，利用“一带一路”国际音乐节等活动，打造双流国际空港美好生活节，围绕熊猫国际家园、航空航天乐园、花田麦咭乐园、花田喜事婚庆主题公园、特色农业园、花田里、花田民宿等空港花田项目及“五湖四海”空港中央公园，通过与自然亲密接触、大型儿童游乐施舍，让孩子在寓教于乐中收获幸福与快乐，通过参观游览、沉浸式体验、美食品鉴、运动健身、休闲度假等活动，让市民和游客感受美好的双流生活；充分联动七大航空进境指定口岸、综合保税区、成农批星街，整合电商直播产业基地、时代·奥特莱斯及奥康达西南中心、宏盟、锦和汽车文化产业园，组织国际名品、跨境商品开展潮购活动，定制“空港国际潮购地图”，通过机场候机厅、商业项目、生活类新媒体“线上+线下”传播，吸引外来消费，打造“潮购双流”特色消费品牌；依托海滨城、双流万达、城南优品道、乐福生活广场等9个商业综合体和燕楠国际配套市场、空港农商中心等5个社区生活配套中心，推动品质生活市集、亲子游乐体验、便民生活服务、邻里运动会等主题活动走进社区，满足社区居民消费升级和多层次多样化的生活需求，促进双流社区邻里生活场景打造。

（杨 潇）

电子商务业

【概况】 2020年，双流区商务局以报关、物流、订单、财务等数据为信用保障，实现“银行+政府+担保+保险”合作模式，向跨境电商企业提供约4000万元融资，全区网络零售额201.68亿元，比2019年增长29.3%。

【农村电商发展】 双流区商务局会同区农业职业经理人协会、区电商协会等举办交流会、对接会，支持蓝莓、竹编等产品通过邮乐网开展网络营销，支持瓜果基地、农家乐等通过电商直播形式促销；引导昆山农产品物流公司等涉农企业积极应对疫情影响，进一步做好产销对接和配送服务；开展“互联网+”社区便民服务体系建设，打造西航港跨境电商O2O体验店、黄甲共享社区超市、彭镇老茶馆文创体验中心、公兴漫咖啡品质文化生活空间、胜利社区健康养老服务中心等“互联网+”社区服务示范点；支持京东便利店、苏宁小店、红旗连锁等社区商业布点新建改建小区，叠加缴费充值、查询预约等便民服务功能；鼓励开设生鲜超市和农特馆，实现产地直达末端。9月，成都农产品中心批发市场所属四川消费扶贫中心建成投运，包括产品展销厅、产品发布厅、分拣配送区、洽谈交易区合计面积2000平方米。

【跨境电商发展】 双流区商务局着力推动国家跨境电子商务综合试验区发展，直邮进出口及保税备货进口业务模式平稳运行；借力和成都全球跨境电商服务资源中心，持续推动跨境电商产业链和生态圈建设，“川货天下行”跨境供应链平台建设进一步完善，保税仓自动分拣线有序升级；抢抓海关总署跨境电商B2B出口监管试点政策，9月1日通过机场海关口岸成功完成首单测试，丝路易购、汇通天下等区内企业率先参与试点；通过创新跨境电商出口模式，促进出口生产型企业、跨境电商服务企业拓展出口渠道、扩大出口规模。12月，中国邮政跨境电子商务（四川·双流）产业园获批成都市跨境电子商务产业园区暨成都全球跨境电商服务资源分中心。

电商企业大发展 （供图：区商务局）

【创新型电商企业发展】 双流区商务局依托电商直播产业园、聚源科技企业孵化器、海吉星电商孵化园、中国邮政跨境电商产业园、成都全球跨境电商资源服务中心、创客小镇等园区载体，培育壮大电子商务运营管理、媒体推广、研发设计等产业链企业，主要涉及鞋类、农产、食品、酒水、餐饮、家居等领域，其中空港、综保、邮政三个市级跨境电商产业园区已入驻敦煌网、众友东方、中远国际等跨境电商产业链企业100家，开展业务合作的省内境电商企业超过200家。南方家俱、豪厅家具2家企业进入成都家具行业电子商务优势品牌TOP10，机场瑞嘉大酒店、空港商务酒店、融投酒店进入成都电子商务热门酒店TOP10。

【电商直播产业园建设】 7月20日，“中国造·新国货·出四川”直播总动员暨四川成都电商直播产业园开园仪式举行。电商直播产业园位于中海国际成都全球跨境电商服务资源中心，规划引进入驻流量网红、KOL和MCN机构、直播配套

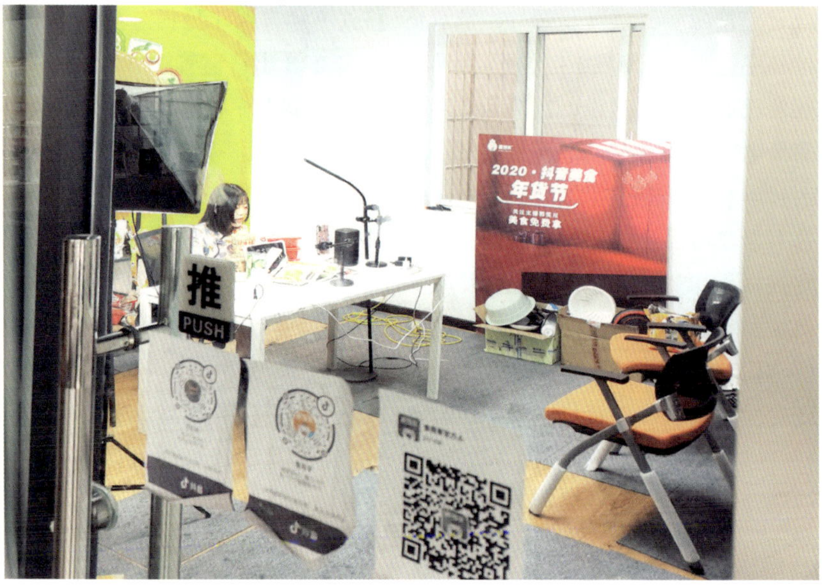

电商直播　　（供图：区商务局）

服务机构、上下游企业，在产业园周边策划打造直播网红特色街区，打造闲鱼闲置奢侈品线下展播基地、品牌家居家装展播基地，推动形成新兴消费集散地、直播经济核心区。开园仪式上，起步园同步启用20个直播间，包括淘宝直播、拼多多直播等直播活动，双流区环太苦荞、百年吴府记、天味食品等企业携产品参与。

（杨　潇）

养老服务业

【概况】 2020年，双流区大力发展嵌入式养老，以社区为载体，集居家养老、社区养老、专业养老资源，以资源嵌入、功能嵌入和多元的运作方式嵌入为理念，整合居民小区周边养老服务资源，为老年人就近养老提供专业化、个性化、便利化的居家养老服务。

【养老服务体系建设】 双流区健全以居家为基础、社区为依托、机构为支撑的功能完善、规模适度、覆盖城乡的养老服务体系，实现养老服务与医疗等领域互动发展；加强对8所公办敬老院管理指导，指导8所公办敬老院完善消防设施设备，加强安全管理；充分发挥公办敬老院的社会效益，建立健全覆盖较广、适度普惠的农村养老服务体系，推动农村养老服务业健康持续均衡发展。

【养老机构和设施建设】 双流区新增养老床位300张，达4580张，每千名户籍老人拥有床位41张，机构养老承载能力增强；深入推进居家和社区养老服务改革，完善日间照料服务网，新增社区养老院1个、老年人助餐点1个、市级社区嵌入式养老示范点位3个；建成城乡社区养老服务设施195个，城市社区养老服务设施覆盖率100%，农村社区养老服务设施覆盖率93%，基本实现居家老年人家门口养老“一站式”服务。

【智慧养老云平台建设】 双流区采用“互联网+养老”模式，搭建居家和社区智慧养老云平台，累计录入全区老人数据9万条，录入全区养老院、日间照料中心、敬老院等为老服务机构132家，机构上传老年服务活动信息200条，基本建成没有围墙的养老院，能为老人提供多元化、专业化、便捷化的养老服务。

【“颐养居”运营】 颐养居是由成都市福彩资金和双流区人民政府公共财政全额投资建设的公建民营养老机构，占地面积19.5亩，建筑面积29826平方米，建设床位436张，总投资约9600万元，是全市已建成的投入资金最多、规模最大、设施最全的公建民营养老机构。颐养居由四川华孝大德投资有限公司运营，以“让品质养老服务走进千家万户”的服务宗旨，秉承先进的养老理念、成熟的护理体系及专业的运营管理团队，倾心打造最人性化、科学化的养老模式；通过持续的人员培训、健全的管理制度、统一的服务标准、机构智能床位监控、社区智能便民设施、居家智能安全和智能健康远程设备，结合机构全天候24小时的呼叫响应和专业化服务队伍，为全区长者提供专业悉心的全方位养老服务，打造四川养老服务品牌；引进养老机构管理先进理念、专业团队，在优化自身服务质量的同时，带动社区养老和居家养老发展，对双流区多元化养老服务体系建设和养老服务水平提高产生推动和辐射作用。2020年，颐养居老人居住数量约270人，其中双流区当地老人150人，占比55%以上，营运收入1000万元左右。

（熊　成）

交通运输业·邮政业·通信业

TRANSPORTATION, POST AND COMMUNICATION INDUSTRIES

/ 交通运输业 /

Transportation Industry

【概况】 2020年，双流区道路运输管理部门有区城市管理局综合运输科、区道路运输管理所、区出租汽车管理所、区公路养护段等科室和单位，有弘民、榆成、珊瑚、华客、和谐、府航、蜀地7家出租汽车公司，有黄甲客运站1个农村重点站，有双流区客运中心站、黄龙溪客运中心站、西航港客运站3个二级枢纽车站，有锋圣运业有限责任公司、宏宇运业有限责任公司（班线）、成都空港发展集团公共交通有限公司、成都市双流巴士公交有限公司4家客运企业。

【公交运营】 双流区有公交公司2家（成都空港公共交通有限公司、成都市双流巴士公交有限公司），有车辆1172台；有公交线路101条，公交站台牌2203座（含162座电子站牌）；建成投用公交充电场站9个，配套充电桩387个。2020年，双流区公交营运里程5206万公里，客运量4331万人次，营业收入5902万元。

【双流客运中心站运营】 双流客运中心站位于双流区东升街道广都大道198号1~3层，二级客运站，建筑面积30667平方米；有客运班线25条、公交线路14条，营运车辆323辆。2020年，双流客运中心站班线发班3.54万班，公交发班11.41万班，客运量136.8万人次，营业收入771万元。

【黄龙溪客运中心运营】 黄龙溪客运中心位于双流区黄龙溪镇嘉禾村，二级客运站，占地面积36086.8平方米，其中建筑面积5271.1平方米、停车场面积8145平方米、站前广场面积3969平方米；有客运班线3条、公交线路9条，营运车辆116台。2020年，黄龙溪客运中心发班11.97万班，客运量126万人次，营业收入249.52万元。

【西航港客运中心运营】 西航港客运中心位于双流区西航港经济开发区双华路三段49号，二级客运站，总占地面积25733.31平方米，其中建筑面积16001平方米、站房面积2350平方米、候车厅面积1200平方米、售票厅面积110平方米、站前广场面积9000平方米；有客运班线4条、公交线路7条，营运车辆115台。2020年，西航港客运中心发班3.8万班，客运量36万人次，营业收入313.53万元。

【黄甲客运站运营】 黄甲客运站位于双流区黄甲街道王家场社区，四级客运站，占地面积6660平方米，其中建筑面积3700平方米、停车场面积3600平方米；有公交线路3条，营运车辆58台。2020年，黄甲客运站发班5.2万班，客运量26万人次，营业收入40万元。

（郭　柳）

/邮政业/
Post Industry

【概况】2020年，双流区邮政分公司有普遍服务网点39个（其中自有营业网点24个、代办网点15个），有自有投递段道75条、普邮段33条、精品段42条（其中机车段19条），有县下农村代办段64条，下设东升营业部、华阳营业部、航空港营业部、公兴营业部、新城营业部、兴隆湖营业部6个营业部实施快递包裹超量外包。公司完成收入13892.70万元，完成全年计划13720万元的101.26%，完成收入规模列全市第2位，完成进度列全市第十三位，比2019年上涨7.2%，收入占全市比重7.9%；总利润完成3345.33万元，完成预算3297.05万元的101.46%，实现收入、利润双丰收。

【寄递业务发展】双流区邮政分公司全年寄递收入4006.6万元（2019年2960.76万元，2018年邮政账寄递业务收入1144.03万元），完成确保目标3928万元的102%，全市排名第五位。公司收入绝对值增加1045.84万元（2019年收入绝对值增加1815.97万元），其中快递包裹收入1821.85万元（2019年完成1703.49万元，2018年完成928.34万元），完成年计划2154万元的84.58%，比上年绝对值增加118.36万元、增长6.95%；国际业务完成338.53万元（2019年完成120.21万元，2018年完成46.79万元），比上年绝对值增加218.32万元，增长181.6%。公司国内标快收入1828.86万元（2019年完成1122.88万元），规模排名全市第四位，完成年计划1585万元的115.39%。

【代理金融业务发展】双流区邮政分公司全年代理金融业务收入7413.29万元（2019年7084.73万元，2018年6933.54万元），完成确保目标7510万元的98.71%，进度完成排名全市十三位；绝对值增加328.56万元，与2019年同期比增长4.64%。其中，代理储蓄收入6297.87万元（2019年5739.31万元，2018年5551.61万元），比上年增长9.73%，绝对值增加658.56万元，进度完成排名全市九位。汇兑收入3.03万元（2019年2.48万元，2018年3.16万元）。保险收入674.55万元（2019年895.8万元，2018年918.44万元），比2019年下降24.7%，全市排名第十四位，绝对值减少221.25万元，收益率7.02%（全市平均6.76%）；保费758万元（2019年新单保费14240.87万元，2018年保费19944.84万元），全市排名第6位；点均保费650.55万元（2019年949.39万元，2018年1329.66万元），保费规模全市排名第十一位。储蓄短信收入437.85万元（2019年447.14万元，2018年455.33万元），绝对值减少17.48万元，比2019年下降2.08%，进度排名全市第十位，收入规模排全市第三位。储蓄余额新增余额27641万元（2019年27679万元，均不含三年期，2018年31083万元），总余额规模493645万元，当期价值存款332687万元，价值存款占比67.39%，全市排名第十四位；活期占比31.06%，较2019年提升0.18%；三年定期存款84802万元，占比17.18%，较2019年底下降6.53%。

【集邮与文化传媒专业发展】双流区邮政分公司全年集邮与文化传媒板块完成1750.25万元，完成确保目标1680万元的104.18%，全市排名第3名；完成奋斗目标1693万元的103.38%。集邮与文化传媒板块中，集邮专业完成615.83万元（2019年完成483.84万元），绝对值增长131.99万元，比上年增长27.28%，完成成都市邮政分公司确保目标533万元的115.5%，排名全市第5位，其中日常销售完成528.47万元（金条销售300根，税后收入352万元，占总日常销售67%），新邮预订转收54.39万元（比2019年减少8.45万元）；报刊专业完成753.10万元（2019年796.37万元），完成确保目标759万元的99.22%，全市排名第十一位，其中订阅收入630.76万元（2019年680.24万元）、零售收入122.34万元（2019年116.13万元）。

【邮政电商专业发展】双流区邮政分公司全年电商专业完成107.01万元（2019年完成215.86万元，2018年完成462.35万元），完成计划收入100万元的107.01%，全市排名第九位，绝对值减少108.85万元。

【邮政分销专业发展】双流区邮政分公司全年分销专业完成464.84万元（2019年完成343.09万元，2018年完成241.01万元），完成计划收入345万元的134.74%，全市排名第三位，完成增长34.64%。

【总部客户项目发展】双流区邮政

分公司实现汽车产业链集群项目收入295.84万元，工会普惠服务项目收入0.39万元，惠农合作项目收入93.78万元，通信行业合作项目收入20.3万元，长虹项目收入50.03万元，邮保合作项目收入65.54万元，政务行业综合服务项目收入657.06万元，合计完成1182.94万元。

【邮政欠费管控】 双流区邮政分公司狠抓落实欠费整治，领导班子、相关部室主任、专业负责人和管理人员从根本上解决50万元的历史欠费，结束连年被考核、双倍扣减利润的历史；完善机制，建立健全制度，明确责任，加大考核力度，使常规欠费有明显起色。公司欠费达到成都市邮政分公司进度要求，有力促进企业健康发展。

（鄂坤培）

/通信业/

Communication Industry

电信通信

【概况】 2020年，中国电信双流分公司牢记“红色电信”初心使命，坚持“以人民为中心”，坚持疫情防控与经济发展两手抓，取得“抗疫”与改革发展双胜利，实现主营业务收入近6亿元的里程碑目标，成为双流区唯一获得“国际营商环境打造先进团队”和“先进个人”两个奖项的单位，同时在2020年四川省级文明单位复评中再次获评“四川省文明单位”。

【疫情防控电信通信保障】 中国电信双流分公司成立以总经理为首的疫情防控及通信保障工作组，启动重大通信保障机制，“7×24”小时保障防控指挥及一线通信畅通，对区委、区政府、区卫健局、区疾控中心、区应急管理局、区公安分局（含天网、人脸识别）、区第一医院、区妇幼保健院、区中医院等重要单位进行重点通信保障；紧急开通区第一人民医院和3个留观点14个慧眼视频监控系统，确保重点防疫单位通信畅通；牵头协调合作伙伴，完成“新冠肺炎疫情防控自主申报系统”上线，实现第一时间有效采集防疫信息；为双流区100多家行政、企事业单位免费提供“会易通”应用，支撑线上会议1000场次，满足各单位在疫情防控和复工期间的视频会议需求；为区内41所学校免费开通“会易通”账号，确保网上授课全面实现，将全区教师、学生家庭宽带免费提速至300M，解决师生在线授课卡顿、拥塞现象，确保网络授课质量；装维工程师24小时在线，响应客户需求，上门维护宽带及电视，宣传四川电信推出的“共抗疫情、免费观影”专区，满足用户“宅家抗疫”的上网及收视需求。

【电信网络品质提升】 中国电信双流分公司围绕经营发展和能力提升2个目标，制定2020年八大专项、17个细项工作方案，完成包括光网优化、质差小区4G深度覆盖提质、组网专线网络隐患整治、接入网故障处理效率提升、无线故障处理效率提升等专项工作，成为“智慧双流”的主力军，为双流区90%以上的党政军、教育、医院以及各商业园区等行政、事业单位及各大中小型企业提供稳定可靠的基础信息服务，为双流区家庭客户提供“5G 3000兆+”的精品网络，全年接入网障碍发生率由1.27%压降至年底0.53%，AB类基站断站时长由149分钟压降至92分钟，网络服务品质大幅提升。分公司网络生产线以ROSE计划为契机，深化全程端到端网络运营体系变革，完成网络运营分局岗位竞聘双选，实施定岗定责，提升生产线队伍技术能力和战斗力，鼓励生产线员工以“匠人精神”打造真正“同城第一”的网络。双流区已建设成为三千兆网络区县，建成全市首个全覆盖NB—IoT商用网络，实现万兆到楼、千兆到户，全面满足200万光网用户接入能力。

【电信5G建设与发展】 中国电信双流分公司与联通共建共享，建成5G基站578个，1月20日实现NSA网络（4.5G）升级为SA（真5G）网络，成为首个SA独立组网的5G网络运营商；通过与双流区5G芯片龙头企业四川科道芯国公司联合研发，将NANO形态多功能物联网微芯片组与中国电信“翼生活”平台融合，打造“成都造·芯生活”智能应用，实现多场景的门禁、支付、通信、交通等多应用聚合和大数据交互，标志着智能“成都造”与5G新基建创新融合取得重大突破；助力工业4.0，成功中标全省第一单“5G+工业互联网”商业合同，将通威太阳能打造为智能互联工厂；推进5G产业融合发展，成都市经济和信息化局、中国电子熊猫集团、成都影视硅谷、成都电信共同在双流成立5G超高清产业（成都）创新中心筹备组。6月9日，中国电信双流分公司和成都信息工程大学联合打造的西部首个校企地5G实验室在双流区正式揭牌，双方基于“5G 3000兆+”，在5G产品应用模式创新、5G终端生态合作、5G研发测试平台打造等方面快速形成核心能力，共同推动校园信息化、5G应用研究、5G行业人才培养和5G产业生态圈构建。

【电信客户服务】 中国电信双流分公司聚焦装维基础服务，规范客户服务工程师标准交付，反复赋能，装维效能进一步提升，当日修障率从原来的86.81%提升到95.11%，提升8.3%，当日装机率从原来的81.81%提升到91.34%、提升9.53%，IVR首响及时率从原来的87.95%提升到96.61%，提升8.66%，客户非常满意率从原来的83.6%提升至90.90%、提升7.3%；通过与用户深度合作，向省市公司争取资源，从源头上为客户解决问题，完成双流区综合执法局智慧执法平台、水务局水务监控、卫健局医疗云二期、空港智慧警务三期等重大项目，同时为双流区委区政府、各级行政事业单位和各大园区及企业提供更加全面的物联网、云服务、行业视频监控等综合信息化解决方案，为群众提供更加优质的一站式服务，助力区域经济高质量发展。

（高树惠）

移动通信

【概况】 2020年，中国移动双流分公司下设2个支撑中心、7个营销分局、3个行业中心，有营业网点100个；升级完成1000个千兆小区，升级小区基本实现“手机信号、家庭宽带、家庭Wi-Fi”全千兆覆盖；截至年底基站1800个(其中5G基站700个)，实现双流区内移动信号全覆盖。

【移动网络建设】 中国移动双流分公司按“高起点、高标准、高质量”标准进行5G网络规划和建设，已开通5G基站700个，实现双流主城区、道路干线、双流机场、地铁、大型项目及景区等重要区域5G网络覆盖；开展区内家庭宽带千兆网络升级，升级完成1000个千兆小区，升级小区基本实现“手机信号、家庭宽带、家庭Wi-Fi”全千兆覆盖。

【移动信息化建设】 中国移动双流分公司推进信息化工程建设，通过“大数据公众信息平台”打造双流“航空经济之都”城市名片，通过参与城市运营信息化建设提升社会感知；利用短信平台落地平安双流、智慧城市等民生工程服务。

【信息社会化服务】 中国移动营业厅遍布双流城区、乡镇、街道、园区及旅游景点等区域，为群众做好生产、生活信息服务。中国移动双流分公司同步开通线上业务办理通道，实现免接触业务办理；开展“服务进万家，服务进万企”活动，为群众提供宽带免费测速、手机杀毒等上门公益服务，满足群众通讯需求；疫情期间，对接各街道、社区、企事业单位提供疫情信息发布、远程会议等服务，同时开通宽带电视免费服务，丰富群众疫情居家娱乐生活。

【移动通信保障】 中国移动双流分公司全年执行应急及突发性通信保障60次，出动保障人员603人次、保障车辆122车次、应急通信设备75套次，保障客户超百万人。

（张　伟）

联通通信

【概况】 2020年，中国联通双流分公司面对双流当地客户需求和全新竞争格局，主要经营移动通信服务、固定网本地通信业务和“互联网+”等创新型技术业务，配合通信管理局搭建所在区域的物联网平台及做好5G基站建设前期准备，经营转型、市场营销、队伍建设、网络建设及服务水平等方面明显提升，各项业务实现较快发展。

【联通网络建设】 中国联通双流分公司全部完成光进铜退，让用户实现千兆光纤宽带；在农村、新建商超写字楼、地停等场景补盲3G／4G网络，覆盖率达95%。年初，双流联通所在的成都市分公司网络部将5G网络覆盖双流主城区、经济开发区、主要乡镇、交通枢纽、景区、高校等重要场景，用户体验感知得到质的飞跃。

【抗疫服务】 疫情期间，中国联通双流分公司利用信息新技术，为914家政企客户提供1096个疫情防控服务产品，为近千家单位提供远程办公、疫情监控云屏、舆情通、热成像、文宣助手等服务；开通17家定点医疗机构的视频会议系统，完成全市集中隔离医学观察点监控系统点位14个，在政务对外开放地部署安装“5G+”热成像人体测温信息化平台。

（张　伟）

旅游业

TOURISM

/ 旅游业发展 /

Tourism Development

【概况】 2020年，双流区文化体育和旅游局围绕争创天府旅游名县、建设世界旅游名城，实施天府文创之港发展战略，全面落实双流区旅游产业发展及管理。全区实现接待游客1606.82万人次（其中过夜游客46万人次），旅游收入129.3亿元，比2019年增长3.44%。

【天府旅游名县创建】 双流区对表天府旅游名县八大方面评价体系，分析全省61个参选区（市）县优、劣势，选取第一批天府旅游名县作名县青羊区作为对标城区，从要素保障、业态优化、品牌建设等全

欢乐田园一角

（供图：区文体旅游局）

空港花田　　（供图：区文体旅游局）

面发力。在7月天府旅游名县候选县竞争性遴选中，双流区综合得分87.05分，位列第二批10个天府旅游名县候选县第六。

【旅游品牌打造】 双流区提升左巷·右里、甘泉里、奥特莱斯、优品道等消费新场景10处，开发YANGTOW（黄甲麻羊）等美食新品牌10个。黄金周期间，空港花田、欢乐田园接待人次超50万人次。

【旅游项目建设】 双流区立足于空港花田、古镇黄龙溪、牧马山森林公园等文旅特色资源，充分利用产业配套、投资环境等优势，从资源整合、产业链延伸、产品精深加工等方面挖掘和包装，重点策划一批潜力足、优势大、拿得出、有吸引力、体现双流特色的优质项目，熊猫国际家园、天府荆溪茶具博物馆等落户双流区。

康绿鲜农博庄园　　（供图：区文体旅游局）

【智慧旅游平台建设】 双流区文体旅游局高质量建成双流区智慧旅游平台，覆盖区内所有景区（点）、购物场所、酒店及机场、高铁站、客运站等重要场所，完成一部手机游双流平台建设，为游客提供“吃、住、行、游、购、娱”全方位智旅服务。黄龙溪古镇获评“巴蜀文化旅游走廊新地标”，空港花田获评“成渝潮流新地标”。

【乡村旅游发展】 双流区新增“新旅游·潮成都”主题旅游目的地3个，分别是农业创意主题旅游目的地康绿鲜农博庄园、休闲游乐主题旅游目的地欢乐田园、文博体验盛世藏宝馆；新创建成都市第三批A级林盘景区1家，为临江桃园AA

级林盘景区。双流区乡村旅游总人数814.59万人次，实现旅游收入60.71亿元，比2019年增长6%。

（顺明旻）

/ 旅游管理服务 /

Tourism Management Services

【概况】 2020年，双流区文体旅游局围绕区委、区政府中心工作和省市旅游工作重点，通过深入挖掘文化旅游资源，不断完善旅游基础设施、健全旅游服务体系，丰富旅游产品，加大旅游宣传营销力度，开展双流区旅游管理。

【旅游行业管理】 疫情发生以后，双流区文体旅游局充分研究行业监管困难问题，通过建立东升、西航港、九江、彭镇、黄水、黄甲、怡心、永安、黄龙溪9个微信工作群，对全区1036家宾馆酒店信息化管理，推送疫情防控相关信息、要求，解决企业遇到的问题困难；加强社会旅馆登记管理，完成备案登记360家；完成旅游数据统计，每季度末汇总和审核数据，指导旅游景区及星级酒店在“四川旅游统计综合管理平台”上填报区旅游数据。

【旅游安全管理】 8月汛情期间，双流区文体旅游局到汛情发生地，协助疏散转移外地游客3000人、景区居民4000人，同时牵头成立双流区文旅志愿者服务队，帮助黄龙溪景区做好防汛自救，尽快复工复产恢复经济。1月24日至12月31日，双流区文体旅游局切实担负新冠肺炎疫情防控责任，落实隔离酒店选点任务，为1700个进港入境航班19000人提供优质服务，成功阻断疫情传播“空中渠道”。

【旅游市场管理】 双流区文体旅游局联合区委政法委、区司法局、区公安分局、区人民法院成立双流区文化体育旅游纠纷调解委员会，设立旅游法庭、旅游警察等机构，为游客服好务，全年处理旅游投诉900件，为1200名游客提供服务，满意率99%。

双流区旅游安全志愿者到黄龙溪古镇景区调研受灾情况　（供图：区文体旅游局）

【假日旅游管理】 双流区文体旅游局完成2020年春节、清明、“五一”、端午节假日统计，以及中秋、国庆假期旅游统计综述；加强假日旅游市场安全检查（包括食品安全检查），对全区国家AAAA级旅游景区2家、星级酒店3家、26家星级农家乐以及部分旅行社门市部等涉旅企业进行节前安全大检查，确保假日期间旅游市场秩序安全平稳。

【文明旅游宣传】 双流区文体旅游局加强对宾馆、饭店、旅行社门市部文明旅游宣传指导，发放文明旅游宣传单5000份。

（顺明旻）

/ 旅游景区景点选介 /

Tourism Attractions Selection and Introduction

【概况】 2020年，双流区有国家AAAA级旅游景区2个（黄龙溪景区、海滨城景区）、四川省乡村旅游创客示范基地1个（黄龙溪镇）、四川省级旅游度假区1个（黄龙溪景区）、成都市级AA级川西林盘景1个（云华新村）。

【黄龙溪古镇】 黄龙溪镇位于双流区南端，锦江、鹿溪河穿境而过，距成都市区38公里，距双流国际机场31公里，是四川的古镇之一；辖区面积50.4平方公里（古镇景区1.21平方公里），全镇人口2.8万人，辖7个村1个社区，为中国历史文化名镇、中国民间艺术（火龙）之乡、四川省第一批省级特色小镇。黄龙溪古称赤水，得名于“蜀章武二年，黄龙见武阳之水九日，铸一

黄龙溪 （供图：区文体旅游局）

鼎，象龙形沉水中”（梁虞《荔鼎录》），已有2100多年历史。黄龙溪在古蜀时期是开明王朝最后的军事据点，在三国时期是刘备登基的舆论策源地和诸葛亮的练兵场，在唐宋时期是成都府水码头重镇，在清代时期是湖广新兴移民进入天府腹地的水运码头，在民国时期川江河运业迅速发展，不仅繁盛而且更加辉煌。黄龙溪古镇融合古蜀、三国、龙狮、码头、市井、农耕等众多文化于一身，拥有火龙、府河船工号子、漂河灯、打更等民俗文化，其中“黄龙溪火龙灯舞”于2010年被列入“国家级非物质文化遗产名录”。近年，黄龙溪年旅客接待量均达600万人次。2020年，黄龙溪古镇接待游客332.74万人次，实现旅游收入40315.8万元。

【黄龙溪·欢乐田园】 黄龙溪·欢乐田园位于双流区黄龙溪镇川江村和大河村，占地面积2600亩，有萌宠互动区、欢乐生产大队农耕体验区、湖畔小火车、田园小火车、高空热气球、川江号子竹筏、苇荡钓龙虾、捕鱼喂鹰、敲锣喂鱼九大田园特色体验区，有龙栖地亲子乐园、欢乐森林亲子乐园（飞鸟乐园）、兔子农庄、鹿溪牧场亲子乐园四大童趣亲子乐园，有音乐广场、浪漫之路、西蜀村落三大新晋网红打卡区，有农业科技馆、花卉科技馆（花卉餐厅）、蝶恋花多媒体科技馆三大创意科技馆，有野趣纷戏水区、稻田戏水区、叠溪戏水区三大动感戏水区，有太阳鸟剧

黄龙溪·欢乐田园 （供图：区文体旅游局）

云华新村临盘景区

（供图：区文体旅游局）

场、杜鹃湖演艺区两大田园印象演艺区，有彩虹滑道、丛林穿越（丛林探险）两大户外挑战区，有蜂巢酒店、帐篷酒店和树屋酒店两大住宿区，有花卉餐厅、牧歌餐厅、稻子餐厅三大主题美食区。2020年，黄龙溪·欢乐田园接待游客165万人次，实现旅游收入9856万元。

【海滨城】 海滨城景区位于成都蛟龙港双流园区，以青少年儿童科普教育为核心，融合创世界纪录浩海立方海洋馆、具有国际赛事标准的海滨欧悦真冰场、波音737飞行体验、海滨城4DMX影院、环冰美食城等特色业态，是集旅游、亲子、教育、美食、休闲、购物等多功能于一体的城市综合体。海滨城景区容纳餐饮、零售、娱乐业态的商家，为消费者提供丰富的购物选择，并首次提出“上天下海，海玩海购”的概念，消费者在旅游的同时，可以感受到不一样的购物、美食、休闲、观影体验，充分享受到海陆空三栖旅游景区的独特魅力；结合对全川消费者大数据筛选，四川在线、新浪四川、四川省旅游协会等机构，为海滨城景区颁发商业星领袖奖、微生活口碑奖、商业类最具活力奖、旅游新生力十强等奖项，成为顾客满意度最高的旅游胜地之一。2020年，海滨城接待游客353.34万人次，实现旅游收入79580.2万元。

【空港花田】 空港花田项目位于成都市中心城区西南方向，距成都市中心24公里，紧邻双流国际机场，周边已运行地铁3号线、10号线，规划地铁21号线穿越而过；选址区域南至正公路、西至环港路南延线、东至航枢大道南延线、北至双流机场二跑道北端头，占地面积1.17万亩，其中农林用地9800亩（基本农田6410亩）、集体经营性建设用地811亩。项目立足于成都市全面建设“美丽宜居公园城市”总体理念，结合双流区建设“中国航空经济之都”总体定位，对标对表，建立新消费场景，充分体现国际时尚和天府文化特色，构建空港临空休闲文旅集核，完善空港产业消费闭环，推动农商文旅体融合发展，进一步探索生态价值转化新机制新路径。项目已建成马主题公园、玩美时光休闲平台、鹿莎咖啡等9个近900平方米的观光休闲商业配套项目，修建完成游步道、停车场、生态厕所、覆土式厕所、630千伏箱式开关站、信号塔、道闸等配套设施项目，完成项目体验区5批次花卉景观打造，面积2000亩。2020年，空港花田接待游客130万人次。

【云华新村林盘景区】 云华新村临盘景区位于双流区云华社区，是以中国唯一可零距离观看飞机起降的大地生态景观为核心吸引物的川西林盘景区，具备“形态优美、生态宜居、文态彰显、业态新颖”的特征。景区林盘资源完整度好，“田、林、水、院”景观化程度高、优美，具有“山水相融、田林交错、城园一体”的幸福美丽新农村生产、生活、生态场景，广度、丰度优，乡土特色明显，正大力发展观光、休闲、度假、运动、文化体验等新业态。景区注重对传统文化的保护和传承，突出地域特色，空间范围明确，四至边界确定。

（顺明旻）

旅游节庆活动
Tourism Festival Activities

【概况】 2020年，双流区加强消费场景营造，做好疫情后产业升级、消费反弹等应对工作；策划“幸福游·欢乐购”、黄龙溪“向水而生·美丽依然”等6个系列活动，进一步拉长消费链，吸引人流量308万人次，拉动旅游消费5亿元。

【黄龙溪欢乐游活动】 8月29日，黄龙溪古镇举办“向水而生·美丽依然”——黄龙溪欢乐游活动。活动由启动仪式、“醉美”黄龙溪摄影展和抖音挑战赛、文艺志愿者携手千年古镇行、文化惠民进景区、千年古镇“最美”之声、“买买买”助力购、“欢乐消夏·激情田园”7个板块组成，展示黄龙溪传统文化和文艺节目，同时将黄龙溪沿袭千年的文化底蕴和汉服文化完美契合，充分发挥双流区“中国航空经济之都、天府文创之港”的品牌优势、空港流量优势和商贸竞争优势，提升市场消费活力，促进消费服务产业全面复兴。

（顺明旻）

“向水而生·美丽依然”——黄龙溪欢乐游活动 （供图：区文体旅游局）

教育·科技

>>> EDUCATION & SCIENCE AND TECHNOLOGY <<<

/教　　育/

Education

教育事业发展

【概况】 2020年，双流区有公办学校87所，其中公办幼儿园39所、小学22所、初中12所、九年一贯制学校6所、普通高中4所、职业高中3所、特殊教育学校1所；民办学校387所，其中学历学校19所、幼儿园106所、培训学校262所；专任教师12000人。双流区围绕办好人民满意教育和“优教成都”建设，加快推进教育现代化；统筹推进疫情防控和复学复课，坚持“人、物、环境”三防并重，保障师生健康安全和学校教育教学秩序，4月起有序复学复课，涉及全区231所学校（园）、16万名学生，教育系统无一起新冠疫情风险案例，“停课不停学”相关工作经验在全省形成示范；持续增强教育供给水平，转办21所优质民办园为公办幼儿园，怡心第一实验学校等15所学校（园）建成投用，新增学位12435个；推进教育改革发展重点项目，率先申报创建“全国学前教育普及普惠区”，通过全国首批县域学前教育普及普惠发展实地核查；推动师德师风师能全面提升，举行中国航空经济之都教师队伍建设暨优秀教师表扬大会；探索试点校长职级制，推行员额教师职级制，试点推行教师师德档案管理制度。

【教育发展政策体系建设】 双流区委、区政府于4月出台《关于加快教育现代化推进双流教育高质量发展的实施办法》1个总体文件和《成都市双流区教育品质提升行动计划》《成都市双流区“空港教育英才”引育激励实施办法》《关于进一步加强全区教师队伍建设的实施办法》3个配套文件，进一步完善双流教育高质量发展的政策体系。

【学前教育普及普惠区建设】 教育部于2月启动县域学前教育普及普惠督导评估。3月，双流区率先启动创建全国首批“学前教育普及普惠区”。截至12月，全区3～5周岁幼儿36225名，建成幼儿园145所，在园幼儿44592名，其中公办园39所、学位23790个、在园幼儿22385名，民办园106所（含普惠性民办园63所）、学位31530个、在园幼儿22207名，学前三年毛入园率123%，普惠性幼儿园覆盖率82.3%，公办园在园幼儿占比50.2%，优质学前教育资源覆盖率91.5%。7—9月，双流区先后通过市级初核和省级评估。12月1—2日，双流区接受全国首批县域学前教育普及普惠督导评估。12月3日，

12月3日，双流区学前教育普及普惠发展情况国家实地核查工作汇报会召开　（供图：区教育局）

全国县域学前教育普及普惠督导评估国家认定启动现场会召开，国家教育督导组认定双流区普及普惠水平、政府保障情况和保教质量保障情况及社会认可度均达到国家规定的评估认定标准。

【学校疫情防控】双流区教育局制定实施《2020年春季学期开学工作方案》《2020年秋季学期开学工作方案》，对驻区高校、科研院所、各中小学、幼儿园开学复课评估，确保各级各类学校平安顺利开学；制定《双流区学校新冠肺炎疫情防控应急演练工作方案》，全区各级各类学校应急演练覆盖率100%；对各驻区高校，中小学、幼儿园和校外培训机构开展新冠疫情防控卫生员培训活动，培训卫生员6239名，覆盖率100%；健全教育系统疫情防控体制机制，建立“每日一报、每日一研、每周一结”制度精准摸排底数，坚持“日报告”“零报告”，对全区1.8万名教职员工及16.3万名学生健康状况及行踪摸排跟踪，加强对学生心理状况排查和痕迹管理；按照“应检尽检、愿检尽检”原则，组织学校教职工开展全员核酸检测、重点人员核酸检测及环境抽样检查，检测结果均为阴性；启动校园安全智能化信息管理平台建设项目，提升校园安全管理水平；建立镇街部门合作联动工作机制，采用“包联到校”的形式，织密全系统疫情防控网；制定实施《双流区关于教育系统加强基础防控实施全域“体检”的工作方案》《培训机构加强基础防控实施全域“体检”及专项整治工作实施方案》，派出督查人员3000人次，发现165所中小学、幼儿园存在问题325处，511所培训机构存在问题3120处，所有问题和隐患均整改完毕。

【教育改革】双流区全面保障疫情防控常态化下的教育教学顺利开展，《破除制约因素　抢抓发展契机——成都市双流区疫情期间的教育实践与创新》在省教育厅主管的《四川教育》专题推广；推进普通高中新课程改革，棠湖中学创建成为首批“全国普通高中新课程新教材实施国家级示范校”，选课走班教学改革进一步深化；深化教育管办评分离，推进国家级课题“区域推进基础教育管办评综合改革的实践研究”结题评审和成果运用，新增“政府主导、国企参与、学校自主”新型管理体制改革试点学校2所，以《四川成都双流：“两主一参”释放新建校办学活力》为题在首届中国基础教育论坛作交流发言；持续扩大特殊教育改革成果，《四川省成都市双流区：多措并举全面发力推进融合教育高质量发展》在教育部官网作为一线改革经验成果向全国推广；改革完善立德树人落实机制，遴选确定15所中小学教育质量综合评价改革结果运用试点学校，《构建“1234”管理模式提升区域学前教育品质》案例入选2020年“成都基础教育年度盛典”教育管理十大创新案例。

【教育圈层融合】双流区以双流区教育局与武侯区教育局等联合协商签订的《成都市区域教育联盟第三联盟建设发展框架协议书》为依据，做好市第三区域教育联盟工作，武侯区任组长、双流区任副组长，成员单位有青白江区、新津区、简阳市，双流区20所学校参与学校共同体建设，其中7所学校为领航学校、13所学校为成员学校。8月，双流区教育局与新津区教育局协商签订《双流区西航港小学托管成都市新津区花源小学协议书》；9月起，双流区西航港小学托管成都市新津区花源小学，选派校级干部2

名和教师1名；共同体学校共享优质教育资源平台18个、远程教室19间，组织教师开展线上线下研培活动4000人次，不断促进区域教育高质量发展。四川教育科教频道、成都全接触、成都市双流教育信息网、成都市双流教育信息业务系统等媒体报道80次。10—11月，双流区教育局对乐至县10名干部、12名教师分别进行为期1个月和2周的挂职（跟岗）培训。双流区与东坡区3对结对学校，开展线上线下教育教学研讨培训干部教师500人次。11月11日，重庆市渝北区教育委员会与成都市双流区教育局在渝北区职业教育中心举行教育联系会议，双流区与渝北区3对学校签订结对交流合作协议，结对学校深度共享教育资源，教育教学研讨培训干部教师100人次。

【教育信息化建设】 双流区教育局加强3所市级“数字学校”示范校建设和管理，带动双流各校“数字学校”规范化、全覆盖建设；健全教育信息化支撑体系，丰富教育资源，疫情期间全区各校通过线上教育实现“停课不停学”；深化“互联网+教育”等数字校园专项应用，配合成都市智慧校园建设，引领数字校园向智慧校园提档升级，为双流区争创全国“智慧教育示范区”奠定基础；推进信息化课堂运用场景进入常规教育，主动学习、自主学习和个性化学习形成泛在趋势，以环境虚拟化、资源网络化、活动协作化、学习自主化为呈现的信息化与教育教学融合成为常态；完成双流中学、艺体中学、公兴九年制学校、和航幼儿园等20所新建、改（扩）建校（园）1.3亿元装备配备，完成区级“智慧教育”大平台初期建设；组织学校全员参与省、市教育技术竞赛活动，获全国奖4件、省级奖12件、市级49件。

【教师队伍建设】 双流区公办学校招聘在编教师175人（引进区外优秀教师10人、到重点师范大学招聘80人、公开招聘75人、公开考核招聘艺体教师7人、接收免费师范生3人），其中硕士研究生70人、大学本科毕业生105人，10月到西南大学进行2021年度教师招聘，“蓉漂”计划签订53名，硕士研究生占比超45%。双流区教育局探索试点校长职级制，推行员额教师职级制，拟制《公办学校（幼儿园）员额教师管理办法》；完善《关于设置公办学校（单位）教师激励岗位的实施意见》，完成166人激励岗位待遇兑现；推进“区管校聘”管理制度改革，委托区人才交流中心管理教师人事档案；规范全区各公办学校（幼儿园）内设机构设置，中层干部备案65名；加强师德师风建设，在2所新体制学校试点推行教师师德档案管理制度，在全区各学校（幼儿园）开展教职工师德学习活动及师德满意率测评。全区教师获省级称号5人、市级称号49人、区级称号400人。

【德育教育活动】 双流区教育局开展“四个自信”、红色基因传承、感恩、自主管理能力、行为习惯养成、生态环保等主题教育180场，创建四川省文明校园1所；抓好疫情下心理危机干预机制，对德育队伍心理危机管控培训，培训人数1500人；开展疫情下心理健康课程专题教研和培训12期，开展师生心理干预专题培训和实践活动上百场，双流区代表获四川省第七届中学心理健康教育活动课展评暨首届心理微课大赛二等奖、成都市“生命·生活·生涯教育”暨第六届心理健康教育优质课决赛（中学段）一等奖，做好疫情下学校家庭教育，开展家庭教育指导和实践活动100场；成功创建四川省家庭教育创新实践基地学校1个，培育四川省家庭教育工作

9月9日，中国航空经济之都教师队伍建设暨优秀教师表扬大会召开　（供图：区教育局）

先进个人1人；推评成都市优秀班主任标兵1人、成都市优秀班主任28人、成都市优秀德育工作者8人，评选区优秀班主任80人、优秀德育工作者16人、"三好学生"1114人、优秀学生干部561人、先进班集体272个。

【招生考试】 双流区完成高考、中考、成人高考、自考、硕士研究生考试、教师资格证笔试、大学英语四六级考试、全国计算机等级考试、书法等级考试共12次（教师资格证笔试1次、全国大学英语四六级考试3次、全国计算机等级考试1次、书法等级考试1次），其中普通高考全区报名7165人,设置考点3个，考场164个；高中阶段教育学校招生统一考试报名7566人，设置考点4个，考场216个；高等教育自学考试报考12691人，报考29258科次；成人高考全区报名2362人，硕士研究生考试报名1860人。

【教育资助】 双流区教育局发放资助金4114.2398万元，受益学生67791人次，其中对学前教育"三儿"减免保教费发放资助金195.4万元，受益学生1954人次；对学前教育建档立卡幼儿免保教费发放资助金63.5035万元，受益学生323人次；对学前教育大成都户籍的特殊困难家庭幼儿免收保教费发放资助金2.35万元，受益学生11人次；对义务教育阶段家庭经济困难寄宿制学生给予生活补助，发放资助金48.675万元，受益学生798人次；对义务段非寄宿制贫困学生给予生活补助，发放资助金29.1688万元，受益学生1114人次；对义务教育阶段公办学校就读的民政部门认定的城乡低保家庭学生及特困供养人员中的优秀非住宿学生给予助学补助，发放资助金16.0625万元，受益学生292人次；对高中教育（含中等职业教育）阶段城乡低保家庭学生免收课本费发放资助金1.44万元，受益学生48人次；发放中职教育券（生活补助）3.96万元，受益学生66人次；对普通高中家庭经济困难学生给予生活补助，发放资助金340.7万元，受益学生3407人次；免除中等职业学校学生学费2662.84万元，受益学生26041人次；免除中等职业学校学生住宿费266.8万元，受益学生10672人次；对中职家庭经济困难学生发放国家助学金472.24万元，受益学生23033人次；对双流籍大学贫困新生给予一次性资助，发放资助金10.5万元，受益学生22人；实施中央彩票公益金润雨计划，发放补助金0.6万元，受益10人。

【校园安全管理】 双流区教育局完成第一批16所中小学卫生室（保健室）标准化建设，提升校园疫情防控能力，加强学校卫生健康，保障师生员工健康安全。双流区教育局中小学、幼儿园安全智能化信息管理平台建成投入使用，整合区内学校视频监控，实现一键报警、可视对讲、人脸识别，提升学校安全管理信息化、智能化、现代化水平。成都市健康促进与教育示范基地和青少年禁毒教育基地建成并正式使用，提高校园卫生健康工作水平和青少年识毒、防毒、拒毒能力。

【教育对外交流】 双流区有37所中小学与72所国（境）外学校、机构结为友好学校或合作单位，开展线上教育交流，1500名师生与境外开展线上友好交流。双流区教育局主办双流区中学生中美友城辩论赛选拔赛，双流中学代表双流区参加中国（成都）·美国友城青少年英语辩论挑战赛，进入总决赛八强。国际理解教育实现区域全覆盖,《双流区国际理解教育读本——礼仪篇》《双流区国际理解教育读本——中国故事》《学英语，知世界》走进中小学课堂。双流中学实验学校完成"美国青年来华学习汉语"暑期线上教学项目，四川师范大学附属圣菲小学与澳大利亚友好学校利用网络开展"同上一堂课"活动，棠湖小学在疫情期间与境外友好学校开展"海棠飘香·共同抗疫"主题活动。成都棠湖外国语学校、棠湖小学在成都市第二届中小学"熊猫走世界"课程评选中分别获一等奖、三等奖。双华小学、棠湖小学、棠湖中学、成都电子信息学校成功创建为第三批成都市教育国际化窗口学校，全区共有成都市教育国际化窗口学校9所。双流中学、棠湖中学等11所学校被教育部中外人文交流中心列为"中外人文交流特色学校"建设项目计划单位。

【巴塘援教】 双流区24所学校结对巴塘县26所学校，开展线上线下帮扶。双流区教育局选派"藏区千人支教十年计划"和"三区"支教教师22名，支教教师年度考核均为优秀等级，获评省级先进个人3名、市级先进个人4名；10月开展"名师蹲点"和"讲师团送教"联合送教到巴塘县系列活动，

成都市双流区教育局召开持续深入推进“三答”“三改”大力开展“强队伍、促质量、塑荣光”提升活动动员大会

（供图：区教育局）

培训教师500人次，同时组织巴塘师生到双流学习培训，其中接待巴塘县中小学生进家庭、进学校、进成都20名，接收巴塘县初中毕业生到双流区省一级示范性普通高中就读18名，接收巴塘干部教师跟岗培训学习85人。“5+5”教育科研联盟学校开展区级课题“促进双、巴小学教师专业发展的校校联动策略与机制研究”。3月，双流区教育局获评2019年度四川省“校对校帮扶工作”先进集体和2019年度成都市对口支援藏区工作先进集体。

【“强队伍、促质量、塑荣光”提升活动】 11月3日，双流区教育系统持续深入推进“三答”“三改”大力开展“强队伍、促质量、塑荣光”提升活动动员大会召开。双流区委教育工委制定并印发《关于在全区教育系统持续深入推进“三答”“三改”大力开展“强队伍、促质量、塑荣光”提升活动的工作意见》及《指导督查组工作手册》，开展专项督查活动，全方位健全符合教育系统特点的预防惩治监督体系。

（姚瑞妃）

教育教学

【概况】 2020年，双流区统筹疫情防控和教育教学，促公平、提质量、增活力，推进教育高质量发展，通过“全国县域学前教育普及普惠督导评估”，成为全国首批县域学前教育普及普惠县；坚持“五育”并举，全面实施素质教育，成功创建全国省市体育、美育、艺术特色学校8所，11所学校被确定为教育部第一批中外人文交流特色学校建设计划单位，棠湖中学创建成为首批“全国普通高中新课程新教材实施国家级示范校”，成都电子信息学校被市教育局确定为“市级现代学徒制试点学校”合格单位；与成都信息工程大学签订校地合作协议，整合高校资源提升空港社教品质。双流区作为国家特殊教育改革实验区的先进经验在教育部官网推广。

【学前教育】 双流区新建公办幼儿园9所，增加公办学位3690座；实施学前教育“政府主导、社会参与、合作办学”，转办24所优质民办园为公办幼儿园，新增公办学位7230个；实施“名师倍增”工程，启动幼儿园园长梯队培养项目，开展“幼儿园园长全员培训班”线上培训，转变园长观念，提升园长管理能力和水平；聚焦课程建设，编制《双流区幼儿居家课程指南》，丰富幼儿居家生活，指导家长科学育儿；制定出台《双流区幼儿园课程建设指导意见（试行）》，为规范各级各类幼儿园课程管理提供参考和依据，提升幼儿园课程质量；开展幼儿园办园行为督查、学前教育宣传月活动、幼儿园年度专项考核等，强化对幼儿园过程监管，提升学前教育发展水平和办园品质。双流区有成都市二级及以上幼儿园116所，优质资源覆盖率91.5%，公办幼儿园在园幼儿占比50.2%，普惠性幼儿园覆盖率82.3%。

【义务教育】 双流区教育局严格执行义务教育免试就近入学政策，双流籍适龄儿童少年公办学校就近入学率100%，安排符合条件的5119名随迁子女入学；明确“15432”居家学习教学要求，棠湖中学、东升一中开展线上教育的经验做法分别被《中国教育报》、人民网等媒体宣传报道；围绕区域“三课一区”目标任务，开展中小学“4+X”课程建设，定期召开专题论坛、沙龙4

次，省、市部分名校派代表观摩学习；建设双流特色高品质课堂，开展教师技能大赛、学科大比武等活动，获省级奖7节、市级奖89节；加强和改进新时代区域教研，深入推进“十四五”规划重点课题《区域开展基于课程标准的“教学评一致性”的实践研究》，2020年成都市教育科研课题阶段成果评审获一等奖5项、二等奖7项、三等奖12项；坚持“五育”并举，全面实施素质教育，助力创建“智慧教育示范区”“基于教学改革、融合信息技术的新型教与学模式”实验区，推动区域教育现代化高质量发展；启动“义务段校长培训”项目，培养推动区域教育高质量发展的新时代校长；推进“名校培育”，确定黄水初中、彭镇初中、黄甲初中、胜利初中4所学校为强校工程“实验学校”，明确“3333”发展思路促进强校工程固本提质。

【普通高中教育】 双流区教育局持续深化普通高中育人方式综合改革，探索全员分科分层特色的选课走班模式，棠湖中学获选普通高中新课程新教材实施国家级示范校；立足践行“五育”并举，双流艺体中学特色办学实践在成都市高中教育工作会上作经验交流。双流中学建校80周年，区委、区政府发布《关于支持双流中学高质量发展的实施意见》，为建强建优双中历史名校品牌，打造百年名校夯实发展基础。棠湖外国语学校以“名师工作坊”为抓手，促进教师发展，以男子足球为代表，加强体教融合，继续推进7科外语课程。永安中学探索优化网班教学分层机制，提升精准教学水平，激发学生提质潜能，连续四年获成都市普通高中教育教学工作优秀学校。8—9月，双流区委、区政府召开2020届高三优秀学生代表座谈会和2020年高中教育质量分析会。

【职业教育】 双流区中职毕业学生3806人，毕业率100%，就业率98.7%，对口就业率92.2%；中高职融通成果显著，升入大学就读人数1602人；师生技能大赛获市级以上奖204个，举办2020年四川省中职学校学生电子类技能大赛。双流区加强对中职学校学籍、招生就业、专业建设、学生资助等检查指导，不断规范办学行为；推进产教融合校企合作常态化、制度化，改革人才培养模式，开展“现代学徒制”“企业新型学徒制”试点，成都电子信息学校被市教育局确定为“市级现代学徒制试点学校”合格单位；创新创业教育成效显著，成都电子信息学校、四川省双流建设职业技术学校被命名为成都市创新创业教育示范学校；推进“智慧职教工程”，开展“基于现代学徒制产学结合的技术技能人才培养模式”“基于信息技术条件下理实赛一体的建筑技能人才培养模式”“应用型数控技术人才四步四化培养模式”课题研究。成都市机械高级技工学校建设四川省示范中等职业学校、成都电子信息学校建设四川省中等职业学校示范（特色）专业通过省级专家组中期评估，双流建设职业技术学校建筑施工专业有序推进四川省中等职业学校示范（特色）专业项目建设。

8月29日，“青春力量耀空港”双流区2020届高三优秀学生代表座谈会召开　（供图：区教育局）

【艺体教育】 双流区有全国学校体育工作示范学校1所、全国网球特色学校1所、全国东奥会和冬残奥会奥林匹克教育示范学校2所、全国冰雪特色学校2所、全国校园篮球特色学校12所，全国校园足球特色学校15所、幼儿园6所，省市级艺术教育特色学校19所，省市级“阳光体育示范学校”37所。双流区在2020年省市中小学生艺术节中，获省级一等奖20个、市级一等奖21个、省级二等奖15个、市级二等奖 25 个、省级三等奖 10 个、市级三等奖 15 个。区教育局获成都市艺术节工作优秀组织奖，艺体中学等 4 所学校获市级优秀学校组织奖。双流区教育局获成都市小学生综合运动会团体总分一等奖、体育道德风尚奖、优秀组织奖。在 2020 年四川省青少年足球锦标赛中，棠湖外国语学校获 U14 男子组、U17 男子组、U19 男子组第一名，棠湖中学获 U19 女子组第一名。双流区开展第三十届中小学生田径运动会、第十五届学校集体项目运动会，2 万名学生参加。

【特殊教育】 双流区落实残疾儿童义务教育入学政策，残疾儿童少年义务教育段入学率 99.6%；完善学前至高中段的特殊教育支持服务体系，双流区特殊教育学校与成都电子信息学校联合建成覆盖全高中段的智障学生职教高中部，新建学校融合教育资源教室 1 所，新增“成都市市级示范性普校特殊教育资源教室”4 所，双流区特殊教育资源中心获评“成都市市级示范性资源中心”；完善课程建设体系，推进送教上门，深化省级课题“特校职能翻转为区域特殊教育资源中心的机制体制改革实践研究”“融合教育背景下中重度心智障碍学生高中职业教育课程开发的实践研究”“小学段融合教育课程建构与实施的实践研究”实践探索，与台湾东华大学合作研发《双流区学习障碍学生筛检量表与正向支持》，丰富双流区专业化评量工具，区域“1+5+N”三层级融合教育支持体系服务能力持续增强。双流区特殊教育发展经验成果《蜗牛之梦：从特教学校到资源中心》正式出版，江西、江苏、湖南等地教育同行先后调研考察双流区特殊教育工作。4 月，教育部官方网站专题推广双流特殊教育发展经验。

【民办教育】 双流区有民办学校 387 所，其中学历学校 19 所、幼儿园 106 所、培训学校 262 所。双流区教育局坚持“服务与规范并举”，发挥公办优质学校引领示范作用，对区域内薄弱民办学历学校实施精准扶薄；坚持“公民办一体化”管理，加强对民办学校管理、招生、教育教学、学生实习、学生资助等方面检查指导；严格年度检查登记制度，完成 286 所民办学校（培训机构）年度检查登记；依托民办教育联席会议制度，建立部门统筹协调监管机制，按照国家、省、市规范培训机构办学行为要求，持续开展民办教育培训机构专项治理，组织职能部门联合专项检查，定期公布白名单，促进培训机构规范有序发展。

【社区教育】 双流区教育局构建“15125”社区教育新格局［1 个目标，即温暖瞿上记忆，奠基幸福人生；5 育教育，即新市民教育、家庭教育、老年教育、青少年校外教育、残疾人教育；12 个镇（街）社区教育学校，一街一品一特色；5 大主题教育活动，即市民文化素养提升、游学体验活动、一村一大戏·月月大舞台文化活动、城乡社区教育品质打造、新型职业农民培训］；依托“互联网 + 社区教育”，免费为市民提供线上线下学习课程 1.5 万课时，网上注册学习人数 14.8%；开展“槐轩讲堂”“社区雏鹰”“生活美学进乡村”“大学生进社区”“市民游学体验”等活动，丰富居民精神文化生活；举办“最成都市民课堂”“爱成都·迎大运”“市民学英语”“传扬天府文化活动”“卫生防疫、平安健康”“国防教育”等主题教育实践活动；与成都信息工程大学签订校地合作协议，标志整合高校资源、提升空港社教品质迈上新里程；推进学习型组织、学习型社区、社区教育工作站标准化创建，建成全国优秀继续教育院校 3 所、全国特色社区教育学校 2 所、全国农村学习型镇街 6 个、全国农村学习型村（社区）4 个、全国农村学习型部门 3 个、全国农村学习型企业 2 个、全国农村学习型合作社 3 个、四川省终身学习品牌 1 个、市级优质社区教育学校 2 所、市级规范化社区教育学校 7 所、市级示范社区教育工作站 36 个、区级规范化社区教育学校 12 所、区级合格社区教育工作站 118 个、区级精品社区教育工作站 36 个。双流区有全国百姓学习之星 3 名。

（姚瑞妃）

校园建设

【概况】 2020 年，双流区落实中小学、幼儿园“三年攻坚”行动计划和新增公办幼儿园学位工作要求，推进双流区中小学、幼儿园新、改（扩）建项目，加快实施改建双流中学、扩建艺体中学、新建东升星空小学等 23 个在建项目，完成中小学、幼儿园新、改（扩）建项目 15 个，新增学位 12435 个；深化校地合作，推进双流区与四川大学基础教育合作共建附属小学、幼儿园前期工作；服务产业园区发展，制定东升二中提档升级方案，规划打造成都芯谷实验学校，为成都芯谷产业园区提供高品质教育配套。

【幼儿园建设】双流区新建成东升葛陌幼儿园、东升永福幼儿园等7所幼儿园，改(扩)建成九江龙池幼儿园、怡心第四幼儿园、协和三江幼儿园3所幼儿园，新增公办幼儿园学位3900个。团结馨园幼儿园、奥园配建幼儿园、光明配建幼儿园进入装饰装修阶段，东升三里幼儿园、东升广都幼儿园、中海云麓世家配建幼儿园进行主体施工，西航港九龙湖幼儿园、协和柏顺路幼儿园、中万怡兴配建幼儿园进行基础施工，龙樾湾西侧规划幼儿园等4所幼儿园开工建设。

【中小学校建设】双流区新建成怡心第一实验学校、怡心第二实验学校2所中小学，改(扩)建成棠中实验学校小学部、实验小学(东区)、黄甲初中教学楼，新增中小学学位8535个；扩建艺体中学、改建双流中学一期、新建棠湖中学新校区游泳馆进入装饰装修阶段，扩建黄甲小学、扩建彭镇小学、新建东升星空小学、新建协和长顺九年制学校、成都威斯敏斯特学校进行主体施工，扩建黄甲初中食堂部分、扩建九江小学千子门校区、扩建东升二中进行基础施工，新建西航港顺风学校、西航港九龙湖学校及配套道路、扩建棠湖小学(南区)、新建金桥小学师生食堂开工建设。

【西航港花红幼儿园建设】西航港花红幼儿园及配套通行桥梁建设工程位于西航港街道，占地面积12.83亩，规划总建筑面积4908平方米，主要建设内容有教学楼、食堂、室外运动场及配套设施30米长的通行桥梁1座，规划规模新增360个学位，总投资3125.4万元。截至年底，项目已竣工投入使用，幼儿园正式名称为双流区空港第六幼儿园。

【东升星空幼儿园建设】东升星空幼儿园项目位于东升街道葛陌路，占地面积11.2亩，总建筑面积6133平方米，建设内容包括幼儿园活动用房、服务用房、附属用房等，总投资3480万元。截至年底，项目已竣工投入使用，幼儿园正式名称为成都市双流区东升葛陌幼儿园。

【东升葛陌幼儿园建设】东升葛陌幼儿园项目位于区东升街道葛陌社区，占地面积14亩，总建筑面积6133平方米，建设内容包括幼儿园活动用房、服务用房、附属用房等，总投资3521万元。截至年底，项目已竣工投入使用，幼儿园正式名称为成都市双流区东升永福幼儿园。

【东升三里幼儿园建设】东升三里幼儿园项目位于东升街道永安路五段，占地面积14.81亩，总建筑面积6913平方米，主要建设内容有教学用房，运动场、食堂等，配套道路规划宽20米、长250米，新增学位450个，总投资4678万元。年底，项目进行主体施工。

【东升广都幼儿园建设】东升广都幼儿园项目位于东升街道五洞桥北路二段，占地面积6.5亩，总建筑面积4410平方米，主要建设内容有教学楼，食堂、室外运动场等，新增学位270个，总投资2646万元。年底，项目进行主体施工。

【协和华兴路幼儿园建设】协和华兴路幼儿园项目位于怡心街道华兴路，占地面积16.3亩，总建筑面积7360平方米，建设内容包

东升葛陌幼儿园　（供图：区教育局）

双流中学　（供图：区教育局）

括幼儿园活动用房、服务用房、附属用房等，总投资4186万元。截至年底，项目已竣工投入使用，幼儿园正式名称为成都市双流区怡心第一幼儿园。

【龙樾湾西侧幼儿园建设】 龙樾湾西侧幼儿园项目位于东升街道志翔路，占地面积8.42亩，规划建筑面积5578平方米，主要建设内容有新建幼儿园教学用房、办公用房、生活用房以及配套道路等，规划道路宽20米、长900米，新增学位360座，总投资7108万元。截至年底，项目开工建设。

【富豪新岸东侧幼儿园建设】 富豪新岸东侧幼儿园项目位于东升街道洪江路，占地面积13.85亩，规划建筑面积6913平方米，主要建设内容有新建幼儿园教学用房、办公用房、生活用房等，建筑面积6413平方米，新增学位450个，总投资4148万元。截至年底，项目开工建设。

【金湾美湖二期幼儿园建设】 金湾美湖二期幼儿园项目位于九江街道通江社区，占地面积6.1亩，规划建筑面积4410平方米，主要建设内容有新建幼儿园教学用房、办公用房、生活用房等，新增学位270个，总投资2846万元。截至年底，项目开工建设。

【临江丽苑北侧幼儿园建设】 临江丽苑北侧幼儿园项目位于西航港街道川大南路一段，占地面积11亩，规划建筑面积6913平方米，主要建设内容有新建幼儿园教学用房、办公用房、生活用房等，新增学位450个，总投资4648万元。截至年底，项目开工建设。

【协和柏顺路幼儿园建设】 协和柏顺路幼儿园项目位于怡心街道柏顺路，占地面积23.7亩，总建筑面积8587平方米，建设内容包括幼儿园活动用房、服务用房、附属用房等，总投资4937万元。截至年底，项目已进行基础施工。

【西航港九龙湖幼儿园建设】 西航港九龙湖幼儿园及配套道路项目位于西航港街道九龙湖社区，占地面积41.29亩，总建筑面积25000平方米，建设内容包括教学楼、综合楼、食堂、运动场，总投资2833万元。截至年底，项目已进行基础施工。

【协和长顺九年制学校新建】 协和长顺九年制学校及配套道路新建项目位于怡心街道长顺社区，占地面积90.85亩，规划总建筑面积40000平方米，主要建设内容有教学楼、综合楼、师生食堂、两个标准运动场、围墙大门、绿化景观等，规划规模新增小学36个班1620个学位、初中18个班900个学位，总投资22184万元。截至年底，项目已进行主体施工。

【彭镇（金桥）小学师生食堂新建】 彭镇（金桥）小学师生食堂新建项目位于彭镇，占地面积1.8亩，规划建筑面积4000平方米，新建师生食堂及配套风雨操场，总投资2400万元。截至年底，项目开工建设。

【棠湖小学（南区）扩建】 棠湖小学（南区）扩建项目位于黄水镇板桥社区，占地面积26亩，总建筑面积12857平方米，主要建设内容有实施教学楼、综合楼等建设，新增24个班，学位1080个，总投资7458万元。截至年底，项目开工建设。

【九江小学千子门校区扩建】 九江小学千子门校区扩建项目位于九江街道万家社区，占地面积46.029亩，规划总建筑面积18676平方米，主要建设内容有拆除旧临时食堂，新建教学楼、综合楼、师生食堂、地下停车场等，新增学位1620个，总投资12215万元。截至年底，项目已进行基础施工。

【黄甲小学扩建】 黄甲小学扩建项目位于黄甲街道王家场上街84号，占地面积30亩，规划总建筑面积10000平方米，主要建设内容有拆除旧食堂，新建综合楼、师生食堂等，规划规模新增360个学位，总投资5776万元。截至年底，项目已进行主体施工。

【彭镇小学综合楼食堂扩建及风貌改造】 彭镇小学综合楼食堂扩建及风貌改造项目位于彭镇小学内（彭镇育英街90号），占地面积60.6207亩，规划总建筑面积19500平方米（新建面积11000平方米、风貌改造面积8500平方米），主要建设内容有拆除原旧食堂，新建综合楼、师生食堂、原建筑物风貌改造等，规划规模新增675个学位，总投资6145万元。截至年底，项目正进行主体施工。

【东升星空小学建设】 东升星空小学项目位于东升街道葛陌路，占地面积60.7亩，总建筑面积30000平方米，建设内容包括教学楼、综合楼、食堂、运动场等，总投资16785万元。截至年底，项目正进行主体施工。

【西航港顺风学校建设】 西航港顺风学校项目位于西航港街道珠江路，占地面积41.29亩，总建筑面积25000平方米，建设内容包括教学楼、综合楼、食堂、运动场，总投资12133万元。截至年底，项目开工建设。

【西航港九龙湖学校建设】 西航港九龙湖学校项目位于西航港街道九龙湖社区，占地面积140.56亩，总建筑面积50000平方米，建设内容包括教学楼、综合楼、食堂、运动场及配套道路，配套道路长430米、宽20米，总投资30536万元。截至年底，项目开工建设。

【双流中学改建】 双流中学改建（一期）项目位于东升街道北坛路，规划总建筑面积40598平方米，主要建设内容有拆除德馨楼、名雅楼、多功能厅、公共厕所等，新建综合教学大楼、体育馆、地下停车场和改造运动场等，总投资21098万元。截至年底，项目正进行装饰装修。

【东升二中扩建】 东升二中扩建项目位于东升二中西侧，总占地面积93.5亩，其中扩建新增用地面积31.5亩，规划总建筑面积24044平方米，主要建设内容有教学楼、综合楼、食堂、运动场等，新增36个班，学位1620个，总投资14892万元。截至年底，项目正进行基础施工。

【棠湖中学新校区游泳馆建设】 棠湖中学新校区游泳馆建设工程位于彭镇光荣社区（校区内），占地面积3.75亩，规划建筑面积4000平方米，主要建设内容有将棠湖中学新校区露天泳池改建为封闭式游泳馆，新建游泳池围墙、顶盖等，总投资575万元。截至年底，项目进入装饰装修阶段。

【棠湖中学海军航空航天科技馆建设】 棠湖中学海军航空航天科技馆建设工程位于彭镇，占地面积15亩，规划总建筑面积1.3万平方米，主要建设内容有新建航空展览馆、学科科普馆、创新实验馆、功能科技馆、海航班专业教室，配套实施周边绿化总平工程，配套道路长320米、宽20米，沟渠迁改250米，总投资12000万元。截至年底，项目正进行选址论证。

（姚瑞妃）

校园活动

【概况】 2020年，双流区在开齐开足上好体育与健康和美育课程的基础上，逐步完善“健康知识+基本运动技能+专项运动技能”和“艺术基础知识基本技能+艺术审美体验+艺术专项特长”的学校体育美育教学模式，强化课外练习和科学训练指导，巩固课堂知识和技能，培养学生终身体育锻炼习惯和艺术兴趣爱好，开展面向人人的体育竞赛和美育实践活动，同时建设常态化的校园体育竞赛和艺术展演机制，开展学校班级、年级体育比赛和美育实践活动，努力实现人人有项目、校校有特色，构建“一校一品”“一校多品”的发展格局。

【双流区中小学生艺术节】 6月23—27日，“百年华章·童炫青春”双流区第十三届中小学生艺术节学生艺术作品展在禾木艺术馆举行。展览由双流区教育局、区教育科学研究院主办，禾木艺术馆承办，

“百年华章·童炫青春”双流区第十三届中小学生艺术节学生艺术作品展　　（供图：区教育局）

成都市双流区第四届校园足球联赛上，足球队员在球场奋力拼搏　（供图：区教育局）

围绕中华民俗文化、空港双流、大运成都、共同抗击新型冠状病毒肺炎疫情、阳光下成长等主题，展示作品 253 幅。

【双流区校园足球联赛】 10 月 15 日，双流区第四届校园足球联赛启动仪式在协和实验小学举行。比赛由双流区教育局、区文化体育和旅游局、区校园足球领导小组办公室联合主办，全区 45 所学校 121 支代表队 1560 名运动员参加。比赛决赛将于 2021 年 5 月举行。

（姚瑞妃）

科　技

Science and Technology

科技事业发展

【概况】 2020 年，双流区规模以上工业研发投入由 2015 年的 4.8 亿元增长到 2020 年的 37 亿元，全社会研发（R & D）经费支出占地区生产总值比重由 2015 年的 2.8% 增长到 2020 年的 3.88%，高于全市（2.66%）1.2 个百分点。截至年底，双流区累计建成科技创新平台 208 个，较 2015 年（114 个）增加 64.9%，其中国家级 32 个、省级 85 个、市级 91 个。

【科技载体建设】 双流区“一校一策”共建电子科大、香港城大等 5 所研究院，建成载体 6.25 万平方米；以“研究院 + 产业园”模式布局天府新区大学科技创新园，以“高校 + 产业园资本 + 职业经理人”运营模式联建电子科大科技园等三大科技园，建成载体 8.6 万平方米；组建四川大学—双流区校地合作共建领导小组，协作推进环高校知识经济圈建设；依托高校资源优势面向企业提供科技中介服务，搭建利益深度捆绑协同发展机制。全区累计建成电子科大科技园、西航港科技企业孵化中心、创客小镇等创新载体 16 个，各类创新创业载体累计入驻企业 812 家，引进研发团队 43 个，国家和省、市高层次人才达 168 人。

【科创项目发展】 双流区新经济和科技局通过政策 QQ 群、微信群、“双流双创”公众号、融媒体中心和下企业调研、考察等时机深入宣传解读上级政策，提高政策知晓度；组织企业申报市级研发准备金、重大科技创新等科技项目 129 个，获得并兑现扶持资金 2056.34 万元；组织 83 家企业申报市高新技术企业认定奖励，获得资金 895 万元；组织企业申报省级重点研发项目、科技成果转移转化项目等 50 个，获得并兑现资金 3814 万元；组织企业申报中央引导地方科技发展专项资金项目 1 个，获得并兑现资金 30 万元。

【高新产业发展】 双流区持续加大科技企业培育力度，有效“国家高新技术企业”267 家、科技型中小企业 265 家，实现高新技术主营业务收入 1091 亿元；依托“菁蓉汇 · 校企双进”举办科技成果对接会 2 场，推动成都迈德物联网、四川希尔得科技等 4 家企业与川大、电子科大等高校精准对接，形成蜂窝物联网通信系统、分布式光纤温度传感系统等科技成果合作意向 8 个。

【科技成果“三权”改革】 双流区新经济和科技局配合省市开展职务科技成果权属改革，对宜确权分割的科技成果，支持高校院所按照“先确权后转化”模式，与成果完成人（团队）通过分割确权、约定权属比例的方式赋予科研人员科技成果所有权；对不宜确权分割的科技成果，支持高校院所按照“先赋权后转化”模式，采取普通许可、独占许可、排他许可等方式，与成果完成人（团队）签署协议，合理约定成果收益分配等事项。双流区新经济和科技局配合省

西航港经济开发区园区　（供图：区新经济和科技局）

海威华芯　（供图：区新经济和科技局）

市建立高校院所科技成果转化负面清单，健全职务科技成果权属改革容错纠错免责机制；支持四川大学、西南交大、电子科大在双流开展“先确权后转化”职务科技成果权属改革试点。

【科技成果转化】 双流区新经济和科技局结合成渝双城经济圈和西部科学城建设，通过“校企双进”加大跨区域高校合作，促进高校院所科技成果在区内落地转化。全区科技成果就地转化率15.5%，完成技术合同交易额35亿元。

（张　伟）

科技活动

【概况】 2020年，双流区开展“菁蓉汇·校企双进”走进中物院银河·596科技园云、菁蓉汇·校企双进·信息通信精准对接会——电子科技大学信息工程与通信学院专场等“校企双进”活动40场。

【银河·596科技园云对接专场活动】 8月25日，中物院成都科学技术发展中心主办的“菁蓉汇·校企双进”走进中物院银河·596科技园云对接专场活动通过“线上直播+外景连线+微信群互动”方式在双流区举行。活动通过视频方式，走进中国工程物理研究院牵头建设的四川科技协同创新云平台（596云网），探索科技创新的动力源。“596云网”聚焦四川、西南乃至全国的科技创新资源汇聚，具有前沿技术、科技项目、创新资源、政策标准、成果转化、国际合作等功能，直达政策主管部门，直通相关科技计划，直连优质创新主体，致力于打造科技协同创新的“一站式”大型综合服务平台及改革创新示范平台。

【蓉港科技成果云对接专场活动】 9月16日，菁蓉汇·校企双进·企业家进校园——蓉港科技成果云对接专场活动在成都生产力中心举行。活动由四川省科学技术厅指导，香港城市大学、香港应用科技研究院、成都市科学技术局、成都市经济和信息化局、双流区人民政府主办，香港城市大学成都研究院、成都生产力促进中心、成都市中小企业服务中心、双流区新经济与科技局、成都科技服务集团、成都蓉港创新连线科技投资服务有限公司承办，采取线上直播线下交流的方式，设置重点成果路演、香港城市大学及香港应用科技研究院短片介绍、成都市重点产业园区及企业路演、微信群自由交流对接等议程，上万人通过视频直播在线同步观看。活动聚焦电子信息、生物医药和先进材料三大领域，组织香港城市大学生物医学系、生物医学工程学系、材料科学及工程学系及香港应用科技研究院等90个创新项目进行云对接，为成都市产业功能区、企业与香港高校院所精准对接搭建平台，推动香港地区的先进技术向成都高品质科创空间转移，实现蓉港优势互补，共谋发展新机遇。路演结束后，成都市重点产业园区及企业代表发布需求20项。

【成电之约暨成都投资促进推介会】 11月12日，“菁蓉汇·校企双进”——成电之约暨成都投资促进推介会在电子科大科技园举行。活动以“产业赋能平台　共享机会之都”为主题，来自高校、园区、企业与政府120人齐聚，推介成都经济社会和科技创新环境、成都市集成电路产业发展环境，共谋高质量发展。

（张　伟）

文化·传媒

CULTURE AND MEDIA

文 化

Culture

文化事业发展

【概况】 2020年，双流区深入开展群众文化工作，完善基层文化基础设施建设，积极组织实施文化惠民活动、努力提高人才队伍素质，让文化资源更多地向基层倾斜、向农村倾斜、向普通百姓倾斜。

【文化基础设施建设】 双流区打造“骑龙”“付家坝”2个市级基层综合文化服务中心示范点，9个综合文化服务中心在全市第四次评估定级中全部达一级站，村（社区）公共文化服务效能监测排名全市第一。

【基层文化建设】 双流区文体旅游局在乡镇（街道）行政区划调整和体制机构改革中，指导镇（街道）确保基层公共文化服务“四落实”，即确保阵地落实、人员落实、经费落实、活动落实；组织召开“基层公共文化服务专题培训”，各镇（街道）公共文化服务分管领导、综合文化服务中心主任（站长）以及118个村（社区）文化辅导员157人参加培训，并到成华区和崇州文化示范点开展“实地参观教学”活动；开展“空港群音荟”“百姓大舞台”“廉洁文化专场”“一镇一艺术特色”“灾后综合性民俗特色活动”“音乐分享会”“艺术鉴赏会”等系列文化惠民活动124场，突显精品化、特色化、品牌化。9个镇（街道）综合文化服务中心每周免费开放累计超过56小时，开展文化活动5000场次。

【文化市场专项整治】 双流区文体旅游局持续巩固文化市场集中整治成果，针对文化市场无证经营和噪音扰民问题坚持“零容忍”，坚持发现一起查处一起；与区综合执法局、区公安分局、镇（街道）建立常态化

百姓大舞台　　（供图：区文体旅游局）

的巡查、发现和处置机制；结合持续加强文化娱乐场所噪音扰民专项整治、寒暑假未成年人保护专项整治、中高考期间娱乐场所禁噪、网络文化市场整治和校园周边文化环境整治，组织召开网吧、文化娱乐场所行业监管工作会议6次，发放宣传资料1万份，开展市场监管和联合巡查145次，巡查监管行业企业1252家次，整治查处8家无证网吧和文化娱乐场所违规经营问题，切实规范市场。

（侯　莹　黄　超）

金家院子遗址出土的标本　（供图：区文体旅游局）

【文创产业发展】 双流区委宣传部紧扣成都市委、市政府“建成世界文化名城，打造‘三城三都’城市品牌”决策部署，实施天府文创之港“2538”发展战略，推动跨界融合、集群发展，加快构建彰显高质量、国际范、生态韵、时尚味的现代文创产业体系，努力彰显空港公园城市的文化魅力和品牌影响。双流区全年完成固定资产投资11.26亿元，住宿业营业额增速完成－25%，文化体育和娱乐业营业收入增速完成6.44%，文创产业增加值完成73.68亿元；新增文创园区22万平方米、文创街区3条、文创村（社区）1个、文创空间22个，黄龙溪古镇、头道沟户外运动公园纳入“YOU成都·新推荐”潮流特色推荐点位。

【文创项目建设】 双流区引入熊猫国际家园、“一带一路”国际艺术中心、中公未来城教育产业园、成都文化产权交易所暨中国数字文化资源交易平台、猪八戒网知识产权大数据西南区域总部、天府荆溪茶具文化博物馆6个项目，新开工成都“一带一路”国际艺术中心暨凤翔湖音乐创意公园项目、牧马山古蜀蚕丛文化园工程（一期）、凤翔湖、槐轩书院文创工程4个文创产业项目，竣工投产亿城国际、三都汇2个文创产业项目，推进国际数媒产业园、牧马山古蜀蚕丛文化园工程（一期）、成都“一带一路”国际艺术中心暨凤翔湖音乐创意公园项目、黄龙溪古镇提档升级等重大产业项目建设，以农商文旅体融合为引领的新业态不断涌现。

（何佳颖　顺明旻　侯　莹　黄　超）

【文物保护】 双流区文物保护管理所加大文物保护安全监管，开展安全检查巡查28次；编制完成《双流区历史文化保护利用规划》，为下一步开展历史文化保护提供依据；实施东升街道三义桥、西航港街道杨家祠堂异地搬迁保护，修缮双流中学钟楼。

【金家院子遗址考古发掘】 金家院子遗址位于双流区黄水镇长沟村，分布面积60000平方米，时间跨度4000多年，从新石器时代晚期延续至明清，主体堆积为商周时期。双流区联合成都市文物考古工作队、贵州大学对遗址核心区域考古发掘，发掘面积1200平方米，发现房屋柱洞、窑址、灶、道路路面、生活物资废弃堆积、水沟、墓葬等，出土器物有石器、陶器、青铜器、玉器，判断为商周时期中型聚落遗址。金家院子遗址的发现为研究双流乃至成都平原先秦时期社会结构、政治经济文化等提供重要的实物依据，对研究先秦文化的聚落形态及环境演化有着重要的意义，并为建立双流地区先秦文化的考古学文化序列增添更加翔实的考古依据。

【非物质遗产传承与保护】 双流区文体旅游局加强非物质文化遗产保护和传承力度，开展非遗普查。双流区新增市级非物质文化遗产项目1项——双流老妈兔头卤制技艺，填补市级非遗项目空白；新增区级非物质文化遗产项目1项——张麻饼传统制作技艺；新增区级非遗传承人1人——胡刚［省级非物质文化遗产项目“船工号子”（府河号子）］；新增市级非物质文化遗产传承基地1个——蜀锦织造技艺传承基地。

（侯　莹　黄　超）

文化阵地

【概况】 2020年，双流区公共文化设施面积41万平方米，有9个镇（街道）基层综合文化服务中心、3个镇（街道）基层综合文化服务站、118个村（社区）基层综合性文化服务中心。双流区图书馆属国家一级公共图书馆，面积1.7万平方米，藏书157万册（含电子图书75万册）；区文化馆为国家二级文化馆，积极争创一级馆，举办公益培训活动2800班次。

【图书馆】 双流区图书馆藏书量157万册（含电子书75万册），全年接待读者110万人次；开展知识讲座、艺术展览、电影展播、互动体验、话剧演出等公益活动200场次，受益群众90万人次；引入现代办馆理念，除配置有自助图书借还机、紫外线图书杀菌机等先进设备外，注重数字化、智能化技术应用，实现Wi-Fi全覆盖；采用RFID超高频图书识别技术与图创集群管理系统集成的方式，业务操作便捷；与市图书馆自动化服务平台对接，实现成都全域范围内通借通还；实行延时开放服务至20：30，周开馆时间达76小时（不含24小时自助图书馆区域）。全区建成12个图书分馆［实现镇（街道）全覆盖］、72个图书流转点，流转图书3万册。

双流区图书馆经典故事推广活动现场　　（供图：区文体旅游局）

【文化馆】 双流区文化馆按照疫情防控要求做好9：00至20：30的场馆免费开放及延时服务，周末及节假日正常开放，每周开放时间80.5小时；开设免费文化艺术培训3期、线上培训40期、线下培训2800班次，惠及群众40684人次，举办“走基层”、“文化四季风”、市民艺术培训成果展演等大型文艺演出44场和“春联献福”免费送春联活动27场，在各镇（街道）举行“抗疫”摄影巡回展10场、书画展1场；开展童乐剧、名家讲堂、创艺天地、非遗文创园等公益活动323场，惠及群众8200人次；开展线上活动，线上服务160次，线上点击量541643次。

（黄　超）

文艺活动

【概况】 2020年，双流区开展文艺活动3场，分别为“喜上梅梢”双

“坚守——我为祖国守国门”文化活动现场　　（供图：区文体旅游局）

成都国际友城青年音乐周双流分会场活动现场　（供图：区文体旅游局）

流区 2020 年迎新古琴音乐会、“坚守——我为祖国守国门”文化活动和 2020 成都国际友城青年音乐周双流分会场活动。

【“坚守——我为祖国守国门”文化活动】 7 月 17 日，双流区疫情防控指挥部机场专班在星宸航都酒店（曾作为来双旅客留观点）举办以防疫为主题的“坚守——我为祖国守国门”文化活动，宣传双流区“抗疫”期间的先进典型、优秀人物，致敬双流在守好国门防疫战场上践行“双流精神”的感动人物、凡人善举，深入推进疫情防控常态化。

【成都国际友城青年音乐周双流分会场活动】 8 月 29 日，受新冠肺炎疫情影响，双流区通过整合区内文艺节目、日籍友人和韩国友城音乐视频等优秀文艺资源，以中日韩开放合作为主题举办成都国际友城青年音乐周双流分会场活动，线下线上吸引 18 万名观众观看，获得副市长肯定性批示。

（黄　超）

传　媒
Media

广电新闻出版事业发展

【概况】 2020 年，双流区先行示范广电公服，被评为“四川省广播电视系统先进集体”、四川省首届“广电惠民服务月”活动先进集体，向省上争取到 300 万元应急广播体系建设经费补助（成都市只有金堂和双流）。双流区委宣传部规范新闻出版和影院安全管理，助推影院、出版行业复工复产；加强全民阅读活动建设，开展阅读活动 500 场次；加强版权管理，登记版权作品 3600 个；深入开展“清源”专项行动，查处涉“扫黄打非”类案件 16 件，销毁非法出版物 2 万册（份）。

（王　惠　蒋　玲　黄　超）

【广电硬件建设】 双流区融媒体中心投入 40 万元完成“空港融媒”APP 等保二级建设，投入 30 万元建设短视频智能生产平台，投入 40 万元改造电台配音设备、演播室周边设备，实现全年安全播出零事故。

（徐自毅　郑　怡）

【电影管理】 双流区委宣传部落实电影院复工复产和疫情防控要求，开展疫情防控巡查 40 次，确保行业疫情防控和生产经营安全平稳；落实影院安全生产责任制，开展影院安全生产隐患排查 40 次，并督查整改排查中发现的安全生产隐患，确保无火灾无责任事故；完成辖区 14 家电影放映单位年检，向影院拨付中央和省级国家电影事业

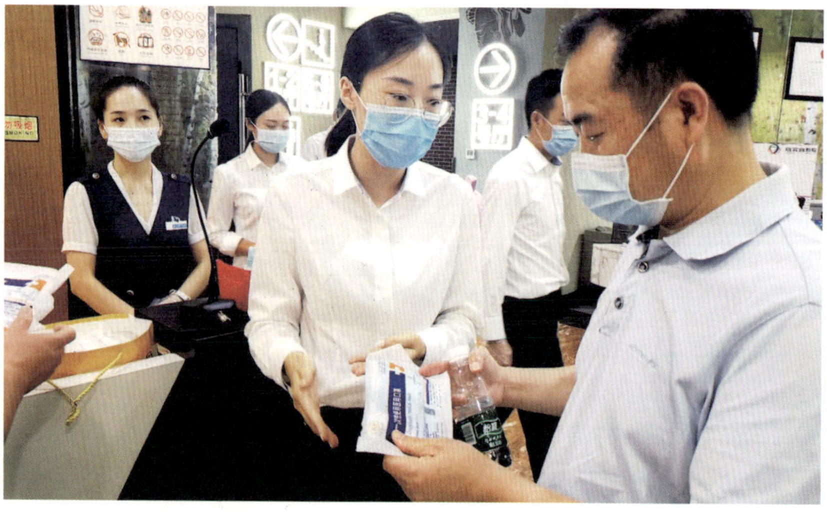

双流区委宣传部检查影立方影城　（供图：区委宣传部）

四川航空维修基地放映《2019大阅兵》　（供图：区文体旅游局）

发展专项资金128.44万元。

（侯　莹）

【电影放映】　双流区电影公司组建12支公益电影放映小组，班子成员包片负责，每周一次以上到放映点监督抽查电影放映情况，并向区文体旅游局填报抽查监督内容；做好全流程安全生产，特别是在疫情常态化防控期间，要求每一个放映员放映时，必须做好自我防护，必须选择宽敞场地，必须对放映设备和观众座椅全面消毒，同时开展疫情防疫、消防安全、科普教育等映前公益宣传。双流区电影公司以“众志成城，抗击疫情，坚决打赢疫情防控阻击战”为主题，全年放映公益电影5238场，其中村（社区）公益电影4224场、中小学校园爱国主义教育电影504场、“三进”公益电影330场、“幸福双流 · 快乐周末”广场坝坝公益电影180场。

（黄　超）

【农家（社区）书屋管理】　双流区委宣传部为全区118个农家（社区）书屋配备出版物11986册，平均每个书屋配书101册，超过国家标准40%以上；指导农家（社区）书屋每季度开展阅读活动不少于1场，全年开展阅读活动500场次。

4月23日，“在春光中阅读”世界读书日主题活动在双流空港中央公园举行　（供图：区委宣传部）

【全民阅读活动】　双流区委宣传部充分运用区图书馆、农家（社区）书屋等载体，深入推进全民阅读“七进”，开展“4 · 23世界读书日”主题阅读活动、儿童阅读周系列活动；在天府书展期间组织全区实体书店业主到展场参观学习，对上争取实体书店扶持经费13.66万元。

【版权管理】　双流区委宣传部开展版权保护宣传，开展“绿书签”主题宣传活动20场次；深入打击盗版侵权行为，发放宣传品2000份；登记版权作品3600个，转化作品500个。

（侯　莹）

融媒体发展

【概况】　2020年，双流区融媒体中心落实中央、省、市、区决策部署，坚决落实意识形态工作责任制，牢牢把握“党媒姓党”的根本定位，通过“五个融合”、提升“四力”、打造“三个IP”的“543”工作思路，切实把融媒体中心建设成区域主流舆论阵地、综合服务平台和社区信息枢纽。双流区融媒体中心在第八届全国市县电视台、融媒体中心推优展播活动中，作为全省唯一一家县级融媒体中心入选全国媒体融合先导单位20强；作为全省唯一一家获得满分的单位，通过省委宣传部组织实施的全省县级融媒体中心建设验收；疫情防控舆论引导入选《人民日报》全国党媒信息公共平台发起的“县级媒体·齐心抗疫”优秀案例，强化舆论引导入选2020年全国县级融媒体中心舆论引导能力建设突出案例。

【传播平台建设】 双流区融媒体中心建成以新媒体平台为传播主体，电视、报刊、广播为内容支撑的“一体三翼”融媒体矩阵，有传播平台21个，粉丝230万人。新媒体有“空港融媒”APP、“空港融媒”网站、微信公众号4个(空港融媒、双流发布、双流政事、双流网)、微博政务号2个(双流网、空港融媒)、抖音“双双范儿”、快手“空港融媒”、今日头条号4个(空港融媒、双流发布、双流政事、双双视界)、其他第三方平台号4个(双流发布网易号、双流发布企鹅号、双流发布搜狐号、空港融媒知乎号)；电视台开设《双流新闻》《特别关注》《清风领航·双流观察》《阳光问廉·双流面对面》《委员大讲堂》《双流党建》6档新闻和专题节目，日播时长18.5小时；报刊《空港双流》对开八版大报，每周二、周五出刊，发行量2万份；广播FM100.9空港之声在全国首创空港广播定制概念，开设《飞行早餐》《可可C哩》《空中潮我听》《空中π队》《快乐直达》《忽然之间》6档直播节目，直播时长每天12小时。

【“媒体+政务+服务”创新】 双流区融媒体中心着力打造自持平台“空港融媒”APP，依托“空港融媒”APP，初步实现“媒体+政务+服务”功能；集纳看电视、读报纸、听广播、点播节目、看网络直播、看微电影、读电子书等功能，媒体信息实现“一端通览”；60家单位入驻开设政务分端，政务服务实现“一端通联”；为群众提供医院挂号、社保公积金查询等40项日常生活服务，便民服务实现“一端通用”。双流区融媒体中心打造“企业咖啡时”“航空经济大讲堂”等政务服务品牌，承办“企业咖啡时”主活动12场，线上线下收到企业诉求4168件，办结4150件，办结率99.57%，满意率99.16%，被《人民日报》誉为“最解渴、最提神的咖啡”，连续两年被全市评为成都国际化营商环境建设创新案例；承办“航空经济大讲堂”14期，邀请行业专家为全区党员领导干部授课，提升建设航空经济之都的能力、解决产业发展中的问题、收集城市发展的意见建议，评选出“金点子”并报区委、区政府研究运用。双流区融媒体中心依托“空港融媒”APP建立社群11个，以多元化的活动、丰富的当地资讯、便捷的服务增强用户黏性，构筑当地化社群“生态圈”，解决市民“留得下”的问题；利用媒体平台，月均收集转办回复社情民意300件，理顺社会情绪，构建当地舆情“蓄水池”，解决舆情“看得见”的问题；通过舆情转办、“83721000”互通互联、“双双帮忙”、《阳光问廉·双流面对面》特色栏目等手段，将收集到的舆情及时化解，建立群众诉求“排水渠”，解决困难“办得了”的问题。

（徐自毅　郑　怡）

新闻宣传

【概况】 2020年，双流区融媒体中心围绕区委、区政府中心工作，推出策划案117个、专栏50个、稿件5.5万条次，总阅读量10亿人次，其中阅读量超过10万339条、超过100万33条、超过1000万7条；策划直播87场，摄制全区性宣传片、汇报片19部，融媒体粉丝增至230万人；21项宣传工作得到区领导肯定性批示，涉及疫情防控、党的创新理论、城乡环境治理等；“双双范儿”抖音、“双流网”微博等新媒体传播力影响力指数居全国前列，“空港融媒”微信获市委网信办评选的“优秀政务新媒体”称号；信息公开度长期稳居全省区县第一名，网友赞同度长期稳居全省区县前十名。

【对外宣传】 双流区融媒体中心在中央、省、市媒体发稿1020条，其中在《人民日报》《新闻联播》等央级主流媒体平台刊发66条，“学习强国”平台采用650条，用稿量位列成都市区(市)县第一，并在全市作经验交流发言。

【创优争先】 双流区融媒体中心55件作品获评国家、省、市新闻奖，其中国家级5项、省级18项、市级32项，获奖数量、等级位列全省区(市)县第一。

【新闻队伍建设】 双流区融媒体中心采取“走出去”和“请进来”的方式，不断加强干部队伍能力建设，选派采编和管理人员到浙江长兴传媒、成都电视台等单位学习考察20人次，邀请行业领域专家开展专题讲座5次；建立读书电影、摄影摄像等6个社团，参与学习培训活动260人次。

（徐自毅　郑　怡）

卫生·体育

HEALTH AND SPORTS

卫 生

Public Health

卫生事业发展

【概况】 2020年，双流区有医疗卫生机构591家，其中区属医疗卫生机构17家、村（社区）卫生站110家、驻区及民营医疗机构464家；有三级医院5家（区一医院、区中医医院、区妇幼保健院、市七医院、司法警官医院，其中区中医医院已创建为三甲），三级乙等疾控机构1家（区疾控中心），全国百强社区卫生服务中心、社区医院2家（西航港、九江社区卫生服务中心），国家级“群众满意乡镇卫生院”6家；实际开放床位数5749张，每千人床位数7.05张，医疗卫生技术人员7779人，每千人口卫技人员数9.55人，省、市级重点专科14个（含在建）；区属医疗卫生机构总诊疗人次381.61万人次，区属医疗卫生机构出院人次8.51万人次；完成822次医疗保障，其中参加医疗保障医务人员1288人次，救治人数319人次。双流区人均预期寿命81.63岁，户籍孕产妇死亡率为零，孕产妇死亡率0 / 10万，婴儿死亡率1.28‰。

【卫生体制改革】 双流区卫健局持续推进医药卫生体制改革五大制度建设和重点领域改革；推进分级诊疗制度建设，持续深化与部省级医院合作办医；强化医疗保障制度，落实医疗服务价格动态调整政策，推进按疾病组分值付费（DRGS）。

【药品耗材采购政策落实】 双流区卫健局落实药品耗材采购政策，落实国家基本药物制度，让利群众5600万元。

【医疗机构基础设施建设】 双流区妇幼保健院二期业务楼工程、区精神卫生保健院和迁建公兴社区卫生服务中心工程主体完工，进入装饰装修。黄甲社区卫生服务中心进入主体施工阶段。黄龙溪卫生院和西航港社区卫生服务中心提升改造项目完成。西航港社区卫生服务中心（白家院区）和彭镇卫生院提升改造项目启动。双流区卫健局配合省疾控中心、市七医院推进省公共卫生综合临床中心、市七医院天府院区三期工程。

【医疗卫生信息化建设】 双流区卫健局完成全区11家基层公立医疗机构信息系统升级改造，实现基层信息化提档升级，为辖区居民服务更加便捷；完成对新冠肺炎疫情初期的各种数据采集信息化支撑，有效提高效率；建成视频会议系统，参加国家、省、市视频会；指导区内各医疗机构全面使用省免归信息系统、核酸检测信息系统。

【医疗卫生人才引育】 双流区卫健局柔性引进国医大师(院士)1名、省名中医1名，引进编制内副高级及以上卫生专业人才11名，培育在职正高人才19名、副高人才55名；通过合作办医和医联体建设等形式，引进华西医院、华西医院第二医院、成都中医药大学等部省级医院高级管理人才5名、学科主任17名(区一医院11名、区中医医院2名、区妇幼保健院4名)、临床一线专家36名(区一医院29名、区中医医院2名、区妇幼保健院5名)；与54名2020年、2021年毕业的医学院校毕业生签订招聘协议(其中博士研究生4名、硕士研究生44名)，面向社会公开招聘编制内医务人员18名。

【省市级重点专科建设】 双流区卫健局加强中医重点专科建设申报，区中医医院儿科和肺病科被确定为省级中医重点专科建设单位，区中医医院重症医学科、区一医院中医肛肠科和区二医院中医骨伤科被确定为市级中医重点专科建设单位，区妇幼保健院儿童保健科被确定为市级重点专科建设单位。截至12月，全区建成省级重点学科(专科)6个、市级重点学科(专科)4个，有省级重点学科(专科)建设单位2个、市级重点学科(专科)建设单位7个。

【公共卫生应急管理】 双流区卫健局积极开展新冠肺炎疫情防控，完善监测预警、快速响应、全员核酸应急检测、联防联控、紧急救援5个方面工作机制，组建100人的应急医疗救治队伍、1600人的应急采样队伍、108人的核酸检测队伍、87人的流调队伍、30人的防疫消杀队伍，开展新冠肺炎疫情防控知识等应急知识和处置培训12000人次，组织参加新冠肺炎应急演练8次。

【医疗质量控制】 双流区卫健局加强医疗机构业务发展，成立33个区级医疗质量控制中心，基本覆盖辖区基层医院各科室；加强各医疗质量控制中心质控体系建设，加强培训和督导检查，组织召开质控培训60次、现场业务指导20次，实现全区医疗质量、技术操作同质化、规范化。

【卫生监管】 双流区卫健局加强卫生综合监管，完成国家“双随机、一公开”抽检231条，完结率100%；完成城市管网末梢水、二次供水、现制现售水水质抽检357个，合格率100%。

【中医药服务】 双流区继续开展“城乡中医药一体化”，下派10名中医药人员到基层医疗卫生单位，开展学术指导讲座和业务查房，提升基层服务能力；创建“市级示范中医馆”提档升级3个，创建“规范化中医角”提档升级10个；有中医师承带教老师10名，学员33名；开展中医药文化宣传39场次，提供咨询服务3271人次，发放宣传资料12716份。全区中医药服务量占总服务量53.6%，65岁以上老年人中医药健康管理率72%，0～3岁儿童中医药健康管理率75%。

【家庭医生签约服务】 双流区卫健局做好A包的基础上，推出B、C、D“三类服务包”，全区累计签约344342人，签约率43.38%，其中重点人群签约198014人，签约率85.47%，残疾人签约11637人，签约率95.46%，计生特殊家庭签约1358人，签约率100%。

【基本医疗服务管理】 双流区卫健局指定疫情期间新冠患者医疗救治定点医院，规范建设区一医院、区中医医院、区二医院及西航港社区医院发热门诊；建立100人的医护应急救治队伍和111人的感控督导员队伍并做好专业培训，做好阳性患者出院管理；制定《成都市双流区新冠病毒疫苗接种异常反应紧急救治工作方案》《成都市双流区新冠病毒疫苗接种医疗救治组工作方案》，对所有参与保障的医护人员完成保障前培训；按照分片督导原则，加强区级医院对基层医疗机构的专业督导。

【异地就医管理】 双流区38家医院、92家门诊诊所、649家药店开通异地就医联网直接结算，定点医疗机构开通率100%；完成省内异地结算7633人次、统筹基金支付3651.74万元，省外异地结算1039人次、统筹基金支付543.46万元。双流区一医院、区中医医院、区妇幼保健院及5家定点药店纳入西南片区跨省门诊费用直接结算业务，云、川、藏、渝城镇职工参保人员以及贵州省省本级铁路和电力系统参保人员无须备案即可跨省直接结算。成德眉资医疗保障同城化合作签约仪式在双流区举办，双流区作经验交流。

【卫生支援合作】 双流区卫健局选派19名医疗骨干到巴塘县开展对口

支援，实施师带徒、远程诊疗指导、临床进修、远程教学等帮扶行动，开展培训、义诊、送医送药下乡等，并接受巴塘县23家医疗单位负责人到双流开展管理培训、交流学习1周；选派凉山州驻村干部5人，开展脱贫攻坚；选派支援高县人民医院、青川县中医医院各5人。

（毛　霏）

医院建设

【概况】 2020年，双流区制定《卫生健康事业第十四个五年发展规划（2021—2025）》《医疗卫生资源布局规划（2019—2035）》，建立符合医院实际的医疗安全和管理制度；开展儿童医疗卫生服务改革与发展试点，15家公立医疗机构均能开展儿科诊疗服务；提升医疗质量，区级质控中心从25个增补到33个。双流区一医院完成整体搬迁并投入使用，启动三级甲等医院创建。

【公立医院综合改革】 双流区推进区级公立医院综合改革，加强现代医院管理制度建设，落实党委领导下的院长负责制；制定医院章程，明确医院决策机制，调整运行管理机制，优化医院管理制度。3家区级医院借力部省级医院优势，做强区内龙头医院建设，提升管理和技术水平。双流区中医医院创建为三级甲等中医医院，区一医院、区妇幼保健院通过三甲创建验收。

【分级诊疗制度建设】 双流区持续巩固和完善分级诊疗制度，通过区域内、外医联体、科联体和专科联盟的合作与建设，落实急慢分治，规范和优化转诊流程，将市、区、镇三级医疗资源整合，推进分级诊疗制度落地落实；持续开展“区管院用”工作，将区级优质医疗资源直接下沉基层医疗机构，为基层群众常见病、慢性病提供便捷、优质的医疗服务。

【医联体建设】 双流区与四川大学华西医院、四川大学华西第二医院、成都中医药大学附属医院、成都市妇女儿童中心医院、成都市第一人民医院、成都市第二人民医院、成都市第七人民医院7家部、省、市三甲医院组建综合医联体，100%覆盖基层医疗卫生机构。部省级医院派驻管理团队、职能科长和学科团队开展教学查房484次、授课带教3876人次、指导高难度手术376台，发表论文628篇，新开展省级科研项目25项、新技术91项，其中11项新技术（全喉切除术、反肩关节置换手术等）填补双流地区技术空白。

【成都京东方医院建设】 成都京东方医院是由京东方科技集团投资建设的集医疗、教学、科研、预防、保健及康复为一体的现代综合医院，按照三级甲等标准修建，占地面积354亩，建筑面积38.5万平方米，开设床位2000张。项目于2018年12月开工建设，2020年完成内外装饰装修、总平及设备安装。

【成都市心理健康中心建设】 成都市精神卫生中心是全省六大区域精神卫生中心之一、成都市精神病与精神卫生质量控制中心和精神卫生医疗联合体的牵头单位，承担成都市中心五城区“120”精神障碍患者及肇事肇祸严重精神障碍患者的院前甄别及救治任务，于2018年11月开工建设，2020年10月竣工，2020年12月开业试运行，有编制床位208张，开设专科医疗门诊、心理咨询／治疗门诊、特需门诊三类专业门诊和睡眠医学中心、心身医学中心、儿少心理中心、情绪障碍中心四个亚专业诊疗中心，开展心理测评、睡眠监测、心理咨询／治疗、神经调控治疗、儿童康复训练五项特色检查治疗。

【华西空港医院建设】 双流区第一人民医院于3月整体搬迁至东升街道城北上街120号，占地面积137亩，总建筑面积21万平方米，规划床位1500张，开放床位1100张。3月20日，医院举行开诊仪式，启用新院名“成都市双流区第一人民医院／四川大学华西空港医院”。医院在原有4个省级重点专科、2个市级重点专科建设单位基础上，中医肛肠科成为成都市中医重点专科建设单位。医院成为中国创伤救治联盟创伤救治中心建设单位、四川省心衰中心联盟建设单位。截至年底，全院有职工1365人（医生491人、护士602人、医技145人、其他127人），其中博士研究生、硕士研究生169人。医院全年完成总诊疗114.21万人次，出院3.42万人次，住院手术1.14万台次，门诊手术4595台次。

【“三甲”综合医院评审】 2020年7月26—29日，双流区第一人民医院接受四川省卫生健康委员会组织的专家组现场评审，为期三天半。

（毛　霏）

疾病预防控制

【概况】2020年，双流区疾病预防控制工作以新冠疫情防控为主线，开展监测预警分析，应对处置各类突发卫生事件，统筹做好重大疾病防制，有序推进慢性病防治、免疫规划等；做好常规监测检验与卫生学评价、技术指导的同时，深入开展健康教育，提升居民健康素养水平；加强人员培训，着力培养疾控人才队伍，提升疾病预防控制能力，公共卫生体制机制建设进一步加强。

【传染病防控】双流区全年无甲类传染病报告；报告乙类传染病14种1671例，死亡19例（艾滋病18例、新冠肺炎1例），报告发病率183.22／10万，较2019年同期（198.57／10万）下降7.73%，达到控制目标（成都市250／10万、以区为单位300／10万）；报告丙类传染病5种3418例，无死亡病例，报告发病率374.77／10万，较2019年同期（995.80／10万）下降62.37%。

【艾滋病防控】双流区全人群艾滋病检测覆盖率49.67%，基层检测覆盖率23.2%，CD4检测比例94.51%，配偶检测比例93.87%，抗病毒治疗覆盖率94.83%，治疗有效率98.7%，病毒载量检测率97.4%，孕早期检测率90.74%，孕早期用药率100%，感染孕产妇抗病毒用药率100%。

【结核病防控】双流区财政局将结核病防治经费纳入财政年度预算，足额落实区级配套经费38.17万元。各镇卫生院、社区卫生服务中心结合基本公共卫生服务开展老年人、糖尿病人等重点人群结核病主动筛查，筛查65岁以上老年人36241人，筛查糖尿病人13135人，筛查病例密切接触者2676人次，未发现肺结核患者。

【血吸虫病防控】双流区全年查螺1087310平方米，药物灭螺777020平方米；人群监测查病7085人次，查出血清学阳性68人，均用吡喹酮扩大化疗；当地人群监测300人、查出血清学阳性2人，流动人群监测224人、查出血清学阳性4人；开展血吸虫病风险监测，钉螺监测46400平方米，查出有螺面积5480平方米，对检获的446只钉螺全部进行环介导等温扩增技术检测，无阳性钉螺；钉螺输入调查40000平方米，未查见钉螺，野粪调查，未检获；打捞80公斤漂浮物，未查见钉螺。

【狂犬病防控】双流区15家公立医疗机构犬伤门诊实行24小时值班制度，全年接诊犬伤患者15181人次，日均接诊41人次；接种狂犬疫苗15181人次，疫苗接种率100%；注射狂犬病免疫球蛋白1596人次（三级犬伤暴露8359人次），免疫球蛋白使用率19.03%。双流区实现10年狂犬病"零发病"及无一犬伤多人事件。

【地方病防控】双流区无本地病例，境外输入3例，3个疫点均规范处置，及时处置率100%；在12家镇卫生院、社区卫生服务中心和2所区级医疗机构开展发热病人血检，完成血检560人；甲肿率B超法检查8～10岁学生200人，其中甲状腺肿大8人，儿童甲状腺肿大率4%，达到国家甲状腺肿大率小于5%的标准，盐碘合格；开展重点人群尿碘监测，采集40岁以下育龄妇女、孕妇、哺乳妇女及0～2岁婴幼儿、8～10岁儿童五类人群尿样603份，尿碘合格；在协和、金桥、黄甲、公兴、西航港5个镇（街道）开展土源性线虫病和肝吸虫病感染率调查，采样1000人粪便，查出感染者8人，其中蛔虫感染3人、钩虫感染5人，肝吸虫检测阴性，8名感染者全部免费驱虫治疗。

【慢性非传染性疾病防控】双流区四类主要慢性病早死概率11.41%，较2019年下降10%，较2015年下降33.96%；恶性肿瘤死亡率173.43／10万，心脑血管疾病死亡率164.67／10万，慢性下呼吸道疾病死亡率87.39／10万，糖尿病死亡率22.94／10万。

【严重精神障碍患者管理】双流区对符合条件的严重精神障碍患者实施阳光救助，救治184人。1409名患者享受"830"区级门诊药物治疗补助政策。196名精神分裂症患者通过专科医生复核诊断，符合长效针剂注射要求，享受区级"长效针剂"项目治疗补助。全区全年在管患者3082例，管理率96.04%，在管患者规范管理率95.7%；在册患者服药率91.21%，在册患者规律服药率76.57%；精神分裂症患者服药率90.81%，规律服药率75.68%；居家患者病情稳定率

98.33%，面访率95.79%。截至年底，全区报告严重精神障碍患者3209例，报告患病率4.04‰。

【免疫规划管理】 双流区免疫疫苗接种率均达国家指标要求，适龄儿童免疫疫苗接种率96.10%（应种338356针次，实种325170针次），新生儿首针乙肝疫苗及时接种率93.99%；规范管理儿童预防接种门诊，全部实现数字化门诊，12个镇（街道）的13家接种门诊均达AA级及以上预防接种门诊，其中AAA级及以上预防接种门诊12家（AAAAA级3家），占比92.31%；13家接种门诊均实行儿童预防接种信息化管理，实行数字化服务；疫苗实行扫码出入库，实现疫苗监管信息全程可追溯。双流区加强AEFI监测，规范处置AEFI病例，全年无严重异常反应发生；继续开展60岁及以上户籍老年人肺炎疫苗接种，60岁及以上户籍老年人肺炎疫苗完成接种4130人，接种率3.99%；开展各类人群流感疫苗接种，接种流感疫苗10万剂次；开展重点人群新冠疫苗紧急接种，接种新冠疫苗8000剂次。

（毛　霏）

计划生育

【概况】 2020年，双流区办理生育服务证6445件，办证及时率100%，生育登记率100%；出生人口6445人（其中一孩4896人，一孩率64.27%，二孩2670人，二孩率35.09%），人口自然增长率6.22‰。双流区获评全国计划生育优质服务区称号。6月，双流区被四川省人口计生领导小组评为“2019年度人口与家庭动态监测调查工作先进单位”，双流区卫健局被四川省人口计生领导小组评为“2019年度计划生育家庭特别扶助工作先进集体”。

【卫生计生惠民政策实施】 双流区全年符合计划生育家庭奖励扶助条件对象21403人（其中国家奖扶19735人、省奖扶1558人、市奖扶110人），计划生育特别扶助对象1430人，独生子女父母奖励对象35649人，双流关爱对象346人，通过社会保障卡兑现资金3946.9万元，打卡发放率、发放到位率均达100%。

【计划生育特殊家庭帮扶】 双流区对计划生育特殊家庭实施医疗救助、养老救助、社会救助等，全年投入384.5万元；特扶对象均有双岗联系人，每月按时入户走访和每周电话慰问，发放特扶人员传统节日及生日慰问金143万元；落实“两免五优先”政策，畅通计生特殊家庭就医“绿色通道”，家庭医生签约率100%。

【托育服务和母婴室建设】 双流区卫健局对全区43家社会办3岁以下婴幼儿照护服务机构摸底清理建档，发放备案和卫生管理告知书；对20家托育机构开展卫生评价，完成备案4家；根据疫情防控需要牵头开展全域“体检”，与相关部门和镇（街道）召开4次协调会、1次现场会。全区建成标准化母婴室61个，使用面积1005平方米，服务15万人次，发放优生优育等健康宣传资料5万份。

（毛　霏）

医疗保障

【概况】 2020年，双流区基本医保参保扩面稳步增长，多层次医疗保障体系初步建成，经办服务水平持续优化，参与国家药品集采、DRGs支付方式改革推进有力，长照险覆盖面进一步扩大，基金监管强度不减。双流区医疗保障局被市医保局表扬为2020年度行风建设工作先进单位、重点行业（医疗卫生）领域系统治理工作先进单位、长期照护保险试点工作先进单位、成都智慧医保建设工作先进单位、医疗保障工作先进单位、成都市推进多层次医疗保障体系工作先进单位和成都市医疗救助工作先进单位。

【医保制度建设】 双流区医疗保障局实行日常现场巡查、接报定向检查、专项随机抽查、跨区飞行检查相结合的稽核检查制度，完善医药机构申述、案件集中会审、法律顾问审查、公开曝光等制度，避免人情案，力求办“铁案”；坚持大数据“智能审核”、可疑数据“人工抽审”、争议数据“专家评审”，“三审并举”强化基金使用监管，智能审核和人工复审扣款191万元。

【医疗政策落实】 双流区医疗保障局常态化推进国家组织药品集采使用，减轻群众用药负担；推进长期照护险试点，全区享受长期照护保险待遇769人次，支付860万元；落实医疗救助政策，医疗救助10236人次，支付722.32万元；提

10月16日，成德眉资医疗保障经办服务同城化合作签约仪式在双流区举行 （供图：区医保局）

高医保资助比例，全额资助2092名低保对象69.04万元参加2021年大病医疗互助补充保险；推进异地就医，定点医药机构开通联网结算，承办成德眉资医疗保障同城化合作签约仪式并作经验交流；推进付费方式改革，38家定点住院医疗机构改革进展顺利；推进多层次医疗保障体系建设，开展宣讲活动16场次，发放宣传资料23000份，助力“惠蓉保”产品推广。

【医保专项治理】 双流区医疗保障局率先在全省构建公立医院内控自律、医保卫健联合监管、派驻纪检监察组监督的治理机制，联合温江区、龙泉驿区、崇州市、郫都区构建区域协同监管机制，31家定点医疗机构自查自纠并主动退回违规使用医保基金42.44万元；查处定点医药机构1020家次，中止服务协议15家，解除协议1家，追回违规使用医保基金和处违约金180.24万元，公开通报违规医药机构44家。

【医疗服务保障】 双流区医疗保障局优化医保政务服务事项28项，实行综合柜员制、好差评制，初步形成医保业务柜台现场办、镇街社区下沉办、微信平台掌上办等线上线下相结合的服务格局；做好医保基金结算，支出城镇职工基本医疗保险83949.86万元、城乡居民基本医疗保险11769.06万元、大病互助医疗保险12899.02万元。

【医保宣传引导】 双流区医疗保障局率先在全国制作打击欺诈骗保电视快板，登上“学习强国”四川平台；率先在全市开展“七进”宣传活动，并在全市推广；融合城乡社区发展治理创设接地气、解疑惑的社区“医保茶吧”，登上“学习

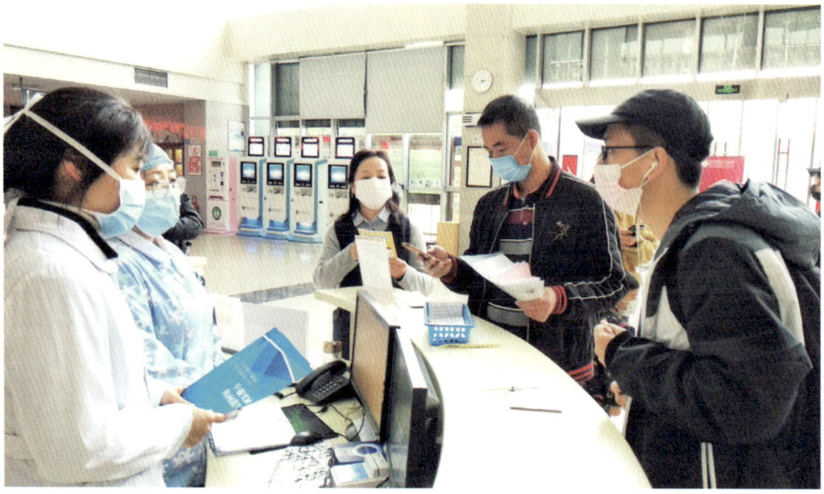

开展打击欺诈骗保集中宣传月活动 （供图：区医保局）

强国”四川平台；医保基金监管实现“四个转变”的做法被省委深改办“四川改革动态”刊发。

【新冠肺炎疫情防控】 双流区医疗保障局强化资金保障，落实医保调整政策，确保患者不因费用问题影响就医、收治医院不因支付政策影响救治；强化防控保障，巡查定点医药机构526家次，查处12家；强化服务保障，协助采购酒精、口罩等防疫物资；抽派党员干部开展入户排查，助力企业复工复产，减半征收企业医疗保险费1.65亿元。

（胡龙根）

老龄健康

【概况】 2020年，双流区按照《2020年成都市老龄健康工作要点》要求，积极开展敬老爱老助老活动、老年健康促进活动、老龄化课题研究，推动医养结合示范建设。

【医养结合机构建设】 黄龙溪镇卫生院被确定为双流区第一家公办医养结合试点机构，投入财政资金300万元，对16间房间改造，设养老床位32张。双流区中医医院被授牌为成都市安宁疗护试点机构，10月通过专家组现场验收，安宁疗护建设和服务管理能力被评定为二级。双流天仁医院通过“四川省医养结合示范机构”市级初评。

【老龄化课题研究】 双流区承接国家试点项目“家庭视角下老年女性的积极与健康老龄化”结题。胜利镇桂花村、金桥镇岷江村2个村被纳入国家老年心理关爱项目试点，以集中或入户的形式开展老年心理健康评估和支持指导。12月，《双流区“十三五”老龄事业发展规划》终期评估完成，通过专家组论证。

【老年健康促进】 双流区卫健局举办2020年“健康双流·老年健康知识大讲堂”系列活动，开展老年人心理健康、心脑血管疾病预防、新冠抗疫技巧等健康讲座117场，发放健康知识手册2000本，惠及老年人30360人；承接四川省暨成都市“2020年老年健康西部行·老年健康宣传周”活动启动仪式，举办义诊93场次，发放宣传资料5000份，惠及群众1.67万人次。

【敬老爱老助老活动】 双流区卫健局“敬老月温暖重阳”走访慰问老人3.37万人次，发放慰问金与购买慰问品价值229.52万元；“智慧助老”服务1042次，防范电信诈骗、老年维权活动宣传34场，老龄化国情教育“六进活动”举行191场次，老年文艺活动举行134场次，惠及老人7.64万人次。10月，双流区获评“四川省第五轮敬老模范区”。

（毛 霏）

健康促进

【概况】 2020年，双流区按照《成都市2020年爱国卫生工作要点》要求，结合“健康城市”建设，开展季节性、群众性爱国卫生健康教育活动，加强城乡环境卫生综合整治，改善人居环境。

【“健康城市”建设】 双流区以“健康细胞工程”建设为具体抓手，以社区、机关、医院、学校、企业、家庭等单位为重点，改进自然环境、社会环境和健康服务，普及健康生活方式，新创市级健康细胞8个、市级健康家庭100户，打造健康基地1个。

【妇幼保健】 双流区孕产妇系统管理率98.11%、3岁以下儿童系统管理率98.12%，孕产妇死亡率0/10万，婴儿死亡率1.28‰，5岁以下儿童死亡率2.02‰，新生儿疾病筛查率99.86%，新生儿听力筛查率99.80%，婚前医学检查率88.68%，免费孕前优生健康检查目标人群覆盖率102.3%，完成6347人宫颈癌、6501人乳腺癌筛查。2020年12月16—19日，双流区妇幼保健院接受“三级甲等”妇幼保健院省级评审。

【病媒生物防制】 双流区落实病媒生物防制经费36万元，制作20000份病媒生物防制宣传手册、40000份病媒生物防制宣传用品下发给各镇（街道）及区级有关部门，普及病媒生物防制知识，提升群众健康素养；构建完善区、镇（街道）、社区（村）三级组织机构网络，开展以春秋季灭鼠、夏季灭蚊蝇为重点的病媒生物防制，并邀请市级专家为双流区病媒生物防制作专题指导，加强“四害”密度监测，确保“四害”密度控制在国家规定的C级标准以内。黄甲街道在成都市率先启动病媒生物示范街道创建，辖区内鼠、蚊、蝇、蟑螂控制水平达到国家规定的B级标准。全区创建1个病媒生物防制示范街道、3个病媒生物防制示范商品小区、3个病媒生物防制示范安置小区、1个病媒生物示范农贸市场、5个病媒生物防制示范餐饮店、2个病媒生物防制示范酒店、1个病媒生物防制示范医院。

【健康促进管理】 双流区2018—2020年累计派发健康生活工具包164464份，派发率80.03%。东升街道创建为国家卫生城市，黄甲街道、怡心街道、黄水镇、黄龙溪镇、永安镇创建为国家卫生乡镇，全区国家卫生城镇覆盖率66.67%。九江街道、彭镇启动国家卫生乡镇筹备。

【健康促进活动】 双流区爱国卫生运动委员会办公室开展健康知识竞赛、最美小区评选、健康教育主题等活动，全面推广控烟，推行健康饮食，倡导健康生活方式，培养健康文明生活习惯；制定并印发《关于开展第32个爱国卫生月活动的通知》，围绕"防疫有我，爱卫同行"主题，宣传爱国卫生历史、爱国卫生运动意义，弘扬爱国卫生运动精神，并结合疫情防控普及健康教育知识，组织开展爱国卫生知识网络有奖问答，推选典型案例参加市爱国卫生优秀征文讲述活动。全区印发爱国卫生宣传资料370万份，电视报道4条，微信公众号宣传28条，微博原创宣传450条，发布新闻稿件53件。

（毛　霏）

/体　育/

Sports

体育事业发展

【概况】 2020年，双流区打造"河池""五洞桥""一里坡"3个成都市全民运动健身模范社区，被评为成都市"2016—2020年度成都市群众体育先进单位"；创建"全国象棋之乡"，双流区体育总会成为中国西部唯一的"全国象棋之乡会员单位"。

【体育产业发展】 双流区有体育企业152家，体育产业总规模41.91亿元，体育产业增加值占双流区地区生产总值比重1.81%，人均体育场地面积2.86平方米，获"四川省级体育产业示范基地""首批全国体育服务综合体典型案例""2020年度国家体育产业示范基地""全国体育事业突出贡献奖"等。

【国民体质监测】 双流区创新工作模式，坚持服务群众，推进体质监测深入社区、绿道、幼儿园、卫生院等场所，先后在9个街道、凤翔湖湿地公园、白河公园、棠湖外国语附属幼儿园、黄龙溪卫生院开展体质免费监测活动36场，监测人数6003人，获2020年成都市国民体质监测工作先进单位称号。

【业余体校运行】 双流区在双流中学、双中实验校、棠湖小学（南区）等学校开展田径、篮球、武术、射箭等"一校多品"青少年特色项目建设，举办青少年教练员（教师）专项培训，完成470人培训，提升青少年体育教练员整体水平；组织青少年运动员300人参加成都市第十四届运动会（青少年组）比赛，获得金牌11枚、银牌20枚、铜牌35枚；举办双流区2020年度青少年乒乓球、跆拳道比赛，500名青少年参加。双流区业余体校被市体育局评为业余训练先进单位。

【体育场馆运行】 双流区有亚洲唯一一座拥有顾拜旦头像且以顾拜旦命名的中国现代五项赛事中心、全省第一家高尔夫球场四川国际高尔夫球俱乐部、大型体育服务综合体四川川投网球中心、全省唯一两支中甲足球俱乐部共用的训练基地成都谢菲联足球公园，承担国家队和省队竞训的双流体育中心和成都双流国家羽毛球训练基地六大场馆，全年举办比赛活动89场次，参与人数45100人次。

双流体育中心羽毛球馆　（供图：区住建交通局）

改造中的体育场馆　　（供图：区文体旅游局）

成都谢菲联足球公园　　（供图：区文体旅游局）

【双流体育中心广场地面改造】 双流区拆除双流体育中心原广场地面砖并小规模改造给排水系统，重新铺设沥青砼、彩色砼（健康步道）、花岗石面层组成的混合路面54000平方米，设置升降路障并按国际标准安装双语标识牌。项目总投资1939.13万元。

【体育场贵宾包厢和体育馆贵宾区改造】 双流区按照国际体育场馆贵宾包厢标准，将体育场西区三楼原办公室改造为贵宾包厢7间；按照国际体育场馆贵宾区标准及设计风格，将体育馆一楼贵宾区重新规划装修贵宾接待室、贵宾休息室、新闻发布厅各1间。项目总投资为638.07万元。

（顺明旻）

【大运会项目建设】 双流区涉及双流体育中心体育场（田径比赛和热身场）、双流体育中心体育馆（羽毛球比赛）、现代五项赛事中心马术体育场（射箭比赛）、现代五项赛事中心游泳馆（水球比赛）和棠湖中学体育场（投掷热身场）5个区属场馆改造项目，总投资1.5亿元，由区住建交通局牵头、空港科创集团具体负责，分双流体育中心、现代五项赛事中心和棠湖中学体育场3个标段实施。5个区属场馆于5月底完成施工和监理单位招标并施工进场，11月底完成项目总工程量80%（棠湖中学体育场和现代五项赛事中心马术场2个点位完工），12月底完成项目总工程量90%，完成除双流体育中心田径场跑道面层以外的所有工程（现代五项赛事中心游泳馆和双流体育中心羽毛球馆2个点位完工）。

（蒲益中）

体育赛事

【概况】 2020年，双流区推动“谋赛”与“谋城”相结合，以大运会筹备为契机，推进现代五项赛事中心、双流体育中心、棠湖中学体育场改造提升，协调推进川投国际网球中心、成都信息工程大学体育馆、国家羽毛球四川训练基地提档升级；依托一流体育场馆资源，承办中国羽毛球俱乐部超级联赛、赛季中国足球协会甲级联赛、中国网球巡回赛中建西南院职业级总决赛暨全国网球单项锦标赛、中国体育彩票“空港双流杯”2020全国象棋业余棋王赛总决赛暨全国象棋之乡授牌仪式和双流空港云上马拉松5项149场次国内大型体育赛事活动，无重大投诉。

【中国羽毛球俱乐部超级联赛】 8月27日至9月14日，2020中国

2020中国羽毛球俱乐部超级联赛现场　　（供图：区文体旅游局）

2020中国网球巡回赛中建西南院职业级总决赛暨全国网球单项锦标赛现场

（供图：区文体旅游局）

双流空港云上马拉松线下赛现场

（供图：区文体旅游局）

羽毛球俱乐部超级联赛在双流区国家羽毛球四川体育训练基地举办。比赛分32节60次团体比赛，最终青岛仁洲获冠军，瑞昌碧园获亚军，厦门特房获季军，湖南华莱名列第四。比赛通过10多个平台同步直播赛事和联赛总决赛抽签仪式，点击数量超过3000万次；打造俱乐部教练访谈、球星球迷“云”聚会等直播节目，举办联赛最具人气男、女运动员评选，郑思维与黄雅琼分别当选最具人气男运动员和女运动员，陈鲁获体能测试个人冠军。

【全国网球单项锦标赛】 11月23—29日，2020中国网球巡回赛中建西南院职业级总决赛暨全国网球单项锦标赛在四川川投国际网球中心举办。参赛名单女单方面有中国金花郑赛赛、浙江队名将韩馨蕴以及连夺日照站与长沙望城站两座女单桂冠的王雅繁，男网方面有吴迪、吴易昺以及2月刷新中国大陆男网单打排名新纪录的小将张之臻。经过7天角逐，刘方舟获女单冠军，吴易昺获男单冠军；丰硕、郑妩双获女双冠军，张择、华润豪获男双冠军。

【全国象棋业余棋王赛总决赛】 12月7—9日，中国体育彩票“空港双流杯”2020全国象棋业余棋王赛总决赛在双流星宸航都国际酒店举办，参赛选手来自全国21个省市自治区，男子棋手64人、女子棋手16人，进行男子组9轮、女子组7轮积分编排赛。王廓、张婉昱分别获男、女冠军，河南获团体冠军。

【双流空港云上马拉松线下赛】 12月14—20日，双流空港云上马拉松线下赛在双流体育中心举办。比赛现场设置以推介双流特色美食、特色旅游以及成都大运会周边为主的文创市集，以体育赛事为主体，注入双流特色文化内涵，拓展旅游外延，形成以赛促旅、以旅带文、文体旅共进的新业态。媒体渠道涵盖省级、市级等电视、电台、报纸主流媒体，赛事期间通过主流新闻网站（含客户端）、跑步领域门户网站及赛事自媒体、第三方合作渠道发布赛事信息30家，赛事在1个月的时间里均保持较高曝光度和关注度。比赛最终王孝成以32分35秒成绩取得男子组第一名，周莉莉以39分04秒成绩获女子组第一名。

（顺明昱）

社会·民生

SOCIETY AND PEOPLE'S LIVELIHOOD

人口与户政管理

Population and Household Administration

【概况】 截至2020年11月30日，全区户籍人口25.5万户67.3万人，平均每户2.6人，总人口较2019年增加2.1万人，增长率3.2%。2016—2020年，双流区户籍人口呈稳步增长态势，平均年增长率3.9%；"一标三实"登记人口数154.3万人，流动人口数95.6万人，流出人口数8.48万人。

【户籍人口管理】 截至11月30日，双流区户籍人口迁入2.2万人，其中省内市外迁入14109人、省外迁入3269人、市内迁入4934人；有1040人申请居住证积分入户，其中仅办理居住证积分业务的人数159人、符合居住证积分入户条件的人数881人。全区人才落户3002人，其中应届大专121人、本科2188人、硕士297人、国外学历11人、博士21人、博士后1人、技能人才363人。

【常住人口管理】 双流区实有人口154.3万人，占全市实有人口的6.9%，较2019年增加14.6万人，其中户籍人口25.5万户67.3万人，占全市户籍人口的4.4%，较2019年增加2.1万人，增长率3.2%，增量较2019年减少0.5万人，增速下滑19.2%；到成都人员74.2万人，占全市到成都人员10.39%，比上年增加9.04万人，增速下滑8.27%。成都市内户籍流入双流人员21.41万人，比上年增加2.23万人。全区人口密度由2016年2304人/平方公里增加至2020年3298人/平方公里，增长率43.1%，其中人口密度最高的是西航港街道10630人/平方公里，最低的是永安镇493人/平方公里。

【流动人口登记管理】 双流区登记流入居住人员95.6万人，其中东升街道、西航港街道、九江街道、怡心街道登记流入居住人员85.6万人，占全区登记流入居住人员总数89.5%，其他镇（街道）登记流入居住人员10.1万人，占全区登记流入居住人员总数的10.5%。东升街道、西航港街道为全区流入人口居住最为集中地区。流入居住人员从成都市内其他区（市）县流入双流区21.4万人（占比22.4%），从省内其他市（州）流入双流区59万人（占比61.7%），从省外流入双流区15.2万人（占比15.9%）。流入居住人员男性50.3万人，女性45.3万人，男女比例1∶0.9，有效弥补双流区户籍人口女多男少情况，优化双流区人口性别结构。东升街道、西航港街道、九江街道、怡心街道流入居住人员性别比例接近1∶1。永安镇出现流入居住人员男性明显多于女性，主要原因为生物城建设过程中，涌入大量外来施工人员，需加强区域治安防控。流入居住人员18岁以下有11万人，占11.5%，18～60

岁有74.6万人，占78%，60岁以上老年人10万人，占10.5%。流入居住人员年龄处于16岁以下低龄人口和60岁以上老龄人口所占比例较低，占21.4%，16～60岁年龄阶段人口占78.6%，其比例远超户籍人口中劳动年龄阶段人口，对缓解双流区人口老龄化趋势起到积极作用，其比例远超户籍人口中劳动年龄阶段人口，对缓解双流区人口老龄化趋势起到积极作用。黄龙溪镇老年流入居住人员较多，反映出黄龙溪镇存在大量养老机构，区外老年人在此养老居住情况较为常见。2016—2020年，双流区流入居住人员总量从57.9万人增长到95.6万人，增长率65.1%，超过全市平均增长率。流入居住人员的快速增长是双流区人口增长的主要因素。

（胥　翔）

居民生活
Residents Life

【概况】 2020年，双流区城镇居民人均可支配收入51299元，较2019

表5

2020年双流区城镇居民收支与生活状况调查情况表

指标名称	2020年（元）	2019年（元）	比2019年增加（元）	比2019年增长（%）
可支配收入	51299	48588	2711	5.6
一、工资性收入	32047	30405	1642	5.4
二、经营净收入	5808	5872	-64	-1.1
三、财产净收入	5385	5111	275	5.4
四、转移净收入	8060	7201	859	11.9
消费支出	31125	31915	-790	-2.5
一、食品烟酒	10538	10403	134	1.3
二、衣着	2954	3115	-161	-5.2
三、居住	5507	5323	184	3.5
四、生活用品及服务	1857	1840	17	0.9
五、交通通信	3527	4186	-658	-15.7
六、教育文化娱乐	3880	4061	-182	-4.5
七、医疗保健	1745	1672	73	4.4
八、其他用品和服务	1118	1315	-197	-15.0

表6

2020年双流区农村居民收支与生活状况调查情况表

指标名称	2020年（元）	2019年（元）	比2019年增加（元）	比2019年增长（%）
可支配收入	31898	29458	2439	8.3
一、工资性收入	17782	16442	1340	8.2
二、经营净收入	8089	7483	606	8.1
三、财产净收入	3483	3195	287	9.0
四、转移净收入	2545	2338	206	8.8
消费支出	21769	20440	1329	6.5
一、食品烟酒	7360	6876	484	7.0
二、衣着	2038	1987	51	2.6
三、居住	3260	3056	204	6.7
四、生活用品及服务	812	843	-31	-3.7
五、交通通信	3887	3613	274	7.6
六、教育文化娱乐	1953	1825	129	7.0
七、医疗保健	2045	1809	236	13.0
八、其他用品和服务	414	432	-18	-4.1

年增长 5.6%；农村居民人均可支配收入 31898 元，较 2019 年增长 8.3%。

（陈燕英）

/ 社会治安综合治理 /

Public Order Comprehensive Governance

【概况】 2020 年，双流区社会治安综合治理坚持贯彻新发展理念，围绕平安建设，以建设中国航空经济之都为契机，在重大任务中打头阵，在维稳一线当先锋，在社会治理前沿担主力，切实履行捍卫国家政治安全、维护社会大局稳定、促进社会公平正义、保障人民安居乐业的职责使命。

【社会治安综治平台建设】 双流区委政法委建立完善"大联动 · 网格化"运行情况月度通报制度，围绕网格化服务管理、视频资源建设运用、矛盾纠纷多元调解等，科学设置 5 大模块 40 多项运行指标，定期分析研判社会治安及矛盾纠纷形势，通报 12 期运行情况；推行积分制管理，每月对各镇（街道）实施百分制考核排名，并将考核结果与季度、年度目标考核逗硬挂钩；创新引入"考试云"在线考试练习系统，收集整理治安防范、环境保护、安全生产等网格化相关知识试题 1300 道。双流区综治中心分流交办、跟踪处理"大联动"区级层面事件 253 件，抽查网格员上报事件与服务走访特殊人群情况 3569 件，视频巡查 866 次。贵州贵阳市委政法委、重庆市渝北区委政法委先后到双流区学习综治中心规范化管理、网格化服务管理先进做法。

黄龙溪嘉禾记忆 · 红色茶馆　　（供图：区委社治委）

【网格化服务管理】 双流区委政法委着眼增强网格员问题隐患线索排查能力，开展扫黄打非、环境卫生、食品安全等网格化专题培训 4 场，网格化服务管理实效提升，网格员报送城市管理、治安防范、环境卫生网格事件 50 万件，数据量居全市之首；上报食品安全隐患、发现并抓获网逃、上报黄赌毒线索等典型案例 1090 件；协助区公安分局开展"一标三实"数据采集，采集录入信息 650088 条；排查劝调邻里关系、婚姻家庭、物业管理等矛盾纠纷 6893 件；开展特殊人员法制宣传、服务走访、监督管理，报送异常情况 9649 件；参与"1+3+N"专群联动、集中清查行动 23221 人次。

（杨　恒）

/ 社区发展治理 /

Community Development Governance

【概况】 2020 年，双流区委城乡社区发展治理委员会紧扣成都市委"创新提能年"主题，以推进城市治理体系和治理能力现代化为方向，以建设高品质和谐宜居生活社区为目标，着眼高质量发展、高品质生活、高效能治理，把握成渝地区双城经济圈建设重大机遇，持续深化党建引领城乡社区发展治理实践，《五网四图三治，推进基层治理精细化管理》获评"全国城乡社区疫情防控优秀案例"，东升街道白鹤社区欧城花园小区入选全省基层治理示范小区，黄龙溪嘉禾记忆·红色茶馆、彭镇吴家染坊记忆体验馆、黄甲漫活慢街美食夜市街 3 个项目分别获评 2020 年成都市"爱成都 · 迎大运"社区微更新项目竞赛活动一等奖、二等奖和优秀奖。

【党建引领社区发展治理】 双流区深化区域化党建互联互动机制，健全"区—镇（街道）—村（社区）—小区"四级工作机制，在怡心街道探索区域党建（社治）联盟机制；培育党建引领示范，创建成都市党建引领示范社区 17 个（其中 2020 年新建成 9 个），创建成都市百佳示范社区 6 个（其中 2020 年新创建

4个）。成都市首次开展党建引领示范小区和百佳示范小区创建，双流区建成市级党建引领示范小区7个、创建成都市百佳示范小区4个。双流区开展区级示范评选，评选党建引领示范社区11个、小区12个。

【社区多元治理体系建设】 双流区持续推动多元主体参与社区发展治理，发展社会组织和社区社会组织，成立社区社会组织1135家（其中2020年新成立264个），培育品牌社会组织2家；完善社区志愿服务体系，组建社区志愿服务队伍1013支（其中2020年新组建520支），拥有社区志愿服务者53445人、较2019年增加7855人；围绕疫情防控、爱国卫生运动、垃圾分类、节庆日等主题，常态化开展社区志愿服务活动3979场，吸引28万名居民参与，1个志愿服务品牌项目入选2020年成都市社区志愿服务品牌项目；营造和谐邻里关系，实施邻里空间共建项目103个，建立邻里互助需求库35个，开展邻里交流活动1639场、吸引85003人参与，3个组织入选2020年邻里好组织，4个活动入选2020年邻里好活动，4名居民入选蓉城好邻居；成立“双流社区发展基金会”，原始资金1200万元，为成都市原始资金规模最大社区发展基金会，获市级奖补资金80万元。

【社区人力资源管理】 双流区持续推进社区工作者专业化队伍建设，社区专职工作者1278人；完善社区工作者信息管理系统，全年录入社区工作者信息14474条，实现系统信息动态更新率、人员信息完整率均达90%；

双流区2020年度“社区BBKing”——彭镇鲢鱼社区书记刘剑在现场 （供图：区委社治委）

创建“社区BBking”和“空港社治沙龙”社区人才培育品牌，举办“社区BBKing”镇（街道）专场9场、总决赛1场，覆盖全区9个镇（街道）、36个社区，评选出双流区2020年度“社区BBKing”1名、社区明星代言人2名、社区故事优秀主讲人6名；举办“空港社治沙龙”10场，邀请24名社治大咖坐镇点评、分享经验；开展党建引领城乡社区发展治理培训，举办外训项目2期、内训项目4期，实现全区9个镇（街道）分管领导、业务科室长、118个村（社区）党组织书记、2020年示范小区党组织书记“四类人员”培训全覆盖。

【社区发展治理经费管理】 双流区深化社区发展治理经费保障激励机制改革，制定出台《关于进一步加强城乡社区发展治理专项保障激励资金管理使用的通知》等3个规范性文件，匹配城乡社区发展治理保障资金8325.35万元，比2019年增加629.55万元，同时配套社区激励资金832.5万元，争取市级激励资金271.5万元，比2019年多争取128.5万元；坚持和完善区级重点审计机制，对2018年未审计村（社区）、2019年134个村（社区）开展社区保障资金管理使用全覆盖审计和全过程绩效评价；建立沉淀资金回收机制，清理回收审计结果认定超过20万元的沉淀社区保障资金，并统一纳入区级社区激励资金管理使用，清理回收历年沉淀资金2954.99万元。

【社区党群服务中心亲民化改造】 双流区结合党建引领示范社区建设，坚持硬件整改与服务提升并重，因地制宜落实最小化社区办公场所、最大化群众活动空间要求，新实施15个社区党群服务中心亲民化改造，集成打造公兴场、龙港、星月、木樨等示范点位，把社区党群服务中心建成居民“易进入、可参与、能共享”的邻里中心和温馨家园。

【社区疫情防控】 双流区充分发挥党建引领城乡社区发展治理体制机制优势，以“外防输入，内防扩散”为重点，坚持党建引领，聚力多元参与，发动基层力量5.4万人，带领城乡社区从“城市治理单元”迅速转为“一线战斗单元”；坚持精准防控，探索挂图防控、分类防控、全面防控，推动治理常态在“共建共治共享”和“联防联控联动”间迅速转化，排查见面154万人；坚持以人为本，聚力关心帮扶，提供专人负责居家医学观察人员的服务和管理，确保闭环管理。

（耿学燕）

/应急管理/

Emergency Management

应急预案

【概况】 2020年，双流区应急管理局不断完善突发事件应急响应处置、推进应急指挥中心规范化建设、建立“一网统管”应急指挥信息系统，推进城市应急智慧指挥体系优化建设。

【应急预案体系建设】 双流区应急管理局加强应急预案体系建设，修订“1+18+N”区级应急预案，备案重点企业应急预案203份；建立和落实部门（镇街）横向协同机制、应急救援物质全链条保障衔接机制，与双流机场集团、武警警官学院、区人武部等驻区单位建立应急安全联动机制，召开3次座谈会。

【应急信息网络构建】 双流区应急管理局按要求建立应急指挥信息系统区级账户权限体系，实时检查跟进系统运行情况，定时更新相关数据；按需配备5部卫星电话、23部800兆电台，利用社会救援力量组建区应急通信保障队伍；完成指挥信息网接入任务，按要求以10兆链路标准部署区级指挥信息网并保持全年连通；物资装备、救援队伍、脆弱目标、区域基础信息应急资源数据录入率100%，区域总体预案、专项预案、部门预案以及镇、社区、企业预案录入率超过30%。

【应急安全协同联动机制构建】 双流区应急管理局先后与双流机场集团、武警警官学院、区人武部等单位建立应急安全协同联动机制，召开联席会议5次，印发《关于建立部门（镇街）横向协同工作机制有序高效应急应对突发事件的通知》，顺畅应急信息沟通交流渠道，缩短较大级别以上突发事件应急响应速度，提升协同处置突发事件能力水平。

2月18日，世界卫生组织在双流区永安镇凤凰村调研社区疫情防控工作　（供图：区委社治委）

【应急处置管理】 双流区应急管理局编制完成《双流区应急处置工作手册》，开发应急指挥APP，实现应急指挥基础数据信息化建设；结合汛期工作梳理汇总全区军队抢险救援力量、消防救援力量、行业领域救援力量和社会志愿救援力量，建立台账，准确掌握应急力量和物资装备情况。

【应急培训和演练】 双流区应急管理局构建7类75支1093人专职救援和5支268人社会救援的队伍体系，全年组织“多灾种”综合演练、专项演练等78次，组织18支基层队伍开展社会救援力量比武竞赛，开展为期1周的微型消防站业务骨干封闭式脱产培训，通过多灾种综合演练和“8·16”黄龙溪抢险救援行动促进共训共练。

【应急知识宣传】 双流区应急管理局印发《安全宣传“五进”工作方案》，结合疫情防控形势，采取线上线下相结合方式，开展安全生产培训28期、培训4791人次，结合“安全生产月”“安康杯”“青年安全生产示范岗”活动开展主题宣讲492场次，现场咨询互动12605人次，发放宣传资料94556份。

（胡志雄　秦培进）

安全生产

【概况】 2020年，双流区发生生产安全事故11起、死亡13人，杜绝较大及以上事故；事故24小时入库率、7天直报率均为100%，未发生迟报和瞒报情况。

【安全生产责任制健全】 双流区安全生产委员会办公室印发《双流区委区政府及其领导干部安全生产职责清单》《双流区级部门（单位）安全生产工作职责及其领导干部职责清单》《关于进一步明确有关行业领域安全生产监管职责的通知》《双流区安全生产警示和约谈制度》，以清单制管理的方式压紧压实责任，先后警示约谈4个部门，为消除监管盲区、堵塞监管漏洞提供有力支撑。

【安全生产主体责任落实】 双流区安全生产委员会办公室印发《双流区2020年工商贸行业安全监管工作要点》，分批次组织全区规模以上工业企业培训4次；印制《企业安全生产标准建设资料汇编》400本，分6个小组对未及时开展企业标准化建设的企业全覆盖检查，指导、督促企业开展标准化建设，创建标准化企业253家，其余62家全部提交创建考评验收申请。

【安全生产监管】 双流区安全生产委员会办公室制发《生产安全事故灾难应急预案》，组织开展3次多灾种“双盲”全覆盖综合演练，重点检验在突发事件报警、分析研判等环节实操能力；开展危化事故应急演练5次，指导各镇（街道）先后开展生产安全事故应急演练70次，提升全区生产安全事故应急救援能力；由市政府安委会挂牌督办双流区重大安全隐患1项，已将鉴定报告及整改情况报市政府安办及市住建委销号；由市政府安办对中航油业务油库、深漆宝公司专项督查检查，指出问题隐患11项，均按照要求完成整改。

【安全生产大检查】 双流区安全生产委员会办公室在全市率先印发安全生产专项整治三年行动实施方案，建立“7项制度”“7个机制”“3个规范”，制定问题隐患和制度措施“两张清单”，坚持每周收集“两个清单”最新进展，排查隐患727处，制定整改措施及制度841条，隐患按时整改完成率100%；印发《双流区“排险除患”集中整治实施方案》，排查治理问题隐患1433项，整治成效明显。

【安全生产违法行为查处】 双流区安全生产委员会办公室落实全省“铸安2020”监管执法行动、全市差异化精准执法统一部署，按照“双随机、一公开”和行政执法“三项制度”规定，印发《关于提升精准执法水平的行动实施方案》，先后对全区10家“两重点一重大”涉危企业全覆盖巡查检查，加强20家粉尘涉爆企业安全监管执法；开展联合执法2次，出动执法人员458人次，执法检查企业789家，督促整改安全隐患1728处，查处一般违法行为案件117件、处罚229.775万元，分4批次公开曝光典型非法违法违规企业28家，全年监察执法企业数和预防性监察执法行政处罚数与2019年相比分别上升15%、9.5%，安全生产监察执法人员到岗率100%，行政执法直报率100%，安全生产违法案件按时办结。

【安全生产宣传教育】 双流区安全生产委员会办公室推动国家安全发展示范城市宣传，制作印发宣传海报、传单23000份，利用微博微信推送100条次，利用《空港双流》报、空港融媒APP推送安全发展示范80条次，在城市公交站台、主要交通要道以及路口、各单位LED屏播放宣传片、视频700次，在村道、小区制作宣传横幅200条。

【消防安全管理】 7月11日至8月31日，双流区开展“大调研、大检查和大排查”，制发“四个清单”，明确具体任务、工作措施，城乡防火“四个清单”被市领导小组作为示范样板；专项整治工作领导小组牵头制发整治方案，召开12次会议，推进“四个清单”明确的整改任务按时间节点逐项落实；开展仓储场所大排查，区分6类仓储场所，以“清单式”落实落细仓储场所消防安全，创新开展“智慧消防”建设，试点区火情发生起数比2019年下降25%。双流区安委会制发专项方案，联合印发《关于进一步加强消防车通道管理的通告》，与90家物业服务企业签订《消防车通道安全目标责任书》，602个住宅小区完成消防车通道标线标识施划，拆除存量违建1600平方米，清除违法设置固定障碍物38处。全区发生火灾事故6起，年度火灾事故总数比2019年下降40%，未发生较大社会影响火灾事故。

【安全生产月活动】6月5日，成都市2020年“安全生产月”和“安全生产蓉城行”活动启动仪式在双流区海滨城广场举行。活动期间，双流区各镇（街道）、区级各部门、区属国有企业按照《2020年双流区“安全生产月”和“安全生产双流行”活动方案》要求，开展主题宣讲、监管执法专题活动和区域性、行业性特色等活动，全区举办主题宣讲、咨询活动664场，接受群众咨询10977次，发放宣传资料76116份；开展警示教育149场，在公共场所电子显示屏播放科普短视频、安全提示、公益广告612条次；开展区域性、行业性特色活动42场次，开展监督执法专题活动98次，问题整改“回头看”159次；开展应急演练次数85场次，78家次企业开展“安全生产公众开放日”活动。

（曾银龙　秦培进）

防灾减灾

【概况】2020年，双流区降雨量1023.8毫米，其中汛期总降水量888.5毫米，较历史同期723.7毫米偏多22.8%，8月降水量达520.9毫米，较历史同期偏多169.9%。双流区应急管理局推进防灾减灾救灾体制机制改革，印发《关于推进防灾减灾救灾体制机制改革实施方案》《自然灾害救助应急预案》《双流区减灾委员会工作规则（试行）》《双流区减灾委员会办公室工作细则》，建立联席会议、灾情统报、救援演练、宣传教育等工作机制，理清29个成员单位职能职责，明确四大类49小类工作任务内容及完成时间节点，全面增强防灾减灾救灾能力。

【防汛体系构建】双流区委、区政府先后3次召开防汛安全会议。区纪委、区委区政府督查室、区防汛指挥部组成专项督查组，先后4次督导检查备汛和值班值守情况。区防汛办与区气象局建立汛期会商机制，保障准确掌握每天、每时雨情趋势，并将协商结果及时通过预警短信、微信群传递至各防汛责任人，实现防汛精准安排和部署。区水务局建立“区—镇（街道）—村（社区）”三级防汛体系，健全气象、水务、规自、应急等监测预警联动机制，加大对气象灾害、洪涝灾害和地质灾害会商研判力度，汛期会商研判11次，成功应对“6·17”“8·16”强降雨天气。

（范钟铁　秦培进　候果德）

成都市2020年“安全生产月”和“安全生产蓉城行”活动启动仪式现场　（供图：区应急局）

【应急队伍和物资保障】双流区组建防汛抢险队伍446支、抢险人员9379人，储备防汛袋类23.7万个、防汛布类5.5万平方米、救生衣3284件、照明灯具3044套、移动抽水泵512套、冲锋舟14艘、橡皮艇14艘等抢险物资。区人武部联系6个驻区部队落实3360人、冲锋舟10艘，全方位提升应急保障。

【汛期防汛度汛】双流区防汛指挥部抓好重点江河险工险段抢险和危险区群众提前避让、主动避让、预防避让“三避让”，全区发布暴雨预报和短临暴雨预警20次、预警短信22000条，各相关责任单位提前组织转移危险区群众和车辆等财物；针对8月15日开始出现的强降雨过程，提前于8月13日发布强降雨预警，密切监测雨情态势，于8月16日6：30启动防汛应急蓝色四级响应、16：00启动黄色三级响应。双流区将汛情灾情报告省、市行政主管部门和业务关联单位，得到省卫健委、市应急防汛等部门支援，出动驻区部队、武警、公安、民兵2200人次参与。全区出动巡查和抢险人员36000人次、调用机具6920台次，采取抛填条石等方式完成金马河120米堤防基础加固，处置锦江、江安河、三支渠等洪涝险情20处，抢修电力中断13处，管控地灾隐患点3处。双流区防汛指挥部各成员单位和各镇(街道)转移群众11338人，针对汛情最为严重的黄龙溪，投入冲锋舟7艘及配套队伍3支30人，投入橡皮艇16艘及配套队伍8支100人，投入大客车23台、直升机1架转移群众7099人。双流区群团组织组成专门服务团队，推进黄龙溪景区、永安场镇等重点区域清淤消杀，清理垃圾、淤泥11万立方米，消杀63.7万平方米，有效防止疫情发生。

（范钟铁）

应急救援队伍救援受灾群众 （供图：区应急局）

【内涝防治】 双流区防汛指挥部修订《双流区防汛应急处置预案》，排查内涝隐患42处、险工险段10处，完成防汛隐患点位台账登记和上图，落实"一点一策"度汛措施，确保责任到人、机具到点、措施到位；区水务局会同区应急管理局调度530台抽排设备，确保抽排设备随时处于正常使用状态；区公安消防大队、区公安分局5支抢险队伍76人随时待命，确保15分钟内到达出险点位实施抢险救援；区住建交通局重点关注319个在建房屋和市政工程项目，重点对43个深基坑项目(含地铁)落实专人指导项目业主及施工方开展防汛，督促物业公司做好小区内部、地下停车场防洪排涝；区城管局重点加强城市道路排水边沟及桥涵日常管理，确保汛期排水通畅。各镇(街道)落实56处、可容纳9452人的临时安置场所，做好提前转移准备。

（秦培进　候果德　范钟铁）

【防汛安全隐患排查整治】 双流区水务局建立防汛督查机制，开展防汛督查检查2次，构建"横向到边、纵向到底、不留死角"督查监管格局；排查梳理防汛隐患点位40处、险工险段10处，落实"一点一策"安全度汛措施；完成1057公里排水管网和63段河渠15万立方米淤泥清掏，确保排水、行洪畅通。

（秦培进　候果德）

【百年不遇洪灾应对】 双流区按照应急预案和应急救援行动安全通则、要责要求组织开展"8·16"洪涝灾害应急救援，实时发布降雨预警信息，出动巡查和抢险救援人员36000人次，调用机具6920台次，紧急转移受灾群众6492人，实现洪涝灾害零伤亡目标。

【森林防火】 双流区应急局制发《森林草原防灭火和城乡防火专项整治实施方案》，开展大调研大检查大排查，制定重大风险、突出问题等"四个清单"，召开10次相关会议，督促各专项整治工作组按任务时间节点推进。9月24日，双流区城乡防火专项整治"四个清单"制定工作受到全市通报表扬。

【地震应急体系建设】 双流区成立区应急委，下设抗震救灾指挥部，指挥部办公室设在区应急局；完善人员组成，制定指挥部及办公室工作规则，形成地震监测预测、震灾预防和应急救援等职责分工，构建统一协调顺畅的防震减灾救灾工作机构体系；建立成员单位之间、救援队伍之间信息互通、资源共享、有效支援、相互配合工作机制，实现部门联动和区域协作，强化"军民联动、警民联动"，形成抗震救灾合力；健全工作例会、应急值守、联合会商、文件审签4项机制，制发《双流区2020年震情监视跟踪和应急准备工作方案》，细化各单位职能任务，理清职责边界，确保灾害发生时各级联动、各司其职。

【地震监测台站管理】 双流区加强地震活动性研究，配合推进国家地震烈度速报与预警工程建设，强化监测预警信息服务；强化地震监测预报预警属地责任，要求相关镇(街道)安排

开展防灾减灾救灾知识进社区宣传活动　（供图：区应急局）

专人负责；加强全区7个地震监测台站观测环境保护，落实好全区震情监视跟踪和应急防范准备任务。

【防震减灾宣传】 10月13日，双流区应急局根据全国第31个国际减灾日“提高灾害风险防治能力”活动主题，结合全区防灾减灾救灾宣传计划安排，分4个小组组织开展防灾减灾救灾知识宣传活动，先后到彭镇、黄龙溪镇等镇（街道）辖区社区、学校、企业等开展宣传，发放宣传知识宣传手册5000份，讲解交通事故、洪涝、火灾、地震等10类常见灾害应急避难知识，解答公众火灾、洪涝等自然灾害应对处置问题。

【防灾救灾大演练】 双流区应急委办公室牵头分别于4月28日、5月27日、6月10日，以汛期暴雨灾害、地震灾害和群体食物中毒为主题，组织开展3次多灾种综合演练；创新应急演练设计，叠加科目、加大难度、突出综合性，首次在全市采取“1+8”模式，即由1个灾种引发8个专项应急指挥部同时参与应急演练。

（秦培进　侯果德）

劳动和社会保障

Labor and Social Security

【概况】 2020年，双流区人社局创新和谐劳动关系公共服务水平，健全劳动监察、调解仲裁、工伤认定机制，建立规范有序、公正合理、和谐稳定的劳动关系；深入实施就业优先政策，稳住就业总量、优化就业结构、提升就业质量；深化“民心社保、智慧社保、廉洁社保”建设，提升社会保险治理和服务水平。

【就业促进】 双流区人社局聚焦“稳就业”和“保居民就业”，实施就业优先战略和更加积极的就业创业政策，全区城镇新增就业15292人，城镇登记失业率3.32%，动态消除“零就业”家庭；畅通就业招聘渠道，坚持“云端直聘＋实地招聘”双线并举，实施跨区域合作招聘，举办就业招聘会134场，促成3.06万人实现就业；建立重点企业联络员制度和24小时用工调度保障机制，保障仁宝、纬创等8家重点企业用工16583人；开发服务基层岗位、公益性岗位1450个，就地就近解决农民工就业1489人，吸纳大学生就业3100人；开展职业技能培训2.6万人，拨付技能培训补贴2308.4万元；落实疫情环境就业返、补、贴等援企稳岗政策，为9365家次企业发放稳岗返还补贴2.14亿元，为11.91万人次发放失保金1.69亿元，为55家企业发放用人单位社保补贴、岗位补贴1017.63万元，为辖区8家市级重点工业企业发放结构调整专项奖补资金536.95万元。

空港就业招聘会现场　（供图：区人社局）

【社会保障】 双流区人社局提升社保经办服务质效，加强“智慧社保”建设，全年经办业务71万件，区社保局业务受理科、卡务中心被评为双流区2020年度“巾帼文明岗”，区政务中心社保分中心被四川省人社厅评为“2020年度优质服务窗口”；深入实施全民参保计划，城镇职工基本养老保险、失业保险、工伤保险和城乡居民基本养老保险的参保人数分别达42.82万人、26.57万人、32.91万人和7.26万人，城乡居民基本养老保险参保率96%；为1210名被征地农民、1486名贫困人员办理参保，实现“应保尽保”；为退役士兵补缴基本养老保险，完成率100%，为14.55万名退休人员发放养老金32.58亿元、社会化发放率100%，完成机关事业单位2014—2015年289名退休“中人”待遇兑现；为1.46万户参保单位调基降率减征社保费9.1亿元，阶段性减免社保费12.69亿元，为36户参保单位缓缴社保费551.5万元；发放新一代社会保障卡82.29万张、惠民惠农财政补贴资金“一卡通”3.38万张。

【劳动保障】 双流区人社局制定全区保障农民工工资支付考核细则，成立区根治拖欠农民工工资领导小组，实行部门联合“一站式”调处机制，开展劳动维权执法检查，化解农民工劳资纠纷问题130起，追回工资报酬2500万元，依法处理工伤认定1015件，劳动能力鉴定888件，劳动人事争议仲裁院被省人社厅评为“四川省劳动人事争议标准化仲裁院”；处理信访69件，与2019年相比下降16.87%，实现“无信访积案单位”创建；处理网络理政5993件，网上信访事项受理率和回复率100%；开展“五级联动”创建，全区394家单位成功创建成都市第二届模范劳动关系和谐单位，创建数量排名全市第2，双流区获评“AAAAA级成都市模范劳动关系和谐单位”。

（毛利和）

开展企业工伤预防宣传培训 （供图：区人社局）

/ 民政事务 /

Civil Affairs

【概况】 2020年，双流区民政局抓实抓细疫情防控，落实惠民保障政策，逐步细化养老服务体系建设，稳妥推进镇（街道）区划调整改革和村（社区）建制调整改革，社会组织发展健康有序，社工人才队伍结构不断优化，基本社会服务提质增效。

【村（社区）调整改革】 双流区稳妥推进村（社区）体制机制调整改革。全区调减村（社区）16个，改革后有村（社区）118个（其中村13个、社区105个），初步实现村（社区）服务大小相宜、规模相适的改革目标。

【社会组织建设】 双流区有社会组织467家，其中社会团体130家、民办非企业337家。双流区民政局组织16家社会组织开展“听党话·跟党走·社会组织在行动”“党建引领社会组织参与社区发展治理”等系列主题党建活动，区级社会组织孵化基地孵化培育10家当地社会组织（6家初创期社会组织、4家发展期社会组织）；组织100人次开展论坛、培育、交流、培训、参访活动，提升社会组织、公益人才参与社会治理的能力和水平；以公益创投方式，投入187万元扶持社区服务项目42个、社会工作示范项目2个、初创期社会组织微创投项目5个，支持24个社会组织深入44个社区开展“以人为中心”的社区服务与社区发展治理。

【社工人才队伍建设】 双流区有持证社工603人，其中社工员61人、初级社工457人、中级社工85人；举办社会工作国家职业水平考试考前培训，服务考生450人；继续执行社工考试一次性奖励政策，奖励271名新增持证社工21.88万元。

【城乡低保】双流区民政局规范低保工作，实现低保工作程序化、标准化、规范化管理。截至12月，全区城市低保455户641人，当月发放低保金55.55万元，全年救助7599人次，发放低保金590.8217万元；农村低保1151户1941人，当月发放低保金140.7086万元，全年救助24608人次，发放低保金1595.8504万元。

【特困供养】截至12月，双流区农村特困供养人员430人，其中集中特困供养人员315人、散居115人，当月发放47.515万元，全年供养5294人次，发放农村特困供养人员基本生活费和护理经费650.1164万元；城市特困供养人员22人，其中集中供养特困人员14人、散居8人，全年供养270人次，发放城市特困供养人员基本生活费和护理经费29.804万元。

【儿童救助保护】双流区民政局抓好孤儿、困境儿童、事实无人抚养儿童保障，摸底排查，逐一核实身份，防止漏报瞒报；落实监护责任，对核实认定的孤儿与社会散居孤儿的监护人签订协议，并对孤儿基本生活管理及孤儿养育情况提出要求，明确监护人的职责和义务。截至12月，全区有集中孤儿15人、社会散居孤儿23人，当月发放5.46万元，全年救助389人次，发放孤儿基本生活费67.59万元；困境儿童35人，当月发放3.5万元，全年救助463人次，发放困境儿童生活补助金46.3万元；事实无人抚养儿童18人，当月发放2.15万元，全年救助126人次，发放事实无人抚养儿童生活费14.5万元。

【临时救助与关爱援助】双流区民政局完善城乡一体化社会救助体系，妥善解决困难群众临时性突发性生活困难；救助因危重疾病、人身意外伤害、火灾、教育支出过大等临时性、突发性原因造成基本生活出现暂时困难的家庭，截至12月临时救助1263人次，发放救助金134万元；关爱援助19人次，发放援助金119123元；按时足额发放救济金，核减死亡人员，发放1534人次，发放救济金61.36万元。

【婚姻及收养登记管理】双流区民政局深化婚姻登记、收养登记标准化服务建设，婚姻、收养登记合格率100%；围绕“环境设置合理化、登记流程规范化、内部管理制度化、工作队伍专业化、服务内容便民化”的目标，提高婚姻登记综合服务质量，提升婚姻登记窗口办证效率，减少群众办事等待时间，全年办理婚姻登记10497对、收养登记7件。

【殡葬改革与服务】双流区民政局开展安葬（放）设施违规建设经营专项摸排，理清全区安葬（放）设施建设经营情况，了解掌握是否涉及违法违规建设经营情形，梳理建立全区安葬（放）设施建设经营情况统计台账；推进巩固违建墓地专项整治成果，制止新增，提升综合治理水平；开展违法违规私建硬化大墓、活人墓专项整治，拆除硬化大墓、活人墓，恢复原有土地功能；引导群众做好文明安全祭祀，尽量满足群众基本殡葬服务需求，推进基本殡葬服务普惠性、均等化；加强公墓建设、殡仪服务机构、宗教活动场所的监管力度；贯彻实施《双流区惠民殡葬政策实施办法》，减轻群众丧葬负担，为2674人报销惠民殡葬补贴1368746元，比2019年增加401人。

【慈善事业发展】双流区慈善会开展“阳光圆梦”和“阳光宏志”助学工程，通过线下会议宣传和线上推文宣传的方式向镇（街道）、村（社区）及辖区居民宣传助学项目；按照《双流区民政局关于印发进一步完善重大疾病社会援助制度的意见（修订版）的通知》实施疾病援助，对符合条件的困难群众应救急救，全年重大疾病援助和专项资金社会关爱援助项目援助109人次96.69万元，援助率100%；召开三届一次会员大会暨三届一次理事会，换届选举由爱心企业家、“中国好人”、高校和小学教师、律师等各阶层人士组成的理事会、监事会班子，助力双流区公益慈善事业进步。

（熊　成）

/民族宗教事务/

Ethnic and Religious Affairs

【概况】2020年，双流区民族宗教事务局以“中华民族一家亲，同心共筑中国梦”为总目标，以各族群众为主体，以铸牢中华民族共同体意识为主线，深化民族团结进步创建，东升街道广都社区获评全省民族团结进步模范集体，东升街道、白鹤社区、欧城花园小区获评四川省第五批民族团结进步示范区（单位）；做好宗教活动场所疫情防控、消防、食品、禁毒、防汛等工作，有序推进宗教活动场所维修改造。

【民族团结进步创建】 双流区民族宗教事务局贯彻落实党的民族政策，宣传新颁发的《中国公民民族成份登记管理办法》等民族知识法规；利用召开座谈会，组织学习民族政策法规以及上级有关民族方面的指示要求，落实民族政策；在春节、中秋期间，开展慰问少数民族群众活动2次，在少数民族集中居住地开展禁毒培训、法治宣传等活动8次，营造法治共建和谐氛围；多渠道开展嵌入式社区建设和民族团结进步示范点建设，在东升街道广都社区、白鹤社区欧城花园小区等建立民族团结之家，9月14—15日全国民族团结进步创建现场经验交流会观摩考察欧城花园小区，9月28日四川省民族团结进步创建“互观互检”、城市民族工作试点建设“互观互学”活动观摩学习广都社区，9月28日双流区委统一战线2020年“民族团结一家亲·重塑荣光再出发”专题文艺会演举行；开展讲好身边民族小故事活动，如“藏汉联姻”传佳话、回族姑娘在双流的幸福生活、记原甘孜州白玉县委书记泽洛治理小区的故事、小小烧烤摊深深民族情等，让身边的民族小故事带动更多的少数民族群众融入双流生活并参与“大美双流”建设活动。9月27日，东升街道广都社区被四川省人民政府评为民族团结进步模范单位。12月31日，东升街道、欧城花园小区、白鹤社区被四川省委宣传部、省委统战部、省民宗委命名为第五批四川省民族团结进步示范单位。

【少数民族流动人口服务管理】 双流区针对区内少数民族流动人口数量较多的实际，完善少数民族服务机制，在东升街道白鹤社区建立双流区少数民族法律服务站，在区政务中心办证大厅设立少数民族服务窗口，在部分民族工作任务较重的镇（街道）司法所设立少数民族法律咨询处；主动适应城市民族工作发展新趋势，依托西南民族大学建立少数民族语言人才库，委托西南民族大学专题调研双流区民族工作概况，为校区合作、少数民族群众服务等方面开展有针对性活动提供依据。

【宗教团体和场所建设】 双流区民族宗教事务局支持引导宗教团体加强自身建设，11月16—21日组织宗教佛教开放寺庙应天寺、永祚寺、镇江寺监院，到广西、南宁、防城港等重点宗教活动场所学习宗教文化和民族团结创建；组织相关镇（街道）检查黄龙溪大佛寺在建工地、怡心街道万缘宫地质灾害点位安全，推动万缘宫排危、天主堂危房改造、大佛寺露天大佛整治工程，督促基督教做好泉水河河道清淤、基督教堂新建，万缘宫排危、大佛寺露天大佛整治工程均整改完毕销号，天主堂危房改造完成并开放，基督教堂主体工程完工；组织召开专家会，做好镇江寺修缮保护设计方案，市文物保护部门批复后，筹划修缮；改造应天寺宗教场所厕所并完善部分宗教场所消防设施。

【和谐寺观教堂创建】 双流区民族宗教事务局开展寺观教堂规范化管理建设活动，指导宗教场所开展环境美化、丰富文化内涵，提升场所内外形象，尤其是指导好应天寺重点打造文化品牌项目、永祚寺精品寺庙试点建设。各宗教团体全年开展慈善活动（如捐资助学、扶贫救困等活动、防疫物资、黄龙溪洪灾后救济等）经费20万元。

【宗教事务管理】 8月，双流区发生百年不遇洪灾，黄龙溪镇5个寺庙的房屋、佛像、法器等不同程度受损，经济损失2258万元。成都市民族宗教事务局给予20万元经费补助，并配合妥善处理黄龙溪镇大佛寺露天大佛整治。

（文　婧）

街道·镇

SUB-DISTRICTS AND TOWNS

东升街道

Dongsheng Sub-district

【概况】东升街道毗邻双流国际机场，东连西航港街道和武侯区，南接黄甲街道、黄水镇，西邻彭镇，北靠九江街道；街道办事处驻东升街道三强西路212号。2020年，东升街道设置9个办公室，分别为综合办公室、党群办公室、社区发展办公室（城市更新办公室）、社区治理办公室、民生服务办公室、综合执法协调办公室、营商环境建设办公室、财政审计办公室、新型社区服务办公室，下设1个事业单位综合便民服务中心（副局级公益一类事业单位），内设市民服务中心、社区智慧治理中心、综合文化服务中心和退役军人服务站。东升街道辖区面积52.8平方公里，其中建成区面积38.2平方公里、耕地面积1.27平方公里；辖紫东阁、白鹤、广都、接待寺、迎春桥、龙桥、花月街、五洞桥、长兴、芦蒿、双桂、棠湖、丰乐、永福、普贤、葛陌、清泰、花园、永乐、双巷、三里坝、城塔、三义桥23个社区；年末有常住人口52.865万人（其中现有人口456394人、户籍人口216379人、出生人口4698人、死亡人口740人、中国港澳台地区人口和外籍人口90人），户籍户数217431户（包括闲置37503户），全年人口出生率8.9‰、人口自然增长率2‰。

东升街道自隋仁寿元年（601年）一直为双流治所，迄今1400余年，几经易名，先后称城会、城厢、城中区、中心镇、城关镇。1992年，原东升乡、永福乡、城关镇撤销，合并建立双流县东升镇。2004年，东升镇撤销，实行街道办事处管理体制。2014年10月，天府新区晋升为国家级新区，东升区域属于天府新区规划范围。东升街道交通条件优越，空港优势突出，是双流城区面积最大、聚集人口最多、经济占比最重、城市生态最优的镇街，先后荣获全国民族团结进步模范集体、中国乡镇之星、全国最佳乡镇、全国小康示范镇、全国安全社区、四川省级园林街道、四川省级卫生街道和四川省级社会治安综合治理模范街道等称号。

2020年，东升街道紧扣双流区打造“中国航空经济之都”战略定位，将东升建成中西部创业环境最优、烟火气息最浓、幸福感受最强的“宜业宜商宜居”高品质空港门户街道。东升街道实现全口径工商税收35.78亿元、地方税收12.91亿元，规模以上工业总产值100.69亿元，固定资产投资3.15亿元，培育新增市场主体7425家，城镇居民人均可支配收入51961元，农村居民人均可支配收入32527元。

中共东升街道工作委员会书记：刘光涛（11月离任），刘伟（11月任职）；街道办事处主任：李召林。

9月15日，全国民族团结进步创建经验交流现场会代表实地考察双流区少数民族聚居的东升街道欧城花园小区建设情况
（供图：东升街道）

【国际化营商环境优化】 东升街道分别在市外确定上海程家桥街道、市内确定龙泉街道作为对标对象，具体从党的建设、营商环境、市容管理、社区治理等方面确定对标工作举措，学习借鉴上海程家桥街道经验做法，成立东升街道“党联中心”，制定《东升优化营商环境促进企业健康发展的十条措施》，按照“1+N”布局思路，提档升级东升综合便民服务中心（站），推进“红色驿站”“私人定制”“先锋代跑”等服务，对个税登记、店招等审批业务实行“一站式”办理。东升街道新增市场主体6781户，4个单位被评为AAAAA级成都市模范劳动关系和谐单位，8个社区被评为AAAA级成都市模范劳动关系和谐单位，2个社区被评为四川省“诚信社区”。

【社会治理】 东升街道深入推进社区发展治理和社会综合治理“双线融合”和社区发展治理“三年行动·五项计划”，全力打造有品质的生活社区、有活力的创新社区、有魅力的公园社区、有情怀的人文社区、有温度的和谐社区，广都社区、五洞桥社区被评为党建引领示范社区，广都欣和苑、花月街水务小区等4个小区被评为党建引领示范小区，街道被表彰为成都市党建引领城乡社区发展治理示范单位。中央书记处书记、国家统战部部长、成都市委书记等领导先后到欧城花园小区调研，给予充分肯定。四川省政协副主席李昌平评价：“欧城花园是民族团结的典范、基层治理的样板”。

8月25日，东升街道举办“爱成都·迎大运”——花小月带你游右里暨2020花月街社区首场共享集市
（供图：东升街道）

【安全环保】 东升街道严格落实党委（党组）国家安全责任制、安全生产工作责任、食品安全责任制、自然资源资产管理和生态环境保护责任，组织力量检查场所消防安全6086处，发现火灾安全隐患780起，当场督促改正556起，限期整改224起；完成综合减灾标准化社区建设10个，通过四川省级安全社区建设现场复评；在全区率先实行“点长制”试点的基础上，推行全民治水，成立宣传、护河巡查、维护治水、志愿者招募等多个工作小组，引导企业商铺、居民、护河志愿者齐参与的意识，推动“河长”治水向“全民”治水转变。

【社会民生】 东升街道完成外来务工人员子女入学咨询、登记和审核1566人，其中小学1048人、中学518人；完成困难残疾人发放生活补助205人41.4万元；针对辖区返乡务工人员、失地农民主办网络招聘会8次，提供岗位6000个，新增城镇就业4600人。东升街道和23个社区组织开展文化体育活动500场次。

【社区精细化治理模式构建】 东升街道针对东升管理服务人口多、小区院落多、商家企业多和管理任务重的“三多一重”实际，倡导“人人是哨兵、家家是堡垒”，全员发动参与疫情防控。23个社区实施“挂图作战”，绘制56张可视化资源要素地图，实现“一图集要素”“一图明责任”“一图快处置”，摸排41.92人，居家观察3462人。东升街道坚持“两手抓两不误”，统筹推进疫情防控和经济社会发展，突出“时效”做好政策宣传，注重“有序”抓好复工复产，探索构建“五网四图三治”（织密“组织网、责任网、宣传网、信息网、服务网”五网合一，将服务延伸到每一个小区、每一个院落、每一个家庭；推进“资源图、责任图、态势图、流程图”四图合一，动静结合构建高效快反治理机制；推行“行业自治、街区自治、院落自治”三治合一，发挥行业协会自律作用、商家联盟带动作用、自治组织引导作用，构建全社会参与的共建共治格局）社区精细化治理模式得到国务院联防联控机制督导组充分肯定，《五网四图三治，推进基层治理精细化管理》在四川省人民政府研究室主办的刊物《政务》、成都政法简报上发表，被评为“全国城乡社区疫情防控优秀案例”并获“中国十大民生决策奖”。

（柏长均）

西航港街道

Xihanggang Sub-district

【概况】 西航港街道位于成都市南部、双流区西部，地处国家级天府新区规划范围内和省级开发区腹心地带，是成都市城市南移的前沿阵地；由原双流区文星镇和白家镇合并而来，北接武侯区，东邻天府新区华阳街道，西与双流国际机场毗邻；街道办事处驻西航港街道新街280号。2020年，西航港街道下设综合办、党群办、社区发展办、社区治理办、民生服务办、营商环境建设办、财政审计办、新型社区服务办、综合执法协调办9个行政办公室和1个服务中心（综合便民服务中心），有机关干部165人、片区站所34人、村大12人。西航港街道辖区面积38.9平方公里，其中建成区面积38.2平方公里、耕地面积800亩；下辖白家场、花红、机场路、成白路、江安、近都、常乐、桂花堰、蜀星、龙港、九龙湖、星月、寺圣、光明、湖夹滩、莲花16个社区；有常住人口46万人，户籍户数49068户，户籍人口11.6万人；人口出生率13.53‰，人口自然增长率10.07‰。

1953年，华阳县实行分区设置，白家乡属第二区管辖。1941年，文星乡设置。1985年，文星乡撤销建制，设置文星镇。1992年，白家乡撤销建制，设置白家镇。2005年8月，文星镇和白家镇撤销建制，设西航港街道办事处。西航港街道西与双流国际机场毗邻，东与白家火车站毗邻，辖区内有四川大学、成都信息工程学院、西南民族大学、四川现代职业学院4所大学。

2020年，西航港街道完成全口径工商税收30.67亿元，占目标任务的97.8%，完成地方税收13.79亿元，占目标任务的105.3%；工业企业完成产值95.8亿元，比2019年增长5.7%，服务业完成增加值增幅2%，新增市场主体7434户，完成目标任务的112.6%，新增企业2799家，完成目标任务的186.6%，“分转子”5户，完成目标任务的100%；城乡居民人均可支

医护人员入户进行疫情防控排查　（供图：西航港街道）

配收入分别为 51992 元、32512 元，分别比 2019 年增长 5.8%、8.2%。

中共西航港街道工作委员会书记：胡劲松（11 月离职），沈登军（11 月任职）；街道办事处主任：曾学良（11 月离职），朱笑天（12 月任职）。

【新冠肺炎疫情防控与防洪】 西航港街道机关、社区党员干部和志愿者把握“外防输入、内防扩散”两大关键环节，落实落细防控措施，完成 3 轮全覆盖入户排查，见面登记 17 万户、45 万人，为 3652 名居家医学观察人员提供人性化服务，完成核酸检测 4418 人；抓好“8·16”抗洪抢险，全力保障辖区群众生命财产安全。西航港街道民生服务办公室获成都市新冠肺炎疫情防控专项“工人先锋号”先进集体称号。

【党建引领社区发展治理】 西航港街道持续深化“1+4”党建指导站建设，以“党建＋校地合作＋企业服务”模式，联建东航党融中心，打造“领航元”楼宇党建品牌，被市委组织部命名为“党群服务中心·蓉城驿站”；创新“一核五融四联动”模式，建设龙港国际儿童友好社区，获评 2020 年成都市家庭教育示范基地。寺圣社区联合西南民族大学，共同打造“民族团结进步创建工作实践基地”，获评双流区民族团结进步示范单位；江安社区整合周边高校资源，组建全区首支“空港双流国际志愿者服务队”；莲花示范社区提档升级，创建市级爱国主义教育基地，并列入成都市干部培训基地名录；花红社区优化街巷主题场景，探索“拆而未用”闲置土地有效利用，因地制宜修建生态停车场和“空港微菜园”。

【营商环境优化】 西航港街道持续做优市场主体结构，推进“个转企、分转子、小升规、大转强”，完成“个转企”124 家；持续加大跨区经营整治，完成成都名浩科技等 20 家企业注册地变更或成立分公司；完善政策激励措施，帮助锦和二手车启动试营业及和美晴空广场开工建设，走访企业 1947 家，在贷款贴息、防疫物资补贴、社保阶段性减免等方面提供帮助；创新驱动校地合作，与成都信息工程大学签署校地合作协议，通过校地合作科技孵化园，引进成都怀源文化传播、物联网应用研究所等 6 家企业。

莲花社区法治广场　　（供图：西航港街道）

【市域社会治理现代化建设】 西航港街道健全完善社会治理体系，建立高效的指挥运作治理机制，深化网格基础，将“一长三员”下沉至 151 个网格，强化末端覆盖，完善“1+3+N”网格治理体系，发现处置事件 167057 件，“一标三实”人口信息采集 135120 户；推进社区治理法制化，依托街道法治建设委员会，将综治中心治理体系有效嵌入“114N”组织架构，开展法律直通车进村入户、律师说法、乡贤调解等活动，实现矛盾纠纷多元多级联调，化解矛盾纠纷 585 起，荣获成都市委、市政府“中华人民共和国成立 70 周年大庆安保维稳信访工作”嘉奖奖励；推进综治工作智能化，按照“四化”联动模式，结合网格日常巡查，协同综治中心巡屏，形成中心调度、网格巡查和现场处置的齐抓共管态势，将天网和已有社会视频接入综治中心，实行联网运用，及时发现处置事件 9374 件。

【城市环境和城市品质提升】 西航港街道开展“清四乱”专项行动，通过拉网式排查，分类整理、建立台账，对照问题台账建立销号制度，完成问题整改 3 个，治理黑臭水体 6 条；组建工作专班，完成 61 户、10 家企业拆迁扫尾；完成污水处理厂三期、九龙湖学校等 12 个项目 690 亩用地移交，拆除违法建设 96 起 1.5 万平方米，新增绿地 5900 平

四川大学空港幼儿园　　（供图：西航港街道）

方米；完成32宗占用耕地整治，完成顺风路和寺圣社区掉头路“白加黑”镇村道路1.6公里建设。

【民生福祉】 西航港街道发挥“空港191”平台优势，采用“线上+线下”相结合的方式，举办招聘会24场，推荐1483人成功就业；建成空港第5、6幼儿园，新增学位810个，启动九龙湖学校、顺风学校和九龙湖幼儿园建设，完成1392名符合条件的随迁子女入学；建成临江丽苑三期C区、龙湖小区、百家苑二期3个安置小区，安置5601人，加快推进和航家园南园、和航家园东园2个安置小区建设。

（李宇嘉）

/九江街道/

Jiujiang Sub-district

【概况】 九江街道位于成都市区西部、双流区城北2.5公里，距成都市区6公里，距双流国际机场5公里；东临武侯区，南靠双流区东升街道，西靠温江区，北接青羊区；街道办事处驻九江街道鸿雁路319号。2020年，九江街道设综合办、党群办等9个办公室和综合便民服务中心（下设4个中心1个站），有干部职工122人，其中党工委委员11人，实职领导2人，副局级领导干部和调研员4人，中层干部31人；辖11个社区党委、1个“两新”党委，有党员1950人。九江街道辖区面积37.6平方公里，其中建成区面积10.54平方公里（城镇面积3.6平方公里）、耕地面积10.9平方公里；辖泉水凼、蛟龙、石牛、龙池、邹家场、大井、万家、金岛、马家寺、通江、石井11个社区；有实有人口20.09万人，户籍户数1.6万户（其中农业户数9121户）、户籍人口4.24万人（其中农业人口27017人），流动人口15.8万人，服务人口37万人；人口出生率1.39‰，人口自然增长率6.62‰，人口密度9545.2人/平方公里。

江安河流经九江形成一个葫芦状的九道弯，民众称这段河为九曲江。北宋熙宁二年（1069年），河边修有一座“玄天观”古刹，生意人在道观周边建房兴场，简化“九曲江”而取名“九江”并沿用至今。九江历史上属双流县管辖。明洪武十四年（1381年），九江域内设立甘泉里和永乐里，乡级机构设置自此始。清朝初期，双流县地域内只设置5个乡，九江地域属北三甲石陇乡管辖。清道光年间（1821—1850年），石陇乡撤销后，在原辖区内分别设立九江乡和开平乡。1935年，九江乡和升平乡合并成立九江联保，下辖24个保。1940年，九江联保改为九江乡。1941年，九江乡分成九江和升平两个乡。1956年1月，九江乡和升平乡合并，成立集体乡。1958年9月，集体乡撤销，成立政社合一的集体乡人民公社；10月，集体乡人民公社改为集体人民公社。1961年3月，集体人民公社撤销，分别设立九江人民公社和升平人民公社。1983年4月，九江人民公社改为九江乡，升平人民公社改为升平乡。1984年1月，升平乡更名为龙池乡。1992年10月，九江乡和龙池乡撤销建制，合并建立九江镇。1996年5月，成都市行政区域调整，将原通江镇江安河以西的7个村和马家寺场镇划归九江镇管辖。2011年，九江镇更名为九江街道。

九江街道属成都平原组成部分，位于岷江冲积扇中部偏南，地势呈西北高、东南低，由西北向东南倾斜，西北最高处海拔519.5米，西南最低处海拔495.5米，平均海拔507米。域内气候属亚热带湿润季风气候，年平均温度16.1℃，1月平均温度5.6℃，7月平均温度25.8℃；年均降雨量980毫米，6—8月为雨季，降雨量占全年总雨量60%左右，12月至次年3月是一年中雨量最少的季节。九江形成“五

疫情防控排查 （供图：九江街道）

泉水河蛟龙段 （供图：九江街道）

纵（四环路、千子门路、五显庙路、星空路、双温路）五横（双楠大道、文昌路、草金路、观庄路、成新蒲快速通道）”城市主干道路网，光华8线、成蒲铁路建成，地铁17号建成投用，13、15、19号线正在建设。九江街道工业经济约占全区1／4，蛟龙工业港是全区两个工业集中发展区之一；有工业企业850家，其中规模以上工业企业79家；生活性服务业发展较快，蛟龙海滨城为国家AAAA级旅游景区。

2020年，九江街道支持5家企业完成技改、5家企业扩能增产，新增市场主体6000家（其中企业2456家）；完成全口径税收173000万元，比2019年增长83.67%，占工作目标的139.91%、奋斗目标的134.11%；完成地方税收54000万元，比2019年增长46.8%，占工作目标的114.53%、奋斗目标的110.20%；城镇居民人均可支配收入53214元，比2019年增长8.6%，农村居民人均可支配收入32166元，比2019年增长8.5%。九江街道获评成都市总工会新冠肺炎疫情防控专项五一劳动奖。

中共九江街道工作委员会书记：罗钢；街道办事处主任：卢鸿。

【新冠肺炎疫情防控】 九江街道统筹推进疫情防控和经济社会发展，制发《关于在新冠肺炎疫情防控工作中严肃纪律、勇于担当的通知》，敲门排查60280户154407人、3547个市场主体，总结出小区疫情防控“六步工作法”，天府健康通申报率全区第一，街道集体和2名个人获成都市疫情防控“五一劳动奖章”。

【项目建设】 九江街道保障千子门小学改扩建工程、双楠城东侧道路进场，加快建设泉水东苑、金江绿府安置小区，金湾美湖二期、中川商贸城全部投用；用行政强制执行促动遗留十年之久的罗某某协议拆迁，光华八线全线贯通；完成天府绿道（九江段）项目区内3602.37亩土地补偿款发放，移交土地7765亩，占全区移交量的62.1%；保障九江污水处理厂新建工程（2万立方米／日）加快推进，启动黎子堰及散居院落污水处理工程建设，研发全国首家农村垃圾污水收集处理循环系统，5月成功申请国家专利备案。

【生态建设】 九江街道制定《九江街道突出水环境问题整治工程》，新建污水主管网18707米；强化水质监测，完善监管机制，严格每周红黑榜通报制度；保障泉水河改造，

2020年九江街道“一镇一特色”体质达人赛暨“体育+”社区运动节秋季全民健身趣味体育运动会现场
（供图：九江街道）

持续推进入河排污口排查整治专项行动，排查泉水河流域管网分布、管网运行、污染源；聘请三方公司，将泉水河沿线分社区设断面，每周2次开展点位水质检测并公布结果。泉水河出境断面水质的氨氮数值由4.5毫克/升降为1毫克/升，水质由劣五类提升为四类。九江街道制订并实施“花满九江三年计划”，形成“街道补助+社区自筹+社会参与”的联动模式，新增绿化面积210亩，种植花卉、植物30万株；坚持每周开展“爱国卫生运动”，清除积存垃圾300吨。

【安全维稳】 九江街道化解纳入区“三张清单”重点信访人员、信访积案17件，已化解16件，化解率94%（目标任务60%）；承办全市消防安全工作现场会、全市安全生产月启动仪式，九江街道2020安全生产月文化作品获评成都市安委会二等奖，2020年度安全形势近十年最好。蛟龙社区完成四川省级安全社区复评验收，并被评为成都优秀点位。

【文化事业发展】 九江街道开展针对弱势群体的各类培训活动，开展柳琴培训、少儿公益培训、中老年声乐、电子琴培训、广场舞培训、柔力球培训、健身球培训、太极拳培训等280班次；开展主题文化会演等活动17场次，开展“阅读伴成长·书香满九江”全民阅读系列活动26场次，开展全民健身体育活动15场次，社区开展“电影人人看”140场；监督和检查辖区内公共文化娱乐场所30次。九江街道图书分馆获评成都市图书馆学会优秀分馆。

【民生福祉】 九江街道新（扩）建中小学5个，新增学位3750个；创建成都市新优质学校2所，创建为全国“学习型街道”；开展职业技能培训2116人，新增就业人员9617人；办理征地农民社保6095人，新增城乡居民医疗6983人；完成4个安置小区建设，9787人喜迁新居；有效处置“8·11”“8·16”洪灾，一周内完成嘉祥学校42户、马家寺61户拆迁。

（苏　存）

黄甲街道
Huangjia Sub-district

【概况】 黄甲街道地处双流区东南、牧马山中段，距成都中心城区15公里、双流城区7公里；东连怡心街道和西航港街道，南接黄水镇和永安镇，西邻黄水镇和东升街道，北靠东升街道和西航港街道；街道办事处驻黄甲街道王家场上街28号。2020年，黄甲街道设综合办公室、党群办公室、社区发展办公室、社区治理办公室、民生服务办公室、综合协调办公室、营商环境办公室、财政审计办公室、新型社区服务办公室、综合便民服务中心、纪工委监察办公室、工会、团工委、妇联、人大工委等机构。黄甲街道辖区面积58.77平方公里（88155亩），其中场镇面积4平方公里（王家场场镇2.6平方公里、双华场场镇1.2平方公里、青云寺场镇0.2平方公里）、农用地面积17813.22亩（耕地12585亩、园地738.57亩、林地3201.04亩、养殖水面1288.61亩）；辖王家场、双华、文庙、长埂、八角、一里坡、青云寺7个社区，有53个村民小组；年末有常住人口18785户65750人，户籍户数7584户，户籍人口22520人；人口出生率9.31‰，人口自然增长率1.99‰。

黄甲街道在元朝时期以“覃家巷”存在，清代乡人黄甲因其祖辈有功受封，于是建场。黄甲街道叠加承载“中优”21.6平方公里、“南拓”37.2平方公里，是双流东西南北多向通勤开放、“空铁公水”多式联运体系的重要枢纽，成昆铁路、成雅高速、成乐复线等交通要道举境而过，五环路在境内4.5公里，与正公路、西航港大道、航枢大道、天保大道等城市主通道形成以“四纵四横”为骨架，与老五城区、天府新区、新津等无缝对接的道路交通网络体系；辖区40平方公里处于产业功能区范围，其中承载国家级临空经济示范区13.3平方公里、中国（四川）内陆自由贸易试验区28.9平方公里、省级西航港经济开发区19.4平方公里、市级航空经济区30平方公里、市级天府国际生物城5.04平方公里，聚集航空动力小镇、浩朗科技园、物联传感科技园等10个专业化产业园区，4平方公里综保区全域处于黄甲范围；辖区有企业2501家，其中以中电熊猫、通威太阳能、仁宝、纬创、汇晨物流、航宇超合金、恩威药业等为代表的龙头企业74家（规上企业66家），在关键核心技术、知识产权、品牌影响力、市场占有率方面具有显著优势，具备较强的全产业链整合能力和强链补链功能，促成电子信息、航空航天、生物医药、绿色能源等高端制造业及多式联运和运输代理、装卸搬运和仓储等现代服务业集群集聚。

2020年，黄甲街道完成全口径税收6.55亿元、地方留存税收2.54亿元，分别比2019年增长80.4%、76.4%；规上工业总产值222.857亿元，完成增加值9.3%；限上批发零售住宿餐饮业总产值56.564亿元，比2019年增长37.83%；服务业营业收入5.894亿元，比2019年增长17.19%；外贸进出口总额4.2亿元，完成目标任务；城镇和农村居民人均可支配收入分别为51336元、32024元，分别比2019年增长4.4%、7%。

中共黄甲街道工作委员会书记:张亚飞（1月任职，12月离任）；街道办事处主任：唐婧（1月任职，12月离任）。

【行政区划调整和行政管理体制改革】 黄甲街道于2019年12月启动行政区划调整和行政管理体制改革，2020年5月完成。黄甲街道接收原公兴街道邵家店社区、青云寺村，并接收原公兴街道草坪社区、藕塘社区、朱家庙社区、双塘社区、兰家沟社区范围内黄龙大道二段以西，牧鱼街以西、牧鱼二路以北，货运大道以西、双兴大道以南、华府大道四段以西区域，以上5个社区剖村剖组的有19个组24个社，居民已基本拆迁；计划转土地面积40039亩（26.69平方公里），未拆迁人口1500人，双兴一社区入住企业员工8200人，双兴二社区入住企业员工5600人，共15300人。区划调整后，黄甲街道辖区面积由32.08平方公里增至58.77平方公里，调减社区1个，优化调整居民小组15个（总体调减1个）。

【新冠肺炎疫情防控】 黄甲街道强化组织领导，组织调度1840人参与一线疫情防控，协调园区管委会及相关企业开展联防联控，做好双兴社区等重点区域疫情防控；抓好人员摸排，建立包社、包街、包楼栋、包企业等摸排责任制，见面排查18331户50384人；做好分类防控，采取“科学设卡＋动态巡查、包街包户＋巡频监控、常态巡查＋入户告知”等方式，压实管控责任到具体工作人员、房主、物业公司、商家业主；细化服务保障，服务1826家市场主体复工复产（其中企业232家），复工率99.6%，服务居家观察对象345人；深化常态防控，完善春节前后工作预案及应急机制，开展应急演练2场次，常态储备确保满负荷运转30天防疫物资；在全市率先创建市级病媒生物防制示范街道，爱国卫生工作在全市作经验交流，被授予“成都市抗击新冠肺炎疫情先进集体”称号。

2月9日，成都市政协主席李仲彬检查指导黄甲街道疫情防控工作　（供图：黄甲街道）

【“大学习大调研大走访大攻坚”活动】 黄甲街深入学习贯彻中共十九届五中全会精神，班子成员进社区、进企业、进学校层层开展宣讲8场次，做到把中共十九届五中全会主要精神内涵、省市区“十四五”规划编制、街道在全区工作中面临的主要问题“三个讲清楚”；建立“周周学、月月赛、季季考”机制，通过党工委会“第一议题”、周一机关例会、各党支部和党小组活动等开展集中学习32场次，组织“蓉城先锋”等线上学习学时420小时；开展“天府第一产业小镇”创建专题调研行动，向班子成员分派园区及企业现状摸底、园区街道功能互补、空间规划优化调整、交通配套设施完善等调研课题17个，完成调研成果11个；围绕提升班子队伍向心力、带动力，主要领导访谈班子成员10人、社区书记主任14人，班子成员访谈机关中层干部23人、机关及社区干部职工126人，开展社区、企业等座谈会7场；开展“暖冬行”慰问，走访老党员200人、贫困党员39人、退休干部20人，发放慰问金12万元；收集街道班子队伍及街道各项工作中的主要问题42个、困难诉求25个，征集“十四五”规划、消费场景打造、重大项目引进、闲置资源盘活等意见建议22条；推进天保大道西延线一期工程、中电子东侧道路建设工程、紫光配套用电工程（毛紫线）、工业集中区六期剩余板块（金牌橱柜项目）等拆迁项目9个，推进市级绩效目标任务、历史遗留问题、违法建设整治等重点攻坚任务13项。

【区委巡察整改】 6月9日至7月16日，双流区委第一巡察组对黄甲街道开展巡察。黄甲街道聚焦“定力用够、规矩立好、口子扎死、社区收紧、干部管严、基础夯实、成果用好”7个方面统筹推进区委巡察整改，先后召开5次党工委（扩大）会研究部署整改工作，将巡察组反馈3个方面、60项问题细化成71项整改清单，按照“谁主管、谁负责”的原则将整改任务分解到人；建立整改落实台账，实行销号整改制度，每周定期督促通报整改进度、每两周定期研究推进整改工作，全程跟踪督查整改措施、进度、质量及效果，完成整改47个，建立长效机制37项。

【征地拆迁与安置】 黄甲街道7月启动中电子东侧道路123亩99人、青兰沟综合整治203亩70人、工业集中区6期剩余板块822亩182人的项目拆迁并完成；11月，启动天保大道88.66亩106人的项目拆迁，截至年底拆迁正在进行中；完成尚善居C区拆迁户安置，安置工业集中区BC区1户、航枢功能区101户、航枢功能区东二期171户、中航油5户、银龙油料17户，涉及文庙社区（含原檬子社区）、一里坡社区、双华社区居民，安置房屋610套。

【社区治理】 黄甲街道深化社区治理探索，建成集社会组织孵化、社区营造项目管理评估等功能的社区发展治理支持中心；推进双兴国际化社区建设，完成硬件打造；举行一里坡社区微更新项目启动仪式暨漫活慢街邻里美食节；维护稳定和谐，拟定街道拆迁过渡期新增人口安置方案，有序推动遗留问题解决；化解“三张清单”信访突出问题7件，化解信访重点人员6人。

7月25日，黄甲街道一里坡社区微更新项目启动仪式暨邻里美食节举行　　（供图：黄甲街道）

【爱国卫生运动】 黄甲街道坚持把爱国卫生运动作为推动“迎大运”、全国文明城市创建及常态化疫情防控等的重要抓手，创新以“社区治理+”的理念，促进爱国卫生工作与社区发展治理深度融合互动，充分发挥基层组织优势、社区营造优势和群众自治优势，带动全社会共建共治共享健康和谐新家园，爱国卫生工作取得显著成效。5月，黄甲街道爱国卫生工作以“充分发挥社区治理优势，共建共享健康和谐家园”为题在全市作经验交流。

【乡村振兴基层治理模式创新】 黄甲街道长埂社区为有效解决征地拆迁后出现的集体资产资源匮乏与增收乏力、农村安置小区治理难等问题，创新打造社区“共享超市”，探索出“以农民为主体、让农民得实惠”的“共建、共管、共享、共融”建设管理机制和利益分配机制，构建社区“共享经济”新模式。长埂社区由党组织牵头，采取“公司+合作社”模式发起成立农业综合服务专业合作社，打造“共享超市”，灵活使用社区集体资产，吸引群众入股，促进社区共建；通过建立“共享经济”发展模式，打破以往的发展惯势，为社区集体经济发展创造新动能，实现“企业得市场、社区得发展、居民得实惠”的多赢局面；在“共享经济”建设中，强化与企业服务、小区治理、扶贫攻坚等多向联动，有效推动社区发展与治理深度融合互动。9月，长埂社区“创新打造社区共享超市，探索‘共享经济’新模式”获评成都市第三届乡村振兴十大乡村基层治理创新案例。

（李　健）

/ 怡心街道 /

Yixin Sub-district

【概况】 怡心街道位于成都市南部、双流区东部，东临天府新区成都直管区，北接高新区，南靠天府生物城，西连黄甲街道（西航港经济开发区）；街道办事处驻双流区政府街41号。2020年，怡心街道设综合办公室、党群办公室、社区发展办公室（规划和自然资源办公室、城市更新办公室）、社区治理办公室（应急管理办公室、社会治安综合治理中心）、民生服务办公室、综合执法协调办公室（城市管理办公室）、营商环境建设办公室（生态环境办公室）、财政审计办公室、新型社区服务办公室9个科室。怡心街道辖区面积30.41平方公里，其中建成区面积12平方公里；辖藕塘、公兴场、草坪、双塘、兰家沟、高峰、骑龙、红瓦、三江、清河、河池、长顺12个社区；年末有常住人口177289人，户籍户数24019户，实际服务人口191108人；人口出生率13.23‰，人口自然增长率9.265‰。

2019年12月28日，怡心街道由原协和街道和原公兴街道部分区域整合成立。怡心街道驻有核动力研究院、四川省文化产业学院、国家专利审查协作四川中心、武警警官学院、西南交大研究院等大型科研院所；有“三纵”（剑南大道、华府大道、黄龙大道从北向南纵穿）“三横”（双华路、牧华路、正公路从东向西横贯）的便捷交通，地铁5号线全线开通，地铁19、6号线全面开建，怡心湖正快速成型成势。

2020年，怡心街道完成固定资产投资6.97亿元，完成全年确保目标的88%；实现工业投资5.48亿元，完成全年任务的68.5%；实现服务业固定投资1.8亿元，完成全年任务的180%；实现工业产值109.2亿元，工业增加值增速41.9%；规上服务业比2019年增幅11%，限额以上批零住餐比2019年增幅78.4%，社会消费品零售总额比2019年增幅–2.6%；城乡居民人均可支配收入分别为32212元、51664元，分别比2019年增长8.3%、5.4%。

中共怡心街道工作委员会书记：邓永清（3月任职）；街道办事处主任：李德文（1月任职）。

打造后的三棵树广场　（供图：怡心街道）

【社区体制机制改革】 怡心街道原有14个社区，因社区体制机制改革撤销邵家店社区，人员划归藕塘社区管理；将朱家庙社区和双塘社区合并，设立双塘社区。调整后，怡心街道有12个社区，其中三江社区、长顺社区、清河社区、红瓦社区、高峰社区、草坪社区、兰家沟社区7个涉农社区转为城市社区。

【党建引领驻街道单位参与社区发展治理】 怡心街道结合重组新建的特点和区域单位融合共生的需要，按照“一核两域三维四感”工作思路，以街道党工委为核心，以区域党建、全域社治为路径，以区域发展、区域治理、区域服务为重点，实施“区域党建绘好同心圆·全域社治建强共同体”行动计划，开启党建引领驻街道单位参与社区发展治理的深度探索。怡心街道坚持党建引领，通过建组织、搭平台、树品牌，增强属地单位、市民群众的街道认同感，推进街道高质量发展、高效能治理、高品质生活共同价值追求；坚持区域共建，通过共施场景营造、共谋项目合作、共献社会力量，引导属地单位和市民群众参与区域共建，激发内生动力，构建区域发展共同体；坚持区域共治，通过联商联议、联动联调、联防联控，引导属地单位、市民群众参与区域共治，筑牢防风险、促法治、保平安，守住安全底线的区域治理共同体；坚持区域共享，把以人民为中心理念具化到创造品质生活上来，通过空间联享、服务联做、活动联办，整合各方资源构建区域生活共同体。怡心街道与辖区内武警警官学院、中国核动力研究院等57家单位签订共建协议，实现互动融合；建立轮值主席会议制度，按科研、学校、医院、企业等领域统筹开展轮值主席会议6场，分析梳理资源清单、问题清单和机会清单，形成共建项目80个，组织项目推进PK赛，有效促进项目落实；创新具有怡心特色的文化活动品牌，组织社区故事荟48次，开展“我为怡心代言”收集怡心IP设计建议500条，开展“建设航空经济之都我为怡心献计”活动收集金点子180条；引导驻街道单位在大门周边、围墙沿线等微观场域实施场景营造，“悠悠

2月8日，怡心街道派驻工作人员到社区、街面开展防疫工作部署会召开（供图：怡心街道）

回家路，漫漫鱼水情”“百草园”等25个微更新项目彰显区域精致生活场景和发展品质；引导驻街道单位和各社区深度挖掘自身资源，梳理形成机会清单向联盟成员单位进行项目发布，30家单位实现资源互补，融合发展；引导驻街道单位有专业特长、组织能力、公益情怀的能人在区域发展中履行社会责任，涌现出“我是小小核研员”青年导师团、“中国有你·发明创造营”少年科创护航队等达人团队以及在公益、健康、环保、文化等领域发挥先锋模范作用的社区达人100名；联盟成员单位选派84名党员干部及专业人才担任社区区域化党委委员和社治观察员，定期列席社区党委会、议事会，共同协商社区、街区、小区的大事难事；依托街道派出所、社区警务室、单位保卫科、企业保安部，建立健全治安联防队，实施矛盾纠纷联调，针对2020年房屋租赁纠纷多的情况，探索出“三方四共”矛盾联调法，成功协调解决324件；在新冠肺炎疫情防控中，把区域联盟的党建引领优势、组织动员优势、社会协同优势转换为共克时艰的强大合力，120个基层党组织引领20万名干部群众共同防疫，构建起全民动员、联防联控的严密防线；打造街道市民中心、社区综合体、小区睦邻点三级服务阵地，树立开放共享理念，12个社区党群服务中心、10个院（厂）展馆、45个多功能活动中心和体育运动场馆、50个单位（小区）停车场等单位资源面向区域单位和市民共享开放；加大农贸市场、停车场等生活场景、消费场景营造力度，引导区域单位结合自身特点开展“好服务”专项行动，七医院常年派出12支医疗服务队实现“一社一队”，川开集

怡心街道举行“区域党建绘好同心圆·全域社治建强共同体”微项目之“烟火人家”爱心厨房活动（供图：怡心街道）

团电梯义务应急抢修队和晨曦、飞宇、新东方电力义务应急救援组常年服务于驻地各单位、各小区；坚持街道、社区、区域单位联办活动，打造一批品牌性、特色化邻里活动，共同举办“爱在怡心湖”系列相亲活动 5 场、“爱成都·迎大运”系列运动会 18 场、开展邻里节和月月大舞台 42 场，促进单位之间、市民之间互动融合，营造怡业怡居怡心的高品质怡心生活圈。

【新冠肺炎疫情防控】 怡心街道成立新型冠状病毒感染的肺炎疫情防控工作领导小组，负责全街道疫情防控应对处置；加强农贸市场监管，严禁野生动物、非法活禽宰杀和销售行为，做好畜禽及其产品检疫，同时加强监督检查畜禽交易、宰杀场点动物防疫条件，加大从业人员宣传培训力度，降低宿主源头传播风险；做好输入性风险疫情防控，春节期间各社区摸排从武汉等疫区返乡人员的情况并协助社区卫生服务中心做好体温监测，公交车站和汽车等密闭交通工具通风、消毒，降低输入性疫情风险；以爱国卫生运动和城乡环境卫生综合整治为抓手，专项检查人员密集的公共场所和人员集中的居住场所，指导开展定期消杀，做好环境卫生、保证通风良好，降低感染病毒风险；加强对医疗卫生机构门诊预检分诊和发热门诊指导，社区卫生服务中心设置独立发热门诊和预检分诊点，并落实消毒隔离措施，做好医务人员个人防护，降低院内感染风险。

【退役军人服务站建设】 怡心街道按照“三定”方案，在街道市民服务中心设置退役军人服务站，选配正科级服务站站长 1 名，并落实 2 名事业编制工作人员，专职从事退役军人工作，同时强化落实工作人员待遇，做好经费和必要工作交通工具保障；成立双流区怡心街道退役军人事务工作领导小组，由街道党工委书记任组长，其他班子成员任副组长，各相关科室负责人作为成员，办公室设在街道退役军人服务站，办公室主任由街道退役军人服务站站长兼任；全方位保障全国“示范型退役军人服务站”创建，制定《成都市双流区怡心街道创建“全国示范型退役军人服务站”工作方案》，细化工作任务，实行时间倒排、责任到人；按照“两级”退役军人服务站建设与工作规范，重点在人员配备、场所设施、业务能力、机制建立方面成效显著，确保怡心街道“两级”退役军人服务站机构真正全覆盖、工作运转实体化。

【干部人才管理】 怡心街道结合机构改革，研究综合、财政、拆迁等岗位性质，考察干部特点，做到“人岗相适”，让人才优势发挥到最大限度，为街道社区治理创造更大价值；创新实施“人文关怀 + 精准考核”激励机制，通过分管领导定期与干部谈心谈话的方式了解干部在工作生活上的所思所想、所需所求，帮助干部疏通思想情绪、缓解压力，保证其身心健康；完善考核评价机制，率先纳入积分管理，制定《怡心街道机关科室目标绩效考核实施办法》，建立“一人一档”干部积分档案，强化“过程 + 结果”全程化考核，将考评结果与干部选拔、评优评先、绩效奖励分配挂钩，最大限度激发干部干事创业激情。

【区域党建（社治）联盟成立】 怡心街道为加快推进区域化党建与全域化社治工作，搭建区域党建联盟、区域社治联盟平台，引领驻区单位打破壁垒，共同参与区域发展、区域治理，6 月 18 日由双流区怡心街道党工委办事处主办、四川光华社会工作服务中心承办的庆祝中国共产党成立 99 周年暨“区域党建绘好同心圆·全域社治建强共同体”启动仪式在国家知识产权局专利局专利审查协作四川中心举行，宣布怡心街道区域党建（社治）联盟成立，标志区域党建·全域社治工作正式驶入快车道，为怡心街道绘好东西南北中、工农兵学商党建同心圆，构建人人有责、人人尽责、人人享有的社会治理共同体打下基础。

【全域式社企营商联盟成立】 8 月 18 日，成都市首个全域式社企营商联盟在怡心街道高峰社区成立，并在西南交通大学研究院举行首批联盟企业签约仪式暨首届社企营商沙龙活动。社区将不仅为在地商业企业搭建良好的“互联互通”服务平台，而且将不断整合区域内外多方优质资源，通过为联盟企业提供企业及项目品牌创建、活动开展、信息互通、资源链接、项目洽谈、项目及产品落地输出等全域式配套服务，切实有效适应和改善营商环境和满足现实需求，更好地助力在地企业良性健康发展，同时为积极探索社企营商同步发展的社区发展治理新路径打下基础。

谨记百年杨氏家训，树三江好家风　　（供图：怡心街道）

【家风精品课堂打造】 怡心街道三江社区结合社区实际，挖掘本土文化，以传承200多年的《杨氏家训》为依托，以杨氏家训十条为根本，以“家韵三江”家风文化为主题，打造社区“一社一品”特色文化项目，宣扬和传承家风文化。三江社区每月开展至少一次“家风家训讲堂”活动，邀请家庭教育专家讲授中华传统文化以及现代家庭教育理念，全年开展12次。三江社区将传统文化与现代文化相结合，宣传道德榜样弘扬社会正能量，丰富社区居民的精神文化生活，营造崇德向善、互帮互助的宜居氛围，以家庭的和谐促进社会的和谐；成立家长学校，开展家庭教育活动、从夫妻关系、婆媳关系、亲子关系、家庭和谐等方面开展家庭教育课堂与沙龙活动，促进家庭和谐，以家庭的和谐促进社区的和谐，以社区的和谐促进社会的和谐。

【怡心社治节】 9月1日，双流区委城乡社区发展治理委员会指导、双流区怡心街道工作委员会主办、华西社区传媒承办的“爱成都·迎大运”暨“区域党建绘好同心圆·全域社治建强共同体”2020双流区怡心社治节在怡心街道长顺社区举行，现场设置“社创产品”区域，展示各社区“一社一产品”挖掘成果，包括草坪社区手工扎染、长顺社区陶艺摆件、骑龙社区竹编蒸笼、高峰社区手作南狮文化背包等文创产品，吸引1200人次参与。

（蒲　霞）

2020双流区怡心社治节活动现场　　（供图：怡心街道）

彭　镇

Pengzhen Town

【概况】 彭镇位于双流区正西北，距成都双流机场6公里，距离成都市中心15公里；东接东升街道、九江街道，南邻黄水镇，西通崇州市，北靠温江区；镇政府驻彭镇交通路三段70号。2020年，彭镇辖区面积77.38平方公里，其中建成区面积4.8平方公里，29.41平方公里纳入成都芯谷产业功能区，有红石、金桥、柑梓、彭家场4个场镇；辖金湾、羊坪、木樨、布市、岐阳、燃灯、光荣、兴福、鲢鱼、合水、新安、昆山、红石、金桥、柑梓、彭家场16个行政社区，岷江、永和、金马、金河、临江、舟渡6个行政村；年末有常住人口93485人，户籍户数30984户，户籍人口83790人；自然增长人数-130人，人口自然增长率-1.52‰，比上年减少2.36‰。

彭镇始建于明朝，因清初蜀中大诗人彭端淑家族移居此地而得名彭家场，“川西夫子”刘沅出生

彭镇柏梓新村 （供图：彭镇）

于此，是槐轩文化的发源地；有原中共川西擦耳岩联络站、“徐家英烈”纪念碑、“词坛飞将”乔大壮庐墓等遗址，均是全区红色爱国主义教育地标点位；有成都市文化地标3个（观音阁老茶馆、彭镇老街、双流艺体中学）、区级文物保护点位3个（羊坪社区刘沅墓、光荣社区王氏墓群和彭家场社区观音阁老茶馆），其中观音阁老茶馆是到双流区游客必来“打卡地”，被誉为“活着”的古镇、摄影家的“天堂”；紧邻8500亩生态湿地公园，金马河穿境11公里，杨柳河穿境12公里，自然风光秀丽。彭镇秉承生态优先、绿色发展的理念，按照整体优化、协调共生、适度开拓的原则，结合幸福美丽新村建设和农村人居环境整治，持续推进城乡面貌有机更新；依托成新蒲都市现代农业示范带建设，充分利用丰富的农村土地资源储备，精致发展优势产业，持续做精做优蓝莓、草莓、火龙果等特色水果产业，构建一三产业良性互动格局。

2020年，彭镇有规上企业37家，纳税百万元以上企业36家；固定资产投资8.8亿元，工业增加值增长12.6%，规上工业产值25.79亿元，增长7%；地方税收完成1.46亿元，增长12.4%，全口径税收完成4亿元，增长9.9%；社会消费品零售总额年均增长约10%，农村、城镇人均可支配收入分别年均增长8.5%、9.1%；农村富余劳动力实现转移12274人，城镇新增就业3013人，失业率控制在4%以内；城乡居民医疗保险参保率99%。

中共彭镇委员会书记：刘亮（11月离任），张梅（11月任职）；镇政府镇长：张梅（11月离任）。

【村（社区）行政区划调整】 4月，彭镇村（社区）体制机制改革正式启动。按照双流区村（社区）行政区划调整安排，彭镇由26个村（社区）减少为22个，全区占比25%；村居民小组由176个减少为150个，全区占比49.1%。彭镇为全区唯一镇（街道）上报成都市委、市政府评选行政区划和村级建制调整改革先进集体。

【中电科项目拆迁】 彭镇实行“大兵团”作战，7天协议搬迁337户农户，15天协议搬迁136家企业，20天完成中电纵3路、中电纵6路166亩土地征地和施工作业面移交，30天完成中电纵1路122亩土地征地和交地，60天完成产业基地3960亩土地拆迁和清表。

【乡村振兴】 彭镇加速重构城乡融合，城市规划区融入成都芯谷产业功能区，农村区域构建“特色镇＋川西林盘＋田园综合体＋农业产业园”模式，推动槐轩文化小镇、桃源小镇建设，启动保护修复胡家店子等11个川西林盘，建成“金马乡韵·空港桃源”田园综合体，“桃

彭镇古筝＆竹笛艺术课堂2020年首次教学班联合音乐会现场 （供图：彭镇）

沅岛”重大项目加速建设，并依托成新蒲都市现代农业示范带，建成陵江桃园等14个产业基地；通过实施污水治理、户厕改造、垃圾分类、生态修复、植绿增绿“五大行动”，建成舟渡村等6个“厕所革命示范村”，代表全区接受农业农村部检查验收，岷江村等15个村（社区）达标“美丽四川宜居乡村”；成功创建全区乡村振兴先进镇，创建鲢鱼社区、岷江村、临江村3个市级乡村振兴示范村，临江村获评成都市“十大人居环境优美村”并获省级乡村振兴示范村。

【新村建设】 彭镇永和新村和金河新村完成主体建设21.50万平方米，通过新村复垦节余土地指标49.422亩；柑梓新村和常存新村完成分房，安置农户985户2463人。

【文化事业发展】 彭镇开展“一镇一特色・百姓大舞台”群众文艺会演活动12场，惠及群众2万人；完成辖区图书馆、文化站免费开放，惠及群众10万人；10—11月每周末图书分馆开展亲子活动，共8场，惠及群众500人；开展送电影下乡528场次，惠及群众1万人；为鲢鱼社区、兴福社区、布市社区等8个社区安装健身路径14套，组织各村（社区）开展“体育+”社区运动节105场；开展“爱成都・迎大运”双流区彭镇社区体质达人赛暨社区运动会活动，惠及群众1000人；开展古筝&竹笛艺术培训课程48节，成立彭镇天府古筝&天府竹笛艺术团并开展教学班音乐会1场，惠及群众200人。

【党建引领城乡社区发展治理】 彭镇深入推进党建引领城乡社区发展治理实践探索，聘请社治专家4名、社区规划师（营造师）11名，邀请企业（社会企业）、公益机构、社会组织37家，成立彭镇党建引领城乡社区发展治理支持中心，树立“1+1+5”服务治理机制的社治品牌；深入开展“传承好家风家训家规”和“最美阳台、最美院落、最美家庭、最美人物”等线上线下乡风文明培育活动356场，申报市区两级示范社区（小区）、示范微更新项目8个，先后荣获市级微更新项目二等奖1个（鲢鱼社区吴家染坊社区美学馆）和区级示范社区（小区）、微更新项目一等奖2个、二等奖2个、三等奖3个。彭镇获评双流区2020年度城乡社区发展治理工作先进集体，临江村获评2020年成都市示范乡村社区，鲢鱼社区吴家染坊小区获评2020年成都市示范农民集中居住区。

【新型小区治理】 彭镇制定并下发《双流区彭镇农安小区物业管理服务资金使用管理办法（试行）》《彭镇新型小区（统规统建）治理考核办法（试行）》《关于向彭镇新型小区（统规统建）派驻“小区长”的通知》等小区治理规范性措施文件，规范新型小区物管服务资金使用管理、新型小区日常事务管理等；选派15名党员担任新型小区“小区长”、1名党员担任商品房小区党律指导员，将小区治理作为打造共建共治共享社会治理格局的重要组成部分，指导完善“1+3+1+N”管理机制，小区（院落）自治组织覆盖率80%；组织召开小区治理工作联席会、消防安全培训会、安全隐患整治专题会、消防工作现场会、小区防汛排涝工作专题会、小区疫情防控专题会等会议9次，采取定期和不定期、重点督查与全面督查、日常巡查与专项检查、暗访与明查相结合的方式，重点集中在小区疫情防控、消防安全、基础设施维护、环境卫生、物业管理等方面，督查指导各项重点工作100次。

【马哥调解工作室成立】 9月，彭镇“马哥调解工作室”在彭镇人

“吴家染坊社区美学馆”揭牌　（供图：彭镇）

民政府成立，办公地点位于交通路三段29号，由彭镇金牌调解员马千里担任主调解员，配备两名专职人员。马哥调解工作室先后解决疫情期间复工复产劳资纠纷，化解九天家私员工工伤赔偿问题，成功调解红石社区五、六组因边界产生的矛盾纠纷，并化解西建新城与当地群众的矛盾等几十件矛盾纠纷，提升辖区矛盾纠纷化解效率，保障中电科等重大项目，有效防止群体性事件。

【退役军人事务管理】 彭镇完成退役军人及其他优抚对象信息采集，为重点优抚对象购买基本医疗保险；医疗救助10名重点优抚对象，补充医疗救助6名重点优抚对象，补充医疗救助59039.224元；为困难退役军人申报退役军人关爱援助，援助55700元；疫情期间走访慰问困难优抚对象，“八一”期间为重点优抚对象及下岗失业复退军人送上146400元慰问金；创建“全国示范型退役军人服务站”，办理部分退役军人社保接续，工作完成率100%；展开退役军人大走访活动，建立“一人一档”个人档案，收集就业创业需求33份，10月举办“军营做标榜，归乡创辉煌”退役军人专场招聘会；慰问驻镇部队、困难退役军人，与78167部队90分队签订军民共建协议书。

【新冠肺炎疫情防控】 彭镇先后制定印发《彭镇应对秋冬季新冠肺炎疫情防控工作方案》《彭镇应对秋冬季新冠肺炎疫情应急预案》等50类疫情防控工作安排、政策解读文件和工作方案，严格落实居住小区、大型商超（超市）、市场、办公区等人群密集公共场所健康码查验出入制度和体温检测制度，指导村（社区）不同时期疫情防控工作部署，不定期督查村（社区）、市场、小区、超市等疫情防控，持续做好境外和国内新增中高风险地区返乡人员排查，确保不漏一户一人。彭镇动员889人完成四轮全覆盖走访排查，走访排查30512户101142人，排查市外省内来（返）彭镇13874人、省外来（返）彭镇3826人，主动到社区登记的其他地方来（返）彭镇人员7828人；针对国内重点地区来（返）双流人员、解除集中隔离人员和出院病人等纳入社区管理，严格落实管理服务措施；严格落实中高风险地区来（返）双人员核酸检测，未检测和检测结果未出前纳入隔离观察；做好处置因疫情引发的各类事件准备，实行24小时轮班值守，确保足员应对突发情况；组织22个村（社区）、机关各办公室、驻镇单位开展核酸应急检测演练，在全镇设置核酸检测场所6个、通道41个；发放疫情防控宣传资料2万份、口罩166195个、手套8366双、体温枪（计）135个、防护服215套、泡腾消毒片1472瓶（300片／瓶）和35桶（10公斤／桶）、84消毒液1030瓶、消毒粉135袋。

体温检测 （供图：彭镇）

【“企业咖啡时”活动】 彭镇通过政府搭舞台、企业唱大戏、群众得实惠的形式，举行“企业咖啡时”系列活动，帮助区域内企业解决困难，其中举行政银企面对面活动1场，协调解决企业复工后贷款问题；邀请专家开展环保、财税、应用资源开源节流等专题辅导3场，帮助企业提升发展理念；开展业务技能大比拼3场，创新开展统计员能力提升分享交流会、安全知识技能竞赛、企业家沙龙等活动，畅通企业与政府交流平台；在新交付的金湾二期、金马河畔安置小区召开“彭镇制造”区域精品直销会2场，帮助企业融入内循环。

（陈凌旭）

俯瞰黄水镇　　（供图：黄水镇）

黄水镇
Huangshui Town

【概况】 黄水镇位于双流区西南部，距成都市中心17公里，距双流国际机场5公里；东与黄甲街道接壤，南与新津区花源镇交界，西与彭镇毗连，北与东升街道紧邻；镇政府驻黄水场镇顺河上街1号。2020年，黄水镇设综合办、党群办、社区发展办、社区治理办、民生服务办、综合执法协调办、营商环境建设办、财政审计办、新型社区服务办9个科室和1个便民服务中心。黄水镇辖区面积68.92平方公里，其中建成区面积8平方公里、耕地面积5.32万亩；辖杨公、文武、扯旗、桃荚、红桥、板桥、长沟、楠柳、白塔、云华、桂花、应天寺12个社区和花龙1个村，共有112个居民小组；年末有常住人口67295人，户籍户数20162户、户籍人口58476人；出生人口576人，人口出生率9.85‰，人口自然增长率3.44‰。

黄水镇因杨柳河流经镇境“水漱山石色异”得名。1992年10月，经四川省人民政府批准，由黄水乡与杨公乡合并为黄水镇。2019年12月，因双流区行政区划调整，胜利镇并入黄水镇。境内现存瞿上城、东汉崖墓群、三官堂等历史遗迹，以及山寺圣灯、涌泉山瀑等“双流古八景”，建于清代嘉庆年间的柳南桥和百年古榕树为小镇平添古韵。胭脂脆桃、牧山香梨、二荆条等特色农产品为黄水镇农商文旅融合发展提供广阔空间。川藏路、双楠大道（成都五环路）、大件路、成新蒲快速路和成绵乐高铁穿境而过，成都地铁3号线、10号线和17号线在此汇集，黄水镇成为成都芯谷、空港商圈、空港花田等重大产业项目的主要承载地。黄水镇成功创建“四川省级文明镇”“四川省级乡村振兴示范镇”“成都市级乡村振兴示范镇”，受邀参加2020全球城市论坛，并就公园社区发展治理作主题交流发言。黄水镇花龙村成功创建全国文明村，云华社区、楠柳社区获评成都市级示范社区，胜利幼儿园代表全区接受教育部调研检查。

2020年，黄水镇完成全口径工商税收4.81亿元，较2019年增长5.50%，较2016年增长162.00%；完成地方税收2.23亿元，较2019年增长24.60%，较2016年增长294.00%；实现规模以上工业产值43亿元，较2019年增长17.65%，较2016年增长65.00%；完成全社会固定资产投资5.92亿元（其中农业投资0.23亿元、工业投资0.76亿元、服务业投资4.93亿元）；城乡居民人均可支配收入分别为47322元、31670元，较2019年分别增长

210吨新鲜蔬菜驰援湖北　　（供图：黄水镇）

板坡·良舍 （供图：黄水镇）

8.00%、8.70%，较2016年分别增长25.00%、42.00%。

中共黄水镇委员会书记为袁甫；镇政府镇长为颜仁敏。

【新冠肺炎疫情防控】 黄水镇组织镇、村（社区）干部、网格员、党员及志愿者对辖区内“四类人员”进行3轮地毯式拉网排查，排查率100%；针对排查出的67名重点人员依法依规进行居家医学观察或集中隔离，对2091名外地入蓉人员建立台账进行常态化跟踪管理，坚决做到内防扩散、外防输入；落实“外防输入、内防反弹”举措，强化疫情常态化防控，有效应对郫都、成华疫情，成立联合流调小组2个，建立核酸应急检测场所15个，采样点40个。全镇人民向湖北捐赠善款30万元，捐赠蔬菜210吨，帮助湖北人民共克时艰。

【国际营商环境优化】 黄水镇强化复工复业指导，开展“服务企业春风行”系列行动，以“企业咖啡时”为纽带，按照“分片包联、精准服务”原则，一对一帮扶辖区企业63家、农家乐80家，收集问题建议38个，开通企业“蔬果直通车”，帮助解决旭发科技停车难、标件铝业用工难等问题；狠抓财源建设，完成新增企业税务登记备案92家，配合完成1695户新注册个体核实，新增税源39家，做到疫情防控与经济社会发展“两手抓，两手硬”。

【乡村振兴战略实施】 黄水镇探索通过资金、土地、闲置房屋等股份制运作，构建“龙头企业+股份合作社+农户”利益联结机制，打造鲜花小镇、“板坡·良舍”等品牌项目，孵化2家精品民宿，解决580名群众就近就业，居民年增收超4000元；推动云华新村周边区域消费场景营造，投入镇财政资金400万元打造以绿色熊猫为品牌的乡村民宿、特色餐饮、文创产品售卖等特色产业；投入镇财政资金98万元，支持文武社区对现有良种樱桃基地、龙虾基地提档升级，计划在周边连片打造2000亩集运动观光、娱乐休闲于一体的“牧马水乡”特色农业产业园，预计可争取投资不低于5亿元。黄水镇成功创建全区唯一一个省级乡村振兴示范镇。

【征地拆迁与项目建设】 黄水镇完成中电科、天保大道污水主干管等项目2220亩征地拆迁，基本完成632亩的安置小区、学校项目征地拆迁；强力推进成都芯谷、威斯敏斯特学校等11个项目拆迁扫尾，完成率98%；成功化解德富酒厂拆迁历史遗留问题，力促广牧路A1线尽快建成投运，节约财政资金4000万元。圆通项目年底建成投产，配套道路施工有序推进；胜利场镇绕镇路建设开始施工。

【城市精细化管理】 黄水镇整合城管执法、环卫保洁、市政园林等专业资源，实现场镇主干道及公共区域环境保洁、设施维护和综合执法的有机统一；利用“雪亮工程”和综治大联动指挥平台，以社区为单位，将主干道以外的区域划分为29个单元网格，每个网格采取“1名专职网格员+N名粉丝”模式，建立受理、处置、回告、检查、评估等闭环流程，做到“即发现即处置”，实现街面巡查、日常监管、养护保洁全覆盖，让城市管理无漏点、无盲区；实施垃圾分类小区5个，涉及5403户，新增及更换垃圾分类桶300个，建设垃圾银行自助投放点2个，改造垃圾池3处，生活垃圾得到及时有效转运。

【社区发展治理】 黄水镇深入推进社区发展治理，以群众需求为导向，成立社会组织联盟，打造“睦邻生活服务馆”，推出云华家话、棋聚黄水、共享菜地等高品质志愿服务

实行垃圾分类积分兑换　　（供图：黄水镇）

活动；营造共享超市、提琴工作室、特色农耕馆等共享空间，全面激发社区共建共治共享活力；设立50万元商瞿故里奖学基金，奖助100人次；加快推进花龙村党建引领示范社区点位打造，完成桃荚、红桥社区党群服务中心亲民化改造；云华、楠柳社区获评成都市级示范社区，长沟社区“家的港湾，你我相伴”项目获评双流区优秀案例，实现新市民在城市化进程中生产生活方式同步转变。黄水镇应邀参加2020全球城市论坛，就公园社区的美好生活场景作交流发言，受到人民网、新华网等多家中央级媒体报道。

【城乡环境治理】 黄水镇聚焦“大美双流”建设，狠抓环境污染防治，做好中央、省、市环保督察问题整改“回头看”，关停整改散乱污企业136家；落实河长制、街长制、路长制，投资2300万元的胜利场镇雨污管网改造项目于12月动工建设；投入资金400万元，完成12处散居院落生活污水治理、13处人工湿地清掏维护和河渠清淤35874立方米；通过新建污水提升泵站、临时污水管网等措施，妥善解决白河华新锦绣尚郡段污水直排问题；完成成贵客专沿线环境治理项目规划设计，预计投入资金1300万元；全面展开市容秩序辅助管理服务外包试点，市容秩序得到显著改观；完成村道“白+黑”改扩建5.05公里，群众出行更加方便；持续开展厕所革命，完成农户厕改2162户，农村公共厕所达30个，户用卫生厕所普及率100%。

【“大棚房”及违建整治】 黄水镇持续清理整治“大棚房”和违建问题，全年拆除违法建设60宗35018平方米，清理拆迁区域已拆除房屋建渣和垃圾5万立方米，利用“拆而未用”“征而未用”土地新增植绿7.8万平方米。

【“平安黄水”建设】 黄水镇开展“扫黑除恶”专项行动，开展专项清查整治30次，出动人员1000人次、车辆200辆次，设置治安卡点13个；在学校、加油站、安置小区、西客站等重要部位和人员密集地实行24小时不间断巡逻；落实安全生产“一岗双责”，排查安全隐患824条，完成整改793条；有力有序应对“8·16”强降雨造成的洪涝灾害，紧急转移安置低洼易涝地段群众40户151人，无房屋倒塌和人员伤亡情况；抽调精干力量组成民兵应急分队到黄龙溪防汛抢险，救助遇险群众100人，《国防时报》予以报道。

【民生福祉】 黄水镇举办农民工暨失地农民就业专场招聘会6场，完成城镇新增就业2753人；发放最低生活保障金260万元、临时及快速救助14.8万元、高龄津贴200万元、

四川省象棋名人邀请赛现场　　（供图：黄水镇）

残疾人相关补贴 84 万元，为困难群众提供生活照料、康复养护、心理疏导等居家生活服务，为 4879 名 65 岁及以上的老年人开展健康体检、152 对育龄家庭免费孕前优生检查、1800 名城乡妇女免费“两癌”筛查；实施“智慧型治安防控工程”；高度重视网络理政，办理来信来访 500 件次，办结率 100%，满意率 95%；成功化解社会风险隐患“大起底”10 件，化解率 62.5%；组织“一镇一特色、百姓大舞台”文艺演出系列活动 13 场，举办文化惠民坝坝电影 216 场；开展“棋聚黄水·万象更新”象棋营造项目，助力双流区成功创建“象棋全国之乡”。黄水镇中小学幼儿园新增学位 175 个，完成校园环境和教学设施提升，黄水幼儿园被评为成都市一级园。

（车思涵）

/ 永安镇 /
Yongan Town

永安镇白果村农户自发捐蔬菜到武汉（供图：永安镇）

【概况】 永安镇地处双流区东南部，东邻天府新区成都直管区，西与新津区毗邻，南接黄龙溪镇，北连黄甲街道；镇政府驻永安镇学士街 87 号。2020 年，永安镇辖区面积 56.75 平方公里，其中建成区面积 5.66 平方公里、耕地面积 33183 亩；辖付家坝、凤凰里、松柏 3 个社区居委会（涉农社区），三新村、景山村、双坝村、梨园村 4 个村民委员会；年末有常住人口 37498 人，户籍户数 11888 户（其中农业户 6339 户），户籍人口 35385 人（其中农业人口 19747 人）；人口出生率 10.49‰、人口自然增长率 3.65‰、人口密度 661 人 / 平方公里。

1992 年，永安镇由原永安、红花两乡合并而成。永安镇生态本底良好，森林覆盖率 28%；水域面积占比 4.6%，锦江穿境而过，永安段全长 11.4 公里，水质常年保持四类；建成开放 10 公里永安湖绿道示范段、26.5 万平方米条条河湿地公园，形成以永安湖森林公园为核心的三级绿道体系，空气质量综合指数排名双流区第二位。永安镇是全国最大的优质地瓜种子繁育基地、成都市核心蔬菜基地，盛产二荆条辣椒、付家坝韭黄、红提葡萄、地瓜种子“永安四绝”，其中二荆条辣椒为中国国家地理标志产品、双流永安葡萄获评国家地理标志保护产品。永安镇是国家级卫生乡镇、国家级现代农业综合示范基地和全国造林绿化百佳乡（镇），被双流区委区政府评为 2019 年度目标绩效考核和落实党风廉政建设主体责任先进单位、2020 年度实施乡村振兴战略推进城乡融合发展工作先进镇、创建“全国首批学前教育普及及普惠区”先进集体，松柏村和白果村被四川省委省政府评为 2019 年度实施乡村振兴战略示范村，永安社区教育学校《永安乡村振兴课堂》被四川省全民终身学习活动周工作小组授予四川省“终身学习品牌项目”。

2020 年，永安镇完成全口径税收 9037 万元，比 2019 年增长 83.6%；完成地方税收 2947 万元，比 2019 年增长 15.88%；完成规上企业增加值 17.5 亿元，比 2019 年增长 40.21%；城镇居民人均可支配收入 50778 元、农村居民人均可支配收入 32020 元，分别比 2019 年增长 5.9%、8.7%；目标考核居全区镇（街道）第二名。

中共永安镇委员会书记：邓永清（3 月离任）、朱光春（3 月任职）；镇政府镇长：任小利（1 月任职）。

【村（社区）体制机制改革】 永安镇撤销白果村，将原白果村与付家坝社区合并，设立付家坝社区；撤销凤凰村，设立凤凰里社区；撤销松柏村，设立松柏社区；撤销新街村，将原新街村与景山村合并，设立景山村。永安镇将原 1 个社区 8 个村优化调整为 3 个社区 4 个村，92 个村（居）民小组调整为 86 个。

【新冠肺炎疫情防控】永安镇落实“外防输入、内防反弹”要求，开展入户排查、人员处置、宣传教育、联防联控，1月26日至2月4日1500名党员干部和志愿者完成3轮全覆盖入户排查，摸排户数33380户（含租住户）62576人，其中市外到双流人员17051人（生物城10054人）、湖北等重点疫区人员281人（武汉到双流52人、北京到双流20人），实行居家医学观察142人、集中医学观察9人，核酸检测204人；落实重点场所“测温亮码戴口罩”“四问四登记”要求，实施“全域体检”，开展疫情防控应急演练8场；实施“三色卡”分类管理办法，实现人员、车辆精准识别和动态管控，未发生一例疑似和确诊病例；发放口罩32028个、体温枪41个、酒精495升、消毒液662升，向武汉捐赠蔬菜4万公斤。疫情期间，四川省委书记、成都市委书记到永安镇调研并给予肯定，代表四川省接受世卫组织专家考察。

【征地拆迁与安置】永安镇完成白果安置点（锦南苑）、国际医学中心、货运大道南段延伸线、广安药业、经营性地块（广安药业旁）、经营性地块（东侧）、生物城南路、新双黄路南段、新双黄路南段延伸线、围库路、起步区湿地、毛家湾市政道路、8号跨线桥、贝赛思项目征地拆迁，征地2428.7406亩，用地858.598亩；拆迁租地业主34家，拆迁安置605人，完成失地农民参保719人，完成11387名在外过渡人员过渡费核算管理和发放；完成板栗山、龙灯山、松林山地质灾害点8户17人搬迁安置，土坯房原址重建3户8人。

【生物城建设】永安镇完成广安医药基地项目、天府国际医疗中心等13个项目拆迁扫尾，征地1330亩、租地372亩，拆迁农户524户、租地业主29家、农户附着物321户；实现“已动项目”征地拆迁扫尾全面清零，“拟动项目”征地拆迁全速推进；联合园区组建民工服务专班，开通“疫路同行”爱心专车，协调辖区二医院优先开通生物城企业员工体检绿色通道；围绕企业生产过程中困难，变管理为服务，打通项目建设生态环保通道，开展扬尘渣土暨交通秩序整治，助推生物城46个重大项目加快建设；分片实施企业专员包联制度，上门服务指导疫情防控。

【幸福美丽新村建设】永安镇景山村、梨园村、双坝村二期3个幸福美丽新村完成主体和外墙风貌，总平施工完成80%，水电气等基础设施配套基本完成；双坝村、景山村、梨园村分别于5月28日、7月25日、8月29日完成分房339套，惠及群众3926人；双坝村一期完成6宗92.34亩集体建设用地流转，项目业主已制定建设方案；景山村、梨园村村庄规划编制通过双流区美丽乡村专家审查委员会审查。

【乡村振兴】永安镇实施国家地标产品核心区保护计划，完成“双流

永安镇双坝村　　（供图：永安镇）

8月8日，首届国家地理标志双流永安葡萄文化季MINI马拉松开跑

（供图：永安镇）

永安葡萄”核心保护区300亩、“牧马山二荆条辣椒”核心保护区100亩规划建设，推广种植花碑山柑橘1080亩；举办首届国家地理标志双流永安葡萄文化季、双流区农民丰收节、“青春生物城、书香耀永安”优秀毕业生畅想会等重大活动。

【社区治理】 永安镇打造凤凰里国际化产业社区，建成多功能邻里中心，成功创建付家坝社区示范城镇社区和双坝村示范乡村社区；打造“最美村道”、龙王湖景墙、四兴街、剑南大道节点景观，实施剑南大道光彩工程；结合文化中心提档改造建设“葆琛乐育书院”，依托沼气协会打造集培训、展示、文旅观光等功能于一体的沼气学院，完成永安老码头记忆节点打造。

【拆违治违】 永安镇拆除整治违法建设49宗4600平方米，拆除复垦整改硬化土地12宗面积5100平方米；农村乱占耕地建房专项整治198宗，完善手续99宗，拆除乱占耕地建房98宗24000平方米，剩余1宗未复耕。

【城市管理】 永安镇建立城乡环境综合治理“3313”工作机制，落实城乡环境综合治理月活动暨网格长包干责任制，每月交叉测评各村（社区）城乡环境综合治理，建立每月工作通报机制、问题跟踪整改机制和责任追究机制；在全镇开展“五美”（最美村道、最美院落、最美家庭、最美商户、最美环境治理者）评比活动，评选出最美村道3条、最美院落3个、最美家庭154户、最美环境治理者12名；对场镇太平街一二段、四兴街、翰林街、文化一二路、南通路二三段实行非现执法，增设四兴街、新市场、黄龙大道三段等场镇区域停车位200个；针对居家隔离人员，创新采取“四专两消一烧一本”的“4211”工作法，规范收运处置生活垃圾，阻断疫情传播渠道，分别在双流区委办《新型冠状病毒感染的肺炎疫情防控工作专刊工作交流》（第6期）、区政府《每日要情》（第25期）、区政府办《政务简报》（第7期）刊发并在全区推广；实施生物城4000吨/日一体化污水处理项目和永安污水处理厂溢流管网建设，建设完成永安大桥50吨/日和永安小学红花校区150吨/日一体化污水处理设施，沟渠清淤6900立方米。“8·15”洪灾后，永安镇对场镇街面清淤、冲洗、消杀，并于8月19日和20日组织环卫公司及灾情较轻的村78人次，支援黄龙溪镇开展灾后街面清淤冲洗，清理淤泥500立方米、垃圾10吨。

【民生福祉】 永安镇悬挂光荣牌983个，对部分重点优抚对象申请补充医疗救助，完成部分困难退役军人退役军人关爱救助申报，“八一”走访慰问982人，发放慰问金22万元；解决就业3.1万人，城镇新增就业455人，城镇下岗失业人员再就业222人，城镇登记失业率3.3%；发放失业补助金17000

万元、困难群众救助金 4.35 万元、高龄津贴 75.71 万元；全面建成网格化服务管理体系，实现雪亮工程、社会面监控、网格化管理 100% 全覆盖；举办百姓大舞台等大型文化活动 53 场。

（饶文涛）

/ 黄龙溪镇 /

Huanglongxi Town

【概况】 黄龙溪镇位于双流区东南部边缘，距离双流城区 34 公里，距离成都市中心 42 公里；东临天府新区成都直管区，南接眉山市彭山区，西靠新津县，北承双流区永安镇，镇政府驻黄龙溪镇黄龙大道四段 2799 号。2020 年，黄龙溪镇设有综合办、党群办、纪委、社区发展办、社区治理办、民生服务办、综合执法协调办、营商环境办、财政审计办、新型社区服务办公室 10 个内设机构，黄龙溪镇综合便民服务中心、黄龙溪镇农业综合服务中心 2 个下属事业单位；镇党委下设 14 个基层党组织，党员 1000 人。黄龙溪镇辖区面积 50.4 平方公里，其中建成区面积 2.1 平方公里、景区面积 1.21 平方公里；下辖黄龙、古佛、嘉禾、白马、大河 5 个社区，响水、川江 2 个村；有常住人口 2.9 万人，户籍户数 10036 户（其中农业户 2026 户）、户籍人口 2.8 万人（其中农业人口 6104 人）；人口出生率 2.47‰，人口自然增长率 0‰，人口密度 14.45 人 / 平方公里。

黄龙溪镇是中国第三批历史文化名镇、中国民间艺术（火龙）之乡、国家 AAAA 级旅游景区、四川省首批特色小镇。黄龙溪古镇历史悠久，拥有一湖、两河、六寺、七街、九巷、十古景点；景区面积 1.21 平方公里，其中古镇核心景区面积 0.04 平方公里，常住人口数量 5500 人；景区有商家 607 户（其中餐饮 109 户、住宿 116 户、工艺品 109 户），有酒店（客栈）116 家，床位 3531 张。

2020 年，黄龙溪镇完成固定资产投资 6.5 亿元、农业投资 3 亿元、工业投资 0.3 亿元、服务业投资 3.19 亿元、省市重点项目投资 3 亿元，规上工业增加值 9%，服务业增加值 5.5%；新增市场主体 1760 个、企业 248 家，流转土地 520 亩；村级集体经济收入超 6000 万元，农村人均可支配收入 31558 元，比 2019 年增长 10.2%，城镇居民人均可支配收入 51728 元，比 2019 年增长 5.5%。

中共黄龙溪镇委员会书记为赵成俊；镇政府镇长为邓建。

【新冠肺炎疫情防控与防汛抢险】 黄龙溪镇面对新冠肺炎疫情，开展 5 轮摸排集中攻坚，走访排查 9122 户 32483 人，发现整改问题 371 个，确保全镇疫情“零感染”；面对百年不遇洪灾，出动防汛抢险人员 4632 人次 260 车次，紧急转移安置受灾群众 1978 户 7099 人，确保全镇灾情“零伤亡”；出台帮扶措施 31 条，仅用 13 天时间，古镇景区即恢复生机、重新开街。

【重大项目推进】 黄龙溪镇复原三百年老茶馆，启动市井印象、川龙街、皇金路 3 条特色文创街打造；对接四川省博览集团等龙头企业，推进“七星伴月”文化产品展示、拍卖、研学综合体建设；完成总用地面积 385 亩的四川省公共卫生综合临床中心建设项目拆迁，146 亩锦江绿道用地交地；开展大坪山 3 个川西林盘全球招商，初步接触企业 12 家，达成意向性合作协议 4 个；同彭山锦江镇、仁寿富加镇签订合作协议，构建抱团发展、协作互补的文旅产业格局。

【基层治理创新】 黄龙溪镇指导各村（社区）用好社区保障资金，实

8月17日，黄龙溪镇开展防汛救援工作　（供图：黄龙溪镇）

川龙街　　（供图·区商务局）

施儿童关怀、社区营造、特色自组织培育等服务项目50个，古佛社区“惠民、助民”营造项目案例和白马社区“岳生活越幸福——‘棕妹子’幸福成长记”2个项目入围全区专家评审15个案例；开展消防综合应急演练4次，开展安全宣传24次，巡查存在隐患单位260家，均督促整改完成；排查嘉禾社区新市场出租房360间次、闲置房屋1250间次、单位100家次、流动人口780人次，未发现违法犯罪活动。

【生态环境改善】 黄龙溪镇同籍田、锦江、普兴、永安五方联动抓“三边”治理，拆除围墙400米，增绿3000平方米；完成13个基地检测点，检测农残数量6617个；上传7家溯源体系数量9999条、农产品质量合格证23个基地27749条，无重大农产品安全事故；指导常规病死动物无害化处理44次，协助养殖循环设施排查及污染整治265户次；向养殖户发放、签订告知书、责任书、承诺书837份，协助猁水猪排查240户次；动物防疫重大疫病防控培训92人次，发放宣传资料8000份。

【政府效能提升】 黄龙溪镇办理人大代表意见建议12件，完成率70.6%；便民中心办理政务服务事项5718件，其中工商营业执照1657件、食品经营许可证154件、社保和医保1701件、就业817件、房屋租赁备案49件、老年卡新办187件、老年卡年审568件、免费技术服务介绍信16件、补换独生子女证271件、残疾证18件、白内障介绍信23件。

【教育事业发展】 黄龙溪镇着力打造、提升优质教育，加快推进校园文化建设并形成特色和品牌。全镇有教职工157人，教学班41个，学生1778人；有幼儿园3所（黄龙溪幼儿园、红太阳幼儿园和东岳幼儿园），教职工110人，专任教师52人，其中大专以上学历50人，在园幼儿814人。

【民生福祉】 黄龙溪镇有序推进新村建设，完成嘉禾、响水4个新村聚居点建设并分房，惠及全镇570户1653人；完成响水“小拆”、大河“大拆”项目，川江“大拆”项目稳步推进，完成房屋主体建设70%，完成古佛“小拆”项目招标；完成5.46公里镇村道路建设，改造土坯房27户，改造户厕29户；实现城镇新增就业968人，下岗人员再就业473人，开展技能培训182人；开展百姓大舞台惠民演出7场、免费文化艺术培训24期、非遗传承（船工号子）4期、儿童暑期及秋季培训活动64场。

（周亚茹）

附 录

APPENDIX

荣誉榜

Honor List

国家部（委）级先进单位和个人

2020 年双流区获评国家部（委）级先进一览表

表 7

获奖单位	荣誉称号	颁奖单位	颁奖时间
双流区	最具投资营商价值区	人民网	2020.8
双流区	2020 年度人民网网民留言办理工作机制创新单位	人民网	2020.11
双流区	中国楼宇经济领军发展城区	中国楼宇经济全球合作大会评委会	2020.11
双流区	2020 年度中国营商环境百佳试点	人民网	2020.12
双流区	全国第三批节水型社会建设达标县（区）	水利部	2020.12
双流区纪委监委	2020 年度《中国纪检监察》学刊用刊工作先进单位	中国纪检监察杂志社	2020.9
双流区纪委监委	2020 年度新闻传播中心报网宣传先进单位	中央纪委国家监委新闻传播中心	2020.11
双流区人民法院	司法宣传和通联工作先进单位	人民法院新闻传媒总社	2020.12
双流区城市管理局	全国优秀健走单位	中国疾控中心慢病中心	2020.12
双流区水务局	全国文明单位	中央文明委	2020.11
双流区河长制办公室	全面推行河（湖）长制先进集体	水利部办公厅、中国农林水利气象工会全国委员会	2020.12
双流区文化体育和旅游局	全国体育事业突出贡献奖	国家体育总局	2020.12
双流区体育总会	全国象棋之乡会员单位	中国象棋协会	2020.12
双流区体育中心	体育服务综合体典型案例	国家体育总局	2020.11
双流区融媒体中心	全国市县媒体融合先导单位	中国电视艺术家协会	2020.10
双流区融媒体中心	2020 年全国县级融媒体中心舆论引导能力建设突出案例	中国新闻出版研究院、北京大学新媒体研究院、北京融媒指数大数据移动互联研究院、全国县级融媒体中心舆论引导能力建设年会组委会	2020.12
双流区第一人民医院	2020 年度全国抗肿瘤药物临床应用监测工作优秀工作单位	国家癌症中心	2021.1

续表 7

获奖单位	荣誉称号	颁奖单位	颁奖时间
双流区疾控中心	死因登记报告突出贡献先进集体奖	中国疾控中心	2020.3
双流区西航港社区卫生服务中心	新冠肺炎疫情社区防控表现突出机构	中国社区卫生协会	2020.9
双流中学实验学校风云气象站	第七批全国气象科普教育基地——示范校园气象站	中国气象局、中国气象学会	2020.12
双流区永安镇	国家卫生乡镇	全国爱国卫生运动委员会	2020.7
双流区东升街道	全国城乡社区疫情防控优秀案例	中国社会治理研究会	2020.11
西南航空港经济开发区	2020 年新认定国家外贸转型升级基地	商务部	2020.12

2020 年双流区获评国家部（委）级先进个人一览表

表 8

姓名	工作单位	获奖名称	颁奖单位	颁奖时间
张　超	双流区人民法院	优秀直播法官	中国法院网	2020.12
黄　艳	双流区发改局	2019—2020 年度全国价格认定工作优秀个人	国家发展改革委价格认证中心	2020.12
刘　杰	双流区城市管理局	生活垃圾分类工作优秀志愿者	国家机关事务管理局、住房和城乡建设部	2020.6
李文英	双流区卫生健康局	全国敬老爱老助老模范人物	国家卫生健康委员会、全国老龄工作委员会办公室	2020.12
毛　敏	双流区第一人民医院	2020 全国中青年泌尿外科医师临床科研技能大赛优秀奖	吴阶平医学基金会	2020.11
胡　容	双流区疾控中心	死因登记报告突出贡献先进个体	中国疾控中心	2020.3
张　智	双流区西航港社区卫生服务中心	抗击新冠肺炎疫情斗争表现突出城乡社区卫生工作者	中国社区卫生协会	2020.11
张凤涛	双流区西航港社区卫生服务中心	抗击新冠肺炎疫情斗争表现突出城乡社区卫生工作者	中国社区卫生协会	2020.11

四川省级先进单位和个人

2020 年双流区获评四川省级先进单位一览表

表 9

获奖单位	荣誉称号	颁奖单位	颁奖时间
双流区	四川省农民增收工作先进县（市、区）	四川省委办公厅	2020.3
双流区	四川省双拥模范城（县、区）	四川省委	2020.6
双流区	四川省天府旅游名县候选县（市、区）	四川省人民政府办公厅	2020.9
双流区	四川省级体育产业示范基地	四川省体育局	2020.9
双流区	四川省第五轮敬老模范县	四川省人民政府	2020.10
双流区人民武装部党委	先进团级党委	四川省军区党委	2020.7
双流区人民法院	全省法院信息工作先进集体	四川省高级人民法院	2020.4
双流区人民法院	2020 年度全省法院信息工作先进集体	四川省高级人民法院	2020.12
双流区人民法院执行局	基本解决执行难工作突出集体	四川省高级人民法院	2020.4
双流区人民法院立案庭	全省法院司法技术工作先进集体	四川省高级人民法院	2020.4
双流区公安分局	四川省文明单位	四川省精神文明委员会	2020.12
双流区公安分局指挥室	四川省公安机关“110”工作成绩突出集体	四川省公安厅	2020.12
双流区公安分局巡警大队	四川省抗击新款肺炎疫情先进集体	四川省委、省政府	2020.11
双流区公安分局巡警大队党支部	四川省抗击新款肺炎疫情先进党组织	四川省委、省政府	2020.11
双流区委党校	四川省卫生单位	四川省爱国卫生运动委员会	2020.1

续表 9

获奖单位	荣誉称号	颁奖单位	颁奖时间
双流区委党校	四川省文明单位	四川省精神文明建设委员会	2020.12
双流区发改局	2019—2020 年度四川省价格认定工作先进单位	四川省价格认证中心	2020.12
双流区发改局	2020 年度全省价格监测工作先进集体	四川省发展和改革委	2021.1
双流区城市管理局道路运输管理所	四川省文明单位	四川省精神文明委员会	2020.12
双流区水务局	长江经济带生产建设项目水土保持监督执法专项行动先进集体	四川省水利厅	2020.7
双流区文化体育和旅游局	四川省广播电视系统先进集体	四川省人社厅、省广播电视局	2020.1
双流区文化体育和旅游局	第十四届成都市运动会优秀组织奖、体育道德风尚奖	四川省体育局	2020.4
双流区文化体育和旅游局	四川省首届“广电惠民服务月”活动先进集体	四川省广播电视局	2020.4
双流区文化体育和旅游局	四川省抗击新冠军肺炎疫情先进集体	四川省委、省政府	2020.11
双流区卫生健康局	四川省中医药传承创新发展先进集体	四川省人社厅、省中医药管理局	2020.8
双流区卫生健康局	四川省卫生监督协会分支机构及会员单位参与新冠肺炎疫情防控先进集体	四川省卫生监督协会	2020.9
双流区中医医院	援鄂抗疫先锋单位	四川省医院协会	2020.8
双流区妇幼保健院	2019—2020 年四川省级节约型公共机构示范单位	四川省机关事务管理局	2020.12
双流区图书馆	“抗击病毒　从我做起”全民抗“疫”少儿简笔画创作展示活动优秀组织奖	四川省图书馆	2020.4
双流区图书馆	“抗击病毒从我做起”全民抗疫简笔画创作展示活动优秀组织奖	四川省图书馆	2020.4
双流区融媒体中心	四川省第九届广播电视公益广告创作展播活动优秀播出机构	四川省广播电视局	2020.11
西南航空港经济开发区	第二批四川省院士（专家）产业园	四川省委组织部、省经济和信息化厅、省人社厅、省农业农村厅、省文化和旅游厅、省科学技术协会	2020.12
东升街道五洞桥社区党委	四川省先进基层党组织	四川省委	2020.11
东升街道五洞桥社区党委	四川省抗击新冠肺炎疫情先进集体	四川省委、省政府	2020.11
黄龙溪古镇	四川省第二批文化旅游特色小镇	四川省人民政府办公厅	2020.9

2020 年双流区获评四川省级先进个人一览表

表 10

姓名	工作单位	获奖名称	颁奖单位	颁奖时间
赵建明	双流区委政法委	四川省先进工作者	四川省人民政府	2020.12
刘启洪	双流区人民法院	个人二等功	四川省高级人民法院	2020.1
周　跃	双流区人民法院	个人二等功	四川省高级人民法院	2020.1
何良彬	双流区人民法院	个人三等功	四川省高级人民法院	2020.1
邱盛林	双流区人民法院	四川省法院系统先进个人	四川省高级人民法院	2020.9
黄　杰	双流区人民法院	防汛救灾中表现突出先进个人	四川省高级人民法院	2020.10
钟　倩	双流区人民法院	全省法院司法警察庭审警务保障工作先进个人	四川省高级人民法院	2020.12
王　璇	双流区人民法院	全省法院国家赔偿审判与司法救助工作先进个人	四川省高级人民法院	2020.12
伍　敏	双流区人民法院	2020 年度全省法院信息工作先进个人	四川省高级人民法院	2020.12
马　勇	双流区公安分局巡警大队	抗击新冠肺炎疫情先进个人	四川省委、省政府	2020.11
巫平飞	双流区公安分局政治处	抗击新冠肺炎成绩突出个人	四川省公安厅	2020.12

续表 10

姓名	工作单位	获奖名称	颁奖单位	颁奖时间
李　梅	国家税务总局双流区税务局第二税务所	四川省先进工作者	四川省人民政府	2020.12
任　弋	双流区商务局	抗击新冠肺炎疫情先进个人	四川省委、省政府	2020.11
袁京蓉	双流区文化体育和旅游局	四川省广播电视系统先进个人	四川省人社厅、省广播电视局	2020.1
屈　勤	双流区卫生健康局	四川省第八届劳动先进工作者	四川省人民政府	2020.6
郭　毅	双流区卫生健康局	四川省抗击新冠肺炎疫情先进个人	四川省委、省政府	2020.11
屈　勤	双流区卫生健康局	四川省先进工作者	四川省人民政府	2020.12
吕天萍	双流区疾控中心	四川省新冠防控先进个人	四川省委办公厅	2020.11
鄢家良	双流区疾控中心	抗疫最美家庭	四川省妇联	2020.5
陈小英	双流区疾控中心	抗疫最美家庭	四川省妇联	2020.5
万红霞	双流区第一人民医院	2020 年度医院后勤管理先进个人	四川省医院协会	2020.9
唐　锐	双流区中医医院	援鄂抗疫先锋个人会员	四川省医院协会	2020.8
唐　锐	双流区中医医院	四川省抗击新冠肺炎疫情先进个人	四川省委、省政府	2020.11
曾画艳	双流区妇幼保健院	2020 年度四川省临床营养质量控制中心先进个人	四川省临床营养质量控制中心	2020.12
刘　利	双流区西航港社区卫生服务中心	中国盖茨基金会农村基本卫生保健凉山项目结对帮扶优秀队员	四川省卫生健康委员会	2020.10
左建春	双流区胜利社区卫生服务中心	抗击新冠肺炎疫情先进个人	九三学社四川省委员会	2020.12
韩凯平	怡心街道三江社区	四川省劳动模范	四川省人民政府	2020.6
李　玄	四川飞机维修工程有限公司	四川省劳动模范	四川省人民政府	2020.6
廖德富	成都牧马山农产品产销专业合作社	四川省劳动模范	四川省人民政府	2020.6

成都市级先进单位和个人

2020 年双流区获评成都市级先进单位一览表

表 11

获奖单位	荣誉称号	颁奖单位	颁奖时间
双流区	固体废物污染防治工作突出的区（市）县	成都市三大战役办公室	2020.1
双流区	成都市政务服务“一网通办”先进集体	成都市人民政府	2020.3
双流区	庆祝中华人民共和国成立 70 周年活动突出贡献先进县（区）	成都市委、市政府	2020.6
双流区	国家农产品质量安全市（成都·双流）	成都市人民政府	2020.7
双流区	城乡防火专项整治“四个清单”工作先进区（市）县	成都市森林草原防灭火和城乡防火专项整治工作领导小组办公室	2020.9
双流区	路地协作典范	成都市铁路局	2020.10
双流区人民武装部	安全稳定工作先进单位	成都警备区	2020.11
双流区人民法院	全市法院司法警察执法规范化建设活动先进单位	成都市中级人民法院	2020.1
双流区人民法院	2015—2020 年成都市法学研究杰出贡献单位	成都市委政法委、市法学会	2020.9
双流区人民法院	2020 年全市离退休干部“双助”活动先进集体	成都市委老干部局	2020.11
双流区公安分局	2016—2020 年度成都市群众体育先进单位	成都市体育总会	2020.8
双流区公安分局	成都市抗击新冠肺炎疫情先进集体	成都市委、市政府	2020.11
双流区公安分局公安办证中心	全市户政服务管理工作成绩突出集体	成都市公安局	2020.1
双流区公安分局经济犯罪侦查大队	新冠肺炎疫情防控先进集体（第三批）	成都市公安局	2020.3

续表 11

获奖单位	荣誉称号	颁奖单位	颁奖时间
双流区公安分局医学观察点安保工作专班	新冠肺炎疫情防控先进集体（第四批）	成都市公安局	2020.3
双流区公安分局巡警大队	新冠肺炎疫情防控先进集体（第五批）	成都市公安局	2020.4
双流区公安分局航空港派出所	新冠肺炎疫情防控先进集体（第六批）	成都市公安局	2020.4
双流区公安分局巡警大队	新冠肺炎疫情防控先进集体（第八批）	成都市委办公厅	2020.4
双流区公安分局世警会筹备办公室	集体三等功	成都市公安局	2020.4
双流区公安分局户政管理大队	新冠肺炎疫情防控先进集体（第七批）	成都市公安局	2020.5
双流区公安分局棠湖派出所	新冠肺炎疫情防控先进集体（第八批）	成都市公安局	2020.5
双流区公安分局政治处党支部	建党 99 周年全市公安机关“最强党支部”	成都市公安局	2020.7
双流区公安分局警务保障室党支部	建党 99 周年全市公安机关“最强党支部”	成都市公安局	2020.7
双流区公安分局户政管理大队党支部	建党 99 周年全市公安机关“最强党支部”	成都市公安局	2020.7
双流区公安分局看守所党支部	建党 99 周年全市公安机关“最强党支部”	成都市公安局	2020.7
双流区公安分局棠湖派出所党支部	建党 99 周年全市公安机关“最强党支部”	成都市公安局	2020.7
双流区公安分局东升派出所党支部	建党 99 周年全市公安机关“最强党支部”	成都市公安局	2020.7
双流区公安分局航空港派出所党支部	建党 99 周年全市公安机关“最强党支部”	成都市公安局	2020.7
双流区公安分局黄甲派出所党支部	建党 99 周年全市公安机关“最强党支部”	成都市公安局	2020.7
双流区公安分局西航港经济开发区派出所党支部	建党 99 周年全市公安机关“最强党支部”	成都市公安局	2020.7
双流区公安分局杨柳河派出所党支部	建党 99 周年全市公安机关“最强党支部”	成都市公安局	2020.7
双流区公安分局指挥室党支部第一党小组	建党 99 周年全市公安机关“最优党小组”	成都市公安局	2020.7
双流区公安分局纪检组党支部第一党小组	建党 99 周年全市公安机关“最优党小组”	成都市公安局	2020.7
双流区公安分局警务保障室党支部第三党小组	建党 99 周年全市公安机关“最优党小组”	成都市公安局	2020.7
双流区公安分局法制大队党支部第一党小组	建党 99 周年全市公安机关“最优党小组”	成都市公安局	2020.7
双流区公安分局户政管理大队党支部第一党小组	建党 99 周年全市公安机关“最优党小组”	成都市公安局	2020.7
双流区公安分局国保大队党支部第二党小组	建党 99 周年全市公安机关“最优党小组”	成都市公安局	2020.7
双流区公安分局网安大队党支部第一党小组	建党 99 周年全市公安机关“最优党小组”	成都市公安局	2020.7
双流区公安分局看守所党支部第三党小组	建党 99 周年全市公安机关“最优党小组”	成都市公安局	2020.7
双流区公安分局拘留所党支部第二党小组	建党 99 周年全市公安机关“最优党小组”	成都市公安局	2020.7
双流区公安分局棠湖派出所党支部第七党小组	建党 99 周年全市公安机关“最优党小组”	成都市公安局	2020.7
双流区公安分局东升派出所党支部第一党小组	建党 99 周年全市公安机关“最优党小组”	成都市公安局	2020.7
双流区公安分局航空港派出所党支部第四党小组	建党 99 周年全市公安机关“最优党小组”	成都市公安局	2020.7
双流区公安分局黄龙溪派出所党支部第一党小组	建党 99 周年全市公安机关“最优党小组”	成都市公安局	2020.7
双流区公安分局永安派出所党支部第二党小组	建党 99 周年全市公安机关“最优党小组”	成都市公安局	2020.7

续表 11

获奖单位	荣誉称号	颁奖单位	颁奖时间
双流区公安分局公兴派出所党支部第一党小组	建党 99 周年全市公安机关“最优党小组”	成都市公安局	2020.7
双流区公安分局黄甲派出所党支部第一党小组	建党 99 周年全市公安机关“最优党小组”	成都市公安局	2020.7
双流区公安分局西航港经济开发区派出所党支部第一党小组	建党 99 周年全市公安机关“最优党小组”	成都市公安局	2020.7
双流区公安分局杨柳河派出所党支部第二党小组	建党 99 周年全市公安机关“最优党小组”	成都市公安局	2020.7
双流区公安分局九江派出所党支部第一党小组	建党 99 周年全市公安机关“最优党小组”	成都市公安局	2020.7
双流区公安分局协和派出所党支部第一党小组	建党 99 周年全市公安机关“最优党小组”	成都市公安局	2020.7
双流区公安分局胜利派出所党支部第一党小组	建党 99 周年全市公安机关“最优党小组”	成都市公安局	2020.7
双流区公安分局黄水派出所党支部第二党小组	建党 99 周年全市公安机关“最优党小组”	成都市公安局	2020.7
双流区公安分局机关党委	成都市先进基层党组织	成都市委	2020.11
双流区公安分局巡警大队	全市分局组团体总成绩第一名	成都市公安局	2020.11
双流区公安分局巡警大队	全市分局组综合战术科目第一名	成都市公安局	2020.11
双流区公安分局巡警大队	全市分局组警犬搜爆科目第一名	成都市公安局	2020.11
双流区公安分局巡警大队	全市分局组综合体能科目第二名	成都市公安局	2020.11
双流区气象局	2020 年 8 月中旬强降雨天气过程气象服务先进集体	成都市气象局	2020.8
双流区发改局	2020 年成都市成本调查监审系统新冠肺炎疫情防控先进集体	成都市成本调查监审局	2020.6
双流区发改局	2020 年全市价格工作先进单位	成都市发展和改革委	2021.3
双流区规划和自然资源局	重点项目服务保障先进单位	成都市重点项目建设领导小组	2020.7
双流区城市管理局	环卫技能竞赛组织工作先进单位	成都市城市管理委员会	2020.1
双流区城市管理局	城市环境卫生、道路桥梁、市容秩序、城市照明工作先进单位	成都市城市管理委员会	2020.3
双流区城市管理局	环卫管理创新示范奖	成都市城市管理委员会	2020.12
双流区城市管理局	2020 年度寄递行业安全管理先进单位	成都市邮政管理局	2020.12
双流区水务局	新冠肺炎期间水利工程建设领域复工复产先进集体	成都市水务局	2020.6
双流区水务局机关党委	防汛减灾先进基层党组织	成都市委、市政府	2020.11
双流区农业农村局	农业安全生产工作先进单位	成都市农业农村局	2020.4
双流区农业农村局	农村人居环境整治工作先进单位	成都市农业农村局	2020.4
双流区农业农村局	脱贫攻坚对口帮扶工作先进单位	成都市农业农村局	2020.4
双流区农业农村局	信访工作先进单位	成都市农业农村局	2020.4
双流区农业农村局	目标绩效管理工作先进单位	成都市农业农村局、市供销合作社联合社	2020.4
双流区农业农村局	农产品质量安全监管工作先进单位	成都市农业农村局	2020.4
双流区农业农村局	2020 年农业行业动物防疫职业技能赛二等奖	成都市农业农村局、市人社局、市总工会	2020.9
双流区农业农村局	成都特色农产品品鉴展销活动最佳组织奖	成都市公园城市局、市农业农村局	2020.11

续表 11

获奖单位	荣誉称号	颁奖单位	颁奖时间
双流区农业农村局	成都市第二次全国污染源普查工作表现突出集体	成都市第二次全国污染源普查领导小组办公室	2020.12
双流区新经济和科技局	2020 年度外籍人才服务工作先进单位	成都市科学技术局	2020.12
双流区新经济和科技局	2020 年度创新创业服务工作先进单位	成都市科学技术局	2020.12
双流区新经济和科技局	2020 年度校院地合作工作先进单位	成都市科学技术局	2020.12
双流区商务局	成都市第一届营养配餐技能竞赛团体优秀奖	成都市卫健委、市人社局	2020.11
双流区投资促进局	平安单位	成都市委政法委	2020.11
双流区投资促进局	2020 年度投资促进工作先进单位	成都市投资促进局	2020.11
双流区投资促进局	2020 年度在京开展投资促进工作先进单位	成都市投促局北京投促中心	2020.11
双流区投资促进局	2020 年度成都市驻华南地区工作先进单位	成都市政府驻深圳办事处	2020.11
双流区投资促进局	2020 年度招商引资工作先进单位	成都市政府驻上海办事处	2020.11
双流区文化体育和旅游局	“‘文旅 e 管家’服务效能检测”全市第一名	成都市文化广电旅游局	2020.2
双流区文化体育和旅游局	“成都文化四季风·音乐消夏”少儿才艺大赛优秀组织工作奖	成都市文化广电旅游局	2020.7
双流区文化体育和旅游局	2020 年度成都市群众体育先进单位	成都市体育局	2020.8
双流区文化体育和旅游局	成都非遗抖音作品评选活动优秀组织工作奖	成都市文化广电旅游局	2020.10
双流区文化体育和旅游局	成都市国家体育锻炼标准达标赛总决赛团体三等奖	成都市体育局	2020.11
双流区文化体育和旅游局	“爱成都·迎大运”“运动成都”成都市第七届全民健身运动会广场健身操（舞）项目第二名	成都市体育局	2020.12
双流区文化体育和旅游局	“成都文化四季风·欢歌庆秋”群众网络合唱大赛优秀组织工作奖	成都市文化广电旅游局	2020.12
双流区医疗保障局	2020 年城乡居民医疗保险费集中筹资工作先进单位	成都市医疗保障局、市税务局	2020.5
双流区医疗保障局	2020 年度行风建设工作先进单位	成都市医疗保障局	2020.12
双流区医疗保障局	2020 年度成德眉资医疗保障同城化推进工作先进单位	成都市医疗保障局	2020.12
双流区医疗保障局	2020 年度重点行业（医疗卫生）领域系统治理工作先进单位	成都市医疗保障局	2020.12
双流区医疗保障局	2020 年度医保助力国际营商环境建设工作先进单位	成都市医疗保障局	2020.12
双流区医疗保障局	2020 年度长期照护保险试点工作先进单位	成都市医疗保障局	2020.12
双流区医疗保障局	2020 年度全市统计运行分析工作先进单位	成都市医疗保障局	2020.12
双流区医疗保障局	2020 年度成都智慧医保建设工作先进单位	成都市医疗保障局	2020.12
双流区医疗保障局	2020 年度医疗保障工作先进单位	成都市医疗保障局	2020.12
双流区医疗保障局	2020 年度成都市推进多层次医疗保障体系工作先进单位	成都市医疗保障局	2020.12
双流区医疗保障局	2020 年度成都市医疗救助工作先进单位	成都市医疗保障局	2020.12
双流区档案馆	2020 年首届成都市馆藏十大珍档评选活动“最佳宣传单位”	成都市档案馆	2020.10
双流区医疗保障事务中心	2020 年度医保经办服务宣传工作先进单位	成都市医疗保障事务中心	2020.12
双流区医疗保障事务中心	2020 年度成德眉资医疗保障经办服务同城化推进工作先进单位	成都市医疗保障事务中心	2020.12
双流区医疗保障事务中心	2020 年度医疗费用审核管理工作先进单位	成都市医疗保障事务中心	2020.12
双流区公园城市绿化服务中心	“网红打卡景点”营造工作先进单位	成都市公园城市局	2020.11
双流区公园城市绿化服务中心	2020 成都市第三届芙蓉花景“银奖”	成都市公园城市局	2020.11

续表 11

获奖单位	荣誉称号	颁奖单位	颁奖时间
双流区公园城市绿化服务中心	“老公园·新活力”优秀单位	成都市公园城市局	2020.12
双流区文物管理所	全市馆藏一级文物藏品档案备案复核工作优秀单位	成都市文物局	2020.6
双流区业余体校	2020 年业余训练先进单位	成都市体育局	2020.8
双流区图书馆	四川省 2020 年万人赏月诵中秋成都分会场三等奖	成都市文化广电旅游局	2020.9
双流区文化馆	“花好月圆迎国庆”成都市美术书法摄影展活动优秀组织工作奖	成都市文化馆	2020.10
双流区第一人民医院	成都市抗击新冠肺炎疫情先进集体	成都市人民政府	2020.11
双流区第二人民医院	党旗飘扬·成都抗击新冠肺炎疫情先进单位	成都市卫健委、华西都市报、华西社区传媒	2020.4
双流区第二人民医院	成都市四、五星级企事业单位工会委员会	成都市总工会	2020.6
双流区第二人民医院党支部	党旗飘扬·成都抗击新冠肺炎疫情优秀党组织	成都市卫健委、华西都市报、华西社区传媒	2020.4
双流区中医医院	党旗飘扬·成都抗击新冠肺炎疫情先进单位	成都市卫健委、华西都市报、华西社区传媒	2020.4
双流区妇幼保健院	成都市 AAA 预防接种门诊	成都市卫健委	2020.4
双流区妇幼保健院	五星级企事业基层工会	成都市总工会	2020.6
双流区妇幼保健院党总支	党旗飘扬·成都抗击新冠肺炎疫情优秀党组织	成都市卫健委、华西都市报、华西社区传媒	2020.4
双流区疾控中心党总支	新冠疫情防控先进集体	成都市委办公厅	2020.3
双流区疾控中心党总支	成都市先进基层党组织称号	成都市委	2020.11
双流区疾控中心党总支	成都市抗击新冠疫情先进集体	成都市委、市政府	2020.11
双流区九江社区卫生服务中心	党建引领·成都基层卫生健康工作先进集体	成都市卫健委、华西都市报、华西社区传媒	2020.4
双流区九江社区卫生服务中心	党旗飘扬·成都抗击新冠肺炎疫情先进单位	成都市卫健委、华西都市报、华西社区传媒	2020.4
双流区公兴社区卫生服务中心	党旗飘扬·成都抗击新冠肺炎疫情先进单位	成都市卫健委、华西都市报、华西社区传媒	2020.4
双流区金桥镇卫生院	党建引领·成都基层卫生健康工作先进集体	成都市卫健委、华西都市报、华西社区传媒	2020.4
双流区黄水镇卫生院	党建引领·成都基层卫生健康工作先进集体	成都市卫健委、华西都市报、华西社区传媒	2020.4
双流区彭镇卫生院	党旗飘扬·成都抗击新冠肺炎疫情先进单位	成都市卫健委、华西都市报、华西社区传媒	2020.4

2020 年双流区获评成都市级先进个人一览表

表 12

姓名	工作单位	获奖名称	颁奖单位	颁奖时间
程晓明	双流区人民武装部	优秀共产党员	成都警备区党委	2020.6
程晓明	双流区人民武装部	嘉奖	成都警备区	2020.11
胡　波	双流区人民武装部	嘉奖	成都警备区	2020.11
谭明贵	双流区人民武装部	优秀职工	成都警备区	2020.11
唐　斌	双流区人民法院	全面停止军队有偿服务工作先进个人	成都市中级人民法院	2020.1
周仁山	双流区人民法院	成都市最美退役军人	成都市委宣传部、市退役军人事务局	2020.1
邱盛林	双流区人民法院	个人三等功	成都市中级人民法院	2020.2

续表 12

姓名	工作单位	获奖名称	颁奖单位	颁奖时间
张　超	双流区人民法院	员额法官办案竞赛活动优胜个人	成都市中级人民法院	2020.4
孙　毅	双流区人民法院	清理化解长期未结案件专项活动优胜个人	成都市中级人民法院	2020.4
李学艺	双流区人民法院	第二届蓉城“资深法官”	成都市中级人民法院	2020.5
黄红斌	双流区人民法院	第二届蓉城“资深法官”	成都市中级人民法院	2020.5
邱盛林	双流区人民法院	第二届蓉城“卓越法官”	成都市中级人民法院	2020.5
黎　莎	双流区人民法院	2015—2020 年成都市法学研究杰出个人	成都市委政法委、市法学会	2020.9
马　沁	双流区公安分局	全市户政服务管理工作成绩突出民警	成都市公安局	2020.1
赵晓川	双流区公安分局	全市户政服务管理工作成绩突出民警	成都市公安局	2020.1
杨宇婷	双流区公安分局	全市户政服务管理工作成绩突出辅警	成都市公安局	2020.1
雷　银	双流区公安分局	全市网络理政先进个人	成都市人民政府	2020.1
仲建龙	双流区公安分局	新冠肺炎疫情防控先进个人（第一批）	成都市公安局	2020.1
刘　博	双流区公安分局	新冠肺炎疫情防控先进个人（第二批）	成都市公安局	2020.3
周正平	双流区公安分局	新冠肺炎疫情防控先进个人（第四批）	成都市公安局	2020.3
谢成炳	双流区公安分局	新冠肺炎疫情防控先进个人（第五批）	成都市公安局	2020.4
马　勇	双流区公安分局	新冠肺炎疫情防控先进个人（第六批）	成都市公安局	2020.4
李兴建	双流区公安分局	驻京信访维稳工作个人嘉奖	成都市公安局	2020.4
罗云飞	双流区公安分局	市级监管场所第三批驻勤个人嘉奖	成都市公安局	2020.4
蔡　凯	双流区公安分局	新冠肺炎疫情防控先进个人（第八批）	成都市公安局	2020.5
曾飞龙	双流区公安分局	“下基层上一线”优秀民警	成都市公安局	2020.6
陈　莉	双流区公安分局	公安档案民警取得不平凡的成绩个人嘉奖	成都市公安局	2020.7
蒋　懋	双流区公安分局	公安基层技术革新和移动应用创新专项评比活动个人嘉奖	成都市公安局	2020.7
刘亚巍	双流区公安分局	群众组射箭比赛复合弓男子团体淘汰赛第三名	成都市第十四届运动会组委会	2020.8
陈晓雪	双流区公安分局	成都市公安局优秀教官	成都市公安局	2020.9
罗安伟	双流区公安分局	依法彻底整治工作表现突出公务员三等功	成都市委、市政府	2020.9
马　勇	双流区公安分局	成都榜样·最美警察提名奖	成都市委宣传部、市公安局、市精神文明建设办公室	2020.10
杨　光	双流区公安分局	成功侦破部督“8·21”制售假药案个人嘉奖	成都市公安局	2020.10
刘碧全	双流区气象局	2020 年 8 月中旬强降雨天气过程气象服务先进个人	成都市气象局	2020.8
李奇松	双流区气象局	2020 年 8 月中旬强降雨天气过程气象服务先进个人	成都市气象局	2020.8
高楷祥	双流区气象局	2020 年 8 月中旬强降雨天气过程气象服务先进个人	成都市气象局	2020.8
杨丰恺	双流区气象局	2020 年 8 月中旬强降雨天气过程气象服务先进个人	成都市气象局	2020.8
张　熙	双流区气象局	2020 年 8 月中旬强降雨天气过程气象服务先进个人	成都市气象局	2020.8
周　瑾	双流区气象局	2020 年 8 月中旬强降雨天气过程气象服务先进个人	成都市气象局	2020.8
李昭霞	双流区气象局	2020 年 8 月中旬强降雨天气过程气象服务先进个人	成都市气象局	2020.8
杜成岗	双流区城市管理局	全市城管执法优秀中队长	成都市城市管理委员会	2020.2
吴明刚	双流区城市管理局	对口支援藏区工作先进个人	成都市对口支援藏区工作领导小组	2020.3
张　翔	双流区城市管理局	对口支援藏区工作先进个人	成都市对口支援藏区工作领导小组	2020.3
邓正勇	双流区城市管理局	全市网络理政工作先进个人	成都市人民政府办公厅	2020.6
宁　健	双流区城市管理局	成都市抗击新冠肺炎疫情先进个人	成都市委、市政府	2020.11
邱　月	双流区农业农村局	2020 年农业行业动物防疫职业技能竞赛二等奖	成都市农业农村局、市人社局、市总工会	2020.9
李元建	双流区投资促进局	2020 年度招商引资工作先进个人	成都政府驻上海办事处	2020.12
母　祥	双流区投资促进局	2020 年度招商引资工作先进个人	成都政府驻上海办事处	2020.12
游杨波	双流区投资促进局	2020 年度招商引资工作先进个人	成都政府驻上海办事处	2020.12

续表 12

姓名	工作单位	获奖名称	颁奖单位	颁奖时间
秦　普	双流区投资促进局	项目招引攻坚行动先进个人	成都市投促局北京投促中心	2020.12
黄　超	双流区文化体育和旅游局	新冠肺炎疫情防控先进个人	成都市委办公厅	2020.2
宁　骥	双流区文化体育和旅游局	2016—2020 年度成都市群众体育先进个人	成都市体育局	2020.8
陈芃澍	双流区文化体育和旅游局	2016—2020 年度成都市群众体育先进个人	成都市体育局	2020.8
彭德刚	双流区文化体育和旅游局	成都市抗击新冠肺炎疫情先进个人	成都市委、市政府	2020.11
张凯乐	双流区文化体育和旅游局	成都市抗击新冠肺炎疫情先进个人	成都市委、市政府	2020.11
彭德刚	双流区文化体育和旅游局	优秀共产党员	成都市委	2020.11
谢　艳	双流区文化体育和旅游局	2020 年成都市劳动模范	成都市委、市政府	2020.12
刘　娜	双流区卫生健康局	成都市抗击新冠肺炎疫情先进个人	成都市委、市政府	2020.11
赖　伟	双流区卫生健康局	民盟成都市委会抗击新冠疫情工作先进个人	中国民主同盟成都市委会	2020.12
鄢家良	双流区疾控中心	抗疫最美家庭	成都市妇联	2020.5
陈小英	双流区疾控中心	抗疫最美家庭	成都市妇联	2020.5
张　毅	双流区第一人民医院	成都市抗击新冠肺炎疫情先进个人	成都市人民政府	2020.11
刘翠华	双流区中医医院	党旗飘扬·成都抗击新冠肺炎疫情先进个人	成都市卫健委、华西都市报、华西社区传媒	2020.4
刘翠华	双流区中医医院	2020 年新冠肺炎疫情防控工作先进个人	成都市科协暨科技社团党委	2020.5
刘翠华	双流区中医医院	新型肺炎疫情防控工作先进个人	成都中医药学会	2020.8
刘　江	双流区中医医院	2020 年成都市劳动模范	成都市委、市政府	2020.12
查　莉	双流区妇幼保健院	党旗飘扬·成都抗击新冠肺炎疫情先进个人	成都市卫健委、华西都市报、华西社区传媒	2020.4
倪　娟	双流区东升社区卫生服务中心	成都市抗击新冠肺炎疫情先进个人	成都市委、市政府	2020.11
倪　娟	双流区东升社区卫生服务中心	成都市抗击新冠肺炎疫情优秀共产党员	成都市委	2020.11
苏利平	双流区西航港社区卫生服务中心	成都市抗击新冠肺炎疫情先进个人	成都市委、市政府	2020.11
李　伟	双流区九江社区卫生服务中心	成都市抗击新冠肺炎疫情先进个人	成都市委、市政府	2020.11
彭苏妍	双流区黄甲社区卫生服务中心	成都市抗击新冠肺炎疫情先进个人	成都市委、市政府	2020.11
廖雨朦	双流区公兴社区卫生服务中心	成都市抗击新冠肺炎疫情先进个人	成都市委、市政府	2020.11
商　芳	双流区公兴社区卫生服务中心	成都市抗疫先锋	成都市卫健委、华西都市报、华西社区传媒	2020.5
侯渝蓉	双流区彭镇卫生社区服务中心	党旗飘扬·成都抗击新冠肺炎疫情先进个人	成都市卫健委、华西都市报、华西社区传媒	2020.4

双流区级先进单位和个人

双流区获成都市新冠肺炎疫情防控专项五一劳动奖状、奖章获得者，工人先锋号先进集体、先进个人

（2020年3月18日）

一、成都市五一劳动奖状获奖单位

区卫生健康局
区第二人民医院
东升街道办事处
九江街道办事处

二、成都市五一劳动奖章获奖个人

安　钧　区卫健局疾病预防控制科科长
苏白海　区第一人民医院（四川大学华西医院空港医院）党委书记
李华伟　区第一人民医院（四川大学华西医院空港医院）副主任医师
刘翠华　区中医医院护士长（援鄂医护人员）
吕天萍　区疾病预防控制中心党总支副书记、副主任
王艳涛　区文体旅游局四级调研员
蒋复建　区发改局二级调研员
张加林　区商务局经济运行科科长
王敬兰　区新科局党组成员、副局长
李　慧　彭镇党委委员、副镇长
宋　艳　东升街道东明社区党委书记
毛艳玲　黄甲街道办事处社区管理服务中心副主任
罗晓梅　怡心街道办事处党工委委员、组织委员
张　芳　黄水镇人民政府事业管理服务中心主任
沈登水　永安镇党委委员、副镇长
喻　雯　九江街道办事处工会副主席
张洪霞　黄龙溪镇古佛村党委书记、村委会主任
王　林　成都双流自贸试验区管理局副局长（聘任）
黄晓军　区看守所党支部书记、所长
肖力芥　西航港街道办事处党工委副书记、纪工委书记、监察办主任

三、成都市工人先锋号获奖集体

区市场监管局东升市场监督管理所
区城管局综合运输科
西航港街道办事处民生服务办公室
西航港开发区管委会综合治理部
西航港社区卫生服务中心家庭医生团队管理办公室
成都欧尚超市有限公司东升店生鲜部

双流区新冠肺炎疫情防控先进集体和先进个人名单（第一批）

（2020年2月19日）

一、先进集体

区疾控中心
区第一人民医院（四川大学华西医院空港医院）感染性疾病科
区公安分局巡警大队
区公安分局疫情防控医学观察点安保勤务组
区综合行政执法局第三综合执法大队交通执法中队
区市场监督管理综合执法大队
区环境卫生管理所
区新科局办公室
区融媒体中心采访中心
成都空港科技服务集团有限公司党支部
成都空港文化旅游投资集团有限公司党支部
成都空港公共交通有限公司党支部
成都联帮医疗科技股份有限公司党支部
成都青山利康药业有限公司
川开电气有限公司党委
四川远鸿物业管理有限公司
成都家和业好房产物业有限公司
成都市双流区幸福东升志愿者服务中心
成都市双流区“红海棠”共产党员先锋服务联盟
成都市双流区法律服务志愿者协会党支部
东升街道五洞桥社区党委
西航港街道光明社区党委
怡心街道河池社区党总支
九江街道蛟龙社区党委
黄甲街道青云寺村党委
黄水镇应天寺社区党委
彭镇燃灯社区党委
永安镇凤凰村党委
黄龙溪镇嘉禾村党委
黄甲街道城市新型产业社区双兴一社区党支部

二、先进个人

王　飞　东升街道迎春桥社区居民
邓林松　区公路路政管理所工作人员
吕　强　空港科创集团党委委员、副总经理
朱九林　成都空港文化旅游投资集团有限公司副总经理
刘　江　区中医医学会会长、主任医师
刘绍如　区法院立案庭法官助理、

廉政监察员
刘德良　东升街道广都社区10组居民
安　钧　区卫健局疾病预防控制科科长
许继刚　区融媒体中心记者
李庆洪　黄龙溪镇综治服务队队长
李泽平　黄甲街道双华社区居委会委员
李学明　彭镇金沙社区4组居民
肖道松　区党教中心技术管理科科长
吴　蒙　成都空港科技服务集团有限公司执行董事
邱　斌　区农业农村局农林地管理科科长
何　伟　区老科协综合党委委员
汪贵成　四川金盾保安服务有限公司行政人事部经理
宋虹利　东升社区卫生服务中心门诊部主任
张　林　区公安分局交警大队辅警
张庆梅　区第二人民医院医务科科长
张洪彬　空港城市发展集团职工
张　滔　黄水镇红桥社区居委会委员
钟作平　黄水镇扯旗社区8组居民、社区卫生室退休医生
翁贵武　区疾控中心党总支委员、副主任
黄　锋　公兴社区卫生服务中心医务人员
黄秀云　西航港街道光明社区第4居民小组组长
曹　蕾　东升街道棠湖社区党委书记
曹玉英　四川顺道律师事务所支部书记、主任
曾俐华　派驻西航港街道全职“两新”党建指导员
谢祖琴　区业余体校校长

双流区新冠肺炎疫情防控先进集体和先进个人名单（第二批）

（2020年3月6日）

一、先进集体

区航空经济局口岸经济服务部
区道路运输管理所
区中医医院援湖北医疗队
双流区棠湖社会工作服务中心党支部
双流区敬老志愿者服务中心
成都空港区域党建联盟
成都中建材光电材料有限公司党委
四川羽创环境管理有限公司
四川澳速通国际物流有限公司党支部
成都汇众农业有限公司

二、先进个人

王　敏　区医保局医疗保障事务中心副主任
王海霖　区检察院第三检察部负责人
王　辉　区委宣传部办公室主任
甘义良　区政府办文秘三科副科长
付仕水　黄甲街道关工委常务副主任
冯蕾竹　区综合行政执法局机关党委专职副书记
刘英豪　西航港街道花红社区党委书记
江利梅　东升街道三里坝社区党委副书记
李晓佳　九江街道石井社区党委第一书记
李　静　区纪委监委党风政风监督室四级主任科员
何荣兵　区公安分局棠湖派出所民警
何烨颖　区第一人民医院呼吸与危重症医学科副主任医师、感染性疾病科临时党支部书记
赵仕强　成都空港兴城集团主管工程师
赵建明　区委政法委政治安全科科长、居家医学观察组办公室联络员
黄建明　永安镇梨园村党委书记
黄琼华　区第一人民医院感染管理科科长
梁东岳　区委办综合一科科长
彭秀芳　彭镇鲢鱼社区居民
谭　天　棠湖中学高2018级邱君益导师班学生
樊陈强　黄龙溪镇卫生院公卫所负责人

双流区新冠肺炎疫情防控先进职工名单

（2020年4月1日）

一、医疗卫生一线

郑　辉　区卫健局综合监管科专技八级科员
陈　军　区卫健局疾控科科员
张　毅　区卫健局突发公共卫生事件应急处置中心负责人
陈秋菊　区第一人民医院（华西医院空港医院）感染性疾病科主治医生
彭　玲　区第一人民医院（华西医院空港医院）肿瘤科主治医生
张　薇　区第一人民医院（华西医院空港医院）感染性疾病

科护师
徐晏玲　区中医医院业务副院长
阳　勇　区中医医院院长助理兼医务科科长
唐　锐　区中医医院急诊科护师
蒲少君　区中医医院重症医学科护师
罗正巧　区妇幼保健院发热门诊护士长
侯建蓉　区妇幼保健院院党总支委员
昝　宇　区疾病控制中心传防科副科长
赵志强　区疾病控制中心微检科科长
刘晓刚　区疾病控制中心免疫规划科科员
刘　玲　区疾病控制中心艾滋病防控科科员
干霞莉　卫生职业教育培训中心会计
姚　鹏　黄甲社区卫生服务中心医务科科长
李尚月　协和社区卫生服务中心公卫科科长
吴凌艳　东升社区卫生服务中心计免科科长
彭　波　东升社区卫生服务中心全科科长
樊陈强　黄龙溪镇卫生院公共卫生科科长
黄　鸿　区第二人民医院院感科科长
左建春　胜利镇卫生院副院长
冯　杰　公兴社区卫生服务中心工会主席
周玉环　彭镇卫生院办公室副主任
佘小凤　黄水镇卫生院办公室主任
秦小容　九江社区卫生服务中心中医科科长
文　玄　西航港社区卫生服务中心内科护士长
李　可　金桥镇卫生院副院长

二、集中医学观察服务一线

李　国　区文管所考古队队长
冯　兵　区文体旅游局文化产业科科长
陆　雅　区文体旅游局文化产业科工作人员
张凯乐　区文体旅游局公共服务科二级主任科员
陈　鹏　区文化馆活动部工作人员
王　灵　区文化馆摄影工作者
刘慧清　区体育中心教练员
杨　川　区住建交通局建设管理科科长
邓　涛　区财政局团委书记
付　毅　区总工会办公室负责人
周　瑞　东升社区卫生服务中心公共卫生科医师
田　爽　区水产服务站站长
龙　燕　区卫健局综合监管科科长
严　曼　区综合行政执法局第一综合执法大队党支部书记

三、交通卡点一线

李维建　区城市管理局综合运输科工作人员
张文艳　区出租汽车管理所办公室工作人员
张智勇　区综合行政执法局第三大队交通中队队员
张　玲　黄甲社区卫生服务中心护理部主任
李　凤　西航港社区卫生服务中心门诊部主任
汪成如　区公安分局交警大队副大队长、一级警长
贺俊梅　区公安分局交警大队中队长、警务技术一级主管
万欣然　区公安分局交警大队辅警
陈　冉　东升街道综合执法中队片区中队长
范　康　黄甲街道办事处综治科工作人员
罗川杰　九江街道办事处城管中队队员
邓安雄　黄龙溪镇综治中心负责人
李　凯　西航港街道综合行政执法中队队员

四、保供保障一线

朱音璇　中科芯未来微电子科技成都有限公司科技合作部工作人员
王　清　中物院成都科学技术发展中心办公室工作人员
江雪晗　成都芯谷产业园发展有限公司行政副经理
熊文留　成都好来屋量贩家居百货公司双流店保洁领班
彭　欢　成都欧尚超市有限公司华阳店储备干部
魏友安　市农产品中心批发市场有限责任公司安保部经理
钟　声　中国电信股份有限公司双流分公司副总经理
王耀彬　成都市双流区兴能天然气有限责任公司副经理
杨晶杰　国网成都市双流供电公司营业班副班长
邓　波　成都市岷江自来水厂金马水厂水质科职工
罗永东　成都空港公共交通有限公司 S63 公交车驾驶员
张洪彬　成都空港交通综合服务有限公司租赁部驾驶员
吴　蒙　成都空港科技服务集团有限公司执行董事
朱九林　成都空港文化旅游投资集团副总经理
宋　蛟　成都空港兴城物业管理有限公司综合部部长

骆宝均　成都空港兴城建设管理有限公司副总经理
刘　芳　成都同成精品酒店管理有限公司财务经理
王加秀　成都皓天国泰大饭店有限公司运营副总
钟安志　中国航油西南公司安全技术部经理
曾　瑾　西南空管局办公室三级助理

五、群防群治一线

潘　静　东升街道白鹤社区党委书记
蒋志强　东升街道双巷社区党委委员
周　锐　东升街道龙桥社区主任
周帮国　东升街道迎春桥社区主任
刘凤丹　东升街道永福社区居委委员
张　坤　东升街道普贤社区党委委员
江红艳　东升街道办事处财政所会计
王晓刚　东升街道办事处综合科科员
孙　鹏　东升街道办事处社事科工作人员
夏　钦　东升街道办事处综合执法中队工作人员
魏　琴　九江街道通江社区居委委员
郑海霞　九江街道龙池社区文书
李永贵　九江街道金岛社区居委委员
江　梅　九江街道泉水凼社区党委委员
黄金明　九江街道大井社区工作人员
裴建成　九江街道办事处财政所出纳
冯　伟　九江街道办事处经发科工作人员
刘　勇　九江街道办事处城管中队工作人员
宋　宇　九江街道办事处综合科副科长
佘振庭　西航港街道光明社区党委委员
黄勇淇　西航港街道机场路社区党委委员
何国平　西航港街道九龙湖社区第一党支部委员
林　爽　西航港街道近都社区居委委员
王　华　西航港街道湖夹滩社区党委副书记
王亚琳　西航港街道花红社区居委委员
袁　雪　西航港街道红瓦社区文化专干
孙　兵　西航港街道办事处经发科工作人员
胡　蝶　西航港街道办事处安监办工作人员
杨松林　西航港街道办事处综合科工作人员
邹友义　西航港街道办事处民生服务办公室教育干事
苏炳伟　黄龙溪镇黄龙社区党委书记
陈桂香　黄龙溪镇东岳村党委委员
陈潘华　黄龙溪镇大河村主任
叶林丽　黄龙溪镇嘉禾村村委委员
刘沛鑫　黄龙溪镇纪委副书记
吴天衡　黄龙溪镇景区规建科科员
徐文婷　黄龙溪镇党政办工作人员
杨　敏　黄龙溪镇总工会工会专干
范建英　黄甲街道双华社区党群服务中心妇联主席
姜洪燕　黄甲街道长埂社区居委委员
罗元波　黄甲街道王家场社区居委委员
谢江福　黄甲街道一里坡社区居委委员
宣　颖　黄甲街道双兴一社区工会副主席
蒋　春　黄甲街道办事处社会事务科工作人员
宿　强　黄甲街道办事处经发二科工作人员
苡建国　黄甲街道办事处统筹科科长
张　扬　黄甲街道办事处综合科科长
兰　义　怡心街道骑龙社区党委书记
杨季明　怡心街道三江社区党委委员、纪委书记
颜长华　怡心街道双塘社区居委主任
彭永亮　怡心街道草坪社区党委书记
严如德　怡心街道办事处社区发展办公室负责人
郭　洋　怡心街道办事处纪工委工作人员
蒲国新　怡心街道办事处社区管理服务中心工作人员
吴　平　怡心街道办事处安全生产科科长
黄建明　永安镇梨园村委书记
邓小英　永安镇白果村党委书记
徐志伟　永安镇凤凰村党委书记
林　忠　永安镇付家坝社区网格员
杨根富　永安镇松柏村物管主任
应玉萍　永安镇统筹办主任
苏兆祥　永安镇经发办负责人
钟志华　永安镇社事办主任
薛　媛　黄水镇社会事务办负责人

宿　丹　黄水镇党政办副主任
陈佳龙　黄水镇社区治理办工作人员
刘治良　黄水镇新型社区服务办工作人员
徐　沙　黄水镇网格员
杨先乾　黄水镇综治巡逻队大队长
刘启学　黄水镇营商办负责人
张　敏　黄水镇规建办负责人
李明坡　黄水镇城管执法中队队员
马千里　彭镇综治办主任
田　强　彭镇经发办主任
王　蕾　彭镇市场监督管理所所长
贺张燕　彭镇监察办副主任
帅小玲　彭镇社事办主任
陈　捷　彭镇社事办主任
董晓行　彭镇巡防大队队长
尹　建　彭镇监察办工作人员
刘志敏　彭镇党政办工作人员
辜建超　区委办行政科科长
钟　建　区委办外事一科副科长
任铁军　区人大办综合科科长
杨虎平　区人大办秘书科科长
甘义良　区政府办文秘三科副科长
周　沈　区政府办法规科科长
郑晓雪　区政协办机关党委专职副书记
王艺熹　区政协办妇工委主任
张莉莎　区纪委监委案件审理室四级主任科员
袁　浩　区委巡察办区委第二巡察组巡察专员
刘绍如　区法院法官助理
陈　科　区法院执行局司法警察、一级警司
陈翠文　区法院政治部督查室行政人员
谢　榕　区检察院办公室主任
李汶昊　区检察院第四检察部副主任
王智芳　区委组织部办公室主任
周　鹏　区委组织部干部监督科科长
吴攀搏　区委宣传部政策法规研究室主任
郑可以　区纪委监委派驻区委宣传部纪检监察组副组长
张　灵　区委统战部党派科副科长
魏玉章　区委统战部调研宣传科科长
陈　巍　区委政法委防邪办二级科员
熊小刚　区委政法委办公室副主任
赵　浦　区委社治委研究中心主任
彭小芩　区委社治委社区人力资源科科长
田琳玉　区委编办综合科技师
王　浩　区委史志办综合科四级主任科员
欧阳欢　区委党校科研信息科一级主任科员
张　鹤　区总工会帮扶中心负责人
贾建峰　团区委办公室一级科员
冯　磊　区妇联办公室工作人员
张　磊　区工商联办公室主任
陈　琴　区残联康复科科长
彭丽娟　区红十字会办公室工作人员
蒲益中　区住建交通局城市更新科副科长
廖维国　区住建交通局建设环保科科长
周　明　区住建交通局公路科副科长
隆雨珈　区住建交通局物管科工作人员
刘　力　区住建交通局(区住保中心)交易中心工作人员
王义建　区农业农村局政策法规科科长
陈　茂　区农业农村局动物疫控中心主任
洪永兴　区农业农村局农林地管理科工作人员
陶　沁　区农业农村局农质中心主任
周冬妮　区供销社办公室主任
罗建林　区公安分局指挥室三级警长
孙　涌　区公安分局户政管理大队三级警长
王　瑶　区公安分局治安管理大队三级警长
岳　莹　区公安分局东升派出所三级警长
杨　曦　区公安分局棠湖派出所三级警长
王　亮　区公安分局刑侦大队三级警长
朱　歌　区公安分局经侦大队三级警长
林　俊　区公安分局协和派出所三级警长
陈　艳　区公安分局蛟龙派出所三级警长
沈卫国　区公安分局机场路派出所所长、三级警长
邢浩凯　区公安分局航空港派出所一级警员
宋绍敏　区公安分局九江派出所三级警长
王　静　区看守所三级警长
张国焰　区公安分局警务保障室辅警
高　建　区公安分局巡警大队辅警
许　虎　区教育局办公室副主任
刘　丹　区综合福利中心主任
程　嘉　区司法局协和司法所所长
王　姣　区司法局办公室副主任
尚　微　区财政局支付中心副主任

余潇潇　区财政局行财科工作人员
廖佰芬　区人社局社保局副局长
李　婷　区人社局社保局基金管理科一级科员
高　煜　区规划和自然资源局（不动产登记中心）综合协调科科长
吴　虹　区规划和自然资源局妇工委主任
张少磊　区生态环境局污管科副科长
贾忠健　区生态环境局监测站工作人员
王　玲　区出租汽车管理所经营许可办公室干部
洪　建　区城市管理局办公室工作人员
李　建　区公路路政管理所路政巡查队长
梁　强　区环境卫生管理所协和清扫组组长
雷　剑　区综合行政执法局第三综合执法大队交通执法中队队员
张学军　区综合行政执法局第三综合执法大队水务执法中队负责人
杨　艺　区行政审批局勘验二科科长
涂翔潇　区行政审批局审批三科工作人员
薛飞跃　岷江自来水厂文星分厂加压站站长
魏　强　西南航空港供水工程有限公司副经理
锁丽华　德隆建筑工程有限公司施工员
李旭琛　区投促局园区服务科副科长
崔延伟　区退役军人事务局工会副主席
王　峰　区应急局城市安全综合协调科事业干部
刘　梅　区审计局投资审计科副科长
周　婷　区国资金融局金融创新促进科副科长
李培毅　区市场监管局营商环境科二级主任科员
李基成　区市场监管局胜利市场监管所工作人员
张宁君　区市场监管局标准化计量监管科二级主任科员
黄　丹　区市场监管局餐饮服务监管科一级科员
王桢锐　区统计局统计中心科长
刘　燕　区信访局办公室副主任
曾　伟　区医疗保障局医保基金稽核科管理八级
李　梅　区税务局第二税务所所长
何　洪　区税务局区税务第一税务所副所长
莫　锟　区税务局风险管理局副科长
董　鑫　区档案馆办公室主任
詹　颖　区临空服务业管理委员会规划部工作人员
焦　阳　区融媒体中心视觉中心编辑
蒲　军　区融媒体中心数据中心主任
刘　洋　区公资交易中心交易受理与组织部工作人员
冯　欢　区公园城市绿化服务中心项目建设科管理九级
李　鹤　国际空港产业促进中心规划建设部副部长
杨丰恺　区气象局办公室副主任
李　洁　双调队党组成员、办公室主任

六、企业复工复产一线

王　波　区新科局电力管理科科长
李　森　区新科局电子信息科副科长
张　伟　区新科局政策法规科一级科员
向　剑　西开区管委会转型升级部副科长
陈康全　西开区管委会综合协调部四级主任科员
张亚兵　区综合行政执法局执法保障科副科长
高　蓉　区财政局债金科科长
付淑萍　区医保局工会副主席
周　刚　区医保局办公室二级主任科员
张映萍　区医保局办公室工作人员
钟　华　区政府办文秘四科科长
徐　勇　区综合行政执法局国土执法队副科长
谢志强　区人社局综合科八级管理
张　阳　区财政局绩效管理科四级主任科员
何　焰　区规划和自然资源局公兴所所长
林　鑫　区综合行政执法局人事财务科一级科员
李天成　区综合行政执法局案审科二级主任科员
余龙欢　区综合行政执法局法规科一级科员
袁明权　区规划和自然资源局西开区园区服务科科长
任明均　区住房建设和交通局城市更新科科长
唐荣军　区综合行政执法局水务执法队二级主任科员
夏阳洲　区行政审批局营商环境科管理九级
李昌荣　区综合行政执法局治违办

工作人员
鲁　力　区人社局工会副主席
郭秀华　区人社局妇工委会主任
凌　亮　区综合行政执法局治违办二级主任科员
梁　欢　区综合行政执法局规划执法队一级科员
刘　骏　区市场监督管理局白家管理所一级科员
李新贵　区综合行政执法局第二执法大队规划中队一级科员
张家坤　区投促局驻外招商专员
彭　炜　区医保局办公室一级科员
郑晓瑞　区发改局办公室副主任
刘　伟　区发改局对外开放合作科科长
张俊峰　区发改局高质量发展综合科科员
万沛然　芯谷管委会规划建设部二级主任科员
陈　飞　芯谷管委会企业服务中心副主任
李　桃　区政府办政策研究中心社会治理研究科副科长
轩　磊　区政府办财务科科长
韩光祥　区政府办资产管理科工作人员
易　磊　区政府办门户网站管理中心主任
杨玉强　区应急局调查评估统计科二级主任科员
闫卫东　区财政局产业服务保障科四级主任科员
熊明生　区人社局劳动保障监察大队四级主任科员
屈　颖　区规划和自然资源局执法监督和财务审计科副科长
张振华　区规划和自然资源局信息中心副科长
张建伟　区融媒体中心办公室工作人员
李志仁　区融媒体中心办公室工作人员
梁　西　区总工会民管办二级主任科员
赵　玲　区生态环境局工会副主席
黎忠霞　区生态环境局办公室一级科员
黄　丰　区住建交通局房地产交易中心副主任
邹　阳　九江街道综合行政执法中队队员
李　波　东升街道财政所工作人员
陈京京　黄水镇营商环境建设办公室工作人员
张翼龙　区法院民事审判第五庭庭长
李　萍　区统计局普查中心副主任
胡红燕　区商务局园区服务科科长
徐雨为　区商务局服务业规划科科长
周　毅　区商务局流通产业科科长
钟菁华　区商务局机关党委专职副书记
胡军国　区商务局服务业规划科工作人员
杨　杰　区商务局经济运行科副科长
徐　芸　区商务局办公室副主任
邓双均　空港现代服务业发展有限公司市场项目经理
吴春林　区行政审批局网络理政科科长
刘毓成　空港兴城投资集团有限公司党支部副书记
刘韦唯　区行政审批局办公室工作人员
李　丽　区行政审批局营商环境科管理岗九级
雷素娟　区行政审批局工会副主席
程　旭　区市场监督管理局妇工委主任
徐葳蕤　区人大办综合科副科长
黄　欣　区行政审批局审批三科科长
李峰帆　区航经局口岸服务部管理九级职员
黄　鑫　区航经局口岸经济服务部工作人员
付祥贵　区航经局口岸经济服务部工作人员
张恒宇　区航经局办公室主任
孟沛斐　区航经局航空经济发展部工作人员
张新军　区文体旅游局市场监管及安全生产科科长
龚金梅　区体育产业营运管理有限公司游泳池服务组组长
林　显　区体育产业营运管理有限公司体育中心场馆部副经理
唐　燕　区文体旅游局旅游产业促进中心工作人员
李　艳　区文体旅游局体育产业科工作人员
廖　军　区文体旅游局市场监管及安全生产科工作人员
彭世均　区文体旅游局旅游管理科工作人员

双流区创建“全国首批学前教育普及普惠区”先进集体和先进个人
（2020 年 12 月 25 日）

一、先进集体

（一）区级部门

区委办
区人大办
区政府办
区政协办

区纪委监委机关
区委政法委
区委宣传部
区委组织部
区委统战部
区委编办
区教育局
区发改局
区财政局
区人社局
区公安分局
区卫健局
区住建交通局
区规划和自然资源局
区综合执法局
区城管局
区市场监管局
区应急局
区文体旅游局
区信访局
区机关事务服务中心
区融媒体中心
空港兴城集团

（二）镇（街道）

东升街道
西航港街道
九江街道
怡心街道
黄甲街道
黄水镇
彭镇
永安镇
黄龙溪镇

（三）幼儿园

机关幼儿园
胜利幼儿园
西航港幼儿园
实验幼儿园
九江万科实验幼儿园
金桥幼儿园
黄水幼儿园
协和幼儿园
公兴幼儿园
光电所幼儿园
京师幼儿园
彭镇琴琴幼儿园

二、先进个人

张登峰（区人大办）
黄　琦（区政府办）
马平贵（区政协办）
黄作鹏（区纪委监委）
李隆锦（区委政法委）
赖琳琳（区委宣传部）
王春梅（区委组织部）
周志明（区委编办）
高永红（区教育局）
刘永森（区教育局）
邹晓志（区教育局）
万　明（区教育局）
陈　鑫（区发改局）
卢　姝（区财政局）
龚晓岚（区人社局）
冷　林（区公安分局）
伍盖天（区卫健局）
魏均民（区住建交通局）
湛　杨（区规划和自然资源局）
卢洪彬（区综合执法局）
杜成岗（区城管局）
王　松（区市场监管局）
潘细平（区应急局）
徐　超（区文体旅游局）
樊　荣（区信访局）
袁　菊（区机关事务服务中心）
蒋松涛（区融媒体中心）
王　林（空港兴城集团）
彭仲波（东升街道）
邹友义（西航港街道）
鞠文贵（九江街道）
胡朝成（怡心街道）
李万刚（黄水镇）
毛艳玲（黄甲街道）
汪群伟（彭镇）
周光华（永安镇）
叶丽秀（黄龙溪镇）
王玉彬（机关幼儿园）
巫小芳（胜利幼儿园）
叶美蓉（西航港幼儿园）
黄平丽（九江万科实验幼儿园）
李　隽（金桥幼儿园）
代成丽（黄水幼儿园）
杨　凌（光电所幼儿园）
罗　丹（彭镇琴琴幼儿园）

/ 文献资料 /
Documents and Literature

双流区人民代表大会常务委员会工作报告

（2021 年 1 月 27 日，在成都市双流区第十八届人民代表大会第七次会议上）

成都市双流区人大常委会主任　陈　琳

2020 年主要工作

2020 年，双流区人大常委会在区委的坚强领导下，坚持以习近平新时代中国特色社会主义思想为指导，全面贯彻党的十九大和十九届四中、五中全会精神，认真贯彻习近平法治思想、习近平总书记关于坚持和完善人民代表大会制度的重要思想、习近平总书记对四川及成都工作系列重要指示精神，全面落实中央和省委、市委、区委决策部署，牢牢把握站位新发展阶段、贯彻新发展理念、服务新发展格局的重大要求，聚焦发展献计献策，聚焦法治担当担责，聚焦民生用情用力，依法履行宪法法律赋予的职责，完成区十八届人大五次会议确定的各项任务，为双流区奋力夺取新冠肺炎疫情防控和经济社会发展“双胜利”作出积极贡献。

一、坚定政治机关第一属性，以新思想领航人大工作

旗帜鲜明讲政治，把区委的主张、意图和决策通过法定程序转化为全区人民的共同意志，转化为人大工作思路、务实举措和具体行动，确保区委工作重心在哪里、人大监督就跟进到哪里。

（一）维护核心，在全面对表对标上知行合一。坚持“第一议题”制度，对表新思想、践行新理念，传达贯彻中央和省委、市委、区委重要会议及文件精神 23 次，引导人大党员干部牢固树立“四个意识”，增强“四个自信”，坚决做到“两个维护”。坚持把党委工作指向作为人大努力方向，涉及监督、决定、任免工作中的重大问题和重要事项，及时向区委请示报告 20 次。按照工作项目化、项目清单化、清单责任化范式，把区委对新时期人大工作 8 个方面的新要求新任务，梳理为 10 项任务清单，增添 38 项工作举措，确保人大各项工作都在党的领导下依法有序开展。

（二）围绕中心，在落实党委决策上坚定坚决。坚持“观大势、盯大事”，深刻把握省委加快推动成渝地区双城经济圈建设、市委加快建设践行新发展理念的公园城市示范区、区委高质量建设践行新发展理念的中国航空经济之都重大决策部署，召开区人大常委会会议 10 次，听取审议“一府两院”工作报告 68 项。深入开展“解放思想、跨越赶超”学习讨论，在“三答”“三改”中集中民智，凝聚力量，28 名人大代表为建设新航都贡献 65 个“金点子”。改进工作范式、工作标准、工作作风，扎实开展“大学习、大调研、大走访”活动，“一对一”走访华体照明、储翰科技等 40 家企业，为 42 家企业“送奖牌、送服务”，收集反馈、推动解决 47 个实际问题。

（三）突出重心，在助推大事要事上善为善成。坚持重点工作、重大项目、重要环节“三重”工作导向，自觉对人大角色再定位、监督功能再完善、支持作用再强化。全面参与新冠肺炎疫情防控、全面深化改革、全面依法治区、污染防治“三大战役”、产业功能区建设、大运会筹备等 38 项区委重点工作。对区委关心关注的 18 个安置房项目、19 个综合政府投资项目、42 个城市基础设施建设项目推进情况开展 9 次现场督导，深入查找问题、收集反馈建议、对症增添举措，共同推动惠民利民举措精准实施。7 篇调研文章为区委、区政府提供决策参考，“智慧人大”“代表巡河”等 6 项人大特色创新工作得到省、市人

大和区委肯定性评价，加强新时代人大工作和建设经验在市委人大工作会议上交流。

二、发挥地方国家权力机关作用，以新理念推动改革发展

坚持履职为民立场，主动聚焦亟须攻坚突破的难点堵点，关注老百姓牵肠挂肚的急事要事，精准监督、有效监督，努力让双流人民有更多的获得感幸福感安全感。

（一）助力夺取疫情防控和经济社会发展"双胜利"。坚持把人民的生命和健康放在第一位，切实扛起非常时期的责任担当，召开区十八届人大六次会议，听取2020年上半年疫情防控和经济社会发展情况的报告，推动慎终如始抓好疫情防控，做好"六稳"工作，落实"六保"任务。推动贯彻落实《传染病防治法》《突发事件应对法》等5部法律法规和省、市人大常委会关于依法做好当前新型冠状病毒肺炎疫情防控工作的决定，督促支持"一府一委两院"依法实施疫情防控应急措施，确保各项防控工作在法治轨道上统筹推进。听取《传染病防治法》贯彻实施及新冠肺炎疫情防控专项工作报告，对今冬明春严峻的疫情防控形势和工作薄弱环节，提出加强常态化疫情防控、巩固提升疾病防控体系和能力、提供全方位全周期全人群健康服务等9条建议。在危机和大考面前，6名主任会议成员齐心抗疫，共克时艰；全体机关干部闻令而动，入户排查；10名"专员"真情服务，支持复工复产复市；全区各级人大代表立足所在行业、领域、岗位发挥主体作用，累计捐物捐款1195万元，用行动诠释神圣职责和使命担当。

（二）推动中国航空经济之都建设。深度思考中国航空经济之都内涵"是什么""怎么建""应该注意哪些事项"，对比研究国际国内"一市多场"运营模式，深度分析成都"两场一体"不同运营阶段双流机场发展重点，提出打造精品航线、促进流量价值转化、建设国际货物转运枢纽等4条建议，推动航空经济从规划的"主辅模式"向"错位协同"方向发展。邀请14名市区人大代表和业界精英召开高质量建设中国航空经济之都座谈会，从重塑航空经济比较优势、推动城市有机更新、优化创新发展机制和载体三个方面提出10条建议，被区委全会报告吸收采纳。视察成都国际空港商务区建设，调研成都芯谷产业功能区规划建设，推动三大产业功能区产业生态圈构建、产业集聚成链发展。

（三）共同擘画"十四五"发展宏伟蓝图。深入贯彻习近平总书记对"十四五"规划编制工作的重要指示精神，邀请航空经济、科研院所、教育卫生、基层治理等领域的14名人大代表，召开助力成都市"十四五"规划编制工作座谈会，向市人大常委会提出差异化个性化支持产业功能区发展、提升超大城市治理能力水平等11条建议。调研"十四五"规划纲要编制工作，督促把群众智慧、代表意见、基层经验吸收进来，确保规划契合中央精神、符合发展实际、顺应人民期待、引领未来发展。

（四）加强财政预算审查监督。落实"全口径审查、全过程监管"工作要求，深化人大预算审查监督重点向支出预算和政策拓展。完善预算联网监督系统，有效发挥预算审查监督咨询组专业作用，审查批准2019年度财政决算、2020年财政预算调整方案，听取2018年审计查出问题整改情况报告、2019年度审计工作报告、财政预算绩效管理报告、政府性债务管理报告。深入审查区2020年财政预算草案及区城管局、区新科局等5个部门部分项目预算编制和部门整体绩效目标，针对疫情带来的财政收支突出矛盾和财政支出管理、预算编制、绩效管理等方面存在的问题提出意见建议。坚持以项目绩效指标体系和单位整体绩效指标体系建设为抓手，强化预算绩效编报审批、运行监控、评价运用管理，改革试点的"双流经验"被《中国财经报》宣传报道。听取2019年度国有资产管理情况综合报告和企业国有资产管理情况专项报告，推进国有资产管理监督深化拓展、提质增效。

（五）深入学习贯彻习近平法治思想。坚持学以致用，吃透基本精神，把握核心要义，明确工作要求，用法治保障人民安居乐业。常态化开展会前学法，集体学习《民法典》等9部法律。强化执法检查"法律巡视"作用，与省、市人大常委会联动开展《土壤污染防治法》执法检查，重点检查法律重要条款落实、土壤污染防治、政府法定职责履行等6个方面情况。开展《大气污染防治法》执法检查，监督工作经验全市交流。推进《监察法》贯彻实施，支持区监察委依法实施监察、开展工作。听取区人民法院深化案件繁简分流机制改革工作报告，督促优化配置审判资源，实现公正与效率相统一，

努力让人民群众在每一个司法案件中感受到公平正义。视察、旁听和评议法院庭审，组织59名代表和群众旁听案件审理4件。听取区人民检察院落实认罪认罚从宽制度工作报告，督促健全值班律师制度、完善量刑监督制约机制，提高量刑建议采纳率。调研未成年人司法保护、街道办（镇政府）制定规范性文件等工作，配合上级人大完成立法修法调研19件，及时收集反馈代表意见建议。依法开展政府规范性文件备案审查5件，对108件招商引资合同进行合法性审查。召开信访工作联席会议2次，接待群众来访112人次，受理群众信访67件，推进涉法涉诉信访积案化解。

（六）持续强化生态文明监督。紧紧扭住大气污染防治短板、水环境治理关键环节、土壤污染安全隐患、央督案件整改反弹等问题开展监督，坚定推动《环保法》贯彻实施。听取2019年度生态环境状况和生态环境保护目标完成情况报告，7次视察污水处理厂站建设，5次现场检查空气子站监测、污水管网建设、断面水质达标、固废危废处置，调研“智慧水务”建设，推动打好蓝天、碧水、净土“三大战役”。全省首推“代表巡河”主题监督，将其纳入人大代表日常工作职责，研发“代表巡河”APP，开展专题培训，配置监督力量。建立健全巡查督查机制，代表巡查监督每月不少于1次，发现问题1个工作日内转交办理，承办单位5个工作日内办理答复，代表对反馈意见作出满意度评价。截至2020年12月底，代表巡河255人次，共发现水环境治理问题36个，已推动解决28个，确保杨柳河、白河劣五类水质和黑臭水体全面消除，让锦江（双流段）从全国43条河流中脱颖而出，作为四川省唯一一条河流入围全国10条“最美家乡河”。

（七）合力共建“中国最具幸福感城区”。视察城市老旧院落改造，推动改善群众生活配套空间，促进城市宜居品质提升。听取脱贫攻坚和对口帮扶工作报告，调研牧马山农产品产销合作社发展，为乡村振兴献计献策。调研残疾人就业，提出巩固和拓展残疾人就业主渠道、推动农村残疾人精准脱贫等4条工作建议。特邀15名区人大代表担任民生实事监督员，坚持每月检查、季度抽查、集中视察，明察暗访民生项目建设进度和完成质量，16条监督意见反馈区政府督查室办理。组织20名人大代表视察民生工程建设，针对促进就业创业、优化社会保障体系、强化医疗教育服务、筑牢食药安全防线等群众最关心、最直接、最现实的利益问题开展重点监督，推动10大项50个子项的民生实事建设进度与实施计划相符，“实景图”与“效果图”一致，让双流成为新时代“市民获得感幸福感安全感增长最快的地方”。

（八）持续推进学前教育能级提升。坚持问题导向、目标导向、结果导向，立足于帮、着眼于促，把推动公办幼儿园学位占比达标作为民生监督的“小切口”和“重头戏”，对照部门承诺“回头看”，做好学前教育专题询问“后半篇文章”。3次组织代表视察新建改建和回收小区配套幼儿园，督促落实购买服务和综合奖补政策，专题听取学前教育专题询问意见书办理情况报告，推动区人民政府做足增量、优化存量、提高质量，按期完成公办幼儿园学位占比达50%目标任务，高质量通过“全国县域学前教育普及普惠区”督导评估。

（九）依法决定重大事项。坚持党委决策、人大决定相统一，主动研究属于人大职权范围、事关中心大局的重大事项，作出决议决定17项。黄水镇、彭镇行政区划调整后，依法重新确定人大代表名额。广泛征求代表建议，采纳专家评审意见，认真审议《天府新区成都直管区国土空间总体规划（2019—2035年）》。深入研究双流区产业发展、交通体系和空间格局，推动构建以国民经济和社会发展规划纲要为统领，国土空间规划、产业规划和生态文明规划“多规融合”的规划体系，做到“一张蓝图绘到底”。

（十）选举任免国家机关工作人员。坚持党管干部与人大依法选举任免相统一，严格执行选举任免法律规定，确保党组织推荐的人选经过法定程序成为国家机关工作人员。补选13名区人大代表，选举174名镇人大代表，选举任免国家机关工作人员92人次。组织9批次30名拟任人员参加任前法律知识考试，督促崇尚法治、学法用法，提高依法行政、公正司法、依法办事的能力。组织7次宪法宣誓仪式，50名选举任命人员进行宪法宣誓，维护宪法权威。

三、彰显代表机关为民情怀，以新要求书写履职答卷

坚持尊重代表的权利就是尊重人民的权利，保障代表依法履职就是保障人民当家做主，始终以真感情联系代表、以新举措服务代表，有效激发代表履职积极性和主动性。

（一）创新建设“智慧人大”代表之家。建设智慧人大数据资源中心和联网监督监控中心，充分利用政务内网和外网资源，打造“互联网＋代表服务”、系统应用支撑、信息安全保障“3个平台”，促进人大工作“线上＋线下”融合。随着接入端口递增、系统数据量级汇聚、人工智能技术成熟运用，双流“智慧人大”体系将不断整合“数据孤岛”，探索代表监督前端和政府处置后端“两端衔接”工作模式。四川省人大宣传工作会议在双流成功召开，双流区人大获评全省先进。黄龙溪镇、东升街道“智慧人大”代表之家建设经验作为创新典范，在川、渝两地人大互动交流中全面推广。重庆市人大《公民报》、四川省人大《人民权力报》和“学习强国”平台专题报道双流区人大代表“指尖履职”经验，迎来全国各地16批次人大同行观摩考察。

（二）创新开展代表建议办理工作评议。评议前，8个专项评议检查组实地检查，深入了解33个被评议单位承办150件代表建议落实情况。评议中，听取审议“一府两院”和承办单位关于区第十八届人大五次会议以来代表建议批评和意见办理情况报告，41名常委会组成人员和列席会议的11名区人大代表开展满意度测评。评议会后，满意度测评结果反馈区人民政府，与被评议单位年度目标绩效考核挂钩。首次实行代表建议网上提交、网上办理，224件代表建议经过领导领办、重点督办，代表参与决策、监督推动、桥梁纽带作用有效发挥。

（三）创新建立“四级”代表联动监督机制。组织3名市人大代表与52名区人大代表、人大工作者同期培训，深化“学习提能行动”。组织160名市、区、镇人大代表同堂学法，合力推动《民法典》实施。邀请2名省人大代表、市人大代表31人次与双流区、镇人大代表协同监督，联合围绕全局性重要监督事项开展视察调研、执法检查，共谋区域发展大计。全区“省—市—区—镇”四级人大代表同心抗疫，一起“走基层、进社区”，访民情、解民忧、纾民困，以实际行动践行代表人民、为了人民、服务人民的光荣使命。

四、展现工作机关责任担当，以新作为着力固本强基

始终把政治过硬、作风过硬、本领过硬作为自身建设的重要内容，以等不起的紧迫感、慢不得的危机感、坐不住的责任感，不断提高改革攻坚、调查研究、建言献策能力。

（一）坚持把思想政治建设摆在首位。坚定落实新时代党的建设总要求，发挥区人大常委会党组把方向、抓大事、做决策的政治保证作用，组建成立人大机关党组，指导机关党委、党支部做好标准化、规范化建设。创新开展“一心向党、不负韶华”评选活动，表彰18名“学习标兵”。12名“党员义工”与西航港街道光明社区、成白路社区结对共建，助力文明城市创建。14名党代表深入一线“走基层”，结对帮助2家小微企业，帮扶12名困难群众。规范开展“党员固定日活动”“政治生日”“主题党课”和“廉政教育基地”现场教学等活动25次，强化理论武装，分享入党故事，赠送学习书籍，重温入党誓词，不忘使命初心。

（二）坚持把履职能力建设融入日常。注重前瞻性思考、全局性谋划、整体性推进，自觉参加网络学习、专题讲座、外派培训。把学习提能贯穿于常委会履职全过程。组建3个考察组开展“1+1”对标学习，远赴上海、浙江等先发地区，学习借鉴预算监督、代表履职APP、人大议事规则的经验做法；近学武侯、锦江两区人大制度建设、代表活动和特色工作，经过吸收消化、创新运用，扬优势、补短板、强弱项，为拟定双流人大议事规则（草案）、创新“代表巡河”主题监督、建设“智慧人大”发挥“四两拨千斤”的作用，推动人大各项工作从交“作业”向交“作品”转变。

（三）坚持把工作作风建设落在经常。坚持“专业、理性、精进、务实”导向，保持奋发有为、积极进取的精神状态，突出监督重点，改进监督方式，砥砺作风、积极作为，努力在创新提能、推动发展、提升群众满意度上走在前列。坚持把调查研究作为常委会履职行权的重要基础，深入基层、深入实际，掌握实情、找准问题，使人大各项工作接地气、聚民意、求实效。认真执行党风廉政建设责任制，严格遵守廉洁从政各项纪律要求，树牢勤政务实、廉洁高效的地方国家权力机关形象。

过去一年，双流区人大常委会所取得的成绩和获得的荣誉，是区委高度重视、加强领导的结果，是“一府一委两院”支持配合、全体代表积极履职的结果，也是各级人大工作者辛勤付出、广大人民群众大力支持的结果。在此，我谨代表区第十八届人大常委会表示衷心感谢并致以崇高敬意！

回顾过去一年的工作，我们清

醒地认识到，区人大常委会的工作与宪法和法律要求、党和人民的期待还存在差距。创新监督方式、提升监督质效还需要巩固提升，服务代表履职、督办代表建议还需要加力加劲。在今后工作中，我们将虚心听取代表意见建议，加强新时期人大工作和建设，更好地履行宪法和法律赋予的职权。

2021 年的主要任务

2021 年是中国共产党百年华诞，是“十四五”规划和全面建设社会主义现代化国家新征程的开局之年，是双流在成渝地区双城经济圈建设新背景新要求下高质量建设践行新发展理念的中国航空经济之都的关键之年，也是双流区人民代表大会设立常委会 40 周年。双流区人大常委会工作的总体思路是：坚持以习近平新时代中国特色社会主义思想为指导，深入贯彻党的十九大和十九届二中、三中、四中、五中全会精神，认真贯彻习近平法治思想、习近平总书记关于坚持和完善人民代表大会制度的重要思想、习近平总书记对四川及成都工作系列重要指示精神和省委、市委、区委重大决策部署，坚定不移贯彻新发展理念，坚持稳中求进工作总基调，以推动高质量发展为主题，主动融入“双循环”新发展格局，以高质量建设践行新发展理念的中国航空经济之都为统揽，以满足人民日益增长的美好生活需要为根本目的，切实履行宪法和法律赋予的各项职责，推动双流形成有格局、有实力、有特色的高质量发展增长极和动力源。

一、以更加坚定的立场坚持党的领导，进一步增强政治自觉、思想自觉、行动自觉

（一）坚定贯彻习近平新时代中国特色社会主义思想。深入学习贯彻党的十九大和十九届五中全会精神，全面贯彻习近平法治思想，坚持用新思想新观点新论断新要求武装头脑、指导实践、推动工作。增强“四个意识”，坚定“四个自信”，做到“两个维护”，始终在思想上政治上行动上同以习近平同志为核心的党中央保持高度一致。坚持党对人大工作的绝对领导，保持政治定力，以昂扬的精神状态，努力创造经得起实践和人民检验的人大新业绩。

（二）认真贯彻省委、市委全会和人大工作会议精神。全面贯彻省委十一届八次全会、市委十三届八次全会决策部署，认真落实省委、市委人大工作会议精神，准确把握做好新时代人大工作的重大原则、思路举措、重点任务，在加强宪法学习贯彻，推动法律实施，实施正确监督、有效监督，做好决定、任免工作上展现新担当新作为，努力成为全面担负起宪法法律赋予的各项职责的工作机关，成为同人民群众保持密切联系的代表机关。

（三）全面落实区委十三届十五次全会暨区委经济工作会议决策部署。坚持以推动“十四五”规划高起点开局、高质量实施为己任，把人大工作放到全区大局中去思考、谋划和推进，找准人大工作与主动融入“双循环”、加快基础设施建设、培育美丽宜居公园城市品牌、重塑产业地理、扩大空港品质消费供给、实施高品质公共服务倍增计划等重点工作的切入点、结合点、着力点，洞察双流发展大势，锚定人大“坐标方位”，依照法定职责、法定范围、法定程序开展工作监督和法律监督，推动区委决策部署落地落实。

二、以更加强烈的担当依法履行职权，进一步助推经济高质量发展、生活高品质创造、社会高效能治理

（一）巩固提升人大监督质效。全面对表人大法定职责和党委决策部署，深化“对标先进、比学赶超”，开展精准监督，提升有效监督的“靶向性”；强化综合施策，打好统筹监督的“组合拳”，持续跟踪监督，续写久久为功的“连续剧”。一是聚焦中国航空经济之都建设。深入推进“三答”“三改”，调研航空货运发展、航空制造维修产业发展，推动双流区在“两场一体”运营背景下，提升供应链、价值链整合能力，高质量构建航空经济产业体系。二是聚焦财政预算绩效审查。审议预算编制、预算执行、预算绩效管理报告，审查批准财政决算和财政预算调整方案。推进预算联网，对年初预算审查项目的绩效管理情况进行全过程监督。听取审计工作报告、审计查出问题整改情况报告，推动健全审计查出问题整改长效机制。紧扣区委重大战略部署和民生改善，对政府投资项目、产业扶持项目、政府采购项目的预算安排和绩效目标进行重点审查，对疫情防控和稳增长的财政资金使用及财税政策扶持企业情况开展跟踪监督。听取国有资产管理情况综合报告。三是聚焦生态环境持续改善。深化拓展“代表巡河”，听取环境状况和环境保护目标完成情况报告，调研城市生活垃

圾管理，视察污水处理厂建设，持续提升空港公园城市品质。四是聚焦全面依法治区。推进《民法典》普及实施，提高人民群众运用法律保护自身权益的能力。推进《监察法》贯彻实施，支持区监察委依法实施监察。听取区人民法院关于刑事庭审实质化改革工作情况的报告、区人民检察院关于开展公益诉讼工作情况的报告，调研法律援助工作。做好规范性文件备案审查、政府招商引资合同合法性审查。配合上级人大做好立法调研和人大信访工作。五是聚焦高水平保障和民生改善。积极应对人口老龄化，调研养老工作，推动构建居家社区机构相协调、医养康养相结合的养老服务体系。调研乡村振兴建设行动、农商文旅体融合发展，推动农村人居环境改善、城乡融合发展。调研文化事业发展，助力弘扬中华文明，创新天府文化双流表达。视察民生实事实施工作，督促把好事办实、实事办好，让双流发展更有温度、市民生活更有质感。

（二）科学决定重大事项。观大势、谋大局、抓大事，健全人大讨论决定重大事项协调机制，推进人大讨论决定重大事项、政府重大决策出台前向人大报告工作规范化制度化。紧紧围绕区委工作部署、“一府一委两院”工作安排讨论决定重大事项，主动研究属于区人大常委会职权范围、关系全区改革发展稳定大局的重大事项，适时作出决议、决定，推进科学决策、民主决策、依法决策。

（三）依法做好选举任免。做好区、镇人民代表大会换届选举工作，坚持党的领导，充分发扬民主，严格依法办事，确保换届选举依法有序、风清气正。严格执行选举任免国家机关工作人员的法律规定和程序，确保区委人事安排意图顺利实现。坚持和完善任前法律知识考试、任职陈述、宪法宣誓等制度，培养领导干部对宪法的忠诚，对法律的敬畏，对自我的约束。

三、以更加务实的举措激发代表活力，进一步促进代表依法履职、勤勉履职、高效履职

（一）拓展履职平台内涵外延。深化“智慧人大”建设，完善预算联网监督系统、“代表巡河”APP、无纸化会议系统、电子表决系统、办公自动化系统、人大网站、微信公众号7个信息化平台，让监督工作更“实”、履职效率更“快”、服务质量更“高”、沟通渠道更“畅”。落实区人大常委会组成人员联系代表、代表联系选民“双联系”制度。代表就近编入代表之家，担任党政领导职务的代表带头进“家”，联系基层群众，履行代表职责。有序扩大代表对区人大常委会、专门委员会工作的参与，通过视察调研、走访联系、代表接待日等方式，畅通社情民意表达和反映渠道。

（二）优化代表履职服务保障。建立代表建议重点督办和跟踪督办制度，完善承办单位与代表联系制度，规范答复环节，健全答复承诺解决事项落实机制。建立向代表通报工作情况制度，拓宽代表知情知政渠道。常态化开展代表履职培训，提升代表法律素养和履职水平。落实区、镇人大代表向原选区选民报告履职情况制度，引导代表严格依法行使职权、履行义务，自觉接受人民群众和原选举单位监督。完善代表履职监督机制，规范代表履职登记。

（三）积极回应人民呼声期盼。坚持以人民为中心，从群众中来，到群众中去，把群众的冷暖装在心里，把发展的责任扛在肩上，以实际行动回应人民群众对美好生活的新期待。高标准谋划、高质量推进“幸福美好生活十大工程”，多做凝聚共识、扶危济困、促进和谐的工作，做到对人民负责、对城市负责。

四、以更加严实的标准深化自身建设，进一步适应时代要求、工作要求、发展要求

（一）突出政治建设主题。坚持以党的政治建设为统领，严守党的政治纪律和政治规矩，严格执行重大事项请示报告制度，经常对表对标，主动校准调焦。巩固“不忘初心、牢记使命”主题教育成果，深化“四讲四有”人大建设，自觉把党的领导贯穿于人大工作全过程、落实到依法履职各方面，保证决定决议符合区委要求、发展实际和人民意愿。

（二）把牢能力建设主线。探索实行区人大常委会会议重点审议发言制度，建立完善常委会组成人员、专门委员会成员履职规则、履职档案等制度。严格执行《监督法》和区人大常委会议事规则，确保每一个会议、每一项议程、每一件议案都符合宪法法律和法定程序。坚持集体行使权利、集体决定问题，合理安排全体会议、分组审议和联组审议。坚持把调查研究作为接地气、摸实情、聚民智的重要途径，不断提升服务中心大局、提供决策参考的能力。

（三）抓实作风建设重点。认真

落实中央八项规定及其实施细则精神，切实履行党风廉政建设主体责任，坚定不移正风肃纪，持之以恒改进作风。增强推动高质量发展的使命感、责任感和紧迫感，锻造讲政治、守纪律、促奋进的鲜明品格，砥砺“实心干事、科学作为”的本领素能，树牢“争创一流、各方满意”的工作标准，守正创新、团结奋进，塑造典雅气质，坚守清正廉洁，全面提振依法履职的政治担当和争先作为的精神风貌。

征途漫漫、使命在肩，唯有奋斗、未来可期。让我们紧密团结在以习近平同志为核心的党中央周围，在中共双流区委的坚强领导下，以更加饱满的政治热情、更加强烈的使命担当，立足新时代、开启新征程，探索新实践、展现新作为，共谱建设践行新发展理念的中国航空经济之都新篇章，为成都夺取全面建设社会主义现代化新天府和可持续发展世界城市新胜利贡献力量，以优异成绩庆祝建党100周年！

名词解释

习近平法治思想：即“十一个坚持”：坚持党对全面依法治国的领导；坚持以人民为中心；坚持中国特色社会主义法治道路；坚持依宪治国、依宪执政；坚持在法治轨道上推进国家治理体系和治理能力现代化；坚持建设中国特色社会主义法治体系；坚持依法治国、依法执政、依法行政共同推进，法治国家、法治政府、法治社会一体建设；坚持全面推进科学立法、严格执法、公正司法、全民守法；坚持统筹推进国内法治和涉外法治；坚持建设德才兼备的高素质法治工作队伍；坚持抓住领导干部这个“关键少数”。

“四讲四有”人大建设：2020年12月2日，中共四川省委印发《关于加强新时代人大工作和建设的意见》，要求“深化‘四讲四有’人大建设，全面提升人大工作水平。”省人大常委会在全省各级人大中倡导建设“讲忠诚有信念的政治机关、讲法治有权威的权力机关、讲责任有担当的工作机关、讲宗旨有情怀的代表机关”。

政治机关：2019年1月，中共中央印发《关于加强党的政治建设的意见》，强调“彰显国家机关政治属性，中央和地方各级人大机关、行政机关、政协机关、监察机关、审判机关、检察机关本质上都是政治机关，旗帜鲜明讲政治是应尽之责。”

地方国家权力机关：《中华人民共和国宪法》第二条规定：“中华人民共和国的一切权力属于人民。人民行使国家权力的机关是全国人民代表大会和地方各级人民代表大会。人民依照法律规定，通过各种途径和形式，管理国家事务，管理经济和文化事业，管理社会事务。”

工作机关、代表机关：党的十九大报告提出，“使各级人大及其常委会成为全面担负起宪法法律赋予的各项职责的工作机关，成为同人民群众保持密切联系的代表机关。”

“第一议题”制度：将专题学习习近平新时代中国特色社会主义思想、党的十九大精神和习近平总书记重要讲话精神作为各类各级会议的第一议题，推动学习常态化制度化。

“六稳”“六保”：稳就业、稳金融、稳外贸、稳外资、稳投资、稳预期；保居民就业、保基本民生、保市场主体、保粮食能源安全、保产业链供应链稳定、保基层运转。

“双循环”“双胜利”：以国内大循环为主体、国内国际双循环相互促进的新发展格局；夺取疫情防控和经济社会发展双胜利。

“三答”“三改”：中国航空经济之都内涵“是什么”“怎么建”“应该注意哪些事项”；改工作范式，改工作标准，改工作作风。

“两场一体”：成都双流国际机场和天府国际机场一体化规划、一体化建设、一体化管理和一体化运营。

“智慧人大”：由核心数据库、全景中心、统一身份认证等六大子模块构成，具备代表线上实时履职、代表选民和常委会实时互动、重点事项实时监督、电子测评表决、无纸化会议等功能的综合性信息化系统，是新时代人大工作发展的方向。

政协双流区委员会常务委员会工作报告

（2021 年 1 月 25 日，在政协第十一届成都市双流区委员会第五次会议上）

成都市双流区政协主席　李德龙

2020 年工作回顾

过去一年，在双流区委坚强领导和市政协有力指导下，区政协及其常委会坚持以习近平新时代中国特色社会主义思想为指导，全面贯彻中共中央大政方针和省委、市委、区委决策部署，牢牢把握团结和民主两大主题，发挥专门协商机构作用，坚持区委中心工作推进到哪里，政协履职就跟进到哪里，为建设践行新发展理念的中国航空经济之都作出积极贡献。

一、坚持党的领导，确保正确履职方向

始终坚持党对政协工作的全面领导，旗帜鲜明讲政治，做到思想上高度认同、政治上坚决维护、行动上紧紧跟随，牢牢把握政协事业正确政治方向。

（一）坚持党的全面领导，保持高度政治自觉。深刻领会习近平总书记关于“人民政协努力成为坚持和加强党对各项工作领导的重要阵地”的论断，坚持把区委对政协工作的领导认真落实到政协工作的全过程，切实做到区委的工作部署到哪里，政协的力量就汇聚到哪里，政协的作用就发挥到哪里。严格执行政协重大事项、重要工作向区委请示报告制度，政协年度协商和民主监督计划报区委审定后实施，认真落实区委政协工作会议的各项部署，始终做到中心不离，方向不偏。围绕“唱响主旋律、汇聚正能量、画好同心圆”的总基调，把党的领导贯穿于政协履行职能之中，通过提高履职能力，凝聚共识，团结政协委员和社会各界积极投身高质量建设践行新发展理念的中国航空经济之都。

（二）深化政治理论学习，筑牢思想政治基础。坚持把理论学习摆在更加突出的位置，召开党组中心组会议学习 12 次、党组会议学习 20 次、主席会议学习 12 次、常委会议学习 4 次。通过会议和网络平台“线上线下”相结合的学习形式，重点学习习近平新时代中国特色社会主义思想、中共中央大政方针，以及省委、市委、区委的重要决策部署，引导全体政协常委、委员和机关干部提高政治站位，牢固树立“四个意识”，坚定“四个自信”，做到“两个维护”。围绕学习《习近平谈治国理政（第三卷）》和中共十九届五中全会精神，邀请专家进行辅导，交流学习体会，学思践悟、对表实干，深化对新思想、新理念的认识认同。围绕深入学习习近平总书记关于加强和改进人民政协工作的重要思想，扎实推进委员进高校学习培训，开展《民法典》、“十四五规划”编制解读、“政协协商与基层协商有效衔接”等专题培训，持续提升委员政治把握能力、调查研究能力、联系群众能力、合作共事能力。

（三）积极投身抗疫一线，助力夺取“双胜利”。坚决贯彻落实中央和省委、市委、区委决策部署，以高度的政治责任感和使命感，把动员区政协委员和政协机关干部积极投身疫情防控和经济社会发展作为重大政治任务。按照区委“送政策、帮企业，送服务、解难题”专项行动安排，区政协主席会议成员带队走访重点企业 70 家，助力解决问题 150 个。全体政协机关干部下沉对口联系镇（街道）、村（社区）开展政策宣传、卡点防控、群防群治等工作。政协委员聚焦小微企业和困难群众帮扶工作，开展为期 3 个月的专项活动，累计参与 580 人次，走访企业 106 家、群众家庭 2300 户，捐款捐物合计 380 万元。开展“助力夺取‘双胜利’，党员委员在行动”活动，党员委员在组织复工复产、企业纾困解难等方面发挥先锋

模范作用。区政协疫情防控工作得到省政协党组副书记、副主席崔保华和区委的充分肯定。

二、围绕中心大局，发挥协商机构作用

践行"党委谋什么，政协就议什么；政府干什么，政协就助什么；群众盼什么，政协就促什么；委员做什么，政协就帮什么"的履职理念，积极协商议政、建言献策。

（一）聚焦发展大局，政治协商建诤言。紧扣区委确定的发展目标，组织开展"中国航空经济之都怎么建·政协委员智库专家来建言"专题协商会议，区委主要领导听取并充分肯定政协委员智库专家关于中国航空经济之都"是什么、怎么建、谁来建"的建议。常委会议、主席会议围绕"十四五"规划编制、党风廉政建设、国际化营商环境建设、公交线网优化调整、司法队伍建设和"七五普法"工作等开展专题协商，形成协商专报8篇，区委、区政府领导要求相关单位认真吸收、转化落实。围绕空港商务区建设、重点交通工程建设、社区发展治理、红十字会应急救护培训等开展对口协商，助力相关工作开展。各界别组突出界别特色，发挥界别委员智力优势，围绕社区网格化治理、居民健康素养提升、教育事业改革发展等工作开展界别协商。发挥重点提案办理引领示范作用，区政府领导、区政协主席会议成员领衔督办，围绕《关于打造双楠大道特色商业街区的建议》等7件重点提案开展办理协商，推动提案意见建议落实。

（二）聚焦重点工作，民主监督促落实。围绕成都天府国际生物城建设、成都芯谷重点项目建设、智慧广电实验区建设、拆违治违三年攻坚行动、学前教育高质量发展等重点工作，开展主席视察，形成视察专报5篇，助推区委、区政府重大决策部署落实。牵头推进四川大学与双流区深化校地合作共建协议落实。按照区委安排部署，区政协副主席牵头对全区40个重大产业项目、政府投资项目开展建设督导，促进相关工程项目的推进。积极助推"双流十大民生工程"建设，推选20名委员担任民生实事监督员，组成5个监督小组，对剑南大道延伸线建设等50个项目开展民主监督15次，有效助推民生工程建设。定期开展白河水环境治理民主监督，助力白河水质有效提升。

（三）聚焦社会热点，参政议政献良策。区政协委员积极围绕做好疫情防控、公园城市示范区建设、食品药品安全、养老就医就学等社会热点反映社情民意78条。其中，《关于湖北籍游客解除医学观察后妥善安置的建议》被省、市政协采纳，有效发挥社情民意直通车作用；《关于延时调整公交线路增加公用停车位的建议》等方面的社情民意被相关单位采纳，促进相关民生问题解决。区政协主席会议成员围绕成都天府国际生物城建设、智慧小区建设、发展壮大村级集体经济、儿童友好社区创建、退役军人服务保障体系、医保基金管理使用等开展课题调研，通过对标学习考察、实地调研座谈等形式，形成《关于高质量合作建设成都天府国际生物城的思考与建议》等调研报告6篇，得到区委主要领导肯定性签批。围绕智慧法检"两院"建设、融媒体中心建设、道路交通秩序整治、学校食堂建设与管理、无障碍城市建设等工作开展专题调研，提出建议意见40条，助力解决实际问题。

三、弘扬两大主题，广泛凝聚思想共识

坚持民主和团结两大主题，把加强思想政治引领、广泛凝聚共识作为履职工作的中心环节，广泛凝聚人心、凝聚智慧、凝聚力量。

（一）加强合作共事，营造团结氛围。加强同各民主党派基层组织、工商联、无党派人士的联系与合作，按照区委"大学习、大调研、大走访、大攻坚"活动要求，走访各民主党派基层组织，宣讲中共中央大政方针，贯彻落实省委、市委、区委决策部署，巩固团结奋斗的共同思想政治基础。邀请民主党派基层组织负责人参加政协重要会议、重大活动，认真听取意见建议，引导他们高质量撰写集体提案，积极为双流区经济社会发展献计出力。建立完善区政协主席会议成员对口联系各民主党派基层组织和党组成员联系界别党员委员、党员委员联系党外委员等制度，召开各类联席会议23次，收集意见建议40条。通过有效形式，把界别群众中蕴藏的积极性和创造性充分调动起来，把各方面的智慧和力量最大限度地凝聚起来，助力形成改革发展的强大合力。

（二）加强学习交流，汇聚发展合力。加强政协组织串联并联，学习先进经验，交流工作方法，补齐工作短板，凝聚推动基层政协工作的共识。积极争取省、市政协指导支持，省、市政协领导和相关专委会在双流开展调研、指导、考察等活动17批次。注重与省内外区（市）县政协的友好协作，接待来双流区就自贸

试验区建设、口岸经济发展、公园城市建设、文化旅游发展、基层社会治理、“有事来协商”试点工作等学习考察28批次。主动对标先进地区，确定成都市青羊区政协、杭州市萧山区政协为对标学习单位，区政协主席会议成员带队开展学习考察，形成对标学习方案、制定对标学习措施，不断提升履职质量。

（三）加强宣传力度，广泛传播共识。部分委员走上“魅力空港·委员讲堂”，讲解新形势下疫情防控常态化工作，扩大社会影响力。区政协门户网站改版上线，增设知情明政栏目，加大委员风采采编，进一步成为宣传双流政协、委员知情明政的新窗口。编印《双流政协》杂志2期、《抗疫特刊》1期。以“翰墨绘双流·同心再出发”为主题，举办2020年美术书法作品展，讴歌双流人民抗击疫情和追求幸福生活的精神面貌，展现建设中国航空经济之都的时代风采。国家和省、市媒体多次宣传报道区政协工作，“多层面协商、助力破解群众出行难”等12篇稿件在《人民政协报》、《四川政协报》、成都政协网等刊登。

四、深化实践探索，政协事业创新发展

准确把握新时代人民政协工作的新要求，认真总结实践经验，深入研究基层政协工作规律，与时俱进，开拓创新，政协工作不断焕发新活力。

（一）深化协商平台，助力基层治理展现新成效。按照省政协试点要求，深化“有事来协商·众事好商量”协商平台建设，进一步完善“1+2+4+7+N”的协商体系。重点依托政协街道工委、镇联络委，选择党政工作重点、社会关注焦点、群众关心热点作为协商议题，搭建党委政府领导与政协委员、群众代表、专家乡贤等开展面对面“小微协商”平台，围绕公交线网优化调整、社区步道氛围营造、学校文化阵地打造、剑南大道沿线环境整治等开展“小微协商”21次，创新“院坝会”“楼栋会”等协商形式，凝聚发展共识，助力基层治理。探索形成政协协商与基层协商有效衔接的“1234”工作法，在全省政协“有事来协商”座谈会上交流发言并推广。

（二）加强协同互动，区域联动协商呈现新形式。与重庆市渝北区政协共唱“双城记”，围绕航空枢纽共建、航空产业共兴等开展“1+1”协商活动，助力成渝地区双城经济圈建设。与新津区政协、眉山市东坡区政协、彭山区政协、仁寿县政协围绕区域融合发展开展“2+3”协商活动，助力省委成德眉资同城化发展和成都“南拓”的推进。与简阳市政协、青白江区政协、宜宾市翠屏区政协、泸州市龙马潭区政协围绕门户城市开放合作，进一步深化“2+2+1”协商活动，助力省委“一干多支、五区协同”发展战略。区政协创新同一性质议题跨区域协商形式和取得的协商成果得到省、市政协和区委领导的充分肯定。

（三）总结实践经验，政协理论研究取得新成果。认真学习贯彻习近平总书记关于加强和改进人民政协工作的重要思想和中央、省委、市委、区委政协工作会议精神，围绕做好新时代政协工作开展理论研究，注重总结实践经验，形成《对做好基层协商主体培育的几点认识》《对新时代做好政协委员工作的几点浅论》《对人民政协专门协商机构定位的再认识》等5篇高质量研究成果，收录入省、市政协理论研究文集，其中《学习新思想、践行新要求，当好新时代政协人》在省、市政协学习会上交流发言。

五、坚持强基固本，夯实干事创业基础

坚持把加强自身建设作为人民政协事业发展的基础和保障，切实抓好委员队伍和机关干部队伍建设，努力提高政协工作水平。

（一）坚持委员主体，提升服务管理水平。全面落实“懂政协、会协商、善议政，守纪律、讲规矩、重品行”要求，切实加强委员思想政治建设，党员委员双重组织生活的做法得到国家和省、市政协媒体高度关注。向委员推送各类学习资料，召开委员专题学习性会议4次，组织委员赴哈尔滨工业大学培训1期。开展“青春献时代·委员书华章”为主题的“五四”纪念活动，讲述青年委员奋斗故事，弘扬青春正能量。144名委员参与行风、政风、公共服务满意度等评议活动，发挥委员民主监督作用。全年走访委员340人次。委员民情联络站、委员工作室、委员专家智库开展形式多样的活动。鼓励委员积极参加省、市政协开展的“我为扶贫攻坚做件事”专题活动，参与富民产业、基础设施、民生工程、教育扶贫、医疗救助等活动543人次。住天府新区、高新区的政协委员，积极建言献策，助力本区域的经济社会发展。加强委员履职管理，优化委员履职信息管理平台，健全履职报告制度，实现常

委向常委会议述职全覆盖，有效地促进委员把事业放在心上、把责任扛在肩上。

（二）突出专业特色，加强专委会和界别建设。充分发挥专委会基础性作用，进一步完善专委会与区级党政部门对口联系制度，专委会与对口部门开展联系活动25次，助力区级各部门相关工作开展。充分发挥专委会成员的专业特长，组织开展调查研究、协商视察等活动，努力把专委会成员的知识、经验和智慧转化为专委会的工作优势。加强对界别工作的指导，召开界别工作座谈会，落实主席会议成员和专委会对口联系界别工作制度，走访界别27次，专委会对界别活动指导42次。深化完善各界别召集人、界别协商、界别考评等工作制度，突出界别主体意识，不断提高界别活动水平，双流区探索界别联动履职的工作经验得到省、市政协肯定。

（三）坚持严管厚爱，加强机关干部队伍建设。区政协党组、机关党组严格落实全面从严管党治党政治责任，切实履行党风廉政建设主体责任，支持派驻区政协机关纪检监察组履行监督责任。扎实开展机关党员每月固定党日主题活动，教育党员干净担当，走在前、做表率，机关第二党支部被评为“中国航空经济之都建设先锋党支部”。大力推进机关干部学习提能，常态化开展谈心谈话，全面落实干部积分管理和荣誉退休等制度，重视和关心政协干部培养，增强政协机关干部工作荣誉感、责任感、使命感。

一年来，双流区政协工作取得的成绩是双流区委坚强领导和市政协有力指导的结果，是区人大、区政府支持的结果，是历届区政协老领导、老同志奠定基础的结果，是区级各部门、各镇（街道）积极配合和全体政协委员、政协机关干部团结奋斗的结果。在此，我代表区政协常委会，向大家表示衷心的感谢并致以崇高的敬意！

在看到成绩的同时，我们也清醒地认识到，与新时代人民政协工作的新要求相比，政协工作还存在不足，主要是：凝聚共识的制度机制有待进一步健全，政协建言献策质量有待进一步提高，委员精准化精细化服务管理有待进一步加强。这些不足，我们将在今后的工作中认真加以改进。

2021年工作思路

2021年是中国共产党成立100周年，也是“十四五”规划的开局之年。区政协工作的总体要求是：坚持以习近平新时代中国特色社会主义思想为指导，深入学习贯彻习近平总书记关于加强和改进人民政协工作的重要思想，在双流区委的坚强领导下，全面贯彻中共十九大和十九届四中、五中全会以及中央政协工作会议精神，认真贯彻省委、市委、区委全会和政协工作会议精神，主动融入“双循环”新发展格局，紧扣“高质量发展攻坚年”主题，提高政治协商、民主监督、参政议政水平，更好凝聚共识，为“十四五”开好局起好步，高质量建设践行新发展理念的中国航空经济之都贡献政协力量。

一、围绕主责，进一步加强党的全面领导

始终坚持区委对区政协工作的全面领导，坚持区政协党组向区委全面工作报告制度，重大问题、重大事项、重大活动及时请示报告，始终在区委的领导下主动负责、协调一致开展工作，确保人民政协事业正确政治方向。坚持以党的政治建设为统领，全面加强政协党的政治建设、思想建设、组织建设、作风建设、纪律建设，确保中央、省委、市委和区委各项决策部署不折不扣地贯彻落实。充分发挥政协重要阵地、重要平台、重要渠道作用，努力把党的主张转化为社会各界广泛共识和自觉行动，使人民政协更好成为坚持和加强党对各项工作领导的重要阵地。

二、聚焦主线，进一步助推全区改革发展

紧扣区委十三届十四次、十五次全会决策部署，发挥政协专门协商机构作用，高质量履行政协职能，助推双流打造成为新时代“企业容易做生意的地方”“市民获得感幸福感安全感增长较快的地方”“干部人才心齐气顺只争一流的地方”。聚焦航空经济、电子信息、生物医药等优势产业高质量发展，围绕产业体系完善、产业政策优化、公共服务配套等方面，发挥政协联系广泛、人才荟萃的优势，助推“三大产业功能区”建设发展；聚焦激发开放、科技、改革、文化“四大动力”，围绕自贸区开放提质、“大运会”筹办、口岸平台效能提升等重点工作开展协商议政、建言献策；聚焦重构城市规划、建设、运营、治理“四大环节”，围绕健全规划体系、环境品质提升、城市有机更新、智慧城市建设、应急管理体系等开展监督视察、广集良策；聚焦

统筹生产、生活、生态“三大功能”，围绕国际化营商环境打造、塑造高能级消费场景、建设高品质生活空间、构建公园城市生态体系等开展调查研究，反映社情民意。聚焦深化校地合作共建，助力推进教育医疗合作、科研成果转化、人才引进培养等工作。聚焦重大产业项目建设、民生工程项目建设、水环境治理等重点工作，发挥政协委员民主监督作用，助推相关工作有序推进。

三、紧扣主业，进一步推动协商民主建设

充分发挥人民政协作为协商民主重要渠道作用，进一步健全政协专题协商、对口协商、界别协商、提案办理协商等制度，规范协商程序，拓展协商内容，丰富协商形式。探索界别视察监督、专委会对口监督、特邀民主监督等新形式，选好民主监督议题，提高民主监督实效。持续深化“有事来协商·众事好商量”协商平台建设，对标先进学习经验，加大对政协街道工委、镇联络委工作指导，加强平台制度建设，完善平台运行规则，加强协商主体培育，提高基层协商实效。巩固深化同一性质议题跨区域协商履职实践，进一步选好主题、创新形式，助力成渝地区双城经济圈建设和成德眉资同城化发展。

四、把握主题，进一步广泛凝聚共识力量

坚持团结和民主两大主题，加强同各民主党派基层组织、工商联、无党派人士的走访联系，进一步增进“四个认同”。坚持建言资政和凝聚共识双向发力，把凝聚共识融入视察考察、调查研究、协商履职活动中，邀请党委政府通报工作情况，广泛听取各界委员意见建议，加强协商互动，把党的主张转化为社会各界的共识。继续办好“魅力空港·委员讲堂”，传播政协声音，讲好政协故事，向社会传播共识。落实区政协主席会议成员联系常委、常委联系委员、委员联系群众和党员委员联系党外委员等制度，广泛深入宣传党委决策部署，听取意见建议，回应关切、交换看法、沟通思想、增进共识。

五、突出主体，进一步加强政协自身建设

坚持全面从严管党治党，切实履行政治责任和主体责任，带好政协两支队伍。持续加强委员队伍建设，强化委员政治责任，始终做到旗帜鲜明讲政治，做党的政策宣传者、群众利益维护者、社会和谐促进者，团结界别群众跟党走；继续开展委员进高校培训等活动，为委员履职尽责创造良好环境，增强委员责任担当。加强机关干部队伍建设，主动对表对标，践行“四个一线”要求，进一步改工作范式、改工作标准、改工作作风，打造一支与新时代政协工作和中国航空经济之都城市能级相匹配的政协队伍。

阔步新征程，展现新作为。让我们更加紧密地团结在以习近平同志为核心的中共中央周围，高举中国特色社会主义伟大旗帜，以习近平新时代中国特色社会主义思想为指导，在中共成都市双流区委的坚强领导下，扎实工作，团结奋进，为高质量建设践行新发展理念的中国航空经济之都作出新的更大贡献，以优异成绩庆祝中国共产党成立100周年！

名词解释

“四个认同”：对中国共产党和中国特色社会主义的政治认同、思想认同、理论认同、情感认同。

“1+2+4+7+N”协商体系：在“有事来协商·众事好商量”平台下，构建“1+2+4+7+N”协商体系。“1”：每年举办1次全体会议；“2”：每年至少召开2次专题议政性常委会会议；“4”：举办4次以上的有主席会议成员、党委、政府领导参加的专题协商活动；“7”：7个专委会牵头或指导开展的对口协商、界别协商、重点提案办理协商等活动。“N”：发挥政协街道工委、镇联络委作用，开展灵活多样的“小微协商”。

“1234”工作法：推进政协协商与基层协商有效衔接。“1”：构建“1+2+4+7+N”的协商体系；“2”：打造建言资政、聚智献策的平台和增进共识、凝心聚力的平台；“3”：健全议题提出、协商运行、跟踪问效三大机制；“4”：创新收集问题、提出问题、回应问题、解决问题四个环节。

“四个一线”：全国政协主席汪洋在全国政协习近平总书记关于加强和改进人民政协工作的重要思想理论研讨会上讲话指出：人民政协处于凝心聚力第一线、决策咨询第一线、协商民主第一线、国家治理第一线，是党和国家一线工作的重要组成部分。

双流区2020年国民经济和社会发展计划执行情况及2021年国民经济和社会发展计划（草案）的报告

（2021年1月26日，在成都市双流区第十八届人民代表大会第七次会议上）

成都市双流区发展和改革局局长　曾学良

一、“十三五”及2020年国民经济和社会发展计划执行情况

“十三五”时期是双流撤县建区后第一个五年，具有划时代意义。在区委坚强领导下，在区人大、区政协监督支持下，全区上下深入学习贯彻习近平新时代中国特色社会主义思想，坚持从全局谋划一域、以一域服务全局，自觉践行国家使命，全面完成“十三五”规划确定的主要目标任务。获评全国营商环境百佳试点县市第14位、全国百强新城区第16位、全国综合实力百强区第32位、全国科技创新百强区第33位、中国最具幸福感城市（城区）。

2020年，全区全面贯彻中央和省市关于统筹抓好疫情防控与经济社会发展的系列决策部署，紧扣“六稳”“六保”任务，以高质量建设践行新发展理念的中国航空经济之都为统揽，推动经济社会全面发展。地区生产总值突破千亿元，规上工业增加值增长9.5%，一般公共预算收入增长8.2%，实现固定资产投资545亿元，外贸进出口总额745.8亿元，城乡居民人均可支配收入分别增长5.8%和8.5%。

（一）众志成城抗疫救灾

一是全力抓好疫情防控。累计组织党员干部、志愿者3.3万人次，在10天内完成3轮全覆盖入户排查，见面登记154万人，做到入户排查全覆盖。与省机场集团、成都海关等单位联防联控，加强入境航班和人员管理服务，管理服务入境航班1700个、旅客1.8万人。在全市“11+2”中心城区中最先降为低风险地区。

二是保障城市运行平稳有序。加强防疫物资保供，在全市率先启动物资保障，支持防疫物资生产企业满产超产、其他企业转产扩产。强化水电气和通信安全稳定保障，组建大型农产品批发市场、大型商超、农贸市场保供体系，落实社会救助和保障标准与物价上涨挂钩联动机制，发放价格临时补贴4520.5万元、惠及群众22.3万人次。三是齐心协力抗洪抢险。全力应对百年不遇洪灾，组织1.8万名干部群众和驻区官兵，及时安全转移受灾群众1.1万人，保障黄龙溪景区洪灾后13天重新开街。

（二）产业能级稳步提升

一是产业功能区加快建设。成都芯谷研创城（高品质科创空间）对标深圳湾生态城，建成投运芯谷孵化器5.7万平方米、载体空间50.5万平方米，引进猪八戒网知识产权大数据西南区域总部等项目。芯谷研创城被市委主要领导称为“最接近心目中理想的科创空间”。双流航空经济区引进长龙货运航空等重点项目，川开电气、浪潮、空港体育公园等项目建成运营。天府国际生物城引进首家世界500强企业赛默飞，先导药物成为西南地区首家科创板上市企业，51万平方米产业加速器加快建设。

二是新经济新动能壮大。签约引进中兴通讯等亿元以上新经济项目41个、协议总投资444.3亿元。国星宇航、海威华芯等42家准独角兽企业、种子企业入库成都市新经济梯度培育。成都芯谷应用场景示范区、华体照明智慧路灯城市未来场景实验室等应用场景加快建设。围绕智慧空港、疫情防控等重点领域发布城市机会清单4批次208条。

三是新型消费加快发展。举办空港美好生活节、空港社区邻里节、空港国际潮购节3大消费活动，实现销售额12亿元，吸引消费者1800万人次。策划打造特色商业街区5条，完成优品道广场、东航中心云锦天地2条特色商业街区建设。新引进KOOV、妙梵瑜伽馆等品牌首店11家。实现社会消费品零售总额394.3亿元。成都电商产业园线上

开播，西航港跨境电商O2O体验店、黄甲共享社区超市等“互联网+”社区服务示范点建成投运，无人智能零售和自助取货柜网点建设加速，全区电子商务网络零售额170亿元、增长12%。

（三）营商环境持续优化

一是政务服务质效提升。积极推行“网上办”“预约办”“掌上办”，在政务大厅创新设立“一站式”服务中心，全区361项事项实现“一站式”办理。工商注册登记全程电子化，实现企业开办2.5小时、零成本。创新推行水电气通信报装“一件事”改革，实现报装1日办结。

二是企业服务精准高效。围绕给优惠与给机会相结合，形成支持工业、总部、楼宇、航空等行业高质量发展系列政策。兑现扶持资金14.3亿元，为企业减税降费39.1亿元。提升打造“企业咖啡时2.0版”，开展线上线下活动240次，收集企业诉求4168件，办结率99.57%、满意率99.16%。升级民生热线“83721000”和企业热线“83790000”。加快构建“1+4+N”企业幸福中心网络。有效市场主体数量增至12.5万户。

三是人才保障水平提升。出台“人才新政26条”，设立10亿元人才专项扶持资金池，在全省首创规模1亿元“人才增信贷”。开展“双招双引”135场次，新引育省市高层次人才45人、顶尖团队2个。深化“空港HR联盟”合作机制，编制发布双流人才开发指引蓝白皮书。开展“城市行”“校园行”组团招聘活动8场，达成引才意向2100人。落实职称评审制度，为1531名专业技术人才办理职称。建立全域人才统计监测体系，集成70项人才服务事项清单。四是金融保障加快完善。制定支持企业上市（挂牌）倍增行动计划，全区上市（挂牌）企业98家，其中上市企业5家。设立1亿元风险补偿金、5000万元贴息专项资金，加大中小微企业融资支持力度，为333家企业贷款贴息4957.4万元。制定天使基金设立运作方案及管理办法，全区股权投资基金26支，累计投资创新创业项目80个、116.8亿元。

（四）改革创新不断深化

一是国企改革持续推进。优化“1+13+N”制度体系，制定“4+4+1”赋能方案，完成财政资金赋能64.1亿元、资源赋能84亿元，盘活经营性房产170万平方米、土地资源2400亩，3家国企总资产规模提高到1611亿元，营业收入和利润总额分别增长69%、38%。完成融资282.3亿元，节约融资成本15.8亿元，综合融资成本5.31%/年、较全市平均水平低1个百分点，空港发展集团信用评级提升至AA+、空港科创集团获AA评级。

二是自贸改革成效显著。“智慧空港”综合平台建成投运，跨关区保税维修等4项改革申报全国最佳实践案例，创新开展飞机保税融资租赁被市委市政府通报表扬。支持航空公司“客改货”恢复运力，新开通全货机航线2条、“客改货”航线33条，国际（地区）航线达129条，国际定期全货机航线达10条。

三是校院企地合作深入推进。与中国电子、中国电科、中核集团等头部企业打造创新共同体，30个校企协同科技成果就地转化、交易额25亿元。召开“校企双进”成果精准对接会，推动迈德物联网、希尔得科技等4家企业与川大、电子科大等高校形成科技成果合作意向8项。完成技术合同成交额33.4亿元。

（五）城市品质加快提升

一是区域规划加快完善。编制《双流区空间发展战略规划》《双流区15分钟基本公共服务圈规划》等重点规划。完成机场北片区、公园城市示范区16.1平方公里、环城生态区等重点片区控规修编。高水平完成成都芯谷产业功能区高品质科创空间城市设计、空港商务区10.99平方公里城市设计。

二是城市形象不断提升。加快推进空港体育公园等5个全市“百个公园”示范工程，顺利推进公园城市示范片区建设。发布施工围墙围挡等5个建设导则。有序推进大运会场馆改造、东升街道6条道路系统整治提升等工作。完成800亩永安湖森林公园建设，建成空港中央公园“五湖四海”3600亩。新建空港绿道30公里、小游园10个。空气优良天数实况293天、比上年增加14天。锦江黄龙溪断面达到Ⅲ类水质目标。

三是城市文化加快彰显。建设牧马山蚕丛文化园、“一带一路”国际艺术中心等项目。推进大运会、第十四届成都市运动会等体育赛事筹备，举办国家级体育赛事5项149场次。策划编写展示双流4000年历史文脉、40年改革成就系列图书。成功创建全国象棋之乡、天府旅游名县候选县、省级体育产业示范基地。接待游客1606.8万人次，旅游收入129.3亿元。

四是城市交通不断健全。推进

五环路、正公路快速化改造工作，光华8线等22条道路建成通车。推动综保铁路专用线建设，新开通5号线等地铁线路3条，配合推进地铁8号线二期、19号线二期、30号线一期建设。

（六）民生福祉全面增强

一是教育卫生事业稳步发展。新建学校9所、新增学位1.1万座。普惠性幼儿园覆盖率提升至82.3%，公办幼儿园在园幼儿占比50.2%，在全国率先通过县域学前教育普及普惠督导评估。创建全国省市体育、美育、艺术特色学校7所，市、区两级教育国际化窗口学校4所。华西空港医院、区妇幼保健院通过“三甲”现场评审，成都京东方医院、市心理健康中心开诊。新增床位1319张。引育高层次卫生人才54名、新建国医大师院士工作室1个、新增省市级重点学科5个。成功创建为全国计划生育优质服务先进区、四川省第五轮敬老模范区。抓好国家组织药品集中采购和使用，开通异地就医联网直接结算。成功创建省级食品安全示范区。

二是民生保障不断加强。积极解决就业3.1万人，城镇登记失业率3.3%。以商品房标准建成安置小区8个、可安置1.7万人。建成幸福美丽新村6个，改造老旧院落29个，惠及群众近7000人。城镇职工基本医疗保险、城乡居民基本医疗保险参保人数分别达46.9万人、45.4万人。23家定点医疗机构参与国家药品集中采购和使用，采购金额234.3万元。完成2万名退役军人及其他优抚对象大走访“一人一档”工作。探索构建社区发展治理和社会综合治理“双线融合”机制，开展社会重点矛盾风险隐患“大起底”和“三无”创建，信访总量由2018年全市排名第1位下降为第11位。打好扫黑除恶专项斗争，“黄赌毒”警情下降24%。安全生产事故下降23%。

新闻、审计、史志、政法、工青妇、气象等各项社会工作均获得长足发展，完成年初预期目标。

“十三五”及2020年所取得的成绩，是区委坚强领导、区人大监督指导、区政协大力支持、全区人民共同努力结果。我们在看到成绩的同时，也要清楚地看到，双流区经济社会发展仍存在不足和短板：一是城市能级不高，城市竞争力与发达地区存在较大差距；二是城市功能品质不优，城市形态、城市功能与国际空港门户枢纽形象不匹配，机场东西片区协调发展还需加强；三是高品质公共服务供给不足，以满足户籍人口为主的基本公共服务配置难以适应面向常住人口全覆盖新要求；四是新冠肺炎疫情暴露出产业集成能力、产业链供应链稳定性、公共卫生安全和应急管理体系等方面短板，应对重大风险挑战能力较弱，安全韧性城区建设还需加力加劲。

二、“十四五”主要目标任务

到2025年，创新发展动能不断增强、协同发展格局加快构建、绿色发展样板加速打造、开放发展能级快速提升、共享发展实效更加突出，基本建成践行新发展理念的中国航空经济之都和新时代“企业容易做生意的地方”“市民获得感幸福感安全感增长较快的地方”“干部人才心齐气顺只争一流的地方”。全区地区生产总值年均增速不低于全市平均水平、力争达到高质量发展示范区平均水平，一般公共预算收入增速不低于GDP增速、走在高质量发展示范区前列。“四上”企业数量较“十三五”末翻一番，市场主体数量达20万，居民收入增长和经济增长基本同步。力争综合实力挺进全国百强区前20位。

三、2021年国民经济和社会发展计划草案

全面贯彻落实中央省市和区委系列决策部署，坚持系统观念，主动融入“双循环”、齐心唱好“双城记”、合力建好“示范区”，统筹做好“高质量发展攻坚年”各项工作。2021年发展主要预期目标是：地区生产总值增长7.8%，规上工业增加值增长8%，服务业增加值增长9%，社会消费品零售总额增长10%，一般公共预算收入增长7%，固定资产投资增长9%，城乡居民人均可支配收入分别增长8%、8.5%。

（一）建强创新驱动原动力

一是依托天府国际生物城开展生命科学原始创新。聚焦生物医药从0到1原始创新科技服务公共平台建设，发挥成都先导、康诺亚等研发创新机构引领带动作用，与华西医院共建人类遗传资源样本库、国家精准医学产业创新中心等大科学装置，解决疫苗研发、靶点验证等领域“卡脖子”问题。引进生物安全防护三级（P3）实验室等功能性平台和西部疫苗谷、生物医学材料创新协同中心等高能级项目。联合四川大学华西医院、成都科技服务集团打造国内顶尖的医疗健康孵化器。推动构建省市GCP联盟，搭建药效学及安全性评价平台。

二是依托怡心湖片区建设促进新经济聚势创新。以怡心湖为核心

区加快建设环湖科技城，推动5G、大数据、人工智能、区块链等与实体经济深度融合，发展新经济、培育新动能。完善“城市机会清单+城市应用场景”供给机制，发布智慧城市、新消费、高品质科创空间等城市机会清单200条，发布空港主题示范应用场景2个、新产品20个。打造新经济企业发展梯队，新增新经济企业3200家以上，培育准独角兽企业5家以上、种子企业25家以上。新增高技术企业和科技型中小企业160家以上。

三是依托综保区双流园区推动制度创新。发挥“综合保税区+自贸试验区+临空经济示范区”优势，抓好“智慧空港”、货物贸易单证电子化等63项自主改革，形成可复制推广经验2条以上，争取综保区“三并联”通关等案例入选全国最佳实践案例。以综保区为载体，拓展保税研发设计功能，提供保税研发创新配套服务，发展跨境电商保税备货、保税金融、保税物流等新兴产业。

四是依托成都芯谷开展融合创新。推动中国电子、中国电科等头部企业与中物院等高校院所打造创新共同体，促进中国信通院成渝研究院、中国工业互联网研究院四川分院分中心等项目落地运营。依托华大九天、成都华微、海威华芯、中国网安，打造从设计软件、制造、测试到安全应用的高可靠芯片研发环境。依托华为、同方、长城科技等龙头企业组建鲲鹏智造生态联盟，形成创新利益共同体。依托中物院军民科技协同创新平台和军民融合产权交易中心，开展军民融合知识产权、技术服务、科技金融投资等交易，促进军口科研成果落地转化。鼓励民营企业参与武器装备科研生产和维修，新认定军民融合企业4家以上。

五是依托环高校创新活力区深化协同创新。以四川大学、成都信息工程大学等高校建设国际合作交流中心和院士研究中心为契机，打造“空港智谷”。推动中核集团、中国网安、海光核电等头部企业与核动力研究院、光电所、核物理研究院等重点科研院所打造创新共同体，共建工程技术（研究）中心、重点实验室、工业设计中心等创新平台，新增市级以上创新平台5个以上。梳理和发布高校院所科技成果和企业技术需求“两张清单”，促成高校院所与企业项目结对子110个以上。支持区内企业与高校合作共育产业急需科技人才。高品质打造天府新区大学科技创新园，建成投用成都信息工程大学产业园、电子科大科技园四期，新增创新载体6万平方米。

（二）增强现代适航产业能级

一是筑牢主导产业优势。提质发展航空经济。积极融入“两场一体”，推动与东部新区共同做强航空物流、免税贸易、航空总部、航空金融等高端业态。全面深化与省机场集团战略合作，构建“北上广深拉”联合快线，打造全国领先的精品商务航线枢纽、公务机和通用航空运营基地。依托综保区打造服务两场的共享虚拟货站，开通美欧亚货机航线各1条以上，持续完善国际全货机货运网络，积极引进顺丰航空货运转运中心，打造国内货运干线通道和进藏货运主通道，加快建设西部航空货运枢纽。力促服务运营收入达1200亿元。推动川航APU等16个项目加快建设，加德纳航空等7个项目建成投运，打造国产民机维修基地，航空制造维修产值突破100亿元。壮大发展电子信息产业。力促康宁玻璃基板等17个项目加快建设，华大九天等8个项目建成投运。全力推动澜至电子科创板上市，支持云天励飞建设人工智能园区。发布机会清单2次，加速形成赋能先进制造、数字消费等领域的应用生态。电子信息产值达763亿元。加快发展生物医药产业。加大创新企业孵化力度，新增在研品种30个以上，申请临床或取得临床批复5个以上。培育华西海圻、南格尔等上市种子企业10家。实现生物医药产值63亿元。

二是提升功能区建设水平。打造航空经济区新优势。用好“机场+自贸区+综保区+口岸+空侧”五大优势资源，深入开展资源效益转化攻坚。推动“空港一号”跨境电商新业态体验店投运。以绿地T7、川航AOC为核心建设高品质科创空间。加快江安河生态景观走廊、江安河滨水商务区、寺圣社区特色商业街区建设。推动西开区加快向产业功能区转型。聚焦西开区功能不完善、职住不平衡、资源不集约等突出问题，制定西开区转型发展行动方案，盘活低效企业10家、用地1000亩以上，亩均产值、亩均税收比上年提高10%。盘活厂房13万平方米、配套住宅1.9万平方米、商业2.1万平方米。不断完善便利店、餐饮、医疗、家政等便民服务体系。推动国际空港商圈加快成型成势。优化“两廊一湾一公园”空间布局。加快青楠里、太平园二期等现有载体“二次招商”，大力发展时尚服饰、时尚家居等消费。实现销售收入95亿元。推动澳康达西南中心加快建设，盛屯西区总部基地项目落地开工。完成凌云湾1号路、成双大道与西航港大道互通工程、西航港大道川航货站节点工程。全面提升成都芯谷产业集聚能力。坚持“政府主导、市场主体、专业运营”，深入推进法定机构改革。提升成都芯谷研创城（高品质科创空间）创新服务水平和产业聚合力，推动华大九天等3个项目竣工投运、国际创新中心等4个项目加快建设，累计建成载体83.3万平方米，租售率达65%。建成人才服务中心，建设“归芯谷”人才小区、芯谷小学，引入品质餐饮、健身会所等生活配套项目10个以上。推动天府国际生物城建成协同发展示范。完成生物城高品质科创空间实施规划，制作生物科创园产业（企业）导视地图，搭建生物科创园元素应用场景。按照15分钟公服圈科学完善教育、医疗、商业等公共设施。推动毛家湾幼儿园开工建设、贝赛思双语学校主体施工，成都京东方医院全面开放医疗服务、凤凰邻里中心社区卫生服务站投用。

三是充分发挥消费基础作用和投资关键作用。着力培育时尚经济、首店经济、夜间经济、周末经济、假日经济等新型消费业态。引育知名品牌20个、品牌首店4家，打造东航中心云锦天地等夜间经济示范点5个、万科生活里等特色商业街区5条。联动奥特莱斯、电商直播产业园、汽车4S集群构建双楠大道时尚产业消费商圈。促进蛟龙工业港、川大周边业态提档升级，规范提升传统专业市场4个。依托“空港之家”社区综合体、邻里中心，发展生鲜超市、轻奢书店等消费业态，评选区级特色小店10家。发挥政府投资的引领和带动作用。推动项目管理向项目策划生成延伸，建立多部门协同的项目策划储备机制。严格落实组织调度、统筹推进、督查考核等机制。加强项目“签约—落地—促建—投运”全生命周期管理，切实提升项目质量和进度。动态优化“两图一表”，紧盯“六类500强”、上市公司、外资企业等，引进亿元以上项目60个以上，其中市级重大项目16个，到位市外内资162亿元以上。

四是推进先进制造业和生产性服务业融合发展。加强信息技术在传统优势产业的运用，鼓励通威太阳能、川开电气、天味食品等龙头企业建设重点实验室、工程技术中心，开展产业化攻关。引导制造业企业服务化发展，从提供单一产品向提供产品、服务和整体解决方案转变，拓展协同研发、众包设计、维护检修、技术培训等专业服务。培育区级总部企业和准总部企业5家，总部企业实现营业收入350亿元以上。“差异化”培育成都东航中心、成都芯谷研创园、电子科大科技园等融合发展特色楼宇，打造特色楼宇3栋以上，新增税收上亿元楼宇1栋，楼宇企业入驻率65%以上。

五是推动人才和产业协同发展。挖掘人才要素在经济社会发展中的引领作用，制定紧缺人才目录。鼓励以项目带人才、以人才引人才，引进高精尖缺海外人才10名、高端领军人才50名、产业紧缺人才1000人以上。建立校企人才联合培养机制，培训技能人才1.05万人次。实施属地人才全覆盖监测统计，开发双流人才大数据库。出台人才新政2.0版，健全人才多元评价体系，用好10亿元人才专项扶持资金池，实行空港人才荣誉奖励制度，提升人才吸聚效应。

（三）激发有效市场主体活力

一是开展新一轮五项制度改革。推进以绩效为导向的财政预算制度改革，深化预算绩效全方位全过程管理改革。纵深推进零基预算改革，建立政府投资建设项目工程、城市清扫环卫、绿化养护、信息化建设、物管费等支出标准体系，提高财政资源配置效率。深化以效率为导向的国资经营考核评价制度改革，完善以效率、效益、效能、奖惩“四维一体”“一企一策”分类考评的国资经营考评体系。以片区综合开发为契机，促进区属国有企业向城市开发建设综合运营商转型，空港兴城集团实现AAA评级。财政为区属国企赋能50亿元以上。完成占道停车经营权、公共停车场经营权授予，经营性房产盘活率达90%以上。深化以产出为导向的土地资源配置改革，在产业功能区探索“标准地”改革，用好新型产业用地（M0）和科研设计用地（A36）政策，大力提升各产业功能区亩均效益。深化以成长为导向的企业扶持激励制度改革，推进土地、劳动力、技术等要素市场化配置改革试点，推动要素供给、政策扶持和政府服务精准化差异化匹配。深化以便民利民为导向的基本公共服务清单标准管理和动态调整改革，构建清单化、项目化、指标化考评体系，全力推进公共服务重点项目建设，打造15分钟社区生活服务圈点位30个。

二是做强国际化一流营商环境品牌。推进国际化营商环境3.0政策落地落实，打响“企业咖啡时”“市民茶话吧”“企业幸福中心”等政务服务品牌。推行“互联网+政务服务”，扩大“主题式审批”范围，深入推进政务服务“一网通办”、城市运行“一网统管”、社会诉求“一键回应”全覆盖。发布“零跑腿”事项清单，实现工程建设项目“一站式”服务，确保企业投资项目“不见面审批”事项实现率90%，小型社会投资项目政府审批不超过14个工作日。推进“24小时”自助服务区建设，实现镇（街道）市民服务中心全覆盖，跨镇（街道）通办事项100项以上。推进综合窗口审批改革，推动分类受理向无差别受理升级，实现任一窗口办理所有业务。推进自贸片区“证照分离”全覆盖试点改革。

三是推动市场主体规模壮大结构优化。持续优化市场准入，大力推动全域经营住所承诺制和个体工商户集群注册，新增市场主体2.3万户（其中企业6500家），“四上”企业入库200家以上。盘活城市商业综合体，力促大型专业市场、城市综合体持照率达90%以上。支持民营企业发展，鼓励民间资本投资，切实为民营企业疏解困难减轻负担，促进民营经济增加值占地区生产总值比重达58%以上。新增外贸主体50家以上，实现外贸进出口总额800亿元以上，实际到位外资2.82亿美元、外商直接投资1亿美元。

四是持续做好要素保障。加快推进国土空间规划编制，全力争取建设用地规模，新报征土地5000亩。盘活“批而未供”土地1103亩。实现土地出让收入区级实得96亿元（含生物城7.8亿元）。积极参与市级重产基金组建，用好1亿元风险补偿金、5000万元贴息专项资金，撬动更多社会资金。新增科创板上市企业1家、挂牌企业5家，新增股权投资基金3支、基金规模20亿元。力促迎春桥110千伏输变电工程开建，建成投用江安河220千伏、幸福110千伏等输变电工程，电网容载率提升至1.8。为更多企业争取“直购电”政策，降低企业用能成本。推进协和加压站等配套设施建设，确保航空港三期等5个污水处理厂通水运行。

（四）提升空港公园城市品质

一是塑优城市大美形态。编制完成怡心湖片区、九江新城、牧马山文旅功能区等重点区域城市设计。高标准打造杨柳湖城市综合性副中心，推进空港商务区、成都芯谷研创城等公园城市示范先行引领区片区综合开发，有序推动九江新城建设。实施“社区微更新”项目18个、改造老旧院落20个以上，加快推动迎春桥地铁站等3个TOD综合开发项目。完成大运会涉及的6条道路一体化改造，环港路东北段等10条市政道路建成通车，加快建设“5+2”交通骨干路网改造提升、银河路东延线等路网项目。

二是提升城市宜居环境。加快建设机场东西两翼“双井”绿色廊道，建成红枫海、紫薇海公园和绿道62公里。建立全区植物资源智慧管理平台。打造“上班的路”“回家的路”50条，新建消费集市等公园城市示范场景50个、示范街区3个，创建园林式居住小区2个。高标准完成锦江公园双流段两侧功能设计，规划布局高品质生活宜居地和产业功能区，打造全市生态价值转化示范样板。做好中央、省环保督察及“回头看”和长江经济带督察问题整改。完成41处河道修复和青兰沟、江安河等河道整治，建成地下管网60公里，锦江黄龙溪出境断面水质优良。强化雾霾、臭氧、扬尘等污染管控。全力创建国家生态文明建设示范区。

三是丰富城市文化内涵。创新天府文化双流表达，加强历史文脉研究整理、文化遗产传承保护、文化活化展示。建成牧马山蚕丛文化园、槐轩书院、史志馆、美术馆、科普馆。创新文化品牌3个，举办特色文化活动150场次。促进农商文旅体融合发展，推进“黄龙溪古镇—欢乐田园”共创国家级旅游度假区。引进石井艺术村等重大文旅项目2个，实现文创产业增加值93亿元。以承办大运会赛事为契机，提升以赛谋城能力，推动赛事与文商旅融合，打造特色消费场景，以赛事为杠杆撬动城市品牌提升。完成大运会场馆改造，策划一批“爱成都·迎大运”主题活动，承办中国足球甲级联赛等10大赛事，打造全国一流文创赛事IP。

四是加快推进乡村振兴。建设高标准农田1.4万亩。修复打造精品林盘3个，加快建设天府健康特色小镇，打造农业融合发展示范园6个。建成黄龙溪川江等幸福美丽新村3个，创建省级乡村振兴先进镇1个、示范村2个。培育家庭农场20家、农业职业经理人40名，培训新型职业农民1000人次，提升农民收入水平。

（五）增强市民获得感幸福感安全感

一是优化教育卫生服务供给。加快推进嘉祥国际学校等项目建设，建成投用中小学（幼儿园）15所，新增中小学学位4410座、幼儿园学位5310座，确保优质学前教育资源覆盖率达90%以上。创建成都市义务教育新优质学校2所、成都市一级幼儿园3所，新建名师工作室8个，引育省市名优教师30名。优化医疗服务供给，做好新冠肺炎疫情常态化防控工作，坚持“人物同防”，强化入境人员闭环管理，加强中高风险地区来双人员管理服务，持续抓好冷链食品全链条防控。加快城市核酸检测基地建设，确保全区日核酸检测能力达7万份，严格按30天满负荷运转要求储备防疫物资。在全省率先实现区级医院“三甲”满覆盖，新增省级以上名中医工作室3个、市级以上重点专科3个，建成区三医院等3个医院、新增床位500张，引育高层次卫生人才70名，完成国家卫生城市、全省免疫规划示范区复评审。

二是提升社会保障水平。推进城乡居民参保全覆盖，城乡居民基本养老参保率达96%、城乡居民基本医疗保险参保登记率达99%。推进基础设施亲民化、适老化改造和无障碍环境建设，加快社区养老服务设施全覆盖，建成社区养老服务综合体1个、市级社区嵌入式养老示范点位2个。建立社会救助、关爱援助、慈善公益“三位一体”+社工救助模式，确保符合条件救助率100%。建成安置小区10个、安置1万人以上，高标准建成人才住房3万平方米。实施援企稳岗“护航行动”，开展创业培训、创业补贴、创业担保活动，城镇新增就业1.5万人、城镇登记失业率4%以内。

三是加强全域双流智慧城市建设。探索构建“城市大脑、镇（街道）中脑、社区小脑、小区微脑”多脑互联协同的城市现代治理模式，建设5个智慧应用场景示范社区，打造智慧小区3个以上。利用IDC数据中心和高科技企业技术资源，建成5000路“雪亮工程”视频和1000路人脸识别系统，改造智慧路灯1000柱。

四是加强城市安全和应急防控体系建设。推进社会稳定风险评估工作全覆盖，定期发布城市安全风险预警通报。对劳资纠纷、食品安全、房地产等重点领域加强风险防控。实施社会诚信体系建设，推进信用信息规范应用。健全“党建引领、双线融合”社会治理规划，整合统筹政法、信访、法治、社治等平台和服务力量。严厉打击各类违法犯罪。加强社会矛盾风险隐患“大起底”案件和信访积案化解攻坚，确保化解率达80%。完善政府、部门、企业、社区有效衔接的应急救援体系，设立社区应急服务中心。加强医疗、粮食、油气、水电等重要应急物资生产、流通、收储、调拨、配送能力建设。落实最严格的耕地保护制度，坚决遏制耕地“非农化”、防止“非粮化”。

名词解释

“两场一体”：指双流国际机场和天府国际机场一体化规划、一体化建设、一体化管理和一体化运营。

GCP：指《药物临床试验质量管理规范》，是对药品的临床试验进行管理和规范的要求，由国家药品监督管理局会同国家卫生健康委员会组织制定，自2020年7月1日起施行。

种子企业：需满足下列条件之一：获得过投资（含个人或机构），且估值1000万美元至1亿美元（含1000万美元）；上一年度主营业务收入1000万元至1亿元（含1000万元），连续2年主营业务收入增长率均超过20%；对于成立不到三年，未对外融资，以上两条均不满足，但技术确有领先性、创新性、潜力性的硬核科技企业，经专家组认定可纳入种子企业。

准独角兽：需满足下列条件之一：获得过投资（含个人或机构），且估值1亿美元至10亿美元（含1亿美元）；上一年度主营业务收入1亿元至10亿元（含1亿元），连续2年主营业务收入增长率均超过20%。

城市机会清单：以行业发展、生产生活需求为导向，提供以创新驱动的新技术、新产品应用“试验场”和以消费驱动的市场机会的场景供给途径。

“5+2”道路：“5”指五环路双流段、双楠大道西延线、环港路、川藏路一期、大件路节点快速化改造5条道路，“2”指剑南大道（长顺路口）下穿隧道、剑南大道和第二绕城高速公路立交改造2个节点项目。

/ 文件目录 /

File Catalog

2020年双流区委部分文件一览表

表13

发文字号	文件名称	发文机关	发布日期
双委发〔2020〕1号	关于印发《区委常委会2020年工作要点》的通知	中共成都市双流区委	4月1日
双委发〔2020〕2号	印发《关于加快教育现代化推进双流教育高质量发展的实施办法》的通知	中共成都市双流区委、成都市双流区人民政府	4月3日
双委发〔2020〕3号	关于推进2020年全面从严治党、党风廉政建设和反腐败工作的意见	中共成都市双流区委、成都市双流区人民政府	7月24日
双委发〔2020〕5号	印发《关于抢抓成渝地区双城经济圈建设战略机遇高质量建设践行新发展理念的中国航空经济之都的实施意见》的通知	中共成都市双流区委、成都市双流区人民政府	8月28日
双委发〔2020〕6号	印发《关于激励干部自觉成为建设中国航空经济之都先行者排头兵的若干措施（试行）》的通知	中共成都市双流区委	8月27日
双委发〔2020〕7号	印发《关于激发人才创新创造活力释放高质量建设中国航空经济之都新动能的若干措施（试行）》的通知	中共成都市双流区委、成都市双流区人民政府	8月28日
双委发〔2020〕8号	印发《关于广泛凝聚社会力量共同建设中国航空经济之都的若干措施（试行）》的通知	中共成都市双流区委、成都市双流区人民政府	8月28日
双委发〔2020〕9号	印发《关于常态长效监督制约权力运行护航中国航空经济之都建设的若干措施》的通知	中共成都市双流区委	9月30日
双委发〔2020〕10号	印发《成都市双流区关于完善重大疫情防控体制机制健全公共卫生应急管理体系的实施方案》的通知	中共成都市双流区委、成都市双流区人民政府	10月19日

2020年双流区委办公室部分文件一览表

表14

发文字号	文件名称	发文机关	发布日期
双委办发〔2020〕1号	关于印发《成都市双流区担当作为先进集体通报表扬试行办法》的通知	中共成都市双流区委办公室、成都市双流区人民政府办公室	1月9日
双委办发〔2020〕3号	关于区委领导同志分工调整的通知	中共成都市双流区委办公室	1月22日
双委办发〔2020〕4号	关于印发《双流区新型冠状病毒感染的肺炎疫情总体防控方案》的通知	中共成都市双流区委办公室、成都市双流区人民政府办公室	1月22日
双委办发〔2020〕6号	关于印发《成都市双流区进一步优化提升国际化营商环境工作方案》的通知	中共成都市双流区委办公室、成都市双流区人民政府办公室	2月13日
双委办发〔2020〕7号	关于印发《成都市双流区“空港健康英才”培育和引进办法》的通知	中共成都市双流区委办公室、成都市双流区人民政府办公室	2月16日
双委办发〔2020〕8号	关于表扬新冠肺炎疫情防控先进集体和先进个人（第一批）的通报	中共成都市双流区委办公室、成都市双流区人民政府办公室	2月19日
双委办发〔2020〕9号	关于印发《2021年第31届世界大学生夏季运动会双流区筹备委员会工作方案》的通知	中共成都市双流区委办公室、成都市双流区人民政府办公室	2月25日
双委办发〔2020〕10号	关于表扬新冠肺炎疫情防控先进集体和先进个人（第二批）的通报	中共成都市双流区委办公室、成都市双流区人民政府办公室	3月6日
双委办发〔2020〕12号	关于印发《成都市双流区“一对一”走访企业“送政策、帮企业、送服务、解难题”专项行动方案》的通知	中共成都市双流区委办公室、成都市双流区人民政府办公室	3月10日
双委办发〔2020〕13号	关于印发促进经济高质量发展系列支持政策的通知	中共成都市双流区委办公室、成都市双流区人民政府办公室	3月7日

续表 14

发文字号	文件名称	发文机关	发布日期
双委办发〔2020〕14 号	关于印发《成都市双流区爱国卫生运动“卫生大扫除”活动实施方案》的通知	中共成都市双流区委办公室、成都市双流区人民政府办公室	3月13日
双委办发〔2020〕15 号	关于印发《2020 年政协协商和民主监督计划》的通知	中共成都市双流区委办公室、成都市双流区人民政府办公室、政协成都市双流区委员会办公室	3月24日
双委办发〔2020〕16 号	关于印发《成都市双流区“空港教育英才”引育激励实施办法》的通知	中共成都市双流区委办公室、成都市双流区人民政府办公室	4月3日
双委办发〔2020〕17 号	关于印发《成都市双流区教育品质提升行动计划》的通知	中共成都市双流区委办公室、成都市双流区人民政府办公室	4月3日
双委办发〔2020〕18 号	关于表扬 2019 年度全区政法工作先进单位的通报	中共成都市双流区委办公室、成都市双流区人民政府办公室	4月7日
双委办发〔2020〕19 号	关于印发《中共成都市双流区东升街道工作委员会、成都市双流区人民政府东升街道办事处职能配置、内设机构和人员编制规定》的通知	中共成都市双流区委办公室、成都市双流区人民政府办公室	3月31日
双委办发〔2020〕20 号	关于印发《中共成都市双流区西航港街道工作委员会、成都市双流区人民政府西航港街道办事处职能配置、内设机构和人员编制规定》的通知	中共成都市双流区委办公室、成都市双流区人民政府办公室	3月31日
双委办发〔2020〕21 号	关于印发《中共成都市双流区九江街道工作委员会、成都市双流区人民政府九江街道办事处职能配置、内设机构和人员编制规定》的通知	中共成都市双流区委办公室、成都市双流区人民政府办公室	3月31日
双委办发〔2020〕22 号	关于印发《中共成都市双流区怡心街道工作委员会、成都市双流区人民政府怡心街道办事处职能配置、内设机构和人员编制规定》的通知	中共成都市双流区委办公室、成都市双流区人民政府办公室	3月31日
双委办发〔2020〕23 号	关于印发《中共成都市双流区黄甲街道工作委员会、成都市双流区人民政府黄甲街道办事处职能配置、内设机构和人员编制规定》的通知	中共成都市双流区委办公室、成都市双流区人民政府办公室	3月31日
双委办发〔2020〕24 号	关于印发《中共成都市双流区黄龙溪镇委员会、成都市双流区黄龙溪镇人民政府职能配置、内设机构和人员编制规定》的通知	中共成都市双流区委办公室、成都市双流区人民政府办公室	3月31日
双委办发〔2020〕25 号	关于印发《中共成都市双流区彭镇委员会、成都市双流区彭镇人民政府职能配置、内设机构和人员编制规定》的通知	中共成都市双流区委办公室、成都市双流区人民政府办公室	3月31日
双委办发〔2020〕26 号	关于印发《中共成都市双流区黄水镇委员会、成都市双流区黄水镇人民政府职能配置、内设机构和人员编制规定》的通知	中共成都市双流区委办公室、成都市双流区人民政府办公室	3月31日
双委办发〔2020〕27 号	关于表扬新冠肺炎疫情防控先进集体和先进个人（第三批）的通报	中共成都市双流区委办公室、成都市双流区人民政府办公室	4月10日
双委办发〔2020〕28 号	关于印发《成都市双流区党政机关办公用房管理若干措施（试行）》的通知	中共成都市双流区委办公室、成都市双流区人民政府办公室	4月20日
双委办发〔2020〕29 号	关于表扬 2019 年度国际化营商环境建设工作先进集体和先进个人的通报	中共成都市双流区委办公室、成都市双流区人民政府办公室	4月23日
双委办发〔2020〕31 号	印发《关于加强平安双流建设推进社会治理体系和治理能力现代化的实施办法》的通知	中共成都市双流区委办公室、成都市双流区人民政府办公室	4月30日
双委办发〔2020〕32 号	关于印发《成都市双流区档案馆职能职责内设机构和人员编制规定》的通知	中共成都市双流区委办公室、成都市双流区人民政府办公室	5月11日
双委办发〔2020〕33 号	关于印发《“解放思想、跨越赶超”学习讨论活动工作方案》的通知	中共成都市双流区委办公室	6月18日

续表 14

发文字号	文件名称	发文机关	发布日期
双委办发〔2020〕34 号	关于印发《成都市双流区创建全国民族团结进步示范区工作方案》的通知	中共成都市双流区委办公室、成都市双流区人民政府办公室	6 月 19 日
双委办发〔2020〕35 号	关于印发《加快推进中国航空经济之都（双流区）城市环境品质提升的实施意见》的通知	中共成都市双流区委办公室、成都市双流区人民政府办公室	6 月 28 日
双委办发〔2020〕36 号	关于印发《成都市双流区 2020 年实施乡村振兴战略推进城乡融合发展行动计划》的通知	中共成都市双流区委办公室、成都市双流区人民政府办公室	7 月 2 日
双委办发〔2020〕37 号	关于印发《成都市双流区森林草原防灭火和城乡防火专项整治实施方案》的通知	中共成都市双流区委办公室、成都市双流区人民政府办公室	7 月 9 日
双委办发〔2020〕38 号	关于印发《成都市双流区担当作为先进集体通报表扬办法（试行）》的通知	中共成都市双流区委办公室、成都市双流区人民政府办公室	7 月 10 日
双委办发〔2020〕39 号	关于印发《成都市双流区委政法委、政法单位党组织重大事项请示报告制度（试行）》的通知	中共成都市双流区委办公室	7 月 10 日
双委办发〔2020〕40 号	印发《关于进一步加强和改进区属国有企业党的建设工作方案》的通知	中共成都市双流区委办公室	7 月 14 日
双委办发〔2020〕41 号	关于表扬中国电科成都产业基地项目建设先进个人的通报	中共成都市双流区委办公室、成都市双流区人民政府办公室	7 月 15 日
双委办发〔2020〕42 号	关于表扬成都国际空港商务区规划建设先进个人的通报	中共成都市双流区委办公室、成都市双流区人民政府办公室	7 月 17 日
双委办发〔2020〕43 号	关于进一步规范领导批示件办理有关事项的通知	中共成都市双流区委办公室、成都市双流区人民政府办公室	7 月 16 日
双委办发〔2020〕44 号	印发《成都市双流区关于推进国有企业退休人员社会化管理工作方案》的通知	中共成都市双流区委办公室、成都市双流区人民政府办公室	7 月 21 日
双委办发〔2020〕45 号	关于印发《建强群众工作之家推进信访工作融入基层治理实施方案》的通知	中共成都市双流区委办公室、成都市双流区人民政府办公室	7 月 21 日
双委办发〔2020〕46 号	关于印发《成都市双流区 2020 年争先创优升位工作方案》的通知	中共成都市双流区委办公室	8 月 10 日
双委办发〔2020〕47 号	关于学习宣传贯彻省委十一届七次全会和市委十三届七次全会精神的通知	中共成都市双流区委办公室	8 月 1 日
双委办发〔2020〕48 号	关于进一步做好全区防汛救灾和安全生产工作的紧急通知	中共成都市双流区委办公室、成都市双流区人民政府办公室	8 月 18 日
双委办发〔2020〕50 号	关于表扬拆迁扫尾“百日攻坚”行动先进集体和先进个人的通报	中共成都市双流区委办公室、成都市双流区人民政府办公室	9 月 14 日
双委办发〔2020〕52 号	关于表扬防汛抢险先进个人的通报	中共成都市双流区委办公室、成都市双流区人民政府办公室	9 月 19 日
双委办发〔2020〕55 号	关于印发《双流区推进党校分类建设计划实施方案》的通知	中共成都市双流区委办公室	10 月 20 日
双委办发〔2020〕56 号	关于对双流自贸试验区两项重大改革获国务院批准全国复制推广突出贡献单位及个人进行表扬的通报	中共成都市双流区委办公室、成都市双流区人民政府办公室	10 月 21 日
双委办发〔2020〕57 号	关于在全区集中开展“大学习、大调研、大走访、大攻坚”活动的通知	中共成都市双流区委办公室	11 月 3 日

2020 年双流区人民政府部分文件一览表

表 15

文号	文件标题	发文日期
双府发〔2020〕1 号	关于做好第七次全国人口普查工作的通知	3 月 14 日
双府发〔2020〕3 号	关于印发《质量提升品牌引领促进经济高质量发展实施办法》的通知	7 月 10 日
双府发〔2020〕4 号	关于印发《成都市双流区政府质量奖管理办法》的通知	7 月 10 日
双府发〔2020〕5 号	关于印发《成都市双流区财政预算调整管理办法》的通知	10 月 22 日
双府发〔2020〕6 号	关于印发探索建立涉农资金统筹整合工作方案的通知	12 月 30 日

2020 年双流区人民政府办公室部分文件目录一览表

表 16

文号	文件标题	发文日期
双办发〔2020〕1 号	关于印发《成都市双流区新型冠状病毒感染的肺炎疫情联防联控工作方案（试行）》等 4 个方案的通知	1 月 22 日
双办发〔2020〕2 号	关于做好疫情防控加强城市安全有序运行保障工作的通知	2 月 21 日
双办发〔2020〕3 号	关于印发《成都市双流区自然灾害救助应急预案》的通知	2 月 29 日
双办发〔2020〕4 号	关于印发《成都市双流区支持工业企业应对　新冠肺疫情影响实现平稳健康发展的十条措施》的通知	3 月 7 日
双办发〔2020〕5 号	关于印发《成都市双流区应对新冠肺炎疫情促进航空经济稳增长的八条措施》的通知	3 月 10 日
双办发〔2020〕6 号	关于印发《成都市双流区社会舆情突发事件综合应急预案（试行）》的通知	3 月 19 日
双办发〔2020〕8 号	关于印发成都市双流区重污染天气应急预案（2020 年修订）的通知	4 月 8 日
双办发〔2020〕9 号	关于转发《成都市双流区 2020 年度地质灾害防治方案》的通知	4 月 17 日
双办发〔2020〕10 号	印发《关于进一步推动区政府常务会议依法决策高质量决策的工作规范（试行）》的通知	4 月 16 日
双办发〔2020〕11 号	关于进一步规范区政府系统办理领导批示件有关事项的通知	5 月 18 日
双办发〔2020〕12 号	关于印发《关于调整镇（街道）财政体制的实施意见》的通知	5 月 20 日
双办发〔2020〕13 号	关于印发《成都市双流区消防安全责任制实施细则（试行）》的通知	5 月 22 日
双办发〔2020〕14 号	关于调整成都市双流区根治拖欠农民工工资工作领导小组的通知	5 月 22 日
双办发〔2020〕15 号	关于印发《2020 年〈政府工作报告〉确定的主要目标任务责任分解方案》的通知	5 月 29 日
双办发〔2020〕16 号	关于印发成都市双流区域铁路沿线环境品质提升实施方案的通知	6 月 9 日
双办发〔2020〕17 号	关于印发成都市双流区紧急医学救援体系能力提升实施方案的通知	6 月 10 日
双办发〔2020〕18 号	关于进一步加强区政府常务会议议题会前合法性审查工作的通知	6 月 11 日
双办发〔2020〕19 号	关于印发《成都市双流区农贸市场及安置小区底商转型发展实施方案》的通知	6 月 16 日
双办发〔2020〕20 号	关于印发《成都市双流区企业上市（挂牌）倍增行动计划（2020—2022 年）》的通知	6 月 30 日
双办发〔2020〕21 号	关于印发《成都市双流区砂石资源管理利用实施办法（试行）》的通知	7 月 7 日
双办发〔2020〕22 号	关于印发《双流区“爱成都·迎大运”城市共建共治共享实施方案》的通知	7 月 20 日
双办发〔2020〕23 号	关于印发《成都市双流区推进市场流通类服务业转型发展三年行动计划（2020—2022 年）》的通知	8 月 3 日
双办发〔2020〕24 号	关于印发《成都市双流区关于推动传统服务业转型发展的政策措施》的通知	8 月 3 日
双办发〔2020〕25 号	关于进一步规范被征地农民参加社会保险工作的通知	6 月 28 日
双办发〔2020〕26 号	关于印发《成都市双流区知识产权资助（奖励）办法》的通知	9 月 11 日
双办发〔2020〕27 号	关于印发《成都市双流区关于加强上市宗地配建公共配套设施项目建设管理实施细则（试行）》的通知	9 月 11 日
双办发〔2020〕28 号	印发《关于进一步加快智慧城市建设的实施办法》的通知	9 月 30 日
双办发〔2020〕29 号	关于印发《成都市双流区抢险救灾工程项目管理实施细则》的通知	10 月 14 日
双办发〔2020〕30 号	关于印发《双流区违法建设治理工作细则》的通知	10 月 23 日
双办发〔2020〕31 号	关于印发《成都市双流区产业发展扶持资金管理办法（试行）》的通知	10 月 22 日
双办发〔2020〕32 号	关于印发《成都市双流区进一步加强政务公开工作的实施办法》的通知	10 月 30 日
双办发〔2020〕33 号	关于印发《成都双流自贸试验区承接实施第三批省级管理事项工作方案》的通知	11 月 13 日
双办发〔2020〕34 号	关于印发《成都市双流区红十字会改革方案》的通知	11 月 23 日
双办发〔2020〕35 号	关于印发《成都市双流区残疾人联合会改革实施方案》的通知	11 月 23 日
双办发〔2020〕36 号	关于进一步加强双流机场净空保护区管控工作的通知	11 月 26 日
双办发〔2020〕37 号	关于印发《成都市双流区全面推行企业住所（经营场所）申报登记制改革实施方案》的通知	11 月 18 日
双办发〔2020〕38 号	关于印发成都市双流区天然水域禁捕工作实施方案的通知	12 月 7 日
双办发〔2020〕39 号	关于印发《成都市双流区承接市政府下放市级管理事项工作方案》的通知	12 月 16 日
双办发〔2020〕40 号	关于转发区住建交通局成都市双流区农村房屋安全隐患排查整治实施方案的通知	12 月 16 日
双办发〔2020〕41 号	关于调整完善森林草原防灭火工作体制机制的通知	12 月 31 日

/ 调研报告 /
Research Reports

打开中国（成都）西部科学城建设“创新之门”
——催化双流校院地资源融合聚变的思考

中共成都市双流区委书记　鲜荣生

高校院所是重要创新策源地，高质量建设中国西部科学城必须充分激发这一源头活水。双流作为科教资源富集地，近年来在校院地合作上做了些有益探索，但因校院和地方政府制度体系、管理事权不同，校院地深度融合受到“围墙”阻隔，这堵围墙既是有形的也是无形的，既有校院的也有地方的。如何打开共同的围墙，解除共同的困惑，促进共同的发展，实现“1+1＞2”的效果？在“十四五”谋篇布局关键节点，我带着这些问题，登门拜会了四川大学、中科院光电所等高校院所，通过“探讨交流、解剖麻雀”，进一步总结经验、摸清症结、共商对策。

一、初尝甜头：创新平台促转化，产业发展强肌体

双流历来珍视高校、重视科教，逐步聚集了6所高校和13个科研院所，科教资源在中西部首屈一指。通过校院地合作，有效促进创新成果转化和新兴产业发展，2020年高新技术企业主营业务收入近900亿元、居全市第2位，全国科技创新百强区排名第31位。

一是优政策、强服务，汇聚创新资源。近年来，双流区为增强高质量发展创新动能，厚植创新土壤，优化创新环境，出台了《关于抢抓成渝地区双城经济圈建设战略机遇高质量建设践行新发展理念的中国航空经济之都的实施意见》等系列政策，从校地合作建设载体、科技成果高效转化等方面强化服务，促进创新资源加速汇集，截至目前聚集国家“863”计划光速控制重点实验室等国家级重点创新平台32个，其中包括“国之重器”——俗称“人造太阳”的中国环流器二号M（HL—2M）装置（中国目前最先进的受控核聚变装置，运行时可产生两亿度超高温。该装置落成投运，为中国参与ITER计划与自主设计建造未来聚变堆提供重要技术支撑，促进中国在掌握“终极能源”道路上迈出一大步）。

二是建载体、促转化，推动产业发展。近年来，双流区坚持以校院地合作塑造发展新优势，与电子科大、武汉大学等高校共商共谋，建成研究院5个、产业园2个，同时支持中物院自建成都科学技术发展中心、银河·596基地，建成投运创新孵化载体92万平方米，让341项科技成果从“书架”搬上“货架”，夯实新经济发展优渥土壤。2020年全区R＆D投入达37.4亿元，占GDP比重3.7%，比全市平均高1.1个百分点；航空经济、电子信息、生物医药三大主导产业产值突破2000亿元，科技对经济增长贡献率超过65%；西部首个校企合作5G实验室落地运营，同方首台“双流造”信创PC成功下线，瓴盛科技首颗“双流造”芯片全球发布。

三是聚人才、引项目，增强城市活力。近年来，双流区坚持把人才作为“第一资源”，由区委主要负责人带头抓，重构人才工作机制，在全市率先建立人才综合服务中心，设立总规模10亿元人才专项扶持资金池；借力高校院所牵引作用，推动人才和项目“双招双引”、人力资源协同创新，“研究院＋产业园”入驻企业373家，促成46家企业与高校院所合作项目104个；引进巴里·夏普莱斯等“诺贝尔奖”团队5个、“两院”院士团队2个、顶尖人才团队51个、高层次创新创业人才191人，

全区属地人才总量达40.2万人，在全省行政区划中排名第1位。

二、探索做法:筑巢引凤促牵手，利益捆绑同发展

没有梧桐树，引不来金凤凰。双流区坚持“政府主导+市场主体”双轮驱动、“政府出资+校院出智”协同联动，以共建共营研究院和产业园为突破口，初步建立政府与校院利益捆绑机制，积极引入社会资本参与项目孵化培育，有效匹配科研项目与市场需求，推动校院地合作初显成效。

*一是在对表对标中共谋合作。*双流区坚持创新驱动战略，对标深圳、合肥等创新经验，通过“一把手”对接沟通等方式，在省市与校院战略合作中挖掘机会，紧扣双流产业发展需要，联动高校院所共商“合作目标、合作模式、运营机制”等顶层设计，促进优质资源共享、融合协同创新。比如，为借力电子科大优势，助推双流区电子信息产业加速发展，2012年双流区与电子科大签署校地合作协议，创新采取“产业园资本+职业经理人+高校资产公司”方式(分别持股47.4%、33%、19.6%)，市场化联建运营电子科大国家大学科技园，目前已入驻新经济企业137家，注册资本50.8亿元、年产值(营收)8.5亿元，科技园获评国家级科技企业孵化器、国家小型微型企业创业创新示范基地。

*二是在解决问题中共促发展。*健全校院地联席会议制度，实行“一对一”专班服务，动态收集双方问题，及时协商精准解决，以互帮互助增进友谊，以共解难题带动发展。比如，根据川大诉求，双流积极对上争取土地指标，为川大江安校区办理2347.3亩不动产登记证，并新划拨29亩土地加快建设川大院士公寓；根据双流诉求，川大积极促成华西医院团队托管双流区一医院、华西妇二院与双流妇幼保健院建立跨区域专科联盟，实现双方优势资源整合放大。

*三是在跨境合作中共享资源。*双流坚持全球眼光、战略视野，着眼多领域互动、境内外联动，抢先布局与境外高校共建国际创新平台，积极开展国际交流合作，吸聚境外创新资源，增进多元文化交流。比如，2013年双流与香港城大共建成都研究院，引进动物健康研究中心等科研平台7个、法国国家技术科学院院士吕坚等海内外高层次人才91人，先后3000名港籍大学生到成都交流；2018年5月11日，香港特首林郑月娥亲临该研究院视察，并授予全省首个“川港科技创新人才基地”，搭建了四川和香港科创、教育、文化交流桥梁。

三、深度融合：以城哺校兴科教，以校润城共成长

高质量建设西部科学城，需要引领创新的“灵魂和引擎”。为此，双流区将紧密联动高校院所，用好“创新催化剂”，打造“发展共同体”，开“深度融合之门”，破“有形无形之墙”，加速校院地融合由浅入深、互促共兴，以创新聚变助推产业裂变，以经济提质赋能城市转型，为成渝地区打造具有全国影响力的科技创新中心贡献双流力量、提供成都样板。

*一是强化使命感追求，推动战略目标融合。*校院地深度融合需要高度契合的价值认同，经拜会相关高校院所、共商共议共谋，我们坚定把“科教兴国”作为共同使命追求，把建好中国(成都)西部科学城作为最紧迫战略任务，推动高校建设“双一流大学”和双流引领“高质量发展”目标协同整合、有机融合。为此，双流将借势国家省市赋予多重战略机遇，在建设中国航空经济之都征程中，推动校院地“十四五”规划和2035愿景展望无缝衔接，共同制定校院地合作三年行动方案，倒排形成年度工作计划，切实以长期、中期、近期顶层设计引领扣手前行。同时，双流将坚持系统思维和战略落地有机结合，在省市坚强领导和帮助指导下，结合成都“中优、南拓”城市布局，加快推动西航港非核心功能外移、开发区向功能区升级，联动高校院所高标准打造“成都空港科创城”“环校院知识经济圈”，形成北接高新区南连生物城“科创走廊”，协同支撑“两区一城”建设，让“科教兴国”“教育强省”在双流开出绚丽花朵。

*二是强化商业化逻辑，推动利益共享融合。*以“载体+机制”优平台，强化市场运作，推动研究院由事业单位改制为企业，充分用好电子科大研究院(产业园)等6个已运营校地合作载体；把创新转化平台建在校院紧邻区域，打造“培育基地、孵化器、加速器、产业园”四级业态；每月举办“科创菁英汇”，动态发布校院科技成果和企业技术供需“两张清单”，用好中国工业互联网研究院四川分院等线上平台，促进各类创新资源高效链接。以“混改+股改”激活力，推动高校院所深化职务成果混合所有制改革，由国有公司、民营企业、高校院所、专家教授出资出智共建孵

化平台，构建产学研用投协同技术创新体系；加大职务成果发明持股比例，鼓励高层次人才参与科技项目“揭榜挂帅”，聚力攻坚“卡脖子”技术。以“校院＋企业”强主体，强化产教融合，结合航空经济发展需要，开展“万企联百校”活动；支持校院建设前沿科研平台，打造贴合主导产业发展的世界一流学科；支持企业采取委托制、订单制方式，与校院联合技术攻关，让优质企业在科创赛道上“逆袭”。以“人才＋项目”为核心，创新引育“产业教授”，支持高校教授在双流创办企业，鼓励校院从双流选聘创新创业人才担任教授；推行人才在高校和产业功能区“双落户”，鼓励高端人才同时与高校院所和在双流企业签订聘用协议；深化项目和人才“双招双引”，推动教育链、人才链与产业链、创新链有机衔接。以“金融＋中介”为纽带，强化科技金融服务，引育壮大创投机构和队伍，提升政府引导资金效能，鼓励企业上市融资；借力专业技术成果转化经纪人团队，鼓励技术经纪人参股，变“高校—企业”点对点对接为“高校—中介—企业”专业化互动，推动校院企地资源快速交流整合、嫁接放大。

三是强化共同体意识，推动公共服务融合。校院地不仅是创新共同体、利益共同体，还是发展共同体、城市共同体。双流将把各类公共服务向校院满覆盖延伸，通过优化校院周边安全、生态、交通环境，为校院发展提供便利基础设施和舒适生活条件；通过社区发展治理进校园，在大运会前改善提升成都信息工程大学校内师生居住环境；通过提供和引荐企事业单位见习实习岗位，让高校学生就近参加社会实践；通过开放中小学校园设施，为核动力研究院等科研院所职工子女就近提供寒暑假教育托管等服务，用心用情让校院人才更有归属感。支持校院资源向市民开放，推动校院图书馆以协议服务方式，逐步向科研院所人员、企业高管、教师医生、党政干部等专业人群开放；推动校院实验室以收费服务方式，逐步向上市企业、头部企业、高新技术企业开放；推动校院体育场馆以分类服务方式，逐步向普通市民开放；推动校院专家讲座以网上预约方式，逐步向中小学生、中高级专技人才等特定群体开放，充分激发校院文化浸润作用。

四是强化生态圈理念，推动特色多元融合。按照“一校（院）一特色”“生产生活生态协同”思路，以校院为圆心组织各类优势资源，共建现代时尚、活力四射校院发展圈，借助校院全方位激活空港魅力。打造环校院创业圈，在周边紧邻区域，规划建设一批适合高校师生和科研人员“背包创业”型高品质科创空间，缩小创新半径、促进就近创业；携手川大加快共建院士工作站、人才工作室，积极筹建国际会议交流中心等项目；携手成信大共建集成电路大学、四川互联网学院和产业孵化器，推动大学与产业功能区有机融合。打造环校院生活圈，精准匹配师生和市民需求，优化提升高校环境和周边业态，针对师生反映突出的高校临近老旧小区管理混乱问题，探索采取“国有公司＋大学资产公司”市场化合作思路，改造提升川大旁光明小区、成信大旁常乐小区、民大旁寺圣小区业态；针对市民反映突出的西航港区域公园绿地缺乏问题，鼓励高校打开围墙，共享蓝绿公共空间。打造环校院文旅圈，积极发展校园旅游，鼓励高校开放校史馆、博物馆，合作打造一校一品牌文创产品，加快发展特色文创产业；发挥成信大紧邻锦城公园优势，创新生态价值转化方式，携手打造中国最美公园大学；用好江安河自然穿越川大独特景观，借鉴剑桥大学经验，开发“划船游川大、点亮江安河”旅游项目，把江安河打造为中国的“康河”；依托西南民族大学藏族文献馆等资源，促进民族文化交流融合，铸牢中华民族共同体意识。

借势共启国际门户枢纽城市“开放之窗”
——“两场一体”模式下助力打造全球供应链节点城市的思考

成都市双流区委副书记、区人民政府区长　袁顺明

近年来，成都深入贯彻习近平总书记关于融入“双循环”、建设“一带一路”等重大指示精神，坚决在国家开放大局中找准方向、把握机遇、创新表达，高水平建设国际门户枢纽城市。航空作为最快速、最稳定、最灵活的供应链组织方式，是后疫情时期打造“空中丝绸之路”、推动对外开放最可靠和最信赖的动力引擎。如何实现双流机场、天府机场高效联动、有机融合、互促共兴，实现“1+1 > 2”效果？在国家民航“转段进阶”、成都“两场一体”运营开局之年，登门拜访了机场集团、中商飞等头部企业，通过交流学习，不断强化认知，凝聚发展共识。

一、势能初聚：以港带产能级跃升，亟待激活“豪迈基因”

肯取势者敢为人先，能谋势者必有所成。成都及双流历来珍视枢纽效应，重视对外开放，逐步聚集3家民航管理机构、9大基地航司，产业发展、开放载体、辐射能力在中西部首屈一指。

*一是“顺势而上　趁势而为”开放平台进一步吸聚。*近年来，双流破除区位、平台、通道、空间瓶颈，构筑了“深耕欧非、加密美澳、覆盖亚洲、突出东盟”的国际航空供应链大通道。双流机场现有航线367条，其中国际航线130条、国际全货机航线11条、“客改货”航线34条；建成综合保税区、保税物流中心（B型）、国际快件中心，川航、国航、机场三大货站，冰鲜水产品等八大指定监管场地。2020年，双流机场旅客吞吐4074.2万人次（全国第二）、货邮吞吐61.7万吨（全国第七），是全球最繁忙的十大机场之一，有望冲击全球前三；外贸进出口额745.8亿元、全市第二，预计机场口岸监管货值占全省近70%。

*二是“以港兴区　以区促港”产业能级进一步增强。*近年来，双流以生态圈理念、供应链思维，言必谈航空经济、航空枢纽、航空商圈，深度变革经济工作组织方式，打造航空运营、制造维修、航空物流、跨境贸易、航空金融、航空总部六大产业集群，形成14平方公里机场运营区、2平方公里航空维修产业区、3.8平方公里航空物流园区，聚集机场集团等驻场单位20家，聚集国航维修、川航维修等维修企业4家以及全球100强物流公司13家、全国100强物流公司10家。2020年，航空经济营业收入突破2000亿元，航空运输业增加值增幅居全国前20强机场第一，多式联运与货运代理业营业收入增幅超60%。

三是“你中有我　我中有你”发展共识进一步凝聚。“两场一体”格局下，航站楼、停机位、货站等大量资源释放，机场迫切希望找到“利益共同体”，打破“红线”的最佳时机即将到来。后疫情时代，补齐供应链短板上升为国家战略，相关部委先后出台《关于促进航空货运设施发展的意见》等多个指导文件。空域、时刻有效释放，为布局国际货运航线、货运进藏通道等带来前所未有的机遇。机场拥有宝贵的空侧资源，有条件布局世界级公务机FBO基地、全球顶尖航空会展、航空转运中心等高端项目。

二、理性认识：群雄竞争使命光荣，抢抓先机“乘势起航”

知不足然后能自反。通过对标法兰克福等成熟枢纽与迪拜等新兴枢纽，我们在推动欧泛亚、向西向南开放方面，航线布局、利用率提升、航班波打造上还有较大发展空间。如何在西部抢占先机，形成虹吸效应，对建设国际门户枢纽城市至关重要。

*一是“份额不优　中转率低”枢纽关键指标缺乏支撑。*市场经验表明，主基地航司市场份额、中转率、最短衔接时间MCT是体现枢纽价

值最关键的指标。主基地航司市场份额普遍在50%以上，国航在首都44%、东航在浦东39%、南航在白云51%，而成都最大的国航仅占比23%，对市场影响力和控制力偏弱；亚特兰大中转比例64%、法兰克福60%、首都12%，双流仅为3.7%；迪拜机场MCT为20分钟、法兰克福机场45分钟、首都与白云机场2小时、浦东和双流100分钟，中转效率低必然成为制约枢纽机场发展的瓶颈。

二是“标兵渐远　追兵迫近”机场虹吸效应不断稀释。以“一小时航程”为限，成渝与贵阳、西安、昆明等周边地区有近2.2亿人次吞吐量、200.1万吨货邮量。客运方面，周边昆明（全国第6）、西安（全国第7）、重庆（全国第9）、贵阳（全国第20）体量较大，均排名靠前；货运方面，受限于航权资源限制、空运成本偏高，货运枢纽建设较慢，2020年总量61.9万吨列全国第七，为浦东、白云、宝安的16.8%、35.2%、44.5%，国际货量10.9万吨，仅开通10条国际货运航线，与郑州（45.1万吨、34条）、重庆（15.1万吨、18条）差距较大。

三是“结构不优　质效不高”航空产业韧性仍需提升。虽入驻中商飞、四川国际、Ameco等头部企业，但聚集上下游企业尚未形成示范带动效应，缺乏类似天津空客（吸引上下游企业35家入驻）、厦门太古（吸引16家知名维修企业聚集）等带动力强、影响力广泛的航空头部企业；缺少国家民航重点实验室、国家工程研究中心等航空“硬核”平台，航空关键资源要素统筹、行业话语权、产业集聚辐射能力不足；产业关键环节薄弱、集群发展不够，航空研发制造、航空培训等产业链细分领域、价值链核心环节相对薄弱，未能集群化、规模化发展。

三、互促共兴：区港联动融合发展，点燃城市“航空梦想”

事成于和睦，力生于团结。成都建设国际门户枢纽城市，双流作为“双枢纽”重要部分，必须与东区及机场联动发展，在全球供应链新一轮洗牌浪潮中，携手共引航空头部企业、共塑航空航天产业生态圈、共建“双循环”门户枢纽。

（一）树立全球视野，把准方向，建设全国第四大门户复合型枢纽。市委指出，打造全球性航空枢纽、洲际航空中转中心，建设泛欧泛亚陆港主枢纽和国际航空门户主枢纽。双流机场将聚焦运量“属性”。一是打造全国领先的精品商务航线枢纽。实施精品商务航线枢纽建设三年行动，首创“属地＋机场＋第三方票代＋基地航司”联动模式，针对“北上广深拉”五大城市，鼓励国航、川航等基地航司投放更多宽体机，聚焦打造“人”的转运中心，创新跨航司免费签转，提供安检专用通道、指定登机口等增值服务，打造商务联合快线。二是打造服务便捷高效的机场城市候机楼。利用城市机场和空铁联运中转优势，在高铁枢纽、省内著名旅游景点、市内繁华商业区等点位布局城市候机楼，增强双流机场对周边省市的虹吸效应，提升成都航空枢纽中转率。适时启动宽窄巷子城市候机楼建设，远期探索乐山、峨眉山等省内著名旅游景点城市候机楼建设。三是打造全国一流的公务机FBO基地。利用城市机场优势和“两场一体”格局下释放的时刻、航站楼等资源，考虑先期作为大运会专机包机专用航站楼，远期规划打造世界级公务机FBO基地，同时将现有卫星厅扩能改造，作为公务机和通用航空候机楼，优化交通组织，实现与大件路主干道和城区快速接驳。

（二）增强链式思维，系统谋划，构建连接全球的亚蓉欧战略通道。市委指出，以供应链思维谋划国际战略通道建设，打造面向全球的制造业企业配送枢纽、面向泛亚的国际区域分销企业配送枢纽、与全球接轨的国际供应链服务保障体系。双流机场将推动实现“客货并举”。一是布局全货机航线网络。国际货运航线方面，重点围绕中国邮政、递四方、海程邦达等国际货代企业需求，加强与国货航、川航、南航等航司合作，打造至美国、欧洲、澳洲和亚太国际全货机货运干线通道，2021年开通3条，新增全货机运力2万吨；到2025年新开通不低于10条国际全货机货运航线，构建形成20条以上覆盖全球重要节点城市的全货机航线网络。国内货运航线方面，加强与顺丰、圆通、京东等合作，打造至京津冀、长三角、大湾区3条国内货运干线通道和进藏航空货运主通道。二是打造顺丰西部航空货运中心。布局协同鄂州机场的西部航空货运枢纽，将双流机场打造成继北京、杭州、深圳之后的第四个区域国际航空转运中心，构建外连欧亚、内接鄂州的通道格局。支持顺丰与藏航合作，争取进藏航线白天时刻，建设全国进藏航空货运主通道。到2025年，推动顺丰航空在双流机场投放25架B737当量的全货机运力，实现年货运量突破30万吨。三是打造“两场一体”共享虚拟货站。针对两场货运转运衔接、集散分拨等问题，利用综保区空铁联运优势，围绕降低航司及货代企业运营成本、提升成都两场货运整体竞争力，推动民航安检、货站地面操作及关务前置，建设“两场一体”共享货站、空铁联运货运集散中心、西部冷链加工综合服务中心，创新打造集安检、货物处置、地面运输、冷链加工等功能于一体，面向两场、服务全球的共享虚拟货站。四是培育全货运基地航空公司。尽快推动落实四川航空、长龙航空建设货运基地航空公司的批复。学习借鉴郑州经验，抓住疫情下部分国际航空公司经营困难的契机，借助机场集团行业资源和信息资源，探索收购参股国外优质航空公司的可行性。

（三）用足民航资源，产业赋能，致力重塑全球航空经济话语体系。市委指出，聚力打造航空航天先发城市，精准产业细分领域、有效彰显产业发展辨识度显示度，精准产业功能布局、持续后植航空航天产业生态优势。下一步，双流将主动讲好“民航故事”。一是塑造航空维修比较优势。横向拓展维修全产业链，加快打造集“航线维护、整机、发动机、部附件维修、再制造”于一体的维修基地，分步推进ARJ21机体维修和部附件维修能力建设，拓展C919维修业务。纵向深挖发动机细分领域，围绕发动机“维修、拆解、租赁、销售及其零部件制造”等环节，与四川国际合作，开展跨关区保税维修协同试验，支持四川国际加快启动二期项目。二是布局重大功能平台。攻坚民航机载航电设备适航审定中心，规划打造具备设计、研发、制造、审定、维修等综合能力的航空部附件产业园。加快启动建设民航校飞中心，带动发展无人机飞行校验、通讯导航验证、飞行校验数据开发、空管及维修人才培训等产业。积极推动民航西南地区医学中心，全面提升西南地区航线运输和通航运输安全飞行保障服务能力。提升航油航化审定中心服务能级，带动航空运营保障产业聚集发展。三是打造航空制造产业高地。全力攻坚亚洲首个再交付中心项目，培育飞机拆解、客改货、拆解航材贸易等航空维修新兴产业，打造航空再制造产业示范基地。加快落地民航ATG总部项目，拓展航电设备研发制造、民航应用程序开发等产业。依托航空动力小镇，推进加德纳航空形成机翼等部件批产能力，融入空客全球供应链体系，支持成都航宇获取航空发动机含铼高温叶片适航认证，支持朗星无人机完成军民用产品落地转化，提升航空制造产业链国际竞争力。四是打造跨境贸易国际中转枢纽。支持中国邮政创新跨境物流机制，打造美向商业指定口岸。支持递四方西部转运中心落户，将双流建成其继上海、广州、厦门之后第4个一级口岸，打造美向欧向跨境电商国际中转枢纽。抢抓国家进口贸易促进创新示范区建设机遇，发挥海关特殊监管区和指定监管场地聚集优势，大力发展跨境电子商务、展示贸易和供应链综合服务等跨境贸易产业。五是打造航空金融西部中心。完善航空金融政策环境，拓展打造飞机整机、备用发动机、飞行模拟机等航空租赁全产业链条，重点切入高原飞机租赁特色细分市场，进一步促进航空租赁产业规模化发展，形成继天津、上海、厦门之后国内航空租赁产业第四级。六是打造航空服务国际品牌。对标范堡罗、巴黎等顶尖航展，邀请英国航空航天商业联合会、法国航空航天协会等全球著名航展主办方，举办具有全球影响力的航空展览，打响中国航空经济之都国际航展品牌。

（四）聚焦价值转化，流量聚势，实现对外开放城市繁荣同频共振。市委指出，集聚消费人气、增强价值认同、提升城市品质，导入温馨、舒适的消费体验，让消费者感受蜀都味、国际范的公园城市生活魅力。双流将加速打造国际空港商务区。一是重塑城市形态“请客”。加快主干道快速化改造，完善城市慢行系统，打造动静相宜的空港通勤圈。利用大运会契机，重塑环机场城市空间形态，做优机场城市品质，为“请客”优化交通组织，扮靓门户形象。二是营造消费场景“上菜”。围绕“游、购、住、娱”消费需求，打造黄龙溪、空港花田等地标式网红旅游打卡地，升级奥特莱斯、海滨城等一线消费体验场景，规划建设超五星级酒店和甲级写字楼，联合全球知名咨询机构高标准谋划空港站前TOD和西站TOD，培育航空特色商业街区，为“上菜”打造与国际接轨的时尚高端商业集群。三是做强精品商务“服务”。聚焦高品质商务需求，提升航站楼智能化服务水平；借鉴“星耀樟宜”先进经验，升级打造航站楼商业和机场站前区；加快机场周边配套提档升级，高水平打造东航中心、绿地T7、东盟中心等综合体；为“服务”打造空港城市会客厅。

/统计资料/

Statistical Data

2020年成都市双流区国民经济和社会发展统计公报

（2021年5月6日）

成都市双流区统计局　国家统计局双流调查队

2020年，面对新冠疫情带来的冲击和复杂多变的国内外宏观经济形势，双流区认真贯彻中央、省、市决策部署要求，统筹做好疫情防控和经济社会发展工作，全年全区经济运行呈现持续回升、稳步向好的态势，位列全国综合实力百强区第32位、全国科技创新百强区第33位，连续获评全省县域经济发展强区。

一、综合

（一）全域双流经济运行基本情况

2020年，全域双流（面积1067平方公里，下同）实现地区生产总值1612.23亿元，增长3.8%，其中第一产业增加值41.88亿元，下降0.2%，第二产业增加值433.53亿元，增长8.0%，第三产业增加值1136.82亿元，增长1.9%，三次产业比为2.6∶26.9∶70.5。固定资产投资增长12.2%，规模以上工业增加值增长8.3%，社会消费品零售总额645.02亿元，下降3.2%，一般公共预算收入159.42亿元，增长13.6%，地方税收收入143.92亿元，增长15.0%，进出口总额837.67亿元，增长14.0%。

2020年双流区全域地区生产总值及增长速度一览表

表17

指标	绝对量（亿元）	比2019年增长（%）
地区生产总值	1612.23	3.8
第一产业	41.88	－0.2
第二产业	433.53	8.0
第三产业	1136.82	1.9

2020年，全区民营经济实现增加值890.41亿元，增长3.9%，其中第一产业增加值5.94亿元，增长2.6%，第二产业增加值339.03亿元，增长13.3%，第三产业增加值545.44亿元，下降1.0%，民营经济增加值占地区生产总值比重55.2%。

（二）新双流经济运行基本情况

2020年，新双流（面积466平方公里，下同）实现地区生产总值1002.04亿元，增长2.1%，其中第一产业增加值18.58亿元，增长0.9%，第二产业增加值331.05亿元，增长7.6%，第三产业增加值652.41亿元，下降1.5%，三次产业比为1.9∶33∶65.1。固定资产投资增长9.1%；规模以上工业增加值增长9.5%；全口径财政收入275.25亿元，增长22.9%，其中一般公共预算收入77.56亿元，增长8.2%，地方税收收入68.35亿元，增长12.1%；社会消费品零售总额394.32亿元，下降2.3%；城镇居民人均可支配收入51299元，增长5.6%，农村居民人均可支配收入31898元，增长8.3%。

2020年双流区（新双流）地区生产总值及增长速度一览表

表18

指标	绝对量（亿元）	比2019年增长（%）
地区生产总值	1002.04	2.1
第一产业	18.58	0.9
第二产业	331.05	7.6
第三产业	652.41	－1.5

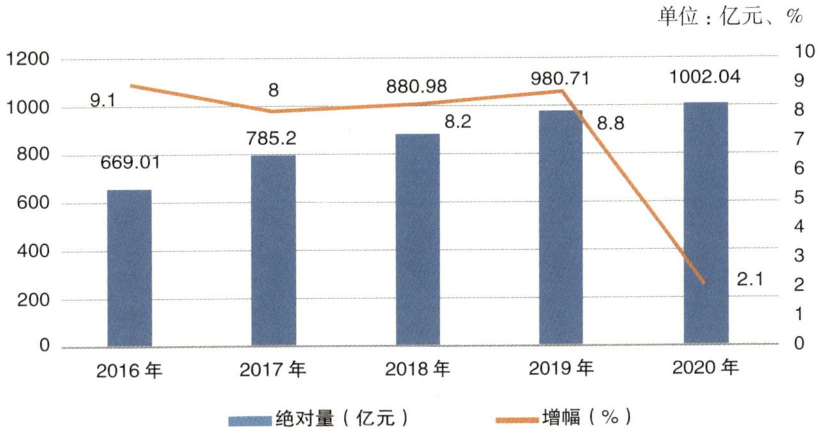

图 1　2016—2020 年双流区地区生产总值及增长速度示意图

2020 年，全区民营经济实现增加值 573.61 亿元、增长 2.8%，其中第一产业增加值 2.37 亿元、增长 3.7%，第二产业增加值 273.68 亿元、增长 9.6%，第三产业增加值 297.56 亿元、下降 2.5%，民营经济增加值占地区生产总值比重 57.2%。

二、农业

2020 年，全区继续狠抓农业产业化项目，机制创新取得突破，农业生产量增质提，农业结构调整和产业化进程加快，推进全区农村经济持续稳定健康发展。粮食总产量 3.87 万吨，出栏生猪 1.64 万头，肉类总产量 3356 吨，禽蛋产量 869 吨。实现一产业增加值 18.58 亿元，增长 0.9%。

2020 年，都市现代农业融合发展，建成高标准农田 1.2 万亩，完成 300 亩森林植被恢复工程，扎实做好“菜篮子”工作，蔬菜种植面积 18 万亩。抓实农产品质量安全监管，全区蔬菜、水果农残检测合格率达 98%以上。推进新签约蓝田景观型蔬菜基地、城投生命健康小镇、棠湖云栖里 3 个农业重大项目，计划总投资 144 亿元，其中蓝田景观型蔬菜基地已基本开工建设。加快推进华侨城欢乐田园和金马乡韵田园综合体等项目建设。

三、工业建筑业和房地产

（一）工业

2020 年，全区实现工业增加值 291.12 亿元，其中规模以上工业增加值增长 9.5%，实现主营业务收入 1355.67 亿元，利税总额 66.71 亿元，利润总额 49.05 亿元。

2020 年，全区主导产业完成总产值 1043 亿元，增长 12.5%，其中新兴电子信息实现工业总产值 704 亿元，增长 15.5%，新能源实现工业总产值 163 亿元，增长 10.2%。主导产业实现工业总产值占规模以上工业比重 83.5%，较 2019 年上升 1.9 个百分点。

2020 年，全区纳入统计的规模以上工业企业 363 户。

2020 年，全区规模以上企业年销售收入上 5 亿元企业 18 户，销售收入过 10 亿元企业 13 户。

（二）建筑业

截至 2020 年底，全区拥有建筑施工企业 80 家，其中总承包企业 49 家；全年全区建筑业总产值增长 5.2%。

（三）房地产业

全年全区房地产开发投资下降 6.3%。商品房销售面积 283.1 万平方米，其中住宅销售面积 206.7 万平方米。实现商品房销售额 393.23 亿元。

四、固定资产投资

2020 年，全区固定资产投资增长 9.1%，其中第一产业投资下降 25.2%，第二产业投资增长 3.0%，第三产业投资增长 12.0%。民间投资下降 14.9%，占固定资产投资比重 47.0%。

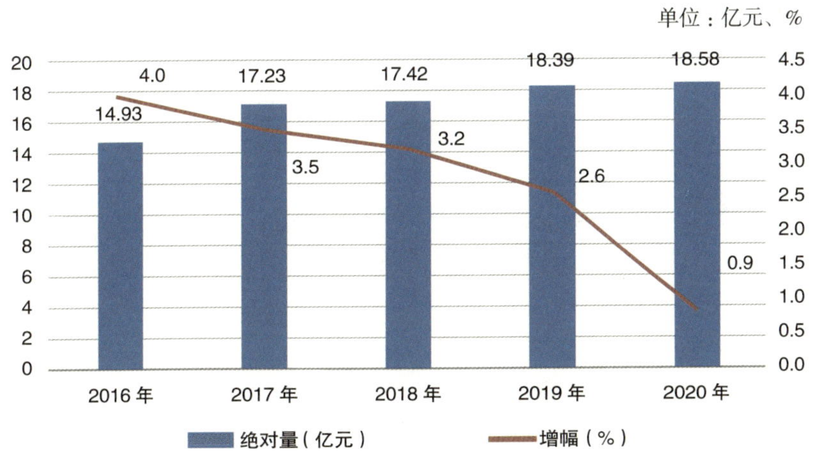

图 2　2016—2020 年双流区第一产业增加值及增长速度示意图

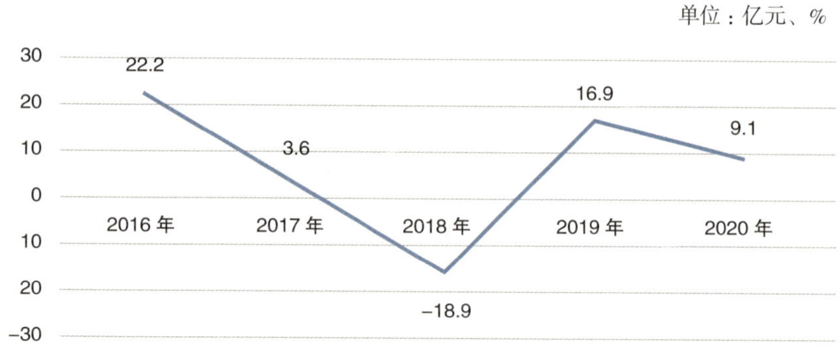

图 3　2016—2020 年双流区固定资产投资增长速度示意图

图 4　2016—2020 年双流区社会消费品零售总额及增长速度示意图

图 5　2016—2020 年双流区一般公共预算收入及增长速度示意图

五、国内贸易和旅游

2020 年，全区实现社会消费品零售总额 394.32 亿元，下降 2.3%。按经营地统计，城镇实现零售额 376.77 亿元，下降 2.3%，乡村实现零售额 17.55 亿元，下降 1.8%。按消费形态统计，商品零售收入 357.52 亿元，下降 2.2%，餐饮收入 36.80 亿元，下降 3.1%。全年累计接待游客 1606.82 万人，旅游收入 129.3 亿元，增长 3.4%。

六、对外开放

2020 年，全区实现外贸进出口总额 781.5 亿元，增长 14.2%。全区实际利用外资 20.2 亿元，实际到位内资 158.25 亿元，新签约引进重大项目 17 个，新签约引进重大项目落地 14 个。

七、交通运输和邮电

2020 年，全区交通运输、仓储和邮政业完成固定资产投资 29.8 亿元，实现交通运输、仓储和邮政业增加值 169.47 亿元，下降 9.2%。全区公路里程 988.48 公里，公路桥梁总计 239 座（含乡道、村道，不含 86 座县级以上公路桥梁）。全区内河航道通航里程总计 6 公里。飞机起降架次 311797 架，下降 15.0%，航空货邮吞吐量 61.85 万吨，下降 7.9%，航空旅客吞吐量 4074.15 万人次，下降 27.1%。全区固定电话用户 41 万户，移动通信用户 65.2 万户。

八、财政、金融和保险

2020 年，全区实现一般公共预算收入 77.56 亿元、增长 8.2%，占地区生产总值的 7.7%，地方税收收入 68.35 亿元、增长 12.1%。实现全口径财政总收入 275.25 亿元，增长 22.9%，其中全口径税收收入 143.49 亿元，增长 23.6%；全口径财政总支出 257.34 亿元，其中一般公共预算支出 102.36 亿元，下降 3.3%。

2020 年，全区金融机构人民币存款余额 1892.14 亿元，增长 14.4%，其中住户存款余额 1157.61 亿元，增长 13.2%，金融机构人民币贷款余额 1389.36 亿元，增长 20.9%。

2020 年，全区人寿保险业实现保费收入 9.9 亿元；财产保险业实现保费收入 9.8 亿元，其中政策性农业保险 945 万元，涉农贷款投放 214 亿元。

九、科学技术和教育

2020 年，全区认定通过高新技

术企业56家，总数达265家。截至2020年底，实现高新技术产业产值1091亿元，实现技术合同交易额34.03亿元；全区建有各级创新平台187个，其中国家级31个、省级85个、市级71个。全年全区新申请专利5908件，其中发明专利2061件；全区新获专利授权3527件，其中发明专利501件；全区有效发明专利拥有量2869件。

2020年，全区普通高考（包括职教）参考人数7165人。全区拥有普通中学、职业初中34所，在校学生3.8万人；中等职业学校7所，在校学生1.2万人；小学23所，在校学生6.8万人；幼儿园178所，在园幼儿4.5万人；特殊教育学校1所，在校学生197人。

十、文化、卫生和体育

2020年末，全区公共图书馆11个，馆藏图书140万册，其中纸质图书68.7万册、纸质中文报纸120种，电子图书75万册、电子期刊6500种、电子中文报纸600种、电子工具书14万种。全区有大型体育场馆2个，村（社区）基层综合性文化服务中心118个，网吧224家，歌舞娱乐场所71家。2020年，40场“走基层”文化惠民演出、57场“月月大舞台”、5238场公益电影、120场次图书馆公益活动、45场全民阅读活动、200场全民健身体育活动和10次青少年竞赛与培训，让100万人次群众受益。

2020年，全区拥有各级医疗卫生机构598家，其中医院27家、基层医疗卫生机构567家、专业公共卫生机构3家、其他卫生机构1家。拥有床位数5879张，医疗卫生技术人员8205人，其中执（助理）医师3485人。

全区孕产妇死亡率为0，孕产妇死亡漏报率为0；婴儿死亡率1.28‰，5岁以下儿童死亡率2.02‰。

十一、城市建设和安全生产

2020年末，全区城市道路长823.2公里，建成区面积117.6平方公里，道路面积1827.61万平方米，其中人行道面积490.07万平方米。绿化覆盖面积5768公顷，公园绿地服务半径覆盖的居住用地面积1932公顷，公园9个，公园面积39.27万平方米。空气质量持续改善，全年空气质量优良天数293天，空气质量优良天数比例80.1%。

2020年末，全区天然气供气管道长3906.36公里，天然气销售总量2.6亿立方米，其中居民家庭用气量1.35亿立方米；生产水的自来水厂3个供水管道长3740.98公里，综合生产能力60万立方米/日，城市自来水供水总量26289.36（含天府新区成都直管区部分区域）万立方米。

全年交通事故64件、下降8.6%，火灾事故4件、下降6.9%。

十二、人民生活和社会保障

2020年，全区城镇居民人均可支配收入51299元，增长5.6%，农村居民人均可支配收入31898元、增长8.3%。城镇居民每百户拥有彩色电视机148台、洗衣机105台、电冰箱109台、摩托车9辆、移动电话299部、空调195台、家用汽车80辆。农村居民每百户拥有彩色电视机146台、洗衣机104台、电冰箱106台、固定电话4部、移动电话297部、空调132台、生活用汽车67辆、摩托车32辆。

2020年，全区城镇职工养老保险参保42.82万人，城乡居民养老保险参保7.26万人，参保率达95.0%，城乡居民基本医疗保险参保45.69万人，参保率98.0%，城镇登记失业率3.3%。

2020年，全区救助农村低保2.46万人次，发放低保救助金1595.85万元；救助城市低保0.76万人次，发放低保救助金590.82万元，救助率100%。累计医疗住院救助城乡困难群众1739人次，发放医疗救助金196.08万元，其中城市医疗救助225人次，发放医疗救助金48.34万元;农村医疗救助1514人次，发放医疗救助金147.74万元，救助率100%。

2020年，全区有13512名80

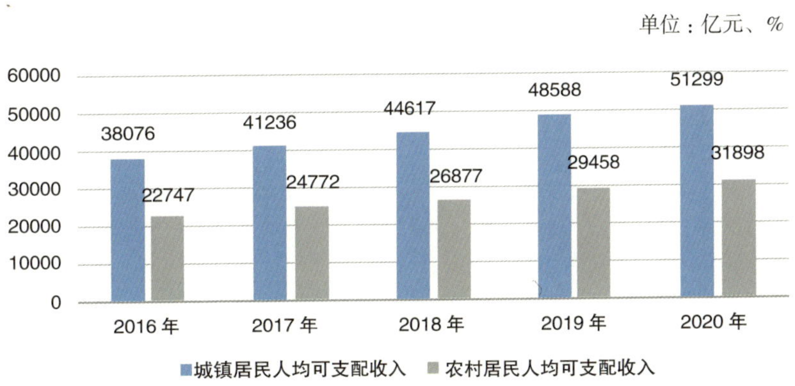

图6　2016—2020年双流区城镇及农村居民人均可支配收入情况示意图

岁及以上的高龄老年人享受高龄津贴，补贴金额1581.99万元；全区有1960名90岁及以上的高龄老年人享受高龄津贴，补贴金额448.88万元；全区有57名100岁及以上的高龄老年人享受高龄津贴，补贴金额28.9万元。

2020年，投入资金367万元资助2552名残疾人参加养老保险和609名重度残疾人购买城乡医疗保险，投入资金102万元走访慰问1700名困难残疾人，投入资金298.81万元康复救助164名残疾儿童，投入资金82.16万元为11515名残疾人家庭开展医生签约服务并为1805名重度残疾人提供个别化服务包。

十三、人口

2020年末，全区户籍人口67.30万人,其中城镇人口50.31万人、乡村人口16.99万人。全年出生人口9214人，死亡人口3916人，人口自然增长率6.22‰，全区符合政策生育率99.82%。

注：

1. 本公报数据为2020年快年报数据；综合部分包括全域双流（面积1067平方公里）和新双流（面积466平方公里，辖5个街道、4个镇，涉及105个社区、13个村）两个口径数据，其余部分均为新双流数据。

2. 地区生产总值、各行业增加值绝对数按现价计算，增幅按可比价格计算。

3. 根据第四次全国经济普查结果，修订2016—2018年地区生产总值、三次产业及相关行业增加值等相关指标的历史数据。

4. 根据第四次全国经济普查结果，修订2016—2019年社会消费品零售总额历史数据。

5. 2020年常住人口及相关指标数据，待第七次全国人口普查数据发布后另行公布。

索 引

INDEX

编制说明

一、本索引为2021年卷《双流年鉴》的内容分析索引。

二、本索引按汉语拼音字母（同音字按声调）顺序排列。索引词条用宋体字标明。数字表示该词条内容所在页码，后面的拉丁字母（a、b、c）表示栏别（从左到右）。

三、内文中的“特载”“大事记”“附录”类目，以及内文照片、表格、彩色插页未做索引。

四、本索引内容有交叉的词条，在索引中重复出现，可以通过同一词条的不同页码进行检索。

A

B

C

D

E

F

G

H

J

K

L

M

T

W

X

Y

Z